2014 敦煌學國際聯絡委員會通訊

2014 Newsletter of International Liaison Committee for Dunhuang Studies

高田時雄 柴劍虹

策 劃

郝春文

主 編

陳大爲

副主編

敦煌學國際聯絡委員會
中國敦煌吐魯番學會
首都師範大學古文獻研究中心

主 辦

上海古籍出版社

2014.8.上海

敦煌學國際聯絡委員會幹事名單：

中　　國：樊錦詩　郝春文　柴劍虹　鄭阿財(臺灣)

日　　本：高田時雄

法　　國：戴　仁

英　　國：吳芳思

俄羅斯：波波娃

美　　國：梅維恒　太史文

德　　國：茨　木

哈薩克斯坦：克拉拉・哈菲佐娃

敦煌學國際聯絡委員會網頁：

http：//www. zinbun. kyoto-u. ac. jp/ ～ takata/ILCDS/

敦煌學國際聯絡委員會秘書處地址：

日本國　京都市　左京區北白川東小倉町 47

　　　　京都大學人文科學研究所

　　　　高田時雄教授　　Tel：075 － 753 － 6993

INSTITUTE FOR RESEARCH IN HUMANITIES

KYOTO UNIVERSITY KYOTO 606 － 8265 ,JAPAN

2014
敦煌學國際聯絡委員會通訊

目録

會議介紹

論著目録

其他學術信息

2013 年敦煌學研究綜述

宋雪春（上海師範大學）

據不完全統計,2013 年度大陸地區出版的與敦煌學相關的學術專著和論文集 70 餘部,公開發表的研究論文近 400 篇。兹分概説、歷史地理、社會、宗教、語言文字、文學、藝術、考古與文物保護、少數民族歷史語言、古籍、科技、書評與學術會議十二個專題擇要介紹如下。

一、概　　説

本年度,敦煌學研究概括性的論著主要涉及敦煌文獻的整理、敦煌文獻的散藏品簡介、敦煌學數字化、敦煌哲學的建構和敦煌學人的介紹等方面。

敦煌文獻的整理方面,方廣錩、吳芳思主編《英國國家圖書館藏敦煌遺書》11—20 册、21—30 册(廣西師範大學出版社)於 2013 年 3 月、12 月分別出版。該圖册目前已出至編號 S. 1960 號,使英國國家圖書館藏敦煌遺書能以更清晰的圖版和更詳盡的條記目録呈現給讀者。郝春文主編《英藏敦煌社會歷史文獻釋録》(社會科學文獻出版社)第十卷於 2013 年 8 月出版,此卷收録《英藏敦煌文獻》第四卷自 S. 2071 號至 S. 2087 號的文書,并對每一件文書的定名、定性和寫本形態給予介紹和説明,這些文獻對於研究我國古代的政治、宗教、歷史、藝術、語言、文學、社會等都具有重要的學術價值。西北民族大學、上海古籍出版社等《英國國家圖書館藏敦煌西域藏文文獻》(5)(上海古籍出版社)出版,本册收入卷二十四到卷二十八圖版 700 餘張,包括衆多有價值的藏文文獻在內,每張圖版均由西北民族大學海外文獻研究所專家定名。書前加有中文、藏文對照目録,能使利用者快速檢索到有用之材料。西北民族大學、上海古籍出版社等《法國國家圖書館藏敦煌藏文文獻》(15)(上海古籍出版社)則收録 P. T1316—P. T. 1321 號藏文文獻。

方廣錩對中國國家圖書館藏敦煌遺書總目録給予詳細介紹,并披露了國圖敦煌遺書編號的歷史與現狀。《中國國家圖書館藏敦煌遺書六種目録述略》(《上海師範大學學報》4 期)對 20 世紀國內完成的六種中國國家圖書館藏敦煌遺書目録作了簡要的介紹與評論,對其中俞澤箴《敦煌經典目》、陳垣《敦煌劫餘録》及其相互關係作了較爲詳盡的探討;《〈中國國家圖書館藏敦煌遺書總目録〉的編纂》(《敦煌研究》3 期)分階段介紹了《中國國家圖書館藏敦煌遺書總目録》的編纂經過,介紹了《中國國家圖書館藏敦煌遺書總目録·館藏目錄卷》著錄的基本內容及相關問題;《中國國家圖書館藏敦煌遺書的分類與解說》(《敦煌吐魯番研究》13 卷)對國家圖書館敦煌特藏進行了分類和解說,其中分類包括四個層面、基本思路、基本原則和分類方案;解說分爲概說、文物狀態、文獻狀態、文字狀態和其他;《國圖敦煌遺書編號的歷史與現狀》(《文史》3 期)介紹了敦煌遺書編號的來龍去脈,以正本清源,供研究者參考。另外,方廣錩《敦煌遺書:鮮活勾畫中國古代佛教寺院生態》(《中國社會科學報》8 月 21 日)指出敦煌遺書中保存的各類經論疏釋,反映了中國人如何理解、消化、改造域外傳入的佛教理論;寺院經濟文書、宗教文書、史傳文書等,爲我們勾畫了古代佛教寺院鮮活的宗教生態。

2013 年是"中國敦煌吐魯番學會"成立三十周年,作爲對三十年中國敦煌學研究的獻禮,"十二五"國家重點圖書出版規劃項目《敦煌講座》書系由甘肅教育出版社於 2013 年 11 月出版。此套書系分歷史、地理社會方面,考古、藝術、文學、文物方面,以及文獻、經典、寫本學方面共三個部分,現已出版的包括《敦煌歷史地理》、《敦煌書儀與禮法》、《敦煌文獻避諱研究》、《敦煌石窟藝術總論》、《敦煌的吐蕃時代》、《敦煌道經與中古道教》、《回鶻與敦煌》、《敦煌佛教與石窟營建》、《敦煌變文》、《敦煌三夷教與中古社會》、《敦煌佛典的流通與改造》等,涉及敦煌歷史地理、文字語言、宗教、變文、石窟藝術等諸多門類。

散藏於國外和中國各地方收藏機構的敦煌文物得以披露。王惠民《哈佛大學藏敦煌文物敍錄》(《敦煌研究》2 期)是對哈佛大學收藏的敦煌文物的調查報告,文中同時指出敦煌研究院數字中心的工作人員利用哈佛大學提供的圖像,用數碼技術模擬還原了這些壁畫的原來位置。林玉、董華鋒《四川博物院藏敦煌吐魯番寫經敍錄》(《敦煌研究》2 期)指出四川博物院收藏着一批敦煌、吐魯番寫經,經整理共有 36 卷,編爲 40 個號,作者指出這批寫經流傳有序,內容豐富,涉及 14 種佛經,部分寫經尚存題記、發願文,其中 5 件有明確紀年。鄭阿財《杏雨書屋〈敦煌秘笈〉來源、價值與研究現況》(《敦煌研究》3 期)主要介紹杏雨書屋《敦煌秘笈影片冊》1—9 最新出版的情形,并論述此批收藏品的來源和舉例說明其價值。李芬林、曾雪梅《甘肅省圖書館藏敦煌文獻述評》(《敦煌研究》6 期)對甘肅省圖書館藏敦煌藏經洞文獻的來源、內容特點作了詳細論述,揭示了館藏敦煌文獻所具有的社會歷史研究價值。榮新江《期盼"吐魯番學"與"敦煌學"比翼齊飛》(《新疆日報》4 月 25 日)介紹了吐魯番學的性質和發展狀況,希冀吐魯番學在新的世紀裏開拓一片更加美好的學術天地。

馬德和韓春平對敦煌遺書的數字化建設給予持續的關注。馬德《敦煌文化遺產數字化的一點認識》(《敦煌學輯刊》2 期)指出敦煌文化遺產是人類寶貴的精神財富,敦煌文化遺產的數字化保護是具有戰略意義的措施,敦煌應該爲人類文化遺產的數字化保護做出表率。韓春平《敦煌遺書與數字化》(《敦煌學輯刊》4 期)對作爲世界顯學——敦煌學主要學術資源的敦煌遺書,以及作爲當今科技先導和潮流的數字化的相關情況作了概括和分析。李懷順《再論抗戰時期的西北科學考察團》(《敦煌研究》6 期)依據新資料深入、多方面地論述了西北科學考察團的籌劃、考察日程和主要收穫,探討了考察團成員對西北的認識和開發西北的看法,對於夏鼐的貢獻予以更全面的分析。王冀青《蔣孝琬晚年事迹考實》(《敦煌學輯刊》3 期)主要利用英國藏蔣孝琬檔案對 1908—1922 年間的蔣孝琬晚年事迹進行梳理,通過例示蔣孝琬崇洋媚外、倚洋自重的品行,揭示了近代中國西北文物外流過程中一個不可忽視的內因。

　　"敦煌哲學"的構建成爲本年度的一個熱點問題,受到學界的廣泛關注。范鵬主編的《敦煌哲學》(甘肅人民出版社)是一部關於敦煌哲學研究探討的文集,書中羅列了近年來關於"敦煌學"的若干探索思路和觀點,這些文章有意識地從哲學的角度涉獵敦煌文明,從一個全新的角度研究敦煌學,具有一定的學術創新價值。范鵬《敦煌哲學:如何可能與怎樣可行(上)》(《甘肅日報》11 月 11 日)進一步論證了"敦煌哲學"這一概念究竟在多大程度上是可説的、可信的與可靠的、可行的。除此之外,朱羿《構建"敦煌哲學"有助形成敦煌學學術體系》(《中國社會科學報》10 月 9 日)、張堡《哲學的多義性與敦煌哲學的建構——對"哲學"、"敦煌哲學"及其"敦煌"的哲學精神的討論》(《甘肅社會科學》5 期),均討論了"敦煌哲學"的構建以及哲學多義性及其當代哲學重構的可能進路。

　　敦煌學人方面,柴劍虹《柴劍虹敦煌學人和書叢談》(當代敦煌學者自選集,上海古籍出版社)爲作者數年論文結集,選收作者所寫與敦煌學密切相關的人和書的文章,以及與敦煌學學術背景有關聯的思考文章。白化文《敦煌學與佛教雜稿》(中華書局)涉及作者對敦煌俗文學中講唱文學作品的思考,同時對敦煌學目録和目録工作的創立與發展給予簡述。伏俊璉《胡適敦煌學研究的思維理路——紀念胡適誕辰 120 周年》(《敦煌研究》2 期)指出胡適的敦煌學研究發軔於他對傳統禪宗史料的懷疑態度,而且在對敦煌史料進行解讀的過程中,以史家的科學立場,對敦煌原料的價值極爲重視、充分發掘,以自身革命者的體悟"還原"了菏澤宗大師神會的宗教革命者角色;文章還討論了胡適對敦煌白話文學的研究。馬洪菊《葉昌熾早期金石學成就與潘祖蔭的影響》(《敦煌學輯刊》2 期)認爲晚清民初的金石名家葉昌熾早期的金石學資料收集和研究工作主要受到潘祖蔭的影響和幫助。王新春《傳統中的變革：黃文弼的考古學之路》（《敦煌學輯刊》4 期）通過探討黃文弼的早期學術經歷、考古實踐和研究過程及特點，借以體現在西學衝擊下的中國學人如何完成從傳統向現代變革的學術之路。《絲綢之路》編輯部組織了一批段文傑先生的紀念文章：首先，編輯部回憶了段文傑先生的生平事迹及學術、藝術成就；其次，樊錦詩、郝春文、柴劍虹、趙聲良等多位敦煌學專家學者，從段文傑先生的敦煌文物事業、學術領導、敦煌藝術研究等多個方面深切緬懷了先生的偉大一生。劉進寶、孫寧《池田溫先生與敦煌學研究》（《敦煌研究》3 期）對國際著名的敦煌學專家池田溫先生的教育背景、學術道路和敦煌學著述等做了詳細介紹，并整理池田溫先生的論著目錄，有助於國人進一步了解其學術成就與敦煌學的影響。

二、歷 史 地 理

敦煌史地的研究，主要集中在民族政治史、軍事史、經濟史、家族歷史以及敦煌漢簡等方面。

政治史方面，榮新江《大中十年唐朝遣使册立回鶻史事新證》（《敦煌研究》3 期）結合傳世的詔令、史籍、敦煌發現的《張義潮變文》和西安新出《李潯墓誌》，對於這次事件的全貌，特別是使團被"背亂回鶻"劫奪國信的詳細情形做了深入研究。馮培紅《敦煌大族與西涼王國關係新探》（《敦煌吐魯番研究》13 卷）以隴西大族李暠與外來民衆的關係爲例，探索敦煌大族與西涼王國之間既聯合又疏離的微妙關係及其原因。李正宇《"三危"、"瓜州"、"敦煌"辨》（《絲綢之路》4 期）通過考證發現，"三危"并非敦煌地區的三危山，而指敦煌地區的三座高聳的山峰；"瓜州"上古史與《左傳》所言"瓜州"無關，是漢人"政治需要"及"自矜鄉土"而附會之結果；"敦煌"實爲《山海經》之"敦薨"，屬於月氏語，張騫改之爲"敦煌"。趙青山《試論六至七世紀高昌疫病流行與突厥入侵的關係——以抄經題記爲中心》（《敦煌學輯刊》2 期）指出高昌王室寫經題記中，屢次以"兵革"與"疫病"、"寇賊"與"疫癘"等并提，認爲高昌王國 6—7 世紀疫病的流行極有可能與突厥入侵有關。楊寶玉《涼州失陷前後河西節度使楊志烈事迹考——以法藏敦煌文書 P.2942 爲中心》（《敦煌學輯刊》3 期）針對學界流行的法藏敦煌文書 P.2942 所記被殺害於長泉的副帥爲楊志烈的觀點進行了辯駁，并考證了涼州失陷前後河西節度使楊志烈的事迹及相關西北史事。

對女性政治人物的活動考量，包括陳菊霞《歸義軍節度使夫人翟氏生平事迹考》（《敦煌研究》2 期），作者通過研究認爲翟氏夫人對佛教的熱忱和參與佛事活動的表率作用,極大地推動了敦煌的佛教文化事業,認爲她是繼回鶻天公主之後又一位活躍在敦煌政治文化舞臺上的傑出女性。沙武田《五代宋敦煌石窟回鶻女供養像與曹氏歸義軍的民族特性》(《敦煌研究》2 期)通過比較發現,回鶻裝作爲一種反傳統的現象,回鶻天公主供養像在漢文化圈中堅持本民族的服飾出現在洞窟中,集中反映着曹氏作爲粟特人後裔的文化心理和民族認同。王志鵬《略論武周政治對敦煌文化的影響》(《西夏研究》3 期)通過具體分析唐初佛教地位的變化考察敦煌寫卷中武周時期出現的僞經、祥瑞、抄經、變文和在當時政治影響下所產生的佛教文學作品,探討敦煌石窟的建造、壁畫內容與武周政治之間的密切關係。

曹氏歸義軍的政治方面,黄京《從敦煌歸義軍節度使曹氏死後稱“卒”看其族屬》(《敦煌研究》4 期)以正史對曹氏稱“卒”不稱“薨”的現象爲綫索,通過對比其他同級别的漢官與少數民族官員的死後之稱,結合中國傳統禮法,認爲歸義軍節度使曹氏應爲少數民族。鄭怡楠《敦煌歸義軍節度使曹延恭造窟功德記考釋》(《敦煌學輯刊》3 期)通過研究發現,P. 3542 所記石窟繪製壁畫內容與第 454 窟基本一致,故而此件是敦煌曹氏歸義軍時期曹延恭開鑿第454 窟的修窟功德記。鄭怡楠《敦煌寫本〈河西節度使大王造大寺功德記〉考釋》(《敦煌學輯刊》4 期)經研究認爲,曹議金所造大寺或與三界寺重修有關,且曹議金所造大寺體現了淨土思想在敦煌的流傳,這對我們了解晚唐五代宋初歸義軍政權時期敦煌寺院修建制度與石窟開鑿制度具有很高的價值。俄玉楠、鄭怡楠《敦煌寫本 P. 3350〈都押衙鐫大龕功德記録〉考釋》(《敦煌學輯刊》4 期)通過比較研究,認爲修建第 108 窟的右馬步都押衙與死於後晉時期的前都押衙張懷慶没有關係,也無法肯定《都押衙鐫大龕功德記》所記洞窟就是 939 年中秋鐫成的第 108 窟。此外,利用出土文書研究北宋和元代政治方面,詹静嫻《北宋破章埋史小考》(《敦煌學輯刊》4 期)從時、地、人等方面逐一考證,對北宋破章埋的史實進行了辨析考稽。杜立暉《從黑水城文獻看元代俸禄制度的運作》(《敦煌學輯刊》4 期)通過研究發現,元代俸禄制度中存在請俸程序,請俸呈文具備一定的特徵與書式,元代俸禄的放支時限以月爲基本單位,但在實際運行中又有靈活性及因地制宜的特點。

宗教與政治的關係方面,趙青山《唐末宋初僧職判官考——以敦煌文獻爲中心》(《敦煌學輯刊》1 期)指出研究敦煌僧團判官對於認識敦煌僧官體系特色和中國僧官制度具有重要意義。杜斗城、吴通《敦煌遺書中獨孤皇后施造“一切經”及有關問題》(《蘭州大學學報》1 期)指出獨孤皇后所造“一切經”開創了我國歷史上皇后造寫大藏經的先例,同時結合相關史籍記載,對獨孤皇后造經的建造者、造寫地點,以及組織機構、所據底本、造經數量、寫經流傳情況與歷史影響等問題加以探討。王祥偉《敦煌都司的設置考論》(《敦煌研究》2 期)認爲都司是吐蕃統治敦煌早期,在蕃漢民族矛盾突出、吐蕃推行宗教制度改革等的背景下,爲了更好地管理敦煌地區的佛事事務及對當地蕃漢軍民進行有效的管理而設置的一個機構,在吐蕃歸義軍時期敦煌地區的佛教事務管理中扮演着重要的角色。趙和平《俄藏三件敦煌宫廷寫經初步研究》(《敦煌研究》3 期)指出俄藏敦煌文獻中有三件唐代咸亨至儀鳳中的宫廷寫經殘本,本文判定 Дх. 00160、Дх. 04930 可能同爲《妙法蓮華經》卷七,并對 Дх. 11013 + Дх. 11014 兩號《金剛般若經》五個殘片進行了重新排列。陳開穎《北魏沙門統曇曜地位喪失的再探討——兼與石松日奈子商榷》(《敦煌研究》5 期)認爲曇曜因爲獻文帝所重用而營建鹿野苑石窟,無形中捲入獻文帝與文明太后之間的政爭,從而遭到文明太后的排擠,大約在太和元年(477)至太和三年(479)之間退出了政治舞臺。沈禎雲《論藏區政教合一制形成的教理基礎》(《敦煌學輯刊》4 期)認爲藏區政教合一制是以全民信仰爲前提,通過藏傳佛教的佛性論、"三寶"論、布施理論、上師論與活佛轉世理論的系統構建,以强勢意識形態迫使民衆對教民身份認同超越對世俗身份的認同,從而使世俗權力屈服於宗教權力而形成的一種神權政治體制。

地理方面,劉滿《鳳林津、鳳林關位置及其交通路綫考》(《敦煌學輯刊》1 期)通過探討《法苑珠林》、《通典》和《元和郡縣圖志》等書的相關記載,對鳳林津、鳳林關及其交通路綫進行了考證。劉滿、史志林《漢允吾縣的位置及其在河湟地區交通上的重要地位》(《敦煌學輯刊》3 期)對學術界關於漢允吾縣位置的各種説法進行了述評,探討了小晉興城的位置,還討論了與允吾有關的青海東部地區的古代交通路綫。李岩雲《論敦煌西湖漢長城沿綫烽燧的設置原則》(《敦煌學輯刊》2 期)通過實地考察,對敦煌西湖漢長城沿綫烽燧的設置原則作出新的推斷和認識。鄭炳林、曹紅《漢唐間疏勒河流域的湖澤考》(《蘭州大學學報》5 期)根據歷史文獻記載對漢唐間疏勒河中下游的湖澤進行考證,認爲主要有冥澤、烏澤、涼興胡泊、曲澤和魚澤等,其湮没消失的主要原因是這些地區屯墾和農業發展的影響。李岩雲《敦煌河倉城址考》(《敦煌研究》6 期)就 2005 年河倉城的發現經過及其位置、規模和保存現狀等問題作了詳細考述。

軍事史方面,黄泟青《敦煌文書 S. 5747〈張承奉祭風伯文〉性質再談》(《敦煌研究》2 期)通過比對傳世文獻,認爲 S. 5747《張承奉祭風伯文》應爲金山國建立前歸義軍節度使張承奉祭禱風伯保佑戰事順利的祭文。陳菊霞《陷蕃前的敦煌文書——S. 11287 新探》(《敦煌吐魯番研究》13 卷)從文書的撰寫地、年代、定名、形成的歷史背景、價值及所記沙州史事等五個方面對

S.11287 文書進行新的探討,認爲這件文書是一份直接反映沙州軍民抵禦吐蕃大軍的文書,具有重要的史料價值。程喜霖《樣人考論——以吐魯番唐代樣人文書爲中心》(《敦煌吐魯番研究》13 卷)分析考釋了吐魯番文書中的"樣似""樣人"文書,并就"樣似""樣人"的含義與兵制的關係作出論證。

經濟史方面,孟憲實《䌷布與絲綢——論西州的土貢》(《敦煌吐魯番研究》13 卷)借助傳世文獻和出土文書對西州特產的記載,分析了西州土貢之絲綢和䌷布的興衰歷史。趙莉、周銀霞《"西晉建興元年臨澤縣廷決斷孫氏田塢案册"所反映的河西鄉里制》(《敦煌研究》4 期)指出"西晉建興元年臨澤縣廷決斷孫氏田塢案册"反映了西晉時期的河西地區,口數較少的小家和大口數的家庭同時存在。李方《中古時期西域水渠研究(二)》(《敦煌吐魯番研究》13 卷)依據新發現的材料,對西州高昌縣的水渠名稱及其數量問題進行考補。丁樹芳《〈前秦建元二十年籍〉補説》(《敦煌學輯刊》4 期)從《前秦建元籍》所反映的造籍年限、編造原因、土地登錄情況三個方面對其進行了補説。

家族歷史方面,李森《北朝崔氏家族青州龍興寺造像活動發覆》(《敦煌研究》2 期)通過對有關金石文獻資料的分析考證,鈎沉出北朝高門士族崔氏家族在龍興寺進行造像活動的歷史事實。楊富學、張海娟《蒙古豳王家族與元代亦集乃路之關係》(《敦煌研究》2 期)通過對黑水城元代漢文文書的分析,認爲作爲元代軍事集結地與物資供給地的亦集乃路以其特殊的地理位置,成爲元朝西北邊防綫上的重要軍事堡壘,而活躍於西陲重地的豳王家族一直與其保持着密切的聯繫,互相引以爲援,從而進一步鞏固了西北邊防。馬强、潘玉渠《隋唐時期敦煌令狐家族譜系考略》(《敦煌研究》6 期)以歷史文獻與新出土唐代墓誌資料爲依據,對隋唐令狐氏家族的來歷、世系和遷徙作了考訂。

學界對敦煌懸泉漢簡的持續關注在本年度亦有體現。吕志峰《敦煌懸泉考論——以敦煌懸泉漢簡爲中心》(《敦煌研究》4 期)通過研究認爲,懸泉置受到敦煌、效穀兩級政府的雙重領導,以郡領導爲主,級别大致與縣相同,主官爲嗇夫,懸泉置的功能包括郵件傳遞、提供餐飲住宿以及緝捕、監察等。高啓安、沈渭顯《漢居延所在置㬉——以居延里程簡 E. P. T59:582 爲中心》(《敦煌研究》5 期)認爲漢代遺址老婆子水地處東西大道上,路徑平闊,遺址面積較大,與白茨水兩者距離漢媼圍古城相近,此處纔應是居延置所在。羅見今、關守義《〈肩水金關漢簡(壹)〉紀年簡考釋》(《敦煌研究》5 期)根據農曆月朔干支的周期性和出土紀年簡的上下時限,考釋其中 26 枚有問題的紀年簡;據 73EJT9:10 號簡單記録,對今用曆譜始元七年閏三月存疑。

三、社　　會

敦煌社會的研究，主要涉及占卜文化、羣體觀念和行爲、兒童生活、衣食住行、禮制文化等方面。關長龍《敦煌本堪輿文書研究》（中華書局）分爲唐五代堪輿信仰研究、敦煌本堪輿文書校錄兩個部分。主要內容包括：唐五代堪輿信仰述略，以敦煌文獻爲中心的堪輿術考察以及唐五代堪輿著述的輯略等。王晶波《敦煌五兆卜法文獻的綴合與定名》（《敦煌學輯刊》4 期）在中外學者的研究基礎上，對敦煌五兆卜法文獻的殘卷進行進一步的比勘梳理，又綴合了四件殘卷，并就其定名和系統提出了新的看法。翟旻旻《德藏吐魯番出土 Ch. 1635 文書研究》（《敦煌研究》5 期）通過對德藏吐魯番出土 Ch. 1635 文書進行錄文和研究，認爲其爲術士所用周易納甲筮法手册的一部分，應定名爲《周易納甲占殘片》。

羣體觀念與行爲方面，陳敬濤《敦煌吐魯番契約文書中的羣體及其觀念、行爲探微》（中國政法大學出版社）將全書分成四個部分，從法律的角度對敦煌吐魯番中契約文書的羣體及其觀念和行爲進行論述。陳繼宏《從出土文獻看蕃佔時期敦煌的奴婢》（《敦煌學輯刊》4 期）認爲蕃佔時期敦煌的奴婢除原有奴婢、雜户外，主要有兩大來源：一是唐蕃戰爭中的唐朝戰俘以及被抄掠爲奴的普通民衆；二是民間人口買賣中淪爲奴婢的貧苦百姓。羅海山《唐宋敦煌七月"恩赦"條款考論》（《當代法學》2 期）認爲唐宋敦煌契約中"恩赦"條款是對國家法律效力的排除和否定，以確保雙方當事人所立契約的效力及順利履行。

楊秀清對敦煌石窟壁畫中的古代兒童生活研究成果頗爲豐富，其《敦煌石窟壁畫中的古代兒童生活研究（一）》（《敦煌學輯刊》1 期）、《敦煌石窟壁畫中的古代兒童生活（二）》（《敦煌學輯刊》2 期）、《敦煌石窟壁畫中的古代兒童生活（三）》（《敦煌學輯刊》3 期）、《敦煌石窟中的兒童圖像考察簡報》（《敦煌學輯刊》4 期）等在對敦煌石窟壁畫進行系統調查的基礎上，通過對壁畫中兒童生活圖像的分析，揭示了中古時期兒童生活的知識與思想；同時指出敦煌石窟壁畫中的兒童遊戲圖像以唐宋時期居多，其中形象多以男童爲主，是現實生活中兒童活動的反映。韓鋒、高情情《魏晉南北朝時期儒學在河西地區發展的原因及影響》（《敦煌學輯刊》2 期）指出在少數民族正確的大力宣導下，儒學在河西一帶得到了廣泛傳播與長足發展，更爲重要的是，儒學在河西地區的發展極大地促進了當地經濟、文化、政治的進步，爲以後北魏乃至隋唐時期文化的發展打下了良好的基礎。

衣食住行方面，胡同慶、王義芝《敦煌古代衣食住行》（甘肅美術出版社）

一書分爲衣飾、飲食、居住、出行四個部分,融通俗性、知識性、學術性爲一體,具有很强的可讀性。禮制文化方面,吳麗娛《"中祥"考》(《敦煌吐魯番研究》13 卷)通過詳細考證,認爲從喪禮程式而言,祥忌依時而行的體統秩序確立於前,儒家禮制與佛道結合的齋祭兩存形式表現於後,構成了中古喪禮的基本脈絡。吳羽《敦煌文書〈陰陽書·葬事〉補正數則》(《敦煌研究》2 期)對敦煌《陰陽術·葬事》文書中的一些錯誤進行補正,以便於將來利用它來研究唐宋的葬日問題。常萍《再論吐魯番出土隨葬衣物疏中的"蹹麹囊"》(《敦煌學輯刊》2 期)對吐魯番出土隨葬衣物疏中的"蹹麹囊"的釋義提出不同看法。王曉燕《敦煌本〈刺史書儀〉中之"俵錢去處"考釋》(《敦煌學輯刊》3 期)指出敦煌本《刺史書儀》中的文範"俵錢去處",似指唐時期刺史等地方官在京辦事時需要打點的費用。張新國《唐代前期寡婦户籍"合籍"現象探析——以敦煌吐魯番籍帳文書爲例》(《敦煌學輯刊》3 期)結合寡婦户籍文書以及相關史料,探討了唐代前期寡婦合籍產生的原因。高啓安《"羖羊"及敦煌羊隻飼牧方式論考》(《西北民族大學學報》2 期)指出:羖羊不僅提供用於精紡的羊絨,而且提供用於製革的皮張,還是敦煌乳品的主要提供者。

四、宗 教

本年度敦煌宗教研究主要涉及佛教、道教、摩尼教、景教等方面。

佛教史方面,石小英《八至十世紀敦煌尼僧研究》(人民出版社)從佛教在敦煌的傳播與發展、敦煌尼僧及其教團組織的形成、敦煌尼僧的佛事活動等八個方面對8—10 世紀的敦煌尼僧進行深入探討。李正宇《再論晚唐五代北宋時期的敦煌佛教》(《南京曉莊學院學報》6 期)認爲敦煌世俗佛教的性質、特點基本上可以概括爲:入世合俗、戒律寬鬆;既求來世,尤重今生;亦顯亦密,亦禪亦淨,和合衆派,兼容諸宗;諸《經》皆奉、無別僞真。陳雙印、張郁萍《唐代佛教分期問題研究》(《敦煌學輯刊》4 期)認爲唐武宗滅佛使整個王朝境内的佛教都遭受到沉重打擊,成爲唐代佛教發展的分水嶺。董華鋒、何先紅《益州佛教與梁武帝經略益州相關史事述論》(《敦煌學輯刊》2 期)指出梁武帝對益州實施的是一種軍事、政治、經濟與宗教等多方面聯動的複合經略政策。賴文英《唐代華嚴法界救度思想的開展——兼論榆林窟第 25 窟盧舍那佛與藥師、地藏的組合》(《敦煌學輯刊》1 期)指出唐代法界人中像與藥師佛、地藏菩薩產生或對應或組合的關聯,反映出華嚴救度思想與當時思潮的結合,榆林窟第 25 窟盧舍那佛與藥師、地藏的組合,與法界人中像所傳達的概念一脈相承。礪波護著,韓昇譯《天壽國和重興佛法的菩薩天子》(《敦煌學輯刊》1 期)通過研究發現,日本三井文庫所藏的《華嚴經》是僞寫經,而"西方天壽國"根本不存在,重興佛法的菩薩天子是隋文帝。曾良《有關〈恪法師第一抄〉雜考》(《敦煌吐魯番研究》13 卷)對窺基《妙法蓮華經玄贊》的疏解《恪法師第一抄》與"第一抄"的關係進行了辨析,并指出類似的佛經疏抄具有重要的學術價值。

淨土思想的研究方面,王惠民《西方淨土變形式的形成過程與完成時間》(《敦煌研究》3 期)對西方淨土變構圖形式進行了考察和分析,有助於我們對佛教美術發展的理解。百橋明穗《日本的阿彌陀淨土圖與敦煌的淨土變》(《敦煌研究》3 期)以呈現不同地域與時代的阿彌陀淨土造像表現差異爲目的,希望通過日本古代的作品和敦煌莫高窟壁畫的不同,說明兩國阿彌陀淨土的造型差異及其背後不同的淨土觀。

三階教的相關研究,梁旭澍、王海雲、王惠民《敦煌研究院藏三階教文獻〈三階觀法略釋〉殘卷》(《敦煌研究》4 期)研究認爲敦煌研究院藏 D. 0135 是三階教文獻,但其内容不能與現存的三階教文獻相對應,文章通過對現存三階教文獻的考察,推測 D. 0135 可能是《三階觀法略釋》的一部分。楊學勇《法藏敦煌文獻 P. 2550 號與三階教的鬥爭問題》(《宗教學研究》1 期)依據法藏文獻 P. 2550 所載,對三階教所遭受的具體教義方面的非難做了分析。

佛教典籍方面,錢光勝《試論〈西藏度亡經〉與敦煌寫本〈閻羅王授記(十王)經〉的關係》(《西藏大學學報》1 期)從年代、内容及功用等方面對兩個文本進行分析比較,表明兩經之間的相同點頗多,可能與安史之亂後吐蕃王朝統治時期漢藏兩地的文化交流有關。湯君《俄藏黑水城文獻之漢文〈阿含經〉考論》(《敦煌學輯刊》2 期)對俄藏漢文文獻中保存的八種《阿含經》的殘卷情況加以清理,發現它們主要是西夏人重刻本。郭俊葉、張小剛《敦煌文獻〈佛說五無返復經〉研究》(《敦煌吐魯番研究》13 卷)對敦煌文獻中《佛說五無返復經》的寫本概況、版本問題等進行了考證。李翎、馬德《敦煌印本〈救產難陀羅尼〉及相關問題研究》(《敦煌研究》4 期)指出敦煌印本《救產難陀羅尼》和寫本《難月文》、《佛頂心觀世音經》都是佛教對於人類生育問題的關注,也是民間觀世音信仰的重要内容之一。韓春平《浙博藏〈根本説一切有部毘奈耶雜事〉獻疑》(《敦煌學輯刊》1 期)在考察浙博藏《根本説一切有部毘奈耶雜事》的基礎上,傾向於認爲本號文書不屬於敦煌文獻的範疇。董大學《俄藏號〈稍釋金剛科儀要偈三十二分考辨〉》(《寧夏大學學報》1 期)以俄藏號寫本爲對象,從其外觀、字形、時代、内容諸方面進行研究,認爲其并非敦煌寫本,而可能是黑水城寫本,内容上當屬《金剛經》科儀類文獻的早期形態。

對道教文獻的關注和考證,主要包括《太上洞淵神咒經》的輯校、"靈寶五符"的演化和衍生、《靈寶經目》、古靈寶經的分類及關係、《抱朴子殘卷》的傳世經緯等。葉貴良《敦煌本〈太上洞淵神咒經〉輯校》（中國社會科學出版社）認爲《太上洞淵神咒經》反映了當時人們的世界觀、價值觀及生活風貌，蘊含着豐富的宗教、民族、傳統、文化和語言資料，是研究唐代宗教政策和社會發展狀況的重要資料，對考察道教的多源性具有較大的價值。劉屹《符文、真文與天文——論"靈寶"概念的不同表現》（《敦煌吐魯番研究》13 卷）對古靈寶經中，"靈寶五符"的概念是如何進一步演化和衍生的進行了詳細的探討。王承文《敦煌本〈靈寶經目〉與古靈寶經的分類及其內在關係考釋之二》（《敦煌學輯刊》2 期）認爲敦煌本《靈寶經目》原有的"元始舊經"和"新經"的分類，更加符合古靈寶經的實際情況，而古靈寶經無論是"元始舊經"還是"新經"，均爲"葛氏道派"創作。王卡《敦煌本〈抱朴子殘卷〉的傳世經緯》（《敦煌學輯刊》3 期）通過考證發現，敦煌本《抱朴子殘卷》應爲唐代抄本，而非羅振玉等所謂六朝寫本，具有極高的文獻和藝術價值。劉永明《P. 3562V〈道教齋醮度亡祈願文集〉與唐代的敦煌道教（一）》（《敦煌學輯刊》4 期）對 P. 3562V《道教齋醮度亡祈願文集》所反映的唐代道教齋事活動進行了一定的考察，分析了這一時期道教齋醮活動的內容和特點。

摩尼教、景教方面，林悟殊《京藏摩尼經開篇結語辨釋》（《西域研究》2 期）考察京藏敦煌摩尼教寫經（宇 56），認爲其主題內容產生於武則天在位年代（690—705），而寫卷的製作不可能早於晚唐。林悟殊《敦煌摩尼教文書日月神名辨》（《敦煌吐魯番研究》13 卷）從日光佛與日光明使、月光明使等方面就敦煌摩尼教寫卷有關日月神之稱謂及其意涵與學界流行的一些觀點進行商榷。彭金章《敦煌新近發現的景教遺物——簡述藏經洞所出景教文獻與畫幡》（《敦煌研究》3 期）通過敦煌莫高窟北區新近發現兩件的景教遺物，認爲宋、西夏、元代的敦煌有景教徒存在，而早年藏經洞發現的公元 9—11 世紀的 7 件景教文獻、畫幡，無疑是當時敦煌有景教徒的證據。沈騫《從〈沙州圖經〉所記敦煌祆舍談〈晉書·石季龍載記下〉所謂之"胡天"》（《敦煌學輯刊》3 期）認爲《晉書·石季龍載記下》多記"胡天"是匈奴祭天，爲一種廣泛流行於草原遊牧民族中的原始天體崇拜信仰。

寺院經濟和民俗佛教方面，魏迎春、鄭炳林《晚唐五代敦煌佛教教團僧尼違戒蓄財研究》（《敦煌學輯刊》2 期）通過對敦煌地區的地理位置、外來宗教、吐蕃統治的影響等多角度進行分析研究，認爲從中可以看出晚唐五代敦煌僧尼違戒蓄財的深層社會原因，同時還與敦煌地緣特點和晚唐五代敦煌佛教的發展趨勢及敦煌地區其他宗教對佛教的影響有關。李文才《從飲酒看晚唐五代宋初敦煌佛教的世俗化——以 S. 6452 - 5 號文書爲中心的考察》（《陝西師範大學學報》2 期）指出，敦煌文書 S. 6452 - 3、S. 6452 - 5 號所反映的北宋初年淨土寺常住酒庫酒水支出賬目,是爲敦煌佛教世俗化傾向的明顯表徵。王慧慧《從 P.3364〈某寺面油破歷〉看民俗佛教的一些特點——民俗佛教認識之二》(《敦煌研究》4 期)從民俗佛教的角度考察 P.3364《某寺面油破歷》,指出此殘卷具有民俗佛教的基本特徵,是研究民俗佛教的重要資料。張先堂《一件珍貴的唐五代敦煌俗家弟子誦經録——敦煌研究院藏 D0218 號殘卷新探》(《敦煌研究》6 期)首次對敦煌研究院藏 D0218 號殘卷勘佈録文,考證此卷爲唐五代敦煌俗家弟子誦經録,并引申論證此卷反映了唐五代俗家弟子的結社誦經、試經活動。李翎、馬德《敦煌白傘蓋信仰及相關問題》(《敦煌學輯刊》3 期)通過譯經和敦煌地區當時流行的白傘蓋抄本印畫得知,至少在 8 世紀漢地白傘蓋信仰就已經廣泛傳播,大量的"置傘文"也説明民間的白傘蓋信仰曾十分普遍。

　　寫經用紙及寺學方面,趙青山《敦煌寫經道場紙張的管理》(《敦煌學輯刊》4 期)通過對寫經道場紙張的管理考察,指出紙張出入記録前後關聯,是寫經道場紙張管理的重要依據。李曉岑、賈建威《甘肅省博物館藏敦煌寫經紙的初步檢測和分析》(《敦煌學輯刊》3 期)通過外觀觀察和纖維分析等方法,對甘肅省博物館藏 19 件北魏到唐代敦煌寫經紙進行考察,鑒定分析表明:敦煌經卷多爲抄紙法生產的古紙,簾紋明顯,纖維分佈均匀。史淑琴、王東《晚唐敦煌吐蕃居民宗教地位變遷研究》(《甘肅社會科學》4 期)指出歸義軍政權處理複雜的民族關係時採用的宗教地位確認方法,爲各民族的精神層面上的和平共處、宗教上的統一認識和文化上的最終融合奠定了基礎。張永萍《吐蕃統治時期的敦煌寺學》(《西藏研究》2 期)認爲吐蕃佔領敦煌時期,寺學教育逐漸代替了唐以來地方州縣學教育,寺學教育對於打破貴族壟斷教育、使教育面向大衆傳播和普及文化知識等均產生了重要影響。

五、語 言 文 字

　　敦煌語言文字的研究成果頗爲豐富,内容涵蓋敦煌社會經濟文獻詞語、西北方言、敦煌文獻校勘方法、漢藏對音等多個方面。張小艷《敦煌社會經濟文獻詞語論考》(上海人民出版社)是關於敦煌社會經濟文獻語言研究的專題著作,對 130 餘條詞語的考釋大多論證確鑿、考證周詳,糾正了不少誤釋,具有很高的學術水準和重要意義。敏春芳《敦煌願文詞彙研究》(民族出版社)探討了敦煌願文詞彙的構成、敦煌願文中的新詞新義及成語、敦煌願文詞彙的雙音化、敦煌願文中的委婉詞等重要問題。有關敦煌語詞總括性的研究,楊小平《敦煌文獻詞語考察》(中國社會科學出版社)一書選擇敦煌文獻詞語作爲考察對象,因爲該材料真實地反映了漢語語言的實際情況,是研究近代漢語的絕佳材料,是可以充實漢語史的資料。張涌泉《敦煌文獻校勘方法例釋》(《敦煌吐魯番研究》13 卷)舉例説明了敦煌文獻的四種校勘方法：對校、他校、本校和理校。高田時雄著,史淑琴譯《古代西北方言的下位變體》(《敦煌研究》2 期)通過研究發現,藏文對音、回鶻字音、西夏語等材料表明古代西北方言中確實存在一些明顯的變體。米勒著,史淑琴譯《關於敦煌漢藏對音的幾個問題》(《西北語言與文化研究》一輯)通過分析敦煌漢藏對音材料中書面藏語和中古漢語的對應關係、藏文小詞尾的同化前置源頭等問題,認爲傳統拼寫法的文字轉寫不同於一種語言的語言轉寫,這是由藏語系特點決定的。史淑琴《敦煌漢藏對音中部分溪母字讀見母音的現象》(《南開語言學刊》1 期)對漢藏對音材料中溪母字的藏文譯音進行了整理,發現存在部分溪母字的藏文譯音與見母字的相同,認爲可能是那時當地漢語方言中部分溪母字與見母字的讀音混同。

張小艷《敦煌社邑文書詞語輯考》(《敦煌吐魯番研究》13 卷)對敦煌文獻社邑文書中的不易理解而辭書又失載或已收載但釋義不確,例證極爲滯後的詞語進行輯考。張小艷《“不辦承料”辨正》(《文史》1 期)對敦煌歸義軍時期的請田文書中“不辦承料”的前賢釋義進行辨正,并作出新的解析。田啓濤《敦煌道經詞語例釋》(《敦煌研究》5 期)選取了敦煌道教文獻中的一些語詞,從語言學和宗教文化的角度對這些詞語的語義進行了分析探討。于淑健《敦煌古佚和疑僞詞語新探》(《語言研究》3 期)擇取敦煌古佚和疑僞經中的“顧録”、“頓乏”、“懺謝”、“蕩盡”、“津通”、“輕突”、“五摘”等詞語試加考釋。葉嬌《敦煌文獻異稱現象研究——以服飾詞爲例》(《浙江師範大學學報》3 期)指出,敦煌文獻中大量存在的異名別稱不僅反映出唐五代時期語言的燦爛,更折射出當時當地宗教文化的極大興盛。劉瑤瑤《敦煌碑銘贊佛教詞語詁解》(《甘肅社會科學》1 期)對敦煌碑銘贊文書中收録的大量佛教詞語予以考釋。譚世寶《“獦獠”的音義形考辨》(《敦煌研究》6 期)列舉了“獦獠”一詞的出處和研究者的分歧,認爲“獦獠”并非對惠能的“侮稱”或“貶稱”,而從中透露了惠能成佛的偉大革命意義。竇懷永《略論大型字典對唐諱字形的收録——以〈漢語大字典〉第二版爲例》(《敦煌研究》2 期)借助敦煌寫卷中多樣的唐諱字形,以《漢語大字典》第 2 版爲例,從收集、考釋兩方面略論其可待完善之處。王宏理《關於〈浙藏敦煌文獻〉中的古筆題最澄書》(《敦煌研究》5 期)據最澄原作,比較後確定《浙藏敦煌文獻》中古壁畫題非最澄書,也非日本古寫本,而是我國唐代人所書。孔德衆、張俊民《漢簡釋讀過程中存在的幾類問題字》(《敦煌研究》6 期)從簡牘文字的多筆、減筆、偏旁部首位移、合文四個方面的不同形式,分別敍述了簡牘文字的書寫方式及給今天釋文帶來的不利影響;同時認爲書寫環境和文字書寫者的習慣導致上述現象的存在。

六、文　　學

學界對敦煌文學的關注點集中在對敦煌文學史的探討,以及對敦煌佛教文學的研究。顏廷亮《敦煌文學千年史》(人民文學出版社)彙集作者自身多年來的研究成果,對敦煌文學從形成、發展、繁榮到消亡的變化過程作了深入系統的剖析。陳燦《敦煌文學:雅俗文化交織中的儀式呈現》(中國社會科學出版社)把敦煌民間儀式與敦煌文學分爲四個層面進行論述,并通過對敦煌民俗儀式展演過程的立體探討,來挖掘文學在其生產、生存的過程中的作用,這相當於敦煌文學的生態學研究。王志鵬《敦煌佛教歌辭研究》(高等教育出版社)從"敦煌歌辭"的根源入手,對敦煌佛教歌辭與民間歌唱、佛教雜曲歌辭、釋門偈頌歌讚、變文中的佛教歌辭等進行了細緻、全面的考察和辨析。

同時,對敦煌文學的研究還集中在"唱導文學"與"俗講文學"的含義、講經文的演變、詞話的發展等多個專題。鄭阿財《試論敦煌"唱導文學"與"俗講文學"之名義》(《敦煌吐魯番研究》13 卷)從"俗講文學"和"唱導文學"的提出及歷史考察、日本"唱導文學"的現象歸納、以"唱導"聯繫敦煌佛教文獻的意義等多個方面探討了敦煌"唱導文學"與"俗講文學"的含義和關係。朱鳳玉《羽 153V〈妙法蓮華經講經文〉殘卷考論——兼論講經文中因緣譬喻之運用》(《敦煌吐魯番研究》13 卷)對羽 153V《妙法蓮華經講經文》的內容與性質進行了釐清,同時闡述了此講經文殘卷在解讀佛教唱導"雜序因緣,旁引譬喻"與俗講"說緣喻"的意義。荒見泰史《遊僧與藝能》(《敦煌吐魯番研究》13 卷)探討了日本藝能"延年"與遊僧、僧侶與歌舞的關係,并從唱導、講經資料來發掘其在 9 世紀的變化,進而論及僧侶的遊歷和藝能。程毅中《〈季布罵陣詞文〉與詞話的發展》(《敦煌吐魯番研究》13 卷)通過詳細論證認爲,從《季布罵陣詞文》到長篇的彈詞和子弟書,體現了敍事詩從民間詞話到文人擬作,又回到場上演唱的歷史過程。

敦煌文學的研究內容還涉及童蒙文學、詩歌、戲劇、寶卷、俗賦等多個方面。張新朋《敦煌寫本〈開蒙要訓〉研究》(中國社會科學出版社)一書分爲上、下兩篇,以敦煌文獻中的《開蒙要訓》爲研究對象,并對其進行較爲全面的整理和研究。劉雁翔《杜甫〈石龕〉詩與八峰崖石窟》(《敦煌學輯刊》1 期)把握詩作情景,結合相關資料綜合考察,認爲《石龕》所詠就是八峰崖石窟。張蓓蓓《黑水城抄本〈千家詩〉殘頁考》(《敦煌學輯刊》2 期)認爲黑水城文獻中M1·1230—M1·1234《千家詩》反映了從劉克莊過渡到王相注釋本的部分面貌,印證了《千家詩》在宋元時代經歷不斷增補的過程。喻忠傑、劉傳啓《敦煌所見三種戲劇寫本謭論》(《敦煌學輯刊》3 期)認爲敦煌所見《茶酒論》、《下女夫詞》和 S.2440V-2 三個寫本均與中國古代早期戲劇相關,三個短劇劇本可以證明唐代有撰寫戲劇和編製劇本的史實。張馨心《河西寶卷與河西講唱文學關係——以〈方四姐寶卷〉爲例》(《敦煌學輯刊》1 期)通過比較分析《方四姐寶卷》不同版本和地方曲藝演唱的同類故事,認爲寶卷同一故事的演唱,可因地域、時間、講唱者的因素,人物、情節適當增減。郭麗《〈兔園策府〉考論——簡論唐代童蒙教育的應試性傾向》(《敦煌研究》4 期)指出《兔園策府》是高級階段的童蒙教育用書,它反映了唐代童蒙教育材料爲科舉服務的特徵和童蒙教育的應試性傾向。金少華《P.2528〈西京賦〉寫卷爲李善注原本考辨》(《敦煌研究》4 期)通過對《西京賦》寫卷正文與注文用字歧異條目的全面考察,揭示出《文選》李善注引書“各依所據本”、以就注本替換蕭統原帙《選》文、參酌蕭《選》原本用字補釋舊注本等李注體例,考定寫卷爲李善注原本。陽清《〈古小説鈎沉〉徵引敦煌類書殘卷考實》(《敦煌研究》5 期)通過考察《敦煌類書》、《〈古小説鈎沉〉手稿》、《魯迅手稿全集》等資料,使讀者一方面可以看到敦煌遺書對於唐前古小説文獻的保存之功,另一方面不由驚嘆魯迅在收藏和利用敦煌文獻方面的興趣與卓識。張新朋《大谷文書中十三則〈千字文〉殘片之定名與綴合》(《敦煌研究》5 期)新認定了大谷文書中前人未曾定名或未能準確定名的 13 塊《千字文》殘片,并將其與其他《千字文》寫卷之間的關係略作梳理。

七、藝　　術

敦煌藝術研究主要涉及壁畫、石窟、圖像、題記等方面。王建疆《反彈琵琶——全球化背景下的敦煌文化藝術研究》(中國社會科學出版社)一書分爲“從全球化看敦煌藝術再生”、“從全球化看敦煌藝術的美學精神”、“全球化背景下的敦煌藝術寫作”、“從全球化看敦煌藝術中的宗教意藴”等方面對敦煌學予以全新解讀和探討。常沙娜《虛畫誤真　實學興新——如何真正繼承與弘揚中國傳統文化藝術》(《敦煌研究》3 期)指出在當下的藝術界,已有越來越多的藝術工作者重視從文化藝術中汲取營養,在創作中借鑒和繼承傳統,但也有些人投機取巧,對創作不夠認真。作者倡導藝術工作者要真誠,做學問要實在。李其瓊《再談敦煌壁畫臨摹》(《敦煌研究》3 期)指出有序的壁畫臨摹工作從國立敦煌藝術研究所開始,到今日的敦煌研究院,已有近七十年從不間斷的壁畫臨摹歷史。胡同慶《論悲慘與悲壯之差異——簡論敦煌早期佛教藝術內涵并與李澤厚先生“悲慘世界論”商榷》(《敦煌研究》2 期)從壁畫佛經內容、歷史社會背景以及當時的政治、經濟與宗教的關係等方面分析,指出李澤厚先生關於敦煌早期佛教藝術是"悲慘世界"的反映、宗教和宗教藝術是苦難者的呻吟等觀點的片面性,認爲人們信仰宗教的原因很多,宗教藝術的内容也非常豐富。殷博《用現代構成理論解讀敦煌圖案的組織形式》(《新疆藝術學院學報》1 期)認爲現代構成理論與敦煌圖案雖然相隔時間和空間的巨大鴻溝,可它們之間的藝術聯繫是必然存在的,這種聯繫爲我們繼承和利用古代圖案藝術鋪設了更廣闊的舞臺。

壁畫方面,李建隆《敦煌壁畫中的樂舞演出與演出空間》(上海書店出版社)一書根據"敦煌樂舞壁畫"來檢視當時的佛教演劇發展史,以及當時人們的信仰與娛樂生活,及其心中對於佛國世界的嚮往。2013 年 7 月,由文物出版社出版的《中國古代壁畫經典高清大圖系列》對敦煌莫高窟不同時段的經典洞窟進行拍印和出版,可使讀者更清晰地了解敦煌莫高窟的歷史和傳承。于碩《甘穀縣華蓋寺石窟唐僧取經壁畫初探》(《敦煌研究》4 期)一文從三個方面着手,依據壁畫内容對人物進行簡要分析,并將華蓋寺取經壁畫與其他相似的取經圖像進行對比,從而分析壁畫的繪製時間,對唐僧取經壁畫的出現位置、内容和傳播綫索進行簡要的概括和梳理。劉玉權《肅南裕固族自治縣上石垻河石窟的西遊記故事壁畫》(《敦煌研究》3 期)對張掖市肅南縣上石垻河石窟的西遊記故事畫進行調查研究,并對其内容作了初步介紹。郭俊葉《敦煌壁畫、文獻中的"摩睺羅"與婦女乞子風俗》(《敦煌研究》6 期)通過研究認爲敦煌壁畫中的嬰偶像與文獻中的"摩睺羅",是乞子風俗在敦煌佛教中的反映。

經變圖方面,張善慶《涅槃經變、金光明經變抑或降魔成道圖——甘肅馬蹄寺石窟羣千佛洞第 1 窟北朝壁畫考(二)》(《敦煌學輯刊》1 期)結合地神圖像榜題和梨車供養人榜題、佛教經典以及圖像資料,對壁畫内容作了嘗試性考釋。米德昉《敦煌壁畫西方淨土變與藥師淨土變對置成因分析》(《敦煌研究》5 期)指出西方淨土變與藥師淨土變多繪於主室南、北壁,呈對置之勢,這種範式表達了彌陀與藥師二法門的有機融攝和互補,又彰顯了佛教對世俗凡衆死生兩極的無微關懷。武海龍《敦煌莫高窟第 31 窟金剛經變説法圖主尊探微》(《敦煌學輯刊》2 期)通過對莫高窟第 31 窟建窟年代以及三位重要高僧生平和佛法思想的考證,論證該鋪經變説法圖主尊爲盧舍那佛,并非受到澄觀教禪合一思想影響而出現,而是禪宗對華嚴學的吸收,抑或是華嚴宗與南禪宗在敦煌地區影響力的此消彼長的結果。張元林《敦煌〈法華經變·藥王菩薩本事品〉及其反映的"真法供養"觀》(《敦煌學輯刊》4 期)首先對敦煌《法華經變》中的《藥王菩薩本事品》畫面進行了系統梳理,并在此基礎上對該品畫面中的"焚身"、"燃臂"情節作了初步探討。

圖像方面,潘亮文《敦煌唐代的文殊菩薩圖像試析》(《敦煌研究》3 期)透過對現存敦煌文殊作品的觀察,考量其所在位置,歸納作品構成形式與圖像元素的發展概況。李森《青州龍興寺造像北齊大盛原因考》(《敦煌學輯刊》2 期)認爲青州城是高齊王朝的第三大政治中心,其地佛法易盛,爲當時龍興寺佛教造像大盛的主要原因。佐藤有希子著,牛源譯《敦煌吐蕃時期毗沙門天王像考察》(《敦煌研究》4 期)指出敦煌地區吐蕃時期毗沙門天文像表現形式獨特,經常與觀音、地藏等組合出現,而這一時期的圖像,對於時代和地域較爲廣泛的毗沙門天王像研究,具有不可回避的重要作用。劉永增《敦煌石窟摩利支天曼荼羅圖像解說》(《敦煌研究》5 期)通過研究認爲,宋代天息災等印度高僧在中原弘傳密教翻譯經典,不但給予中原的宋代密教以直接的影響,而且還對西夏時代的敦煌佛教產生了深遠的影響。張景峰《莫高窟祥瑞白狼塑像考察》(《敦煌研究》5 期)對現藏於俄羅斯埃爾米塔博物館的莫高窟第 321 窟的兩尊動物原塑以及該窟現存塑像等問題進行詳細的考察,認爲兩尊原塑動物是祥瑞白狼,進入莫高窟的洞窟中與敦煌陰氏家族的陰守忠有關。王瑞雷《西藏西部東嘎 1 號窟法界語自在曼荼羅圖像與文本》(《敦煌研究》5 期)以東嘎 1 號窟法界語自在曼荼羅壁畫爲對象,梳理與該曼荼羅相關的藏文文獻,釐清 11 世紀初至 12 世紀中晚期在西藏西部流行的以四面八臂白色文殊菩薩爲主尊的法界語自在曼荼羅圖像與所據文本之間的關係。阮麗《莫高窟天王堂圖像辨識》(《敦煌研究》5 期)主要對天王堂上部穹隆體壁畫進行了考證,認爲其內容是依據法賢譯《佛說瑜伽大教王經》的同本梵文原典《幻化網大憚持特羅王》所繪的,同時認爲天王堂圖像的釋讀對敦煌乃至中原宋代後期密教的研究具有重要的作用。王中旭《敦煌吐蕃晚期〈普賢行願圖〉、〈普賢并萬菩薩化現圖〉與相關問題研究》(《中國國家圖書館館刊》10 期)在考證敦煌吐蕃晚期《普賢行願圖》、《普賢并萬菩薩化現圖》的基礎上,探討了普賢信仰與五臺山信仰之間的關係,以及禮懺佛事對普賢像的流行所起的推動作用。王敏慶《榮耀之面:南北朝晚期的佛教獸面圖像研究》(《敦煌吐魯番研究》13 卷)對佛教藝術中的獸面圖像的身份,以及其與粟特墓葬中獸面的關係,此類獸面在中國的流傳情況進行了初步探討。張元林《敦煌、和闐所見摩醯首羅天圖像及相關問題》(《敦煌研究》6 期)對敦煌、和闐兩地的"摩醯首羅天"圖像進行系統的梳理和介紹,并對兩地的摩醯首羅天圖像進行比較,認爲二者總體上屬於不同的圖像系統。

利用石窟研究歷史方面,沙武田《吐蕃統治時期敦煌石窟研究》(中國社會科學出版社)一書分上、中、下三篇,每篇各有側重,上篇屬於綜合研究篇,中篇是石窟營建研究篇,下篇是個案研究篇,全書從一個側面反映出敦煌在中西文化交流和多民族文化交流中的特殊意義。沙武田、李國《敦煌莫高窟第 3 窟爲西夏洞窟考》(《敦煌研究》4 期)對窟内史小玉題記作了辨析,結合窟内壁畫内容及其藝術風格特徵,聯繫敦煌石窟元代和西夏時期的洞窟營建等時代特徵,認爲莫高窟第 3 窟爲西夏洞窟,而非元窟。趙曉星《莫高窟第 361 窟與周邊中唐洞窟之關係——莫高窟第 361 窟研究之九》(《敦煌研究》5 期)以莫高窟第 361 窟爲中心,在實地考察的基礎上,討論了莫高窟第 361 窟與第 359、360 窟及周邊其他中唐洞窟的關係,進而認爲南區北端洞窟羣是莫高窟中唐晚期最爲重要的從事密教活動的區域。李正宇《吸納消化 化彼爲我——談莫高窟北朝洞窟"神話、道教題材"的屬性》(《敦煌研究》3 期)認爲莫高窟第 249、285、297 窟出現的東王公、西王母等,實爲佛教對神話、道教題材的吸納消化、化爲己有,同時意味着北朝時期敦煌佛教突破了佛經封閉性局限,朝世俗化方向躍步。李新《敦煌莫高窟古代朝鮮半島資料研究——莫高窟第 61 窟〈五臺山圖〉古代朝鮮半島資料研究》(《敦煌研究》4 期)指出敦煌莫高窟第 61 窟西壁《五臺山圖》中繪有新羅王塔、新羅送供使、高麗王使及菩提之庵等圖像,是敦煌莫高窟所保存的古代朝鮮半島的文化遺珍。

石窟藝術方面,汪正一、趙曉星《敦煌莫高窟三清宮正殿〈山海經〉彩畫考察》(《敦煌研究》6 期)通過實地考察,發現敦煌莫高窟三清宮正殿有 14 處彩畫是依據《山海經》繪製的,可與傳世的明清《山海經》圖本比較,同時對具體圖像進行了考釋和定名。戴春陽《敦煌石窟斗頂的考古學觀察(上)——覆斗頂非模仿斗帳》(《敦煌研究》2 期)、《敦煌石窟覆斗頂的考古學觀察(下)——覆斗頂淵源管窺》(《敦煌研究》4 期)兩文認爲現代考古學中"覆斗"一詞定義對應《釋名》中"覆斗"釋讀有誤,同時對該說所涉問題作出解析;石窟覆頂作爲一種建築形式,直接取法於本地區墓葬。劉永增《敦煌石窟尊勝佛母曼荼羅圖像解說》(《故宮博物院院刊》4 期)對敦煌石窟中的尊勝佛母曼荼羅中的諸尊像進行圖像學上的解說。張寶璽《北石窟寺第 165 窟帝釋天考》(《敦煌研究》2 期)指出慶陽北石窟寺第 165 窟前壁窟門南側的乘象菩薩是帝釋天,它和窟門北側阿修羅天配對守候在門側。王玲秀《炳靈寺藏傳佛教藝術中的三十五佛初探》(《敦煌研究》4 期)以各窟中的三十五佛爲主綫,分別梳理和簡析這一題材在各窟中的功用、特徵以及其與窟中其他佛教内容結合、配置而展現出的佛教意涵。胡同慶《試探東鄉縣紅塔寺石窟的藝術特點》(《敦煌研究》6 期)從宗教學、心理學、美學以及社會學等角度對東鄉縣紅塔寺的藝術特點進行探討。魏文斌《漢至北魏秦州佛教史料與麥積山石窟(一)》(《敦煌學輯刊》1 期)和《漢至北魏秦州佛教史料與麥積山石窟(二)》(《敦煌學輯刊》2 期)兩文從各種史料中搜羅有關秦州佛教的資料,并對其與麥積山石窟的關係作了比較充分的考證。趙陽、陳愛峰《吐峪溝石窟第 44 窟兔王本生故事考》(《敦煌研究》6 期)通過文本對讀,認爲吐峪溝石窟第 44 窟壁畫應爲"兔王本生",出自三國吳支謙譯《菩薩本緣經》卷下《兔品第六》。陳悦新《金塔寺石窟佛像服飾與年代》(《敦煌學輯刊》1 期)運用考古類型學方法分析佛衣、菩薩和天王衣飾,推定金塔寺石窟佛像服飾的年代約在太和(477—499)初期,其中東窟佛像服飾的年代似較西窟略早。陳悦新《青州地區北朝佛衣類型》(《敦煌學輯刊》4 期)指出青州地區北朝佛衣類型分爲三期,其中第一、二期佛衣可能受到南朝文化中心建康的影響,第三期佛衣既保持南朝傳統,又有來自印度的影響,而來自印度的影響仍可能通過建康傳至青州地區。費泳《佛像的衣着種類及安陀會、偏衫問題》(《敦煌研究》5 期)聯繫佛教律典、相關文獻及造像實物資料,對"佛像的衣着種類"、"安陀會用於上身還是下身披着"、"偏衫是否應用於中國佛像"等幾種佛衣研究的基礎性問題進行考論。

石窟題記的釋錄和研究取得了新的成果。李靜傑《陝北宋金石窟題記內容分析》(《敦煌研究》3 期)基於陝北宋金石窟題記資料,分析了石窟的施主身份、工匠班底、住持與經營、開鑿背景四個方面的內容。詹社紅、米萬忠《北石窟寺歷代題記輯錄》(《敦煌研究》4 期)通過仔細校正,整理出北石窟寺可讀題記 150 方,指出其內容涉及開窟造像、擴建修繕、宗教活動等多個方面,對研究隴東地區佛教藝術發展提供了翔實可靠的文字史料。董華鋒《南朝造像題記與南朝佛教相關問題考論》(《敦煌學輯刊》4 期)通過梳理南朝造像題記,討論了南朝佛教的兩個中心、大乘淨土思想、世俗化傾向及造像的功用等基本問題。

八、考古與文物保護

相關學者對敦煌莫高窟的岩體溫濕度、凍融、蟲害等的研究頗具價值,使國內考古與文物保護取得了新進展。林波、王旭東等《敦煌莫高窟第 108 窟西壁岩體內溫濕度變化規律研究》(《敦煌研究》1 期)探索了洞窟岩體內溫度對相對濕度的影響以及溫濕度的變化規律,爲進一步分析壁畫病害機制和採取防範措施提供了科學依據。張正模、劉洪麗《突發性強降雨對莫高窟洞窟微環境影響分析》(《敦煌研究》1 期)選取 2011 年 8 月至 2012 年 8 月間的監測數據,分析在突發性強降雨條件下,崖體同層、大小與形制相似的開放洞窟和不開放洞窟微環境的變化規律及差異性。王旭東《潮濕環境土遺址保護理念探索與保護技術展望》(《敦煌研究》1 期)通過分析潮濕環境土遺址的病害及其主要類型,總結和歸納出潮濕環境土遺址保護的主要問題,并針對問題探索了潮濕環境土遺址的保護理念,分析了保護所需的技術要求等問題。陳雨、王旭東等《凍融循環作用下不同含鹽土體微細結構變化初步研究》(《敦煌研究》1 期)以脫鹽後的敦煌本地土爲材料,加入不同含量的氯化鈉、硫酸鈉及兩者不同比例的複合鹽,製成 5×5×5 cm 試塊後,進行凍融循環,并用顯微鏡觀察每個循環後土體孔隙的變化。汪萬福、武發思等《仿愛夜蛾成蟲對敦煌莫高窟模擬洞窟壁畫的選擇趨性》(《昆蟲學報》10 期)結合莫高窟洞窟的微氣候環境監測,在置於莫高窟第 53 窟中的模擬洞窟中觀察了仿愛夜蛾成蟲的空間分佈特點及其對不同顏料壁畫的選擇趨性。

考古方面,袁鴻、龍永芳等《荆門獾子冢搬遷車馬土體分析研究》(《敦煌研究》1 期)採用 SEM—EDS 和 XRD 分析方法,對獾子冢搬遷車馬土體土樣進行分類定性,對土樣的元素成分、黏粒礦物組成進行分析。武發思、汪萬福等《嘉峪關魏晉墓腐蝕畫真菌羣落組成分析》(《敦煌研究》1 期)採用現代分子生物學技術,對造成魏晉墓磚壁畫腐蝕的真菌類羣進行檢測和分析,同時認爲分子技術在快速、準確檢測壁畫微生物羣落組成方面優勢明顯,應加以推廣應用。陳港泉、于宗仁等《陝西鳳棲西漢 M25 耳室土壤中金屬元素空間分佈規律研究》(《敦煌研究》1 期)以張安世墓羣 M25 耳室爲研究對象,採集考古發掘現場的地面土壤,採用 ICP—MS 和便攜式 X 熒光設備進行多金屬元素分析,認爲採用便攜式 X 熒光分析可以爲考古發掘現場出土文物的發掘提供文物埋藏信息。李青會、董俊卿等《湖北荆州出土戰國玻璃珠的 pXRF 無損分析及相關問題研究》(《敦煌研究》1 期)採用高性能便攜式能量色散型 X 射綫熒光光譜儀(pXRF)無損分析了湖北荆州熊家冢墓地等楚墓出土的 8 件戰國玻璃珠的化學成分,對包括輕元素 Na、Mg 在內的主量、次量和部分微量元素進行定量。董俊卿、顧冬紅等《湖北熊家冢墓地出土玉器的 pXRF 無損分析》(《敦煌研究》1 期)採用便攜式能量色散型 X 射綫熒光光譜儀(pXRF)對湖北荆州熊家冢墓地出土的東周玉器進行了無損科技分析。楊善龍、郭青林、王旭東《無損技術在北庭西大寺鹽分分佈調查中的應用研究》(《敦煌研究》1 期)通過對北庭西大寺的現場取樣實測,并結合高密度電法和紅外熱成像技術分析了西大寺東牆鹽分分佈規律,認爲高密度電法和紅外熱成像技術在土遺址鹽分調查中的應用,對土遺址病害調查和無損檢測分析具有重要意義。

文物保護方面,郭青林、張景科等《新疆北庭故城病害特徵及保護加固研究》(《敦煌研究》1 期)通過對遺址病害特徵的調查、分析,提出了在掏蝕嚴重區域採用砌補或回填處理,對穩定性影響較大的裂隙採用灌漿錨杆加固,對表面風化嚴重部位採用 PS 滲透加固等保護措施,并通過現場試驗對施工工藝進行了優化和可行性研究後,實施了搶險保護加固工程,取得了較爲理想的保護效果。《魏晉五號壁畫墓保存環境中空氣微生物檢測研究》(《敦煌研究》6 期)利用 FA—I 型便攜式空氣微生物採樣器和分子技術,對魏晉五號壁畫墓保存環境空氣中可培養細菌和真菌的濃度、粒徑分佈、羣落組成進行了檢測和分析,建議階段性地打開展覽廳大門,增加墓室內外的空氣流通。張文元、崔強等《綜合分析方法對余杭良渚遺址羣出土玉器的原位無損研究》(《敦煌研究》1 期)報導了綜合分析方法對余杭良渚遺址羣出土玉器製作工藝及材質的研究結果,涉及數碼顯微鏡、拉曼光譜、X 射綫熒光光譜及近紅外光譜等多種分析手段。王旭東、張虎元、裴強強《乾旱區 PS 加固土建築遺址風化耐久性現場試驗研究》(《敦煌研究》1 期)通過在新疆米蘭遺址進行現場實體試驗,認爲 PS 材料可有效提高土建築遺址表面抗風化能力。樊再軒、薛止昆等《新疆和田達碼溝遺址出土壁畫修復試驗報告》(《敦煌研究》1 期)指出新疆和田達碼溝遺址存在多種病害,爲了長期保護這批珍貴遺產,作者選擇有典型病害的三塊壁畫進行修復試驗并重新製作輕質可移動的支撐體,爲後續保護修復提供了指導和借鑒。蘇伯民、孫秀娟等《ZB—WB—S 砂岩加固材料的性質表徵和加固作用的初步研究》(《敦煌研究》1 期)採用爲重慶大足石刻千手觀音風化砂岩的加固保護而專門研製的 ZB—WB—S 風化砂岩加固材料和大足石刻岩體未風化的砂岩試塊爲對象,選用多種材料表徵方法分析了加固材料的固含量、黏度、表面張力、分子量和玻璃化轉變溫度等問題。

　　將現代科技應用到古代壁畫的修復及數據採集中,是近年來考古和文物保護的新舉措。李波、陳港泉等《Photoshop 軟件在古代壁畫保護修復中的初步應用》(《敦煌研究》1 期)首次利用計算機和圖像處理軟件的數字圖像處理技術、計算機輔助設計和虛擬現實技術,對古代壁畫殘片進行模擬拼接、定位,并以此爲依據進行修復。吳健、張帆等《基於壁面曲率分析的壁畫數字化攝影採集方法研究》(《敦煌研究》1 期)提出了利用三維模型獲得攝影採集壁面準確的曲率參數爲依據,解決了目前攝影採集中存在的問題,提高了高保真全景圖像的質量,使攝影採集進一步規範化和標準化。于宗仁、蘇伯民等《文物出土現場保護移動實驗室在考古發掘現場應用支撐研究中分析體系的構建》(《敦煌研究》1 期)簡要介紹了文物出土現場保護移動實驗室的作用和發展過程,闡述了我國首個文物出土現場移動實驗室的研究背景和主要技術體系,重點論述了文物出土現場保護移動實驗室應用支撐研究中分析體系的研究內容、設備、構建和應用研究情況。祁浩、鄧宏、余珊珊《無綫傳感器網絡在考古發掘現場動態環境監測的應用研究》(《敦煌研究》1 期)結合考古發掘現場動態環境監測需求及應用研究背景,提出了基於無綫傳感網絡的考古發掘現場動態環境監測系統的設計方案,并詳細敍述了各個模塊的組成結構和功能特點。周華、楊淼、高峰等《射綫探傷無損檢測方法在文物考古現場應用最新進展》(《敦煌研究》1 期)闡述了文物考古現場 X 射綫探傷在針對不同材質文物及考古遺迹進行檢測時的原理、方法、條件及實踐應用。

九、少數民族歷史語言

敦煌古藏文資料的翻譯和研究,涉及古藏文佛經、契約文書、占卜文書等。才讓《敦煌藏文 P. T. 996 號〈大乘無分别修習之道〉解讀》(《中國藏學》1 期)指出敦煌藏文 P. T. 996 號《大乘無分别修習之道》記述了吐蕃禪宗代表人物布·益西央的生平和佛學思想,并對此予以轉録和翻譯。陳楠《吐蕃統轄敦煌時期之藏文抄經活動考述》(《中國藏學》S2 期)在對《甘肅敦煌藏文文獻敍録》所收藏文進行研究的基礎上,結合 P. T. 999 號藏文寫卷的內容,對吐蕃統轄敦煌時期的抄經活動進行全方位的探討,涉及內容主要有抄經內容、抄經人身份、校經制度及校經人身份、報廢制度以及抄經活動對當時的社會影響等。陳踐《P. T. 1047 號和 IOLTibJ763 號羊胛骨卜新探》(《中國藏學》S1 期)探討了兩件收藏於海外的敦煌古藏文羊胛骨卜文書,其中 P. T. 1047 號係增訂和新譯。張福慧、陳于柱《敦煌藏文本 P. T. 1047V〈羊胛骨卜抄〉的再研究》(《敦煌研究》4 期)指出敦煌藏文本 P. T. 1047V《羊胛骨卜抄》是研究吐蕃民族文化與社會歷史的重要資料,提供了探繹吐蕃苯教歷史變遷的樣本,反映了流寓敦煌的苯教教團在特定歷史背景下強調其生存合法性的歷史訴求。武内紹人著,楊銘、楊公衛譯《敦煌西域古藏文僱傭契約研究》(《西域研究》4 期)引用敦煌、新疆出土的古藏文僱傭契約,探討了吐蕃僱傭契約的基本格式,以及部分變體格式的不同內容和寫作背景。

利用古藏文資料對吐蕃政治、歷史進行發掘研究的成果頗豐。王東《"投毒"與唐代吐蕃政治——以敦煌文獻爲中心的考察》(《中國藏學》1 期)對敦煌古藏文的"投毒"信息進行研究,指出其中透露吐蕃政治生活中的贊普與外戚、大臣之間的權力鬥爭,而這些鬥爭中隱含着吐蕃社會生活中的佛、苯之間的矛盾。陸離《關於吐蕃統治敦煌時期户籍制度的幾個問題——兼談吐蕃統治敦煌的部落設置》(《中國經濟史研究》2 期)探討了吐蕃統治時期頒發給當地居民的木質告身——牌子,以及對敦煌藏文文書 P. T. 1083 號文書的年代和性質進行考證,同時論及敦煌寺户制度的運行和寺户户籍的管理。任小波《贊普葬儀的先例與吐蕃王政的起源——敦煌 P. T. 1287 號〈吐蕃贊普傳記〉第 1 節新探》(《敦煌吐魯番研究》13 卷)對《吐蕃贊普傳記》中最難稱解的贖屍儀軌段落,在擇要評注和疏解諸家觀點的基礎上提出新的譯文,并結合吐蕃早期的歷史資料予以新的詮釋。卓瑪才讓《英藏敦煌古藏文文獻中三份相關經濟文書之解析》(《西域研究》3 期)指出英藏吐蕃古藏文文書反映了吐蕃沙州百姓借還糧食和繳納貢糧的狀況,以及軍政長官給予高僧的特殊待遇。葉拉太《敦煌古藏文吐蕃地名的分類及其結構特點探析》(《西藏大學學報》2 期)認爲敦煌古藏文中的吐蕃地名不僅與特定的自然地理環境有關,而且與歷史上藏民族及周邊民族的活動和影響頗具關聯,是一種人地關係的反映。

西夏文文書方面,佐藤貴保著,馮培紅、王蕾譯《西夏末期黑水城的狀況——從兩件西夏文文書談起》(《敦煌學輯刊》1 期)通過兩件西夏文文書,考察了 13 世紀前半期黑水城的狀況,并揭示了黑水城對於西夏王國的重要性。梁繼紅《武威藏西夏文〈五更轉〉考釋》(《敦煌研究》5 期)通過對比研究指出,西夏文《五更轉》是西夏少數民族在唐五代敦煌民間文學的基礎上,用自己的語言文字編創的西夏民間文學作品。

龜兹語及其他婆羅謎文字的研究方面,由新疆龜兹研究院、北京大學中國古代史研究中心和中國人民大學國學院西域歷史語言研究所共同發表的《克孜爾石窟後山區現存龜兹語及其他婆羅謎文字題記內容簡報(一)——第 203、219、221、222、224、227、228、229 窟》(《敦煌吐魯番研究》13 卷)是近年來研究龜兹歷史和語言的新斬獲。荻原裕敏《略論龜兹石窟現存古代期龜兹語題記》(《敦煌吐魯番研究》13 卷)介紹了作者在 2011 年以降於龜兹石窟發現的古代期龜兹語題記,這些題記所在的克孜爾第 211、213 石窟與瑪扎伯哈第 6 窟題記都是首度對外公開的資料,此批資料可增進我們對於龜兹石窟的新認識。慶昭蓉《龜兹石窟現存題記中的龜兹國王》(《敦煌吐魯番研究》13 卷)從龜兹石窟現存題記所見龜兹王的相關記載,結合正史與出土胡梵文獻,探討了龜兹王世系的基本特徵和史實。

回鶻、于闐、犍陀羅語文書方面,主要包括馬小鶴、段晴、陳明對胡語文書的研究成果。其中馬小鶴《回鶻語廿七宿與十二宮圖表——吐魯番文書 TⅡY29(部分)與 U494 譯釋》(《敦煌吐魯番研究》13 卷)對《吐魯番文書總目·歐美收藏卷》中吐魯番文書 TⅡY29(部分)與 U494 兩件回鶻語廿七宿與十二宮圖表進行譯釋和研究,并對其抄寫年代給予初步推測。段晴《〈伏闍達五年蠲除契約〉案牘》(《敦煌吐魯番研究》13 卷)對此件于闐文獻進行西文轉寫和翻譯,認爲此件蠲除契約的法律形式以及文案的結構,屬於首次發現,對於再現于闐的歷史和人文風俗具有重要的意義。陳明《新出犍陀羅語佛教寫卷中的詞語辨析》(《敦煌吐魯番研究》13 卷)選擇犍陀羅語佛經殘片中的專名詞、常用詞以及疑難詞進行辨析,可加深讀者對其價值的進一步認識。

其他成果還涉及賀蘭部名稱的考釋和安多藏區的部落文化。例如包文勝《賀蘭部名稱考釋》(《敦煌學輯刊》1 期)通過研究認爲賀蘭之稱源於 ala—

yundluγ部，以養駱馬、驄馬而聞名。蒙小燕、蒙小鶯《插箭節與安多藏區部落文化——以西倉十二部落與合作四部落爲例》(《敦煌學輯刊》4 期)以做過民族學田野調查的西倉十二部落、合作四部落爲對象，嘗試通過插箭節禮俗文化透析藏族部落文化的發展與變遷。

十、古　　籍

敦煌古籍的整理與研究，主要包括對“敦煌子部文獻”的分類與整理、《春秋後語》、《尚書》、《華林遍略》和《唐韻》的相關探討等方面。

許建平《敦煌子部文獻的範圍與分類》(《敦煌研究》3 期)以《四庫全書總目提要》的分類爲依據，參照《漢書·藝文志》、《隋書·經籍志》、《中國古籍善本書目》等經典書目的分類，并根據敦煌文獻所存寫卷内容的實際情況，將敦煌文獻所存子部分成諸子類、醫家類、天文算法類、術數類、類書類、藝術類、宗教類共七大類，同時對各類所屬第三級目錄的設置作了説明與解釋。許建平《新見國家圖書館藏敦煌經部寫本殘頁錄校研究》(《敦煌吐魯番研究》13 卷)對《國家圖書館藏敦煌遺書》之 BD16057、BD12252、BD16019、BD14475V1、BD14475V2、BD16092A 等敦煌經部文獻殘頁進行了錄校和研究。馬楠《敦煌寫本 P.3315 所見古文考》(《敦煌研究》2 期)指出敦煌寫本P.3315《尚書釋文（堯典—舜典）》係孫奭所謂《古文尚書音義》，其所據作音義者爲梅賾所獻《古文尚書傳》，從中可見梅本隸古文字的來源。王金保《敦煌遺書P.5002 釋錄并研究》(《敦煌學輯刊》2 期)通過對敦煌遺書 P.5002 寫卷重新錄文和系統研究，糾正了以往錄文錯誤，并認爲該寫卷與類書在體例上較有差異，定名爲類書有欠妥帖。

蕭旭《敦煌寫卷 P.5034V〈春秋後語〉校補》(《敦煌吐魯番研究》13 卷)以傳世典籍和敦煌其他寫卷，對敦煌寫卷 P.5034V《春秋後語》之《秦語》殘卷予以校補説明。劉全波《〈華林遍略〉編纂考》(《敦煌學輯刊》1 期)指出《華林遍略》吸取了《皇覽》以來類書編纂的經驗教訓，汲取了《壽光書苑》和《類苑》的優秀内容和體例，最終編纂出一部盛況空前、體例嚴謹的開創性著作。金瀅坤《敦煌本“策府”與唐初社會——國圖藏敦煌本“策府”研究》(《文獻》1期)指出中國國家圖書館所藏兩件敦煌文書 BD14491 號和 BD14650 號，可以完全綴合爲一件，此件文書内容豐富、時代較早，對研究唐代進士科試策具有重要意義。秦樺林《敦煌、吐魯番、黑水城出土史籍刻本殘頁考》(《敦煌研究》2 期)指出敦煌、吐魯番、黑水城出土文獻保存了大量刻本殘頁，其中的正史、通史刻本殘頁如宋刊《漢書》、《新唐書》、《資治通鑑》等，都具有重要的版本學研究價值。秦樺林《敦煌〈抱朴子〉殘卷的抄寫年代及文獻價值》(《敦煌研究》6 期）介紹了敦煌本《抱朴子》的收藏、存佚情況，并對其抄寫年代、文獻價值進行了探討。張磊《日本古辭書所引〈本草〉與敦煌本〈本草〉比較研究》（《敦煌學輯刊》1 期）認爲日本收錄的《本草經集注》和《新修本草》和敦煌本《本草》關係密切，同時利用敦煌本和傳世本存在的問題進行校釋。秦樺林《吐魯番文獻 TID1015 號刻本韻書殘頁小考》（《語言研究》2 期）通過對殘頁的特徵和内容進行考察，認爲該殘頁所屬韻書實爲遼刻《唐韻》增字本。

十一、科　技

敦煌遺書中保存的醫藥文獻頗多，揭示了傳統醫學中的醫藥和醫學狀況，對今天的醫藥和醫學發展具有重要的價值和意義。李應存《敦煌佛書與傳統醫學》（中醫古籍出版社）通過對佛書中有關醫學内容進行發掘整理，進一步密切了敦煌佛書與傳統醫學的關係，將佛書中積極有利的一面進行科學的運用，對於解決某些人體疾病起到重要作用。李金田、朱向東等《敦煌醫學寶藏奇葩——敦煌醫學的學術和研究價值探析》（《中國現代中藥》2 期）從文獻和歷史的視角解析了敦煌醫學的内涵及其醫學體系的歸屬和學術價值、研究成果。僧海霞《唐宋時期敦煌地區藥酒基酒考》（《中醫雜誌》2 期）通過分析敦煌地區酒類的基酒，認爲選作藥酒與直接飲用的酒形成鮮明對比，麥是藥酒的酒基原料。王曌澄、王玉珠《敦煌醫學抗衰老方劑研究概況》（《西部中醫藥》4 期）對敦煌醫學抗衰老方劑的文獻進行藥理、治法、臨牀價值研究，總結其貢獻大於缺陷，并提出深入研究的方法。李應存、柳長華《敦煌療風虛瘦弱的方源及臨牀治驗舉要》（《西部中醫藥》1 期）通過對敦煌卷子 P.3930 療風虛瘦弱方的文獻研究，認爲本方具有益氣養血、解表散寒之功，原爲治療產後風虛瘦弱而設。李應存、柳長華《敦煌醫學卷子中與〈千金方〉有關的婦產科内容釋要》（《西部中醫藥》2 期）通過研究敦煌醫學中與《千金方》内容相關的醫方卷子，將其中與婦產科有關的内容進行釋要，以揭示敦煌醫學與《千金方》的聯繫。僧海霞《唐宋時期敦煌地區中醫遣方湯劑製作溶媒及用量考析》（《中醫雜誌》9 期）通過對敦煌遺書中中醫遣方湯劑製作溶媒及用量的考析，提供對傳統文化的認識和理解，深化對中醫理論的認識。

天文曆法方面，以鄧文寬的研究成果最具代表性，其《兩篇敦煌具注曆日殘文新考》（《敦煌吐魯番研究》13 卷）對法藏 P.3054piece.1 所存殘曆、中國國家圖書館藏 BD16365 號殘曆的年代進行考證。同時，他的《吐蕃佔領前的敦煌曆法行用問題》（《敦煌研究》3 期）依據大量敦煌文獻題記和石刻資料加以考證，認爲吐蕃佔領前敦煌行用的仍是唐王朝的官頒曆日。此外，何啓龍對吐魯番、黑城出土《授時曆》給予關注和研究，其《〈授時曆〉具注曆日原貌考——以吐魯番、黑城出土元代蒙古文〈授時曆〉譯本殘頁爲中心》（《敦煌吐魯番研究》13 卷）先假設元代《授時曆》跟明代《大統曆》的內容、形式完全相同，再以國家圖書館藏《大統曆》原本來比較、考究漢文與蒙文《授時曆》殘頁，探索元代《授時曆》的原貌。

十二、書評與學術會議等

書評方面，有榮新江《俄羅斯的敦煌學——評〈敦煌學：第二個百年的研究視角與問題〉及其他》（《敦煌吐魯番研究》13 卷）。由波波娃、劉屹主編的《俄羅斯的敦煌學》是由俄羅斯科學院東方文獻研究所主辦的一次敦煌學國際學術研討會的論文合集，作者將全部論文分作五個部分并分別進行評述。榮新江評《The Silk Road》（《敦煌吐魯番研究》13 卷）介紹和評價了韓森教授的新作《The Silk Road》的內容，并指出其印刷中的排印錯誤和圖版品質的問題。關尾史郎《河西磚畫墓、壁畫墓的空間與時間——讀〈甘肅出土魏晉唐墓壁畫〉一書後》（《敦煌吐魯番研究》13 卷）介紹了《甘肅出土魏晉唐墓壁畫》中的磚畫墓、壁畫墓，并對磚畫墓、壁畫墓的環境、年代，以及磚畫墓、壁畫墓與古代郡縣的關係進行論述。趙貞《敦煌學學術史與方法論的新開拓——評〈博望鳴沙：中古寫本研究與現代中國學術史之會通〉》（《敦煌研究》6 期）指出余欣《博望鳴沙》是探討敦煌學學術史和方法論的最新力作，該書對敦煌寫本的調查、辨偽、考辨的專題研究，對學術史的精細梳理以及寫本學的理論思考，都有方法論的意義，對現階段重估敦煌學的發展方向也很有啓發。王祝英《敦煌辭書的集大成之作——讀〈敦煌經部文獻合集·小學類〉》（《辭書研究》4 期）對《敦煌經部文獻合集》一書收錄的小學類內容作了分類介紹，認爲該書在分類彙編、綴合、定名、校錄方面做出了巨大努力，成就超越前人，堪稱敦煌辭書的集大成之作。

本年度爲《敦煌研究》創刊三十周年，敦煌學人講述了《敦煌研究》的創刊故事。柴劍虹《學術期刊的學術視野與創新——爲〈敦煌研究〉創刊三十周年而作》（《敦煌研究》3 期）指出《敦煌研究》創刊伊始，就已經注意到開拓學術視野的問題，其作者羣體廣泛，刊載內容豐富，并將刊發論文範圍擴展到石窟壁畫保護等自然科學領域。李永寧《敦煌研究院第一本論文集和〈敦煌研究〉誕生》（《敦煌研究》3 期）回顧了 1982 年敦煌文物研究所第一本文集《敦煌研究文集》的出版故事，并指出隨後開始籌備《敦煌研究》期刊出版事宜，經過多方努力，《敦煌研究》創刊。馬德《艱難的起步——〈敦煌研究〉創刊記憶》（《敦煌研究》3 期）回憶了 20 世紀 80 年代《敦煌研究》創刊初期的艱難歷史。孫儒僩《莫高軼事——我的敦煌生涯（3）》（《敦煌研究》3 期）記述了 20 世紀

40 年代在莫高窟敦煌遺書研究所人們的生活狀況。

樊錦詩對敦煌研究院近年來的主要學術研究及文物保護的成果作出簡要介紹,其主編的《敦煌研究院年鑒(2009—2010)》(甘肅人民出版社)擇要介紹了 2009—2010 年敦煌研究院在學術研究、國際交流與合作、文物保護、信息資料建設與服務、陳列展覽與宣傳、開放接待與石窟管理、基礎設施建設管理方面所取得的發展和成就,彙集了這兩年間有關敦煌學研究的信息數據和史實資料,反映了敦煌研究事業發展的基本情況和進程。其《〈敦煌石窟全集〉考古報告編撰的探索》(《敦煌研究》3 期)一文則指出爲了全面、完整、系統地記錄敦煌石窟的全貌,敦煌研究院正在積極進行敦煌石窟考古報告的編撰工作,同時,本文回顧了有關石窟調查的記錄工作、石窟考古工作計劃的制定以及第一卷考古報告出版的情況,爲今後的工作指明方向。

讀書劄記和序言方面,陳國燦《讀〈杏雨書屋藏敦煌秘笈〉劄記》(《史學史研究》1 期)對日本《杏雨書屋藏敦煌秘笈》新公佈的敦煌文書中的六件進行了釋錄和考訂。付義琴、趙家棟《〈敦煌願文集〉校讀劄記》(《圖書館理論與實踐》8 期)結合敦煌寫本影印資料、中土文獻和佛經材料,運用訓詁學、音韻學及漢語俗字研究的最新成果,對《敦煌願文集》進行重新校讀。伏俊璉《敦煌契約的語言學價值和意義——陳曉强〈敦煌契約文書語言研究〉序》(《青海師範大學學報》3 期)認爲,由社會經濟交易中的契約形式積澱而來的契約精神是社會文明和進步的重要標誌,而敦煌民衆深厚的契約意識,是敦煌社會文明的重要標誌。明成滿《國外和港臺地區的敦煌寺院經濟研究述評》(《中國社會經濟史研究》2 期)介紹了國外和港臺地區研究唐五代時期敦煌寺院經濟所取得的成果,并對其進行評述。吳炯炯《〈唐刺史考全編〉補正》(《敦煌學輯刊》2 期)通過研究發現,2012 年《秦晉豫新出墓誌搜佚》一書所刊唐代墓誌資料中即有許多唐代刺史相關資料,可對《唐代刺史考全編》加以補正。

單霽翔對服務時代的博物館管理提出自己的觀點和看法,先後發表了《進入服務時代的博物館管理》(《敦煌研究》1 期)、《提升博物館講解服務質量的思考》(《敦煌研究》6 期)兩文,作者認爲當代博物館祇有真正關注和切實滿足公衆的需求,以文化的力量影響和改變社會,纔能彰顯其存在的永恒意義與現實價值。博物館作爲我國文化事業的優秀羣體,應該進一步將社會服務意識上升爲使命,不斷提高服務社會的能力,提升服務社會的質量。同時分析了目前博物館講解工作的現狀,并就如何適應新時期對博物館講解工作的要求進行了多方位探索。李萍《世界文化遺產莫高窟遊客管理的探索與實踐——遊客調查規範程序》(《敦煌研究》6 期)指出莫高窟旅遊具有一年中季節性强、一天中時段性强的特點,探討如何通過實際預約制對不均衡的遊客流量進行有效的調節,使預約制不斷完善。

會議方面,由敦煌研究院和龜兹研究院合作舉辦的"絲路梵音——龜兹敦煌石窟壁畫展"於 2013 年 5 月 18 日正式開展,此次展出的作品包括敦煌石窟和龜兹石窟壁畫臨摹作品、石窟模型、敦煌壁畫樂器等。2013 年 8 月 3—27 日,由中共金塔縣委縣政府、甘肅敦煌學學會等主辦,敦煌研究院文獻研究所等承辦的"居延遺址與絲綢之路歷史文化國際學術研討會"順利召開。張英梅對其中在政治制度、歷史地理、少數民族史、絲路文化、簡牘制度等方面取得的重要研究成果進行了分類綜述(《居延遺址與絲綢之路歷史文化國際學術研討會會議論文綜述》,《敦煌學輯刊》3 期)。"中國敦煌吐魯番學會成立三十周年國際學術研討會"於 2013 年 8 月 18—20 日在首都師範大學舉行,來自英、法、美、俄等國及中國大陸、臺灣的 130 多位敦煌學者共同回顧了 30 年來敦煌吐魯番學研究的發展歷程,深入探討了敦煌學的相關問題。由西安音樂學院主辦的"敦煌樂舞國際學術研討會"於 2013 年 10 月 11—12 日舉行,來自德、法、比利時、日本及國内各地的 30 多位專家學者參加了本次研討會,與會學者展示了敦煌樂舞研究的新成果,其中對敦煌樂譜的深入研究,體現了新方法與新思路(可參尚媛、魏曉平《2013 年敦煌樂舞國際學術研討會綜述》,《北京舞蹈學院學報》3 期)。

2013 年吐魯番學研究綜述

朱艷桐(蘭州大學)

據初步統計,2013 年中國大陸出版吐魯番學專著 8 部,論文集 6 部,論文 131 篇。2013 年吐魯番學的研究成果主要有以下幾個特點:一是對吐魯番出土文書的研究成果頗豐;二是對歷史、經濟的研究仍佔主導地位,經濟方面的研究成果主要體現在籍帳制度、農田水利兩方面;三是對回鶻史的研究仍是民族研究中的重點;四是考古成果較多,特別是使用科技手段研究出土文物和遺址保護兩方面成果顯著。現將本年度吐魯番學研究成果分爲文獻、歷史、經濟、社會文化、民族、宗教、考古、藝術、語言文字、學術評價、專著與文集十一個方面加以概述。未收錄的成果肯定很多,疏漏之處懇請專家學者批評指正!

一、文 獻

出土文書作爲第一手史料,對其進行細緻研究是吐魯番學的基礎。2013年度,吐魯番出土文書的研究成果豐富,對德藏、日藏吐魯番文書的研究成果較多。陳國燦《〈北涼高昌郡高寧縣條次烽候差役更代簿〉考釋》(《吐魯番學研究》2 期)以 2006 年洋海墓地所出《北涼高昌郡高寧縣差役文書》[一]、[二]爲基礎,復原出一件內容完整的文書,并將此組文書 25 個殘片定名爲《北涼高昌郡高寧縣條次烽候差役更代簿》,文章揭示出北涼高昌郡存在一條由高昌城—高寧縣—田地縣的交通幹綫烽候警報系統,此綫與大海道相接。張銘心、凌妙丹《中央民族大學收藏吐魯番出土文書初探》(《中央民族大學學報》6 期)介紹了 2010 年中央民族大學新徵集到的 13 件吐魯番出土唐代文書,認爲這是一組緊密聯繫的文書,文書使用於開元十五年(727)至開元十八年(730)前後的鹽城,文書中主要人物爲鹽城百姓,并推測文書可能是尚未進行正規考古發掘的木什古墓羣出土的第一批文書。張艷奎《吐魯番出土〈唐人習字〉文書初探》(《吐魯番學研究》2 期)指出 73TAM208:12《唐人習字》前兩行書寫的是晉朝書法家衛燦的《與釋某書》中的內容,第三行書寫的是與儒家典籍相關的內容,説明西州浸染漢風,側面反映出西州地區的經學和書法教育水平。秦樺林《敦煌、吐魯番、黑水城出土史籍刻本殘頁考》(《敦煌研究》2 期)研究了敦煌、吐魯番、黑水城出土文獻中的正史、通史刻本殘頁,其中吐魯番出土《新唐書》殘頁與現存諸宋本皆不同,很可能是在南宋紹興年間刻本基礎上發展來的坊刻本。秦樺林《吐魯番文獻 TID1015 號刻本韻書殘頁小考》（《語言研究》2 期）通過對殘頁的特徵和内容進行考察，認爲該殘頁所屬韻書實爲遼刻《唐韻》增字本，其内容雖與《廣韻》接近，但不是其母本，它們屬於《唐韻》系統中兩個不同的分支。徐暢《德藏吐魯番出土〈幽通賦注〉寫本的性質、年代及其流傳》（《吐魯番學研究》2 期）對德國考察隊吐魯番考察獲得的四殘片《幽通賦》古注本進行校錄，并搜集傳世文獻中保留的此賦舊注，形成匯注，對注文出典做全面考察，指出古寫本注文很可能是《隋志》記載的"項岱注"，屬《漢書》注釋系統，此注是由史注析出單行的篇章注釋，成書於三國時代，文書抄寫時間爲公元 5—6 世紀，應是東晉集部作品傳入河西，由高昌書手抄寫。翟旻旻《德藏吐魯番出土 Ch. 1635 文書研究》（《敦煌研究》5 期）對德藏吐魯番文書 Ch. 1635 進行錄文和研究，并將其與敦煌出的類似寫本進行比較，認爲其爲術士所用周易納甲筮法手册的一部分，應定名爲《周易納甲占殘片》。張新朋《大谷文書中十三則〈千字文〉殘片之定名與綴合》（《敦煌研究》5 期）對《大谷文書集成》中前人未曾定名或未準確定名的 13 片《千字文》殘片予以確認，并略梳理了與其他《千字文》寫卷的關係。陳明《書寫與屬性——再論大谷文書中的醫學殘片》（《西域研究》2 期）指出大谷文書中的醫學殘片是一部或幾部藥方書的殘存，從其書寫和注釋方式看，這些殘片是外來的藥方集的翻譯，譯者或助手用本土中醫方書的格式做了一些修改。潘文、李盛華、袁仁智、厖小健《日本天理大學藏吐魯番牛醫方考釋》（《中國中醫基礎醫學雜誌》2 期）指出日本天理大學所藏的吐魯番牛醫方是在中醫經典藥方的基礎上進行了合理化裁減，并廣泛將本地藥材、食材用於牛病的醫治中。趙彦昌、李兆龍《吐魯番文書編纂沿革考（上）》（《檔案學通訊》6 期）對保存在國内外的吐魯番文書的編纂成果進行彙總，簡要梳理吐魯番文書編纂的歷史沿革。張遠華《吐魯番出土文書圖文本與釋文本對照》（《吐魯番學研究》1 期）一文繪製了《吐魯番出土文書》圖文本與釋文本對照表（圖文本第壹册），内容包括墓葬編號、墓葬時代、文書名稱、圖文本和釋文本分別所在的册、頁、數量等。

吴景山、張洪《〈大唐都督楊公紀德頌〉碑校讀》（《西域研究》1 期）對《大唐都督楊公紀德頌》碑進行校錄，此碑主曾擔任過伊、西、庭節度使，此碑對研究唐代沙、伊、西、庭的民族關係、行政區劃、官員任命有重要的參考作用。徐玉娟《〈三州輯略〉吐魯番史料的來源》（《吐魯番學研究》2 期）指出記載清朝乾嘉年間新疆東部地區的志書《三州輯略》中的吐魯番史料主要來自傳統史籍、地理志書、奏折檔案和親身見聞。

二、歷　　史

　　對歷史方面的研究主要體現在政治、法律、軍事三方面。殷晴《漢代西域人士的中原憧憬與國家歸向——西域都護府建立後的態勢與舉措》(《西域研究》1 期)指出初元元年(前 48)戊已校尉設置後,屯墾重點移至吐魯番盆地,有助於貫徹漢廷的"安輯"政令。裴成國《〈高昌主簿張綰等傳供帳〉再研究——兼論麴氏高昌國時期的客使接待制度》(《西域研究》4 期)對《高昌主簿張綰等傳供帳》文書研究後,認爲應定名爲《麴氏高昌倉部織物及毯等支出帳》,説明麴氏高昌時期已經建立了完備的客使接待制度,除向客使供應肉、柴草、糧食、酒之外,還供給行縹和毯等貨幣。趙青山《試論六至七世紀高昌疫病流行與突厥入侵的關係——以抄經題記爲中心》(《敦煌學輯刊》2 期)從吐魯番吐峪溝、敦煌藏經洞出土的 5 件高昌王室寫經題記入手,考察諸史及吐魯番文獻,指出高昌王國 6—7 世紀疫病的流行極有可能與突厥入侵有關。翟旻旻《新出〈麴建泰墓誌〉發微》(《中國中古史研究:中國中古史青年學者聯誼會會刊》3 卷)對洛陽出土《麴建泰墓誌》進行錄文,探討了其中所見的麴氏郡望、誌主父祖受官、唐平高昌前後的動向、誌主入唐後的歷官及麴氏家族的宗教信仰等問題。陳爽《出土墓誌所見中古譜牒探迹》(《中國史研究》4 期)一文將墓誌中的譜牒記述內容與現存譜牒實物《高昌某氏殘譜》、《某氏族譜》進行比較,證實了南北朝墓誌中以提行、低格、空格、留白等特殊格式書寫的文字,是家族譜牒的直接抄錄或節錄。杜文玉《唐代地方州縣勾檢制度研究》(《唐史論叢》16 輯)利用吐魯番文書研究州府、縣的勾檢官員職能,指出勾檢制有普遍性,其作用爲對官員權力的制約及失職的追究,勾檢官員位卑而權重,勾檢制具有嚴密性。雷聞《牓文與唐代政令的傳佈》(《唐研究》19 卷)一文第五部分從文書學的角度具體研究了牓文實物——《唐寶應元年五月節度使銜牓西州文》,此牓文是經過西州轉抄的文本,且此牓文由伊、西、庭節度使直接牓西海縣是一特例,緣於當時西域特殊的政治軍事形勢。張新國《吐魯番文書中的"武周載初元年壹月"所指日期辨正》(《中南大學學報》5 期)一文依據《吐魯番出土文書》對"載初元年"起始日期重新認定,結合唐代史料記載、戶籍的造籍日期以及手實文書的保證話語,認爲"載初元年壹月"應爲公元 690 年 1 月。萬晉《唐長安的"里"、"坊"與"里正"、"坊正"》(《東嶽論叢》1 期)使用吐魯番文書《唐永淳元年坊正趙思藝牒爲勘當失盜事》證明坊正直接負責坊內的治安事務。王靜、沈睿文《唐墓埋葬告身的等級問題》(《北京大學學報》4 期)指出吐魯番出土的 8 件唐代告身都是原頒告身的抄本,并連同其他唐代告身一起研究,指出"隨葬告身抄件實爲唐代喪葬的一項制度",其原因在於原件存世可以世襲、福蔭後人。米卡熱慕‧艾尼玩《淺談喀喇汗王朝與高昌回鶻汗國之間的關係》(《絲綢之路》10 期)指出喀喇汗王朝與高昌回鶻之間除血緣關係外，還存在政治、宗教關係，政治上高昌回鶻先爲喀喇汗王國的附庸，後獨立；宗教上因兩汗國分別爲佛教和伊斯蘭教的擁護者而存在矛盾。

法律方面的研究成果，有張曉玲、何寧生《十六國的民事法制》(《西北大學學報》6 期)從吐魯番出土的契約文書研究"契約之債"、"侵權損害賠償之債"；張玉興、尹玉《唐代縣級司法權限與訴訟處理程序試析》(《蘭臺世界》15 期)用吐魯番出土文書探討了唐代縣級的訴訟處理程序；趙曉芳《唐代西州爭訟文書與解紛機制研究》(《甘肅政法學院學報》4 期)對吐魯番出土唐代西州爭訟文書做初步整理并劃分類型，重點分析當地百姓、官府面對糾紛時的行爲選擇，探討多元化解紛機制與西州社會秩序之間的關係；白京蘭《清末新疆建省與法律的一體化推進》(《西域研究》1 期)指出雖然新疆建省後理論上吐魯番廳與哈密廳對轄境刑民案件享有司法管轄權，但實踐中兩地的回王依舊保有對所屬回衆的司法審判權。

軍事研究方面，程喜霖《論唐代西州鎮戍——以吐魯番唐代鎮戍文書爲中心》(《西域研究》2 期)一文用唐朝史籍和吐魯番出土唐代軍事文書互證，勾勒出唐西州鎮戍名數和佈局特徵，指出玄宗開元元年(713)之前，西州設置五鎮、十戍，開元始，西州置四鎮、十一戍，其以高昌爲中心呈輻射狀佈局，且都分佈在以高昌爲中心通南北疆的交通要道上。陳國燦《唐安西都護府駐軍研究》(《新疆師範大學學報》3 期)利用敦煌、吐魯番及新疆其他地出土文書，研究指出安西駐軍來自全國各地，以雍、蒲、坊等州府兵居多，他們以原籍爲建制組成行營，并探討了安西駐軍的任務。程喜霖《樣人考論——以吐魯番唐代樣人文書爲中心》(《敦煌吐魯番研究》13 卷)通過對吐魯番出土唐代樣人文書的考察，指出樣人是唐徵兵制中身强標準的樣式，爲點充衛士、招募士兵之用。劉後濱、王湛《唐代于闐文書折衝府官印考釋——兼論于闐設置折衝府的時間》(《西域研究》3 期)對西州 4 個折衝府所屬中央軍衛分別進行了考釋，并將折衝府的稱謂歸納爲"官印上的稱呼"、"告身中的稱呼"、"墓誌上的稱呼"、"地方官私文書中的稱呼"4 種。尚玠《"偏人上烽契"與唐代"偏人上烽"研究》(《文物春秋》4 期)搜集了吐魯番出土的"偏人上烽契"，總結了契約的格式、出現的時間、地點及出現此類契約所反映的社會問題。

三、經　　濟

對吐魯番經濟的研究成果主要集中在籍帳制度和農田水利兩方面。孫寧《唐代前期非農人口籍帳的編造與其背景——以西州寺院手實爲中心》

(《中國農史》5 期) 從《唐龍朔二年 (662) 西州高昌縣思恩寺僧籍》、《唐神龍三年 (707) 正月高昌縣開覺等寺手實》入手, 指出寺院手實的性質是帳, 僧籍是法定的身份憑證, 民籍與僧尼籍帳本身是兩個不同的籍帳系統, 不能過度依賴民户手實與籍帳的從屬關係來確定寺院手實與僧籍的編造存在必然的從屬關係, 并指出對僧人"破除"的統計表現了唐廷控制非農人口的嚴格。張新國《唐代前期寡婦户籍"合籍"現象探析——以敦煌吐魯番籍帳文書爲例》(《敦煌學輯刊》3 期) 一文調查了敦煌、吐魯番籍帳文書中的寡婦"合籍"現象, 指出寡婦當户需要多受田, 且不需承擔賦役, 因此對寡婦進行"合籍"成爲了户籍登記中的一種慣例。王曉敏《淺談唐代西州户籍文書的内容與格式》(《齊齊哈爾師範高等專科學校學報》1 期) 分户口、賦税、土地三部分對唐代西州 83 件户籍文書的登記内容做一介紹, 并介紹了户籍登記格式和主要内容。

農田水利研究成果主要有: 李方《中古時期西域水渠研究 (二)》(《敦煌吐魯番研究》13 卷) 先介紹了孫曉林已列出的高昌水渠, 隨後考補了 17 條高昌縣水渠, 其中 3 條爲補充已知水渠的綫段, 14 條爲新補水渠。李方《中古時期西州水渠考 (三)》(《吐魯番學研究》1 期) 考查了唐代西州石宕渠、張渠、棗樹渠、杜渠、樊渠、馬堈渠、榆樹渠、沙堰渠 8 條水渠的大小、方位、流向、里程, 以及在西州水渠網絡中的位置、水渠存在的時間、與高昌國水渠的關係、水渠周邊的土地及使用狀況。荒川正晴撰, 沈玉凌、平勁松譯《唐代吐魯番高昌城周邊的水利開發與非漢人居民》(《吐魯番學研究》2 期) 考釋了《唐開元二十二年 (734) 西州高昌縣申西州都督府牒爲差人夫修堤堰事》文書, 研究了文書中作爲維修對象的水利設施——"堤堰"、"澤", 指出它們很可能是爲了灌溉高昌城南北開墾的屯田地的水利設施, 隨後研究了作爲水利設施維修的徵發對象的"羣牧"、"莊塢"、"底店 (邸店)"、"夷、胡户"。王蕾《唐代與清代新疆水利開發比較分析》(《呼倫貝爾學院學報》3 期) 一文對比了唐代、清代新疆地區水利開發的規模與範圍、水利管理與水利技術、水利開發時間與成效, 吐魯番地區是文章的重要對比地區之一。劉坎龍《清代西域屯墾戍邊詩的紀實性手法》(《西域研究》1 期) 介紹了部分詩歌的長題、小序、作者自注具有紀實性, 其中一首記錄了作者在吐魯番治理伊拉里河的情景。

其他經濟史的研究成果有: 張婧《隋代高昌房屋租賃及其相關問題考釋——以吐魯番出土文書爲據》(《寶雞文理學院學報》2 期) 研究了隋代高昌地區房屋租賃中的房主、房客, 房屋出租的數量、租期, 房租形態及違約懲罰, 對契約的合法性認識等問題。孟憲實《緤布與絲綢——論西州的土貢》(《敦煌吐魯番研究》13 卷) 通過傳世文獻與出土文獻, 證明了西州盛產緤布, 并證明了與緤布相關的生產活動及其相關的民間經濟活動, 但作者并不否認西州絲綢的大量存在和實際使用。周左鋒《唐代藥肆新探》(《唐史論叢》16 輯)一文利用吐魯番文獻研究了西州的藥材市場、藥材價格、計量單位,文書還反映了藥材市場中藥材品種齊全,生意興隆,并指出官府用課內錢支付購買藥材的費用。董永强《從度量衡看漢文化對吐魯番地區少數民族的影響》(《蘭臺世界》27 期)指出從吐魯番出土文書及墓葬實物來看,高昌地區的匈奴後裔、高車後裔及粟特人或其後裔使用的尺度、容量、重量等度量衡都受到漢文化影響。田歡《清代吐魯番廳法律文書所見"租賣"土地交易》(《深圳大學學報》5 期)研究了租賣契約的基本性質,"租賣"的租期與租價,分析了"租賣"的原因、背景及糧差歸屬、與租賣有關的土地糾紛等問題。

四、社 會 文 化

社會文化方面的研究成果有:常萍《再論吐魯番出土隨葬衣物疏中的"蹹麴囊"》(《敦煌學輯刊》2 期)整理了吐魯番出土的隨葬衣物疏中出現 11 次的"蹹麴囊",經研究指出"蹹麴囊"是一種保護腿部的護腿,一般用皮製成,也有絹質的,人們穿淺幫鞋履時配戴"蹹麴囊"以保護腿部。趙海霞《五至七世紀高昌地區酒文化研究》(《華夏文化》3 期)對吐魯番文書中涉及高昌國時期的葡萄酒文書做了統計和簡單研究,并分析其酒文化興盛的原因。趙海霞、王曙明《薈萃與交融——5—7 世紀高昌飲食器具探析》(《蘭臺世界》3 期)介紹了 5—7 世紀高昌的炊具、餐具與酒具。高愚民《從出土文物看古代西域飲食》(《新疆人文地理》5 期)介紹了吐魯番出土的麵條、餅、饢、餃子、餛飩、月餅、春捲等食物,説明這些精美的點心不僅有食用功能,還具有審美作用。祖力皮亞·亞森《從雙陸棋看唐代社會的發展》(《新疆大學學報》3 期)説明了雙陸棋至少在三國時代已在中國流傳,唐代雙陸棋盛行,阿斯塔那出土的雙陸棋壁畫、棋盤,填補了唐代雙陸棋實物的空白。何啓龍《〈授時曆〉具注曆日原貌考——以吐魯番、黑城出元代蒙古文〈授時曆〉譯本殘頁爲中心》(《敦煌吐魯番研究》13 卷)研究了漢文、蒙古文《授時曆》殘頁及吐魯番、黑城出土的蒙古文《授時曆》中的占卜術,指出現存漢文、蒙古文《授時曆》殘頁的次序、格式、排列跟繼承它的明代《大統曆》相同,吉凶用事項目用詞稍有差異。

林梅村《大月氏人的原始故鄉——兼論西域三十六國之形成》(《西域研究》2 期)指出吐魯番交河故城溝北墓地、洋海墓地、巴里坤東黑溝早期遺存的文化內涵一脈相承,皆屬蘇貝希文化,該文化的創造者是大月氏人及大月氏西遷後留下的小月氏遺民。王欣《高昌漢人的族羣認同》(《西域研究》4 期)認爲高昌漢人既保持着漢人(華人)的認同,又形成了"高昌人"的認同,當外部生存環境變化和內部現實利益發生衝突時,雙重認同就會出現矛盾,漢文化是高昌漢人乃至高昌人的認同的文化基礎。王卓英《唐代西州女性家庭生活探微——以吐魯番磚誌爲中心》(《黑龍江史誌》21 期)以吐魯番地區出土的唐西州女性墓誌爲中心,探析唐西州女性的角色定位、道德規範及在此框架内的家庭生活情況。王旭送《中古時期漢文史學在吐魯番地區的傳播》(《石河子大學學報》5 期)指出中古時期吐魯番地區傳播的漢文史學典籍主要有經書、正史、別史、雜史、地理類史書,并探討了漢文史學的傳播基礎及其影響。王路思、郭林《塔里木盆地乾屍的發現歷程及成因探討》(《科學之友》8 期)對塔里木盆地及吐魯番地區乾屍的發現歷程,及學界對乾屍成因的探討做了簡要梳理。

五、民　　族

對民族史的研究主要體現在回鶻方面,楊富學《回鶻佛教對印度英雄史詩〈羅摩衍那〉的借用》(《佛教神話研究:文本、圖像、傳説與歷史》)對吐魯番出土的 Mainz734b(TⅡY47)回鶻文《羅摩衍那》進行原文轉寫、漢譯文,指出此本應出自印度教《羅摩衍那》系統,并分析羅摩故事在回鶻中的傳播與佛教化情況及回鶻佛教借用羅摩故事的原因。馬小鶴《回鶻語廿七宿與十二宮圖表——吐魯番文書 TⅡY29(部分)與 U494 譯釋》(《敦煌吐魯番研究》13 卷)着重研究回鶻文書 U494,抄録并翻譯了拉克瑪蒂對 U494 文書的轉寫,指出 U494 文書可能採取的是印度没有牛宿的二十七宿體系,以婁宿爲首宿。張鐵山《交河故城出土回鶻文〈高昌王及王后頌詞〉研究》(《吐魯番學研究》2 期)對藏於德國國家圖書館、交河故城出土的回鶻文 Mainz713v(TⅡY58)《高昌王及王后頌詞》進行拉丁字母轉寫、漢譯和注釋。張鐵山《試析回鶻文〈金光明經〉偈頌》(《中央民族大學學報》1 期)對比漢文、回鶻文《金光明經》偈頌,指出梵文偈頌、漢譯偈頌和回鶻文偈頌既有一致的地方,也有各自的特點。林巽培《回鶻文〈慈恩傳〉的收藏與研究》(《民族語文》1 期)指出德國藏回鶻文本《大慈恩寺三藏法師傳》爲德國吐魯番考察團所獲,此文介紹了各國的收藏情況及各國學者對寫本的分卷研究情況。王紅梅《回鶻文佛教文獻斷代考析》(《宗教學研究》3 期)指出回鶻文文獻的斷代可從文獻特徵、内容、出土地等方面着手,依據文獻的書寫特徵、書寫工具、刊印及裝幀特徵、紀年題記、密宗内容、特殊詞彙等特徵進行綜合考察,來推斷文獻的抄寫或刊印時代。吐魯番出土的回鶻文文獻寫本最早可追溯到 9 世紀,下限晚至 15 世紀,但難以推斷這些文獻的準確抄寫年代。張鐵山《絲綢之路古代語言文字兼用與文化影響》(《2010 絲綢之路與西北歷史文化學術討論會論文集》)例舉多篇吐魯番出土的回鶻語文與漢語文、摩尼文、婆羅謎文、敍利亞文、粟特文合璧的文獻來研究回鶻人兼用其他語文的情況。王樾《唐代西域與吐火羅》(《學術月刊》8 期)着力研究吐魯番阿斯塔那晉唐墓羣 29 號墓出土的 4 件文書,指出在 7 世紀中葉的唐代西州高昌縣,吐火羅語并不是主要通行語言,當時的吐火羅應爲中古史中的希臘大夏王國,安迪爾古城之所以被稱爲"睹貨邏故國"是因爲這裏有貴霜文化遺存,而貴霜與月氏、吐火羅存在歷史關聯。在唐代新疆世俗社會中,并不存在吐火羅語文和吐火羅人,因爲唐代往往將吐火羅與月氏聯在一起,最終導致出現這一考古文化現象。

六、宗　　教

　　本年度的宗教研究涉及摩尼教、佛教、景教、祆教、北斗信仰等幾方面。芮傳明《東方摩尼教的"佛教色彩"論考》(《暨南史學》8 輯)以從粟特語直接譯出的突厥語《懺悔文》爲例,研究其所展現的佛教因素。克林凱特著,陳瑞蓮、楊富學譯《耶穌涅槃——中亞摩尼教對佛教的依托》(《河西學院學報》3 期)指出吐魯番出土帕提亞語摩尼教文獻將耶穌的受難記載爲米爾月 14 日,這是由敍利亞語直譯爲波斯語的,并指出中亞摩尼教從內容到形式對佛教進行了廣泛吸收。趙靜《淺談佛教在吐魯番地區的興衰》(《絲綢之路》14 期)概述了佛教在吐魯番地區的傳播、發展、興盛與衰敗歷程。殷小平《唐元景教關係考述》(《西域研究》2 期)指出高昌回鶻是唐元景教重要的中間環節,既具有唐代景教會的僧團組織性,又是蒙元也里可溫的重要來源。秦幫興《玄奘未記高昌祆教原因初探》(《陝西教育學院學報》1 期)分析玄奘未記載高昌祆教的原因有二:玄奘居住在高昌王城,高昌國禁止漢族信仰祆教,他所見到的幾乎都是信仰佛教的漢族民衆;高昌國主要信仰祆教的粟特人生活在高昌王城周圍,玄奘的路綫和行進時間使其未能目睹。張青平《麴氏高昌王國祭祀狀況研究》(《科技視界》23 期)通過吐魯番出土的祭祀文書來看高昌祭祀的諸神、麴氏高昌王國的祭祀概況、特點。朱磊《試論魏晉南北朝時期新疆的北斗信仰》(《西域研究》2 期)指出新疆地區的北斗遺存以阿斯塔那地區爲主,時間集中在魏晉南北朝時期,主要內容爲"存斗修仙"、"北斗注死"、"魂歸斗極"的漢地文化。王紅梅《元代畏兀兒北斗信仰探析——以回鶻文〈佛説北斗七星延命經〉爲例》(《民族論壇》5 期)對吐魯番木頭溝出土的 U4709 回鶻文《佛説北斗七星延命經》進行轉寫和漢譯文,指出此經將北斗信仰佛教神化,説明北斗信仰在元代畏兀兒人中影響深遠。

七、考　　古

　　本年度考古成果豐富,可以分爲遺址發掘、文物研究、遺址保護三方面。

吐魯番學研究院《新疆吐魯番市勝金店墓地發掘簡報》(《考古》2 期)介紹了 2007—2008 年分兩個階段發掘吐魯番市勝金店編號爲 2007TSM1—M20、2007TSM22—M26、2008TSM27—M31 共 30 個墓葬的情況,并介紹了墓葬形制與隨葬品,認爲這批墓葬與蘇貝希文化有着强烈的共性,應爲距今 2200—2050 年的西漢時期墓葬,墓葬主人或爲姑師人,M2 出土的假肢是吐魯番地區發現的唯一一件,在世界考古發現史上也較罕見。新疆吐魯番學研究院《新疆吐魯番勝金店墓地 2 號墓發掘簡報》(《文物》3 期)指出吐魯番勝金店墓地 M2 號墓的墓葬形制爲豎穴偏室墓,并介紹了出土器物,其中出土的假肢做工精良,是吐魯番地區發現的唯一一件此類器物。新疆文物考古研究所《新疆吐魯番市巴達木墓地發掘簡報》(《考古》6 期)介紹了吐魯番巴達木墓地 2008—2009 年對 7 個墓葬的清理情況(其中 08M4 保存較差并未完全清理,因此文章未對其進行討論),其中 08M1、09M1、09M2 爲斜坡墓道土洞墓,08M2、08M3 爲階梯墓道土洞墓,09M3 爲豎穴墓,除 09M3 爲春秋時期墓葬外,其餘 5 個墓葬爲唐代,并介紹了出土遺物。陳新勇《勝金店墓地出土腰機研究》(《吐魯番學研究》2 期)介紹了 2007—2008 年勝金店墓地 07TSM11 和 07TSM13 兩座墓葬的發掘情況及相關木器,并介紹了發現的兩套成組的完整的原始紡織工具腰機部件。

　　隨着科技的進步,使用科技手段分析、研究文物漸成趨勢。司藝、吕恩國、李肖、蔣洪恩、胡耀武、王昌燧《新疆洋海墓地先民的食物結構及人羣組成探索》(《科學通報》15 期)分析了洋海墓地公元前 12 世紀至公元 2 世紀先民骨膠原蛋白的 C、N 穩定同位素,結果顯示洋海先民長期以 C_3 類的動物性食物爲主,表明先民主要以畜牧業爲生。青銅時代中晚期,先民多變的食物結構,與人羣的多樣性有關,經長時間休養生息和文化融合,至早期鐵器時代,先民的食物結構顯得較爲一致,至兩漢時期,先民攝取更多的動物性食物,緣於更爲發達的畜牧業,該變化應爲匈奴進入所致。李亞、李肖、曹洪勇、李春長、蔣洪恩、李承森《新疆吐魯番考古遺址中出土的糧食作物及其農業發展》(《科學通報》增刊Ⅰ)以洋海古墓羣、勝金店墓地、阿斯塔那古墓羣爲代表,對古墓出土的植物遺存進行研究,揭示了吐魯番地區綠洲農業的發展歷史。對洋海古墓羣出土的饅頭中澱粉粒的分析表明它由黍和青稞製作而成,結果表明吐魯番地區晚青銅至早鐵器時代的社會生活以遊牧爲主,以農業和園藝業爲輔,經漢代逐步發展過渡爲唐代的以綠洲農業爲主體的生產和生活方式。鄭會平、何秋菊、姚書文、王博、宋國定、楊益民、王昌燧《新疆阿斯塔那唐墓出土彩塑的製作工藝和顔料分析》(《文物保護與考古科學》2 期)對阿斯塔那唐墓出土的 6 個彩塑樣品進行了分析鑒定,結果表明彩塑的泥胎表面先用硬石膏做打底層,再施以彩繪,所使用的紅、黃、黑、白、綠色顏料有鉛丹、密陀僧、朱砂、土紅、雌黃、炭黑、硬石膏、綠銅礦,粉色彩繪由鉛丹(或鉛丹和密陀僧的混合物)與硬石膏調和而成,藍色彩繪爲靛青。司藝、蔣洪恩、王博、何秋菊、胡耀武、楊益民、王昌燧《新疆阿斯塔那墓地出土唐代木質彩繪的顯微激光拉曼分析》一文採用阿斯塔那墓地出土墓號不詳的木質彩繪爲樣本,通過顯微激光拉曼對彩繪原料進行了原位無損分析,結論爲其 9 種顏色中 7 種爲單一礦物顏料或其二元組合,兩種爲植物染料,該彩繪是我國目前已知最早的藤黃染料實物證據,彩繪地仗層的組成爲石膏。徐佑成、肖亞、陳愛峰《吐魯番大、小桃兒溝及雅爾湖石窟壁畫成分分析》(《吐魯番學研究》1 期)研究了吐魯番大、小桃兒溝及雅爾湖石窟 3 個石窟壁畫的剖面結構、所含植物種類、不同色彩的顏料成分,并指出小桃兒溝第 5 窟發現大量含鉛顏料變色的現象。吐魯番學研究院技術保護研究所《新疆吐魯番阿斯塔那古墓羣出土唐代麻布修復報告》(《吐魯番學研究》2 期)記錄了新疆阿斯塔那墓地出土的麻布的修復過程,并初步確認此麻布爲唐西州時期的遺物。

魯禮鵬、萬傑《吐魯番阿斯塔那墓地出土木梳的型式研究》(《吐魯番學研究》1 期)從阿斯塔那墓地出土的木梳型式分析入手,將之分爲晉至南北朝、麴氏高昌、唐西州三個時期,并探討了各時期木梳的發展演變規律和形制特徵的變化。張弛《吐魯番阿斯塔那出土彩繪木鴨流源——兼論南京西善橋南朝墓所出"竹林七賢"磚畫中的鴨形器》(《吐魯番學研究》2 期)將吐魯番阿斯塔那古墓出土的麴氏高昌時期的彩繪木鴨與南京西善橋南朝墓所出"竹林七賢"磚畫中的鴨形器結合起來研究,指出彩繪木鴨屬於酒具,可能是置於酒器中的"浮"或"鴨頭勺"。王鵬輝《新疆史前考古所出角觿考》(《文物》1 期)將新疆史前考古材料中定名爲"觿"的 1991 年蘇貝希墓羣 3 號墓地 M13 和 2003 年洋海墓地 1 號墓 M90 出土的兩件骨角觿實物與先秦文獻中佩帶觿的記載、中原考古材料和民族誌材料相結合,確定此類器物的角形形制和解結打結功用以及用於弓弦掛取,認爲此類器物命名爲"角觿"更科學,并在新疆史前考古材料中辨識出大量的"角觿",其中包括 1980 年鄯善蘇巴什 7 號墓和 2003 年發掘的洋海 1 號墓出土的 14 件器物,均應爲"角觿"。邵會秋、楊建華《歐亞草原與中國新疆和北方地區的有銎戰斧》(《考古》1 期)指出洋海墓地所出的有銎戰斧分別屬於 C、D 類戰斧,并分析了歐亞草原各地有銎戰斧的關係。田羽《新疆出土動物紋青銅牌飾淺析》(《黑龍江史誌》17 期)一文寫到吐魯番艾丁湖與西吉陳陽川墓葬出土的兩塊立虎銜羊青銅牌幾乎一樣,但就現有資料很難説誰影響誰。

遺址保護的研究成果主要體現在吐魯番交河故城、高昌故城的保護研究方面。李肖、徐佑成、江紅南、杜志强《實時三維技術在交河故城遺址保護中的應用》(《文物保護與考古科學》1 期)介紹了數據的分塊技術、空間索引技術與繪製加速技術在交河故城三維模型實時繪製中的應用。孫滿利、李最雄、王旭東、張景科、高燕《交河故城垛泥牆體裂隙注漿工藝研究》(《文物保護與考古科學》1 期)指出採用模數 3.7、濃度 12%、水灰比 0.60—0.65 的 PS—C 加固交河故城垛泥牆體裂隙的效果最好,并指出了對裂隙封閉、灌漿管佈置、灌漿工具、裂隙壁滲透、灌漿等工藝的技術要求。雷繁、舒昌《高昌故城土遺址建築形制及價值評估》(《城市建築》4 期)介紹了高昌故城建築形制與佈局,對其價值進行評價,并提出保護建議。張安福、田海峰《新疆絲路中道漢唐歷史遺存現狀及保護研究》(《新疆師範大學學報》6 期)述及包括吐魯番在内的絲路中道的漢唐古城遺址、烽燧遺址、佛教石窟寺院遺址,分析了遺存保護中存在的問題及原因,并對保護對策做了思考。哈麗丹·吉力力、孟優《土地利用變化對歷史文化資源的影響——以吐魯番爲例》(《安徽農業科學》20 期)採用遙感(RS)、地理信息系統(GIS)及全球定位系統(GPS)定量研究了吐魯番歷史文化資源周邊土地利用及變化對歷史文化資源的影響,指出交河故城、高昌故城、洋海墓地在 10 年間(2000—2010)受土地利用類型的影響在增大。

八、藝　　術

對藝術的研究成果體現在石窟壁畫、紡織品圖案、雕塑藝術三方面。陳愛峰、吾買爾·卡德爾《高昌故城東南佛寺與藏傳佛教》(《中國藏學》4 期)研究了高昌故城東南佛寺的佛殿壁畫内容和佛塔的建築風格,推斷此寺是一所藏傳佛教寺院,時代爲西夏後期至元代。黃培傑、滿盈盈《西域佛教美術遺址考古綜論》(《美術與考古》2 期)述及高昌柏孜克里克石窟反映了回鶻樣式。侯明明、楊富學《吐峪溝半白半黑人骨像"摩尼教説"駁議》(《吐魯番學研究》2 期)一文認爲吐峪溝石窟第 42 窟左壁的半白半黑人骨像表示的是不淨觀,不是摩尼教二元論,所依禪經主要有鳩摩羅什譯《禪秘要法經》、《坐禪三昧經》、《禪法要解》等,勝金口石窟北區第 4 窟亦爲佛教石窟,非"摩尼教窟"。趙陽、陳愛峰《吐峪溝石窟第 44 窟兔王本生故事考》(《敦煌研究》6 期)通過圖文對讀,指出吐峪溝石窟第 44 窟正壁南側起第二幅壁畫内容爲"兔王本生",出自三國吳支謙譯《菩薩本緣經》卷下《兔品第六》。徐玉瓊《高昌早期佛教造像形制及其特徵——以吐峪溝石窟壁畫爲中心》(《長江大學學報》8 期)介紹了吐峪溝石窟壁畫中的佛教圖像特徵。馬新廣《唐五代佛寺壁畫裏的文殊》(《世界宗教文化》3 期)將唐五代佛寺壁畫中的文殊圖像分爲"和普賢形象相對出現"、"對維摩示疾文殊"、"以獅子爲坐騎"、"五髻文殊"、"千鉢文殊"、"五臺山文殊"6 種,并認爲新疆阿斯塔那第 29 號墓《唐咸亨三年(672)新婦爲阿公録再生功德疏》中的"維摩、文殊等菩薩變"可能屬於第二種情況。

本年度對出土紡織品圖案及工藝的研究成果較多。鄺楊華《西北地區出土雙頭鳥紋刺繡紋樣初探》(《考古與文物》2 期)整理了阿斯塔那、扎滾魯克、花海出土的雙頭鳥紋刺繡,指出此紋樣可能與諾因烏拉出土的鳥紋刺繡存在淵源關係;主要的輔助紋樣應該是源於茱萸紋,有些可能就是茱萸紋;圓點紋可能僅是一種流行的樣式;倒置三角紋可能與佛教中的"者舌"有關;雙頭鳥紋樣可能受到西方的影響,但與西方流傳至今的雙頭鷹紋樣不應是一個體系。郭萍《花角鹿圖案在絲綢之路上的傳播》(《昌吉學院學報》3 期)敍述了花角鹿圖案在絲綢之路上的傳播情況,指出吐魯番出土的大量絲織品殘片中的鹿紋趨於圖案化發展,并指出學界認爲的吐魯番出土 B 組織物不屬於薩珊系統,應屬於粟特美術系統。吳艷春《"火樹銀花"映彩錦　仙山圣樹求永生——吐魯番所出古代絲綢燈樹、花樹紋樣賞析》(《文物鑒定與鑒賞》2 期)介紹了以元宵燈樹、道教仙人、聖山、聖樹及自然界樹木花草爲主題紋樣的織錦和花絹。周菁葆《西域高昌地區出土的魏晉南北朝時期的紡織品》(《浙江紡織服裝職業技術學院學報》3 期)介紹了阿斯塔那墓出的絲織品,并指出南北朝時期的聯珠紋對馬錦的出產地爲高昌,總結了高昌地區紡織業發達的緣由。夏俠《解析高昌合蠡紋錦袴的工藝特徵》研究了阿斯塔那墓出土的一件錦袴的款式結構及合蠡紋錦的面料特點,認爲此錦爲高昌本地生產的織錦,可能是當時高昌本土工匠最早嘗試將西方緯錦與原有經錦工藝及設備相結合,創造出平紋經錦這種新的織物形式。

姚書文《吐魯番出土泥塑文物的造型與色彩藝術探析》(《新疆藝術學院學報》3 期)梳理了吐魯番出土的唐代素面小泥俑、武士俑、馬俑、騎馬武士俑、騎馬男俑、騎馬女俑的造型與色彩,説明唐代雕塑藝術的發展是由簡到繁,從易到難。高愚民《樂舞盛唐——阿斯塔那舞蹈雜技俑》(《新疆人文地理》5 期)介紹了阿斯塔那所出唐代舞蹈、雜技俑。

九、語 言 文 字

王啓濤《吐魯番出土文書疑難詞語新考》(《古漢語研究》1 期)指出"鐻錢"、"膓錢"即鐵錢,是一種冥錢;"手抓囊"即手爪囊,爲裝隨葬手指甲的小包,"腳抓囊"即腳爪囊,裝隨葬腳趾甲的小包,"手腳爪囊"即裝隨葬手腳指甲的小包;"靴奴"是因爲靴大如囊,故稱之爲"奴"。張小艷《吐魯番出土文書詞語考釋三則》(《中國語文》6 期)對吐魯番出土文書中的"腳蹂"、"魯囊"、"馱角"三則詞語進行了考釋,指出"腳蹂"爲置於死者腳後、用來墊腳的物品,"魯囊"即"絡囊",指用綫繩等纏繞編織的網袋,"馱角"爲馱運的行李包。徐華《敦煌吐魯番所出法制文書疑難詞語新釋》(《四川師範大學學報》6 期)利用敦煌吐魯番出土法制文書解釋"別理"、"收後"、"下牒"三詞分別爲"申訴"、"署名最後的保人"、"遞交訴狀或請求"之義。趙靜蓮、劉艷紅《敦煌吐魯番文獻疑難詞語考釋二則》用敦煌吐魯番文獻考釋了"膚第"、"水次逼近"的含義,"膚第"爲皮膚的等第,其劃分主要依據驢馬等牲畜皮毛的破損程度;"水次逼近"是指依次序快輪到(該渠)澆水灌溉了。

劉藝銘《吐魯番出土高昌郡時期文書的書法藝術研究》(《短篇小説》11 期)研究了吐魯番出土高昌郡時期文書的隸楷、楷書、行楷、行書書體,説明其書法風格多樣、書體多種,既受到中原內地書風的影響,也保持了獨特的西域風格。劉藝銘《高昌上奏文書的書法藝術研究》(《芒種》12 期)分析了麴氏高昌王國時期的 18 件上奏文書,指出其書法爲魏楷和行楷,行草字體多出現在契約和官方文書最後的批文部分。周侃《基於書法史視角的唐代書手價值研究》(《廣西師範大學學報》1 期)指出阿斯塔那 206 墓出土的《史李秀牒爲高宗山陵賜物請裁事》文書中的"判"字具有顔體特徵,説明顔體風格的抄本也流傳到敦煌、吐魯番。

十、學 術 評 價

徐華《條分縷析,旁徵曲引——王啓濤教授〈吐魯番出土文獻詞典〉評介》(《吐魯番學研究》1 期)介紹了《吐魯番出土文獻詞典》一書,并總結其特點爲覈對圖版,精校原文;訓詁聲音,文史匯通;辨章學術,考鏡源流;淵博識斷,精審嚴密;體例合理,行文規範。徐華《十年磨一劍,顯學譜新篇——王啓濤教授〈吐魯番出土文獻詞典〉評介》(《西南民族大學學報》1 期)總結了王啓濤教授《吐魯番出土文獻詞典》一書的四個特點:撰寫體例上以圖版、識讀、詮釋互觀;研究方法上以文字、音韻、訓詁互求;研究路徑上將語言、文字、史實互證;研究過程中以古説、今説、已説互明。游自勇《評余欣〈中古異相:寫本時代的學術、信仰與社會〉》(《世界宗教研究》2 期)一文分章概述點評了《中古異相:寫本時代的學術、信仰與社會》一書,褒揚余欣教授資料利用的廣博和思維的廣度,指出此書還存在"結論部分標題過大,論述卻極其簡單"的問題,并對部分史料的解讀和考訂提出自己的觀點。岩本篤志撰,翟旻昊、梁辰雪譯《敦煌吐魯番學所見東亞博物學——余欣〈中古異相:寫本時代的學術、信仰與社會〉評介》(《中國中古史研究:中國中古史青年學者聯誼會會刊》3 卷)簡述了《中古異相：寫本時代的學術、信仰與社會》一書的概要、視角、篇章結構及其主要內容，并對此書及博物學闡發自己的感想。王東《滿園春色獨枝俏——讀楊富學、陳愛峰著〈西夏與周邊關係研究〉》（《甘肅民族研究》4 期）指出《西夏與周邊關係》一書分別從絲路與商業貿易、宗教與文化交流、民族與民族關係三方面論述西夏與周邊的關係，幾乎每章都使用了黑水城（或敦煌、吐魯番）出土文書與傳世史籍，此書"無論是宏觀理論的探討還是微觀細節的考訂，都多有建樹"。榮新江 The Silk Road. Key Papers，Part Ⅰ：The Pre-Islamic Period（《敦煌吐魯番研究》13 卷）指出此書第五編《吐魯番》收錄了 6 篇吐魯番學領域的文章，對文章做了概述，并對文章的選擇與編排作簡要評價。張彥虎《西域屯墾與綠洲社會發展——評〈漢唐屯墾與吐魯番綠洲社會變遷研究〉》（《中國農史》5 期）總結《漢唐屯墾與吐魯番綠洲社會變遷研究》一書著作觀點新穎，見解獨特；論述較爲深入，內容豐富；邏輯嚴密，注重屯墾與綠洲發展變遷的內在邏輯關係研究。

王蕾《2012 年吐魯番學研究綜述》（《2013 敦煌學國際聯絡委員會通訊》）從文書、歷史與地理、經濟、民族、宗教、藝術、考古、文化、語言文字、書評與綜述、專著與文集十一個方面對 2012 年吐魯番學的研究成果進行概述。楊富學《新世紀初國內回鶻佛教研究的回顧與展望》（《西夏研究》2 期）一文回顧了吐魯番、哈密、敦煌、酒泉發現大批回鶻文文獻中回鶻佛教的研究情況，分爲回鶻文佛教經典研究、東土撰述回鶻文譯本研究、回鶻佛教歷史及其與周邊關係研究、回鶻佛教文化研究、國外研究成果的譯介幾方面，并總結了回鶻佛教研究的問題與展望。徐秀玲《近三十年來唐代催傭問題研究回顧》指出"伴隨着敦煌吐魯番文書的刊佈，史學界對唐代催傭問題的關注開始增多"，文章對 20 世紀 80 年代以來國內學者研究唐代催傭的社會性質、催傭契約、催傭雙方地位身份、催價及催傭類型的情況做了回顧與梳理。

2013 年是黃文弼先生誕辰 120 周年，紀念文成果較多，如王新春《傳統中的變革：黃文弼的考古學之路》（《敦煌學輯刊》4 期）、孫麗萍《篳路藍縷功至今——紀念黃文弼先生誕辰 120 周年》（《吐魯番學研究》2 期）、張弛《大漠、古道、西風 "中國西北考古第一人"黃文弼》（大衆考古》3 期）等。除單篇紀念文外，還出版了兩本論文集，收錄了多篇論文以紀念黃先生。《黃文弼研究論集》（科學出版社）所收內容主要集中在對黃文弼的生平研究和學術評價兩方面，其收錄文章、資料跨度達百年。《黃文弼所獲西域文獻論集》（科學出版社）收錄了以黃文弼西域考古所獲文獻爲研究對象的論文，內容涉及政治、經濟、宗教、語言等多方面。此外，盧向前《王永興先生與敦煌吐魯番學及其他》（《2013 敦煌國際聯絡委員會通訊》）整理了王永興先生在教學方面及推動敦煌吐魯番學發展方面的貢獻。

十一、專 著 與 文 集

巫新華主編,賈應逸編著《吐魯番壁畫》(山東美術出版社)一書按照高昌故城、交河故城、雅爾湖石窟、吐峪溝石窟、柏孜克里克石窟、勝金口石窟分類介紹圖像,并附以圖版。劉婕《唐代花鳥畫研究》(文化藝術出版社)書中單設一節研究阿斯塔那 217 號墓壁畫和哈拉和卓 50 號墓出土紙本花鳥圖屏。羅彤華《唐代官方放貸之研究》(廣西師範大學出版社)使用敦煌吐魯番文獻研究官本的設置、功能、財源、變遷、性質、意義,并探討唐代官方放貸機構與經營方式、財物查覈體系的制約、官本放貸的弊端及影響等問題。乜小紅《中國中古契券關係研究》(中華書局)一書多使用敦煌、吐魯番、黑水城文獻研究中古契券關係,特別是第 5—8 章更是大量使用吐魯番出土文書研究"西域民族買賣契與漢文契約的比較"、"古代租佃契約關係的發展變化"、"中古葡萄園租佃契中的租佃關係"、"中古一般僱傭契券關係"。王啓濤《吐魯番出土文獻語言導論》(科學出版社)研究了吐魯番出土文獻的語言系統與吐魯番出土的法制文獻、行政文獻、契約文獻、書信語言文獻、喪葬文獻、賬簿文獻的語言特點。張安福《漢唐屯墾與吐魯番綠洲社會變遷研究》(中國農業出版社)介紹了漢唐吐魯番綠洲社會的屯田概況、此地區的民族變遷,研究了漢唐吐魯番綠洲經濟變遷、社會行政管理制度變遷及社會文化變遷。陳敬濤《敦煌吐魯番契約文書中的羣體及其觀念、行爲探微》(中國政法大學出版社)以田宅契約爲例揭示訂立契約的當事人的各個側面,并研究了契約中保人的各自特徵和變遷,對立契主體思維和行爲方式進行了概括,以契約中的"沽各半"套語爲例,探求契約要件形成的源流等。楊富學《回鶻與敦煌》(甘肅教育出版社)以一章的篇幅研究高昌回鶻國的形成、發展、經濟、文化及其與敦煌、與敦煌佛教藝術的關係。

王邦維、陳金華、陳明編《佛教神話研究:文本、圖像、傳説與歷史》(中西書局),朱玉麒、王新春編《黃文弼研究論集》(科學出版社),榮新江編《黃文弼所獲西域文獻論集》(科學出版社)所收錄文章前文已作介紹,此不贅述。耿昇《中法文化交流史》(雲南人民出版社),施新榮、劉鎮偉主編《西域歷史與文獻論叢》(第 1 輯)(學苑出版社)共收錄已刊文章 4 篇:《法國東方學家格魯塞及其對玄奘西遊的研究》、《伯希和西域探險與中國文物的外流》、《1979 年巴黎國際敦煌學會討論會概況》、《豐產巫術:原始宗教的一個核心——新疆考古新發現的史前豐產巫術遺存》。

2009—2013 年臺灣地區敦煌學研究綜述

張家豪（臺灣中正大學）

本文接續《2007—2008 年臺灣地區敦煌學研究綜述》（《2007 敦煌學國際聯絡委員會通訊》，上海古籍出版社，2009.6，86—97 頁）并參考《2007—2009 年臺灣地區敦煌學研究綜述》（《中國唐代學會會刊》16，2009.9，139—160 頁）、《2009—2010 年臺灣地區敦煌學研究綜述》（《中國唐代學會會刊》17，2010.12，119—127 頁）、《2010—2011 年臺灣地區敦煌學研究綜述》（《中國唐代學會會刊》18，2011.12，144—149 頁），介紹臺灣地區 2009—2013 年間公開刊行有關敦煌學的著作及期刊論文之發表概況，其中包含非臺灣地區學者而在臺發表者，有助於了解敦煌學界交流之情況。茲分述如後：

一、文獻相關研究

此期間針對文獻進行考辨者有：郝春文《讀敦煌文獻劄記（又二則）》（《張廣達先生八十華誕祝壽論文集》，新文豐出版公司，2010.9，791—796 頁）認爲 S.1477 原定名"賣菜人名目"，經重新釋讀後可定名"孟胡子等賃蠶桑歷"，若成立則可爲敦煌地區植桑養蠶提供新材料；又 S.3825 原定名"發願文"應爲兩個部分或兩件，第一部分爲"四門轉經文"尾部"莊嚴"部分，第二部分應是敦煌春秋官齋大會上宣讀的齋文，定名爲"齋文集（四門轉經文等）"。石冬梅《〈俄藏敦煌文獻〉第 10 冊殘片考辨定名》（《國家圖書館館刊》101：1，2012.7，51—79 頁）對《俄藏敦煌文獻》第 10 冊文書殘片進行爬梳考辨，予以定名或改正原先擬名，如 Дх.03111 擬名《勸誡文》，實際乃《太公家教》；Дх.03128 擬名《佛經》，但內容爲敦煌某社在原社條之外增立的社條，應作《社條》。陳濤《日本杏雨書屋藏唐代敦煌本〈雜律疏〉殘卷略説——原李盛鐸舊藏敦煌寫本》（《法制史研究》18，2010.12，255—267 頁）説明此殘卷之來源、流傳，重新録文，發現照片上的藏書印較早年瀧川政次郎公佈者有增加，據此知卷首藏書印所鈐時間大體在 1933 年 3 月至 1935 年之間。

對文獻整理進行意義探討及評議者有：鄭阿財《談中國大陸近年編印英、法、俄藏敦煌寫本圖録的意義》（《第一屆東亞漢文文獻整理研究國際學術研討會論文集》，2011.7，53—71 頁）針對大陸近年編印英、法、俄藏敦煌寫本圖録，説明其編印特色及學術意義；認爲精良的印製爲釋録敦煌文獻提供了極大便利，然而未見詳細完整的目録，且部分寫卷祇呈現局部而難以了解全卷抄寫情形等缺憾,爲學界有待努力之處。才讓《敦煌藏文文獻編目整理、出版的成果回顧及未來研究趨勢之展望》(《臺大佛學研究》22,2011.12,109—138頁)一文,對目前敦煌藏文文獻的編目與出版情況進行説明,并期望未來在文獻與目録之整理、佛教文獻及多學科的研究上能有進一步成果。此外,洪國樑《〈敦煌經部文獻合集・羣經類詩經之屬〉校録評議》(《敦煌學》29,2012.3,33—85頁)説明《合集・詩經》之校録特色,并對其懸一"定本"觀念且"爲對齊而添字"之情形進行評議,補正校勘之失誤;旨在探討敦煌《詩經》寫卷之真貌及《合集・詩經》校録文字之正確性。另有方廣錩《敦煌遺書的收藏、編目與出版》(《漢學研究通訊》117,2011.2,32—40頁)一文對敦煌遺書的收藏處、重要目録、圖録出版現況進行介紹。

二、語言文字研究

語言、文字乃研究之基礎,此期間語言相關之專書有洪藝芳《敦煌文獻中主僕稱謂詞與社會文化研究》(文津出版社,2013.2)以敦煌文獻爲語料,詳考其中主僕稱謂詞,進而結合語言學理論與方法,由詞義、詞形、詞變、詞用等不同面向,論述主僕稱謂詞的特色與發展;并透過主僕稱謂詞及其上下文語境,揭示蓄奴文化、尊卑文化及佛教文化等内涵,拓展稱謂詞研究之視野。作者尚有《敦煌文獻中奴婢稱謂詞析論》(《敦煌學》29,2012.3,87—117頁)一文,分析敦煌文獻中奴婢稱謂詞之詞彙結構、詞彙意義、使用現象與發展脈絡等,并結合法律、社會、制度等材料進行"團頭"、"骨崙"、"賤人"等詞義之辨析,釐訂前人與辭書對某些稱謂詞的説法,以説明唐五代敦煌地區口語奴婢稱謂詞之面貌。

高啓安《吐魯番高昌供食文書中的肉食量詞——以"節"爲中心,兼説〈唐六典〉中的肉量詞"分"》(《敦煌學》28,2010.3,19—39頁)將焦點集中於量詞,以《太白陰經》記載"節"的物量法:"羊,一口分爲二十節,六百二十五口。牛肉代羊肉,一人二斤,二萬五千斤。"將之與吐魯番文書相印證,認爲羊肉以"節"來物量,應當是遊牧民族原始的肉食分配形式,唐代軍隊的賞賜量制仍然延續此傳統;另外《唐六典》中的肉量詞"分"亦同《太白陰經》記載,一分爲一隻羊的二十分之一,即"一節"爲"一分"。

語法研究有王錦慧《魏晉南北朝至宋代"動 + 將 + 趨"結構研究——以漢文佛典作考察》(《漢文佛典語言學——第三屆漢文佛典語言學國際研討會論文集》,法鼓文化,2011.7,頁 143—177)借漢文佛典探討魏晉南北朝至宋代"動 + 將 + 趨"結構之演變。而喬全生、崔容《山西方言所見敦煌俗文學中的語言現象》(《漢文佛典語言學——第三屆漢文佛典語言學國際研討會論文集》,法鼓文化,2011.7,657—671 頁)一文,列舉保存於山西方言中的敦煌變文、曲子詞若干語音現象如：臻攝與曾攝同韻等；詞彙如：漿水、明朝、托生等,語法如：動態助詞"着"的"動＋賓／補＋賓"用法等。

此外,對敦煌文學作品的聲韻、語言特色進行分析者,有黃佩茹《敦煌變文〈燕子賦〉(甲本)語言特色探析》(《第四十屆中區中文研究所碩士博士生論文研討會論文集》,2011.4,20—35 頁)分析《燕子賦》(甲本)之對話、對偶、複合詞、雙聲、疊韻、俗諺等語言形式,説明此形式所構成人物形象鮮明、風格戲謔生動、通篇富節奏感、文句亦雅亦俗等語義特色。而郭懿儀《試析敦煌所藏〈雲謠集〉之用韻特色》(《應華學報》11,2012.6,115、117—144 頁)分析《雲謠集》的用韻現象,認爲其用韻不全然合於唐代關中方言音系及中唐以後的詩韻現象,對照同地區的 10 世紀河西方言也不盡相同,此看似寬鬆的用韻標準,代表《雲謠集》作者們并非來自同一地區,而從用韻現象所保存的語音特色,可爲後來的語音變化路徑提供更寬廣的語音例證；作者另有《敦煌所藏〈雲謠集・鳳歸雲〉音韻風格初探》(《嶺東學報》33,2013.6,119—158 頁)選取《雲謠集》中《鳳歸雲》四首詞作,分析其文字與音韻的搭配,説明其音韻風格。又劉國平《敦煌講經變文"古吟上下"與南北朝駢文關係試探》(《大葉大學通識教育學報》11,2013.5,1—12 頁)一文,認爲講經變文常見標注"古吟上下"、"吟上下"或"吟"等講唱體詩歌之馬蹄韻,其源出於梁、陳時徐陵、庾信等人之駢文。

語言相關學位論文有陳佳蓉《敦煌變文中的熟語研究》(南華大學文學系碩士論文,2010)梳理變文中熟語之繼承與發展,分析熟語的辭彙特點、通俗特性及在變文中的運用模式、價值意義等。

文字研究方面有蔡忠霖《俗字構字部件形體變異研究——以唐代字樣書爲中心》(《第二十屆中國文字學國際學術研討會論文集》,臺灣中山大學中國文學系,2009.5,359—383 頁)以《正名要録》、《干禄字書》、《五經文字》、《新加九經字樣》等字樣書爲材料進行比對,説明構字部件的分析原則,并對俗字構字部件形體變異現象進行歸納,追溯俗字構成及其學理,文末附"唐代字樣書俗字構字部件形體變異表"。作者尚有《唐代字樣書文字屬性歸類初探》(《第十九屆中國文字學全國學術研討會論文集》,新文京開發出版公司,2009.4,257—276 頁)、《論字書標準字形的"并正"現象——以唐代字樣書爲中心》(《文化視域的融合——第九屆唐代文化國際學術研討會》,唐代學會,2009.9,25—27 頁)、《論字書的字型規範及其"并正"現象——以唐代字樣書爲例》(《文與哲》15,2009.12,33—60 頁)、《論字樣書序跋所見的唐代官方文字政策》(《第廿一屆中國文字學國際學術研討會論文集》,東吳大學中國文學系,2010.4,89—104 頁)等文章,對字樣書相關論題展開一系列討論。另外,《寫本異體字構字部件形體變異研究——兼與唐代字樣書俗訛字相較》(《東吳中文學報》21,2011.5,81—116 頁)一文則考察異體字問題,論述異體字的定義、依據、部件分析原則,并以 S.388 號寫卷爲素材,採録其中異體字,以部件分析法研究歸納,進而與唐代字樣書中所載之俗訛字相較,文末將比對結果製成"寫本異體字部件形體變異表"。另外,郝廷璽《唐王仁昫〈刊謬補缺切韻〉宋跋本和敦煌本的俗字之比較》(《中國語文》652,2011.10,49—56 頁)亦着眼俗字,比較兩抄本俗字字頭,分析宋跋本改動之原則及內容,認爲宋跋本乃適應社會對正字的需要,統一字形書寫,補充注釋體例,提升韻書編寫之體制。

洪藝芳《從〈俗務要名林〉看唐代民間的服飾文化》(《文學新鑰》15,2012.6,1—34 頁)則將文字研究與文化研究進行結合,梳理并校録敦煌本字書《俗務要名林》中的男服部、女服部、綵帛絹部等有關服飾的詞彙,進而探討所反映之胡漢文化融合、婦女風氣開放、審美觀念進步、衣料品種多樣等服飾文化。

文字相關論文尚有金愛英《TK—IRS 的數碼形象研究支持環境下的敦煌文獻與高麗大藏經比較研究系統構築及其對文字學研究的意義》(《第廿一屆中國文字學國際學術研討會論文集》,東吳大學中國文學系,2010.4,393—410 頁),學位論文有梁微婉《上博 01(2405)V〈摩訶般若波羅蜜經疏〉寫本殘卷書成年代考——以寫本異體字爲中心》(臺灣"中央大學"中國文學系碩士在職專班,2011)。

三、敦煌文學研究

敦煌文學依舊是臺灣敦煌學研究者關注之熱點,以下分類敍述近五年的研究成果。

(一)綜論

宏觀式的綜論研究專著有楊明璋《敦煌文學與中國古代的諧隱傳統》(新文豐出版公司,2011.3)從諧隱的角度檢視敦煌文學,認爲諧隱性是敦煌文學於民間性、宗教性、地域性之外的另一重要特質,書中依作品功用分爲以文爲戲、以文化俗、節慶儀式、講唱伎藝等四種不同類型討論其諧隱性,進而探究其受中國古代諧隱傳統影響之處。

期刊論文有富世平《試論轉變藝術的文本化過程》(《敦煌學》28,2010.3,61—72 頁)試圖梳理口頭轉變藝術逐漸文本化之發展脈絡,認爲文本化現象之主因在門徒弟子或好事者的記録,再者爲説唱者"預撰";而佛教徒的功德觀、轉變藝術的商業化、文人的不朽思想、社會經濟發展、寺學培養等都是造成文本化發展之因素。

陳尚君《唐女詩人甄辨》(發表於"文化視域的融合——第九屆唐代文化國際學術研討會",後收錄於《淡江中文學報》23,2010.12,1—26 頁)從俄藏敦煌遺書中所發現唐代婦女作品及《瑤池新詠》殘卷說起,進而考辨《全唐詩》及其補遺專著所收女性作家,認爲確爲唐人者 76 人,傳聞疑似之間者 18 人,確認虛構、誤認或後出者 43 人,而此現象應是宋人在唐小說傳聞上的再創作,或明末清初唐詩編選者和書商刻意將前代與女性交涉的詩歌附會爲唐代女詩人之故。

朱鳳玉《從越南漢文小說看爭奇文學在漢字文化圈的發展》(《成大中文學報》38,2012.9,67—92 頁)述介《越南漢文小說集成》中 16 篇爭奇文學作品,歸納其手法與內容主題,將之與敦煌爭奇作品相較,說明爭奇文學的發展,認爲仍不宜貿然論述越南漢文文學與敦煌文學之聯結關係;指出這些作品中除《孔子項托問答書》當是明代中土《小兒論》一類文本傳承的抄本,其餘應爲越南文士所仿作。

金賢珠《韓國敦煌文學研究的回顧與展望》(《敦煌學》30,2013.10,45—55 頁)分析 1958 年至今韓國在敦煌文學研究之情況,并指出資料的翻譯與介紹、比較研究法及跨學科之研究、促進"韓國敦煌學會"的作用等,將是韓國未來的研究方向,文末附有"韓國研究敦煌文學目錄(1963—2013)"。

廖秀芬、鄭阿財《從敦煌文獻論唐宋俗文學的發展與演變》(《遊藝與研學:唐宋俗文學研究論集》,萬卷樓,2013.9,335—373 頁)探討俗文學的形成與演變,及其在唐宋都市發展下的樣貌,并以變文、曲子詞等文獻論述唐宋俗文學口頭傳播與書面傳播的情況。

(二)詩歌

詩歌方面,楊明璋《論三組敦煌詩與唐宋伎藝表演的關係兼論敦煌文學研究的未來》(《出土文獻研究視野與方法》第一輯,2009.10,223—251 頁)討論 Дх.3871 + P.2555 的十六首詠物詩、P.3644 的"厶乙鋪上新鋪貨"詩、P.3808《長興四年中興殿應聖節講經文》末尾九首詩三組敦煌詩;認爲它們是因應口頭演出而生成之文本,又因爲它們確實分別與商謎、叫聲、合生等唐宋伎藝有或大或小的近似處,亦可視爲在宋代成熟瓦市伎藝發展過程中,具有奠基意義的作品。

胡同慶《敦煌唐宋時期的文字遊戲及其藝術特點》(《史物論壇》12,2011.6,5—21 頁)說明敦煌有《方角書》、《四角詩圖》、《離合字詩圖》、《十字詩圖》、謎語、重出字與疊字詩、鳥形押語藥名詩等文字遊戲作品,并指出其地方性、通俗性、趣味性、互動娛樂性及文化修養等藝術特點,認爲其有利排遣思鄉寂寞之情或表達心向中原之意。

曾玉惠、楊惠娥《敦煌文獻節令詩初探》(《崑山科技大學學報》9,2012.6,1—13 頁)論述敦煌詩集殘卷中節令詩之內容、特色與價值,認爲以中原文士作品居多,反映其閱讀品味,而詩歌僅停留在節令文化傳播的媒介角色,在當時傾向教化實用,而敦煌本土詩人猶未能發展出主觀自覺的創作意識,近於中原地區的文人階層尚未出現。

李弘毅《論〈玉臺新詠〉之傳承與宋版價值(上)》(《國文天地》28:3 = 327,2012.8,53—57 頁)、《論〈玉臺新詠〉之傳承與宋版價值(下)》(《國文天地》28:5 = 329,2012.10,69—73 頁)兩文闡述羅雪堂校讎敦煌殘卷所指出"以今本與此比勘,異同甚多"及"以寒山趙氏槧宋嘉定乙亥陳玉父爲最善"之具體情況;探究寫本傳承及如何看待宋人版刻等相關問題。

此外,以西方理論分析作品者有林銘偉《讀〈秦婦吟〉——羅蘭巴特語碼讀文學法的運用》(《第七屆嘉義大學中國文學系碩士班研究生論文發表會論文》,2010.12,42—59 頁)以符號學理論分析該詩,説明韋莊之厭戰心理。學位論文有張詩涵《敦煌佛教敍事歌曲與其相關文藝研究》(臺灣中興大學中國文學研究所碩士論文,2009)將敦煌佛教敍事歌曲分爲"佛本生故事歌曲"、"佛傳故事歌曲"、"佛教人物故事歌曲"、"倡導孝道歌曲"、"闡述無常歌曲"與"讚揚聖境歌曲";分析其與相關主題的佛典、變文、壁畫的形式、故事內容的差異及特色。

(三)曲子詞

韓國學者金賢珠等於《中國語文》發表一系列曲子詞相關研究:金賢珠、李恩周《關於敦煌曲子詞的名稱與範圍的商榷(上)》(《中國語文》632,2010.2,75—82 頁)、《關於敦煌曲子詞的名稱與範圍的商榷(下)》(《中國語文》633,2010.3,86—92 頁)討論王重民、任二北與饒宗頤對敦煌曲子詞的名稱、範圍之看法;認爲王氏使用"敦煌曲子詞"能涵蓋曲子詞的文學史特徵與敦煌地區特點,從曲子詞特點和詞之起源特徵考慮爲最恰當概念;任氏與饒氏使用"敦煌曲",涵蓋內容較複雜且强調其音樂性,範圍擴展至俚曲、俗曲和佛曲,雖兩人在佛曲上有歧見,但觀點大致相同;而任氏出版《敦煌歌辭總編》中"歌辭"概念能超越所有體裁,是囊括敦煌作品與音樂文學的廣義概念;研究時應區分此三種不同概念。金賢珠、李恩周《敦煌歌辭之宗教性敍事特色——以聯章〈百歲篇〉爲中心的考察》(《中國語文》643,2011.1,56—65 頁)從"佛教"與"儒教"兩部分説明《百歲篇》宗教敍事內容,分析其敍事順序與有效敍事結構。金賢珠、朴美淑《敦煌曲子詞格式演變試探——以〈浣溪沙〉

〈山花子〉〈楊柳枝〉〈喜秋天〉〈卜算子〉詞牌爲例》(《中國語文》646,2011.4,70—87 頁)通過幾種較具代表性的曲子詞格式説明其歷時性演變,探索曲子詞和宋詞間的發展關係。金賢珠、朴美淑《敦煌閨怨詞之敍事性初探》(《中國語文》657,2012.3,91—106 頁)分析閨怨詞的敍事結構與人物形象表現,突顯其敍事性特徵。金賢珠、金銀珍《唐代敦煌邊塞詞之邊塞形象考察》(《中國語文》668,2013.2,35—48 頁)探討邊塞詞形成的背景及其描繪的邊塞風光、生活、戰爭、心理,勾勒詞中反映的邊塞形象。

此外,林仁昱撰有《俗情的關照與捨離——與"出家"有關的敦煌歌辭探究》(發表於"文化視域的融合——第九屆唐代文化國際學術研討會",唐代學會,2009.9,25—27 頁)一文;曾玉惠、邱淑珍《試論敦煌歌辭中史實的表現手法與價值取向》(《景文學報》20:2,2010.8,41—59 頁)將《敦煌歌辭總編》中反映史實的内容分爲"詠史歌辭"、"詠時歌辭"兩類進行論述;蘇世明《唐代早期文人詞與敦煌民間曲子詞之比較》(《孔孟月刊》48:9 – 10 = 573 – 574,2010.6,31—34 頁)比較劉禹錫、白居易詞作與敦煌曲子詞之異同,認爲兩者的相同點在不避諱重複用字、使用方言及口語、多樣題材與内容、善用譬喻等,而在詞牌形式之定調與修辭技巧之講究上則有所不同。

學位論文有張維恬《唐代敦煌曲子詞女性情感與民俗之研究》(臺灣花蓮教育大學民間文學研究所碩士論文,2009)借與婦女生活相關的曲子詞探索其反映的女性情感、心理及民俗文化。陳章定《敦煌曲子詞色彩意象研究》(臺灣嘉義大學中國文學研究所碩士論文,2010)以色彩學理論分析敦煌曲子詞色彩使用情況,探討其與詩人心理、生活經驗、地域環境之關聯。吳淑真《敦煌曲子詞陰性書寫與陽性書寫研究》(玄奘大學中國語文學系在職專班碩士論文,2012)將曲子詞依内容題材分爲陰性與陽性書寫兩類,探討其手法、風格及特徵。

(四) 變文

變文研究是敦煌文學研究成果最豐者,其中又以講説歷史傳説之講史類變文較受矚目。

鄭阿財《從〈敦煌秘笈〉羽 39V 殘卷論〈舜子變〉的形成》(《張廣達先生八十華誕祝壽論文集》,新文豐出版公司,2010.9,745—768 頁)認爲四種敦煌《舜子變》中,羽 39V 字義較佳,文意流暢;與 S.389《事森》對照,可判斷抄撮者、編纂者爲佛教徒;與其他相關寫卷情況合觀,顯示《舜子變》并非定稿或講唱底本,抄撮有關孝子故事以備參考之用的可能性較高;從變文的動態發展而言,《舜子變》乃佛教變文向非佛教變文發展之過渡,反映佛教對孝道的積極提倡,體制則從講唱兼施的韻散夾雜向以講爲主的散文體發展。廖秀芬

《從經典到世俗——以〈舜子至孝變文〉爲中心之敍事架構》(《敦煌學》28，2010.3，125—144 頁)分析早期典籍、史傳、《舜子至孝變文》、《盤古到唐虞傳》、《開闢衍繹通俗志傳》等文本中有關舜子傳説之情節；認爲典籍、史傳或借舜子事迹説理，或僅爲史料記録，重其功能性；通俗文本則重在故事性，强調善惡報應以達寓教於樂效果。陳佳琪《從〈舜子變〉看後母虐兒母題的中國民間故事》(《東方人文學誌》，8：3，2009.9，77—98 頁)亦着眼舜子故事相關文本進行探討。

李玉珍《從〈伍子胥變文〉看劍的隱喻符號》(《中國語文》636，2010.6，66—78 頁)着眼文本中"劍"的隱喻。楊明璋《講唱之劍——以敦煌本〈伍子胥變文〉爲中心的討論》(《政大中文學報》18，2012.12，87—113 頁)亦討論"劍"在敦煌講唱文學中的意義，認爲其具敍事美學功能，使故事結構緊密、前後敍事互爲照應，成功形塑伍子胥劍俠形象，快意恩仇之主題更因此被突顯；文中并分析"劍"在講唱文學中所表現出思想信仰及政治權力等象徵意義。此外，黄郁晴《論〈伍子胥變文〉中"漁人"書寫演變的意義》(《龔顯宗教授榮退論文集》，龔顯宗教授榮退紀念論文編委會，2009.1)曾於臺灣清華大學中文系 2005 年全國研究生論文發表會宣讀，今收論文集中。

楊明璋尚有《論敦煌文獻中的二篇漢皇故事之源流及其文本屬性》(發表於"文化視域的融合——第九屆唐代文化國際學術研討會"，唐代學會，2009.9)；又《敦煌本〈前漢劉家太子傳〉考論》(《敦煌學》28，2010.3，91—109 頁)認爲劉家太子即劉秀，其逃亡之事的敍述動機蓋爲頌揚出身南陽白水的張老父子，也爲同是出身南陽的張議潮家族構築輝煌系譜，可謂西漢金山國之建國神話文本；并分析 P.3645 所載五組故事之結構關係，指出第二至五組張騫諸人故事，是作爲鋪陳第一組故事末尾——"崑崙山上有一太白星，若見此星，得其言教，必乃却得父業"一段話的重要素材，而文本可謂因應講唱表演而生成的，它既可是講唱者用以講唱的提綱，也可是聽講者對講唱内容之節録。而《論敦煌文學中的善惠故事——以 S.3050V、S.4480V、S.3096 爲主》(《敦煌學》29，2012.3，161—178 頁)一文，説明三個寫本所敍善惠故事情節上下相互銜接、使用詞句亦有相應痕迹，所敍故事應出自同一文本，文中探討其與佛典的關係、文本屬性等，認爲其可起"佛本行集經因由記"這一題名，而與讚文合抄，表示應爲佛教俗講儀式之環節——"便入經説緣喻了，便説念佛讚了，便施主各各發願了"的反映。

《孟姜女變文》研究有：蘇詩雅《敦煌寫本〈孟姜女變文〉敍事探析》(《東方人文學誌》9：1，2010.3，77—96 頁)分析 P.5039《孟姜女變文》之敍事結構、敍事時間、視角、人物等，突顯其文學價值。林佩儀《敦煌〈孟姜女變文〉中的人物及空間原型意象分析》(《第七屆嘉義大學中國文學系碩士班研究生論文發表會論文集》,2010.12,29—41頁)運用原型理論分析該變文,認爲其人物與空間分別具有"替罪羊"、"大母神"與"地獄"之原型意象。

《王昭君變文》相關研究有:蘇淑貞《論敦煌本〈王昭君變文〉之重要性與創作特點》(《應華學報》7,2010.11,179—222頁)說明該變文在王昭君故事演變中具承先啓後的重要性,分析該變文形式特點與內容特色,認爲由此作品可見王昭君在唐代所受到的敬重與喜愛。王友蘭《王昭君説唱文學的人物型塑》(《遊藝與研學:唐宋俗文學研究論集》,萬卷樓,2013.9,39—110頁)以變文及明清以後彈詞、鼓詞、子弟書等説唱昭君故事之文獻爲材料,分析文體,歸納其主要運用短話長説、夾議夾敍、韻散兼顧等人物型塑方法。

此外,李宜樺《從史傳到稗語——〈漢將王陵變〉之情節承衍與轉化考察》(《中國文學研究》30,2010.6,31、33—68頁)比較《漢將王陵變》與《史記·陳丞相世家》、《兩漢開國中興傳志》、《西漢演義》之情節承衍情形。羅國蓮《論"秋胡戲妻"故事中的秋胡形象——以〈列女傳〉至〈秋胡戲妻〉爲範圍》(《東吳中文綫上學術論文》14,2011.6,27—52頁)以《列女傳》、《西京雜記》、傅玄《秋胡行》、《秋胡變文》及《秋胡戲妻》爲範圍,探討秋胡形象的演變。邱子維《敦煌文獻中醜女書寫之探討》(《研究生論文集刊》13,臺灣中正大學中國文學系暨研究所,2011.6,49—72頁)歸納敦煌文獻涉及醜女題材之作品,認爲醜女書寫具有反映審美觀點、重視婦德思想、宣揚因果報應等意涵。游佳容《敦煌詞文敍事藝術探究——以敍事視角爲主要探究中心》(《新生學報》8,2011.8,105—126頁)探究《大漢季布罵陣詞文》、《董永》、《百鳥名》、《季布詩詠》等四篇詞文中非聚焦型、內聚焦型、外聚焦型視角之運用,説明其敍事藝術對後代話本、講唱文學之影響。陳伯謙《敦煌寫本〈李陵變文〉與〈史記〉、〈漢書〉中〈李陵傳〉戰爭敍述比較研究》(《第四十一屆中區中文研究所碩博士生論文研討會論文集》,2011.11,29—41頁)比較、分析三種文本中戰爭敍述之內容,呈現各自特色。

敦煌話本研究有:羅慶雲《談敦煌變文〈廬山遠公話〉的佛教思想》(《遠東通識學報》3:1,2009.1,65—74頁)探討變文中平等、慈悲、因果、報應、精進、布施、忍辱等佛教思想。杜皖琪《敦煌通俗話本——〈廬山遠公話〉中的民間文學特質淺析》(《真理大學人文學報》7,2009.4,53—75頁)借《廬山遠公話》探討慧遠形象在歷史上的轉變及其與史傳記載之異同,進而賞析《廬山遠公話》之藝術性與特殊性。李映瑾《史話之間——敦煌S.2144"韓秦虎話本"反映的話本書寫藝術》(《遊藝與研學:唐宋俗文學研究論集》,萬卷樓,2013.9,217—254頁)分析話本書寫技巧,及其宣揚君權神授、推崇武德、生英雄而死鬼雄之觀念,反映佛教思想浸潤民間、佛道融合之情況。張家豪《析論〈韓擒虎話本〉之創作手法與心理》(《敦煌學》30,2013.10,87—106 頁)分析話本之創作手法,推論其應屬《隋書》、《陳書》系統,而創作心理與宗教造神、引起戰地閱聽大眾之共鳴有關。

講經變文研究以目連故事最受矚目,有吳安清《中國救母型故事與目連救母故事研究》(《玄奘人文學報》9,2009.7,81—113 頁)論述中國救母型故事之體系、情節單元,探討其中目連救母故事之淵源與意涵。楊錦璧《"目連變文"修佛證道的試煉之旅及其宗教關懷》(《文學新鑰》15,2012.6,99—144 頁)以神話學觀點,將目連救母之歷程詮釋為修佛證道的試煉之旅;認為其不僅宣揚佛家孝道思想,更欲借孝親天性,指引世人棄小乘而轉讀大乘,展現慈悲為懷、普度眾生的宗教關懷。另外,陳美伊《破色入道:〈破魔變文〉中釋迦牟尼修道研究》(《研究生論文集刊》13,臺灣中正大學中國文學系暨研究所,2011.6,101—114 頁)則着眼《破魔變》,論述釋迦牟尼由慈悲善根力化解魔力而達到消解煩惱根之過程。

學位論文有張家豪《敦煌講唱文學中的戰爭敘事研究》(臺灣嘉義大學中國文學系研究所碩士論文,2010),以涉及戰爭敘事的 11 篇敦煌講唱作品為核心,歸納類別,分析其敘事手法,進而探討戰爭敘事作品之功能。許孟怡《從敦煌講史類變文看唐代社會》(臺灣師範大學歷史學系在職進修碩士論文,2010),探討變文所述歷史人物與史書、文人記載之差異,借以分析其反映的唐代社會狀況。楊寶蓮《敦煌舜子變研究》(中國文化大學中國文學研究所碩士論文,2011)以《舜子變》為核心,探討主題思想,論述孝道説、神話説、考驗説之意義。游靖珠《敦煌佛傳變文研究》(臺灣嘉義大學中國文學研究所碩士論文,2011)比較佛傳變文與漢譯佛典之異同,認為其情節主要基於佛典"八道成相"之結構而略其缺乏神異與不易理解的成道、涅槃部分,并從文學、語言、思想方面論述佛傳變文特色。林佩儀《唐五代醜女文學研究》(臺灣嘉義大學中國文學研究所碩士論文,2013)探討《全唐文》、《全唐文補編》與敦煌文獻中醜女作品之形象與意蘊。

(五)俗賦

專書有歐天發《俗賦類型研究》(高雄復文圖書出版社,2010.3),書中辨析俗賦的意涵及範疇,將俗賦歸納為辯論類、故事寓言類、詼諧類、隱語類、祈願類、認知類、鋪敍類七大類型進行論述,企圖根據俗賦的特徵與功能,建立其分類系統。作者另有《俗賦之領域及類型研究》(新文京開發出版公司,2010.5)一書將俗賦形式分為遊戲文章、文人詼諧賦、說唱文學、古傳奇與寓言賦、賦體雜文等十三種進行論述,并將古今俗賦進行歸納與分類,欲建立俗賦範圍與類型之系統。

對俗賦進行綜合性討論者有梁淑媛《唐賦敍事對話主角類型研究》（《師大學報・語言與文學類》,55：2,2010.9,1—28 頁）將唐賦敍事對話主角分爲作者現身在文本中的隱含作者與虛擬人物、雙方或多方均爲虛擬的人物、雙方均爲逼真性歷史人物、人與神鬼爲主角、物與物爲主角五類,探討主角設計上的通變與奇正。伏俊璉《敦煌俗賦之研究範疇及俗賦在文學史上的意義》（《政大中文學報》18,2012.12,35—56 頁）一文,認爲依俗賦故事性、論辯性、詼諧性、通俗性之特徵,可以挖掘敦煌遺書中不以"賦"爲名,卻具俗賦特質之作品,進而得以探討這些作品的特徵和傳播方式;文中指出,俗賦之發現,使我們對文學史存在"雅"、"俗"兩個世界進行思考,并能證明賦同其他文藝形式一樣,最初都由下層勞動人民創造且口耳相傳。張文冠《敦煌俗賦校讀劄記》（《敦煌學》30,2013.10,77—86 頁）則對敦煌俗賦中"兜毬"、"犢速"、"屈焠"、"眠處"、"胡速"、"五角六張"、"囂武"、"新榜養"、"痊"等詞語進行校勘、釋義、溯源的再商補。

單篇俗賦作品則以《韓朋賦》最受關注,相關研究有蔡文榮、盧翁美珍《〈韓朋賦〉之體制與故事衍化意義——從〈搜神記〉"韓憑妻"與敦煌本〈韓朋賦〉比較談起》（《東吳中文學報》,2009.11,37—55 頁）强調《韓朋賦》的民間俗賦特性,認爲其具有對抗暴政掠奪、對愛情之同情及期待等意識。蘇淑貞《論敦煌本〈韓朋賦〉的敍述與故事特色》（《應華學報》8,2010.12,157—194 頁）比較《韓朋賦》與《搜神記》中《相思樹》故事,并以敍事學理論進行分析,認爲《韓朋賦》在創作上青出於藍,影響後世小説戲劇。袁盟政《〈韓朋賦〉故事原型探析——以〈搜神記〉、〈法苑珠林〉爲中心》（《第二十四屆南區中文系碩博士生論文發表會論文集》,2010.12,249—259 頁）比較韓朋故事的三種文本,得知文本皆反映愛情觀并具反專制思想,而《韓朋賦》在故事之人物、結構、技巧皆發展得更爲成熟。

着眼俗賦中女性角色者有張玉茹《敦煌俗賦中的詼諧元素之遞嬗——以醜婦題材爲例》（《東方人文學誌》8：2,2009.6,23—44 頁）以俗賦中嘲弄醜婦貌醜一類説明敦煌俗賦詼諧嘲戲之特色。林黛琿《敦煌俗賦〈齖䶲書〉與宋元話本〈快嘴李翠蓮記〉之比較研究》（《臺灣金門技術學院學報》,2010.1,37—55 頁）認爲《快嘴李翠蓮記》承《齖䶲書》中女性追求自我價值之主題,而情節更爲曲折,人物形象亦較清晰,然"詩文組合"、"語言通俗"、"運用對話"則爲兩講唱類文本之共通性。

另外,張晏菁《敦煌變文〈茶酒論〉與唐代"三教論衡"的通俗化》（《東吳中文綫上學術論文》22,2013.6,25—44 頁）説明《茶酒論》的通俗諧隱性質,探討"三教論衡"之發展,認爲此活動逐漸趨於通俗化之現象爲通俗文學帶來新的創作因子,而《茶酒論》的寫作手法、思想内涵正屬此脈絡下之產物。

（六）經、子典籍方面

研究者主要集中於書儀相關研究。王三慶《唐以後"月儀書"之編纂及其流變》（《張廣達先生八十華誕祝壽論文集》,新文豐出版公司,2010.9,901—920 頁）以元代劉應李編撰之《事文類聚翰墨全書》乙集所載"月儀"爲核心,討論作者生平、相關版本及兩種素所未見的月儀書形式、内容,認爲其將每幅祇有六月的簡樸舊式,一變爲駢儷的十二月啓,并吸納朋友間隨月令而虛擬撰寫之月儀,一變爲駢儷的《婚禮門·納弊疊幅啓開書啓附》等專用的十二月啓;據此説明晚唐五代以後,此類依照月令編輯而用於撰寫書信的虛擬套用格式并未消失,而是從士族門閥階級轉向庶民社會繁衍而拓展。作者另有《再論〈中村不折舊藏禹域墨書集成·月令〉卷之整理校勘及唐本"月儀書"之比較研究》（《成大中文學報》40,2013.3,33—35、37—74 頁）校勘中村不折舊藏本"中國の部"的"D 史料文書類·7"（總 130）《月令》卷的十五紙小殘片,并依内容訂正爲"月儀書三種及詩",并將"月儀書三種"持與臺北中山博物院清故宫收藏之《唐人月儀書》及以敦煌文獻十三種卷號整理而成的《朋友書儀》進行比較,説明此類按月編輯的書信文儀,在印刷術還未出現之前,又不講究版權的時代,每常互相抄襲或增删。

吳麗娛《試述敦煌書儀書狀中的禮物與禮單——以官場酬應和敦煌歸義軍的送禮活動爲中心》（《張廣達先生八十華誕祝壽論文集》,新文豐出版公司,2010.9,797—826 頁）將敦煌書儀中的送物書分爲親屬和朋友往來、僚屬敬獻長官、藩鎮進奉和禮尚往來三部分進行討論,分析官場送物書及禮單之書儀形式,考察禮品交流的不同地域面向及歸義軍的朝貢特色,呈現歸義軍時期通過禮物建立的交往關係及送禮活動在唐社會的存在、變化與意義。

黄亮文《論中國散藏書儀寫卷版本及 P.3442〈書儀〉的定名與年代問題》（《敦煌學》28,2010.3,73—89 頁）綴合并考察散 676、上圖 081、浙敦 117 號卷背、ZSD076 及臺北圖書館藏 119 號卷背等書儀寫卷内容,認爲 P.3442 寫卷應定名爲《書儀》,其成書年代當在武則天載初元年之後,最晚亦在玄宗即位之初。作者另有《P.4024〈喪服儀〉録文補證》（《敦煌學》29,2012.3,147—160 頁）透過原卷前後内容校勘,兼以喪服隆殺學理,參用《儀禮·喪服》、《開元禮·五服制度》釐清原卷問題,對趙和平、吳麗娛考訂之内容提出卅七項補充及論證;《論敦煌書儀文獻的内容、範圍與分類》（《敦煌學》30,2013.10,123—144 頁）由傳統目録典籍入手,摘録學者對書儀之定義,進而探究書儀内容、範圍與分類,認爲書儀的内容應當包含書信及儀節兩部分,爲虛擬書狀,與實際書信不同,書狀稿及實際書信已不屬文範範圍,不應歸類爲書儀,文中指出目前所謂"敦煌表狀箋啓書儀"大多并非書儀,應歸入集部別集類。

實雁詩《〈新定書儀鏡〉成書年代考察》(《雲漢學刊》21,2010.6,14—35頁),主要從書儀内容的承襲、避諱字的使用與喪服制度變遷情形,認爲《新定書儀鏡》成於中宗景龍年後,肅宗乾元元年前;P.3637、P.3849、P.5035A + P.3688A + P.5020 + P.5035B + P.4036 成於梁、唐之際,上圖 18 + 0676 + ZSD076 成於睿宗至肅宗朝間,S.5630V 成於代宗至宣宗朝間,P.2619 成於天寶年間。作者另有《敦煌文獻杜友晉〈新定書儀鏡〉婚書研究》(《東方人文學誌》9:3,2010.9,143—160 頁)説明通婚書之禮函裝載、交接儀節,并梳理六禮版文至婚書之演變。

楊明璋《論敦煌文獻所見的婚儀及其詩文的實際運用情形》(《成大中文學報》32,2011.3,35—60 頁)依據《大唐開元禮》、司馬光《書儀》及朱熹《家禮》等文獻,認爲敦煌書儀所記親迎儀節與傳世文獻記載無太多差異,并非如過去學界認爲皆在女方家舉行;借此重新檢視敦煌文獻中《障車詞》、《論女婿》、《詠同牢盤詩》、《去扇詩》、《去花詩》等婚嫁儀式詩文實際運用的情形。作者另有《論唐五代的婚嫁儀式詩文——一般文獻與敦煌文獻所見之比較》(《出土文獻研究視野與方法》第 2 輯,2011.9)、《從敦煌文獻到日用類書:論宋元間日用類書中的婚儀及其詩文之源流》("2011 年出土文獻研究視野與方法研討會",臺灣政治大學中國文學系,2011.6)、《從記物到敍人:敦煌文獻、日用類書與徽州文書中的婚儀詩歌之比較》(《2012 通俗與武俠文學學術研討會論文集》,2012.9,57—74 頁)等文,開展相關系列論述。

此外,尚有許建平《英俄所藏敦煌〈毛詩音〉寫卷的文獻價值》(發表於"第一屆中國古典文獻學國際學術研討會",2009.11);陳茂仁《敦煌寫卷校〈新序〉十六則》(《書目季刊》45:4,2012.3,103—114 頁)則運用敦煌寫卷《春秋後語》、《類林》、《勵忠節鈔》所載舊事校勘《新序》。學位論文方面則有黃亮文《敦煌吉凶書儀寫卷與其五服制度研究》(臺灣成功大學中國文學系博士論文,2013)探討敦煌吉凶書儀寫卷及其五服制度,文中綴合記載五服制度之吉凶書儀相關寫卷,考證其定名、年代與作者;進而比較其所載服制與《大唐開元禮》之差異,闡述其流衍;最後,由敦煌書儀所載服制,對韓愈爲嫂服期進行個案研究,探明此一服制之緣由,論述嫂叔服制之初始。

四、敦煌宗教研究

敦煌乃宗教聖地,藏經洞遺存經卷以佛教文獻爲多,故宗教研究方面以佛教較受研究者青睞,十王信仰亦頗受關注。

佛教方面專著有鄭阿財《見證與宣傳：敦煌佛教靈驗記研究》（新文豐出版公司,2010.7）以準小說的觀點審視敦煌文獻中的佛教靈驗故事,掌握各類寫本狀況,從龐大的敦煌文書中尋找出靈驗記,并徵引相關文獻論證,展開文本內容之討論,進而建立敦煌靈驗記之理論與系統;書末并附相關論著目錄供研究者參考。

佛教文獻的整理、校補有劉顯《敦煌出土〈大智度論〉寫卷綴合 10 例》（《新世紀宗教研究》9:4,2011.6,115—133 頁）針對 BD.10440 等 28 件《大智度論》殘卷進行綴合與討論;作者另有《敦煌出土〈大智度論〉寫卷綴合六則》（《新世紀宗教研究》10:3,2012.3,141—151 頁）對敦研 025 號等 13 件寫卷進行綴合。蕭旭《俄藏敦煌寫卷 Φ.367〈妙法蓮華經音義〉校補》（《書目季刊》46:2,2012.9,101—130 頁）校補徐時儀《敦煌吐魯番寫本〈玄應音義〉考補》所未盡者。

禪宗相關的研究成果較多,與《壇經》相關者有胡聰賢"On Authorship of the Platform Sutra"（《論〈六祖壇經〉的作者》,《亞東學報》29,2009.6,355—363 頁）論述胡適之等學者對《壇經》作者之論戰。白光《試探敦煌出土五種漢文寫本〈壇經〉的先後親疏關係》（《普門學報》59 期,2010.9,1—32 頁）以禪思想史的邏輯發展爲背景,通過文本對照,説明敦煌五種漢文寫本《壇經》之關係,認爲其中敦煌本最早,而敦博本與國圖北本爲一系列,國圖北殘本與旅博本則爲另一系列;作者另有《百年〈壇經〉呈心偈的研究方法及其理路評述》（《宗教哲學》58,2011.12,71—86 頁）對近百年來學界研究《壇經》呈心偈的理路進行疏理,并評述敦煌學研究法滲入《壇經》版本校勘研究之得失。此外,Christoph Anderl;Kevin Dippner;Øystein Krogh Visted "Some Reflections on the Mark-up and Analysis of Dūnhuáng Manuscripts: Exemplified by the Platform Sūtra"（《檢視敦煌寫本的標記與分析——以〈六祖壇經〉爲例》,《中華佛學學報》25,2012.7,7—50 頁）以敦煌本《壇經》之實驗性的標記爲例,處理有關敦煌佛教文獻的編輯及數字化與分析上的問題,介紹新近開始的禪學資料項目（Chan Database Project）。

與禪宗相關研究還有衣川賢次著,朗潔譯《〈泉州千佛新著諸祖師頌〉與〈祖堂集〉》（《中正大學中文學術年刊》15,2010.6,1—31 頁）校注 S.1635 號《泉州千佛新著諸祖師頌序》,并探討《泉州千佛新著諸祖師頌》與《祖堂集》的增補過程,以及兩者的相互關係。陳盛港《從〈神會語録〉的對話中探討修學佛法的幾個關鍵性議題》（《世界宗教學刊》19,2012.6,1—35 頁）據敦煌文獻中有關神會之語録,摘要出 7 項當時學人向神會提出的關鍵性問題,分析神會之回答,借以理解"曹溪教旨"之理念。黃青萍《敦煌寫本〈頓悟真宗要訣〉

及其禪法》(《敦煌學》30,2013.10,107—122 頁)以北宗禪爲主,查考作者生平,分析内容與禪法,進而論述《頓悟真宗要訣》對於建構北宗禪法的意義。

《齋琬文》研究有王三慶《〈齋琬文〉一卷的再研究與補校》(《敦煌學》29,2012.3,1—15 頁),綴合整理 Дх. 11791 + Дх. 12595,并據 Ф. 342V、P. 2867RV、P. 2991V、P. 3772RV 等四卷内容重新予以訂正 Дх. 01309 + Дх. 01310 + Дх. 01316 + Дх. 02969 + Дх. 03016 + Дх. 03024 + Дх. 03153 + Дх. 03159 等 8 號寫本之次序,并校補《齋琬文》之闕文。荒見泰史《敦煌本〈齋琬文〉等諸齋願文寫本的演變——以其與唱導文學的關係爲主》(《敦煌學》29,2012.3,119—145 頁)辨析敦煌本《齋琬文》之名義與演變,借闡明這些齋願文的發展過程及年代,探討與其有密切關係的唱導、變文等講唱文學發展演變之過程;作者另有《"淨土五會念佛法事"與八關齋、講經》(《政大中文學報》18,2012.12,57—86 頁)探討唐代中期法照所倡淨土五會念佛及其儀軌,透過淨土五會念佛在敦煌的流行及其對八關齋、俗講等相關儀式之影響,論述淨土五會念佛與八關齋、俗講在儀式上的融合情況。

禮懺文研究有汪娟《佛教禮懺"斷除三障"的修道意涵——以敦煌本〈大佛名十六卷略出懺悔〉爲中心》(《張廣達先生八十華誕祝壽論文集》,新文豐出版公司,2010.9,827—860 頁)着眼於許多佛教懺儀皆有"懺悔三障"的儀文,考查《佛名經》懺悔文最早的單行本——《大佛名十六卷略出懺悔》之所以輯出"懺悔三障"懺悔文的思想背景,闡述佛教禮懺以了脱生死、究竟成佛爲重要核心之修道意涵。

世俗信仰相關研究有陳大爲《敦煌龍興寺與普通信衆的關係》(《敦煌學》28,2010.3,41—60 頁)從該寺講經寫經、傳戒道場、設齋法會和社邑活動,説明其與信衆生活之關係密切,又借信衆布施、寺院放貸等經濟交往,説明寺院與信衆間同生共存之情形,并論及寺學與娛樂場所功能,以龍興寺代表性個案,論述佛教寺院、僧侶與世俗社會的有機互動關係。蕭文真《由〈金剛經講經文〉至〈銷釋金剛科儀〉——談〈金剛經〉信仰世俗化之轉變》(《敦煌學》29,2012.3,205—219 頁)比較 P. 2133《金剛經講經文》與《銷釋金剛科儀》之思想内容、體例、釋經方式及講唱形態等,借以探討講經文與科儀間的關係,了解其傳衍與轉化情形,作爲觀察《金剛經》信仰世俗化發展的重要面向;作者另有《〈敦煌秘笈〉羽 100 號殘卷性質之析論》(《文學新鑰》15,2012.6,71—98 頁)一文,討論李盛鐸舊藏羽 100 號之内容與性質;指出寫卷未具備一般講經文形制,又内容上抄録 22 種文獻、74 則佛教相關資料,所抄七成以上爲大乘經典,全卷約四分之三篇幅是偈頌,故《敦煌秘笈》題作"不知題名講經文"應改作"大乘佛教文獻匯抄"應較爲適切。

此外,落合俊典著,蕭文真譯《敦煌佛典與奈良平安寫經——分類學的考察》(《敦煌學》28,2010.3,111—124 頁)指出奈良平安寫經與敦煌佛典書寫時期相近,比高麗版或宋版等其他刊本一切經更接近隋唐佛教文獻原貌,故奈良寫經系統與敦煌佛典的相似性及價值不容小覷,并從七寺一切經中的《貞元録》"不入藏目録"記載之經典羣,説明其與隋唐佛教文獻之密切關係。梁麗玲《敦煌本〈佛母經〉中的夢兆探析》(《張廣達先生八十華誕祝壽論文集》,新文豐出版公司,2010.9,861—880 頁)論述敦煌《佛母經》撰造的夢兆內容,探討《佛母經》新增夢兆的可能來源,認爲其除了承襲《摩耶經》題材,又從佛典裏找出內容通俗且別具意義之夢兆取代,并從僞經中夢兆的轉變印證佛教中國化、通俗化的過程。張文良《姚誓〈三教不齊論〉考》(《輔仁宗教研究》25,2012.9,33— 49 頁)以姚氏《三教不齊論》之思想爲中心,將其與 S.5645 署名劉晏之《三教不齊論》進行比較,指出姚氏《三教不齊論》乃日僧最澄和空海傳到日本,與 S.5645 爲不同文獻,雖皆主張佛教的優勢地位,然劉本立論側重佛儒關係,姚本側重佛道關係,而此文獻流傳,説明雖唐代統治者試圖調和三教,但中唐以後三教在民間仍有論爭。

涂艷秋《從支謙與竺法護的譯經風格蠡測敦煌寫卷 P.3006 經文之譯者》(《漢學研究》31:1 = 72,2013.3,285—318 頁)認爲竺法護譯經時强調"事事周密",支謙譯經特色在"約而義顯",而 P.3006 寫卷風格屬"約而義顯",故釋果樸《敦煌寫卷 P.3006"支謙"本〈維摩詰經〉注解考》一書認爲其爲竺法護作品之論點仍有待商榷。黃青萍《敦煌寫本〈圓明論〉與〈阿摩羅識〉初探——以傅圖 188106 號爲中心》(《中研院歷史語言研究所集刊》84:2,2013.6,199—233 頁)以近年新公佈的傅圖藏 188106 號寫本爲研究核心,辨別其爲真品,指出其可補法藏本之不足處,將之與法藏本、石井本比對,認爲《圓明論》與《阿摩羅識》非北宗獨傳之文書,并由緣起論與判教説可以推知此兩份文書更接近攝論宗與地論師的義理系統及修行方法。武紹衛《敦煌本〈普賢菩薩説此證明經〉經本研究》(《敦煌學》30,2013.10,57—75 頁)從經本語詞以及背後體現的民衆信仰等角度,分析、比較經本,説明敦煌本《普賢菩薩説此證明經》確實是由兩部內容相差甚大的經典組成,《證明經》的完成在前,《本因經》的續寫和綴合在後,文中試圖闡述兩經之關係及《本因經》的造作過程。

佛教相關學位論文有黃桂雲《佛教孝道的義理與實踐——以大足、敦煌石窟爲重點》(臺灣清華大學中國文學系博士論文,2012)闡述石窟營造與孝道之關聯,説明佛教孝道實踐方法及其經典依據。簡佩琦《敦煌佛教孝道文獻與圖像之互文性研究》(臺灣成功大學中國文學系博士論文,2013)研究敦煌地區以"孝道"爲主題的文獻、圖像之互文關係,認爲孝道主題發展脈絡是從早期須闍提本生、睒子本生到報恩經變等闡述"孝養"的故事,轉而爲父母恩重經變等哀嘆子女"不孝"之內容。蕭文真《唐·知恩〈金剛般若經義記〉研究》(臺灣中正大學中國文學系暨研究所博士論文,2013)綴合敦煌寫卷及日、韓刊本,復原《金剛般若經義記》,并指出《義記》爲因應唐代《金剛經》潮流而產生的通俗注疏,影響漢傳佛教圈至少持續 5 個世紀之久,雖主要參照天親《金剛般若經論》疏經,但又具獨立注疏之特質,并與天親《金剛般若經論》、塵外《金剛經疏》、公哲《金剛般若經開玄鈔》曾形成一個以《金剛般若經論》爲主軸的唯識《金剛經》學注疏系統。曾築歆《敦煌莫高窟本生故事佛教義理之研究》(華梵大學東方人文思想研究所碩士論文,2013)探討莫高窟本生故事、壁畫所欲表現的佛法義理及其所融入的中國文化、思想。釋理揚《法藏敦煌藏文寫卷 P. T. 980 考釋》(法鼓佛教學院佛教學系碩士論文,2013)介紹此藏文寫卷,并經比對後得知 P. T. 980 直接譯自闍那崛多漢譯本《大寶積經·護國菩薩會》。

十王信仰及相關文書之研究亦頗受關注,有姜守誠《"業鏡"小考》(《成大歷史學報》37,2009.12,21—59 頁)討論佛、道經書及民間寶卷中"業鏡"的宗教意涵,并運用敦煌《佛說十王經》等材料,從圖像學角度分析今存諸多"業鏡"之造型、種類及異同。朱鳳玉《從儀式教化論敦煌十王經與十王圖之運用》(《敦煌學》30,2013.10,1—19 頁)從宗教民俗研究的視野辨析敦煌本十王經、十王畫之系統及時代,論述十王經的形成,發現從可見之文獻與遺迹來看,地藏十王信仰最終定型於唐代後期,以《佛說十王經》、《閻羅王受記經》最具代表,文中進一步從儀式視角、教化功能看十王經與十王畫在唱導、圖像結合之運用,說明其對後世寶卷、善書之影響。鄭阿財《經典、文學與圖像——十王信仰中"五道轉輪王"來源與形像之考察》(《敦煌學》30,2013.10,183—200 頁)探討十王信仰的形成與定型,且聚焦"五道轉輪王",說明其從五道大神、五道將軍、五道轉輪王之發展歷程,文中結合文獻與圖像論述其基於"五道大神"的武將形象而作頭戴兜鍪,身穿鎧甲的將軍,後因冥王化的稱號齊整,進而形象一致,以致均作帝王裝扮,不復將軍形象。

道教研究專著有周西波《道教靈驗記考探:經法驗證與宣揚》(文津出版社,2009.6)考索杜光庭《道教靈驗記》、無名氏《清靜經注》、零篇散卷的靈驗記、敦煌 BD1219 所載道教俗講內容及無名氏所編《玄天上帝啓聖錄》等道教靈驗記之內容類別、題材來源及影響,呈現道教靈驗記的構成方式、傳播情況及其在宗教文學研究上的價值。此外,作者《敦煌道教齋文的內容與意義》(《文學新鑰》13,2011.6,61—86 頁)一文,根據敦煌遺存的道教齋文文書,探討其結構、文辭、與佛教齋文之關係、在儀式中運用的時機等,并持與傳世文人作品相較以明其特點與寫作意義,并論其對後世類書編纂内容的影響。另有《失題敦煌道經考述》(發表於"第一屆中國古典文獻學國際學術研討會",東吳大學中文系,2009.11)一文。

　　道教單篇論文有謝世維《音誦與救度:〈太上洞玄靈寶空洞靈章經〉之研究》(《清華學報》39:1,2009.3,34—64 頁)探討見於敦煌道教經典殘抄本及《無上秘要》引文中的《空洞靈章》之經名、殘存問題、形式結構、宇宙觀、與其他經典之關係等,認爲《空洞靈章》的核心思想主要爲救度,對象是七祖乃至所有在九幽之府受苦的生靈,救度方法是透過經典轉誦使地獄的苦魂可以拔度而出,脱離苦難,升至天界福堂,達致仙真的境界,乃大乘的救度之道。劉屹《漢末還是南北朝?——〈想爾注〉成書時代之比較》(《敦煌學》28,2010.3,145—164 頁)認爲《想爾注》反映之思想和教法無法對應《後漢書》、《三國志》中五斗米道之記載,且"漢末説"之立論材料、傳承綫索不足爲其困境,而"南北朝説"的立論材料可靠,反映之語境、思想、道術等皆具相對優勢。蘇哲儀《試論唐代道教在敦煌的傳播》(《人文與應用科學期刊》4,2012.12,59—75頁)則着眼敦煌文書之題記,結合社會文書及道經記載,認爲道教相關活動從初唐至盛唐最盛,道教經典以文字抄寫、齋醮活動、口語講經、造像符圖等直接或間接方式自中原傳入,且向世俗、功利化發展,并汲取儒、釋兩教思想及民間信仰,形成多元融合的信仰體系。此外尚有林聰明《關於研究唐代敦煌道教文化的一些看法》(發表於"第三屆唐代文化、文學研究及教學國際學術研討會",逢甲大學,2010.5)。

　　密教研究方面,侯沖《密教中國化的經典分析:以敦煌本〈金剛頂迎請儀〉、〈金剛頂修習瑜伽儀〉和〈壇法儀則〉爲切入點》(《圓光佛學學報》19,2012.6,141—172 頁)從敦煌本《金剛頂迎請儀》、《金剛頂修習瑜伽儀》中出現《壇法儀則》中獨有的文字,論述它們是與《壇法儀則》配合使用的儀式文本,舉行儀式時由不同人分別負責,爲方便他們相互配合因而出現互見文字,而此三種文本的組合方式是密教中國化的表現,奠定了宋代以後漢地瑜伽教的格局。

　　祆教研究方面,劉惠萍《圖像與文化交流——以 P.4518(24)之圖像爲例》(《張廣達先生八十華誕祝壽論文集》,新文豐出版公司,2010.9,1057—1084 頁)從文化交流與圖像移用之角度,考察中原至河西日中有烏,月中有蟾、桂圖像的材料,及日、月圖在敦煌佛教藝術中的表現,推論 P.4518(24)粟特白畫所見的日、月圖像,很可能是敦煌白畫的畫工在形式共通的情形下,取法、借用中國傳統神話的母題或輾轉襲用佛教移用自中國神話的日、月形象之結果。

五、敦煌民俗研究

專著部分有王三慶《敦煌佛教齋願文本研究》（新文豐出版公司,2009.2）對敦煌佛教文獻中的齋會文字進行統合與研究,探討文獻名稱、類別、功能,以及佛教齋會與中國傳統社會節日之結合與意義。作者另有《從敦煌齋願文獻看佛教與中國民俗》（新文豐出版公司,2009.8）一書,利用敦煌齋願文獻考察佛教自印度傳至中國後,呈現出與原始佛教或部派佛教不全然相同之面貌,乃從有關生到死生命禮儀齋會的實踐,逐步光大爲入世度人的大乘佛教。亦將中國原有的生命禮俗儀式,借吸收、滲透、競合、轉化等方式,融入中國文化的底層,成爲庶民日常奉行及生活的一部分。

單篇論文有林和君《敦煌〈下女夫詞〉在戲曲發展史的意義》（《雲漢學刊》17,2009.3,103—132 頁）以戲曲要素分析《下女夫詞》,認爲其比之參軍戲、科白戲、變文更成熟,與唐代"合生"的記載相當接近,故前人謂唐代尚屬戲曲萌芽期之説可再商榷。李映瑾《敦煌絹畫供養人願文初探》（《敦煌學》28,2010.3,1—18 頁）以十八篇願文爲素材進行分類,認爲絹畫願文敍事特色帶有鋪陳,記錄功德亦兼顧闡揚佛理,乃兼具典雅風格與實用意義之願文樣式,并分析絹畫供養人圖像與願文書寫間搭配的結構意涵。鄧文寬《吐魯番出土"伏羲女媧畫幡"考析——兼論敦煌具注曆日中的"人日"節和"啓源祭"》（《張廣達先生八十華誕祝壽論文集》,新文豐出版公司,2010.9,1057—1084 頁）認爲此類畫幡恐怕爲接引死者靈魂升天之"引魂幡",其圖像乃漢武帝設祠祭后土所形成近千年"伏羲女媧崇拜熱"的物質遺存,此熱潮同時伴生"人日"節和"啓源祭"。

劉瑞琳《從敦煌寫卷"患文"看民間習俗佛教化的現象》（《中臺學報》22：4,2011.6,111—128 頁）以《敦煌願文集》收錄患文文獻爲材料,論述患文呈現的疾病觀念、療疾方式、衆生關懷、禮懺性質,認爲患文在禮懺儀式、內容上皆顯現民間習俗吸納佛教文化之色彩,乃佛教徒將佛教義理以禮懺儀式,提供佛教世俗化的方便法門,滿足民衆治病、解厄、避邪、功德迴向等功利目的;作者另有《〈下女夫詞〉再校釋與古代婚姻文化蘊涵》（《敦煌學》29,2012.3,179—203 頁）校釋《下女夫詞》并探討其中蘊含的婚姻文化,如難新郎之由來與傳承、在女家成婚、祝願多生男、以夢預測婚姻等。

胡同慶《唐代敦煌壁畫中的婚嫁風俗》（《歷史文物》211,2011.2,70—79 頁）透過敦煌壁畫、變文、放良文、放妻書等資料説明唐代敦煌的婚禮場面、婚事程式、離婚及改嫁等風俗。作者另有《古代敦煌的圍棋、雙陸、樗蒲、藏鈎等競智型遊戲》（《歷史文物》225,2012.4,36—49 頁）運用文獻、圖像、出土文物等資料,介紹古代敦煌的圍棋、雙陸、樗蒲、藏鈎之內容。

劉瑞明《敦煌相面術的文化解讀》(《敦煌學》30,2013.10,145—181 頁)辨析敦煌相書所載掌紋、足紋、相額紋、相痣、相膚色、相五官、相軀幹四肢、相毛髮等對身體各部分的占相內容,認爲中國"垂手過膝"乃中國文化固有,而"兩耳垂肩"是我國文化所獨有,并非受印度影響。

學位論文有李映瑾《佛教願文的發展及其東傳日本研究》(臺灣中正大學中國文學所博士論文,2009)對中日兩國願文之發展及影響進行考探與剖析。陳曉琪《唐人夢兆研究》(中興大學歷史所碩士論文,2013)探討《敦煌解夢書》所展現的唐人社會、信仰、家庭、民俗等生活面,闡述唐人夢兆的社會文化意涵。

六、敦煌藝術研究

專著部分有劉惠萍《圖像與神話:日、月神話之研究》(文津出版社,2011.7)以圖像材料結合文獻,針對日中有烏,月中有蟾、兔、桂樹等相關神話內容進行考索;運用考古、圖像、神話、天文、社會、文化人類學等跨學科方法及觀念,闡述日、月相關神話傳說之形成、發展與演變脈絡,及其在兩漢以迄隋唐的墓葬文化與佛、道藝術中的象徵意涵。

期刊論文有尹富《七世紀中葉至八世紀初地藏造像論考》(《法鼓佛學學報》4,2009.6,75—146 頁)分析龍門、響堂山、敦煌等石窟中的地藏造像,論述造像興盛原因、形制特點及造像記的祈願內容等。謝慧暹《敦煌莫高窟悉達太子降魔佛畫故事析探》(《北臺灣科技學院通識學報》5,2009.7,57—78 頁)說明敦煌壁畫所展現悉達太子降服魔衆故事的內容與依據,及其與中國文學的關係等。戴春陽《坐龍、伏龍考》(《歷史文物》192,2009.7,37—49 頁)從典籍與敦煌文書之記載認爲"坐龍"分爲兩類,一爲宋、金皇輦輿輅等特殊用品上的飾物,一則是唐、元墓葬所出爲敦煌卷子所載之驅邪避凶的"伏龍"。郭祐孟《敦煌莫高窟 361 窟之研究》(《圓光佛學學報》,2009.10,143—173 頁)認爲該窟中的五臺山圖可能間接保留着盛唐時期的圖樣,着重傳遞聖山神聖的靈驗傳奇,又窟頂所鋪陳之曼荼羅圖,從其四方佛的靈獸座騎情況,推測可能是來自長安佛寺的圖像粉本。

胡同慶《敦煌壁畫中的山井圖像考》(《歷史文物》194,2009.9,20—29 頁)比較莫高窟北周及隋代壁畫中的山井圖像與山東嘉祥縣武氏祠東漢畫像石中的"桔槔圖",分析水井圖像之作用。作者另有《論古代角抵、相撲活動的表演性和娛樂性——兼談敦煌壁畫中相關畫面的定名》(《歷史文物》203,2010.6,44—51 頁)探討此競力活動之淵源及壁畫中相關畫面的表演、娛樂性,認爲對壁畫定名時不應隨意同時使用"摔跤"、"角抵"、"相撲"概念;又《敦煌壁畫中的〈鬥雞圖〉探析》(《歷史文物》228,2012.7,24—32 頁)以莫高窟西魏第 285 窟南壁的《鬥雞圖》爲核心,探討古代鬥雞活動的相關記載及漢畫像磚、陶罐、酒泉丁闓墓室之鬥雞畫面。

王義芝《敦煌壁畫中婦女的插梳方式》(《歷史文物》194,2009.9,6—13 頁)探討古代婦女重要裝飾品之一的梳子,在敦煌壁畫中呈現的不同插梳形式。作者另有《敦煌壁畫中的唐代女性髮髻》(《歷史文物》206,2010.9,64—71 頁)説明壁畫中女性髮髻的多種式樣及其演變;《敦煌壁畫中的唐代婦女面妝》(《歷史文物》211,2011.2,80—85 頁)説明壁畫中唐代婦女畫眉、抹鉛粉、點口脂、暈額黄、貼花鈿、畫花子等面妝時尚。以飾物爲觀察視角者尚有李建緯《唐代金銀飾品研究:以性別與裝飾功能爲中心》(《史物論壇》16,2013.6,33—67 頁)從考古、文獻及圖像資料中梳理唐人使用金銀飾品之風尚,以及飾品在位階、性別氣質之區別功能。

書法相關者有吳欣欽《初唐敦煌道教女官寫經書法之書史意義探析》(《第三十七屆中區中文研究所碩博士生論文發表會論文集》,2009.11,229—334 頁)認爲女官寫經書法可剛可柔,不遜於男官,且對主流書法家的繼承方面不僅形似,更已踏出邁向神韻的一小步。作者另有《北魏平城時期敦煌寫經書法的點畫及其書史意義》(《藝術論壇》6,2009.7,4—63 頁)。另外,崔中慧《流沙韻墨——敦煌吐魯番佛教寫經書法探秘》(《藝術學》28,2012.5,9—50 頁)一文,以竺法首《諸佛要集經》殘片探討初期佛教寫經與漢晉書法演變之關係;認爲竺法首所採用的"晉書正寫"及以鍾繇傳統爲主的"正書",在東漢時已是官方和民間共用的一種書體。

王媛媛《庇麻與頭冠——高昌摩尼教聖像藝術的宗教功能》(《張廣達先生八十華誕祝壽論文集》,新文豐出版公司,2010.9,1085—1130 頁)探討摩尼教繪製神靈畫像之傳統及細畫中庇麻節儀式裏的"寶座"與壁畫中的摩尼形象、摩尼頭冠之象徵意義,認爲多數學者所認同繪於壁上的摩尼形象,還未用於崇拜儀式,恐仍限於宗教宣傳的範疇。

濱田瑞美《敦煌莫高窟第二五四窟北壁佛説法圖——北魏時代中心柱窟禮拜空間的壁畫構思》(《藝術學》27,2011.5,305—337 頁)經圖像主題及角色的分析,認爲莫高窟 254 窟北壁壁畫可能依據《觀佛三昧海經》第七卷的《觀四威儀品》敍述佛陀在那乾訶羅國降伏龍王并留其影子於龍洞中,而非學界所認爲的難陀出家因緣圖。百橋明穗《日本的阿彌陀淨土圖與敦煌的淨土變》(《南藝學報》2,2011.6,7—42 頁)分析日本所存阿彌陀淨土圖像及淨土信仰之發展,認爲日本淨土信仰追求的是如何表達自身對"欣求淨土,厭離穢土"來迎的理想圖像,反觀中國表達的是現世生命與死後世界間的冷靜距離與關係。

簡佩琦《敦煌睒子本生再判讀》(《雲漢學刊》25,2012.8,34—68 頁)將田野調查所得資料以圖像學方法重新判讀敦煌北朝時期睒子本生的構形、發展與意涵,包含圖像强調的情節高潮、母題數量、隱藏於其中的意識形態與造成的原因等,并嘗試確認圖像與《佛説睒子經》之關聯性。作者另有《敦煌繪畫"須闍提故事"之研究——以文本和圖像爲中心》(《敦煌學》29,2012.3,221—241 頁)探討敦煌繪畫中分屬不同形式的"須闍提故事",分析圖文互涉情況及繪畫中的意識形態。

史臺麗《吐蕃時期敦煌莫高窟一五八石窟研究》(《東方學報》33,2012.12,1—20 頁)討論此吐蕃時期規模最大之洞窟的建窟背景及宗教氛圍,并以其中涅槃佛教藝術爲論述重點,闡述吐蕃時期佛教藝術風格。李昱東《西方淨土變相與淨土思想》(《空大人文學報》21,2012.12,97—128 頁)從圖像資料説明淨土信仰與藝術應導源於印度西北,進而探究敦煌西方淨土變相之緣起與特徵,及淨土三經對其藝術創作的啓示作用,并論述西方淨土的内涵與殊勝。

陳俊吉《五代敦煌新樣文殊中善財童子的繪畫探究》(《史物論壇》16,2013.6,103—136 頁)將敦煌壁畫及藏經洞出土善財童子繪畫與中原、五臺山、江南、四川等地造像相比,認爲五代敦煌文殊菩薩配置善財童子的眷屬圖像,主要依據中原與五臺山地區,亦有改造成具敦煌地域特色者,例如產生持物之造型,或在文殊菩薩眷屬中提升于闐王尊格等,透露曹氏歸義軍企圖拉攏于闐國的政治意圖,而善財童子當時具有"滅天魔"保護人民對抗磨難之意涵,此亦給予統治者精神寄託,并將之轉爲"護國"思想。另外,施翠峰《中國大乘佛教藝術欣賞》(《藝術欣賞》5:1,2009.2,4—16 頁)介紹大乘佛教造像藝術時亦敍及敦煌藝術。

學位論文有蕭亦亨《敦煌之思益梵天所問經變研究》(臺南藝術大學藝術史與藝術評論研究所碩士論文,2009)探討敦煌現存 15 鋪思益經變之相關問題,并檢視 158 窟東壁門南的畫面,認爲其既非思益經變亦非天請問經變,極有可能是密嚴經變。林怡慧《敦煌莫高窟第 465 窟之研究》(華梵大學東方人文思想研究所碩士論文,2010)探討此窟中的圖像内容、石窟結構,并論述密教圖像的識別作用與修行之關聯性。陳玉純《涅槃巡禮——從印度至敦煌的涅槃圖像》(佛光大學藝術學研究所碩士論文,2010)探討涅槃圖像從印度經中亞至敦煌之流變及其象徵意義。江尹琇《"飛天·邃古創新"——研究敦煌香音神,兼分析江尹琇創作》(臺灣師範大學美術研究所創作班國畫組碩士論文，2010）説明飛天的意涵、特徵，并將飛天藝術落實於具體之創作。邱宜君《麥積山石窟維摩詰經變的探究》（華梵大學東方人文思想研究所碩士論文，2011）考察炳林寺、雲岡、龍門、敦煌石窟中維摩詰經變圖，指出維摩變出現次數最多的是《文殊師利問疾品》，并從單純"一品呈現"演變爲"多品呈現"；而同一石窟之經變圖也由"一經呈現"轉而"多經呈現"，説明佛教思想系統化與整合的傾向。郭鳳妍《見微知著——從隋代莫高窟 420 窟菩薩瓔珞、耳飾看外來影響》（臺南藝術大學藝術史與藝術評論碩士論文，2011）探索敦煌第 420 窟菩薩瓔珞、耳飾表現可能傳播、影響之途徑，認爲瓔珞、耳飾的母題表現接近中亞、西亞作品，推測 420 窟供養人爲來往中亞、西亞之商人，或有中亞、西亞工匠系統參與其中。楊雅雯《唐代迦陵頻伽圖像研究——以敦煌石窟壁畫、地宮、墓室三場所爲例》（臺北藝術大學美術史研究所碩士論文，2012）討論迦陵頻伽圖像於唐代的發展與演變。陳俊吉《唐五代善財童子造像研究》（臺灣藝術大學書畫藝術學系博士論文，2013）認爲唐五代善財童子造像主要依據《華嚴經》的《入法界品》，以此爲基礎展開各類型的造像藝術，文中分析了敦煌所存入法界品圖繪畫表現之主題，并闡述了其造型思想。蕭世瓊《唐代敦煌紀年文書及其書法文化研究》（逢甲大學中國文學所博士論文，2012）以唐代敦煌紀年文書爲核心，探討書法特色、教育、文化等現象。謝淑妃《印度及犍陀羅遺存本生圖像題材研究——與漢譯佛典關聯性》（臺北藝術大學美術學系碩士論文，2013）探討印度及犍陀羅遺存的本生圖像在不同時空所呈現之樣貌，及其與漢譯佛典之相關性。賴奐瑜《敦煌莫高窟四二八窟研究》（臺灣大學藝術史研究所碩士論文，2013）探討 428 窟四壁壁畫的圖像意涵及源流，并説明開窟主于義之背景，認爲此窟乃于義篤信佛教的證明，可補史書對于義記載之不足。

七、敦煌樂、舞研究

音樂方面有張窈慈《從〈五弦琵琶譜〉論唐代大曲之摘遍和樂譜——以〈何滿子〉與〈簇拍陸州〉爲例》（《藝術學報》87，2010.10，371—394 頁）以葉棟所譯琵琶譜及《全唐詩》、《樂府詩集》、《敦煌歌辭總編》屬《何滿子》、《簇拍陸州》之唐聲詩與大曲歌辭爲論述核心，探索曲調沿革、聲詩內容、填配使用情況等。作者另有《從〈敦煌曲譜〉論唐代大曲之摘遍和樂譜——以〈慢曲子伊州〉與〈伊州〉爲例》（《藝術研究學報》3：2，2010.10，27—48 頁）論述《敦煌曲譜》的結構，唐代大曲的組織，并分析《慢曲子伊州》與《伊州》兩首曲譜所填配之歌辭，探討音樂與詩歌的相互關聯；而《從〈仁智要錄〉箏譜論唐代大曲之摘遍和樂譜——以〈涼州辭〉、〈劍器渾脱〉、〈還京樂〉、〈泛龍舟〉、〈蘇莫遮〉

爲例》(《藝術評論》20,2010.12,29—64 頁)一文,以日本所傳《仁智要録》箏譜之“大曲”爲對象,探討《涼州辭》、《劍器渾脱》、《還京樂》、《泛龍舟》、《蘇莫遮》等格調之來源,説明採自《全唐詩》、《樂府詩集》、《敦煌歌辭總編》的聲詩與格調的聯繫、聲詩與樂曲的填配等情形等。此外,周菁葆《西域道教的音樂》(《中國邊政》185,2011.3,53—68 頁)以出土文獻、典籍、相關史料,探討道教的傳入與興盛,并對西域道教音樂進行分析,揭示其嬗變與對中原文化之影響。

音樂相關學位論文有張窈慈《唐聲詩及其樂譜研究》(臺灣中山大學中國文學系研究所博士論文,2011)以葉棟所譯譜的《敦煌曲譜》、唐傳《五弦琵琶譜》、唐傳十三弦《仁智要録》箏譜、唐大曲《仁智要録》箏曲、《三五要録》琵琶譜與《博雅笛譜》橫笛譜等爲素材,將樂譜中與其所填配的唐聲詩作爲研究對象,申説聲詩歌辭與樂譜二者之關係。黃珮玲《北朝敦煌音樂圖像歷史文化詮釋——以樂隊聲響及印度齊鼓爲焦點》(臺灣大學音樂學研究所碩士論文,2011)借莫高窟北朝時期的樂器圖像切入音樂史之討論;認爲印度鼓類主要借北傳佛教之民間慶典供養文化傳入,影響北魏、西魏時期敦煌所見樂隊演奏聲響,而北周樂器圖中印度鼓類幾乎消失,此轉變乃與接觸南朝清商樂而產生復古漢化之風潮有關。

舞蹈方面有彭郁芬、諶瓊華《初級敦煌能量舞蹈運動——禪悦舞介紹》(《大專體育》,2009.12,15—21 頁)。學位論文則有蔡宜廷《敦煌西方淨土變舞蹈之研究》(臺北市立體育學院舞蹈系碩士論文,2011)研究敦煌西方淨土變各期之舞蹈場面,認爲其舞乃宮廷樂舞之複製,供信衆聯想淨土之歡愉,吸引信衆稱名念佛,發願往生西方極樂世界。陳宜青《敦煌舞的佛教藝術思想研究》(臺灣高雄師範大學國文研究所博士論文,2012)認爲敦煌舞姿取自佛教石窟藝術,是中西跨文化佛教藝術的活化石,在臺灣成爲弘揚“人間佛教”的重要法門,文中并論及敦煌舞的藝術展現與佛教美學思維。陳翠婷《當前“胡旋舞”研究局限之探討——以舞者角度切入》(佛光大學藝術學研究所碩士論文,2013)以舞者觀點探討敦煌研究院專員所繪之胡旋舞白描圖,并整理當前胡旋舞文獻與圖像之研究。

八、敦煌史地、教育、經濟、醫藥、法律研究

歷史方面相關者有寧可《大師導讀:敦煌》(龍圖騰文化,2011.6)一書,概要導讀敦煌的歷史文化、斯坦因盜騙文物經過等。

林冠羣《吐蕃中央職官考疑——〈新唐書·吐蕃傳〉誤載論析》(《中研院歷史語言研究所集刊》80 本 1 分,2009.3,43—76 頁)因《新唐書·吐蕃傳》所

載吐蕃的中央官制總號爲"尚論掣逋突瞿",內分九個官職,漢文意義爲"九大尚論",而歷來學者專家均未質疑;但文中運用《敦煌古藏文卷子》、吐蕃碑銘及《賢者喜宴》等記載進行分析、比對,發現"九大尚論"指的是吐蕃宰相會議的總稱,屬公元 8 世紀以後產物,九位尚論均爲"宰相同平章事",藏文爲 chab srid kyi blon po chen po bka' la gtogs pa,《新唐書·吐蕃傳》的記載完全錯誤。王惠民《敦煌莫高窟第 322 窟"龍年"題記試釋》(《敦煌學》29,2012.3,17—32 頁)認爲窟內東壁門南發願文中以"龍年"二字紀年乃與突厥有關,并舉史料説明敦煌一帶乃隋朝與突厥作戰之前沿,或許有散落之突厥人,而西壁龕內"安(史?)"姓題記,有可能是突厥阿史那姓簡化爲史姓,此窟疑與何力率千餘戶於龍年(632)至敦煌"從化"相關,進而推論發願文或許敍述"龍年請降"一事。

地理方面有林平和《敦煌伯二五一一號韋澳〈諸道山河地名要略〉二殘卷校訂古籍譌誤之舉例》(《輔大國文學報》,2010.4,271—280 頁)以寫卷校訂《通典·州郡典》、《舊唐書·地理志》、《新唐書·藝文志》、《太平寰宇記》等古籍里程距離記載之誤差。

教育方面有任允松《敦煌蒙書的儒教思想》(《東海大學圖書館館訊》91,2009.4,33—53 頁)着眼蒙書的教化功能及內容中的道德規範,闡述其中忍、勤、儉、慎、禮等修身思想;蔡馨慧《唐代敦煌寫本〈太公家教〉的儒家德育思想析探》(《嶺東通識教育研究學刊》3:4,2010.8,99—127 頁)探討《太公家教》的成書時代與作者,説明其中涵蓋的道德教育範圍,指出其蘊含儒家道德傳統,形式採用簡單易懂的四言韻語,爲簡易實用的修身方式,并對後世蒙書有所啓迪。蘇哲儀《試論唐代敦煌地區的學校教育》(《嶺東通識教育研究學刊》4:3,2012.2,155—187 頁)從教育史角度探討唐代敦煌在不同時期學校教育的發展經過,歸納敦煌學校教育特點在於受中原文化影響,且與宗教密切相關,并具官學、私學、寺學等多元化管道;作者另有《試論唐代敦煌教育機構及其文化意義》(《嶺東通識教育研究學刊》4:4,2012.8,81—119 頁)一文,分述唐代敦煌官學、私學、寺學三類教育機構之類型、內容、功能及特色。

教育相關學位論文有伍真慧《敦煌蒙書與唐代"忍讓"處世思想之研究》(南華大學文學所碩士論文,2009.6)以敦煌寫本德行類蒙書爲主要研究材料,探討唐代忍讓思想之本質及影響,認爲忍讓思想造成庶民教育抬頭、蒙書地位提升、道德觀念普及等結果。蘇哲儀《唐代敦煌教育文化研究》(逢甲大學中國文學系博士論文,2012)主要從教育體制與教育內容兩部分論述唐代敦煌的教育文化內涵,指出其教育機構有私學、寺學普及於社會中,且宗教信仰與教育思想融合,深刻影響人民生活習慣與思想觀念,此乃唐代敦煌教育內涵之特殊性。

經濟方面的專著有明成滿《唐後期五代宋初敦煌寺院財産管理研究》(蘭臺出版社,2011.4)運用敦煌寺院經濟文書,説明此時期敦煌教團的組織人員、管理機構,認爲其體現内部控制機制,呈現四柱結算、會計文書格式化和複式記賬等内容,也展現臨任審計與離任審計相結合、送達審計與就地審計相結合等審計思想,且管理上具民主性,借此可知當時敦煌寺院經濟發達而世俗化的中國佛教在唐宋之際已經形成。期刊論文有朱祖德《唐代淮南地區的經濟發展探析——以敦博第 58 號敦煌石室寫本爲核心》(《淡江史學》23,2011.9,1—14 頁)以敦博 58 號寫本所載淮南地區相關資料爲核心,探討其公廨本錢、物産、人口等經濟發展情形。

醫藥方面有袁國華《出土文獻與〈黄帝内經・素問・三部九候論〉互證一則》(《中醫藥雜誌》24,2013.12,87—94 頁)以《針灸甲乙經》、《太素》、敦煌殘卷與《黄帝内經・素問・三部九候論》互校,認爲“以左手足上,上去踝五寸按之,庶右手足當踝而彈之”等句當有衍文,將文句校改爲“以左手足上去踝五寸而按之,右手當踝而彈之”;并釋張家山漢簡《脈法》“箄”,讀同“彈”,借以説明文獻學、小學研究法在中醫典籍訓讀之價值。另有陳淼和、鄭文偉《湯方辨證依據陰陽病勢而無關五行學説》(《中醫藥研究論叢》13:1,2010.3,12—24 頁)。

法律方面有鄭顯文《敦煌吐魯番文書與唐代的律典體例研究——兼談日本〈養老律〉的藍本問題》(《法制史研究》19,2011.6,79—114 頁)認爲自高宗頒行《永徽律疏》後,唐代一直存在律和律疏兩種法典形式,現存《唐律疏議》與敦煌吐魯番發現开元二十五年《律疏》殘卷差別較大,可能不屬於同一系統;而 P.3690 號殘卷與日本《養老律》形式相近,可能爲同一系統。劉馨珺《因人致罪——保人與唐代獄訟制度》(《法制史研究》20,2011.12,41—76 頁)説明《唐律》所見保人之規範,并運用敦煌、吐魯番文書,將涉獄訟之保人分爲刑獄案、民訟案、户婚行政案三類進行論述,進一步了解保人角色、來源和犯罪人的關係等。

九、人 物 方 面

王楠、史睿《伯希和與中國學者關於摩尼教研究的交流》(《張廣達先生八十華誕祝壽論文集》,新文豐出版公司,2010.9,1239—1294 頁)梳理 1908—1913 年、1914—1921 年、1921—1931 年三個階段中,伯希和與羅振玉、蔣斧、沈曾植、王國維、陳垣等學者在摩尼教研究上的中外學術交流關係。

胡素馨《尋找敦煌藝術的中古源泉:從張大千與熱貢藝術家的合作來審

視藝術的傳承》(《史物論壇》10,2010.6,37—56 頁);黃崇鐵《張大千中期山水畫(1940 年—1959 年)的繪畫歷程與生活經歷探討》(《臺灣歷史博物館學報》44,2011.10,1—21 頁)、《張大千人物繪畫探討》(《臺灣歷史博物館學報》40,2009.11,17—48 頁);馮幼衡《張大千中期(1941—60)青綠山水:嘗恨古人不見我也!》(《書畫藝術學刊》11,2011.12,13—58 頁)等文,在論及張大千畫風或繪畫歷程時,皆論述其親赴敦煌探險臨摩時期之經驗與貢獻。

沈明謙、鄭誼慧《研究敦煌學卓有成就——訪浙江大學古籍所許建平教授》(《國文天地》26:7,2010.12,107—111 頁)介紹許建平教授的學思歷程與治學方法。阮靜玲《方廣錩教授訪館鑒定館藏敦煌卷子紀要》(《臺北圖書館館訊》100:1,2011.2,22—23 頁)記錄方廣錩教授鑒定臺北圖書館藏敦煌卷子的原則及過程。余蕙靜《我的求學研究之路——專訪日本京都大學高田時雄教授》(《中國文哲研究通訊》21:1,2011.3,123—136 頁)介紹漢學家高田時雄的求學生涯與經歷,說明其目前從事日本古抄本《大唐西域記》之研究及未來欲從事的敦煌寫本研究,并記錄其對後輩學人之建議,比較臺灣地區與日本漢學研究之特色。

林慶彰《論黃永武先生編纂叢書的貢獻》(《文學新鑰》13,2011.6,43—60 頁)說明黃永武先生編輯《杜詩叢刊》、《敦煌寶藏》的過程、方法、成果與貢獻;張高評《黃永武先生的學術成就》(《文學新鑰》13,2011.6,87—112 頁)則就"博觀約取,推陳出新"、"學科整合、另闢蹊徑"、"方法條理,金針度人"三方面說明黃永武先生研治文字、詩學、敦煌學、《周易》等學術之方法與成就。林聰明《論黃永武教授斠理敦煌唐詩的貢獻》(《文學新鑰》14,2011.12,19—48 頁)歸納黃永武教授斠理敦煌唐詩的選材原則在於以唐代今存詩篇之詩人及敦煌唐詩輯本爲對象,指出其不僅及時掌握重要材料,且博觀會通詩意,採"活校"之態度,從字義、制度、音律、修辭、語彙、辨僞等方面開創詩歌多元校勘方法,酌古準今,參訂同異,作出正確的判斷,理清并展現許多唐詩的原始面貌。

江燦騰《薪火相傳:胡適初期禪學史研究的最新動態及其作爲跨世紀現代性宗教學術研究典範的傳承史(1925—2011)再確認》(《成大宗教與文化學報》17,2011.12,195—256 頁)探討胡適與忽滑谷快天的著作關聯性,以及胡適禪學研究在中國學界和在戰後臺灣學界的回應,借以闡述胡適在中古禪學研究方面爲民國以來現代性宗教學術研究的跨世紀典範傳承者。

汪娟、洪藝芳《敦煌才侶,有鳳來儀——鄭阿財、朱鳳玉伉儷的治學之路》(《國文天地》27:11 = 323,2012.4,107—112 頁)一文,聚焦兩位教授的學術造詣與人格特質,說明其投入敦煌學研究領域之因由及其治學方法、研究成果等。

此外,《敦煌學》第二十九輯中紀念吳其昱先生,收入有謝和耐撰、岑詠芳譯《吳其昱(1915—2011)》(《敦煌學》29,2012.3,243—245 頁);張廣達、陳慶浩《吳其昱先生生平及其學術貢獻》(247—251 頁);岑詠芳《極高明而道中庸——憶念吳其昱先生》(253—258 頁)并附吳其昱先生《般若心經梵文校注》遺稿;柴劍虹《緬懷吳其昱先生》(259—264 頁);鄭阿財《我所認識的吳其昱先生》(265—274 頁);鄭阿財、朱鳳玉編,李燕暉增補,榮新江、劉波校訂,岑詠芳再訂《吳其昱先生論著目錄》(275—281 頁)等文,以各種角度呈現吳其昱先生的學思歷程與研究成果。同一輯中并收有何廣棪著《蘇瑩輝教授小傳》(283—284 頁)、《蘇瑩輝先生及其敦煌學論著目錄編年》(285—310 頁)介紹蘇瑩輝先生及其研究成果;王惠民《賀世哲先生與敦煌學研究》(311—318 頁)從石窟營建與敦煌史地研究、北朝至隋代佛教圖像研究、經變畫研究三方面説明賀世哲先生的學術成果,并附其簡歷與論著目錄。

學位論文有李侑儒《董康〈書舶庸譚〉研究》(臺北大學古典文獻與民俗藝術研究所古典文獻組碩士論文,2013)借董康赴日日記,探討其於善本、敦煌文獻等方面的訪求成果。楊子葳《羅振玉對古文獻保存與整理的貢獻》(臺北大學古典文獻與民俗藝術研究所古典文獻組碩士論文,2012)闡述羅振玉對甲骨文字、銅器銘文、漢晉簡牘、漢石經、敦煌文獻、內閣大庫明清檔案等古文獻,在"搶救、搜求、保存"與"整理、刊佈"兩層面之貢獻。

黃連盛、鄭秉忠《敦煌石窟藝術的傳承與創新——專訪敦煌之子常嘉煌》(《金色蓮花:佛學月刊》217,2011.1,55—63 頁)爲專訪敦煌現代石窟藝術中心常嘉煌先生之報導,談其對石窟藝術傳承、展望等看法。

十、書　評

王堯《〈唐五代敦煌寺户制度〉評介》(《普門學報》51,2009.5,135—139 頁)認爲姜伯勤在此書中全面勾勒并闡述了敦煌寺户制產生之歷史淵源,説明寺户制經濟結構的具體模式及其演變與衰落過程,進而將敦煌8—10 世紀的寺户、常住百姓制度,比之以吐魯番5—8 世紀的佛寺使人、家人制度以及內地的唐代"寺部曲"、家人制度,認爲三者性質相近,其研究與比較確可作爲解剖部曲蔭户制度衰落時中國封建社會經濟結構變遷的一把鑰匙。

林慶彰《〈敦煌經部文獻合集〉》(《中國文哲研究集刊》35,2009.9,204—208 頁)認爲此套書匯集了 20 世紀敦煌學者研究經部文獻之成果,讓學者可以節省不少人力、物力,其具有編排方式合理、充分利用前人成果、盡量保留寫卷原來面貌之優點;但若能具備各分册目次、完整著錄徵引文獻出處、附上徵引文獻目録,對讀者查閱所需的資料及論著,應更有幫助。

朱鳳玉《〈敦煌變文"王昭君變文""明妃傳"の研究〉評介——兼論敦煌變文"故事研究"之發展》(《張廣達先生八十華誕祝壽論文集》,新文豐出版公司,2010.9,769—790頁)認爲此書資料網羅宏富,分析細膩扎實,并提出書名上宜作"敦煌寫本"或"敦煌本",且題下無須加"明妃傳",而内容可酌予補充論述明清小説、戲曲中相關作品,亦可進一步從時空、族羣之差異來詮釋故事發展,解説不同階層文學表現故事意涵之差異,將可使研究更立體化;文中進而闡述"主題研究"與"故事研究"之差異及敦煌變文故事學研究發展之面向與趨勢。

榮新江《喚起廢墟遺址中酣睡的文化性靈——張師廣達先生〈文書、典籍與西域史地〉讀後》(《張廣達先生八十華誕祝壽論文集》,新文豐出版公司,2010.9,1315—1332頁)在細讀書中選文後,説明張先生所運用的研究方法與成就,突顯其學術眼光之寬闊,對多種語言、出土材料之檢索、解讀及多元證據的論證上考證細膩且令人信服,在西域史地、敦煌吐魯番研究方法論上具典範性意義。

馮良珍、溫振興《高田時雄〈據敦煌資料的漢語史研究〉譯後——兼與羅常培〈唐五代西北方音〉比較》(《漢文佛典語言學——第三屆漢文佛典語言學國際研討會論文集》,法鼓文化,2011.7,115—141頁)從研究資料、方法與内容三方面進行評述,認爲與羅氏著作相較,不但增加新資料,對其研究也多所補正,方法及觀點均有創新,内容除了從音韻方面進行聲、韻、調之研究,還增加語法部分。

冷江山、鄧國均《〈俗賦研究〉評介》(《國文天地》27:4 = 316,2011.9,115—118頁)説明伏俊璉《俗賦研究》一書所具結構嚴謹、論證精密、取材廣博、方法多樣、文約義豐、語淡味深之優點。

梁其姿《評 Catherine Despeux, ed. , Médicine, religion et société dans la Chine médiévale: Étude de manuscrits chinois de Dunhuang et de Turfan(中國中古時期的醫藥、宗教與社會:敦煌吐魯番漢文文獻研究)》(《漢學研究》30:2 = 69,2012.6,315—320頁)認爲此論文集將焦點放在文化交流與知識傳播問題,對中古時代醫療的物質文化有具體描述,對僧侶、文人、道士等相關人羣在醫學知識傳播方面的角色也有較多着墨,其每篇論文後附有相關文獻的題解、翻譯及殘卷的影本是一大特色,各種索引與譯名對照表亦具參考價值;文中并對此套書所收十四篇論文進行介紹。

中鉢雅量《評:①楊寶玉著〈敦煌本佛教靈驗記校注并研究〉、②鄭阿財著〈見證與宣傳——敦煌佛教靈驗記研究〉》(《敦煌學》30,2013.10,201—208

頁）介紹兩本以敦煌佛教靈驗記作爲研究對象之專著,比較兩書內容與觀點異同,指出楊氏著作在部分觀點之矛盾,然兩書合觀可説已完成敦煌本靈驗記的研究基礎了。

另外張之傑《卅年磨一劍——王進玉的〈敦煌學和科技史〉》（《中華科技史學會學刊》17,2012.12,125—128 頁）、李國清《讀〈敦煌學和科技史〉》（《中華科技史學會學刊》16,2011.12,116—117 頁）皆介紹王進玉此書在學術與資料上的價值及論述課題之開拓性。

日本杏雨書屋藏敦煌吐魯番文書研究綜述

陳麗萍（中國社會科學院歷史研究所）

趙　晶（中國政法大學法律古籍整理研究所）

　　杏雨書屋藏敦煌吐魯番文書（以下行文多簡稱杏雨書屋藏品）的真容，以 2009 年 3 月出版的《敦煌秘笈目錄册》爲起點，終於漸次展露在世人面前，我們由此初步得知這批文書有 775 件（確切地説是 775 個編號，因爲存在不少一號多件文書的狀況）。此後，《敦煌秘笈影片册一》（2009 年 10 月）、《敦煌秘笈影片册二》（2010 年 3 月）、《敦煌秘笈影片册三》（2010 年 11 月）、《敦煌秘笈影片册四》（2011 年 3 月）、《敦煌秘笈影片册五》（2011 年 11 月）、《敦煌秘笈影片册六》（2012 年 1 月）、《敦煌秘笈影片册七》（2012 年 3 月）、《敦煌秘笈影片册八》（2012 年 12 月）至最後一册《敦煌秘笈影片册九》（2013 年 3 月）陸續出版，學界數年來對杏雨書屋藏品的探訪追尋也終於告一段落。

　　儘管對有些杏雨書屋藏品的來源乃至真僞仍有疑惑，但并不妨礙學者對這批文書釋録與研究的熱情，且這種熱情在《敦煌秘笈影片册》的全面刊佈過程中逐日遞增，正如藤野月子在《2011 年日本的隋唐史研究》開篇所説："2011 年延續 2010 年，隋唐史學界將石刻、《天聖令》、《敦煌秘笈》等作爲手段而積極利用"，并在"敦煌·吐魯番"成果介紹部分再次强調："對《敦煌秘笈》繼續進行考證，成果顯著，期待着像《天聖令》一樣，今後能迎來更深入的研究進展。"①顯然，作者深刻感受到了學界對杏雨書屋藏品的重視，故將其重要性等同於石刻與《天聖令》，也因此對相關研究的推進給予期望。而這種熱情與期望并存的狀況，不僅在日本學界，在中國學界也普遍存在。

　　基於中日學者對杏雨書屋藏品的共同興趣和已有的豐碩成果，以及未來廣闊的研究空間，本文擬對目前所見的相關研究成果略作總結和述評。因在《敦煌秘笈目錄册》與《敦煌秘笈影片册》出版前（與出版初期），有關杏雨書屋藏品的先期成果已多見於榮新江所製"《李木齋鑒藏敦煌寫本目錄》研究索引稿"、岩本篤志所製"論文·研究書"索引，以及鄭阿財所舉"杏雨書屋《敦

---

　　① 黄正建編譯《2011 年日本的隋唐史研究》（原文刊於《史學雜誌》第 121 編第 5 號），《中國史研究動態》2013 年第 3 期，第 77—84 頁。

煌秘笈》的研究現況",①故本文僅以《敦煌秘笈影片册》出版後的成果爲主要介紹對象,若有相應追溯則以注釋説明。

要回顧有關研究成果,就得對杏雨書屋藏品的來源、經營、披露過程先略作追溯,也因此勢必涉及三位相關人士。首先,杏雨書屋藏品一半以上源自中國近代著名藏書家李盛鐸;其次,幾乎所有藏品皆由京都大學羽田亨教授經手;再次,最早注意并一直追尋李盛鐸舊藏品去向的是北京大學教授榮新江。其中榮新江的探訪經歷,在其所撰的系列文章中得以清晰再現,②本文不再贅述,而關於羽田亨所做的相關工作、李盛鐸舊藏敦煌文書的卷數以及學界對杏雨書屋藏品的研究狀況仍略有令人不解之處,值得我們再稍作提示。

首先,羽田亨對杏雨書屋藏品的初步編目。已經公佈的藏品共計 775 (758) 個編號,其中羽 1—432 號原屬李盛鐸所有,這已是學界共識。③ 李家曾爲這批文書編有《李木齋氏鑒藏燉煌寫本目録》,羽田亨經手購入這批文書後,據此目録底本新作了《敦煌秘笈目録》。後羽田亨又陸續爲出資者代購了一些敦煌吐魯番文書并分別編有《新增目録》(433—670 號)、《短編及斷簡五十種》(671—736 號)④兩種。不過,作爲羽田亨目録手稿的(間接)委托人(塚本善隆→牧田諦亮→落合俊典)落合俊典,在發表了兩篇關於這三種目録大致由來和内容的文章後,⑤便再未披露與此相關的更多細節。更重要的是,羽

---

① 榮新江《追尋最後的寶藏——李盛鐸舊藏敦煌文獻調查記》,劉進寶主編《轉型期的敦煌學》,上海古籍出版社,2007 年,第 15—32 頁,"索引"見第 19—26 頁;收入氏著《辨僞與存真——敦煌學論集》,上海古籍出版社,2010 年,第 74—90 頁。岩本篤志《杏雨書屋藏〈敦煌秘笈〉概觀——その構成と研究史》,《西北出土文獻研究》第 8 號,2010 年,第 61—63 頁。鄭阿財《杏雨書屋〈敦煌秘笈〉來源、價值與研究狀況》,《敦煌研究》2013 年第 3 期,第 116—127 頁。

② 榮新江《海外敦煌吐魯番文獻知見録》,南昌:江西人民出版社,1996 年,第 218 頁。《李盛鐸藏卷的真與僞》,《敦煌學輯刊》1997 年第 2 期,第 1—18 頁;收入氏著《鳴沙集》(改題爲《李盛鐸藏敦煌寫卷的真與僞》),臺北:新文豐出版公司,1999 年,第 103—146 頁;收入氏著《辨僞與存真——敦煌學論集》,第 47—73 頁。榮新江《追尋最後的寶藏——李盛鐸舊藏敦煌文獻調查記》,第 15—32 頁。

③ 對杏雨書屋藏品及其來源的追尋與介紹,主要可參見榮新江《海外敦煌吐魯番文獻知見録》,第 218 頁;《李盛鐸藏卷的真與僞》,第 1—18 頁;《追尋最後的寶藏——李盛鐸舊藏敦煌文獻調查記》,第 15—32 頁。方廣錩《呼喚〈羽田亨目録〉中的敦煌遺書早日面世》,"紀念藏經洞發現一百周年敦煌學國際研討會"論文,2000 年 7 月 25—26 日,香港大學中文系;《敦煌遺書早日面世》,《中華讀書報》2002 年 8 月 16 日。落合俊典《羽田亨稿"敦煌秘笈目録"簡介》,郝春文主編《敦煌文獻論集》,瀋陽:遼寧人民出版社,2001 年,第 91—101 頁;《敦煌秘笈——幻のシルクロード寫本を探して》,《華頂短期大學學報》第 6 號,2002 年,第 15—19 頁;《敦煌秘笈目録(第 433 號至 670 號)略考》,《敦煌吐魯番研究》第 7 卷,北京:中華書局,2004 年,第 174—178 頁;《李盛鐸と敦煌秘笈》,《印度學佛教學研究》第 52 卷第 2 號,2004 年,第 166—172 頁。高田時雄《明治四十三年(1910)京都文科大學清國派遣員北京訪書始末》,《敦煌吐魯番研究》第 7 卷,第 13—27 頁;《李滂と白堅——李盛鐸舊藏敦煌寫本日本流入の背景》,《敦煌寫本研究年報》創刊號,京都,2007 年,第 1—26 頁;《李滂と白堅·補遺》,《敦煌寫本研究年報》第 2 號,京都,2008 年,第 185—190 頁。陳濤《千呼萬喚始出來 猶抱琵琶半遮面——清末李盛鐸舊藏敦煌文書日本面世》,《中國文物報》(第 7 版),2010 年 3 月 31 日。鄭阿財《杏雨書屋〈敦煌秘笈〉來源、價值與研究狀況》,第 116—127 頁。

④ 以上披露參見落合俊典《羽田亨稿"敦煌秘笈目録"簡介》,第 91—101 頁;《敦煌秘笈目録(第 433 號至 670 號)略考》,第 174—178 頁。高田時雄《明治四十三年(1910)京都文科大學清國派遣員北京訪書始末》,第 18—22 頁。榮新江《追尋最後的寶藏——李盛鐸舊藏敦煌文獻調查記》,第 17—18 頁。

⑤ 落合俊典《羽田亨稿"敦煌秘笈目録"簡介》,第 91—101 頁;《敦煌秘笈目録(第 433 號至 670 號)略考》,第 174—178 頁。

田亨所編後兩份目錄中的文書是否能與《敦煌秘笈影片冊》所刊文書一一對應,①也因尚未刊發目錄全文而難以對照。杏雨書屋藏品的編號延至羽 775 號,那麼,或如文書編號次序順延,《敦煌秘笈影片冊》中所餘第 737—775 號文書是否仍由羽田亨經手購入以及是否也有一份初始目錄存在,目前同樣沒有披露任何相關信息。

其次,李盛鐸舊藏敦煌文書的卷數。李盛鐸藏有敦煌文書的消息在民國時逐漸傳開,羅振玉、羽田亨、瀧川政次郎等皆有機會目睹其中部分文書,但對李氏所藏的總卷數并不詳知,較早如羅振玉在 1919 年 7 月 2 日給王國維的信中曾有"多至四五百卷"的推測。② 學界一般依據王重民《敦煌遺書總目索引》③之散錄三《李氏鑒藏敦煌寫本目錄(據傳鈔本)》、④散錄四《德化李氏出售敦煌寫本目錄》(據《學觚》第一卷第七期)、散錄五《李木齋舊藏敦煌名迹目錄(第一部分)》、⑤散錄六《李木齋舊藏敦煌名迹目錄(第二部分)》⑥窺知李氏舊藏的大致內容及總卷數。⑦ 又據葉恭綽《寄传庵敦煌圖錄序》載,他曾介紹中央圖書館購入李氏舊藏 200 餘卷,⑧但據榮新江調查,臺北藏卷中并未見李氏印鑒,"這似與李氏收藏習慣不符,也説明葉恭綽所介紹的寫卷并非李氏藏卷的真品或核心部分"。⑨ 再據陳濤最近統計,羽 1—432 號文書中有李氏印鑒者僅有 104 號,⑩所佔比例不足 25%,可知李氏舊藏品的印鑒率并不高,有相當部分藏品上確無印鑒。再看杏雨書屋藏品,除了前 432 號,我們對其他 300 多號文書上的收藏印鑒進行統計,計有羽 594、597、601、614、617、619、621—623、626、627、630、632、636—639、650、653、658、660、662、668、669、

---

① 據高田時雄[《明治四十三年(1910)京都文科大學清國派遣員北京訪書始末》,第 20—22 頁]與落合俊典[《敦煌秘笈目錄(第 433 號至 670 號)略考》,第 174—178 頁]披露,《新增目錄》中的第 433、459、460、469、561、617、639、663 等號文書的編號及內容(除了一些文書的定名有所變動外),與《敦煌秘笈影片冊》所刊編號羽 433—663 等號文書皆能對應,《新增目錄》中的文書編號即對應羽 433—670 號,以此類推,《短編及斷簡五十種》(671—736 號)目錄所著之第 671—736 號或即對應羽 671—736 號。

② 王慶祥、蕭文立校注《羅振玉王國維往來書信》第 602 函,北京:東方出版社,2000 年,第 459 頁。

③ 王重民《敦煌遺書總目索引》,北京:商務印書館,1962 年,收入《敦煌叢刊初編》第 2 冊,臺北:新文豐出版公司,1985 年,下引四種目錄見於此書第 318—326 頁。

④ 此即據《李木齋氏鑒藏燉煌寫本目錄》轉抄。

⑤ 據榮新江考證,其中著錄的幾件文書現藏北京圖書館,參見榮新江《李盛鐸藏卷的真與偽》,第 3 頁。又據王素等考證,其中著錄的 2 件寫經現藏故宮博物院,參見王素、任昉、孟嗣徽《故宮博物院院刊編敦煌吐魯番文獻提要》(寫經、文書類),《故宮學刊》第 3 輯,北京:紫禁城出版社,2007 年,第 562—581 頁。

⑥ 其中著錄的寫經等 44 件,現已知多歸上海圖書館藏,參見吳織、胡羣耘《上海圖書館藏敦煌遺書目錄——附傳世本寫經及日本古寫本》,《敦煌研究》1986 年第 2 期,第 93—107 頁;《上海圖書館藏敦煌遺書目錄(續)——附傳世本寫經及日本古寫本》,《敦煌研究》1986 年第 3 期,第 89—101 頁。

⑦ 陳濤斷定李盛鐸所藏敦煌文書總數爲 560 件,除了根據以上目錄和一些李氏印鑒的推算外,並未有更多依據,故這一數據不足爲信。參見陳濤《日本杏雨書屋藏〈敦煌秘笈〉中李盛鐸藏書印管見》,《北京師範大學學報》2010 年第 4 期,第 74—81 頁。

⑧ 張虹《敦煌圖像徵考錄》,香港弘道藝術院,1963 年,第 5 頁。

⑨ 榮新江《李盛鐸藏卷的真與偽》,第 3 頁。

⑩ 陳濤《日本杏雨書屋藏〈敦煌秘笈〉中李盛鐸藏書印管見》,第 80 頁。

671、674、675、678—680、686、694、700、706、716、717、719、722、725、727、735、738—744、746、748—750、752、757—760、763、764、767、768、775 等 62 號文書上也出現了各種李氏印鑒，如"木齋審定"、"德化李氏凡將閣珍藏"、"麐嘉館印"、"李盛鐸印"、"木齋真賞"等（本文暫不論印鑒或有相關印鑒文書的真僞），説明其中有一些確實曾爲李盛鐸所藏。還如日本京都國立博物館、藤井友鄰館、寧樂美術館、天理圖書館、國立國會圖書館等其他收藏機構的敦煌文書中也時有李氏印鑒；①中國故宮博物院、上海圖書館以及天津藝術博物館②等收藏機構中也皆有李氏舊藏品，再結合已確知相當數量李氏舊藏品上并無印鑒的狀況，那麼，李盛鐸舊藏的總卷數到底有多少，乃至這些藏品的流散過程，仍須學界長期探尋。

　　第三，關於杏雨書屋藏品的研究狀況。儘管目前尚未完全明確杏雨書屋藏品的全部來源，但對其大概情況已有所把握，如羽 1—432 號爲李盛鐸舊藏，羽 433—436、448、450、456、457、461、463、464 等號購自同一人物或（業者）；③羽 474—477 等號爲吳芝瑛舊藏，羽 501—550 號爲富岡謙次舊藏，羽 561 號爲梁素文舊藏，羽 609 號爲王樹枏舊藏；④羽 551—590 號爲清野謙次舊藏⑤等。其中，李盛鐸舊藏無論在質量還是數量上都居各家藏品之首，也是學者長期以來研究或追尋的主要對象。李盛鐸舊藏品未出售前，松本文三郎、羅振玉、羽田亨、瀧川政次郎等不僅曾親見部分精品，還對其中一些佛經如《摩訶衍經第八》、《十戒經》等，以及其他文書如《唐律》、《漢書》、《志玄安樂經》等進行圖版刊發或介紹研究。長期以來，其他學者多據以上圖版或抄本繼續研究，這是對於（李盛鐸舊藏或者説大部分）杏雨書屋藏品研究的第一個階段，特點是因所知原卷或圖版有限，成果相對單一，但中日學者皆參與其中。羽田亨在購入第 1—432 號即李盛鐸舊藏品後，曾將其中一些文書拍攝成 933 張照

　　① 饒宗頤《京都藤井有鄰館藏敦煌殘卷紀略》，徐亮之編《金匱論古綜合栞》第 1 期，香港：亞洲石印局，1955 年，收入《選堂集林·史林》下，香港中華書局，1982 年，第 998—1010 頁；王三慶《日本天理大學圖書館典藏之敦煌寫卷》，《第二屆敦煌學國際研討會論文集》，臺北漢學研究中心，1991 年，第 88—89 頁；陳國燦《東訪吐魯番文書紀要（一）》，《魏晉南北朝隋唐史資料》第 12 期，1993 年，第 40—45 頁；施萍婷《日本公私收藏敦煌遺書敍録（二）》，《敦煌研究》1994 年 3 期，第 90—100 頁；陳國燦《東訪吐魯番文書紀要（二）》，《魏晉南北朝隋唐史資料》第 13 期，1994 年，第 32—43 頁；施萍婷《日本公私收藏敦煌遺書敍録（三）》，《敦煌研究》1995 年第 4 期，第 51—61、68—70 頁；榮新江《海外敦煌吐魯番文獻知見録》，第 171—174、194—212、215—217 頁。
　　② 天津藝術博物館藏敦煌文書共計 350 件，其中 256 件爲周叔弢舊藏品，周氏藏品中有不少即購自李盛鐸，參見劉國展、李桂英《天津市藝術博物館藏敦煌遺書目録——附傳世本寫經》，《敦煌研究》1987 年第 2 期，第 74—95 頁；云希正《周叔弢和他收藏的敦煌遺書》，《收藏家》1998 年第 6 期，第 22—25 頁。
　　③ 落合俊典《敦煌秘笈目録（第 433 號至 670 號）略考》，第 174—175 頁。
　　④ 據高田時雄《明治四十三年（1910）京都文科大學清國派遣員北京訪書始末》，第 22 頁；落合俊典《敦煌秘笈目録（第 433 號至 670 號）略考》，第 174—178 頁；岩本篤志《杏雨書屋藏〈敦煌秘笈〉概觀——その構成と研究史》，第 55—59、75—76 頁；以及《敦煌秘笈影片册》中刊發的收藏印鑒歸屬。
　　⑤ 據《日本諸私家所藏敦煌寫卷目録》（王重民《敦煌遺書總目》散録十三，第 336—337 頁）、高田時雄《清野謙次蒐集敦煌寫經の行方》（《漢字と文化》第 9 號，2006 年，第 9—11 頁）、岩本篤志《杏雨書屋藏〈敦煌秘笈〉概觀——その構成と研究史》（第 55—59、76—77 頁）所刊清野謙次藏品目録與《敦煌秘笈影片册》相關內容對比確定。

片,以供自己研究所用,這批照片俟其去世後歸"羽田亨紀念館"所有,後被裝訂成册并命名《羽田博士收藏西域出土文獻寫真》。① 榮新江、池田温、落合俊典、岡西爲人、牧野和夫、山本達郎、湯谷祐三、岩本篤志、土肥義和、林敏、張娜麗等皆利用這批照片進行了研究,這是對於(李盛鐸舊藏的精華或者説大部分)杏雨書屋藏品研究的第二個階段,特點是因所見圖版增多,研究視角更爲寬廣,成果也更加多面。但由於各種原因帶來的交流不便,這一時期的研究多由日本學者完成。自 2009 年《敦煌秘笈目録册》與《敦煌秘笈影片册》陸續出版至今,學界對於杏雨書屋藏品的研究進入了第三個也是全新階段,尤其較之以往,有關杏雨書屋藏品的信息已經衆所周知了,學者通過各種渠道對這批文書進行研究已非難事,因此中日學者皆能參與其中,對杏雨書屋藏品的關注面也拓展到了全部卷號而非止於前 432 號,所取得的成果也更加顯著。

下文即對《敦煌秘笈影片册》刊佈已來,學界的各項活動以及相關成果作一簡要介紹與總結。

日本學界的主要活動: 2010 年 4 月 19—24 日,杏雨書屋在大阪舉辦了"敦煌の典籍と古文書"特別展示會,分中國の古典、法典と公文書、學習と教育、生活と信仰四個主題展出了 58 件文書原卷。② 東洋文庫・内陸アジア出土古文獻研究會的例會也安排了一系列有關杏雨書屋藏品的報告,池田温、岡野誠、片山章雄、岩本篤志、陳濤等皆作過報告。杏雨書屋也組織了"和漢の本草書——中世以前の写本と刊本"、"敦煌の典籍と古文書"爲主題的學術報告會,《杏雨》雜誌第 13、14、15、16 期(分別出版於 2010、2011、2012、2013 年)刊發了一批相關文書研究成果;2010 年 4 月,高田時雄在中國杭州舉行的"百年敦煌文獻整理研究國際學術討論會"上作了《關於李盛鐸舊藏敦煌遺書的公開出版》的發言,介紹了《敦煌秘笈影片册》出版的各種信息,在《敦煌寫本年報》第 5、6、7 號(分別出版於 2011、2012、2013 年)中也集中刊發了由高田時雄主持的讀書班陸續研讀杏雨書屋藏品的一批相關成果。日本學者如池田温、高田時雄、岡野誠、落合俊典、岩本篤志、山本孝子等更是長期關注杏雨書屋藏品并有大批相關成果面世。

中國學界的主要活動: 2010 年 10 月以來,在敦煌研究院文獻所與甘肅省

---

① 關於這批照片的介紹可參見榮新江《追尋最後的寶藏——李盛鐸舊藏敦煌文獻調查記》,第 16—19 頁;土肥義和〈羽田亨博士搜集西域出土文獻寫真〉調查記》,《唐代史研究》第 7 號,2004 年,第 1—2 頁;張娜麗《羽田亨博士收集〈西域出土文獻寫真〉について》,《お茶の水史學》第 50 號,2006 年,第 1—64 頁。

② 有關展覽情況的介紹可參見財团法人 武田科學振興集団《第 54 回杏雨書屋特別展示會"敦煌の典籍と古文書"》(介紹圖册),大阪,2010 年 4 月;陳濤《日本學界的〈敦煌秘笈〉研究》,《中國社會科學報》2010 年 12 月 9 日;池田温《敦煌秘笈の價值》,《杏雨》第 14 號,2011 年,第 167—182 頁。

敦煌學會聯合主辦的"敦煌讀書班"活動中,高啓安、馬德、王祥偉皆以杏雨書屋藏品爲主題作了講座。中國人民大學張風雷牽頭的"《敦煌秘笈》研究"小組,主要研讀《秘笈》所收南北朝時期的佛教文獻。中國社會科學院的黃正建、吴麗娛、楊寶玉、牛來穎、雷聞、陳麗萍、王卡、張總、劉志;武漢大學的陳國燦、浙江師範大學的張涌泉、浙江大學的許建平、蘭州大學的劉永明、中國政法大學的趙晶、湖南科技大學的聶志軍、蘭州商學院的王祥偉、北京師範大學的陳濤等皆有不同方向的相關研究。王祥偉、陳麗萍與趙晶、陳濤等申報了相關課題,其中王祥偉主要研究社會經濟文書,陳濤以對李盛鐸舊藏品的輯錄與研究爲主,陳麗萍與趙晶則對全部社會經濟文書進行了釋錄并作了一些研究,尤其注重敦煌文書與《天聖令》文的結合,目前已經完成了 200多件社會經濟文書的釋錄。中國敦煌學界重要的學術刊物如《敦煌學輯刊》、《敦煌研究》、《敦煌吐魯番研究》近年來也持續刊發有關杏雨書屋藏品的研究成果。

近年來有關杏雨書屋藏品的研究成果,可大致分爲概括性介紹與研究、對已有研究的繼續或推進、對某(幾)件文書的個案研究以及對某類文書的整體研究四個方面。

概括性的介紹與研究:如池田温《敦煌秘笈の價值》(《杏雨》第 14 號,2011 年)介紹了 2010 年杏雨書屋藏品特展的情況以及當時日本學界對這批文書的研究狀況,特別指出其中的"法典與公文書"、"學習與教養文書"是研究敦煌居民家族和日常生活的珍貴史料。岩本篤志《杏雨書屋藏〈敦煌秘笈〉概觀——その構成と研究史》(《西北出土文獻研究》第 8 號,2010 年)介紹了杏雨書屋藏品的出版經歷、研究史及文書構成,還附有參考文獻、編號對照、收藏印鑒與研究成果一覽表,便於學界參考。陳濤也介紹了《敦煌秘笈》出版後日本學界的反響及研究現狀(《日本學界的〈敦煌秘笈〉研究》,《中國社會科學報》2010 年 12 月 9 日)。在杏雨書屋藏品全部刊發完畢後,作爲整理者的古泉圓順於 2013 年 5 月作了《巷談〈敦煌秘笈〉》(龍谷大學アジア仏教文化研究センター 2013 年度第 1 回仏教文化研究所研究談話會)的演講,介紹了自己多年來從事文書整理工作的全過程。

對已有文書研究的繼續或推進:有關杏雨書屋藏品的研究可分作三個階段,前兩個階段的研究皆在藏品尚未公佈的前提下進行,學界利用有限的圖版或錄文,對其中的景教、佛教以及社會經濟文書進行了力所能及的研究。如杏雨書屋所藏的 4 件漢文景教文書(依次編號羽 13、431、459、460)一直備受學界關注,對其來源、真僞、錄文及所反映的教義等問題有過激烈探討,後隨着《大秦景教宣元至本經》(河南洛陽)出土,敦煌文書與經幢的對校又成爲

一時之潮流,馮其庸、羅紹、林悟殊等皆有此類研究。[①] 而如今,文書内容的比
對與詞彙分析則成爲新的研究動向,如項秉光《三種景教敦煌寫卷考釋》(上
海師範大學碩士學位論文,2011 年),對羽 459、460、13 號三種文書的經題、
譯名、結構、底本、抄本、翻譯以及録文校勘等進行了全面考釋。聶志軍《唐
代景教文獻詞語研究》(湖南人民出版社,2011 年)首先概述了唐代景教文
獻及研究狀況,其次闡述了景教文獻詞語研究的價值,進而説明了具體研究
方法,最後落實到釋字與釋詞兼及景教文獻詞語來源的梳理。此後,作者陸
續發表如《唐代景教的本土化策略——以詞語釋義爲例》(《社會科學家》
2010 年第 3 期)、《唐代景教〈序聽迷詩所經〉中“移鼠”漢譯釋疑》(《宗教學
研究》2012 年第 3 期)等文,從語言文字學的角度深化了對景教文書及唐代
景教史的研究。

羽 20《唐律疏議》殘卷最早由羅振玉刊佈,[②]該卷也爲法制史學者長期關
注,最近如岡野誠《杏雨書屋所藏唐開元雜律疏斷簡の再檢討》(東洋文庫·
内陸アジア出土古文獻研究會 12 月例會,2009 年)、陳濤《日本杏雨書屋藏唐
代敦煌本〈雜律疏〉殘卷略説——原李盛鐸舊藏敦煌寫本》(《敦煌學輯刊》
2010 年第 3 期)、辻正博《敦煌·トルフアン出土唐代法制文獻研究の現在》
(《敦煌寫本研究年報》第 6 號,2012 年)、黄正建《唐代法律用語中的“款”和
“辯”——以〈天聖令〉與吐魯番出土文書爲中心》(《文史》2013 年第 1 期)等
文皆對該卷有所涉及。

對已有研究繼續或推進的成果還包括了史地、醫藥、經濟、文學等方面。
如岩本篤志《敦煌本〈霸史〉再考——杏雨書屋藏·敦煌秘笈〈十六國春秋〉
斷片考》(《資料學研究》第 7 號,2010 年),陳勇《〈敦煌秘笈·十六國春秋〉考
釋》(《民族研究》2014 年第 2 期),對羽 38、72aR 號[③]究竟爲《十六國春秋》還
是《霸史》抄本以及其他可能的文獻來源等問題進行了再辨析。

岩本篤志《敦煌と〈新修本草〉——なぜそこにあったのか》(《杏雨》第
13 號,2010 年)與《〈新修本草〉序列の研究——敦煌秘笈本の檢討を中心に》
(《杏雨》第 14 號,2011 年)、上山大峻等《敦煌本〈本草集注〉について》(《杏

---

① 馮其庸《〈大秦景教宣元至本經〉全經的現世及其他》,《中國文化報》2007 年 9 月 27 日。羅炤《洛陽新出土〈大秦景教宣元至本經及幢記〉石幢的幾個問題》,《文物》2007 年第 6 期,第 30—42、48 頁。林悟殊、殷小平《經幢版〈大秦景教宣元至本經〉考釋——唐代洛陽景教經幢研究之一》,《中華文史論叢》2008 年第 1 期,第 325—352 頁;殷小平、林悟殊《〈幢記〉若干問題考釋——唐代洛陽景教經幢研究之二》,《中華文史論叢》2008 年第 2 期,第 269—292 頁。
② 羅振玉輯《敦煌石室碎金》,東方學會,1925 年,收入黄永武主編《敦煌叢刊初集》(7),臺北:新文豐出版公司,1985 年,第 99—105 頁。
③ 初期研究參岩本篤志《羽田亨記念館所藏〈西域出土文獻寫真〉766·767〈十六國春秋〉考——李盛鐸舊藏敦煌文獻をめぐつて》,《西北出土文獻研究》(創刊號),2004 年,第 5—39 頁。

雨》第 13 號）一直對羽 40R《本草經序并卷上》①進行追蹤研究。

片山章雄《大谷探險隊將來吐魯番出土物価文書斷片の數點の綴合について》（《敦煌・吐魯番出土漢文文書の新研究》，東洋文庫，2009 年）與《杏雨書屋〈敦煌秘笈〉中の物価文書と龍谷大學図書館大谷文書中の物価文書》（《内陸アジア史研究》第 27 號，2012 年），確定了吐魯番文書羽 561 號②與大谷 3449、3078、3075、3095 等號的綴合關係，證明該卷也是《唐天寶二載交河郡市估案》長卷之部分。陳國燦《讀〈杏雨書屋藏敦煌秘笈〉劄記》（《史學史研究》2013 年第 1 期），對羽 24R、27－1、28 號③再次過録并研究，指出羽 24R 號與羅振玉舊藏與 P. 2592 等號綴合而成的《唐天寶六載敦煌郡敦煌縣龍勒鄉都鄉里籍》爲同組文書，且與羅振玉舊藏卷可綴合；判定羽 27－1 號中的“癸未年”爲咸通四年（863）；指出羽 28 號與 Дx. 2954a 號形制完全一致，也應爲同組文書。荒見泰史《舜子変文類写本の書き換え狀況から見た五代講唱文學の展開》（《アジア社會文化研究》第 11 號，2010 年）、鄭阿財《從〈敦煌秘笈〉羽 39V 殘卷論〈舜子變〉的形成》（《張廣達先生八十華誕祝壽論文集》，新文豐出版公司，2010 年）、玄幸子《羽 39V を中心とした變文資料の再檢討》（《敦煌寫本研究年報》第 5 號，2011 年）、高井龍《舜の舌による瞽叟開眼故事の流佈について》（《敦煌寫本研究年報》第 7 號，2013 年），從不同角度研究了羽 39V 號，④指出該卷是“舜子至孝變文”產生和成型的過程中的重要史料。

對某（幾）件文書的個案研究，這也是目前所見成果中内容最爲豐富和最具創新的部分，内容涉及經籍、史地、經濟、社會、文學、科技、宗教信仰等多方面。

經籍：杏雨書屋藏經籍類文書計有《論語》、《毛詩》、《春秋》、《禮記》、《尚書》等卷，許建平《杏雨書屋藏論語殘片三種校録及研究》（“從抄本到刻本：中日《論語》文獻研究學術研討會論”論文，2011 年），先對羽 14 號中的 3 件《論語》殘片進行校録，接着指出羽 14－1 號與 S. 6121 號可綴合、羽 14－3 號

---

① 初期研究參岡西爲人《本草概説》圖版 6，創元社，1983 年；岩本篤志《唐朝の醫事政策と〈新修本草〉——李盛鐸將來本序例を手がかりとして》，《史學杂志》第 114 編第 6 號，2005 年，第 36—60 頁；岩本篤志《文字と紙背から見た敦煌における〈新修本草〉——コンピュータによる用字整理を通して》，《唐代史研究》第 9 號，2006 年，第 56—72 頁；岩本篤志《敦煌本〈新修本草〉校注初稿》，《資料學研究》第 4 號，2007 年，第 99—124 頁；岩本篤志《唐〈新修本草〉編輯と“土貢”——中國國家圖書館藏斷片考》，《東洋學報》第 90 卷第 2 號，2008 年，第 113—143 頁。

② 初期研究參池田温《盛唐物価資料をめぐって——天寶二年交河郡市估案の斷簡追加を中心に》，《シルクロード研究》（創刊號），創價大學，1998 年，第 69—90 頁。

③ 初期研究參池田温《燉煌郡龍勒鄉天寶六載籍の一斷簡》，《創價大學人文論集》第 10 號，1998 年，第 251—260 頁；池田温《李盛鐸舊藏敦煌歸義軍後期社會經濟文書簡介》，《慶祝吳其昱先生八秩華誕・敦煌學特刊》，臺北：文津出版社，2000 年，第 29—56 頁。

④ 初期研究參汤谷祐三《新出敦煌孝子傳資料と變文の關係——羽田記念館所藏〈西域文獻資料寫真〉所收孝子傳資料をめぐって》，《同朋大學佛教文化研究所紀要》第 23 號，2004 年，第 87—104 頁。

與 P. 2661 號或有所關聯。許建平《杏雨書屋藏〈詩經〉殘片三種校録及研究》（《慶祝饒宗頤先生 95 華誕敦煌學國際學術研討會論文集》，中華書局，2012年），對羽 15 號中的 4 件《詩經》殘片進行重新定名和校録，指出羽 15－1 號與 P. 2669 號可綴合、羽 15－2－1R 與 15－2－2R 號與 Дх. 0588 號可綴合、羽 15－3 號與 S. 3330、P. 2978、S. 6346、S. 6196 等號爲同卷。王天然《讀杏雨書屋所藏八件經部敦煌寫本小識》（《亞洲研究》第 16 期，韓國，2012 年）對於羽 14、15 號的相關研究與許建平大致相同，此外，還指出羽 16《春秋》寫卷與 Дх. 04512、Дх. 01712 號或爲一卷，羽 18《尚書》寫卷與 S. 2074 可綴合。張涌泉、張新朋《敦煌殘卷綴合研究》（《文史》2012 年第 3 期）完成了 P. 4988 ＋羽 19V《莊子・讓王篇》的綴合（也實現了兩卷背面綴合爲完整的《大目乾連冥間救母變文》一卷）。

史地：池田昌広《敦煌秘笈の〈漢書〉残卷》（《杏雨》第 16 號，2013 年）過録了羽 432 號，分析了該卷與其他漢書抄本的異同。陳國燦《讀〈杏雨書屋藏敦煌秘笈〉劄記》（《史學史研究》2013 年第 1 期）推測羽 25V 號狀文中令狐良嗣的職務爲倉史。趙晶《羽 25V〈倉夫令狐良嗣牒〉補說——兼論〈倉庫令〉宋 1 的唐令復原問題》（《中國史研究》第 90 輯，韓國，2014 年）根據英藏、法藏敦煌文書以及唐代四等官制的押署體例，論證令狐良嗣所任爲倉史，補證了陳國燦的論點，并借此討論了與倉儲相關的唐代律令制度以及據天聖《倉庫令》宋 1 復原唐令的相關問題。馬德《吐蕃國相尚乞心兒事迹補考——以杏雨書屋羽 077 號爲中心》（《敦煌研究》2011 年第 4 期）爲羽 77 號中兩件涉及尚乞心兒的願文重新擬名，判定其成文年代應在 816—818 年間，指出該卷反映了尚乞心兒一度代領敦煌，後又率軍西征於 9 世紀初返回敦煌的一段史實。赤木崇敏《唐代敦煌縣勘印簿羽 061，BD11177，BD11178，BD11180 小考》（《敦煌寫本研究年報》第 5 號）確定了羽 61 號與 BD11177 等號的綴合關係，認爲這是敦煌縣發出、點檢官文書所押官印的勘印簿。速水大《杏雨書屋所藏敦煌秘笈中の羽 620－2 文書について》（《内陸アジア出土 4—12 世紀の漢語・胡語文獻の整理と研究》，2011 年）判定羽 620－2 號是蒲昌折衝府與縣等官府交換的文書，爲著名的蒲昌府文書又加入一件新文書。高田時雄《李盛鐸舊藏〈驛程記〉初探》（《敦煌寫本研究年報》第 5 號）指出羽 32 號中的"沙州專使"爲入朝途中的歸義軍使團，其寫作上限在太和四年（830）；李軍《晚唐五代歸義軍與涼州節度關係考論》（《陝西師範大學學報》2011 年第 6 期）則認爲"沙州專使"當爲大中五年（851）十月入朝的張議潭使團；陳國燦《讀〈杏雨書屋藏敦煌秘笈〉劄記》（《史學史研究》2013 年第 1 期）斷定該卷大概作於大中二年（848）至咸通二年（861）間，并逐一考證了每段行程中出現的地名。

經濟：王祥偉《日本杏雨書屋藏四件敦煌寺院經濟活動文書研讀劄記》（《中國社會經濟史研究》2011 年第 3 期）首先爲羽 52、羽 65 號兩件算會牒重新擬名，指出它們在某些細節上與其他敦煌本算會牒的不同之處；指出羽 64 號賣舍契不僅提供了寺院購買屋舍的實例，也爲認識寺院財產管理提供了另一視角；其次指出羽 68 號文書對全面了解寺院與酒户間的關係提供了新資料。高啓安《一件珍貴的敦煌僧人宴飲記録——〈敦煌秘笈〉羽 067R、羽 067V 文書初解》（《寒山寺佛學》第 7 輯，甘肅人民出版社，2012 年）指出羽 67 號正反面同時記録了僧界舉辦“六折福戒禮”、“六折都師禮”時的食物分配狀況和飲食過程，透露了僧人集體飲食活動中的各種組織與分配食物乃至食物名稱的情況。陳國燦《讀〈杏雨書屋藏敦煌秘笈〉劄記》（《史學史研究》2013 年第 1 期）確定了羽 36R 號是能與 P. 3841 號綴合的開元年間《沙州會計歷》殘卷之一。

社會生活：岩本篤志《敦煌秘笈“雜字一本”考——“雜字”からみた帰義軍期の社會》（《唐代史研究》第 14 號，2011 年）認爲羽 41R 號是歸義軍時期的民間童蒙教材，該卷除了具有識字功能外，還有一些明顯的地方特色。《〈蘭亭序〉在西域》[《國學的傳承與創新：馮其庸先生從事教學與科研六十周年慶賀學術文集》（下），上海古籍出版社，2013 年]將和田出土的俄藏 Дx. 18943-1 號與中國人民大學博物館藏 GXW0122、GXW0017 號，以及羽 664V 號習字抄本與法藏 P. 2544 號等已知《蘭亭序》抄本進行對比，借以探究唐代書法文化的西漸與傳播。黑田彰《杏雨書屋本太公家教について——太公家教攷·補（2）》（《杏雨》第 14 號）、《抜き取られた敦煌文書：何彥昇、邕威のことなど·太公家教攷·補（3）》（《京都語文》第 19 號，2012 年）確定羽 664-1 號當爲《太公家教》殘片，并對不同敦煌抄本進行對比研究。蔡淵迪《杏雨書屋藏敦煌舞譜卷子校録并研究》（《敦煌研究》2012 年第 1 期）校録了羽 49 號，將其與 S.5643 號等敦煌舞譜進行了比對研究。山口正晃《羽 53〈吴安君分家契〉について——家産相續をめぐる一つの事例》（《敦煌寫本研究年報》第 6 號）過録了羽 53 號，并就其中涉及的家産分配及相關法律制度進行了探討。

文學：張涌泉《敦煌寫本〈秦婦吟〉匯校》（《敦煌文獻論叢》，上海古籍出版社，2011 年）完成了羽 57 與 S.0962《秦婦吟》寫本的綴合。陳麗萍《杏雨書屋藏〈秦婦吟〉殘卷綴合與研究》（《隋唐遼宋金元史論叢》第三輯，上海古籍出版社，2013 年）也涉及了羽 57R 與 S.0692 號的綴合，并回顧了有關敦煌本《秦婦吟》研究的學術史。佐藤礼子《羽 094R〈（擬）天台智者大師智顗別傳〉初探》（《敦煌寫本研究年報》第 7 號，2013 年）分析了羽 94R 號的內容與構成,辨析了其中一些關鍵詞彙,進而比較了智者大師別傳的各種異本。

科技:金少華《跋日本杏雨書屋藏敦煌本〈算經〉殘卷》(《敦煌學輯刊》2010 年第 4 期)確定羽 37R 號可與 S. 19 及 Дх. 03903 號綴合,與 P. 3349、S. 5859 同爲一書,兩種抄本所據可能爲同一底本。鄧文寬《跋日本“杏雨書屋”藏三件敦煌曆日》(《中國社會科學院敦煌學回顧與前瞻學術研討會論文集》,上海古籍出版社,2012 年)爲羽 41V1、羽 41V2、羽 40V 號 3 件曆日文書分別擬名并判定其所屬年代。陳明《西域出土醫學文書的文本分析——以杏雨書屋新刊羽 042R 和羽 043 號寫卷爲例》(《慶祝饒宗頤先生 95 華誕敦煌學國際學術研討會論文集》)釋讀了羽 40R、羽 42R、羽 43 號 3 件醫藥文書,對其中涉及本草、醫療、養生與民俗的內容進行了分析,指出後兩種文書不僅與中外醫學交流有密切關係,其文本結構也值得深入研究。

宗教信仰:岩本篤志《敦煌占怪書〈百恠圖〉考——杏雨書屋敦煌秘笈本とフランス國立圖書館藏本の關係を中心に》(《敦煌寫本研究年報》第 5 號)指出羽 44 號與 P. 3106《百怪圖》爲同一典籍的不同抄本,還分析了該卷與 S. 3877、P. 2682、S. 4400 號間的各種關聯。劉永明《日本杏雨書屋藏敦煌道教及相關文獻研讀劄記》(《敦煌學輯刊》2010 年第 3 期)對羽 30R、羽 72aV＋羽 38V、羽 72b-1、羽 72b-2、羽 15、羽 44、羽 40R 等 8 件道教相關文書進行了釋讀、定名與研究。周西波《〈敦煌秘笈〉“羽 072b”寫卷的性質與意義》(《慶祝饒宗頤先生 95 華誕敦煌學國際學術研討會論文集》)指出羽 72b 號中記載了包括度亡、禳疾及滿月等吉凶有關的齋文,該卷應是民間道教齋文和啓白、説法內容的抄録,屬於齋文範本。西本照真《杏雨書屋所藏三階教写本〈人集録明諸經中对根浅深発菩提心法〉一卷(羽 411)翻刻》(《東アジア仏教研究》第 10 號,2012 年)對羽 411《人集録明諸經中對根淺深》中涉及的教義有所研究。張文良《“南朝十地學”的一個側面——以法安的“解十地義”爲中心》(“第三屆河北禪宗文化論壇研討會”論文,2013 年 5 月)指出羽 271 號中既有法安對“十地”義的直接闡述,也有與其他法師之間的往復論辯,比較完整地記録了法安關於“十地”的思想,是了解 5 世紀末南朝佛教“十地”思想的重要資料。

對某類文書的整體研究:這類研究主要集中在宗教典籍或信仰方面,如劉永明《敦煌占卜文書中的鬼神信仰研究》(《敦煌寫本研究年報》第 5 號)對敦煌占卜文書中(包括羽 15 號)的發病書、六十甲子曆、具注曆日、五兆卜法、逆次占、靈棋卜法等幾類文書中的鬼神信仰進行了梳理、考察和討論。山口正晃《〈十方千五百佛名經〉全文復元の試み》(《敦煌寫本研究年報》第 5 號)利用現有敦煌本《十方千五百佛名經》寫卷(包括羽 698V),依次復原十方佛的諸佛名號。王友奎《敦煌寫本〈咒魅經〉研究》(《敦煌研究》2012 年第 2 期)

將已知的敦煌本《咒魅經》寫本分爲六種體系（其中羽96號可歸入第一種），指出驅鬼治病、消災祈福是此經最主要的實用功能。鄭阿財《論日本藏敦煌寫本及古寫經靈驗記的價值》（《敦煌寫本研究年報》第7號）舉例和對比研究日本藏各種形式和版本的靈驗記抄本（包括羽192和羽184號），特別指出羽184《誦持金剛波若波羅蜜經靈驗記》的内容及價值并校錄了該卷。朱鳳玉《敦煌〈妙法蓮華經講經文〉（普門品）殘卷新論》（《敦煌寫本研究年報》第7號）搜集了6件敦煌本《法華經講經文》（包括羽153V號），描述了各件寫本的特徵，分析了各寫本的異同和研究價值。鄭阿財《杏雨書屋〈敦煌秘笈〉來源、價值與研究狀況》（《敦煌研究》2013年第3期）對比了日、俄、韓國所藏的《金剛般若經開玄記》抄本或刻本，關注了羽446和羽550號，指出敦煌抄本對佛教文獻學斠補、輯佚及考訂的價值，以及考察金剛經注疏發展的功用。

綜上大致的分類和列舉，我們看到目前有關杏雨書屋藏品的追尋或研究呈現出的一些特色：

第一，藏品本身内容豐富多樣，因此研究成果也較爲豐富，涉及宗教和社會經濟的各個方面。

第二，學界保持對已有研究的繼續和推進的傳統，對某類文書進行長期追蹤和深入發掘。

第三，對一些文書的最新研究，一般都會有較高質量的釋錄文，也會注重將其與其他同類敦煌文書進行比對或綴合。

但我們也看到，所有相關研究還是相對集中於李盛鐸舊藏品中，對杏雨書屋藏品的全面認識也略有欠缺，還有一些學者對先期研究成果不太關注，重複研究的現象也比較多見，相信這些問題在今後的研究中應該會逐漸得以改善。

基金項目：本文爲國家社科基金青年項目"新出中、日藏敦煌吐魯番法制文獻與唐代律令秩序研究"（項目號：14CFX056）的階段性成果。

莫高窟第 285 窟研究百年回顧與綜述

李　國　夏生平(敦煌研究院)

在敦煌石窟藝術中,莫高窟第 285 窟堪稱代表之作。它是敦煌北朝石窟中唯一有確切紀年的洞窟。該窟壁畫題材多樣、內容豐富,以表現佛教的佛、菩薩形象爲主,同時又有中國傳統神話中的神靈形象如伏羲、女媧、各種祥瑞動物和異獸等,還有帶有濃厚西域中亞、印度、波斯甚至希臘藝術印記的佛教護法諸神如日天、月天、摩醯首羅天、鳩摩羅天、毗那夜迦等形象,可謂多元文明的交匯。第 285 窟這些異彩紛呈的壁畫藝術內容,長期以來一直是研究佛教美術史和中西文化交流史的學者們心儀的愛物。多年來,學者們從不同角度進行了多方位的研究和溯源,爲我們透過紛繁複雜的藝術表象,在更爲廣闊的歷史和文化背景下進一步認識本窟藝術元素來源的多元性及隱藏於其後的歷史真實提供了可能。

本文是筆者對百餘年來國內外專家學者研究敦煌莫高窟西魏第 285 窟成果的一個初步認識與回顧綜述。受水準所限,挂一漏萬實所難免。不當之處,謹希教正。

一、莫高窟第 285 窟窟主及開窟時間探討

敦煌莫高窟現存 735 個洞窟中,有近 500 窟繪有壁畫和雕塑,它跨越上起東晉十六國、下迄元代千年時空。據敦煌研究院的專家考證,石窟大體可分爲四個時期,即:北朝、隋唐、五代宋、西夏和元。屬於北朝第三期的西魏諸窟以 249、285 窟爲代表,除此之外還有 247、286、288、432、461 諸窟。北朝洞窟的三期和四期,是莫高窟開鑿史上第一個興盛期。這與東陽王元榮、建平公于義經營敦煌有很大的關係。

第 285 窟分爲前、後室,主室平面略呈正方形,西壁正中開一大龕,塑倚坐佛,兩側各開一小龕,塑禪定比丘,龕間主要畫摩醯首羅天、毗那夜迦、鳩摩羅天、毗瑟紐天、帝釋天及梵天等印度諸神。南、北兩壁下部各開四個小禪室。北壁中部通壁繪呈現出諸多獨特性和複雜性的七鋪説法圖。南壁畫五百强盜成佛緣、度惡牛緣;沙彌守戒自殺緣、賓頭盧度跋提長者姊;施身聞偈等五組故事畫和一鋪釋迦多寶并坐説法圖。東壁門上爲過去、現在、未來三世佛,門兩側各畫一鋪説法圖。窟頂四披主要畫摩尼寶珠、飛天之類佛教題材和伏羲、女媧、雷神等中國神話諸神。

武周聖曆元年(698)《李克讓修莫高窟佛龕碑》稱："復有剌史建平公、東陽王等各修一大窟。而後合州黎庶造作相仍……樂僔、法良發其宗,建平、東陽弘其迹……"碑文中提到的東陽王元榮曾開鑿一大窟,據學者們研究考證,可能就是現在的第 285 窟。由於 285 窟有大統四年(538)、五年(539)的紀年題記,這與元榮任職時間相近。

賀世哲先生在《從供養人題記看莫高窟洞窟的營造年代》一文中説:"至於東陽王窟究竟是哪一窟,因未發現有關供養人像題名,無法肯定。但我們在校勘供養人題記的過程中,經過反復觀察,覺得第 285 窟是東陽王窟的可能性較大。"① 王惠民博士亦贊同這一觀點,認爲"此窟藝術精湛,非一般百姓所能出資建造,北壁主要位置畫八佛,西側二佛下榜題西側畫一身女供養人,左手持長柄香爐、右手置腰間(似持一物),東側畫三身男供養人,均籠袖。這四身供養人穿貴族服飾,可能就是元榮夫婦,所以在西魏諸窟中,此窟爲元榮所建洞窟的可能性最大"。② 史葦湘先生指出,莫高窟著名的第 285 窟,本來是敦煌民衆陰歸安、滑黑奴等人在大統四年至大統五年(公元 538—539 年)開鑿的。北壁七世佛最西一鋪釋迦與彌勒,發願文雖然泯滅,仍可見畫中的男供養人像着籠冠、冕服;女供養人像長裙蔽膝,顯然是皇室貴族,推測他們就是東陽王元榮夫婦。屬於元榮及其家族在這一時期所造的石窟,還有與第 285 窟毗鄰的第 288 窟。此窟東壁窟門兩側的兩組着貴族裝的供養人,在西魏大統年間非元榮、元康、鄧彥、元法英等人莫屬。這些人與東陽王的關係,又是非親即戚,實爲一家。而這個窟除了貴族一家之外,也再無其他供養人像,推想此窟應是獨家營造。③ 李永寧先生據《李君莫高窟佛龕碑》"復有剌史建平公、東陽王等各修一大窟"等記述,認爲關於東陽王元榮任瓜州剌史,其所修大窟,雖無確切資料可查,但據目前莫高窟所存西魏洞窟且較大者,285 窟乃其中之一。該窟現存的大統四年和大統五年兩方發願文年代題記,可證明該窟鑿建時,正值東陽王元榮在任。而該窟畫風獨異,其西壁畫風與窟頂及東、南、北三壁畫風迥然不同。這些,或可佐證 285 窟是碑文中所述之東陽王所鑿大窟。④ 段文傑先生在《中西藝術的交匯點——論莫高窟第二八五窟》

① 賀世哲《從供養人題記看莫高窟洞窟的營造年代》,《敦煌莫高窟供養人題記》,北京:文物出版社,1986 年 12 月,第 194—236 頁;收入氏著《敦煌石窟論稿》,蘭州:甘肅民族出版社,2004 年 8 月,第 496—593 頁;樊錦詩、劉玉權主編《中國敦煌學百年文庫·考古卷》4,蘭州:甘肅文化出版社,1999 年第 1 版,第 92—147 頁;敦煌研究院編《敦煌研究文集·敦煌石窟考古篇》,蘭州:甘肅民族出版社,2000 年 9 月,第 306—453 頁。
② 王惠民《東陽王元榮資料辨析》,http://www.dha.ac.cn/。
③ 史葦湘《敦煌史略》,《敦煌》,蘭州:甘肅人民出版社·南京:江蘇美術出版社,1990 年 7 月,第 15—27 頁;收入氏著《敦煌歷史與莫高窟藝術研究》,蘭州:甘肅教育出版社,2002 年 12 月,第 8—44 頁。
④ 李永寧《敦煌莫高窟碑文録及有關問題(1)》,《敦煌研究》(試刊第 1 期),蘭州:甘肅人民出版社,1982 年 6 月,第 56—79 頁。

一文中依據《李君碑》"樂僔、法良發其宗,建平、東陽弘其迹"的碑文記載和元榮所寫《法華經·見寶塔品》、《大般涅槃經·梵行品》、《無量壽佛經》等大乘經典中的許多內容都在第285窟壁畫中有所反映,以及第285窟供養人像的漢化鮮卑服飾風格的特徵等方面綜合研究後,認爲"大體可以肯定285窟就是東陽王窟"。① 馬德先生亦同意學者們關於285窟爲東陽王所建大窟的論斷,認爲285窟地處莫高窟羣崖面的"夾層"的中心位置,這個夾層即北朝洞窟崖面的下層,而285窟在該層所有洞窟中營造最早,即這一夾層是285窟開創的,說明了285窟的營造在當時所有營造的洞窟中的特殊性,當與元榮造窟有關。另外,285窟內有許多陰姓供養人的題名,可知其實際營造者爲敦煌陰氏家族,這與東陽王窟并無矛盾,因爲元榮的許多佛事活動都不是自己親手幹的,比如寫經,由經生們抄寫,署他的名,表達他的意圖和願望;營造佛窟也是如此,畫上他的像,署他的名,反映他的思想和目的,而造窟的陰氏家族也可以借此來抬高他們的聲望。② 謝生保先生認爲,東陽王元榮係北魏宗室,他於525—542年出任瓜州刺史,永安二年(529)被封爲東陽王。歷經北魏、西魏兩朝。當時,莫高窟營造正是興起之初,元榮本人肯定親自主持、參與了造窟活動。北魏後期至西魏元榮任敦煌刺史之時主持營造一大窟,應該是今編西魏第285窟。③

金維諾先生卻持不同觀點,認爲元榮孝昌元年任刺史,永安二年被封爲東陽王,東陽王建大窟,當在永安二年至大統八年間。第249、285窟都是建成於元榮任期內的洞窟,而285窟可能是文卷中所稱的七家八金光窟,索幸者負責"第二層至第三層七家八金光窟八十窟",第285窟正在二三層交接處,窟中北壁有佛七鋪,分別爲七家所造,也就是此窟的施主。"金光"是"金光佛剎"的簡稱,這裏是指窟內的八個禪窟,第285窟即是七家八金光窟,④可能不是東陽王窟。⑤

---

① 段文傑《中西藝術的交匯點——論莫高窟第二八五窟》,《敦煌石窟藝術·莫高窟二八五窟(西魏)》,南京:江蘇美術出版社,1995年12月,第11—22頁;又載《美術之友》1998年第1期,第1—6頁;收入敦煌研究院編《1994年敦煌學國際研討會文集——紀念敦煌研究院成立50周年·石窟藝術卷》,蘭州:甘肅民族出版社,2000年6月,第52—87頁。

② 馬德《敦煌莫高窟史研究》,蘭州:甘肅教育出版社,1996年12月,第67—69頁。

③ 謝生保《敦煌李氏三碑研究綜述》,《敦煌研究》2000年第2期,第105—112頁。

④ 金維諾文"七家八金光窟"。馬德《10世紀中期的莫高窟崖面概觀——關於〈臘八燃燈分配窟龕名數〉的幾個問題》一文中說:"宋家八金光窟。"敦煌研究院藏吳曇公先生捐獻藏經洞出土文獻《辛亥年十二月八日夜□□□社人遍窟燃燈分配窟龕名數》(即《臘八燃燈分配窟龕名數》)卷原文曰:"索幸者第二層至第三層宋家八金光窟八十窟。"馬德先生說:"宋家八金光窟,窟名不可解,似有誤,屬索幸者區域內第三層的末端,疑即今258窟或北接太保的431窟,前者爲唐窟,後者唐代重修的魏窟。"

⑤ 金維諾《敦煌窟龕名數考補》,《1987年敦煌石窟研究國際討論會文集·石窟考古編》,瀋陽:遼寧美術出版社,1990年10月,第32—39頁;收入氏著《中國美術史論集》(下),臺北:南天書局有限公司,1995年3月,第346—348頁;敦煌研究院編《敦煌研究文集·敦煌研究院藏敦煌文獻研究篇》,蘭州:甘肅民族出版社,2000年9月,第336—342頁。

考古學家宿白先生也有不同的考證。他首先在《敦煌莫高窟早期洞窟雜考》①一文中述及"東陽王所修大窟"時曾推測："從時間接近、規模較大、位置適宜等方面,全部分析了現存魏窟之後",考慮刺史東陽王所修那座大窟,大約不出第 263、265 和 246 這三窟。而後在"東陽王與建平公"的研究過程中,又對上述考證重新作了修正。認爲前文在當時祇注意了現存洞窟的位置和大小這些形式上的條件,確定東陽王窟時有很大的片面性。經搜集整理各家所藏與元榮有關的寫經題記後認爲,東陽王所寫佛經內容多記天王事迹,顯然是選擇書寫與天王有關的佛經,爲"天王"作功德,第 249 窟似專爲"天王"發願所開鑿,故而推論聖曆《李君莫高窟佛龕碑》所記東陽王修一大窟,"或即今天的第 249 窟"。② 此似屬另類認定。

武周聖曆《李克讓修莫高窟佛龕碑》中之東陽王事迹,《魏書》、《周書》、《北史》等史乘和藏經洞出土與東陽王有關的敦煌寫經以及洛陽發現的北魏元氏墓誌中均有載述。羽田亨、賀昌羣、趙萬里、向達、周一良、宿白、段文傑等前輩學者考證頗詳。一般認爲,元榮於北魏孝昌元年(525)前任瓜州刺史,舉家西遷敦煌,孝昌三年(527)封東陽王,③歷經北魏、西魏兩朝。

日本學者羽田亨《敦煌の千佛洞について》曾提及武周聖曆元年(698)《李君修莫高窟佛龕碑》中東陽王造窟一事。④ 1927 年,他在調查東京中村不折收藏的敦煌寫經時,進一步發現了普泰二年(532)東陽王元榮敬造的《律藏初分》和孝昌三年(527)尹波敬寫的《觀世音經》兩卷尾題有東陽王元榮的北魏寫經。羽田亨氏認爲,《律藏初分》第十四卷尾題所記的瓜州刺史東陽王元榮和《魏書·孝莊紀》、《北史·魏紀五·敬宗孝莊帝記》:永安二年(529)八月"丁卯,封瓜州刺史元太榮爲東陽王"的元太榮,即聖曆《李君碑》中的東陽王。⑤ 但他對孝昌三年(527)《觀世音經》尾題"扈從主人東陽王殿下屆臨瓜土"中的東陽王根據《魏書》卷十四列傳第二《神元平文諸帝子孫傳》記載進

① 宿白《敦煌莫高窟早期洞窟雜考》,《大公報在港復刊卅周年紀念文集》卷上,香港大公報社出版,1978 年 9 月,第 393—415 頁;收入氏著《中國石窟寺研究》,北京:文物出版社,1996 年 8 月,第 206—213 頁;樊錦詩、劉玉權主編《中國敦煌學百年文庫·考古卷》1,蘭州:甘肅文化出版社,1999 年第 1 版,第 283—295 頁。

② 宿白《東陽王與建平公(二稿)》,《敦煌吐魯番文獻研究論集》第 4 輯,北京:中華書局,1987 年 6 月,第 38—57 頁;收入氏著《中國石窟寺研究》,文物出版社,1996 年 8 月,第 244—259 頁。

③ 元榮封東陽王時間。《魏書》卷 10 記載永安二年(529)八月,"封瓜州刺史元太榮爲東陽王",但日本書道博物館藏的一件尹波抄寫的《觀世音經》中,題記云:"扈從主人東陽王殿下屆臨瓜土。"尾署"大魏孝昌三年歲次丁未四月癸巳朔八日庚子,佛弟子假冠軍將軍樂城縣(開國伯)尹波敬寫",説明抄寫此經時的 527 年,元榮已經稱東陽王了。這條資料應當可靠,可糾《魏書》之誤。又,段文傑先生《十六國、北朝時期的敦煌石窟藝術》一文中依據此題記,引述"孝昌三年,東陽王元榮出任瓜州刺史,從洛陽來到敦煌"有誤(見《敦煌研究文集》,蘭州:甘肅人民出版社,1982 年 3 月,第 39 頁)。

④ 羽田亨《敦煌の千佛洞について》,《佛教美術》第 4 册,1925 年 8 月;收入氏著《羽田亨博士史學論文集》(上卷 歷史篇),京都:東洋史研究會,1957 年 11 月,第 562—571 頁。

⑤ 羽田亨《敦煌千佛洞の營造に就きて》,《歷史と地理》第 20 卷第 1 號,1927 年 7 月;收入氏著《羽田亨博士史學論文集》(上卷 歷史篇),京都:東洋史研究會,1957 年 11 月,第 572—577 頁。

行考析後,認爲元丕在孝文帝時曾封東陽王,元榮出自太和十八年(494)被徙至敦煌的平文系統的元丕諸子,元榮是元丕的後代,承襲了先世東陽王爵位的推測則有失誤。英國學者索伯(Alexander C. Soper)在《北涼與北魏時期的甘肅》(Northern Liang and Northen Wei in Kansu)一文中述及北魏末年和西魏初年敦煌的重要人物東陽王元榮時,亦錯誤地引用了史籍中所載元榮是孝文帝遷都洛陽時,遭劫被貶遷至敦煌的東陽公元丕族系成員這一記述。[①] 賀昌羣先生的《敦煌佛教藝術的系統》一文,曾引用了日本學者羽田亨先生的發現和某些觀點。[②] 趙萬里先生則將北魏宗室《元氏墓誌》[③]與《元和姓纂》、[④]《魏書》、《周書》等唐代譜牒和史籍以及敦煌寫經互證,從而揭曉了元榮的世系,[⑤]而裨益於學術研究者。向達先生依據翟林奈(Lionel Giles)《斯坦英收集品中的漢文紀年寫本》,[⑥]即所謂《倫敦大學東方研究院報告》的圖版記錄,新補了兩卷英國倫敦不列顛博物館藏的元榮寫經題記。[⑦] 周一良先生的《跋敦煌秘笈留真》仍採納向達先生所引 S. 4528 號《仁王般若波羅密經》和 S. 4415 號《大般涅槃經》東陽王寫經題記,詳細探討了北魏末年政治形式的發展和元榮造經祈福內容的變化之間的關係。[⑧] 并對元太榮可省作元榮、鄧彥誤作劉彥等問題進一步作了證論。宿白先生的《東陽王與建平公》一文可謂是總結性說明,他依據趙萬里編《漢魏南北朝墓誌集釋》[⑨]輯錄孝昌元年九月廿四日元榮之妹《魏故金城郡君(元華光)墓誌銘》文:"故金城郡君姓元,字華光,河南洛陽嘉平里人也。光明元皇帝第三子,樂安王范之曾孫,城門騰之女,泒州榮

---

① Alexander C. Soper, "Northern Liang and Northern Wei in Kansu," *Artibus Asiae*, Vol. 21(1958), pp. 131–164.

② 賀昌羣《敦煌佛教藝術的系統》,《東方雜誌》第 28 卷第 17 號,1931 年 9 月,第 69—90 頁;收入《敦煌學文選》(上),蘭州大學編印,1983 年 8 月,第 400—437 頁;林保堯、關友惠主編《中國敦煌學百年文庫·藝術卷》1,蘭州:甘肅文化出版社,1999 年第 1 版,第 20—43 頁;《賀昌羣文集·第 1 卷·史學論叢》,北京:商務印書館,2003 年 12 月,第 171—204 頁。

③ 《元華光墓誌》稱:"華光,明元皇帝第三子。樂安王范之曾孫。城門騰之女。泒州榮之第二妹。"《元禕墓誌》稱:"禕字伯禮。曾祖樂安王騰。祖東陽王榮。父慎周,開府儀同三司、新盧楚三州諸軍事、三州刺史。"

④ 《元和姓纂》卷四云:"北魏明元帝生范,樂安王。良生滕。滕安樂王、吏部尚書,生榮。榮生慎康。慎生禕。"

⑤ 趙萬里《魏宗室東陽王榮與敦煌寫經》,《中德學志》第 5 卷第 3 期,1943 年 9 月,第 541—547 頁;收入陳國燦、陸慶夫主編《中國敦煌學百年文庫·歷史卷》1,蘭州:甘肅文化出版社,1999 年第 1 版,第 73—78 頁;張涌泉、陳浩主編《浙江與敦煌學》,杭州:浙江古籍出版社,2004 年 12 月,第 295—301 頁。

⑥ Lionel Giles(翟林奈)"Dated Chinese Manuscripts in the Stein Collection", *Bulletin of the School of Oriental Studies*, Vol. Ⅶ Part 4,1935,pp. 820,822,935。

⑦ 向達《莫高、榆林二窟雜考》,《文物參考資料》第 2 卷第 5 期,1951 年 5 月,第 76—95 頁;又載《唐代長安與西域文明》,北京:生活·讀書·新知三聯書店,1957 年 4 月;1979 年 9 月,第 393—416 頁;收入樊錦詩、劉玉權主編《中國敦煌學百年文庫·考古卷》1,蘭州:甘肅文化出版社,1999 年第 1 版,第 92—106 頁;齊陳駿、李并成主編《中國敦煌學百年文庫·地理卷》1,蘭州:甘肅文化出版社,1999 年第 1 版,第 312—325 頁。

⑧ 周一良《跋敦煌秘笈留真》,《清華學報》第 15 卷第 1 期,1947 年;收入氏著《魏晉南北朝史論集》,北京:中華書局,1963 年 12 月,第 366—372 頁;氏著《周一良集·第 3 卷·佛教史與敦煌學》,瀋陽:遼寧教育出版社,1998 年 8 月,第 262—270 頁;周一良著,錢文忠譯《唐代密宗》,上海遠東出版社,1996 年 7 月,第 207—213 頁;鄭學檬、鄭炳林主編《中國敦煌學百年文庫·文獻卷》1,蘭州:甘肅文化出版社,1999 年第 1 版,第 280—284 頁。

⑨ 趙萬里編《漢魏南北朝墓誌集釋》(考古學專刊乙種第二號),北京:科學出版社,1956 年 1 月。

之第二妹。① ……春秋三十七,孝昌元年九月癸卯朔十六日寅時寢疾,卒於家第。"根據這一資料,他推測元榮任瓜州刺史當在其妹去世前,即孝昌元年(525)九月十六日之前;任瓜州刺史的最後時間,則在 6 世紀 30 年代末或 40 年代初。饒宗頤先生的《北魏馮熙(?—495)與敦煌寫經——魏太和寫雜阿毗曇心經跋》②指正了清代謝啓昆主持修撰《西魏書》③卷十二《東陽王榮傳》所記大統十一年(545)元榮爲瓜州刺史之誤,時瓜州刺史當是鄧彥。④ 馬德先生把敦煌石窟與敦煌文獻相結合,"以史論窟、以窟證史",考述了東陽王元榮、建平公于義先後在敦煌莫高窟各建造一大窟的古代社會歷史。⑤ 臺灣學者文夢霞女士就東陽王元榮領瓜州刺史的時間問題亦作了一些有益的考證,認爲元榮統治瓜州是從北魏孝昌元年起,至西魏大統八年(542)訖;東陽王元榮統治瓜州的時間,是介於北魏和西魏嬗遞之際,并没有與西魏王朝共始終。⑥

張元林先生在《試論法華判教思想對敦煌北朝—隋石窟的影響》中首次提出,北朝至隋敦煌石窟中出現的"法華"題材與"涅槃"題材并舉之藝術現象,雖然有着複雜的思想背景,但當是受法華這一判教思想的影響所致。莫高窟第 285 窟正是在這樣一種政治和信仰的背景下開鑿的。關於該窟,學界多認爲是元榮的功德窟。根據其開鑿年代及窟内供養人身份等因素來看,即使不能肯定本窟是元榮的功德窟,但至少可以認定本窟是由以元榮家族爲首的當時敦煌上層集團共同出資所建的洞窟。其壁畫風格和内容均强烈地受中原、南朝佛教思想和藝術風格的影響。⑦ 同氏在其後發表的《文明的對話:莫高窟第 285 窟西壁三身護法神圖像源流考》一文中認爲:"粟特供養人形象

① 沠:"沠"字,趙斐雲先生的解釋很有見地。趙先生指出:《元華光墓誌》稱華光爲沠州榮之第二妹。沠州即瓜州。瓜加水旁作沠,猶《魏書·寇讚傳》之比陽鎮將,北魏《寇臻墓誌》作沘陽;《魏書·地形志》之瀛州,東魏《凝禪寺三級浮圖碑》及《隋書·地理志》並作瀛州之比。由是可知沠州榮,即瓜州刺史榮之簡稱。

② 饒宗頤《北魏馮熙(?—495)與敦煌寫經——魏太和寫雜阿毗曇心經跋[附:魏鄧彥妻寫經跋]》,《選堂集林·史林》(上),香港:中華書局,1982 年 1 月,第 421—429 頁;氏著《饒宗頤史學論著選》,上海古籍出版社,1993 年 11 月,第 481—490 頁;氏著《饒宗頤二十世紀學術文集·敦煌學》(上),臺北:新文豐出版公司,2003 年 10 月,第 14—23 頁;氏著《選堂序跋集》,北京:中華書局,2006 年 11 月,第 379—383 頁;收入楊曾文、杜斗城主編《中國敦煌學百年文庫·宗教卷》1,蘭州:甘肅文化出版社,1999 年第 1 版,第 46—50 頁。

③ 謝啓昆,清代著名學者、方志學家。主持修撰《西魏書》二十四卷。

④ 鄧彥,或作鄧季彥,《魏書》、《北史》及《周書》無傳。據史載,元榮死後瓜州地方豪望推舉元榮之子元康繼任刺史,女婿鄧彥不服,謀殺元康自爲刺史。鄧彥在敦煌期間的活動,見於《令狐整傳》(《北史》卷 67 及《周書》卷36)和《申徽傳》(《北史》卷 69 及《周書》卷 32)。唯二傳前者作鄧彥,後者作劉彥。今證以寫經題記,作鄧季彥或鄧彥是正確的。鄧彥爲元榮之婿,先任敦煌太守,後陞任瓜州刺史,其妻昌樂公主元法英爲作功德抄寫《賢愚經卷第一》。

⑤ 馬德《以史論窟 以窟證史——談敦煌石窟與敦煌文獻的結合研究》,《2000 年敦煌學國際學術討論會文集——紀念敦煌藏經洞發現暨敦煌學百年》歷史文化卷(上),蘭州:甘肅民族出版社,2003 年 9 月,第 492—512 頁。

⑥ 文夢霞《東陽王爲敦煌第 285 窟之窟主補正》,《人文與社會》第 1 期,2001 年 12 月,第 61—78 頁;《再論東陽王元榮領瓜州刺史的時間》,《敦煌研究》2006 年第 2 期,第 101—105 頁。

⑦ 張元林、魏迎春《試論法華判教思想對敦煌北朝—隋石窟的影響》,《敦煌研究》2008 年第 5 期,第 69—75 頁。張元林《法華判教思想對北朝—隋時期敦煌石窟的影響試探》,《中國敦煌吐魯番學會 2008 年度理事會議暨"敦煌漢藏佛教藝術與文化學術研討會"論文集》,西安:三秦出版社,2011 年 9 月,第 23—29 頁。

出現在第 285 窟表明,本窟中出現的這些祆教/粟特藝術因素并非偶然,它們是五世紀中期入華粟特人及其文化藝術影響的必然反映,同時也表明,當地的粟特羣落,特別是粟特上層貴族直接參與了第 285 窟的開鑿事業。"①

二、莫高窟第 285 窟及壁畫内容研究

在敦煌莫高窟早期洞窟中,規模最大、内容最豐富、藝術水準最高的第 285 窟,又是北朝窟中唯一有確切紀年的洞窟。多年來,學界對 285 窟的研究精力主要集中在圖像來源、考釋和繪畫風格,以及對該窟設計營造者所要表達的主題思想體系等方面。學者們先後從不同角度對此進行了考述與闡釋,如松本榮一、饒宗頤、段文傑、宿白、賀世哲、姜伯勤、馬世長、田口榮一、須藤弘敏、李靜傑、張元林等先生和文夢霞、張文玲、佐佐木律子女士等。

(一) 第 285 窟綜合研究

日本學者松本榮一先生的《敦煌畫の研究》一書,是最早對莫高窟壁畫進行較爲全面研究的著作。② 宿白先生《參觀敦煌莫高窟第 285 窟劄記》,初次運用考古類型學的方法,通過對第 285 窟壁畫的分類排比,對莫高窟的北魏洞窟作了比較研究。③ 水野清一先生《敦煌石室ノート》,④秋山光和先生《敦煌壁畫の編年史料その一》⑤兩文亦對 285 窟壁畫内容有所考釋。饒宗頤先生據《梨俱吠陀》與《摩登伽經》,分析了 285 窟"在圖像學上的特色"。⑥ 1983年,平山郁夫先生率東京藝術大學敦煌石窟學術調查團對 285 窟作了較爲詳盡的調查。⑦ 段文傑先生最先注意到了西魏第 285 窟佛教藝術的多元化問題。他説:"第 285 窟是一個多功能的石窟寺,是一個以佛陀爲主體的多元神殿。"段先生詳細敍述了莫高窟 285 窟的内容後,指出了第 285 窟以佛陀爲主體的中西藝術交匯多元化特徵。余義虎以莫高窟西魏時期建造的第 249、285窟爲切入點,從它們展示的佛教石窟洞窟建築到塑像壁畫逐步中國化過程、佛教藝術本身多元化屬性的角度及其生存和發展所需多元化背景等諸方面作了補充論證,進一步探討了敦煌佛教藝術的多元化特徵問題。⑧ 馬莉、史忠

① Zhang Yuanlin,"Dialogue Among the Civilizations: the Origin of the Three Guardian Deities' Images in Cave 285, Mogao Grottoes", *The Silk Road*, Vol. 6, No. 2, (winter/Spring) 2009, pp. 33 - 48.

② 松本榮一《敦煌畫の研究》,東方文化學院東京研究所,1937 年。

③ 宿白《參觀敦煌第 285 窟劄記》,《文物參考資料》1956 年第 2 期,第 16—21 頁;收入氏著《中國石窟寺研究》,北京:文物出版社,1996 年 8 月,第 206—213 頁;林保堯、關友惠主編《中國敦煌學百年文庫·藝術卷》1,蘭州:甘肅文化出版社,1999 年第 1 版,第 198—205 頁。

④ 水野清一《敦煌石室ノート》,《佛教藝術》第 34 號,1958 年 5 月,第 8—44 頁。收入氏著《中國の佛教美術》,東京:平凡社,1968 年。

⑤ 秋山光和《敦煌壁畫の編年史料その一》,《東京大學文學部研究紀要》第 1 號,1975 年。

⑥ 饒宗頤《禪窟——佛教聖地 Banāras》,《明報:出入山河》,香港:新星出版社,2008 年 4 月。

⑦ 東京藝術大學《敦煌石窟學術調查(第一次)報告書》,東京藝術大學美術學部,1985 年 3 月。

⑧ 余義虎《論敦煌西魏石窟佛教藝術的多元化特徵》,《敦煌研究》2001 年第 4 期,第 27—31 頁。

平《文化交流視野下的莫高窟 285 窟窟頂藝術》,亦從窟頂形制、圖像內容到藝術風格"相容并蓄,融匯中西"的特點進行了討論。①

學者們普遍認為,莫高窟第 285 窟是一所典型的禪窟。禪窟,又稱毗訶羅式窟,源於印度,本是僧侶們坐禪修行的地方。在新疆地區、中原北方地區、西藏地區的石窟中均有禪窟。第 285 窟是保存最完好、壁畫繪製最精美的禪窟代表,方形覆斗頂窟形,西壁開三淺龕,中間塑主尊一身,兩側各塑一禪僧;南、北壁各開四個小禪室,洞窟中心有一低矮的小方臺,其形制將禪修與殿堂及右旋禮儀的內容集於一窟之中。劉慧達先生研究認為,敦煌第 268 窟中的第 267、269、270、271 窟和第 285 窟左右壁下部的 8 個小窟即所謂毗訶羅中的小僧房這種類型。② 蕭默先生考察了 285 窟後認為,這種內部佈局結構類似印度的毗訶羅窟,在著名的阿旃陀有典型的實例。毗訶羅窟反映了小乘佛教的一種修行方式,即坐禪。敦煌毗訶羅窟與中國早期佛教盛行的小乘禪定修行方式有關。③ 傅天仇先生説,北朝的北涼、北魏、西魏、北周石窟,是敦煌的早期石窟,流行三種形制,即中心塔柱式、毗訶羅式和覆斗式。毗訶羅式大約祇有 3 個窟。毗訶羅是梵文的譯音,意即精舍、住處。在 285 窟中的精舍,寬、高僅 1 米餘,可能與修禪僧人打坐有關。毗訶羅式窟,一般設在中心塔柱式窟臺之中,二者可能有內在的聯繫。④ 第 285 窟的營造形式呈現了佛教的禪定思想,它正是毗訶羅式坐禪修持這種宗教觀念的產物。賀世哲先生《敦煌莫高窟北朝石窟與禪觀》論述了敦煌莫高窟北朝石窟的主要題材內容與北朝盛行的坐禪觀佛有密切的關係。⑤ 第 285 窟南北壁有計劃地各開 4 個整齊的小禪室,窟頂四坡下部的壁畫中也有計劃地畫 35 幅深山禪修圖,證明此窟也與"鑿仙窟以居禪"有密切的關係。第 285 窟不僅具有禪修的功能,而且還有禮懺的作用。⑥ 李靜傑先生在《敦煌莫高窟北朝隋代洞窟圖像構成試論》一文中亦認為:"在洞窟功能方面,西壁兩則龕內各塑一禪定僧,又覆斗頂四披下緣繪一周 35 身禪定僧。尤其重要的是,南北壁下部分別開鑿 4 個實用禪室。禪

① 馬莉、史忠平《文化交流視野下的莫高窟 285 窟窟頂藝術》,《邢臺學院學報》2011 年第 3 期,第 134—136 頁;全文轉載人大複印報刊資料《造型藝術》2011 年第 6 期,第 22—25 頁。
② 劉慧達《北魏石窟與禪》,《考古學報》1978 年第 3 期,第 337—352 頁;收入宿白著《中國石窟寺研究》,北京:文物出版社,1996 年 8 月,第 331—348 頁。
③ 蕭默《敦煌莫高窟的洞窟形制》,《中國石窟·敦煌莫高窟》第 2 卷,北京:文物出版社、東京:平凡社,1984 年 10 月,第 187—199 頁;《建築史論文集》第 8 輯,清華大學出版社,1987 年 5 月,第 49—56 頁;收入樊錦詩、劉玉權主編《中國敦煌學百年文庫·考古卷》4,蘭州:甘肅文化出版社,1999 年第 1 版,第 71—85 頁。
④ 傅天仇《敦煌彩塑與環境藝術》,《1987 年敦煌石窟研究國際討論會論文集·石窟藝術編》,瀋陽:遼寧美術出版社,1990 年 10 月,第 346—363 頁。
⑤ 賀世哲《敦煌莫高窟北朝石窟與禪觀》,《敦煌學輯刊》第 1 集,1980 年 2 月,第 41—52 頁;收入《敦煌研究文集》,蘭州:甘肅人民出版社,1982 年 3 月,第 122—143 頁;氏著《敦煌石窟論稿》,蘭州:甘肅民族出版社,2004 年 8 月,第 1—22 頁。
⑥ 賀世哲《敦煌圖像研究——十六國北朝卷》,蘭州:甘肅教育出版社,2006 年 6 月,第 295—347 頁。

定圖像與禪窟的存在,表明這是一個適用於僧人坐禪修行的洞窟。"①王書慶、楊富學在敦煌莫高窟禪窟的歷史變遷研究中指出,北朝修建禪窟的目的前後有所不同。第一、二期所營建的石窟以禪修爲目的,第三、四期乃至以後所建的石窟以修功德爲主旨。第285窟中央有方形中心佛壇,佛壇的尊像雖毀,但佛壇底座尚清晰可見,其功用很明顯,是供在窟內坐禪的僧人們在久坐之後起身繞像念佛或禮拜的活動場所。禪僧們以佛壇爲中心繞佛,并稱頌其名號,以達到心口意境的統一。窟內南、北二壁各營建四個不足半平方米的小禪室,僅能容一人打坐,室內亦無色彩粉飾,僅用泥輕抹而已。禪僧們面壁打坐,寓示四大皆空,無所執着。入靜一無所求,出靜繞佛壇念佛,故滿室飾彩壁畫,昭示着美妙的極樂世界,通過鮮明的比照使禪機得到進一步升華。② 日本學者須藤弘敏對阿富汗至日本現存佛教石窟壁畫進行了具體的考察,并在此基礎上探討了敦煌第285窟的意義,認爲第285窟中有大量的壁畫與雕塑,其目的是用以讚嘆禪定思想和禪修高僧的,并非爲了現實的禪觀修行。③

鄭炳林、沙武田先生對莫高窟第285窟作爲禪窟的説法提出質疑,認爲把285窟理解爲禪窟,似乎顯得有些草率,有學者拿北涼第268窟與第285窟相近的形制作比附,但是嚴格意義上的禪窟并不是這樣,第268窟與北區洞窟中的大量標準禪窟是可以反證這一點的。④ 臺灣學者賴鵬舉則明確指出莫高窟西魏285窟的形制爲佛教四衆戒子"登壇受戒"的壇場。賴先生認爲,過去學者多以北涼268窟甬道兩側各開小禪室的成例推論第285窟兩側的小龕亦爲禪窟。但本窟中間有相當的空間,是戒子演禮的場所,而中央的方壇則是戒子逐一登壇展具受戒的場所,而兩旁各四個小窟則是七尊證列坐的地方,故非修禪之所。由沙彌身份受比丘戒,除有三師受戒外,尚須有"七尊證"以爲證明。⑤ 第285窟作爲戒壇的場所,若將全窟作爲戒壇功能之判斷,在形制上尚餘一問題,即三師於壇前,餘七師則分列壇的兩側。但爲何兩側所開小龕爲每側各四龕的八龕而非七龕。此問題的回答是正壁上的得戒、羯摩及尊證三師中以佛尊爲得戒和尚,則十師中坐於前方的僅二師,餘八師則分列兩側,

① 李靜傑《敦煌莫高窟北朝隋代洞窟圖像構成試論》,《2005年雲岡國際學術研討會論文集·研究卷》,北京:文物出版社,2006年8月,第365—393頁;又載《藝術與科學》卷3,清華大學出版社,2006年10月,第94—111頁。

② 王書慶、楊富學《敦煌莫高窟禪窟的歷史變遷》,《中國禪學》第4卷,北京:中華書局,2006年9月,第310—318頁。

③ 須藤弘敏《禪定比丘図像と敦煌第二八五窟》,《佛教藝術》第183號,東京:每日新聞社,1989年3月,第11—27頁。中文見陳家紫譯《禪定比丘圖像與敦煌285窟》,《敦煌研究》1988年第2期,第50—51頁;全文收入《1987年敦煌石窟研究國際討論會論文集·石窟考古編》,瀋陽:遼寧美術出版社,1990年10月,第393—413頁。

④ 鄭炳林、沙武田編著《敦煌石窟藝術概論》,蘭州:甘肅文化出版社,2005年8月,第359頁。

⑤ 三師七證(也稱爲"三師七僧"):三師與七證師并稱,指僧尼受具足戒時,戒場必須具足的戒師人數。又稱十師、十僧。三師是:得戒和尚、羯摩和尚、教授和尚。七證師則是證明受戒的蒞會比丘。參閱《四分律刪繁補闕行事鈔》卷上之三。《薩婆多毘尼毘婆沙》卷二:"受戒時須三師七僧。"

故開八龕。綜合敦煌歷來的受戒壁畫場景,得戒和尚坐於案前,戒子跪於戒壇上,而諸尊證則分列於戒壇側。故本窟每側另開四龕,以爲七尊證之座處,瓜州榆林窟第 25 窟北壁"彌勒經變"受戒場面中得戒和尚佛尊兩側各四位尊證的戒壇格局與莫高窟西魏 285 窟戒壇兩側各開四小龕的結構相同。① 梁尉英先生對莫高窟壁畫中的狩獵圖進行了探析,認爲在西魏第 285 窟諸禪定僧的場合繪出狩獵屠宰之類的壁畫是警示勿殺生而入不律儀,其意蘊是多重的,重點强調的是戒律。而禪僧和靜臥行走的各種動物并見的畫面是表示十二時獸修持聲聞慈和更次巡遊閻浮提行教化"令離惡業,勸修善事"。②

(二) 第 285 窟西壁圖像詮釋

早在 1947 年,西方學者本傑明·羅蘭德(Benkamin Rowland,Jr)在《中國雕塑中的印度圖像》(Indian Images in Chinese Sculpture)研究報告中就對莫高窟第 285 窟西壁諸天形象有所關注。③ 賀世哲先生對莫高窟第 285 窟西壁早期密教圖像題材的壁畫內容作了精闢的論述和考證。饒宗頤先生則據印度最古老的《吠陀》(Veda)文獻材料,對西壁諸天圖像進行了深入的解釋。賀先生的《敦煌莫高窟第 285 窟西壁內容考釋》④一文認爲,第 285 窟西壁的雜密圖像,是我國古代無名藝術家雜糅當時已經傳入敦煌地區的雜密經典、西域密教傳說,可能還以某些圖像的粉本作參考而創作的一組有內在宗教思想聯繫、總體佈局比較嚴密的早期雜密圖像。這組雜密圖像是敦煌藝術中最早的密教題材圖像,它比初唐的十一面觀音早 100 多年,比大村西崖在《支那美術史·雕塑篇》中認定爲北周、我國現存最早的一尊密教十一面觀音像還要早 10 餘年。⑤ 賀先生認爲,第 285 窟西壁中央大龕的倚坐說法佛像,可能就是表現釋迦牟尼佛宣講密教經典,南北二小龕內的禪僧像,或許就是表現釋迦牟尼佛調遣來諸神王保護的禪僧,正在靜心坐禪觀佛。從南小龕內禪僧的恬靜思維神態來看,他似乎已經深入禪定,得諸神通,眼前浮現出三世十方諸佛即將迎接他到佛國極樂世界去的幻像。而龕外壁畫中的一些主要圖像,或許就是表現釋迦牟尼調遣來的諸護法神王。

張文玲女士對第 285 窟的印度圖像乃西壁中央大龕南、北兩側六尊神像

① 賴鵬舉著《敦煌石窟造像思想研究》,北京:文物出版社,2009 年 8 月。

② 梁尉英《莫高窟第 249、285 窟狩獵圖似是不律儀變相》《敦煌研究》1997 年第 4 期,第 1—11 頁;《十二時獸更次教化——試說莫高窟第 285 窟等壁畫山林動物》,《敦煌研究》1999 年第 2 期,第 1—8 頁。

③ Benkamin Rowland, Jr. Indian Images in Chinese Sculpture. *Artibus Asiae*, Vol. 10, No. 1 (1947), pp. 5 - 20.

④ 賀世哲《敦煌莫高窟第 285 窟西壁內容考釋》,《敦煌研究》1988 年第 2 期,第 47—49 頁;全文收入《1987 年敦煌石窟研究國際討論會文集·石窟考古編》,瀋陽:遼寧美術出版社,1990 年 10 月,第 350—382 頁;又收入樊錦詩、劉玉權主編《中國敦煌學百年文庫·考古卷》2,蘭州:甘肅文化出版社,1999 年第 1 版,第 340—356 頁;氏著《敦煌石窟論稿》,蘭州:甘肅民族出版社,2004 年 8 月,第 89—121 頁。

⑤ 大村西崖《支那美術史·雕塑篇》,東京:國書刊行會,1915 年,圖版 653。

作了深入研究。① 認爲中央大龕北側的三尊印度神濕婆、塞犍陀及毗那夜迦之造像比較符合印度圖像，而南側毗紐天、帝釋天及梵天則離原有圖像較遠。六尊神像之衣着妝飾除了相當濃厚的印度風格外，南側三尊神之寶冠則深受西域的影響。

誐尼沙（毗那夜迦），在印度教的神話中地位甚高，他是代表智慧和學問之神。從古事紀（Puranas）時代以來即受到崇高的歌頌。而在莫高窟第 285 窟，它不過是佛教的護法神而已，顯然佛教在這裏是通過貶低印度教神來抬高佛教的地位。饒宗頤先生《敦煌石窟中的誐尼沙》一文專門就 285 窟西壁象頭人身的誐尼沙進行了分析。認爲 285 窟西魏的誐尼沙形象儀軌大致保留了婆羅門教的形態，不像唐中葉以後密宗的情形。② 斯坦因在新疆塔里木盆地南沿和田古遺址中發掘的版畫中也有一幅毗那夜迦像，據説是七八世紀的作品。③ 王惠民博士的《敦煌毗那夜迦像》是對西魏至元代敦煌畫中大量毗那夜迦像的專論。王先生認爲，毗那夜迦有多重身份，在西魏 285 窟、隋代 404 諸窟是佛教的守護神，而唐宋元時期的毗那夜迦常常作爲被降伏的惡神出現在觀音的下方，這與早期的毗那夜迦護法的性格完全相反。④ 敦煌毗那夜迦像的多樣性，豐富了人們對敦煌佛教圖像的認識。

在第 285 窟西壁南側上角與窟頂連接處，畫一藍色長方形條帶，條帶內自南向北依次繪有一個白色圓輪和六個白色橢圓形輪，內畫有各種人物形象；與日天相應，西壁北側上方位畫有月天及其衆神。賀世哲先生以爲，把日、月畫在神龕外左右上角，可能是受道教的影響。他指出：在左（南）上角與窟頂連接處，畫一藍色長方條，條內南側畫一白色日輪，輪內畫一側面車輪，車輪左右各畫二馬馭車。馬僅畫頭而無尾，相背奔馳。車廂內畫一人，有頭光，高髻，着圓領上衣，雙手合十，似菩薩像，此即密教中的日天。唐以後的密教經變中又題名"日光菩薩"。從佛教圖像藝術看，賀先生的觀點毫無疑問是正確的，但他對右（北）上角的月天僅依《大毗盧遮那成佛經疏》"西門之南，與日天相對應置月天，乘白鵝車"和《迦樓羅及諸天密言經》"月天形貌類日……其日月二天王車但有廂及輪轅而無轅也"的有關記載作了簡要描述，卻未加深論。

---

① 張文玲《敦煌莫高窟第二八五窟印度教圖像初探》，《1994 年敦煌學國際研討會文集——紀念敦煌研究院成立 50 周年·石窟考古卷》，蘭州：甘肅民族出版社，2000 年 6 月，第 124—158 頁。

② 饒宗頤《敦煌石窟中的誐尼沙》，《明報月刊》第 23 卷第 6 期，1988 年 6 月，第 55—56 頁；《談敦煌石窟中的誐尼沙（Ganesa）》，《學術研究》1989 年第 3 期，第 62—64 頁。

③ 《西域美術》卷 3，東京：講談社，1982 年，圖版 57。

④ 王惠民《敦煌毗那夜迦像》，《敦煌學輯刊》2009 年第 1 期，第 65—76 頁。

　　馬世長先生也認爲，第 285 窟西壁頂端南北兩側分別畫的是日天和月天。[①] 并指出：龜茲石窟，在洞窟券頂中脊處繪製天象圖以象徵天宇。天象圖中的日天和月天居於中脊兩端，有的用日月的具體形象表現日天和月天，有的則用乘坐馬車的神像來代表日天和月天。龜茲石窟中乘馬車的日天和月天形象，顯然是受到中亞和西方太陽神形象的影響。莫高窟 285 窟乘馬車的日天和月天形象，與龜茲石窟中的人形乘車的日天十分相似。第 285 窟的日天和月天的形象，應該源於龜茲石窟。

　　趙聲良先生亦認爲第 285 窟西壁內容較爲獨特，南側龕上部畫日天及它的眷屬，日天是古印度神話中的太陽神，在印度，建於公元 1 世紀的菩提伽耶殘石圍柱上，還保留有那個時代雕刻的太陽神形象，[②] 太陽神坐在兩輪馬車上，前後各有兩匹馬朝相反的方向奔馳，這一形象隨着佛教的傳入而進入了我國新疆的石窟。285 窟的日天形象基本上沿襲了這一形式。[③]

　　顯然，日天形象在不同的地域、不同的宗教活動中，角色和地位也不盡相同。段文傑先生認爲，第 285 窟西壁圓環中駕馭馬車的是希臘日神阿波羅和駕白鵝車的月神狄安那，其駕馭馬車的圖像淵源最早可上溯至希臘神話乘馭馬戰車巡遊天際的太陽神阿波羅形象。賀世哲先生對繪於西壁龕外左右上角兩相對稱的日天與月天又作了進一步分析，認爲 285 窟日天圖像是從印度古代神話中的太陽神蘇利耶形象演化而來，而克孜爾第 17 窟日天圖像則是其直接的圖像源頭。在此基礎上，姜伯勤先生又推定了其最近的圖像來源，即祆教的密特拉神。姜先生在《中國祆教藝術史研究》第十三章《敦煌 285 窟所見嚈噠人的密特拉神崇拜》專門對作爲祆神的摩醯首羅天的問題進行了討論，并且認爲第 285 窟西壁日天圖像源於波斯祆教中密特拉神，并認爲這一圖像是由嚈噠人傳入敦煌的。[④] 許新國先生在對青海都蘭吐蕃墓葬出土織錦太陽神圖案和朱天舒博士對新疆拜城克孜爾石窟日天圖像的研究中，也都與莫高窟第 285 窟的日天圖像進行了比較研究，直接或間接地提出了該窟日天圖像所受的中亞或西亞圖像的影響。[⑤] 張元林《論莫高窟第 285 窟日天圖像的粟特藝術源流》，結合新收集到的圖像資料和研究成果，對莫高窟 285 窟西壁

---

　　① 馬世長《交匯、融合與變化——以敦煌第 249、285 窟爲中心》，《漢唐之間文化藝術的互動與交融》，北京：文物出版社，2001 年 9 月，第 299—314 頁。
　　② 朝日新聞社《世界の美術》第九集，東京：朝日新聞社，1981 年，第 62 頁。
　　③ 趙聲良《融貫東西 異彩紛呈——莫高窟第 285 窟的藝術》，《敦煌石窟鑒賞叢書》第 3 輯第 2 分冊，蘭州：甘肅人民美術出版社，1995 年 10 月，第 1—10 頁。
　　④ 姜伯勤著《中國祆教藝術史研究》，北京：生活·讀書·新知三聯書店，2004 年 4 月，第 203—216 頁。
　　⑤ 許新國《青海都蘭吐蕃墓出土太陽神圖案織錦考》，《中國藏學》1997 年第 3 期，第 67—82 頁。Tianshu Zhu（朱天舒）"The Sun God and the Wind Deity at Kizil." in Matteo Compareti, Paola Raffetta & Gianroberto Scarcia eds., Webfestschrift Marshak Studies presented to Boris Ilich Marshak on occasion of his 70th birthday. Buenos Aires：Transoxiana，2003），pp. 681－718.

“日天”形象的圖像源流作了探究,認爲這一形象的圖像來源是祆教的太陽神密特拉神,[①]更以爲,它們經中亞地區傳入敦煌,且很可能是由流寓敦煌的粟特人團隊傳入。1995 年,張元林先生在雲岡學術會議上發表了《粟特人與莫高窟第 285 窟的營建——粟特人及其藝術對敦煌藝術貢獻》的學術論文,[②]他認爲,西壁所繪的護法神形象具有較爲鮮明的祆教/粟特藝術因素,主要體現在日天、月天和摩醯首羅天等形象上。張先生提出了 285 窟摩醯首羅天形象源自粟特—祆教藝術中的摩醯首羅天的觀點,雖列舉了一些文字材料和旁證,但缺乏足夠的圖像證據。其後,張元林在乘馬“日天”和乘鵝“月天”的圖像研究中統計了除洞窟壁畫外,藏經洞所出繪畫品如絹畫、麻布畫中 8 例這種類型的日、月圖像。[③] 這些圖像,與敦煌壁畫中的絕大多數同類圖像是一致的。由此看來,敦煌藝術中乘馬日天、乘鵝月天形象,其圖像淵源上既有印度藝術、中亞粟特藝術的元素,又有希臘藝術、波斯藝術的影響,甚至有中國傳統神話圖像的印迹,可以説是多元文明相互對話、多種藝術相互影響的產物。而日天、月天作爲自成組合的佛教神祇,其最直接的圖像來源既不是印度,也不是龜兹,而是與巴米揚石窟中的日、月天圖像一樣,是經過中亞—粟特地區藝術的改造而傳入敦煌的。近年來,一些研究者認爲,所謂的太陽神圖像,并非印度首創,而是從希臘經伊朗傳入印度,并在中亞地區廣泛流傳。法國學者黎北嵐(Pénélope Riboud)分析認爲:“在中亞及東亞最爲流行的形象中,位於太陽光環的中央,駕着四匹馬拉的車,蘇利耶神從伊朗神那裏借來了許多形象特徵,而密特拉神本身則從阿波羅神那裏繼承了某些特點。”[④]致力於巴米揚石窟研究的田邊勝美教授也指出,“在所謂的太陽神及其周圍供養人的衣服上,粟特和吐火羅斯坦的影響十分顯著,所以仍然認爲這種看法更妥當,即它是經由粟特—吐火羅來傳播的”,[⑤]特別是巴米揚石窟的密特拉神身上縱貫着的寬寬的條紋與粟特貴族裝上的典型衣紋完全相同,其所佩戴的有三個圓形垂飾的項飾也是經由粟特地區傳播的。

---

① 張元林《論莫高窟第 285 窟日天圖像的粟特藝術源流》,《敦煌學輯刊》2007 年第 3 期,第 161—168 頁。

② 張元林:《粟特人與莫高窟第 285 窟的營建——粟特人及其藝術對敦煌藝術貢獻》,《2005 年雲岡國際學術研討會論文集·研究卷》,北京:文物出版社,2006 年 8 月,第 394—406 頁。

③ 張元林《敦煌藏經洞所出繪畫品中的日、月圖像研究》,《敦煌吐魯番研究》第 12 卷,上海古籍出版社,2011 年 7 月,第 245—267 頁。

④ 黎北嵐(Pénélope Riboud)著,畢波、鄭文彬譯《祆神崇拜:中國境内的中亞聚落信仰何種宗教?》,《粟特人在中國——歷史、考古、語言的新探索》[《法國漢學》第 10 輯],北京:中華書局,2005 年 12 月,第 416—429 頁。參閲 J. N. Banerjea, "Sūrya Adrya, Aditiyas and the Navagrahas", *Journal of the Indian Society of Oriental Art*, Vol. ⅩⅥ, 1948, pp. 47–100.

⑤ 田邊勝美《バーヤーン東大佛の製作年代に關する一考察　玄奘さん、見てきたような嘘をいい》,《古代オリエント博物館紀要》第 22 期,2001 年,第 63—104 頁。中文見張元林譯《關於巴米揚東大佛的造立年代——玄奘真的見到巴米揚大佛了嗎?》,《信息與參考》總第 3 期,2003 年 7 月,第 1—21 頁。參閲晁華山著《佛陀之光——印度與中亞佛教勝迹》,北京:文物出版社,2001 年 4 月。

　　日本學者佐佐木律子對莫高窟第 285 窟西壁內容作了較爲詳盡的解釋和論述,她在《莫高窟第 285 窟西壁內容解釋試論》一文中首次把本窟摩醯首羅天頭冠中的人物形象識讀爲風神,并舉出了克孜爾石窟第 38 窟窟頂的風神形象。但遺憾的是,她的識斷未能得到學界的重視。①　張元林《觀念與圖像的交融——莫高窟 285 窟摩醯首羅天圖像研究》對摩醯首羅天圖像的藝術特徵、圖像源流及其在中西宗教圖像學中具有的意義作了進一步的探討,認爲摩醯首羅天圖像既不是直接源自印度教的濕婆形象,也不是祆教風神(Veshparkar)的簡單翻版,而是在祆教風神的圖像中糅進了很可能是印度教風神的形象而成的,是集兩種不同文明對同一種信仰觀念的不同詮釋於一身的藝術形象。摩醯首羅天形象是糅合了印度、中亞、印度教、祆教、佛教中有關摩醯首羅天形象。②　可見,雖然 285 窟的摩醯首羅天是以佛教的護法神的角色出現的,但本窟藝術內容的設計者或畫工顯然非常熟悉它在祆教中的風神角色,并且很可能爲了更明確它的這一功能,又在其頭冠中加上了爲人們所熟知的印度教或佛教中的風神。張氏在《文明的對話:莫高窟第 285 窟西壁三身護法神圖像源流考》一文中以爲,這樣一位設計者或者畫工同時熟知祆教、印度教和印度佛教中用來表達相同觀念的不同藝術形象,其很可能就來自粟特地區。③

　　此外,臺灣學者陳清香先生在研究雲岡石窟第 8 窟內容時對莫高窟第 285 窟西壁諸天形象亦有所涉及。④

(三) 第 285 窟東壁和南、北二壁內容考證與研究

　　東壁:門上爲過去、現在、未來三世佛。中爲現在釋迦牟尼佛,着通肩紅袈裟,雙手作轉法輪印,兩側爲過去迦葉佛和未來彌勒佛,着對襟袈裟,雙手於腹前作禪定印。門南、北兩側各畫大型無量壽佛説法圖一鋪。

　　北壁:中部通壁繪呈現出諸多獨特性和複雜性的七鋪説法圖。百餘年來,先後有伯希和、張大千、段文傑、東山健吾、賀世哲、張元林等諸位學者從不同角度進行解讀和定名,但至今仍存有意見分歧。

　　依據學者們的研究成果,現把有關北壁説法圖的解讀和定名梳理如下:

　　1. 無量壽佛和過去七佛(伯希和,1908 年;東山健吾,1996 年;賀世哲,2003 年)

---

　　①　佐々木律子《莫高窟第 285 窟西壁內容解釈試論》,《藝術史》第 142 册,1997 年,第 121—138 頁。
　　②　張元林《觀念與圖像的交融——莫高窟 285 窟摩醯首羅天圖像研究》,《敦煌學輯刊》2007 年第 4 期,第 251—256 頁。
　　③　Zhang Yuanlin, "Dialogue Among the Civilizations: the Origin of the Three Guardian Deities' Images in Cave 285, Mogao Grottoes", *The Silk Road*, Vol. 6, No. 2, (winter/Spring) 2009, pp. 33-48.
　　④　陳清香《雲岡石窟多臂護法神探源——從第 8 窟摩醯首羅天與鳩摩羅天談起》,《2005 年雲岡國際學術研討會論文集·研究卷》,北京:文物出版社,2006 年 8 月,第 286—397 頁。

2. 釋迦、多寶等八佛（張大千,1943 年）

3. 過去七佛與釋迦、多寶佛（《中國石窟・敦煌莫高窟》第 1 卷,1981 年）

4. 無量壽佛、拘那含牟尼佛、迦葉佛、釋迦多寶等説法圖七鋪［《敦煌莫高窟内容總録》,1982 年;《敦煌石窟内容總録》,1996 年;《東京藝大敦煌石窟學術調查（第一次）報告書》,1985 年］

5. 過去七佛與彌勒佛（賀世哲,1990 年）

6. 不是體現過去七佛,從發願文可知,大體是聽從施主意願,憑畫師所作（段文傑,1995 年）

7. 釋迦多寶＋過去七佛＋無量壽佛（張元林,2006 年）

法國學者伯希和於 1908 年在敦煌莫高窟第 285 窟（伯氏編號第 120n 號洞）實地考察時,依據殘存的壁畫榜書題記,把北壁七鋪説法圖定名爲“無量壽佛加過去七佛”。[①] 日本學者東山健吾亦認同伯希和氏的觀點,并對北壁七佛和無量壽佛作了進一步解釋:“依拘那含牟尼佛和迦葉佛的榜題可知,北壁説法圖原來計畫的是過去七佛,但第四、第七鋪的供養者卻改變了想法,無視最初的計畫,加進了無量壽佛。作爲其背景,當是當時處於阿彌陀信仰盛行的時期。”[②]東山先生在承認過去七佛之説的同時,又認爲不能無視加進無量壽佛這一事實的存在,進而又考慮到了當時的阿彌陀信仰背景。

藝術大師張大千先生將第 285 窟北壁西起第一鋪説法圖定名爲釋迦、多寶,其他則未曾論及。[③]

敦煌文物研究所編《中國石窟・敦煌莫高窟》指出,北壁“壁面上部緊接窟頂的垂帳紋下,東起共七鋪説法圖,是敦煌石窟最早的七佛圖像”。對於西起第一鋪“釋迦、多寶佛”的定名,圖版説明“二佛并坐像”中説:“橫貫北壁上層的七鋪説法圖的西端是七佛的最後一幅,畫二佛并坐像,并以二菩薩脅侍。七佛,指釋迦牟尼和過去六佛。此圖本應爲釋迦牟尼佛,可能因爲壁面寬餘,故以釋迦、多寶二佛代之,并與南壁西端的二佛并坐像相對應。”[④]

《敦煌莫高窟内容總録》第 285 窟條目把説法圖定名爲“北壁上東起畫無量壽佛、拘那含牟尼佛、迦葉佛、釋迦多寶佛等説法圖七鋪”（敦煌研究院編新版《敦煌石窟内容總録》亦同）。1983 年日本東京藝術大學美術學部敦煌學術調查團在對莫高窟 285 窟進行全面調查之後亦基本同意《總録》這一觀點。《敦煌石窟學術調查（第一次）報告書》對於北壁這種獨特的現象採取較爲慎

① 耿昇、唐健賓譯《伯希和敦煌石窟筆記》,蘭州:甘肅人民出版社,1993 年 4 月,第 239—249 頁。
② 東山健吾著《敦煌三大石窟》,東京:講談社,1996 年 4 月,第 85 頁。
③ 張大千遺著《漠高窟記》,臺北:“故宮博物院”編輯委員會編印,1985 年 4 月。
④ 敦煌文物研究所編《中國石窟・敦煌莫高窟》第 1 卷,北京:文物出版社、東京:平凡社,1981 年 12 月,第 215—216 頁。

重的態度,《報告》稱:"在北壁位於過去七佛的釋迦佛的第七鋪也同時畫有多寶佛,而在過去七佛的第一佛毗婆屍佛和第四佛拘留孫佛的位置卻皆由無量壽佛來代替。關於前一種情況,恐怕須與其相對的南壁上部西端所繪的二佛并坐像關聯起來加以考慮,關於後一種情況,與其説是依第五、六、七那樣的順序依次計畫的,更毋寧説是以當時敦煌當地的信仰,特別是發願者的信仰爲優先的結果吧。"①段文傑先生在《中西藝術的交匯點——莫高窟第二八五窟》一文中指出,莫高窟第 285 窟北壁所繪七鋪説法圖之間并無必然的聯繫,"上層七鋪説法有迦葉佛、拘那含牟尼佛、釋迦佛、多寶佛,還有兩身無量壽佛,不是體現過去七佛,從發願文可知,大體是聽從施主意願,憑畫師所作"。②而張元林先生則不這樣認爲,他説,作爲 285 窟藝術整體之一環,在研究北壁説法圖時,不能脱離它們與本窟思想體系之間的必然聯繫;北壁的這七鋪説法圖并列出現在一壁,并非偶然之作,而是有共同思想基礎的,這一基礎就是《法華經》的"佛壽無量"、"佛身長住"的思想和佛身觀。

賀世哲先生對莫高窟第 285 窟北壁説法圖進行了專題性研究。在《莫高窟第 285 窟北壁八佛考釋》一文中他認爲,莫高窟 285 窟北壁所畫八佛是過去七佛與彌勒,共同組成竪三世佛。③ 他將西起第一鋪説法圖拆分爲兩個獨立的主題單元來解釋,他説"其中西端一組,是將現在佛釋迦牟尼與未來佛彌勒合在一起"。賀世哲先生的《石室劄記——重新解讀莫高窟第 285 窟北壁八佛》對前文説法圖定名作了修正。賀先生説,伯希和、張大千、段文傑等先生以及他在前文中提出的關於第 285 窟北壁八佛的五種名稱之説法,都欠妥。依據北涼沙門法衆於高昌郡所譯的《大方等陀羅尼經》卷 2《授記分》載述,北壁無量壽佛、釋迦牟尼佛、維衛佛、式佛、隨葉佛、拘樓秦佛、拘那含牟尼佛、迦葉佛等八佛很有可能是據該經繪製的。④ 張元林先生卻不贊同賀先生依據《大方等陀羅尼經》將北壁説法圖重新解釋爲"無量壽佛 + 過去七佛"的觀點,認爲"北壁七鋪説法圖是否直接依據該經所繪,仍有商榷的必要"。

關於北壁東起第一鋪題名爲"無量壽佛"説法圖,曾經有"誤記"説和"更改"説存在。從第 285 窟供養人形象和發願文榜題來看,該窟是由僧人和統

---

① 田口榮一《敦煌第二八五窟の壁畫畫について》,東京藝術大學美術學部敦煌學術調查團《敦煌石窟學術調查(第一次)報告書》,1985 年,第 46 頁。

② 段文傑《中西藝術的交匯點——莫高窟第二八五窟》,《敦煌石窟藝術·莫高窟二八五窟(西魏)》,南京:江蘇美術出版社,1995 年 12 月,第 11—22 頁;又載《美術之友》1998 年第 1 期,第 1—6 頁;敦煌研究院編《1994 年敦煌學國際研討會文集——紀念敦煌研究院成立 50 周年》(石窟藝術卷),蘭州:甘肅民族出版社,2000 年 6 月,第 52—87 頁。

③ 賀世哲《莫高窟第 285 窟北壁八佛考釋》,《1990 年敦煌學國際研討會文集·石窟考古編》,瀋陽:遼寧美術出版社,1995 年 7 月,第 236—255 頁;收入樊錦詩、劉玉權主編《中國敦煌學百年文庫·考古卷》3,蘭州:甘肅文化出版社,1999 年第 1 版,第 294—305 頁。

④ 賀世哲《石室劄記——重新解讀莫高窟第 285 窟北壁八佛》,《敦煌研究》2003 年第 1 期,第 22—24 頁;收入氏著《敦煌石窟論稿》,蘭州:甘肅民族出版社,2004 年 8 月,第 122—127 頁。

治集團上層積極宣導營建的洞窟,其洞窟內部結構和壁畫內容體系極其嚴整。作爲洞窟內容重要組成部分的説法圖上出現榜題書手筆下之誤的可能性似乎很小,就算當時畫匠出現筆誤,日後發現更改是完全有可能的。因此,可以肯定,"誤記"説是不能夠成立的。學術界亦不乏有贊同"更改"説者,我們也同意此種觀點。北壁通壁説法圖没有嚴格按照過去七佛順序繪製,而改繪兩鋪無量壽(285 窟至少繪有四鋪無量壽,東壁門兩側各一鋪,北壁東起第一、四兩鋪)説法圖,這與《法華經》傳譯中土,在敦煌的傳播及法華信仰有直接的關係。南北朝時期,作爲大乘經典之一的《法華經》被廣爲傳譯和作疏。從三國至隋,前後歷經六譯。三存三缺。① 今存三種:初爲西晉竺法護譯《正法華經》,次即姚秦鳩摩羅什譯《妙法蓮華經》,最後爲隋闍那笈多《添品法華經》。現存本以鳩摩羅什所譯爲最要。② 敦煌藏經洞出土有大量的《法華經》寫本,這些經卷大部分是南北朝及盛唐所寫,在敦煌文獻中現存關於《妙法蓮花經》的注疏有 14 種,《法華經》寫本總數約在 5000 號以上。③

敦煌莫高窟第 285 窟在現存七個西魏窟中規模最大,藝術水準最高。其內容之豐富、主題之鮮明、構思之奇妙,在北朝期洞窟中是獨一無二的。張元林先生認爲無量壽佛信仰是 285 窟設計者所表達的一個重要主題。他把北壁七鋪説法圖定名爲"釋迦多寶 + 過去七佛 + 無量壽佛",④張氏仔細分析了這組圖像與《法華經》的關係,認爲該窟這七鋪説法圖組合出現,是以《法華經》的佛身觀爲共同思想基礎的,是"法華三昧觀"禪法的具體體現。李靜傑先生亦認爲該窟適用於禪觀實踐,同時反映了對西方淨土世界的嚮往,《法華經》起到重要又輔助的作用。張元林、張志海兩位的《敦煌北朝時期法華信仰中的無量壽佛信仰——以莫高窟第 285 窟無量壽佛説法圖爲例》一文,對莫高窟 285 窟北壁及東壁所繪有明確榜題的兩鋪無量壽佛説法圖進行了專門研究,着重以兩鋪無量壽説法圖爲對象,并對它們及要表達的信仰思想與法華信仰的關係作了進一步的討論。作者認爲無量壽佛説法圖出現在這樣一個以修法華三昧爲主的洞窟中,其背景是多方面的:一方面與當時法華信仰與

---

① 《法華經》被天台宗視爲最重要的經典。唐·智顗《開元釋教録》卷 11、卷 14 記載《法華經》"前後六譯,三存三缺"。見《大正藏》卷 55,第 629 頁。智顗所説的"六譯"是:1. 吳·支强良接譯《法華三昧經》(六卷);2. 西晉·竺法護譯《薩芸芬陀利經》(六卷);3. 西晉·竺法護譯《(方等)正法華經》(十卷);4. 東晉·支道根譯《方等法華經》(五卷);5. 姚秦·鳩摩羅什譯《妙法蓮華經》(七卷或八卷);6. 隋·崛多、笈多合譯《(添品)妙法蓮華經》(七卷)。其中 3、5、6 存,而 1、2、4 則已經散佚;這即智顗所謂的"三存三缺"。詳見《開元釋教録》卷 11;《大正藏》卷 55,第 591 頁。又見同書,卷 14;《大正藏》卷 55,第 628—629 頁。

② 楊惠南《智顗對秦譯〈法華經〉的判釋》,《佛學研究中心學報》第 2 期,1997 年 7 月,第 1—24 頁。

③ 方廣錩《敦煌遺書中的〈妙法蓮花經〉及有關文獻》,《中華佛學學報》(第 10 期),1997 年 7 月,第 211—231 頁;又載《法源·中國佛學院研究紀要》(總第 16 期),1998 年第 38—55 頁;收入楊曾文、杜斗城主編《中國敦煌學百年文庫·宗教卷》2,蘭州:甘肅文化出版社,1999 年第 1 版,第 504—526 頁。

④ 張元林《〈法華經〉佛身觀的形象闡示——莫高窟第 285 窟北壁説法圖新解》,《2004 年石窟研究國際學術會議論文集》(上),上海古籍出版社,2006 年 11 月,第 249—275 頁。

無量壽佛信仰的交融有關;另一方面更與法華信仰中的"佛壽無量"的佛身觀有關。①

南壁:從整體構圖來看,整個南壁壁面佈局結構疏朗有致,各部分之間過渡自然,銜接緊湊,似爲事先經過整體設計、縝密構思而繪。南壁是佛教故事畫較爲集中的地方,中部自東向西通壁繪橫卷式連環畫"五百強盜成佛"因緣故事畫,在故事畫西端繪有釋迦、多寶并坐説法圖一鋪;下部開四個小禪室,在禪室龕楣之間自東往西穿插連環畫"賓頭盧度跋提長者姊緣"、"度惡牛緣"、"沙彌守戒自殺"和"施身聞偈"四組故事畫。其中,"賓頭盧度跋提長者姊緣"、"度惡牛緣"最晚考出,爲莫高窟故事畫中的孤品。② 五幅故事畫中,僅"五百強盜成佛"因緣爲通壁所繪,是整個南壁畫面的中心,其餘四幅則處於次要地位。

"五百強盜成佛"因緣,是敦煌壁畫故事畫題材之一。敦煌莫高窟早期洞窟現存兩幅,分別繪於西魏第 285 窟和北周第 296 窟。"五百強盜成佛"因緣故事見於北涼曇無讖譯《大般涅槃經·梵行品》③和《大方便佛報恩經·慈品》,④以及《經律異相》、《法顯傳》等佛教文獻。佛經裏説:有五百羣賊,經常爲患作亂,搶劫行人。國王遣兵剿捕,強盜被俘,施以酷刑,被割鼻、刖耳、挖眼後放逐山野。強盜後悔,悲哀號慟,爲佛所聞,於是佛以"神通力"吹香山藥入五百盲賊眼,使五百強盜雙眼復明,并爲之説法,使之皈依佛門,出家爲僧,隱居深山,參禪入定。這幅長達六米的巨型故事畫,描繪官兵征剿、強盜被俘、國王審訊、挖眼逐放、山中受苦、雙目復明、佛陀説法、出家爲僧、深山修行等諸多場面。洪毅然先生指出,285 窟西魏窟南壁描寫"化五百盜"故事的大連環畫,各段情節爲:兩軍對陣、簇矢交飛;官軍騎兵增援,"盜"悉被擒;法庭判決、剝衣剜眼;放回山中、呼天喊地;見佛眼開;皈依爲僧;修行成道。其中特別生動而真實地刻畫了剝衣剜眼的殘酷,與呼天喊地的痛苦和悲憤。顯而易見是在着重暴露當時統治階級的殘忍,借以激發觀衆對於羣"盜"的同情。⑤ 段文傑先生認爲,285 窟的"五百強盜成佛圖",共畫了八個場面,畫面以激烈

---

① 張元林、張志海《敦煌北朝時期法華信仰中的無量壽佛信仰——以莫高窟第 285 窟無量壽佛説法圖爲例》,《敦煌研究》2007 年第 1 期,第 34—39 頁。

② 樊錦詩、馬世長《莫高窟北朝洞窟本生、因緣故事畫補考》,《敦煌研究》1986 年第 1 期,第 27—38 頁;收入樊錦詩、劉玉權主編《中國敦煌學百年文庫·考古卷》2,蘭州:甘肅文化出版社,1999 年,第 90—99 頁。另參馬世長著《中國佛教石窟考古文集》,新竹:財團法人覺風佛教藝術文化基金會,2001 年 12 月,第 265—288 頁。

③ 《大般涅槃經》(簡稱《涅槃經》),有北涼曇無讖譯四十卷本和南朝宋·慧嚴根據《泥洹經》增補而成的三十六卷本。二本之"梵行品"中,都有"五百強盜成佛"的故事。其内容情節完全相同。見《大正藏》卷 12,第 458、700 頁。

④ 《大方便佛報恩經》(簡稱《報恩經》),歷代對它的譯者、成經、真僞、時代等問題,有頗多記錄與爭論。見《大正藏》卷 3,第 150 頁。

⑤ 洪毅然《敦煌壁畫的人民性與現實主義試論》,《科學研究文集》,西北師範學院編印,1956 年 7 月,第 118—136 頁;收入林保堯、關友惠主編《中國敦煌學百年文庫·藝術卷》1,蘭州:甘肅文化出版社,1999 年第 1 版,第 220—242 頁。

的戰鬥開始,最後以"强盜"戰敗被俘出家告終。强盜成佛故事畫在西魏北周時代一再出現,和北魏後期以來風起雲湧的農民起義有密切的關係,農民起義軍截斷了從敦煌去洛陽的道路,使得元榮朝拜主子、履行"君臣之禮"都不可能。因此就大造佛窟,大寫佛經,乞靈於宗教,以保障他們的安寧。① 285 窟這幅莫高窟西魏時期最大的一幅故事畫,也是最早的因緣故事畫。其手法採用橫卷式直綫型構圖,以八個并列畫面,表現了故事發生、發展到結束的全部內容。②

　　莫高窟西魏 285 窟和北周 296 窟的"五百强盜成佛圖",既是佛經故事圖像化形式的表現,又是依據佛經創作繪製而成的形象藝術作品。賀世哲先生的《敦煌圖像研究——十六國北朝卷》第七章《生身觀——因緣故事圖》中對有人在介紹莫高窟第 285、296 窟得眼林因緣圖時誤引"依據《大唐西域記》卷六繪製的連環壁畫"之時代倒置給予了糾正。賀先生認爲,第 285、296 兩窟所繪得眼林因緣圖的佛經依據出自北涼曇無讖譯《大般涅槃經》卷十六《梵行品》。先生治史嚴謹不苟的學術作風由此可見一斑,對於各種史料精熟更是令人佩服。

　　蔡偉堂先生對莫高窟《五百强盜成佛圖》作了專門研究,認爲西魏、北周壁畫中出現"五百强盜成佛"故事畫并非偶然,似與當時的社會歷史背景有一定的關係。③ 自北魏後期以來,階級矛盾和民族矛盾以及統治階級內部矛盾日益尖銳,農民起義風起雲湧。據《周書》記載:"魏祚陵遲,權臣擅命,羣盜蜂起,黔首嗷然。"北魏末年,各地農民起義接連不斷。河西地區亦不例外,也受到農民起義的威脅。當時河西一帶曾發生農民武裝暴動,并一度截斷了敦煌與中原的道路。農民起義直接威脅到瓜州刺史東陽王元榮的統治,他哀嘆"天地妖荒,王路否塞,君臣失禮,於兹多載"。④ 於是元榮大力宣導開窟造像,大寫佛經,以祈求佛陀護祐,使"四方附化,惡賊退散,國豐民安,善願從心"。大統十二年(546),涼州刺史宇文仲和據州獨立,城民張保殺瓜州刺史成慶,回應涼州刺史宇文仲和公開對抗西魏朝廷。晉昌人吕興又殺郡守郭肆以聲援張保。"五百强盜成佛圖"故事,是統治階級爲瓦解農民起義需要而繪製

---

　　① 段文傑《十六國、北朝時期的敦煌石窟藝術》,《敦煌研究文集》,蘭州:甘肅人民出版社,1982 年 3 月,第 1—42 頁;收入氏著《敦煌石窟藝術論集》,蘭州:甘肅人民出版社,1988 年 4 月第 1—41 頁;氏著《段文傑敦煌石窟藝術論文集》,蘭州:甘肅人民出版社,1994 年 6 月,第 1—41 頁;氏著《敦煌石窟藝術研究》,蘭州:甘肅人民出版社,2007 年 8 月,第 1—35 頁;林保堯、關友惠主編《中國敦煌學百年文庫·藝術卷》2,蘭州:甘肅文化出版社,1999 年第 1 版,第 9—34 頁。

　　② 鄭勤硯《莫高窟"得眼林"壁畫的藝術成就》,《敦煌研究》2001 年第 3 期,第 37—41 頁。

　　③ 蔡偉堂《敦煌莫高窟〈五百强盜成佛圖〉研究》,《段文傑敦煌研究五十年紀念文集》,北京:世界圖書出版公司北京公司,1996 年 8 月,第 109—118 頁。

　　④ 敦煌文獻東陽王元榮大代普泰二年(532)題記,見載:散 0753(中村不折)《律藏初分》卷第十四;上海圖書館藏 137 號(812561)《維摩經疏卷第一》;P.2143《大智第廿六品釋論》。

的,或者説就是當時階級鬥爭的一種曲折反映。

《沙彌守戒自殺緣》戒律故事畫,在新疆克孜爾第 69、178 窟和敦煌莫高窟第 257、285 等窟壁畫中均有描繪。賀世哲先生認爲,克孜爾第 69、178 窟營建於公元 6—7 世紀,第 69 窟主室券頂西側壁和第 178 窟所繪沙彌守戒自殺因緣比莫高窟北朝時期洞窟中的壁畫略晚,或者同時。克孜爾第 69 窟儘管畫面情節簡單,描繪一裸體少女肌膚豐腴,隆乳大臀,交腳扭動腰肢,獻媚誘惑沙彌;沙彌席地而坐,神情堅毅,刎頸自殺兩個畫面,但是畫面主題鮮明。而莫高窟北朝第 257、285 窟兩幅《沙彌守戒自殺圖》情節内容豐富,表現手法細膩,與克孜爾石窟《沙彌守戒自殺圖》迥然不同。①

《沙彌守戒自殺圖》在莫高窟現存北魏第 257 窟、西魏第 285 窟、五代第 98 窟三例。内容取材於元魏涼州沙門慧覺等譯《賢愚經·沙彌守戒自殺品》,講述的是有一沙彌嚴守佛教清規戒律,拒絕一少女求愛,刎頸自殺、以明心志的故事。故事説:有一位長者篤信佛教,送子到山中修行的比丘處剃度出家爲沙彌。有一天,比丘令沙彌前往施主家化緣乞食,時值施主外出赴宴,祇留下一位十六歲的妙齡少女守家。沙彌扣門索食,少女應聲而出,一見沙彌,心生愛慕,在沙彌面前作諸妖媚,搖肩顧影,傾吐衷情。沙彌“堅攝威儀,顔色不變”,持刀自殺,以表明自己的清白。古印度風俗,如沙彌死於一般百姓家中,主人須交納罰金一千。少女如實稟告赴宴歸來的父母,其父即以金銀財寶奉獻於國王。國王爲表彰沙彌堅守清規戒律,以香木火化其屍,起塔供養。三例沙彌守戒自殺緣品故事畫表現形式不同:第 257 窟爲橫卷式連環畫;第 285 窟爲三條并列的縱卷式連環畫;第 98 窟爲屏風畫。畫面表現情節大體一致,描繪長者送子受戒、比丘遣沙彌乞食、少女向沙彌求愛、沙彌自殺等情節,其中少女求愛這一戲劇性場面表現尤爲生動。第 257 窟的一例是其代表作。

《沙彌守戒自殺》因緣故事,主題思想是宣揚宗教的禁欲主義,它作爲佛教石窟繪畫題材之一,在壁畫中一再出現,與當時現實社會中僧尼不守戒律有直接的關係。鳩摩羅什在吕光佔領龜兹期間被逼破“色戒”與龜兹王女同居,史載“飲以醇酒,同閉密室,什被逼既至,遂虧其節”。據《高僧傳》載,羅什“爲性率達,不厲小檢”,②到長安後又娶宮女爲妻,生子二人,并受妓女十人,不住僧坊,別立廨舍,供給豐盈。這似與佛教的戒律與所傳的教義相違。北魏時期,僧尼人數激增,戒律亦隨之鬆弛,毁戒之人屢見不鮮。楊衒之在《洛陽城内伽藍記》中記載:“瑶光寺,世宗宣武皇帝所立,在閶闔城門禦道北,東

① 蔡偉堂《莫高窟壁畫中的沙彌守戒自殺圖研究》,《敦煌研究》1997 年第 4 期,第 12—19 頁。
② 《高僧傳》卷二,《鳩摩什傳》,《大正藏》卷 50,第 332—333 頁。

去千秋門二里。……尼房五百餘間，綺疏連亘，户牖相通，珍木香草，不可勝言。牛筋狗骨之木，雞頭鴨腳之草，亦悉備焉。椒房嬪御，學道之所，掖庭美人，并在其中。亦有名族處女，性愛道場，落髮辭親，來儀此寺，屏珍麗之飾，服修道之衣，投心八正，歸誠一乘。永安三年（530）中，爾朱兆入洛陽，縱兵大掠，時有秀容胡騎數十入瑤光寺淫穢。自此後頗獲譏訕。京師語曰：洛陽男兒急作髻。瑤光寺尼奪作婿。"①北齊時，劉書上書言："佛法詭詐，避役者以爲林藪，又詆訶淫蕩，有尼有優婆夷，實是僧之妻妾，損胎殺子，其狀難言……"②由是可知，在戒律鬆弛的北朝大社會背景下，佛教爲了加强對僧尼清規戒律的教育，莫高窟第257、285窟的營造設計者把《沙彌守戒自殺圖》繪於便於觀賞的位置，顯然是出於警示之作用。

張元林先生對285窟南壁五幅出自不同佛經的故事畫作了專門論述，認爲五百强盜因緣、婆羅門聞偈本生，分別表現了法華經衆生皆有佛性及捨身供養的思想，沙彌守戒自殺緣表現了法華經强調遵守戒律的意圖，并提出南壁諸故事圖像與法華三昧禪法密切關聯。③ 李靜傑先生也認爲285窟南壁五幅故事畫有論述之必要，尤其是五百强盜因緣、捨身聞偈本生，分別出自北涼曇無讖譯《大般涅槃經》之《梵行品》和《聖行品》的情況應引起注意。《大般涅槃經》宣稱一切衆生皆有佛性，乃至罪孽深重之人都具有成佛的本性，并宣揚爲求得佛法而不惜身命。這些思想亦契合《法華經》教義，因而借用《大般涅槃經》故事內容，表達法華的思想。趙曉星博士卻不完全認同張元林等先生對"《法華經》所宣導的'衆生皆有佛性'的思想"這一觀點。她在《莫高窟第285窟南壁壁畫題材的構成》一文中認爲，莫高窟第285窟南壁的壁畫是以"戒律"爲主題組織并繪製的，其中一方面以守戒與違戒爲中心來表現戒律的重要性，另一方面也近乎完整地表述了從五戒、沙彌戒、比丘戒到菩薩戒，最後到如來行的完整佛教戒律的範疇。④

（四）第 285 窟繪畫技法和藝術風格

莫高窟第285窟壁畫存在西域凹凸法和中原暈染法兩種繪畫藝術技法。紅色地仗爲西域風格特徵之一，也成爲北涼至隋代敦煌壁畫中流行的一種因素。莫高窟第272、275、257、263、435、43、259、249、285、290、428窟等十六國至北朝時期的壁畫中多見紅色地仗。姜伯勤先生就曾提到："紅色地仗可視

---

① 范祥雍《洛陽伽藍記校注》，北京：古典文學出版社，1958年，第46—47頁。
② 《廣弘明集》卷六，《大正藏》卷52，第128頁。
③ 張元林《〈法華經〉佛性觀的形象詮釋——莫高窟第285窟南壁故事畫的思想意涵》，《敦煌研究》2004年第6期，第7—13頁。
④ 趙曉星《莫高窟第285窟南壁壁畫題材的構成》，《高臺魏晉墓與河西歷史文化研究》，蘭州：甘肅教育出版社，2012年4月，第516—526頁。

爲西域式的一種特徵。"與莫高窟隋代大致相當的 6 世紀中亞粟特城市古遺址瓦拉赫薩嘛噠時期"紅廳壁畫"即以紅色地仗知名於世,還有片治肯特ⅩⅥ號遺址 10 室所出 7—8 世紀宴飲圖等,亦爲紅色地仗。可見紅色地仗在 5—8 世紀粟特壁畫中之流行。這種裝飾或許與崇拜火與光明的祆教信仰有關。備受研究者們關注的 285 窟西壁圖像就描繪在紅色地仗之上。

早期敦煌佛教與西域有着密切的聯繫,所以深厚的西域風格是早期敦煌石窟藝術的特點。經專家化學分析,這一時期壁畫的紅色顏料主要爲土紅以及少量的朱砂,藍色爲青金石和石青,綠色顏料多爲銅綠(氯化銅、氯銅礦)。285 窟整窟的顏色基本以紅、藍、綠、白爲主,兼有棕黑及金色。

第 285 窟壁畫在繪畫表現技法上,正壁(西壁)以土紅色爲底色,人物的肌膚部分用深淺不同的肉色進行暈染,以表現肌肉部分的體積感,即所謂的西域凹凸法;而南北壁、東壁和窟頂壁畫,則以白色爲底色,人物面部僅在個別部位略施點染,強調兩頰的凸顯,普遍屬於中原傳統的暈染方法。人物形象、繪畫技巧和壁畫藝術風格亦迥然有別。馬世長先生經過對 285 窟現存壁畫全面細緻考察後認爲:"285 窟這兩種繪畫技法不同的壁畫,并不是統一設計同時完成的。在年代上,有先後早晚之別。285 窟開鑿出窟形後,首先繪製妝鑾正壁,故而正壁壁畫和塑像均極協調。南北壁壁畫也已塗敷土紅底色,不知何故突然停頓。後來繪製壁畫工作繼續進行時,其餘壁面則改用白色爲底色,同時使用新的畫法畫完全窟。"[①]馬氏得出這一推論的依據是,在北壁壁畫西端表層壁畫下,有土紅色塗層,色澤與正壁一致。因此推知 285 窟中原風格的壁畫,晚於西域風格的壁畫。

三、莫高窟第 285 窟神話傳説題材以及供養人研究

(一) 第 285 窟神話傳説題材的探討

敦煌石窟藝術中的中國神話傳説題材主要集中在西魏第 249、285 窟窟頂四披。關於這些圖像的屬性與定名,學術界頗有爭議。

第 285 窟窟頂壁畫內容分爲兩部分:一部分是學界公認的佛教題材,如摩尼寶珠、飛天、禪僧之類;另一部分的説法則不盡一致。宿白先生認爲:"第 285 窟窟頂壁畫從窟頂中心的寶蓋式藻井,一直到窟頂下緣的叢山、茂森、草廬,是有意識地佈置了個整體,這整體即爲了表現天空;其表現手法,主要是應用中國固有的各種象徵性的形象。"也就是説表現的是中國固有的象徵天

---

① 馬世長《交匯、融合與變化——以敦煌第 249、285 窟爲中心》,《漢唐之間文化藝術的互動與交融》,北京:文物出版社,2001 年 9 月,第 307 頁。

體的神話傳說。孫作雲先生認爲："是受佛教影響以前的本土迷信與藝術,求其根源,皆濫觴於原始社會的圖騰信仰及氏族制度,後來皆與神仙思想有關。"[1]史葦湘先生卻認爲是佛教借用中原傳統神話題材的固有形式來表現佛教的思想内容。形式是民族的,内容是佛教的。

莫高窟第285窟窟頂佛教圖像與中原神靈混合,[2]覆斗頂四周有佛教的飛天,又有中國式神話形象的伏羲、女媧、羽人、飛廉、神鳥、開明、雨師等諸神。窟頂東披所繪伏羲、女媧兩像相對,人首蛇身,頭束鬟髻,穿大袖襦衫,手持規矩,胸前各有一圓輪,輪中日畫三足鳥,月畫蟾蜍。這幅壁畫將伏羲和女媧分開,與過去漢代畫像石刻所見的兩個人首蛇尾緊緊纏繞不同。窟頂東披伏羲、女媧圖像是最具爭議的一組壁畫題材。

一説是"西魏至初唐時期,由中國傳統文化與外來佛教文化相互融合而產生的一種混合創世説,已從中原傳播到敦煌,西魏時期,以圖像的形式進行了嚴謹優美的表現"。[3] 這是以中國神話傳説題材表現佛教内容,伏羲即寶應聲菩薩、女媧即寶吉祥菩薩。[4]

北周釋道安撰《二教論》中引《須彌四域經》云:"寶應聲菩薩名曰伏羲,寶吉祥菩薩名曰女媧。"[5]但未見詳述。隋唐時佛教淨土宗高僧道綽《二教論》卷下亦引《須彌四域經》云:

> 天地初開之時,未有日月星辰,縱有天人來下,但用項光照用。爾時人民,多生苦惱。於是阿彌陀佛遣二菩薩,一名寶應聲,二名寶吉祥,即伏羲、女媧是。此二菩薩共相籌議,向第七梵天上,取其七寶,來至此界,造日月星辰二十八宿,以照天下,定其四時,春夏秋冬。時二菩薩共相謂言:所以日月星辰二十八宿向西行者,一切諸天人民,盡共稽首阿彌陀佛。是以日月星辰皆悉傾心向彼,故西流也。[6]

賀世哲先生依據《二教論》中引《須彌四域經》的這段解釋,認爲285窟窟頂東披畫的兩個怪物,就是《須彌四域經》中所説的寶應聲菩薩和寶吉祥菩

① 孫作雲《敦煌畫中的神怪畫》,《考古》1960年第6期,第24—34頁;收入林保堯、關友惠主編《中國敦煌學百年文庫·藝術卷》1,蘭州:甘肅文化出版社,1999年第1版,第289—302頁。

② 文夢霞《佛國淨土與中國神話——莫高窟285窟的窟頂畫文化意涵解析》,《哲學與文化》第30卷第7期,2003年7月,第51—67頁。

③ 賀世哲《石室劄記》,《敦煌研究》1999年第4期,第50—55頁。

④ 賀世哲《關於二八五窟之寶應聲菩薩與寶吉祥菩薩》,《敦煌研究》第3期(總第5期),蘭州:甘肅人民出版社,1985年12月,第37—40頁;氏著《敦煌石窟論稿》,蘭州:甘肅民族出版社,2004年8月,第128—134頁;收入樊錦詩、劉玉權主編《中國敦煌學百年文庫·考古卷》2,蘭州:甘肅文化出版社,1999年第1版,第86—89頁。賀世哲《莫高窟第285窟窟頂天象圖考論》,《敦煌研究》,1987年第2期第1—13頁;氏著《敦煌石窟論稿》,蘭州:甘肅民族出版社,2004年8月,第65—88頁;收入樊錦詩、劉玉權主編《中國敦煌學百年文庫·考古卷》2,蘭州:甘肅文化出版社,1999年第1版,第185—199頁。

⑤ 《廣弘明集》卷八,《大正藏》卷52,第104頁。

⑥ 《大正藏》卷47,第18頁。

薩,也可以叫伏羲與女媧,但其屬性已由中國神話傳説中的創造人類之神變成了佛教的創造日月星辰的菩薩。

另一説認爲伏羲、女媧圖是來自中國的道家,象徵日月,這是佛道思想互相結合在壁畫上的表現。[①]

在對中國神話傳説題材的探討中,各家採取了百家爭鳴的態度,這實際上是對中國文化史和佛教民族化的研究,具有重要意義。[②] 筆者以爲,不同意見、不同觀點的討論,是推動學術研究發展的動力所在。

姜伯勤先生運用大量史實,根據第 285 窟現存的佛教、印度教、中國傳統文化等多種文化成分,論證了佛教文化藝術與中國傳統文化藝術的相互關聯。他的《"天"的圖像與解釋——以敦煌莫高窟 285 窟窟頂圖像爲中心》一文"從漢至北朝間禮學文獻與五行學説文獻的視角",對 285 窟窟頂內容作出了新的解釋:"285 窟窟頂四披圖像,有些是來自傳統神話圖像,有些爲佛教藝術所創圖像,但所有的圖像符號所表達的是佛教天龍諸部的象徵。"[③]姜先生關於 285 窟"天"的圖像研究表明,佛教諸天實際上是最高統治集團的象徵,祇是在繪畫風格上西壁的胡風諸天與窟頂華風(中國南朝風格)諸天又有所區別。它們都反映了一個共同的目的,就是要表現皇天至上、王權至上,將佛教石窟作爲一個社會,窟內諸天就是這一社會的主宰。張元林結合北朝敦煌當時多元文化相互共存、融合的歷史背景和敦煌周邊地區的墓室壁畫內容進行了探討,認爲中國傳統的神話題材之説是道家神仙思想和"升天思想"的一種反映。第 285 窟東披上半人半獸的伏羲、女媧形象與同窟西壁上所繪的來自希臘、中亞的,已完全人形化的日神和月神形象形成了鮮明的對比,折射出同一種觀念在不同的文明中的不同的表現形式。希臘神話、印度神話與中國神話之威嚴、神秘不同,其神話傳説包含了更多的人性因素和世俗內容,在某種意義上是人間現實生活的一種折射,因而其神靈的形象也就更接近於人類了。[④] 法國人露絲特・布林努瓦(Lucette Boulnois)指出,敦煌 6 世紀的某些壁畫(如在第 249 窟和第 285 窟中)向我們揭示了自然因素(擊鼓的雷神、有裝滿風的風袋的風神,揮動着一種長矛的雷神),從中辨認出了《山海經》中的某

① 段文傑《十六國、北朝時期的敦煌石窟藝術》,《敦煌研究文集》,蘭州:甘肅人民出版社,1982 年 3 月,第 1—42 頁;收入氏著《敦煌石窟藝術論集》,蘭州:甘肅人民出版社,1988 年 4 月第 1—41 頁;氏著《段文傑敦煌石窟藝術論文集》,蘭州:甘肅人民出版社,1994 年 6 月第 1—41 頁;氏著《敦煌石窟藝術研究》,蘭州:甘肅人民出版社,2007 年 8 月,第 1—35 頁;林保堯、關友惠主編《中國敦煌學百年文庫・藝術卷》2,蘭州:甘肅文化出版社,1999 年第 1 版,第 9—34 頁。

② 樊錦詩《敦煌石窟研究百年回顧與瞻望》,《敦煌研究》2000 年第 2 期,第 40—51 頁。

③ 姜伯勤《"天"的圖像與解釋——以敦煌莫高窟 285 窟窟頂圖像爲中心》,《敦煌藝術宗教與禮樂文明——敦煌心史散論》,北京:中國社會科學出版社,1996 年 11 月,第 55—78 頁。

④ 張元林《相容并蓄,融會中西——燦爛的莫高窟西魏藝術》,《中國壁畫全集・2・西魏》,天津人民美術出版社,2002 年,第 1—44 頁。

些奇怪神靈。在這些神靈中,有一些并不是專門歸於西部的,其他一些被認爲居住在西部的山上或平地,但并不特別指沙漠。① 日本學者田林啓先生通過將第285窟與同樣表現中國傳統神祇的同時代的墓葬美術進行比較研究,認爲北魏時期中原地區流行的文化於520年左右開始傳到了敦煌,并被敦煌的工匠繪製到了249、285窟的窟頂。但是,洛陽地區其他不太普遍的特徵或其他地區的圖像特徵同時也傳至敦煌地區,工匠們積極接受了新傳來的圖像樣式,并將新式圖像頻繁繪製到了石窟當中。② 八木春生以宮治昭先生的研究爲基礎,對285窟窟頂所反映的中國傳統神仙思想亦有研究。③

沙武田先生以麥積山第127窟和莫高窟第249、285窟爲中心,在洞窟建築形制、雕塑藝術、壁畫藝術等方面進行比較研究的基礎上,探討了北朝時期佛教石窟藝術樣式的西傳及其流變的區域性特徵。④

(二)關於第285窟供養人研究

供養人即出資開窟塑像畫壁畫的功德主,洞窟完成之後,功德主的形像一一被畫在洞窟裏,表現他們對佛陀的恭敬虔誠和藏在心裏的善良願望。他們與石窟的關係是互相依存的,没有功德主就没有石窟,没有石窟也就不存在供養人畫像。段文傑先生在《供養人畫像與石窟》一文中指出:供養人畫像,隨着歷史的演變,大體經歷了北朝,隋唐時代,五代、宋時代三個發展階段。第一階段的北朝,包括北涼、北魏、西魏、北周四個匈奴、鮮卑民族政權時期。供養人畫像很小,多畫於主題下方或中心柱龕下,每身像前都有一條長方形色彩榜子,題寫供養人姓名,早期供養人畫像和題記保存最完好的祇有西魏285窟,現存供養人畫像124身,題記50條,文字簡單,出家人男稱比丘,女稱比丘尼,世俗人信佛者則稱信士、信女、清信士、清信女,這裏的清信士、清信女是指受過“三歸五戒”的居士,這些像都畫在説法圖下面,正中是發願文,供養人像分列兩側,男左女右,均以比丘和比丘尼領首。供養人的意願都集中寫在發願文中,這裏功德主提出了一種新思想,那就是“現在居眷位太安吉”,換句話説現世活着的妻兒老小吉祥安樂,這一思想的出現與我國儒家重

① 〔法〕露絲特·布林努瓦著,耿昇譯《沙州、地圖和鬼魅》,《1987年敦煌石窟研究國際討論會文集·石窟考古編》,瀋陽:遼寧美術出版社,1990年10月,第534—556頁。

② 田林啓《敦煌莫高窟第二八五窟の仏教世界について一天井壁畫を中心として一》,《美術史》第170册,2011年3月,第229—245頁。中文見丁淑君譯《敦煌莫高窟第285窟的佛教世界——以窟頂壁畫爲中心》,《信息與參考》總第17期,2012年12月,第80—94頁。另參氏著《敦煌莫高窟第249窟、第285窟天井壁畫の製作過程について》,“2009年全國博士生學術論壇(傳承與發展——百年敦煌學)”,蘭州大學,2009年8月。

③ 八木春生《中國敦煌莫高窟第二八五窟壁畫に關する一考察》,《美術史論叢·造型と文化》,東京:雄山閣出版,2000年,第318—344頁。參氏著《中國仏教美術と漢民族化——北魏時代後期を中心として》,東京:法藏館,2004年2月。

④ 沙武田《北朝時期佛教石窟藝術樣式的西傳及其流變的區域性特徵——以麥積山第127窟與莫高窟第249、285窟的比較研究爲中心》,《敦煌學輯刊》2011年第2期,第86—106頁。

現實的傳統思想是分不開的。① 285 窟北壁供養人的造型和發願文的排列關係基本相同。② 賀世哲先生說,第 285 窟北壁西起第一鋪説法圖下有發願文一方,可惜字迹全部漫漶。發願文右邊(東)畫三身男供養人像,都是頭戴籠冠,身穿深衣袍,與南壁《沙彌守戒自殺緣品》裏的國王服裝完全一樣,説明這三身供養像也應具有王公貴族身份,爲首的一身可能就是東陽王。與男供養人相對,在發願文左邊(西)畫了一身女供養人像,與同壁其他女供養人不同,身穿當時貴族婦女所着卦衣,或許那就是東陽王妃。③ 項一峰先生認爲,自佛教石窟出現,供養者之中有許多人就與石窟產生了聯繫,他們就成爲佛教石窟的供養人。敦煌石窟供養人畫像一般都有長方形色彩題榜,題寫着供養人姓名,保存最完好的西魏第 285 窟,題記記載了佛門六種信衆的供養人造像。④

根據斯坦因 1907 年在敦煌西北漢代長城烽燧遺址中發現的一組用中亞粟特民族文字所寫的“粟特古文信劄”記載可知,至少在公元 4 世紀,敦煌就有粟特人的聚落存在,而且這些來自中亞流寓西域與內地的粟特人,一開始就呈現出宗教信仰的多元化特點,佛、祆并重,因此他們也當參與到敦煌的佛教洞窟營建當中。莫高窟西魏第 285 窟北壁各鋪説法圖下的發願文和供養人畫像中,出現了“清信女史崇姬”、“清信士滑□安”、“清信士滑黑奴”、“清信士滑一”、“清女何□”、“□(清)信女丁愛”等人物。⑤ 其中的“滑”姓,姜伯勤先生指出當是來自嚈噠滑國;⑥而“史”姓,段文傑先生認爲屬於北方的少數民族,羅豐先生則斷爲粟特九姓胡人,⑦鄭炳林先生推測這很可能是敦煌最早出現的粟特人題記。⑧ 張元林先生在《粟特人與莫高窟第 285 窟的營建》一文中就北壁三鋪説法圖中供養人的族屬問題作了較爲詳細的研究,認爲:“本窟北壁中部通壁繪有七鋪説法圖,每鋪説法圖下部均畫有供養人行列。除西起第一鋪均爲女供養人外,其他六鋪中皆爲左右對稱的男、女供養人行列。着世

① 段文傑《供養人畫像與石窟》,《敦煌研究》1995 年第 3 期,第 113—116 頁。

② 敦煌文物研究所《敦煌北魏 248 窟報告》(稿本),1960 年 1 月;收入樊錦詩、劉玉權主編《中國敦煌學百年文庫·考古卷》1,蘭州:甘肅文化出版社,1999 年第 1 版,第 193—219 頁。

③ 賀世哲《從供養人題記看莫高窟洞窟的營造年代》,《敦煌莫高窟供養人題記》,北京:文物出版社,1986 年 12 月,第 194—236 頁;收入氏著《敦煌石窟論稿》,蘭州:甘肅民族出版社,2004 年 8 月,第 496—593 頁;樊錦詩、劉玉權主編《中國敦煌學百年文庫·考古卷》4,蘭州:甘肅文化出版社,1999 年第 1 版,第 92—147 頁;敦煌研究院編《敦煌研究文集·敦煌石窟考古篇》,蘭州:甘肅民族出版社,2000 年 9 月,第 306—453 頁。

④ 項一峰《初談佛教石窟供養人》,《敦煌研究》1997 年第 1 期,第 96—100 頁。

⑤ 敦煌研究院《敦煌莫高窟供養人題記》,北京:文物出版社,1986 年 12 月。

⑥ 姜伯勤《“天”的圖像與解釋——以敦煌莫高窟 285 窟窟頂圖像爲中心》,《敦煌藝術宗教與禮樂文明——敦煌心史散論》,中國社會科學出版社,1996 年 11 月,第 55—78 頁;氏著《中國祆教藝術史研究》,北京:生活·讀書·新知三聯書店,2004 年 4 月,第 203—216 頁。

⑦ 羅豐《流寓中國的中亞史國人》,《國學研究》第 7 卷,北京大學出版社,2000 年 7 月,第 235—278 頁;收入《胡漢之間——“絲綢之路”與西北歷史考古》,文物出版社,2004 年 9 月,第 207—247 頁。

⑧ 鄭炳林、徐曉麗《晚唐五代敦煌地區粟特婦女生活研究》,《新疆師範大學學報》2004 年第 2 期,第 36—40 頁;收入《敦煌歸義軍史專題研究三編》,蘭州:甘肅文化出版社,2005 年 5 月,第 560—575 頁。

俗裝的男供養人均上着圓領窄袖的胡服,束腰帶,下着褲褶,着烏靴;着世俗裝的女供養人則都無一例外地穿着上爲交領大袖襦,下爲間色條裙的漢式裝。從男女供養人的對稱排列來看,這六鋪説法圖當是以家庭爲單位出資繪製。每身供養人側皆有榜題。其中第二鋪、第五鋪和第七鋪這三鋪供養人行列中的第一身男、女供養人及其榜題尤其具有特殊意義。"①張氏從更深入的角度,以此期敦煌地區的粟特人聚落及其文化圈爲歷史背景,以供養人畫像爲主題,詳細闡述了其中"滑"、"何"、"丁"、"史"諸姓氏供養人與中亞粟特胡人的密切關係。由此揭示出該洞窟與粟特的源流關係,使我們有理由相信第285窟實爲粟特人供養功德窟。

沙武田先生對敦煌石窟中粟特九姓胡人供養像的基本資料及其特點進行了梳理和分析,就粟特九姓胡人對洞窟營建的貢獻和粟特九姓胡人在洞窟中的供養功德觀念兩個問題進行了較爲全面的探討,認爲第285窟提供了敦煌石窟最早的粟特人供養像資料,非常珍貴。②

謝靜博士以敦煌285窟供養人畫像爲例,對鮮卑族原有的民族傳統服飾和孝文帝改革後漢化服飾進行了初步探討。③賈璽增先生通過對莫高窟285窟和288窟男供養人所戴之籠冠圖像的分析,在考證歷史文獻及出土實物的基礎上,與紗帽進行比較,得出該冠在魏晉南北朝時期稱"籠冠",其冠之展筒部分稱"纚",冠體應爲黑色,起源於戰國時期胡人的搭耳帽,漢代被稱爲武冠或武弁大冠,宋代與明代稱籠巾。④范婷婷對285窟北壁和東壁出現的供養人服飾進行了分析和整理。通過對供養人服飾的研究,發現西魏第285窟供養人既有鮮卑服飾,又有漢式服飾,并出現了胡漢結合的樣式。⑤

日本學者石鬆日奈子《敦煌莫高窟第二八五窟北壁の供養者像と供養者題記》一文,對285窟北壁七幅説法圖佛座下部供養人像和供養人題記進行了全面調查與研究。尤其對北壁七幅説法圖下部的題記和供養人像分析甚爲透徹,其文還列出了"莫高窟第285窟北壁供養人像及供養人題記內容一覽"表,并對莫高窟北朝時期供養人像中的民族服飾進行了相關的分析研究。⑥汪旻、陳熙二位對敦煌壁畫藝術中宗教偶像神和世俗人物以及圖案裝

① 張元林《粟特人與莫高窟第285窟的營建——粟特人及其藝術對敦煌藝術貢獻》,《2005年雲岡國際學術研討會論文集·研究卷》,文物出版社,2006年8月,第394—406頁。
② 沙武田《敦煌石窟粟特九姓胡人供養像研究》,《敦煌學輯刊》2008年第4期,第132—144頁。
③ 謝靜《敦煌莫高窟第285窟供養人服飾初探》,《敦煌研究》(特刊),2005年8月,第16—24頁。
④ 賈璽增《莫高窟第285窟和288窟男供養人所戴籠冠之研究》,《敦煌研究》(特刊),2005年8月,第40—44頁。
⑤ 范婷婷《敦煌莫高窟西魏第285窟供養人像服飾研究》,東華大學碩士學位論文,2007年。
⑥ 石鬆日奈子《敦煌莫高窟第二八五窟北壁の供養者像と供養者題記》,《龍谷史壇》第131號,龍谷大學史學會,2010年3月,第43—87頁。中文見藺君茹譯《敦煌莫高窟第285窟北壁的供養人像和供養人題記》,《信息與參考》總第17期,2012年12月,第51—69頁。

飾性構圖、洞窟裝飾藝術的主要類型作了探討。故將敦煌壁畫裝飾形象大致分爲"偏重於概念的"和"偏重於寫實的"裝飾形象兩大類。[①]

四、莫高窟第 285 窟壁畫中的建築畫

敦煌石窟壁畫中所畫的古代建築是一個非常值得重視的問題。[②] 中國建築有悠久的歷史傳統,但保存下來的建築實物遺存太少,唐代的木構建築已是鳳毛麟角,隋代以前的木構建築至今尚未發現,莫高窟各時代壁畫上大量的建築物形象,展示了一幅完整的中國封建社會中期建築歷史的畫卷,在一定程度上彌補了缺乏實物的遺憾。壁畫中的建築在早期石窟中多在佛傳或因緣故事畫中,以第 275、257、285、428 窟爲代表。隋唐時期多在各種經變畫中表現建築,如法華經變、阿彌陀經變、彌勒經變、觀無量壽經變、藥師淨土變,特別是後兩種經變表現了衆多的樓臺殿閣、回廊、平臺、飛樑、水池,組合成佈局嚴謹、場面壯闊的"佛國世界",比較典型的有初唐第 329、321 窟,盛唐第 217、172、148 窟,中唐第 158、159、361、231 窟,晚唐、五代第 85、98、61、100、146、55 窟等,集中繪製了各種建築羣和建築物。[③] 第 285 窟南壁"宮殿圖"是敦煌早期壁畫建築畫的代表作之一。"宮殿"殿基高聳,正面有臺階,階沿及臺基一周設欄杆。殿身三間四柱,中心間特寬,兩次間及山牆中部橫穿壁帶,表示有牆。柱上端有連續的人字形斗栱,上有出簷深遠的歇山屋頂。簷端平直,翼角不起翹。其左側有二重宮門,下層三間四柱,柱上有人字形斗栱,其上有腰簷。上層寬兩間,柱上不施斗栱,上覆廡殿頂,簷端平直,翼角亦不起翹。兩側有曲折的宮牆與宮門相連。孫儒僩先生認爲,宮牆與《洛陽伽藍記》中記載永寧寺"寺院牆皆施短椽,以瓦覆之,若今宮牆"的作法相類似。[④]

五、莫高窟第 285 窟的科技保護研究與數字化技術

近年來,有關莫高窟第 285 窟的科技保護研究與數字化技術也在逐步展開。隨着這些新技術的推廣和應用,必將對我們的研究提供更有利的幫助。

洞窟現狀調查是文物保護修復前必不可少的步驟,採取最有效、最恰當的方法保護壁畫,就必須在修復前對壁畫保存現狀作詳細的調查并記録。就目前的調查而言,僅僅衹是對壁畫的現存狀況進行了解,缺乏對壁畫病害產

① 汪旻、陳熙《淺論敦煌壁畫在裝飾藝術教育中的價值——以莫高窟 285 窟爲例》,《青年與社會:中外教育研究》2009 年第 3 期,第 32—33 頁。

② 蕭默著《敦煌建築研究》,北京:文物出版社,1989 年 10 月;北京機械工業出版社,2003 年 3 月。

③ 季羨林主編《敦煌學大辭典》,上海辭書出版社,1998 年 12 月,第 182—183 頁。

④ 敦煌研究院主編,孫儒僩、孫毅華編《敦煌石窟全集 21·建築畫卷》,香港:商務印書館(香港)有限公司,2003 年 12 月。孫儒僩著《敦煌石窟保護與建築》,蘭州:甘肅人民出版社,2007 年 9 月。

生和發展趨勢的分析與預測。王小偉等《GIS 軟體在莫高窟現狀調查中的應用》以 285 窟南壁現狀調查分析爲例,使用 GIS 應用地理信息系統軟體,構建了具有壁畫現狀記録、分析功能以及保護過程中各類信息資料存儲和應用的數字化管理系統。[1] 大場詩野子等《敦煌莫高窟第 285 窟壁畫の保存狀態》對 285 窟壁畫各種病害及其分佈情況進行了量化研究,採用數值模擬的手段揭示了環境與病害的關係,從而使壁畫現狀調查更爲全面。[2]

范宇權、高林弘實等中日專家的共同研究成果《莫高窟第 285 窟南壁多光譜無損分析初步報告(Ⅰ)》在多光譜成像調查成果的基礎上,利用反射式光譜儀、數字顯微鏡等非介入式的光學調查儀器,結合實驗室模擬試驗和洞窟調查,對莫高窟第 285 窟南壁的無機顏料和有機染料進行了初步研究。[3] 高林弘實等《敦煌莫高窟第 285 窟光學調查——南壁圖像色彩和繪畫技法復原的調查》,又介紹了通過正常光、側光、紫外綫和紅外綫攝影,根據多光譜調查結果,對相關壁畫材料進行了調查。[4] 高林弘實、蘇伯民《彩色顏料の材質分析に基づ〈敦煌莫高窟第二八五窟における復原的考察〉》、[5]高林弘實等《敦煌莫高窟第 285 窟壁畫の光學調查(Ⅰ)》、[6]高林弘實等《敦煌莫高窟第 285 窟壁畫に使用された彩色材料の非接觸分析》、[7]佐藤香子等《敦煌莫高窟第 285 窟北壁に描かれた如來および菩薩の衣の彩色材料と技法—赤色表現を例として—》、[8]高林弘實等《敦煌莫高窟第 285 窟南龕の彩色材料および技法》[9]等一系列科技論文,是中日合作研究保護敦煌莫高窟項目中文物保護專家採用無損光學對第 285 窟壁畫的彩色材料、技法等的調查與科研報告。其中,首次將加速器質譜碳 14 測年技術應用於莫高窟壁畫年代的測定,爲莫高窟洞窟斷代探索了一種可行的技術方法;應用鉛同位素分析方法開展莫高

---

① 王小偉、津村宏臣、高林弘實《GIS 軟體在莫高窟現狀調查中的應用——以第 285 窟南壁現狀調查分析爲例》,《敦煌研究》2008 年第 6 期,第 87—90 頁。

② 大場詩野子、大竹秀実、高林弘実、渡邊真樹子、王小偉、柴勃隆《敦煌莫高窟第 285 窟壁畫の保存狀態》,《保存科學》48,2009 年,第 99—107 頁。

③ 范宇權、李燕飛、于宗仁、趙林毅、蘇伯民、高林弘実《莫高窟第 285 窟南壁多光譜無損分析初步報告(Ⅰ)》,《敦煌研究》2007 年第 5 期,第 49—53 頁。

④ 高林弘實、灯井基充、王小偉、范宇權、岡田健《敦煌莫高窟第 285 窟光學調查——南壁圖像色彩和繪畫技法復原的調查》,《敦煌壁畫藝術繼承與創新國際學術研討會論文集》,上海辭書出版社,2008 年 12 月,第 711—719 頁。

⑤ 高林弘実、蘇伯民《彩色顏料の材質分析に基づ〈敦煌莫高窟第二八五窟における復原的考察〉》,《佛教藝術》第 298 號,2008 年,第 43—61 頁。

⑥ 高林弘実、灯井基充、大竹秀実、王小偉、柴勃隆、淵田雄、中村夏葉、岡田健《敦煌莫高窟第 285 窟壁畫の光學調查(Ⅰ)》,《保存科學》46,2007 年,第 161—169 頁。

⑦ 高林弘実、小瀨户惠美、于宗仁、范宇權《敦煌莫高窟第 285 窟壁畫に使用された彩色材料の非接觸分析》,《保存科學》47,2008 年,第 89—101 頁。

⑧ 佐藤香子、高林弘実、籾井基充、岡田健、范宇權、張文元《敦煌莫高窟第 285 窟北壁に描かれた如來および菩薩の衣の彩色材料と技法—赤色表現を例として—》,《保存科學》48,2009 年,第 75—84 頁。

⑨ 高林弘実、倉橋惠美、范宇權、崔强《敦煌莫高窟第 285 窟南龕の彩色材料および技法》,《保存科學》48,2009 年,第 85—98 頁。

窟顔料來源研究,拓展了莫高窟顔料研究領域;應用多種便攜式儀器,對 285 窟壁畫材料與製作工藝進行了無損檢測與研究。莫高窟壁畫色彩出現剝落和退化,很難用肉眼看清殘存痕迹。借助光學調查技術,可查明壁畫製作、顔料使用等情況。系列論文在敦煌壁畫保護基礎性研究、新技術和新方法應用研究方面取得了多項創新性成果。

宇野朋子等《敦煌莫高窟第 285 窟における壁畫の劣化への光環境の影響》對莫高窟 285 窟這一典型覆斗式窟光環境進行了現場監測實驗研究。光照強度和角度不同都與壁畫劣化有直接的關係,年平均照度分佈能夠印證光綫對於壁畫的破壞程度。[①] 莫高窟普遍缺失前室前壁,門窗的現代構造處理方式也對進入室內的自然光有較大影響。莫高窟自建成至今已經歷時千餘載,窟內各介面材質經過自然或人爲的損壞和改造,導致各表面對於光的反射性能有所改變。莫高窟的天然光環境保護研究對石窟空間的光環境研究具有重要的參考價值。

敦煌莫高窟遊客服務中心是正在實施的敦煌莫高窟保護利用工程子項目之一,遊客服務中心建成後,將會給遊客參觀敦煌文化遺產帶來巨大變化,也會使敦煌莫高窟的遊客接待能力和管理服務水準顯著提升。"數字敦煌"成了人們最爲期待的內容,球幕形狀接近石窟,基於球幕的虛擬石窟表現是目前大型沉浸式展示最合適的方案。然而,球幕圖像屬於異型圖像,難以利用相機拍攝獲取,如何建立石窟準確逼真的三維模型并基於數字模型合成石窟球幕圖像是一個挑戰。常永敏等《基於激光掃描和高精度數字影像的敦煌石窟第 196、285 窟球幕圖像製作》一文,以莫高窟第 196 窟和 285 窟爲例,採用激光掃描技術建石窟三維資料模型,結合高精度紋理影像,建立逼真數字石窟模型,并實現高精度球幕圖像的製作,該方法已經在敦煌研究院的球幕試驗中得到應用。[②]

使用虛擬展示技術可以極大地方便人們對敦煌壁畫藝術的欣賞,但是對 285 窟壁畫上豐富的佛教故事無法充分地表達。劉洋、魯東明等《敦煌 285 窟多媒體集成虛擬展示》對 285 窟的建模技術,以及系統中採用的即時繪製技術和真實感繪製技術作了一定的介紹,提出 285 窟多媒體集成虛擬展示,對 285 窟的三維模型進行多媒體嵌入支持擴展,通過在 3DS 檔中增加多媒體信息節點,將三維模型和多媒體數據庫進行有機整合;對熱點區域建立基於

① 宇野朋子、薛平、高林弘実《敦煌莫高窟第 285 窟における壁畫の劣化への光環境の影響》,《保存科學》49,2010 年,第 111—118 頁。參閱張昕《敦煌莫高窟天然光環境保護研究》,《照明設計》2010 年第 4 期,第 58—61 頁。

② 常永敏、張帆、黃先鋒、劉剛《基於激光掃描和高精度數字影像的敦煌石窟第 196、285 窟球幕圖像製作》,《敦煌研究》2011 年第 6 期,第 96—100 頁。

Object 而非基於面片的熱點定義,有效避免了在使用 LOD 技術中熱點隨面片簡縮而消失的問題;在即時交互中將多媒體播放嵌入到了虛擬場景中,增强了多媒體和虛擬環境的融合程度。通過多媒體集成虛擬展示,285 窟的表現形式得到了豐富,展現能力獲得了增强,取得了較好的效果。[1]

　　綜上所述,在莫高窟第 285 窟這樣一個佛教"道場"中,表現的思想主題是佛教的,但其形式卻是多元的。《魏書·釋老志》云:"敦煌地接西域,道俗交得其舊式,村塢相屬,多有塔寺",道出了絲綢之路上的敦煌連結東西文明的獨特的地理和文化地位。來自中原的藝術風格、題材内容和西域的藝術風格、題材内容并存的文化因素交織在一個洞窟之中,强烈地表現出不同地域的佛教藝術在敦煌交匯、融合的景況,最終造就了 285 窟這一交融着多種文明神衹的藝術系統。

---

　　[1]　劉洋、魯東明、刁常宇、況奕《敦煌 285 窟多媒體集成虛擬展示》,《計算机輔助設計與圖形學學報》2004 年第 11 期,第 1528—1534 頁。

敦煌莫高窟《金剛經變》研究綜述

張　媛（蘭州大學）

關於敦煌壁畫的研究，20世紀70年代之前，從佛教圖像學角度入手的學者甚少，最重要的原因是中國没有公佈足夠多的壁畫資料。進入80年代，以敦煌研究院爲主力的一批學者陸續公佈了大量經變畫的調查報告，内容可分爲兩類：一是在松本榮一基礎上的繼續研究；二是將松本榮一《敦煌畫的研究》未及部分（包括金剛經變）作一考察。80年代以後的研究有兩個顯著特點：一是增加了許多新材料，如總數的統計、入畫内容的補充等；二是將經變畫放到中國文化、敦煌歷史下分析。同時，由於敦煌旅遊的開放和大量畫册的出版，國外學者的論文也較多，主要以日本學者爲大宗。於此可見，經變畫研究成爲國際敦煌學研究的一個熱點。

以敦煌石窟藝術爲研究對象的學者們，在中國早期繪畫史、宗教圖像學以及信仰等方面皆獲得了卓越成果，特别是在時代分期、圖像詮釋、畫風判定以及圖像定名等方面均有相當豐碩的成果。從縱向時間看，不論是敦煌早期石窟的佛本生故事畫，還是中期的淨土系經變畫，或是晚期明清的道教圖畫，學者們都在不斷地挖掘研究深度，拓展研究廣度；從横向比較看，以經變研究領域中的中國大陸及日本兩大系統爲例，中國學者擁有最佳的地理條件，且善於圖像解讀、風格斷代，但在佛教義理方面卻有重大的缺陷，這對本質上以詮釋佛教義理爲主的經變，可能會陷入隔靴搔癢的研究窘境。而日本學者，對於敦煌佛教藝術或者義理，大多有着更深刻的理解。

禪宗一向以"不立文字"自詡，敦煌石窟成爲中國現存禪宗壁畫品類最齊備的地方，這是一筆敦煌獨有、舉世無雙的文化遺産，值得我們投入更多的精力去關注、研究與保護。但就壁畫中的經變畫而言，學者研究主要集中在淨土經變、藥師經變、彌勒經變、觀音經變、法華經變等，有一些經變尚未受到應有重視，金剛經變便是其中的一個例子。

《金剛經》爲佛教般若類經典中出現最早、影響最大的大乘經典之一，由於此經義理較集中，且篇幅適中，歷來弘傳甚盛。唐玄宗時爲了推行儒、釋、道三教并重的政策，從三教中各選一本典籍，親自注釋，頒行天下，於佛教選的就是《金剛經》。唐代慧能以後，《金剛經》成爲禪宗的主要典籍。原譯本中不分品，南朝梁昭明太子蕭統將其分爲三十二分，沿用至今。楊雄認爲："客觀地看，三十二分的分法并不盡妥當，區限於四個字的分目也有詞不達意之嫌。但將《金剛經》全文五千字分爲三十二段（平均每段祇有一百餘字），冠以標題，對於《金剛經》內容的了解以及翻檢、敍述等，無疑是一個很大的方便。"①敦煌遺書中的《金剛經》多數無分，少數有分。

在我國畫史上，以經變形式表現《金剛經》義理的記載始見於唐代。據張彥遠《歷代名畫記》②卷三記載，畫聖吳道子在長安興唐寺畫過金剛經變，并有自題，但這些金剛經變未能保存下來。就目前所知中國境內各個佛教遺址來看，金剛經變僅見於敦煌莫高窟，其他佛教遺迹，則僅見刻經和經幢兩大類，未見金剛經變的記錄，故無論是在經義研究還是在藝術欣賞上，敦煌莫高窟所保留的金剛經變均爲極寶貴的史料。

一、研 究 概 論

1960 年平野顯照在《敦煌本講經文と佛教經疏との關係》中，從變文的角度論及金剛經變。1985 年史葦湘發表《論敦煌佛教藝術的世俗性——兼論〈金剛經變〉在莫高窟的出現與消失》，文中提及金剛經變於盛唐出現，晚唐繁盛，卻在最興盛時突然消失，他把金剛經變出現繁盛與突然消失等問題歸於佛教世俗化的因素。1986 年楊雄發表《金剛經、金剛經變及金剛經變文的比較》，則是從變文的角度探討，同時論及變相。雖然他對於經變的問題僅作了一般介紹，然而卻是早期少數提及金剛經變的學者之一，對金剛經變議題已作了初步試探。這兩篇文章對於金剛經變都帶有兼論性質，較少直接涉及經變畫面。1988 年趙聲良在其文章《敦煌石窟唐代後期山水畫》中，把研究視角轉向了經變畫的山水模式，他歸納總結了唐朝山水畫的特點，説明唐代審美觀念的不斷變化，并聯繫政治局勢、士族精神等作出了分析解釋。1998 年梅林發表《莫高窟第 112 窟圖像雜考》，深入研究了敦煌石窟中各種經變畫的佈局，并對莫高窟第 85 窟十三鋪經變畫進行分析研究，認爲該窟是"自東至西，先教後禪，先三乘方便義經變，後一乘了義經變"的反映，文中第二節還講到金剛經變的佛教文化背景。直到 2003 年以前，學界對金剛經變尚未深入探索。

2003 年賀世哲主編的《敦煌石窟全集 11·楞伽經畫卷》直接對禪宗系經變作一探索，他在第二章以《金剛經》爲題，對敦煌壁畫中的金剛經變進行了專門的研究，首度將莫高窟的金剛經變之畫面種類作了初步整理，該書找出大部分相對應的經文，公佈部分經變圖像，奠定了研究的工作基礎。不過遺

①　楊雄《金剛經、金剛經變及金剛經變文的比較》，《敦煌研究》1986 年第 4 期。
②　張彥遠《歷代名畫記》載："淨土院，董諤、尹琳、楊坦、楊喬畫，院內，次北廊向東塔，院內西壁吳畫金剛變，工人成色，損，次南廊，吳畫金剛變及郗后等，並自題。"這是今所得見有關金剛經變出現的最早記載。

憾的是,該書雖然有圖像的解說,但并不深入。接着,賀世哲又相繼發表《敦煌壁畫中的金剛經變研究》以及《敦煌壁畫中的金剛經變研究續》,文章談到唐代《金剛經》及禪宗流行情況,對各窟經變作了簡要概述,特別值得一提的是,賀世哲認爲敦煌壁畫中的金剛經變始見於莫高窟第 31 窟。

2004 年王惠民發表《敦煌經變畫的研究成果與研究方法》,文中提到:"保存在敦煌壁畫和紙絹畫中的經變畫有 30 多種約 1200 鋪,大部分經變畫都有學者進行過專門的研究,研究者主要是中國和日本的學者,已經發表的論文近百篇(不包括泛論和稍有涉及者)。"在其中,就列舉出史葦湘和楊雄的研究論述。雖然多數敦煌壁畫已經確定内容,但由於數量龐大、内容不一、畫面殘破等原因,少數壁畫没有定名或者定名欠妥。2010 年他又發表文章《敦煌莫高窟若干經變畫辨識》,對其中的一部分進行了再辨認,其中包括 143 窟的金剛經變。

許絹惠 2006 年發表《唐代敦煌金剛經變研究》,2007 年又發表《試論唐代敦煌金剛經信仰世俗化的發展——以講經文、靈驗記爲中心》,從講經文、靈驗記的角度切入,提出了《金剛經》發展過程中的世俗化傾向。2008 年同氏《從圖像與空間論"禪淨融合"之表現——以唐代敦煌金剛經變爲中心》則綜合整理了金剛經變圖像語彙及組合系統,并以窟内經變組合爲對象,探討經變間的關係,還輔以相關文獻,探究中晚唐時期敦煌地區的《金剛經》信仰,并提出了反映"禪淨融合"的表現。

殷光明在《莫高窟第 31 窟金剛經變與華嚴禪》中,着重對莫高窟第 31 窟的金剛經變及其涉及的華嚴思想進行了研究。賴鵬舉在《盛唐以後莫高窟引入中印密教及唯識系統思想關係研究》一文中,提出盛唐以來密法及唯識思想以造像形式進入敦煌後,引起傳統敦煌佛教用空系的經變以爲回應,第 31 窟金剛經變的推出是對同窟有宗思想尊勝經變進入的回應,第 85 窟的開鑿是唯識與密教兩系經變相互針對的結果。2007 年張景峰發表《敦煌莫高窟第 85 窟與塑繪結合的金剛經變》,結合窟内塑像與壁畫進行研究,進一步探索第 85 窟開窟的主旨及動機。2008 年西林孝浩發表《第 217 窟小考》。2011 年施萍婷發表《敦煌經變畫》,從整體上分析了敦煌經變畫的意義和内涵,文章研究對象範圍比較寬泛。2012 年趙曉星發表《莫高窟第 361 窟南北兩壁經變畫考察》,認爲在中唐時期,金剛經變與彌勒經變、東西方淨土成組對稱出現已經是相對穩定的組合,表現了現實世界與佛國世界之關係,也帶有人神互動的性質。這些研究各有側重,但都極大地推動了相關領域的研究。

二、要 點 論 述

隋唐時期隨着絲綢之路的繁榮，敦煌地方修窟建寺、造像寫經成爲一種社會風尚。吐蕃時期與晚唐，因爲吐蕃贊普與本地世家豪族崇佞佛教，所以敦煌寺院經濟空前地發展，莫高窟藝術無論在質與量上都很突出。

（一）時代分期

關於敦煌石窟金剛經變的記録，首次在謝稚柳《敦煌藝術緒論》中録有 3 鋪；1965 年平野顯照《唐代文學與佛教》對金剛經變的記録則有 12 鋪；到了 1996 年《敦煌莫高窟内容總録》中所載金剛經變則有 17 鋪；史葦湘、楊雄也録有 17 幅金剛經變，吐蕃時代 8 鋪，晚唐時期 9 鋪，列表如下：

時　代	數　量	窟　　　　　號	位　　置
中唐	8 鋪	112、359、361、369	南壁
		135、154、	東壁
		236、240、	北壁
晚唐	9 鋪	85、138、144、145、150、156、198	南壁
		18、147	北壁

賀世哲將金剛經變録爲 18 鋪，第一鋪金剛經變爲盛唐第 31 窟，中唐時期的金剛經變達到鼎盛，現存 13 鋪，晚唐時期漸趨式微，減至 4 鋪；張景峰、賴鵬舉都採用了賀世哲的觀點，列表如下：

朝代	公　　　元	窟號	位置	附　　注
盛唐	742—781 年	31	南壁	良　好
中	8 世紀 80 年代至八九世紀之際	112	南壁	良　好
	同　　上	150	南壁	一　般
	同　　上	154	東壁	良　好
	同　　上	198	南壁	一　般
	9 世紀初至 839 年左右	144	南壁	下部剥落
唐	同　　上	145	南壁	一　般
	同　　上	147	北壁	一　般
	同　　上	369	南壁	畫面很簡略，似未完工

续　表

朝代		公　　元	窟號	位置	附　　注
中		同　　上	236	北壁	漫　漶
		同　　上	240	北壁	殘
唐		9 世紀 40 年代	359	南壁	良　好
		同　　上	361	南壁	一　般
		同　　上	135	東壁	一　般
歸義軍時期	晚唐	861—865 年	156	南壁	張議潮窟,煙熏
		862—867 年	85	南壁	翟法榮窟,良好
		900—910 年	138	南壁	良　好
			18	北壁	剥　落

并且賀世哲提出,從壁畫中所保存的大量壁畫榜題看,鳩摩羅什譯《金剛般若波羅蜜經》在敦煌最爲流行。莫高窟現存金剛經變即依據此譯本繪製。

許絹惠增加了第 31 窟,减去了第 369 窟,仍把莫高窟壁畫中從盛唐至晚唐的金剛經變計爲 17 鋪,依時間分佈,基本上可劃分爲"盛唐"、"中唐"、"晚唐"三個時期,列表如下:

時　　代	數　　量	窟　　　　　號	位　　置
盛　唐	1　鋪	31	南　壁
中　唐	8　鋪	112、144、359、361	南　壁
		135、154	東　壁
		236、240	北　壁
晚　唐	8　鋪	85、138、145、147、150、156、198	南　壁
		18	北　壁

趙曉星又在其文中説莫高窟現存 19 處金剛經變。施萍婷録有金剛經變,盛唐 2 鋪,中唐 8 鋪,晚唐 10 鋪,合計 20 鋪。王惠民也録有 20 鋪,并聲明第 31、143、217 窟爲近年新發現,他在《敦煌莫高窟若干經變畫辨識》一文中對第 143 窟金剛經變進行了辨識。

由於《金剛經》全經通篇所講就是内容深奥的佛家哲理,并且全文並非以故事性結構作爲行文方式,而是借由釋迦牟尼與須菩提對話的内容來闡述經意,因此難以用圖畫方式予以具象化呈現,所以金剛經變并沒有標誌性的畫面辨識特點,在確定圖像時難免會產生分歧、錯錄。并且,識別的困難,除了金剛經變的主尊說法佛特徵不明顯外,亦可能受到窟中其他經典信仰的影響。在圖像辨識確定的過程中,主要經歷過這樣的幾次分歧:

1. 關於敦煌莫高窟第 31 窟的爭議

關於莫高窟第 31 窟南壁的題材內容,松本榮一早在 1937 年就定名爲"華嚴教主盧遮那佛圖"。1982 年敦煌文物研究所整理《敦煌莫高窟內容總錄》、1996 年敦煌研究院編《敦煌石窟內容總錄》,都沿用松本榮一的"盧舍那佛"說。

賀世哲多年來對此一直持懷疑態度。他認爲敦煌壁畫中的金剛經變始見於莫高窟第 31 窟。在第 31 窟南壁盧舍那佛右側的一組壁畫榜題中有"非法"二字,這二字即出自《金剛經》;榜題左側畫一木排筏子,筏上坐一人,頭戴白色尖頂帽,身穿藍色衣服,右手握一白色長棍,漂流於大海中,這是表現《金剛經》"正信稀有分第六"中所說的筏喻:"如來常說汝等比丘,知我說法如筏喻者。法尚應舍,何況非法。"畫面與經文完全相符。據上,賀世哲認爲第 31 窟南壁之盧舍那佛應該訂正爲金剛經變。

許絹惠也同意賀世哲的觀點,并且經過實地考察,發現壁畫留有榜題"如筏喻者,法尚應舍何況非法",此便是出自於《金剛經》,再加上畫面內容,因此可定名爲金剛經變。所以敦煌莫高窟現存最早的一鋪金剛經變應該爲盛唐第 31 窟。

2. 關於敦煌莫高窟第 369 窟的刪減

《莫高窟內容總錄》所載 369 窟南壁爲金剛經變。賀世哲認爲 369 窟的畫面很簡略,似未完工,但仍計作一鋪金剛經變。許絹惠認爲,該經變并無任何與金剛經變的榜題或畫面相似的迹象,可能是前人的誤判,敦煌金剛經變應除去晚唐 369 窟。

3. 關於敦煌莫高窟第 240 窟的疑惑

賀世哲認爲,第 240 窟下部屏風畫全部漫漶,上部法會左側畫面也毀壞,右側情節很簡單,祇有小說法圖一鋪,一隻似狗的動物,整個畫面是否金剛經變值得懷疑,但他仍將第 240 窟錄入。

4. 關於敦煌莫高窟幾個窟的發現

143 窟南、北壁原各畫三鋪經變,東壁門兩側以及西壁龕外南側有壁畫,由於破損嚴重,《敦煌莫高窟內容總錄》未作記錄,實際上,各壁壁畫均可辨識出經名,包括第 143、217 窟。王惠民考釋 143 窟南壁西起第三扇殘存榜題,知道此壁繪製金剛經變;西林孝浩也有《第 217 窟小考》。

5. 關於敦煌莫高窟幾個窟的時間問題

賀世哲將第 144、145、147 窟時間定爲 9 世紀初至 839 年左右,劃歸中唐時期;楊雄、許絹惠將其劃入晚唐。賀世哲、楊雄將 147 窟金剛經變録在北壁,張景峰、許絹惠將其位置録爲南壁。賀世哲將第 150、198 窟時間定爲 8 世紀 80 年代至 8、9 世紀之際,劃歸中唐時期,楊雄、許絹惠將其劃入晚唐時期。

敦煌莫高窟的金剛經變始於盛唐時期,到了五代、宋、西夏、元,460 多年中,金剛經變卻銷聲匿迹,不再出現在莫高窟壁畫中。《金剛經》主張"凡所有相,皆是虛妄","法身非相,卻有真如",這種"離色離相"的理論把"以形相見如來"視爲"邪觀",是對以形象傳教的佛教的徹底否定。史葦湘認爲,吐蕃時代和晚唐在莫高窟畫出金剛經變,是敦煌僧俗信仰此經的一種見解,到了五代、宋、西夏、元不再畫金剛經變,也是敦煌僧俗信仰此經的一種見解,兩者形式各異,目的則同。

（二）圖像詮釋

敦煌現存金剛經變,從題材內容到構圖佈局,前後變化不大,絶大多數經變由金剛法會及其左右兩側及下部所繪各種小故事畫組成。其中,場面宏大的金剛法會是經變的主體,集中體現了金剛經變的藝術成就;除中央説法佛外,各鋪內容畫面的組成并不統一,不像其他經變固定,各種小故事畫繪於金剛法會左右兩側及下部邊沿,數量很多,內容相當豐富。

1. 構圖

楊雄從構圖上將金剛經變分爲兩種類型:第一種,是在整個經變的矩形畫面裏畫法會圖,法會圖中有説法的釋迦,有聽法的比丘、菩薩以及天王護法等,并有樂有舞;第二種,法會圖佔據着整個矩形變相的中央部分,而在法會圖的兩邊及下部,則繪有《金剛經》部分內容的變相畫面。

賀世哲談到,中晚唐時期的金剛經變,主尊全部改爲釋迦牟尼佛。經變的構圖佈局可分爲三種形式:三聯式,比如第 154、135 窟,這種形式在唐前期的觀無量壽經變中早已大量使用;下帶屏風式,比如第 144、145、147、240 窟,這種形式在中唐以後的其他經變中也很盛行;向心式,屬於這種形式的最多,現存 11 鋪,分別畫於第 112、150、198、369、236、359、361、156、138、85、18 窟。

許絹惠將中唐時的經變形式分爲三大類四種形式,即第一類圓形邊周式,第二類方形雙夾式、H 式,第三類三角形四角式、置下式,其中出現第三類的四角式佔最多,比例爲七成五。晚唐時期使用的結構,亦同爲第三類,四角式在晚唐仍維持在七成五,中唐以後的屏風畫也從兩鋪增爲三鋪,就整體比例上而言影響不大。

基本上,金剛經變中共通的基本結構,是以佛説法圖爲中心,在説法圖上方繪有華蓋與表示畫面區隔的山水景物,有些不畫山水而畫宮闕或華蓋。此外,有時空中還繪有具西方淨土象徵的不鼓自鳴畫面,左右方分別出現有弟子、菩薩、天人、力士、鬼子母數量不等,在佛的前方,偶有伎樂天的出現,伎樂的左右都有優婆塞、優婆夷坐於兩旁聽法。

2. 排列

比對經文順序與畫面排列,許絹惠發現中唐各窟的畫面爲順時針的方向排列,而到了晚唐則是漸以逆時針爲主要發展方向,這在138、85窟中尤爲明顯,但在晚唐并不完全遵守逆時針發展的原則,各窟呈現的情形較爲紛亂。若以經變内容的位置來論其構圖規則,金剛經變的畫面位置呈從統一到混亂的情形,此即説明經變結構可能曾有規則存在,但隨時空的變化,規則漸趨模糊,之後可能再衍生出另一套規則來取代前者。

3. 畫面

金剛經變的另一大特色爲佛説法畫面。許絹惠談到,一般金剛經變繪製的内容不足以繪滿整個畫面,因而發展出佛説法的一貫畫面,配合抄寫經文的榜題,以充塞整個經變畫面,達到宣讀經典的功效。因此,在經文不具故事性的特色下,多數抽象性經文無法繪製成畫面,佛説法畫面可充作金剛經變彈性調整之用,成爲適合經典特色的功能性畫面。

4. 分辨

《金剛經》經文中的説法佛,爲同時出現於多部經典的釋迦牟尼佛,因此金剛經變與其文本的關係,無法由中央主尊來直接判斷,祇能間接由中央主尊佛周圍其他經變畫面來判斷。在眾多般若類經典的經文中,有提及佛陀洗足、筏喻以及歌利王割截忍辱仙人的僅有《金剛經》,而且將舍衛大城稱舍衛國的亦僅有《金剛經》而已。因此,可依據舍衛城乞食、洗足、筏喻、歌利王割截忍辱仙人等畫面作爲主要辨識,進行初步判斷。許多學者對各窟金剛經變都做過程度不同的考釋,這裏主要將有爭議的31窟以及榜題保存較好的85窟整理出來,其餘各窟兹不贅述。

賀世哲重點研究莫高窟第31窟金剛經變,其最大特徵是主尊爲盧舍那佛。莫高窟其他洞窟中的金剛經變主尊都是釋迦牟尼佛,唯獨第31窟的金剛經變主尊是盧舍那佛。他認爲主要原因有二:一是與北壁所畫報恩經變相對應,主尊爲盧舍那佛,袈裟上畫滿輪回於五道的眾生,與經文相符。二是涉及《金剛經》與法身佛盧舍那的關係,第31窟的設計者將盧舍那佛置於金剛經變的主尊地位,盧舍那佛是釋迦牟尼佛永恒不變的法身,完全符合《金剛經》的主旨。中唐以後的金剛經變改畫釋迦牟尼佛爲主尊,若按《金剛經》的理論解讀,這也祇是"爲順世間情"而採用的一種"權且立虛名"的"方便"手法。

許絹惠也認爲,此窟南壁爲金剛經變,主尊説法佛爲盧舍那佛,若無榜題的佐證,恐無法辨識此爲金剛經變。本鋪經變雖僅存筏喻一榜題,但可借着畫面觀察出本經變在出現之初,便有按經文順序安排畫面次序之用心。另外,在本經變中亦出現了幾個令人不解的畫面,如蓮花、持刀刃者、火焰等。

另外,關於第31窟,殷光明認爲與華嚴宗信仰有關。法衣上所繪內容均依據《華嚴經》。他總結中國佛學發展的特點之一就是越往後越趨合流,這一思想尤其體現在華嚴宗中,一即一切,一切即一。融合禪宗與華嚴宗這種教禪合一的思想,就是第31窟金剛經變出現的思潮背景。他認爲教禪合一的金剛經變在我國僅此一鋪,説明這股思潮傳到了敦煌并創作出了相應的經變作品。

第85窟是河西都僧統法榮營造的功德窟。這是一個大窟,南壁西起第一鋪金剛經變,畫面巨大,情節豐富,居敦煌金剛經變之首。畫面佈局的順序,先從經變中央開始,然後轉向經變左上角,由上往下,再右繞,至右上角結束,共畫四十餘幅小故事畫與小説法圖,起圖解作用,在每幅小故事畫與小説法圖旁邊都有墨書榜題,爲我們考釋金剛經變的內容提供了第一手可靠資料。

賀世哲結合榜題內容對第85窟金剛經變分三十二分作了詳細考釋。張景峰對敦煌莫高窟第85窟的金剛經變也作了深入研究,該窟經變繪於南壁西起第一鋪,經變畫除下部略微模糊之外,其餘均較爲清晰,除法會圖以外的變相畫面近四十幅,且保存有大量的榜題,其中能辨識的榜題今存有三十餘條,再結合其他經變畫的分佈進行分析,得出第85窟的開鑿雖是空宗與密宗思想對立而形成的產物,但并不能改變此窟的修建者法榮以北傳空宗爲主體、以《金剛經》爲主修持對象的這一重要事實。

一般情況下,佛説法的對象多爲男性或僧人,許絹惠發現,敦煌莫高窟第198窟經變畫中,所有的聽法者卻是一男一女,是否有暗喻窟主身份的意思,頗值得玩味。

值得注意的是,部分金剛經變中出現的畫面在原經文中是找不到出處的,例如天宮院落以及天樂與平臺前方的水池、蓮花、童子等,反而這些是常見於各種淨土系經變中的。

(三)畫風判定

在唐代後期包括吐蕃統治時期和歸義軍時期,敦煌石窟的開鑿興盛不衰,壁畫中的山水畫也進入新的發展時期。儘管山水畫是人物畫的一種場景和陪襯,在佛教石窟裏始終沒有取得獨立的地位,但是,這一時期山水的普及,正如裝飾圖案一樣已成爲壁畫不可缺少的內容。一些經變如金剛經變、楞伽經變、觀無量壽經變等已經形成了一定的山水模式。

賀世哲認爲敦煌雖然處於大漠戈壁,但中晚唐時期的金剛經變背景多取材於中原或江南景色,例如建於吐蕃時期的第 112 窟,上部天際山水,天光雲影、幽遠浩渺、體現了禪家情趣。

趙聲良分析道:中晚唐壁畫在很大程度上繼承了盛唐青緑山水畫的成就,但由於時代的變遷,石窟壁畫風格由華麗絢爛轉向清淡蕭疏,色彩强烈的青緑山水畫已不能適應這個時代的需要,注重筆墨效果而摒棄强烈的色彩,追求恬淡、疏朗的意境等,是這一時期山水畫共同特徵。但是,唐代後期山水畫不僅展示了筆墨技法上的重大變化,更重要的是它反映出一個時代審美觀念的重大變化。唐代後期,經過安史之亂以後,政治局勢動蕩不安,士大夫階層已失去了唐朝前期那種積極進取的精神,表現在藝術上,那種追求建功立業,歌頌太平盛世的華美樂章消失了,繼之以一種淡淡的略帶淒清的情調。

(四)經變榜題

敦煌金剛經變有存榜題的窟號爲 18、31、85、144、150、156、236 等,晚唐 85 窟空間相對於他窟更寬大,佛説法場面亦特別多,本窟的榜題每一則皆清晰可見,可以作爲他鋪没有榜題之圖像的詮釋依據。由於晚唐 85 窟存有 41 則榜題,是最多最完整的,其餘各窟大多數榜題的內容已消失或無法辨識,因此大多數學者以 85 窟的榜題爲主要參考進行研究。

許絹惠詳細録有敦煌莫高窟金剛經變各窟榜題。她逐一對照比較經變的榜題與六種譯本,得出敦煌莫高窟第 112、150、144、156、85 窟經變的文本根據是鳩摩羅什譯本。并且,在兩千號的敦煌《金剛經》遺書裏,以鳩摩羅什譯本爲最多,其餘各譯本總計約 10 號,使用次數相差十分懸殊。透過經變所存留的榜題與經文交互對照,驗證了唐代敦煌普遍流行的《金剛經》爲鳩摩羅什譯本,并以鳩摩羅什譯本作爲敦煌《金剛經》信仰的研究基礎。

(五)窟內組合

敦煌莫高窟石窟的形制、大小、內部經變的組合、經變內容等都有一定差異。窟內經變組合相當複雜,有當時所流行的淨土系列經變,還有禪宗系列經變等,從經變的多樣組合似乎可以推測佛教信仰并非單一宗派,并有趨向複雜化的可能,這似乎反映出中晚唐敦煌佛教信仰發展的趨勢。

史葦湘解釋了敦煌佛教禪宗的傳播情況。安史之亂以後,旅居長安的河西僧人西返,從長安帶回當時流行的禪宗密宗的經像,吐蕃時代莫高窟出現金剛經變并不奇怪,敦煌遺書中的造窟文書也多次提到禪宗學説對敦煌地方的影響。

中唐時期洞窟內經變從一壁一鋪變化爲一壁多鋪,這由盛唐 31 窟到中唐 112 窟之間的轉變可得到説明。梅林聯繫律寺制度,分析一壁畫多鋪經變的次序問題、組合關係。他統計金剛經變主要在各石窟南壁繪製,是因爲在南壁安排金剛經變具有延壽功能。梅林還分析到,南壁的經變安排,體現了人們對身後世界的主觀願望,即往生淨土和恐懼死亡,北壁經變則表達人們對現實世界的訴求。

　　每窟都有淨土經變,繪有藥師經變或藥師佛者,更是 17 個窟皆有,彌勒經變有 11 個窟。經變畫有表示西方淨土的圖像,是盛唐以後敦煌經變所出現的通則,非金剛經變所專有。可以説是淨土盛行以後,西方淨土作爲佛國世界的表徵,對其他經典產生影響所致,由此可知淨土信仰在唐代發展脈絡。

　　在許絹惠所錄 17 個窟的金剛經變中,有 7 個窟存有報恩經變,之中更有 5 個窟爲正對壁位置。臺北圖書館藏編號 004722 敦煌寫卷《報恩金剛經文》,其中寫《報恩經》經文十二段,再寫《金剛經》經文,與盛唐 31 窟將金剛經變與報恩經變并繪於一窟的情形,有着異曲同工之妙。因此,31 窟的報恩經變與金剛經變可能同時在盛唐末繪製完成,并且是兩經變同時出現的首例。

　　賴鵬舉依據賀世哲的榜題內容加以比對,證明敦煌金剛經變大都依後秦時代鳩摩羅什的譯本,但敦煌佛教界在羅什譯經後 400 年纔拿來作爲石窟內壁畫的題材,這應聯繫密法進入敦煌的大背景。在盛唐晚期的 31 窟,屬北傳的敦煌佛教即代表"空"的《金剛經》被造爲經變,與尊勝經變同時在 31 窟推出,這是對有宗思想進入的回應。再者,賴鵬舉還分析了晚唐 85 窟的經變組合結構,85 窟內羅列諸經變達 13 鋪,既有傳統北傳者,亦有新近者,更有因新近有宗經變而帶出的空宗經變者,空、有二系經變在中唐以後的莫高窟出現有其相互針對性。

　　趙曉星舉出莫高窟第 361 窟中金剛經變突出的種種比喻、彌勒經變突出的一種七收、藥師經變突出的燃燈放生與接引、無量壽經變突出的佛來接引,這四鋪經變聯繫起來似乎可以看到一個現世虛妄、暫居樂世、延命祈福、往生淨土的漸進過程,也暗示了洞窟中供養人的修持目的,最終仍是希望能夠借此往生佛國淨土,這也體現了此時密教發展的一個特徵,即通過密教手段仍希望達到往生淨土的目的。

　　此外,莫高窟第 236 窟同時繪製有楞伽經變與金剛經變,代表南北禪宗,這種現象可能與禪宗在敦煌的發展有關,第 138 窟又是敦煌唐代石窟中唯一將代表南北禪宗的金剛經變與楞伽經變繪製同一壁的洞窟。

(六)《金剛經》相關文書及敦煌禪宗發展

　　在敦煌藏經洞發現的佛典寫本中,以唐朝流行最廣的五部大經數量最多,這就包括鳩摩羅什譯《金剛般若波羅蜜經》,可見《金剛經》流傳之廣、影響之大。敦煌《金剛經》信仰的傳播,除了經文的流通外,通俗性的經變和變文更加流行。禪宗西傳敦煌,《金剛經》在敦煌盛行,爲莫高窟出現金剛經變提供了必不可少的佛教背景。據方廣錩調查,"現知敦煌文獻中的《金剛經》總數在二千號以上"。[①] 其中絕大多數是手寫本,也有少數是拓本與木刻印本。在兩千餘號的《金剛經》中還有一部分是由中國佛教信仰者撰寫的論、疏、贊、記、傳、禮、講經文、五更轉等文書,可見在九十世紀之際,敦煌地方佛教禪宗相當盛行。

《金剛經》的變文目前所得僅 P. 2133《金剛經講經文》,標題原缺,該標題爲潘重規根據内容擬題。此卷寫於 P. 2133 背面,用紙共計 16 張,無四界,卷首不完整,字迹潦草,此卷寫於後梁末貞明六年即公元 920 年。然而,不表示講經文内容至此纔出現。

講經文是公開傳播佛教儀式的産物。而在一般百姓之間,口耳相傳則又是另一種渠道,靈驗記中的靈驗故事,便符合口耳相傳的特質。敦煌文獻 S. 2094《持誦金剛經靈驗功德記》,首尾俱完,内容分爲前後兩部分,第一部分爲翟奉達抄録 19 則持誦《金剛經》的靈驗事迹;第二部分爲《金剛經》全文,前後爲不同卷紙黏貼銜接而成,卷末有翟奉達題記。

值得一提的是,敦煌遺書中的宫廷寫經共 40 件,其中 11 件是《金剛經》,可見唐代禪宗發展的興盛。中唐時,唐武宗滅佛使佛教遭受到空前的破壞,然而《金剛經》的信仰卻仍然流行。

敦煌禪宗寫本不僅是各種禪宗資料的調和,同時又是與其他佛教流派的結合,殷光明認爲其中不少就與華嚴思想有關,可以説已是華嚴學化的禪學了。

平野顯照認爲講經文的出現是爲了輔助經贊。許絹惠從目前的材料認爲這種可能性確實存在,講經文的出現,是爲了讓《金剛經》更接近信衆,這也是該經朝向世俗化發展的證明。杜正乾[②]認爲人們對《金剛經》信仰具有極大的世俗功用性,信仰者的目的很明確,就是祈福免災。另外,在《金剛經講經文》中有淨土思想,這兩種思想的結合,也是爲迎合信衆或當時淨土信仰,也可視爲世俗化的例證之一。

三、總　　結

從 1960 年平野顯照首次從變文的角度論及金剛經變開始,直到今天,許多學者都對敦煌莫高窟金剛經變作出了相關研究。這些研究各有側重、各有角度,所達到的效果也不盡相同。總的來説,研究重點主要還是放在經變的

---

①　方廣錩《敦煌文獻中的〈金剛經〉及其注疏》,《世界宗教研究》1995 第 1 期。
②　杜正乾《唐代的〈金剛經〉信仰》,《敦煌研究》2004 年第 5 期。

時代分析與圖像辨認等具體問題上,還没有形成一個立體的研究形態,但是每一步研究成果都至關重要。現將金剛經變的特點和研究情況總結如下:

（一）金剛經變的特點

1. 敦煌現存金剛經變,從題材内容到構圖佈局,前後變化不大,絕大多數經變由金剛法會及其左右兩側與下部所繪各種小故事畫組成。其中,場面宏大的金剛法會是經變的主體,集中體現了金剛經變的藝術成就;除中央説法佛外,各鋪内容畫面的組成并不統一,不像其他經變固定,各種小故事畫繪於金剛法會左右兩側及下部邊沿,數量很多,内容相當豐富。

2.《金剛經》全文并非以故事性結構作爲行文方式,而是借由釋迦牟尼與須菩提對話的内容來闡述經意,因此經文内容多數難以用圖形方式具象化。在敦煌所見的金剛經變中,經變畫面所繪多數是經文内容的片斷或行爲動作,無法以故事串聯全幅經變内容。

3. 一般金剛經變常繪製的内容不足以繪滿整個畫面,因而發展出以佛説法爲主的一貫畫面,配合抄寫經文的榜題,以充塞整個經變畫面,達到宣讀經典的功效,因此佛説法有彈性調整之用。

4.《金剛經》經文中的説法佛,爲同時出現於多部經典的釋迦牟尼佛,因此金剛經變與其文本的關係,無法借由中央主尊來直接判斷,衹能間接由中央主尊佛周圍其他經變畫面來判斷,舍衛城乞食、洗足、筏喻、歌利王割截忍辱仙人等是主要可辨識的經典畫面。

5. 值得注意的是,部分金剛經變中出現的畫面在原經文中是找不到出處的,例如天宫院落以及天樂與平臺前方的水池、蓮花、童子等,反而這些是常見於各種淨土系經變中的。

（二）金剛經變的研究情況

1. 金剛經變圖像的收集整理記録有一個漸進的過程,剛開始是 3 鋪,到後來增加到 12 鋪、17 鋪、18 鋪,現在收録有 20 鋪,總的來説金剛經變的辨識手段、研究方法越來越高明,分析思路越來越清晰。

2. 金剛經變的研究範圍雖然比較寬廣,對各窟壁畫、塑繪結合、榜題研究、畫風判斷、石窟形制等方面都有所論及,但是仍流於表面,未能深入。

3. 金剛經變研究學者人數較少,研究論文篇幅不多,學者各有角度,成果也各有長處,但是比較零散,尚未形成一個相關研究體系。

4. 隨着時間的推移、修復技術的提高以及專業知識的積累,將在更大範圍内採取多學科相互交叉、滲透、對比的方法,綜合分析必然是未來金剛經變的研究思路之一。

近三十年來敦煌石窟《涅槃經變》研究綜述

詹靜嫻(蘭州大學)

引　言

　　涅槃經變,簡稱涅槃變,是敦煌經變畫之一。其以涅槃經典爲主要表現對象,旨在宣揚"常樂我淨"的涅槃四德: 常,即永恒常在;樂,即無苦而安樂;我,即法身自在無礙;淨,即斷除一切煩惱。繪製該經變所依據的主要經典如下表所示:①

經　　名	卷數	譯　　者	出　　處
《長阿含經·遊行經》		後秦佛陀耶舍、竺佛念	《大正藏》第 1 册
《佛般泥洹經》	2	西晉白法祖	《大正藏》第 1 册
《大般涅槃經》	3	東晉法顯(一説失譯)	《大正藏》第 1 册
《般泥洹經》	2	劉宋求那跋陀羅(一説失譯)	《大正藏》第 1 册
《佛説方等泥洹經》	2	西晉竺法護	《大正藏》第 12 册
《大般涅槃經》	40	北涼曇無讖	《大正藏》第 12 册
《大般涅槃經》	36	劉宋慧嚴等依《泥洹經》增補	《大正藏》第 12 册
《大般泥洹經》	6	東晉覺賢(一説法顯)	《大正藏》第 12 册
《菩薩從兜率天降神母胎説廣普經》	7	後秦竺佛念	《大正藏》第 12 册
《佛入涅槃密迹金剛力士哀戀經》	1	失譯	《大正藏》第 12 册
《大般涅槃經後分》	2	唐若那跋陀羅	《大正藏》第 12 册
《摩訶摩耶經》	2	蕭齊曇景	《大正藏》第 12 册
《佛母經》	1		《藏外佛教文獻》第 1 輯

---

　　① 　參見賀世哲《敦煌壁畫中的涅槃經變》,《敦煌研究文集·敦煌石窟經變篇》,蘭州: 甘肅民族出版社,2000年,第283—284 頁;李靜傑《造像碑的涅槃經變》,《敦煌研究》1997 年 1 期,第 79 頁。

　　諸多涅槃經典先後譯出導致涅槃信仰在晉唐間風行,反映在石窟壁畫中,則表現爲《涅槃經變》題材的廣泛運用。敦煌石窟現存《涅槃經變》24 鋪,莫高窟共 15 鋪,其中繪塑結合者 5 鋪。其表現釋迦涅槃後,諸菩薩、弟子與世俗信衆的哀悼場面。主要情節如:臨終遺教、雙樹病臥、入般涅槃、阿那律報喪、大衆舉哀、商辦闍維、外道答迦葉問、迦葉撫足、須跋陀羅身先入滅、金剛力士哀戀、摩耶惡夢、佛母奔喪、金棺自啓、爲母説法、力士舉棺、香樓茶毗、外道幸災樂禍(一説末羅族禮敬釋迦)、八王爭分舍利、起塔供養等。

　　就發展軌迹而言,敦煌壁畫中的涅槃圖像始見於北周,尚屬佛傳畫的組成部分之一;至隋代則從佛傳畫中脱離而爲單幅構圖的涅槃變相;唐代發展成爲連環畫式的巨幅涅槃經變,情節生動,氣勢宏偉;中唐時因受吐蕃影響,出現了割耳、劓面、刺胸等畫面;而自晚唐張議潮收復瓜、沙以後,該經變突然從莫高窟絶迹,但在除莫高窟以外的其他敦煌石窟壁畫中皆有其餘緒,直至西夏。①

　　1937 年,松本榮一《敦煌畫的研究》(東方文化學院東京研究所刊)問世,對敦煌壁畫中的涅槃經變初有關涉。而此後四十餘年間,該領域始終無人問津,如《敦煌藝術敍錄》、②《敦煌莫高窟藝術》③等書也僅對該經變略有敍錄,并無論述。直至 20 世紀 80 年代,有關敦煌石窟中《涅槃經變》的研究方呈繁榮之勢;經學者三十年來的艱苦耕耘,該領域研究得以不斷拓展和深入,取得了豐碩的成果。據不完全統計,1982—2012 年間,公開發表的相關論文計有 160 篇左右,有關著述近 50 部。

　　現將近三十年來關於敦煌石窟《涅槃經變》的一些主要成果分圖版、概述、通論及專項研究四個專題,擇要介紹如下。

一、圖　　版

　　敦煌研究院自 20 世紀 80 年代以來主編了一系列大型圖錄,其中關涉敦煌石窟《涅槃經變》的圖版著錄包括:敦煌文物研究所編《中國石窟·敦煌莫高窟》1—5 卷(文物出版社),敦煌研究院編《敦煌藝術小叢書·莫高窟壁畫藝術》(甘肅人民美術出版社),《敦煌石窟鑒賞叢書》2—3 輯(甘肅人民美術出版社),《敦煌石窟全集》(香港商務印書館)所輯錄的《民俗畫卷》、《動物畫卷》、《法華經畫卷》、《山水畫卷》等卷。此外還有段文傑主編的《中國美術全

---

　　① 可參見賀世哲《敦煌壁畫中的涅槃經變》,《敦煌研究文集·敦煌石窟經變篇》,蘭州:甘肅民族出版社,2000 年。
　　② 謝稚柳《敦煌藝術敍錄》,上海出版公司,1955 年 11 月。
　　③ 潘絜兹《敦煌莫高窟藝術》,上海人民出版社,1957 年 2 月。

集 繪畫編·敦煌壁畫》(上海人民美術出版社);《中國敦煌壁畫全集》(天津人民美術出版社)的《北周》、《隋》、《初唐》、《盛唐》、《中唐》、《西夏》卷。又有劉玉權《解讀敦煌·中世紀動物畫》(上海人民出版社)和樊錦詩主編《解讀敦煌·法華經故事》(華東師範大學出版社)。這些著作在記錄圖版的基礎上又對涅槃經變附有或簡潔或系統的論述,極具學術價值。而施萍婷、賀世哲《敦煌石窟藝術·莫高窟第 428 窟》(江蘇美術出版社)與劉永增《敦煌石窟藝術·莫高窟第 158 窟》(江蘇美術出版社)則按照洞窟進行圖版的分類著錄與解讀,爲學者研究此兩窟中的涅槃圖提供了翔實的信息。

張寶璽也主持編撰了相關圖版類專著《甘肅石窟藝術壁畫編》(甘肅人民美術出版社)和《甘肅安西東千佛洞石窟壁畫》(重慶出版社)。鄭炳林、高國祥主編《敦煌莫高窟百年圖錄》(甘肅人民出版社)以黑白圖版配簡要説明,對涅槃圖(像)多有涉及。而樊錦詩主編《世界文化遺產·敦煌石窟》(中國旅遊出版社),秦增果、于彩華《大美敦煌 敦煌石窟藝術聚珍集》(文物出版社)等圖集,也都收取了敦煌石窟中《涅槃經變》的圖像。

攝影集包括吳健攝、樊錦詩撰文的《中國敦煌》(江蘇美術出版社)和吳健的《藝術的敦煌——吳健攝影集》(上海古籍出版社)。對壁畫進行復原重繪的圖集則有楊東苗、金衛東《再現敦煌——大型敦煌壁畫復原精品集》(浙江古籍出版社)與史敦宇、金洵瑈《敦煌壁畫復原精品集》(甘肅人民美術出版社),都輯選了涅槃經變的相關圖版。

二、概　　述

(一) 內容總錄類著述

1982 年出版了敦煌文物研究所整理的《敦煌莫高窟內容總錄》(文物出版社);1996 年又有敦煌研究院編《敦煌石窟內容總錄》(文物出版社)面世。後者對包括敦煌莫高窟、西千佛洞、安西榆林窟、東千佛洞及肅北五個廟在內的石窟內容進行了著錄,按其窟號順序分別記錄,逐一排列;囊括每個洞窟的時代、形制、內容及其位置、原狀等相關信息。此外,書中還收錄了數篇研究文章,包括:史葦湘《關於敦煌莫高窟內容總錄》將涅槃經變列入幾種重要大乘經典的變相之中,簡要論述了敦煌涅槃變與涅槃龕的發展源流與概況,并選取中唐第 158 窟爲代表性作品進行重點介紹。王惠民《十年來敦煌石窟內容的考證與研究》第七部分對敦煌經變畫研究作了概要性的論述,對中國大陸、港臺地區及國外包括涅槃經變在內的敦煌經變畫研究報告選取部分予以例舉;《附錄一:部分壁畫內容索引》以經變爲主,對敦煌石窟的部分壁畫編製索引,對壁畫的繪製朝代及其在敦煌石窟中的位置加以列舉,涅槃經變也囊括在內。

（二）工具書對敦煌石窟中《涅槃經變》的收録

任道斌主編《佛教文化辭典》（浙江古籍出版社）有"涅槃經變圖"條，然內容收録不全。季羨林主編《敦煌學大辭典》（上海辭書出版社）中"涅槃經變"、"第 295 窟涅槃經變"等諸多條目既有對涅槃經變的總述，又有對單個洞窟涅槃圖的敍説；"序品"、"純陀品"等條目更一一展現了敦煌石窟壁畫中涅槃經變的各個基本情節；"拔髮"、"引路雞"等條則主要針對涅槃經變所反映的敦煌葬俗進行釋解。此外，如馬德主編《敦煌石窟知識辭典》（甘肅人民美術出版社）等工具書也都收録有"涅槃經變"條。

（三）略及敦煌壁畫中涅槃經變的目録、綜述類論著

包括：郝春文主編《敦煌學國際聯絡委員會通訊》（2002—2012，共八冊）；王惠民《敦煌經變畫的研究成果與研究方法》（《敦煌學輯刊》2004 年第 2 期）、《敦煌經變畫研究論著目録》；[①]胡翠霞《百年敦煌婚喪禮俗研究綜論》（西北師範大學 2011 年碩士學位論文）；胡同慶、宋琪《安西東千佛洞研究編年述評》（《敦煌研究》2006 年第 5 期）；李建華《2007 年西夏學研究綜述》（西北第二民族學院學報 2008 年第 2 期）；王曉玲《跨世紀西夏佛教美術研究述略》（《大衆文藝》2011 年第 23 期）等。

（四）概略研究

謝生保《敦煌石窟中的佛傳故事畫概述》（《敦煌文化叢書·成佛之路——敦煌壁畫佛傳故事》）將莫高窟中表現涅槃的內容分爲單幅出現、繪塑結合和大型連環畫式三種類型，并逐一予以列舉和簡要描述，同時以故事式的手法對涅槃情節加以敍説。鄭炳林、沙武田《敦煌石窟藝術概論》（甘肅文化出版社）第五章題爲"敦煌石窟壁畫藝術"，對涅槃經變作出概述；而在例舉敦煌石窟藝術各時代代表洞窟時，也對壁畫中的涅槃經變多有涉及。董玉祥《梵宮藝苑：甘肅石窟寺》（甘肅教育出版社）對敦煌石窟進行了較爲全面的概要性介紹，對涅槃經變多有論述，尤及東千佛洞第 5 窟的涅槃圖。此外，宿白《中國石窟寺研究》（文物出版社）；謝生保、淩雲《敦煌藝術之最》（甘肅人民美術出版社）；胡同慶、安忠義《遙望星宿：甘肅考古文化叢書·佛教藝術》（敦煌文藝出版社）；賴鵬舉《敦煌石窟造像思想研究》（文物出版社）等著作也都對敦煌石窟中的涅槃經變有所介紹。

概述性論文有李曉青、沙武田《勞度叉鬥聖變未出現於敦煌吐蕃時期洞窟原因試析》（《西藏研究》2010 年第 2 期）言及涅槃變自從在敦煌壁畫中出

---

① 該文電子版見於敦煌研究院網站 http://www.dha.ac.cn/0204/index.htm。

現以來即成爲諸多時代所廣泛表現、經久不衰的基本題材。楊雄《論敦煌藝術的概念和分類》(《前沿》2011 年第 23 期)對敦煌壁畫中的世俗內容進行分類,如將涅槃經變中的舉哀圖劃入政治類,爭舍利的鬥爭場面歸爲軍事類等。

三、通　論

(一) 深入系統的宏觀研究

日本學者較早開展對涅槃經變的研究工作。松本榮一《敦煌畫の研究》(京都同朋舍)[1]在第二章第一節"佛傳圖"中對敦煌壁畫出現的涅槃圖與涅槃經變內容進行了考釋,爲後來學者的研究奠定了良好的基礎。宮治昭著有《涅槃と彌勒の図像學──インドから中央アジアへ》(吉川弘文館)[2]主要從涅槃圖像的因素與構成着眼,在極其廣大的地域範圍內對其進行了細緻的分析研究,以印度、中亞爲中心,東及中國、日本;并揭示了涅槃、彌勒圖像的傳播發展狀況,深入探討了佛教中有關死(涅槃)與生(彌勒)的問題。此外,宮治昭對敦煌壁畫中涅槃經變的相關研究另有兩篇譯作如下:宮治昭著,賀小平摘譯《關於中亞涅槃圖的圖象學的考察──圍繞哀悼的形象與摩耶夫人的出現》[3](《敦煌研究》1987 年第 3 期)通過對巴米揚、克孜爾、敦煌的涅槃圖像研究,找出它們與犍陀羅、印度涅槃圖像的差異,以探明中亞涅槃圖像的特徵,并對其中亞歷史背景進行考察。對圖像細部變化的探討則主要涉及敦煌涅槃經變中拔髮拊面、刺心剖腹等哀悼場面與摩耶夫人的出現。宮治昭著,金申譯《犍陀羅涅槃圖的解讀》(《敦煌研究》1996 年第 4 期)認爲敦煌涅槃經變中對犍陀羅涅槃圖所出現的在釋迦牀前僕倒的執金剛神、沉思的城鎮女神、覆頭衣的須跋等圖像都有所繼承,并發展出自身的特徵:如將"城鎮女神"像與摩耶夫人的形象相關聯等。指出犍陀羅涅槃圖故事中的部分情節圖像在中央亞細亞被特寫化而大展開;在印度則失去了其原本的故事要素。平野京子《中國北朝期の涅般図についての一考察》(《佛教藝術》第 205 號)以圖像特徵爲基本架構,將中國早期涅槃像分爲以犍陀羅、克孜爾地區造像爲代表的西方表現及中原北方表現,澄清了涅槃圖像的系統問題;并且較早地注意到莫高窟北周第 428 窟中涅槃圖像與本生圖、釋迦多寶佛的圖像組合關係,認爲它們都是作爲釋迦信仰的一環而表現的。

臺灣學者對敦煌石窟中的《涅槃經變》也多有關注:陳清香《涅槃變相研究》(《中華佛學學報》1987 年 1 期)從涅槃變相的經典依據、內容情節着手進

---

[1]　該書原爲 1937 年東方文化學院東京研究所刊,後於 1985 年由京都同朋舍再版。

[2]　該書中譯本爲李萍、張清濤所譯《涅槃和彌勒的圖像學:從印度到中亞》,北京:文物出版社,2009 年 8 月。

[3]　摘譯自宮治昭《中央アヅア涅槃圖の圖像學的考察》,原載《佛教藝術》147 號,1983 年。

行系統研究,列舉自印度至中國歷朝之中重要的涅槃像例證,并將其相形比較,以探明各時各地的不同風格。對莫高窟壁畫中的涅槃變相則選取第 428、295、158 窟分別作爲北朝、隋、唐時期的代表作而加以研究。陳慧珠《敦煌涅槃經變的研究》(華梵大學東方人文思想研究所 1998 年碩士論文)對涅槃經變的信仰背景及其在敦煌石窟中的意義進行了探討。賴文英《中唐敦煌石窟造像的涅槃思想》(《敦煌學輯刊》2007 年第 1 期)以敦煌中唐時期的涅槃像與涅槃經變爲主,內容涵蓋莫高窟的大部分涅槃經變畫,通過對其思想內涵的探討來釐清涅槃思想在當時的發展脈絡;又着重對第 44、158 窟的涅槃經變進行研究,認爲中唐敦煌石窟的涅槃意涵與華嚴思想相結合,并充分體現了法身淨土的成熟。

大陸學者在對敦煌石窟的《涅槃經變》研究方面更積累了豐厚的成果,擇要介紹如下:

賀世哲對敦煌涅槃經變進行了全面而系統的梳理,撰有《敦煌莫高窟的〈涅槃經變〉》(《敦煌研究》1986 年第 1 期)、《涅槃經變》(《敦煌石窟全集·法華經畫卷》第二章),是作者在敦煌涅槃經變研究方面所取得成果的總匯。《敦煌壁畫中的涅槃經變》(《敦煌研究文集·敦煌石窟經變篇》)在概述涅槃信仰與早期涅槃造像的基礎上,對敦煌壁畫中的涅槃經變按照年代順序進行了全面而系統的解讀研究,并其附錄《莫高窟第 148 窟涅槃經變榜題抄錄》,涵蓋信息量大。這一系列文章堪稱涅槃經變研究之集大成者。此外作者還有從側面考釋涅槃經變之作:《敦煌莫高窟隋代石窟與雙弘定慧》(《1983 年全國敦煌學術討論會文集·石窟藝術編》)認爲涅槃經變是在中原佛教提倡"雙弘定慧"的思想潮流與傳教需要的影響之下,於莫高窟的隋窟中相應出現的宣傳大乘佛教義理的新題材。隋代石窟在整個敦煌石窟題材的發展演變過程中起了重要的歷史過渡作用,其《從供養人題記看莫高窟部分洞窟的營建年代》(《敦煌莫高窟供養人題記》)在對各時代供養人題記進行深入研究的基礎上,對莫高窟部分洞窟的營建年代作出推論,兼及第 332、148、158 等窟的涅槃經變及相應洞窟主題。

此外,寧强《敦煌佛教藝術》(高雄復文圖書出版社)從北周至隋唐,按照時代順序列數莫高窟中涅槃經變的鋪數及其所在,并選取生動的情節畫面一一予以例舉,配以圖版,并在描繪的基礎上進行了系統論述。李靜傑《造像碑的涅槃經變》(《敦煌研究》1997 年第 1 期)則從敦煌涅槃經變的發展軌迹着眼,指出自莫高窟第 295 號隋窟之後,直至初唐第 332 號窟的壁畫中始見涅槃經變,其間間隔 70 餘年。作者認爲這一沉寂與入唐後涅槃學派的衰落不無關係,而其復起又與武則天革命密切相關。

（二）按年代進行的概觀性研究

李其瓊《隋代的莫高窟藝術》（《中國石窟·敦煌莫高窟》第二卷）認爲莫高窟隋窟的涅槃經變在北周的基礎上頗有發展，在整體結構與人物描繪方面都更進一步地表現了佛經所要求的境界。段文傑《唐代前期的莫高窟藝術》（《中國石窟·敦煌莫高窟》第三卷）指出敦煌的涅槃變在唐代前期多爲大乘涅槃，并略舉其經典依據與情節內容。段文傑《唐代後期的莫高窟藝術》（《中國石窟·敦煌莫高窟》第四卷）略及中唐涅槃經變。

尤其值得注意的是學者們對敦煌西夏石窟壁畫中《涅槃經變》的探析：

王艷雲在該方面有系列成果。其《西夏晚期經變藝術的主要特徵和創新》（《西夏研究》第 3 輯）從榆林窟和東千佛洞壁畫中的涅槃經變入手，研究西夏涅槃經變的刪減與變化；同時又將其與八塔變、觀音經變、文殊經變相結合，論述了多種經變的組合式構圖和佈局，體現了西夏獨特的民族藝術。《西夏晚期七大經變畫探析》（首都師範大學 2003 年博士學位論文）、《河西石窟西夏壁畫中的涅槃經變》（《敦煌學輯刊》2007 年第 1 期）對西夏晚期河西石窟壁畫中涅槃經變的分佈、內容、藝術風格等方面進行了較爲全面系統的研究，展現其時代特色與藝術創新性，并與莫高窟同類壁畫進行比較分析；同時還探究了該經變在西夏出現的原因，認爲這既是涅槃經內容本身的吸引力所致，又與西夏統治者有意的扶持推動密切相關。

藝術風格研究方面，張寶璽《東千佛洞西夏石窟藝術》（《文物》1992 年第 2 期）對東千佛洞的營建背景、洞窟形制、壁畫內容和藝術特點進行了全面的探討，并對第 2、5、7 窟後甬道的涅槃經變進行了較爲深入的分析研究，認爲其融合了中原、西域、西藏、印度諸流派而獨具特色，且在色彩運用上明顯受到藏密風格的影響。汪旻《瓜州東千佛洞二窟壁畫〈水月觀音〉的藝術特色》（西北師範大學 2009 年碩士學位論文）認爲東千佛洞第 2 窟壁畫兼有漢藏、顯密之風：前室藏密氛圍濃郁，後室的涅槃經變、水月觀音等圖像則營造出漢地的宗教氛圍，交融而成敦煌地區固有的審美情節。顧穎《西夏時期敦煌壁畫的變調與創新——敦煌壁畫研究中被忽視的方面》（《文藝研究》2008 年第 10 期）與《西夏藏傳風格繪畫與西藏佛畫的異同比較》（《寧夏社會科學》2009 年第 4 期）認爲西夏時期的敦煌石窟壁畫具有漢藏、顯密相結合的繪畫風格，且以東千佛洞第 2 窟漢畫風格的涅槃經變爲例，指出其同時也深受藏傳佛畫因素的影響滲透，在賦色方面產生了畫風的變異。劉玉權《西夏對敦煌藝術的特殊貢獻》（《國家圖書館學刊》西夏研究專號 2002 年增刊）則認爲在榆林窟、東千佛洞和五個廟西夏石窟中出現的涅槃經變極大地豐富了敦煌壁畫的內容，都是晚期洞窟中頗有分量且地位價值較高的壁畫作品。

　　個例的分析研究方面,李銀霞《西夏石窟藝術研究》(西北師範大學2009年碩士學位論文)在對敦煌石窟西夏晚期壁畫的佛教題材進行論述時,介紹了其中出現的涅槃經變圖像;并且也關注到榆林窟第2窟中將文殊變、觀音變和涅槃變相組合的佈局創新性。常紅紅《甘肅瓜州東千佛洞第五窟研究》(首都師範大學2011年碩士學位論文)對東千佛洞第5窟現存壁畫進行了全面的梳理和分析,尤其對中心柱西向面的涅槃變圖像加以探討。

　　此外,張伯元《東千佛洞調查簡記》(《敦煌研究》1983年創刊號)、王惠民《安西東千佛洞內容總錄》(《敦煌研究》1994年第1期)、李國《河西幾處中小石窟述論》(《敦煌研究》1998年第3期)與張迎勝主編《西夏文化概論》(甘肅文化出版社)等論著對西夏石窟中涅槃經變的研究也有積極的推進作用。

　　(三)　對單個洞窟中涅槃經變的概觀性研究

　　此類研究主要圍繞第428、332、148、158窟展開,今分述如下:

　　李玉珉《敦煌四二八窟新圖像源流考》(《故宮學術季刊》1993年夏季)指出北周第428窟的涅槃圖在莫高窟的同類題材中當屬首例,是爲"新圖像"。文章即對此新圖像進行了詳細的考證,并將其特具的圖像特徵分別與中原、西域兩大圖像系統作對比研究,旁徵博引地考其源流。施萍婷《關於莫高窟第四二八窟的思考》(《敦煌研究》1998年第1期)與施萍婷、賀世哲《近承中原　遠接西域——莫高窟第四二八窟研究》(《敦煌石窟藝術·莫高窟第428窟》)兩文從涅槃圖像組合方面着手,認爲第428窟的設計者之所以將五分法身塔與涅槃圖共置西壁,是爲了表示釋迦雖已滅度、但其思想永存的洞窟主題;又列舉中原與西域地區的諸多涅槃圖實例來論證該窟涅槃圖主要源於中原。宮治昭著,賀小萍譯《宇宙主釋迦佛——從印度到中亞、中國》(《敦煌研究》2003年第1期)圍繞莫高窟428窟的主佛像展開,認爲其北壁的降魔成道圖與西壁的涅槃圖皆能昭示釋迦覺悟之本質。由此推論該窟所體現的是大乘化了的釋迦信仰,故主尊當爲釋迦佛。范泉《周武滅法與敦煌北周石窟營造的關係——以莫高窟第428窟供養人圖像爲中心》(《敦煌學輯刊》2008年第4期)以428窟供養人圖像爲中心,探討周武滅佛和敦煌北周石窟營造、壁畫題材之間的互動關係,認爲該窟涅槃圖表現了法身永存不滅和末法思想的內容,構建出濃厚的護法意味。

　　段文傑《創新以代雄》(《敦煌石窟藝術研究》)在論及隋代的涅槃經變時,以莫高窟第332窟南壁的《涅槃變》爲代表進行描述介紹,并認爲該作"結構自由,穿插巧妙",且頗具世俗情趣。張景峰《敦煌陰氏家族與莫高窟陰家窟研究》(蘭州大學2008年碩士學位論文)對第332號初唐窟進行研究後,認爲該窟是以華嚴思想爲主、并結合當時所流行的涅槃思想而建造的。

外山潔《敦煌 148 窟の涅槃變相圖について》(《美學美術史論集》第 14 輯)將莫高窟第 148 窟的涅槃經變按照情節分類,對每幅圖進行了詳盡的圖像學考察,并畫出綫描圖。公維章《涅槃淨土的殿堂:敦煌莫高窟第 148 窟研究》(民族出版社)主要探討 148 窟建造以前中原乃至敦煌地區的涅槃信仰與涅槃經變的表現形式,對 148 窟涅槃經變圖像進行解說,探究由此體現的洞窟主題,并研究該窟涅槃經變對此後莫高窟涅槃經變的影響。同時對 148 窟涅槃經變與《法華經》的相互關係也有所關注。

劉永增《敦煌莫高窟第一五八窟的研究》(《敦煌石窟藝術・莫高窟第158 窟》)在研究涅槃經典的傳譯的基礎上對莫高窟的涅槃圖(像)進行總述,兼與犍陀羅、中亞及漢地所見的涅槃圖(像)相結合比較。并且對第 158 窟涅槃經變的各圖像進行了極爲詳盡的考釋,稱其爲"集中外涅槃像之大成者"。該文多有創見。楊馬勝、何國棟《莫高窟——雕塑、壁畫、洞窟三位一體的藝術殿堂》(《淄博學院學報》2001 年第 2 期)對 158 窟涅槃經變相中的《各國王子舉哀圖》略加描述,關注佛教藝術世俗化的一面。

此外,《敦煌石窟鑒賞叢書》輯録了一系列研究論文,包括:馬競馳《莫高窟第 428 窟介紹》(《敦煌石窟鑒賞叢書》第二輯第四分冊)、趙聲良《盡精微致廣大——莫高窟第 427 窟藝術》(《敦煌石窟鑒賞叢書》第二輯第五分冊)、臺建羣《承前啓後　絢麗輝煌——莫高窟第 332 窟藝術》(《敦煌石窟鑒賞叢書》第二輯第六分冊)、包菁萍《涅槃禮贊——中唐第 158 窟藝術》(《敦煌石窟鑒賞叢書》第二輯第九分冊)及張艷梅《細密精緻而臻麗——莫高窟第 420 窟藝術》(《敦煌石窟鑒賞叢書》第三輯第四分冊),都是對單個洞窟的概觀性研究之作。

四、專 項 研 究

(一)組合研究

1. 法華題材與涅槃題材的組合研究

這一問題主要圍繞着對莫高窟第 420 窟窟頂西披、北披壁畫的考辨而展開。葉佳玫《敦煌莫高窟隋代四二〇窟研究》(臺灣大學藝術史研究所 1996年碩士論文)認爲隋代第 420 窟頂壁畫在中原傳來的法華圖像中加入西域盛行的涅槃圖,應是敦煌畫師自創的偶然手法,并未成爲定式。賀世哲在該問題上有兩篇重要的研究論文:《敦煌壁畫中的法華經變》(《敦煌研究文集・敦煌石窟經變篇》)關注到《法華》、《涅槃》兩經相借以及涅槃情節在法華經變中多有穿插的現象,并對此作出了深入的探討與研究。《莫高窟第 420 窟窟頂部分壁畫內容新探》(《敦煌研究》1996 年第 4 期)重點探討了第 420 窟窟頂的法華經變中穿插着出自《涅槃經》的故事情節這一現象,認爲這既是由於《法華》、《涅槃》二經的經義多有相合之處,也與隋代創立的天台宗兼重此二經有關。郭祐孟《敦煌隋代法華主題洞窟初探》(《蘭州大學學報》2006 年第 4 期)將莫高窟第 420 窟窟頂的經變細節重新進行了仔細比對與考識,認爲其當是法華經變和涅槃經變的巧妙組合,反映了當時法華思想與涅槃思想并重、且有以法華融攝涅槃的情形。下野玲子《敦煌莫高窟隋代法華經變相圖研究》(《鹿島美術財團》年報 2003 年第 20 號別册)和《試論敦煌莫高窟第 420 窟法華經變相圖》(《會津八一紀念博物館研究紀要》2005 年第 6 號)兩文則總結了前期學者對隋代法華經變尤其是第 420 窟法華經變的研究成果,對 420 窟頂北披、西披的部分畫面重新定名,從中剝離出涅槃經變的內容。

張元林對該問題進行了集中研究。其《敦煌北朝時期的法華經藝術及信仰研究》(《敦煌研究》2006 年第 5 期)、《敦煌北朝—隋時期洞窟中的二佛并坐圖像研究》(《敦煌研究》2009 年第 4 期)兩文認爲敦煌北朝窟中釋迦、多寶二佛并坐圖像與涅槃圖的結合是爲了說明"佛壽久遠"、"佛法長存"的法華思想;而這一圖像組合發展至隋唐,更進一步形成了法華經變與涅槃經變相交融混雜的構圖。他與魏迎春合著的《試論法華判教思想對敦煌北朝—隋石窟的影響》(《敦煌研究》2008 年第 5 期)一文則首次提出:北朝至隋敦煌石窟中出現的《涅槃經》與《法華經》題材雙美的藝術現象深受法華判教思想的影響,其具體表現如北朝窟中兩佛并坐說法圖與涅槃圖的同時出現,隋窟中法華經變與涅槃經變的相雜鋪陳,都是在該思想影響下產生的有意組合。《北朝—隋時期敦煌法華藝術研究》(蘭州大學 2009 年博士學位論文)在以上文章的基礎上又對法華、涅槃信仰相交融的現象進行了更爲深入系統的研究。在《"引〈涅槃〉入〈法華〉"——第 420 窟的〈法華經變〉》章節中,對賀世哲、李靜傑、下野玲子、郭祐孟等先生在 420 窟窟頂西披、北披經變畫辨識上的不同觀點都作了極爲詳盡的介紹,在此基礎上又各有臧否,并提出一些創見。

此外,還有對其他洞窟中法華、涅槃題材相借相融現象的研究。李靜傑《敦煌莫高窟北朝隋代洞窟圖像構成試論》(《2005 年雲岡國際學術研討會論文集·研究卷》)以局部圖像組合的解析爲切入點來解釋北周第 428 窟整體圖像的構成,提出該窟西壁中層圖像將釋迦多寶佛與涅槃場面相結合,其目的當在於說明法華經方便說法的意圖:將永恒釋迦佛與涅槃圖像相聯繫,反映了法華經將倡信滅度作爲方便說法的手段,以使眾生不生懈怠而珍惜佛的教化。劉永增《莫高窟第 280 窟普賢菩薩來現圖考釋——兼談"乘象入胎"的圖像來源》(《敦煌研究》1995 年第 3 期)認爲第 280 窟涅槃經變與其兩側上方出現的迦葉集解和乘象菩薩圖像有關;以經典而言,都是《法華經》信仰的產物。郭祐孟《盛唐佛教造像所蘊含的法華思想——以敦煌莫高窟45窟爲中心的探討》(《圓光佛學學報》2004年第9期)指出第45、46窟具有内容相關性,是以法華思想爲中心的"一組洞窟",在題材上反映了以法華爲主幹,以涅槃爲扶疏的組合模式;于向東《莫高窟第46窟佛龕造像的關係——兼談該窟佛教造像中的法華思想》(《敦煌學輯刊》2007年第1期)在前文研究成果的基礎上進一步論述第46窟涅槃龕與法華龕造像的關係,并對該窟佛教造像中的法華思想加以補充闡釋,得出涅槃龕内的經變造像蘊含着"方便涅槃"的法華思想、而法華龕内以多寶塔爲中心的造像則可視作對於涅槃經變中大乘涅槃思想的"注解"的結論。

2. 涅槃與其他圖像的組合研究

李靜傑《中原北方宋遼金時期涅槃圖像考察》(《故宮博物院院刊》2008年第3期)對宋遼金以前敦煌石窟壁畫中的涅槃經變的圖像表現有細緻的論述;兼及三佛造像與涅槃圖像的組合情況,認爲唐代的該類圖像組合在内含彌勒傳法用意的基礎上,更着重反映了佛教徒嚮往并期望往生淨土的心態。吳荭《北周石窟造像研究》(蘭州大學2009年博士學位論文)探討了中原與西域、新疆地區對敦煌石窟涅槃圖像的共同影響,提出敦煌的涅槃内容應主要來自新疆地區而又有其自身特點;并且認爲莫高窟與西千佛洞北周窟的涅槃圖均以圖像組合的形式出現,表現了法華、涅槃、華嚴等佛教思想相互融合的狀況。麻元彬《中原北方地區唐代佛教主尊像研究》(西安美術學院2012年博士學位論文)在論述敦煌石窟的唐代主尊像時對第158窟涅槃經變進行了藝術造型上的分析,兼及第427、332窟中涅槃與彌勒的組合造像。石建剛《一處獨具創意的涅槃圖像——延安清涼山萬佛洞涅槃圖像鑒析》(《隴東學院學報》2012年第1期)提出莫高窟第158窟的主尊涅槃像與其身後所繪羅漢的圖像組合,當是目前所見將十六羅漢與涅槃圖像結合的最早實例。

(二) 比較研究

該方面的重要成果包括:賈應逸《克孜爾石窟與莫高窟涅槃經變比較研究》(《新疆佛教壁畫的歷史學研究》)通過比較克孜爾石窟與莫高窟涅槃經變的構圖發展和演變,來研究兩地壁畫藝術的特點與相互關係。同時指出,這兩處石窟中的涅槃經變在内容、形式、風格上的日益分流,既有民族文化傳統差異所造成的影響,也與當地佛教發展和宗派信仰的不同密切相關;而莫高窟涅槃經變所表現出的佛教中國化的趨勢十分明顯。劉永增《敦煌莫高窟隋代涅槃變相圖與古代印度、中亞涅槃圖像之比較研究》(《敦煌研究》1995年第1期)對隋代第427、295、280窟中的涅槃變相作出全面探討,并將其與犍陀羅、巴米揚、克孜爾石窟中的涅槃圖進行橫向比較研究,認爲莫高窟隋代涅槃變相圖的基本形式在繼承了犍陀羅以及中亞地區基本特徵的同時又有其自身的時代與地域特點。

此外，又有諸多論著以敦煌石窟中的《涅槃經變》爲比較材料展開研究。鄭炳林、沙武田《麥積山第 127 窟爲乙弗皇后功德窟試論》（《考古與文物》2006 年第 4 期）、沙武田《北朝時期佛教石窟藝術樣式的西傳及其流變的區域性特徵——以麥積山第 127 窟與莫高窟第 249、285 窟的比較研究爲中心》（《敦煌學輯刊》2011 年第 2 期）兩文將麥積山第 127 號西魏窟中的涅槃經變與大約同時代的涅槃圖（像）進行比較研究，指出敦煌石窟壁畫中的涅槃經變發展到初唐時纔有可與麥積山 127 號窟中涅槃經變相媲美之作。梁銀景《隋代佛教窟龕研究》（文物出版社）將敦煌莫高窟北周第 428 窟的涅槃圖與大約同時期的麥積山壁畫、南響堂山涅槃圖略加比較研究；并指明莫高窟隋代涅槃經變在此基礎上出現的新的情節與特點。范培松、張建林、張在明、王勇《陝西長安清華山臥佛調查》（《考古與文物》2003 年第 2 期）論及榆林窟中出現的涅槃圖像，并將莫高窟第 158 號涅槃窟與清華山臥佛窟的相似性略加比較。鄧利劍《西藏阿里古格壁畫中"力士"形象研究》（西藏大學 2010 年碩士學位論文）將敦煌石窟壁畫與阿里古格壁畫中的"力士"形象進行比較，指出與《佛入涅槃密迹金剛力士哀戀經》的記載相對應，力士形象自隋唐時期開始多見於敦煌的涅槃經變之中，其造型更加大膽、誇張，且漸見人性化的意味。墓葬方面，康保成、孫秉君《陝西韓城宋墓壁畫考釋》（《文藝研究》2009 年第 11 期）結合敦煌石窟內的數幅涅槃經變對陝西韓城宋墓壁畫東壁的涅槃圖進行考釋。鄭以墨《五代墓葬美術研究》（中央美術學院 2009 年博士學位論文）從形制、佈局、棺槨樣式等方面對王建墓進行考察，并將其與莫高窟涅槃經變畫中的有關圖像相對比，一定程度地揭示了佛教圖像在墓葬中的轉換與重組。

（三）結合文本研究

與涅槃經典的結合研究。崔峰《〈大般涅槃經〉寫經在北周和隋代的流行》（《牡丹江大學學報》2009 年第 3 期）將敦煌文獻材料與石窟考古相關聯，指出因《大般涅槃經》寫經盛行於北周和隋代的敦煌，故而相應地，同時期莫高窟中以此爲素材的涅槃經變也開始逐步盛行。梁銀景《莫高窟隋代經變畫與南朝、兩京地區》（《敦煌研究》2004 年第 5 期）通過現存敦煌遺書漢文紀年卷中涅槃經卷數目之可觀與敦煌二、三期洞窟大量繪製涅槃經變等大乘經變圖的事實，來考察兩京地區僧人或自長安返鄉的敦煌本地僧侶對敦煌地區佛教的影響。殷光明《敦煌的疑僞經與圖像（下）》（《敦煌研究》2006 年第 5 期）認爲涅槃經變是綜合諸經繪製，故以此經變爲中心來考察敦煌壁畫藝術中依據疑僞經情況之複雜；又因其大量依據疑僞經典而完全形成了一種民族化的涅槃經變。楊效俊《隋唐舍利瘗埋制度的形成原因及特點》(《考古與文物》2012 年第 4 期)認爲《大涅槃經後分》是武周至玄宗時最盛行的涅槃經典,舍利瘗埋制度即以其爲主要經典依據;而該經的流行也相應促成了涅槃經變圖像復見於其時。馬德《敦煌文獻對敦煌石窟研究的意義》(《敦煌文獻論集》)略論佛經與經變畫之間的關係,認爲在石窟中保存較多的經變畫往往也對應着在文獻中留存較多的佛經。二者共同反映出其所處時代敦煌佛教信仰的變化與佛教本身的社會化。

與碑刻、榜題的結合研究。于向東《佛教藝術中"變相"的定義及其功能》(《藝術百家》2005 年第 4 期)結合 148 窟的涅槃圖像與《大曆碑》等若干材料來探討"變相"的定義。公維章《從〈大曆碑〉看唐代敦煌的避諱與曆法行用問題》(《敦煌研究》2012 年第 1 期)將第 148 窟的《大曆碑》及南壁西側涅槃經變之《臨終遺教圖》中的一例重層榜書與其他材料相結合進行研究,認爲敦煌地區自陷蕃後至張氏歸義軍時期皆不避唐諱。公維章《敦煌莫高窟第 61 窟屏風畫〈佛傳・涅槃圖〉榜題研究》(《敦煌研究》2010 年第 4 期)圍繞藏經洞出土的 S. 4270V《涅槃經變榜題底稿抄件》對莫高窟第 61 窟的《佛傳・涅槃圖》進行圖像解讀,并從構圖和壁畫榜題的角度探討了該圖與第 148 窟涅槃經變的淵源關係。

(四) 美學與美術研究

美學研究方面,洪毅然《敦煌石窟藝術中有待探討的美學藝術學的幾個問題》(《1987 年敦煌石窟研究國際討論會文集・石窟藝術編》)以敦煌《涅槃變》爲切入點,認爲具體可感的藝術形象并不適宜表達抽象概念,甚至於採用某些抽象符號也難達此目的。穆紀光《敦煌藝術史論要》(《西北師大學報》2007 年第 2 期)用藝術哲學的視角對敦煌藝術史研究中的佛涅槃相、菩薩像、天國景象和飛天壁畫進行解構,在它們之間找到一條隱伏的邏輯綫,爲敦煌藝術史研究構造了一個假定的話語系統。胡朝陽、胡同慶《論敦煌壁畫中的簡約化與整體化現象》(《敦煌研究》2007 年第 2 期)運用格式塔心理學研究方法,對敦煌壁畫中的簡約化與整體化美學心理現象進行探討,將北周第 428 窟西壁《涅槃變》中對舉哀弟子的表情刻畫理解爲複雜而不夠統一的格式塔。謝成水《敦煌藝術美學巡禮》(《敦煌研究》1991 年第 7 期)將繪塑結合的 158 窟所表現的涅槃經變稱爲莫高窟藝術中的"神中之神",極言其以高超的藝術手法表現了常樂我淨的涅槃境界。

佛教藝術的世俗化研究方面,薛正昌《藝術明珠　絲路瑰寶——須彌山石窟的稱謂和開鑿年代淺議》(《文博》1994 年第 2 期)從莫高窟第 44、148 窟的涅槃經變着手,論證佛教藝術在唐代的進一步世俗化、民族化及審美時尚的變化,并認爲"須彌山"稱謂的由來當與此世俗化趨勢相關。

以不同畫類爲角度對敦煌壁畫中涅槃經變的研究也取得了豐碩的成果。趙聲良集中對涅槃經變中的山水畫進行解析:《試論莫高窟唐代前期的山水畫》(《敦煌研究》1987 年第 3 期)從山水畫角度對莫高窟唐代前期壁畫進行考察,認爲巨幅涅槃經變畫中全景山水的運用極富層次與變化,是敦煌壁畫中山水畫的高峰之作;《敍事性經變中的青緑山水》(《敦煌石窟全集·山水畫卷》)、《敦煌壁畫與中國畫空間構成》(《敦煌藝術十講》)將涅槃經變歸爲敍事性經變畫,并以繪塑結合的初唐第 332 窟、盛唐第 148 窟爲代表,認爲它們是以山水畫構建經變的成熟之作,在空間構成上極具表現力;《敦煌壁畫與中國傳統繪畫》(《新美術》2007 年第 5 期)一文在此基礎上略及其中的大面積青緑山水背景。劉玉權則專注於涅槃經變中的動物畫研究。《世俗與精緻》(《解讀敦煌·中世紀動物畫》)對敦煌西夏動物畫多出現於文殊、普賢、觀音和涅槃經變中的現象進行研究,認爲這是以上諸信仰在西夏時期仍然盛行的結果。關注涅槃經變壁畫中動物畫法對擬人手法的充分運用,并以其繪工、敷彩、造型等烘托宗教氣氛。《唐代前期動物畫》(《敦煌石窟全集·動物畫卷》)指出涅槃經變是動物較多且集中的大型經變。以第 332 窟爲例,該窟主要針對圍繞在佛涅槃像周圍舉哀的各種動物與《八王爭舍利》場景中的戰馬展開,并褒揚其繪畫技巧靈動多樣,形神兼備。人物畫方面,閻文儒《中晚唐的石窟藝術》(《敦煌研究》1983 年創刊號)以中唐第 158 窟涅槃經變中的弔唁羣像爲研究對象對當時人物畫的發展概況進行考察。李向平《唐代人物畫的藝術成就》(《大衆文藝》2009 年第 15 期)對該問題也略有探討。

色彩研究方面,王文娟《中西繪畫色彩觀及其抽象性問題》(《人文雜誌》2006 年第 6 期)與馮曉晨《繪畫語言的展開》(西北民族大學 2008 年碩士學位論文)皆以 428 窟涅槃變中青灰、黛緑和黑褐色的人物形象爲例,探討敦煌壁畫對原色的應用。王祖龍《楚美術的色彩取向與色彩觀念》(《三峽大學學報》2009 年第 5 期)則將其視作是對楚美術色彩觀的繼承。張一舟《論材料——影響中國畫的重要因素之一》(湖北美術學院 2007 年碩士學位論文)指出莫高窟隋窟的涅槃經變仍延續早期的灰黑色調,僅少量地使用了石緑、石青及白色,故難以與唐代色彩富麗、畫風精緻的巨幅經變相比。

個例考察方面,陳蓉《敦煌唐代經變畫的空間表現》(《晉中學院學報》2009 年第 2 期)以 148 窟涅槃經變中釋迦爲母説法的情節爲例,論説在塑造人物羣像時採用八字形排列方式所表達的强烈空間感。牛金梁《從長安到敦煌——唐代墓室壁畫與石窟壁畫之比較研究》(西安美術學院 2005 年碩士學位論文)對莫高窟第 332、148、158 窟的涅槃經變從內容情節、人物表現、佈局結構及山水畫法等方面進行了多角度考察。

東西方繪畫比較研究方面,張文靜《敦煌 158 窟〈舉哀圖〉與喬托作品〈哀悼基督〉的比較》(《赤峰學院學報》2010 年第 1 期)認爲莫高窟第 158 窟涅槃經變之《舉哀圖》與喬托創作的壁畫《哀悼基督》都表現了同一哀悼主題,并以此爲基點對二者的內容和形式進行比較,以探討在不同文化背景下藝術表現方式之不同。金望《走進〈涅槃經變〉與〈最後的晚餐〉》(《品逸 12(03\09)》)以莫高窟第 295 窟隋代涅槃經變圖爲中心,從構圖、人物刻畫、內容情節等角度將其與達·芬奇《最後的晚餐》比較并品鑒。

(五)世俗內容研究

對敦煌石窟中涅槃經變圖像進行民俗研究的專著有譚蟬雪《盛世遺風:敦煌的民俗》(甘肅教育出版社)與謝生保主編《敦煌壁畫中的民俗研究》(《敦煌民俗研究》)。其中既有對敦煌壁畫中民俗資料的概述,又有從服飾、葬俗、交通、體育等方面對敦煌壁畫所反映的民俗的研究;而在葬俗方面對敦煌石窟中的涅槃經變尤多關涉。

1. 葬俗研究

在此方面譚蟬雪多有創獲:《三教融合的敦煌喪俗》(《敦煌研究》1991 年第 3 期)結合敦煌涅槃經變畫中佛出殯時的場面,對敦煌殯俗進行研究。《儒佛交融的葬俗》(《敦煌石窟全集·民俗畫卷》)認爲敦煌涅槃經變所描繪的佛陀涅槃與信徒致哀的情景突出反映了佛教的葬俗儀軌,也在一定程度折射出敦煌一帶的民間喪葬習俗;對喪葬程式、喪葬方式等方面的研究都極具價值。《喪葬齋忌篇》(《敦煌民俗——絲路明珠傳風情》)通過第 148、158、332 等窟涅槃經變所反映的圖像信息來分析中古時期敦煌的火葬狀況與初喪舉哀等喪葬儀俗。《喪葬用雞探析》(《敦煌研究》1998 年第 1 期)則主要對敦煌涅槃經變中出現的"棺上立雞"圖像進行葬俗方面研究。

此外,楊惠玲《唐五代宋初敦煌喪俗研究》(西北師範大學 2003 年碩士學位論文)將傳世典籍、敦煌文書與壁畫中的涅槃經變相結合,對隋唐五代時期敦煌地區的喪葬禮儀、喪葬觀念進行了系統的考述。崔紅芬《多元文化對西夏喪葬習俗的影響——以河西地區爲中心》(《西南民族大學學報》2007 年第 6 期)認爲莫高窟第 148 窟的釋迦出殯場面實際上就是仿照世俗貴族的殯儀形式繪製;并對敦煌涅槃經變畫中出現的"棺上立雞"進行研究,推論西夏河西地區的漢人或也沿用了這一葬俗。郝文林《隋唐五代西北地區喪葬風俗》(西北師範大學 2009 年碩士學位論文)認爲敦煌涅槃經變畫展現了隋唐時期西北地區的漢族與突厥、回鶻、吐蕃等少數民族的喪葬風俗,且其中多有印度、中亞、西域等地區舉哀民俗的遺存,由此體現敦煌隋唐佛教藝術在多民族、多地域、多風氣相互交融影響下呈現的特徵。

2. 主要圍繞莫高窟第 158 窟涅槃經變之舉哀圖展開的與粟特相關研究

劉永增《莫高窟第 158 窟的納骨器與粟特人的喪葬習俗》(《敦煌研究》2004 年第 2 期)以中亞各地考古發現的納骨器爲比較材料,推斷莫高窟第 158 窟涅槃經變圖中弟子們頂禮膜拜的箱型物即祆教祭葬儀式所用的納骨器,由此論證中唐時期的部分祆教徒中仍然遵從着粟特人的喪葬習俗。以此爲基礎,沙武田《敦煌莫高窟第 158 窟與粟特人關係試考》(《藝術設計研究》2010 年第 1—2 期)通過對 158 窟涅槃經變中舉哀圖之民族屬性、波斯薩珊風格的聯珠雁銜珠紋、粟特納骨甕及其葬俗等諸多問題作出詳細分析,對涅槃經變圖像進行再解讀,論證該窟是敦煌粟特九姓胡人功德窟的可能性。

此外,還有一系列研究圍繞《舉哀圖》中割耳剺面、刺心剖腹的場景展開。雷聞《割耳剺面與刺心剖腹——從敦煌 158 窟北壁涅槃變王子舉哀圖說起》(《中國典籍與文化》2003 年第 4 期)從 158 窟涅槃圖入手分析唐代割耳剺面與刺心剖腹的風俗,以前者爲北方遊牧民族的葬俗,後者則因大量來華的粟特人所傳之祆教法術而頗盛於隋唐,是敦煌陷蕃後當地粟特人改信佛教的真實反映。而這兩種風俗因與傳統禮俗教化有悖,曾一度爲國家所禁止。邵明傑、趙玉平《莫高窟第 23 窟"雨中耕作圖"新探——兼論唐宋之際祆教文化形態的蛻變》(《西域研究》2010 年第 2 期)將莫高窟第 23 窟"雨中耕作圖"的賽祆雾雨場景與 158 窟涅槃經變的"刺心剖腹圖"相比較研究,認爲二者皆反映了祆教元素和粟特文化日益融入中國佛教文化的過程,是"釋祆雜糅"現象在壁畫美術方面的外化表現。杜文《宋代陶塑甂具上所見"七聖刀"幻術》(《中原文物》2009 年第 3 期)在探討宋明時期流傳的"七聖刀"幻術與祆教的關係時,推論 158 窟《舉哀圖》中出現的刺心剖腹形象當也來自胡人祆教的影響。

3. 主要圍繞第 158 窟涅槃經變之舉哀圖進行的中唐少數民族及其服飾研究

耳飾、冠飾與胡服研究方面,田華《敦煌莫高窟唐時期耳飾研究》(東華大學 2006 年碩士學位論文)以《舉哀圖》中的人物形象爲綫索,從造型、佩戴方式等方面對中唐時期少數民族佩戴耳飾的習俗進行研究。曹喆《唐代胡服——唐代敦煌壁畫維摩詰經變中的胡服考證》(《絲綢》2007 年第 3 期)運用圖像比較法對唐代敦煌壁畫中的胡服進行考證,兼及 158 窟舉哀圖中的胡人冠飾。沈雁《回鶻服飾文化研究》(東華大學 2008 年博士學位論文)同樣以《舉哀圖》爲依托,對其中人物的頭冠形狀與服裝領型所展現的回鶻特徵進行考論。霍巍《突厥王冠與吐蕃王冠》(《考古與文物》2009 年第 5 期)則主要圍繞該涅槃經變中吐蕃贊普所戴的王冠展開研究。

通過服飾對圖中人物民族身份的考察方面,莊鈮《莫高窟 158 窟國王舉哀圖中少數民族冠、帽的研究》(東華大學 2005 年碩士學位論文)通過對《舉哀圖》中的少數民族冠、帽式樣進行研究,并以此來確認圖中人物的民族身份。曹喆《以敦煌壁畫爲主要材料的唐代服飾史研究》(東華大學 2008 年博士學位論文)考證了敦煌唐代涅槃經變畫中出現的平巾幘之服與胡服、胡帽;在對後者進行研究的過程中依靠圖像比較來判別人物的族屬或國別,并繪製其基本款式。楊森《敦煌壁畫中的高句麗、新羅、百濟人形象》(《社會科學戰綫》2011 年第 2 期)則對《舉哀圖》中頭冠上插三根羽毛的王子形象略加探討,指出該形象來自東北亞地區的可能性小。

圍繞《舉哀圖》中吐蕃贊普像的研究。魏健鵬《敦煌壁畫中吐蕃贊普像的幾個問題》(《西藏研究》2011 年第 1 期)對 158 窟涅槃經變舉哀圖中吐蕃贊普像略有新變的服飾風格加以探討,尤其注意到經變中吐蕃贊普腦後的頭光,認爲這既是佛教世俗化過程中將世俗形象神化達到的一個新高度,也是帝王爲"天子"思想的延伸。謝繼勝、趙媛《莫高窟吐蕃樣式壁畫與絹畫的初步分析》(《西北民族大學學報》2010 年第 4 期)則認爲上述吐蕃贊普的頭光凸顯了吐蕃人在當地的勢力以及國王被視爲菩薩的化身。此外該文還指出 158 窟涅槃經變中的菩薩造像亦可見吐蕃波羅藝術風格的影響。在此基礎上更進一步探討其所蘊含時代主題的研究文章有:羅世平《身份認同:敦煌吐蕃裝人物進入洞窟的條件、策略與時間》(《美術研究》2011 年第 4 期)探討第 44、158 窟涅槃經變中唐朝帝王與吐蕃贊普并肩立於舉哀隊伍前列的現象,認爲這兩個時代主角在特定情境下相會的設定表達了唐蕃永修和好的時代主題。該文對中唐第 44 窟壁畫中涅槃經變的考察尤其值得注意。桑吉扎西《敦煌石窟吐蕃時期的藏傳佛教繪畫藝術》(《法音》2011 年第 2 期)關注到以中唐 158 窟涅槃經變舉哀圖中的吐蕃贊普及其所率侍臣爲代表的人物畫,認爲其內容情節、人物形態、服飾與裝飾圖案都流露着吐蕃藝術風情,對當時的多民族政權格局也有所反映。

4. 軍事與體育研究

該類研究主要圍繞敦煌石窟壁畫中涅槃經變之《八王爭舍利》場面展開。倪怡中《敦煌壁畫中的古代戰爭》(《圖書與情報》2006 年第 1 期)將 332 窟南壁上部涅槃經變的《八王爭舍利》場面視爲古代騎戰的真實寫照,并展開分析。趙聲良《敦煌藝術與大唐氣象》(《圖書與情報》2006 年第 6 期)則認爲諸如涅槃經變之《爭舍利》等戰爭場面的出現,是唐代崇尚軍功之大勢所趨。此外,張永萍《唐五代宋初敦煌教育初探》(西北師範大學 2006 年碩士學位論文)與李重申、李金梅《論敦煌古代的遊戲、競技與娛樂》(《南方文物》2010 年第 3 期)等文略及敦煌石窟涅槃經變畫中的"射藝"。

5. 器物研究

家俱類研究：楊森《敦煌壁畫家俱圖像研究》(民族出版社)從家俱史的角度對敦煌壁畫中出現的坐臥類、桌案類、雜項陳設類家俱加以探究，其中也包括了對涅槃經變圖像中常見的佛座、佛牀、臥具、供案等家俱的考釋。此外，楊森《敦煌石窟中的佛座圖像研究之一——須彌座》(《敦煌研究》2008 年第 4 期)一文中則對須彌座作出了專門論述，指出須彌座等佛座可能是變席地跽坐爲垂足倚坐坐姿的重要影響因素。

對盛唐第 148 窟涅槃經變中的散見器物的研究，有馬德《敦煌壁畫交通工具史料述論(上)》(《敦煌研究》1995 年第 1 期)對該經變圖中輈車型的四馬駕車有所關注。王樂、趙豐《敦煌傘蓋的材料和形制研究》(《敦煌學輯刊》2009 年第 2 期)略考第 148 窟涅槃經變之《八王分舍利圖》中國王座駕上方所撐的曲柄傘。袁泉《舍利安置制度的東亞化》(《敦煌研究》2007 年第 4 期)涉及對此涅槃經變圖像中出現的方形雙簷頂靈帳的考察。楊森、張宏《淺談敦煌籍帳文書中的漆器和小木器皿》(《敦煌研究》2009 年第 2 期)則注意到該經變中出現的盛供物的大盤。

6. 樂舞研究

喬晴《敦煌莫高窟第 148 窟樂舞壁畫研究》(武漢音樂學院 2010 年碩士學位論文)。以莫高窟的盛唐涅槃窟——第 148 窟爲研究環境，對其中出現的樂舞壁畫進行分析探討，認爲該窟的樂舞壁畫配合涅槃經變圖像，共同體現了窟主的涅槃、淨土信仰。

（六）其他

飛天等藝術形象研究。謝生保、謝靜《敦煌壁畫中的飛天》(《尋根》2007 年第 2 期)和王亦慧《淺談敦煌飛天的時代特色》(《絲綢之路》2010 年第 12 期)等文皆以中唐 158 窟涅槃經變上方的數身飛天爲唐代後期敦煌壁畫的同類題材中最具代表性的作品。樂睿《作爲典籍符號的圖像敍事——西域石窟壁畫阿闍世王題材再探討》(《西域研究》2006 年第 1 期)認爲在敦煌石窟壁畫的涅槃經變之《八王分舍利》情節中，阿闍世王題材實際上成爲統攝於涅槃敍事體系中的一個細節，并無特殊的渲染用意。王惠民《敦煌毗那夜迦像》(《敦煌學輯刊》2009 年第 1 期)論及中唐 44、158 窟涅槃經變中出現的獅皮冠、鹿皮冠護法神。

圖案研究。朱單羣《中國雲氣紋的發展演變研究》(蘇州大學 2008 年碩士學位論文)略及 158 窟涅槃經變畫中的雲氣紋。

在教學實例中的應用。王瑞芹《建構現代教學與歷史文化的橋樑——從重彩畫教學中感受敦煌壁畫"涅槃圖"的神韻》(《藝術教育》2009 年第 3 期)與左靜《天上人間———一堂宗教壁畫課課堂實錄》(《科學大衆》2009 年第 5 期)兩文皆以敦煌壁畫中的涅槃經變爲實際教學中的優秀範本而加以運用。

結　語

近三十年來,學術界關於敦煌石窟《涅槃經變》研究方面的成果層出不窮,日益豐碩。從學術回顧來看,目前對該問題的研究呈現如下特點:

第一,爲數衆多的圖版類著作,爲學者研究涅槃經變提供了極其豐富寶貴的圖像資料;但在對圖像的解讀上,仍有部分細節亟待考辨。

第二,按不同年代、不同洞窟對涅槃經變進行的概觀性研究頗有建樹,爲多方位視角的考察奠定了良好基礎。但與莫高窟相比,對敦煌西夏石窟中涅槃經變畫的研究相對不足,仍有廣闊的發展空間。

第三,專項研究方面成果顯著。在圖像組合方面,對法華、涅槃相借相融現象的研究已相當深入,取得了一系列重要成果;以敦煌石窟中的《涅槃經變》爲參照而進行的比較研究爲學界開闊了研究視野;從美術與美學角度所做的考察,對該問題的跨學科研究有着積極的推進作用。但在與文本結合研究方面似略嫌薄弱,有待進一步的開拓研究。

第四,就敦煌《涅槃經變》中世俗內容的研究而言,對葬俗與服飾方面的研究相對集中。從單個洞窟的角度來看,第 148、158 窟的涅槃經變因畫面清晰,情節完整,繪有大量世俗題材,極具藝術表現力,吸引大批學者以此爲中心開展了全面、細緻而深入的研究,并取得諸多進展與突破,發表了一系列頗具影響的重要學術成果;第 158 窟因其時代特殊性,更是備受關注。

第五,尚有十餘鋪涅槃經變畫或因規模較小、情節簡單,或因畫面漫漶,而未能引起學界的廣泛關注與針對性研究。

綜上可見,對敦煌石窟《涅槃經變》的專項研究依然有待於進一步探索,西夏部分及小幅畫面的研究尚需學人重視并奮力挖掘。

百年敦煌占卜文獻研究綜述

劉泓文（蘭州大學）

敦煌占卜文獻,是指保存於敦煌藏經洞的那些以吉凶預測爲主要内容的術數文獻,它是敦煌文獻的重要組成部分,對於深入認識中古時期的思想史、文化史、宗教史、社會史、民俗史等具有獨特的意義,是敦煌學的一個分支研究領域。但由於長期以來人們對占卜文獻所帶有的偏見,再加上敦煌占卜文獻本身所具有的内容龐雜、書寫混亂、保存不佳等客觀性原因,極大地限制了敦煌占卜文獻研究的深入發展,使之成爲敦煌學研究中的弱勢領域。所幸,經過一個多世紀的積累、醞釀,再加上近幾十年來學術界對中國傳統社會文化、思想的逐漸重視和研究的不斷深入,使得敦煌占卜文獻的研究也將步入全面收穫的金秋時節。爲便於學術界更好地了解敦煌占卜文獻的研究歷史和研究現狀,本文力圖從學術史的角度,分概説、相占、星占、雲氣占、曆法、夢占、宅經葬書、禄命、鳥占、五兆卜法、雜占、民俗與其他等方面對敦煌占卜文獻研究成果進行全面的、分階段整理。

一、第 一 階 段

這一階段是敦煌占卜文獻發現與研究的濫觴期,主要包括 1949 年以前一些著名學者對這類文獻的發現與初步研究,其特點是研究力量薄弱,力度不夠,且以文獻研究爲主,視角單一,成果較少。

（一）相占

［日］松本榮一在《敦煌畫の研究》（東京：同朋舍,1937 年）第八章《外教圖·觀相圖卷其他》中介紹了傳世相書 CH. 00209 的内容、性質、用途及相關情況,稱此爲"觀相圖",并與後世的《神相全編》及《三才圖會》中所載的面痣圖進行了簡單的比較。王重民《巴黎敦煌殘卷敍録·相書》（《圖書季刊》1935年第 3 期;又見《敦煌叢刊初集 9》,臺北：新文豐出版公司,1985 年）對敦煌寫本相書 P. 3589V、P. 2572、P. 2797 進行了詳細的考察,分別就三卷相書之間内容的異同、性質、影響作了精闢的論述,并考察了古代相書的淵源。

（二）星占

羅振玉《星占書跋》（《雪堂校刊羣書敍録》卷下,1913 年;又見《敦煌古籍敍録新編》第 9 册,臺北：新文豐出版公司,1986 年）對 P. 2512 星占殘卷的基本情況略作介紹,依照文本内容初步考訂殘卷作者爲唐初人,并對其存世的

2014 敦煌學國際聯絡委員會通訊

價值和特殊意義作了肯定。

（三）天文曆法

羅振玉《大唐同光四年具注曆》（《松翁近稿》，上虞羅氏印，1925 年；又見《敦煌古籍敍錄新編》，臺北：新文豐出版公司，1986 年）略述具注曆殘卷現狀，并對其時間、作者、內容等加以考訂。

（四）宅經葬書

羅振玉《陰陽書跋》（《雪堂校刊羣書敍錄》卷下，上虞羅氏貽安堂凝清室刊本，1917 年；又見《敦煌古籍敍錄新編》，臺北：新文豐出版公司，1986 年）對 P.2534 陰陽書殘卷的基本情況略作介紹，并根據傳世的陰陽書文獻初步斷定此陰陽殘卷爲唐以前人所作，還就其存世價值和特殊意義作了肯定。

（五）鳥占

［法］巴考《閃電預兆表：藏文文獻的刊佈和翻譯》（《亞細亞學報》第 2 套第 1 卷，1913 年）首次對 P.T.1045 號文書進行了解讀和譯文，并對其內容略作探討，由此拉開了學界探討吐蕃鳥占來源的序幕。

（六）雜占

陳槃《敦煌唐咸通鈔本三備殘卷解題——古讖緯書錄解題附錄之一》（《中央研究院歷史語言研究所集刊》第 10 本，1942 年；又見《中國敦煌學百年文庫·文獻卷》1，蘭州：甘肅文化出版社，1999 年）對 S.6015、S.6349 兩件《易三備》寫本作了校錄和考證。

二、第 二 階 段

這一階段是敦煌占卜文獻研究的整體停滯與局部發展期，包括 20 世紀50—70 年代一批國內外學者爲數不多的論文和專著，其主要特點是，開始從文化、科技、歷史等角度對敦煌占卜文獻內容進行考察和分析。

（一）概說

王重民《敦煌古籍敍錄》（北京：商務印書館，1958 年）卷三"子部上"將包括王國維、羅振玉、陳槃等著名學者已刊佈、題跋和研究的部分敦煌占卜文書收入其中，爲敦煌占卜研究的深入和繼續發展奠定了基礎。

（二）相占

陳祚龍《相學國手袁天綱》（《四川文獻》第 137 期，1974 年 1 月）論及了P.3589V、P.2572、P.2797、P.3390、P.3492V、P3395、S.5969 等敦煌相書資料，并於文末釋讀了 P.3390，對於學術界了解敦煌相書的整體情況特別是對P.3390 號的認識起了很大作用。［法］侯錦郎《敦煌寫本中的唐代相書》（載蘇遠鳴主編的《敦煌學論文集》，日內瓦—巴黎：德羅茲書店，1979 年）分別對

150

相術的歷史和敦煌寫本相書的內容,以及 P.3390 號相書的年代、相圖、文書作了多方研究,特別是對各種面色預兆吉凶的根源和依據作了深入的探討。該文於 1993 年由耿昇先生譯爲漢文,選入《法國學者敦煌學論文選萃》,由中華書局出版。

(三)星占

[日]石田幹之助《都利聿斯經とその佚文》(《羽田博士頌壽紀年東洋史論叢》,京都:東洋史研究會,1950 年)搜集了中、日文獻中的大量零散記載,認爲《都利聿斯經》是混有伊朗文化因素的佛教天文學著作。席澤宗《敦煌星圖》(《文物》1966 第 3 期;又見《中國古代天文文物論集》,北京:文物出版社,1989 年)對這幅世界上現存最古老且星數最多的星圖進行了詳細的考訂研究,并利用《開元占經》進行了初步校勘。

(四)雲氣占

陳槃《影鈔敦煌寫本占雲氣書殘卷解題——古讖緯書錄解題附錄三》(《中研院史語所集刊》第 50 期,1979 年 3 月)考釋此《占雲氣書》係行軍侯望雲氣以占吉凶進退之事,爲歷代書目所未見。

(五)天文曆法

董作賓《大唐同光四年具注曆合璧》[《中研院史語所集刊》第 30 期(下),1970 年 10 月;又見《中國敦煌學百年文庫·科技卷》,蘭州:甘肅文化出版社,1999 年]將幾件同光四年的具注曆殘卷進行綴合,并就其定名、款式和曆年作了探討。

(六)民俗及其他

[日]松本榮一《敦煌本〈白澤精怪圖〉卷》(《國華》1956 年第 770 號)考察了敦煌本《白澤精怪圖》的起源和流傳,并對每一種精怪作了簡單的說明,引用相關史料加以印證,且附有圖版和錄文。王國維《唐寫本〈靈棋經〉殘卷跋》(《觀堂集林》第 21 卷,北京:中華書局,1959 年;又見《王國維遺書》3,上海古籍書店,1983 年;又見《中國敦煌學百年文庫·文獻卷》2,蘭州:甘肅文化出版社,1999 年)介紹了 S.557《靈棋經》殘卷的內容,并比較此《靈棋經》殘卷與今本《靈棋經》之異同。饒宗頤《跋敦煌本〈白澤精怪圖〉兩殘卷(P.2682、S.6261)》(《中研院史語所集刊》,1969 年)考察了敦煌本《白澤精怪圖》的源流、功能、書法和繪畫等,且用互證的方法論證 P.2682、S.6261 兩殘卷屬於同卷。林聰明《巴黎藏敦煌本〈白澤精怪圖〉及〈敦煌廿詠〉考述》(《東吳文史學報》1977 年第 2 期)對 P.2682《白澤精怪圖》的 19 幅圖作了錄文和考訂,釋讀出了松本榮一未能錄出的一些文字,且比較了 5 條《白澤精怪圖》與輯本《白澤圖》、《白澤精怪圖》與《金樓子·志怪篇》、《抱朴子·登涉

篇》的互見之文。

三、第 三 階 段

這一階段是敦煌占卜文獻研究的全面拓展期,指的是 20 世紀 80 年代以來到目前爲止一批學者所進行的全面、系統研究,其主要特點是研究的深入化、專門化,成果衆多,内容豐富,取得了令人矚目的成就。

(一)概説

敦煌占卜文書綜合性研究方面,黄永武《敦煌古籍敍録新編》(臺北:新文豐出版公司,1986 年)"子部上"將敦煌遺書中已刊佈的占卜類文書收録其中,并彙集各家題跋或節録有關論文,是對前輩學者研究成果的彙編。黄正建《敦煌占卜文書與唐五代占卜研究》(北京:學苑出版社,2001 年)全面整理了敦煌占卜文書,運用占卜知識將其分爲十三類,糾正了以往許多錯誤定名、不當拼接,具體分析了敦煌占卜文書所具有的特點及唐五代占卜的實況,又將占卜放在唐宋變革的總體發展中進行研究,分析了國家對占卜控制的減弱、占卜在民間的普及和占卜者地位下降等現象和意義。法國學者馬克·卡林諾斯基《中國中世時期的占卜與社會——法國國家圖書館與大英圖書館所藏敦煌寫本研究》(巴黎,2003 年)對敦煌的術數文獻進行了系統的梳理,以中國傳統目録學的分類用語"術數"爲出發點,考察敦煌寫本文獻,把古代科學、占卜、民間宗教結合起來進行研究,是關於敦煌寫本中術數文獻的一部力作,也是一部集體研究的成果。張弓《敦煌典籍與唐五代歷史文化》(北京:中國社會科學出版社,2006 年)將敦煌典籍置於唐五代的歷史背景之下,設緒論、儒學、佛典、道典、史地、文學、書儀、雜占、科技、藏文典籍等九章,對敦煌典籍歷史源流、學術文化價值以及所蘊含的社會歷史信息等加以考察,探討了其形式和内容特點與社會變動的關係、四部籍的穩定傳承等問題。

高國藩《古敦煌民間的〈陰陽書〉、〈星占書〉、〈鳥占書〉》(《陽關》1985 年第 5 期)從民俗學的角度,對古敦煌民間的《陰陽書》、《星占書》、《鳥占書》進行了部分録文和研究。日本學者菅原信海《占筮書》(載池田温主編《講座敦煌 5·敦煌漢文文獻》,東京:大東出版社,1992 年)對敦煌占卜文書作了分類、定名等綜合性工作,標誌着學界對敦煌占卜文書的關注從以往即興式的研究向歸類整理專項研究的學術自覺轉變,開始有了從整體上把握敦煌術數文獻的嘗試。張鐵山、趙永紅《古代突厥文〈占卜書〉譯釋》[《喀什師範學院學報》(哲學社會科學版)1993 年第 2 期]對古突厥《占卜書》Irq Bitig 作了譯釋。[法]茅甘《西北邊疆的動盪》(載戴仁主編《遠東亞洲叢刊》第 11 卷,2000 年)考察了 P.2632、P.2941 等 5 件占卜文書,認爲它們應該是同一卷占卜書的不同抄件,其中包含着吐蕃佔領敦煌初期所發生的歷史事件的珍貴信息。作者先對資料作了概觀性的描述,然後以地區爲綱,把文書中有關西秦、酒泉、敦煌、晉昌、張掖、武威將要發生的天災人禍的預言都搜集起來作了英譯,繫於其下。接着解釋了文書中頻繁出現的"白衣"、"侯王"、"大將"三詞的含義以及符篆的運用。黃正建《關於 17 件俄藏敦煌占卜文書的定名問題》(《敦煌研究》2000 年第 4 期)從文獻學的角度對俄藏敦煌文獻中的 17 件占卜文書進行了重新定名。黃正建《有關〈北京圖書館敦煌遺書續錄〉中占卜文書的定名等問題》(《文獻》2000 年第 3 期)從文獻學的角度對《北京圖書館敦煌遺書續錄》中的 4 件占卜文書進行了拼接、定名的嘗試。黃正建《關於〈俄藏敦煌文獻〉11 至 17 册中占卜文書的綴合與定名等問題》(《敦煌研究》2002 年第 2 期)檢得《俄藏敦煌文獻》11 册以後的碎片中沒有定名的占卜文書約 27 件,該文對其中 16 件殘卷進行了定名與拼接。鄭炳林《敦煌文獻中的解夢書和相面書》(《敦煌與絲路文化學術講座 1》,北京圖書館出版社,2003 年)介紹了敦煌解夢書的分類、主要的解夢方法以及敦煌相面書的分類和主要問題。鄭炳林《晚唐五代敦煌占卜中的行爲決定論》(《敦煌學輯刊》2003 年第 1 期)依據敦煌本解夢書和相面書提出了"行爲決定論",將占辭預兆與人事現實間的不統一,用好夢好相的實現主要取決於自己行爲好壞的理論來解釋。王愛和《敦煌占卜文書研究》(蘭州大學博士學位論文,2003 年 5 月)選取了敦煌占卜文書中除宅、葬、相、夢之外的占卜類文書作爲研究對象,首先對它們進行文獻整理,其次在文獻整理的基礎上對其中涉及的卜術、文化特徵作進一步探討。趙貞《敦煌占卜文書殘卷拾零》(《敦煌吐魯番研究》第 8 卷,北京:中華書局,2005 年)在黃正建《敦煌占卜文書與唐五代占卜研究》的基礎上,又補充了羅振玉舊藏、上海圖書館藏、英藏和俄藏中的 23 件占卜文書。房繼榮《英藏古藏文占卜文書述要》(《甘肅高師學院學報》2007 年第 3 期)着重介紹了英國探險家斯坦因在第二次中亞考察中獲得的大量古藏文文獻中的占卜文獻。芮跋辭、胡鴻《古突厥文寫本〈占卜書〉新探——以寫本形態與文本關係爲中心》(榮新江主編《唐研究》第 16 卷,北京:北京大學出版社,2010 年)對古突厥寫本 Irq Bitig 從寫本形態、寫本內容等方面進行了解讀。許建平《敦煌子部文獻的範圍及分類》(《敦煌研究》2013 年第 3 期)以《四庫全書總目提要》的分類爲主要依據,參照《漢書·藝文志》、《隋書·經籍志》、《中國古籍善本書目》等經典書目的分類,并根據敦煌文獻所存寫卷內容的實際情況,將敦煌文獻所存子部寫卷分成諸子類、醫家類、天文演算法類、術數類、類書類、藝術類、宗教類七大類,同時對各類所屬第三級類目的設置作了説明與解釋。

敦煌藏文占卜文書整理與研究方面,王堯、陳踐《吐蕃時期的占卜研究——敦煌藏文寫卷譯釋》(香港中文大學出版社,1988 年)將法國國立圖書館出版的《國立圖書館藏藏文文書選刊》中收錄的 P. T. 1047、P. T. 1055、P. T. 1045、P. T. 1046 號占卜文書譯成漢文,并對吐蕃統治時期的占卜作了初步分析研究。王堯《法藏敦煌藏文文獻解題目錄》(北京:民族出版社,1999 年)將 P. T. 1045—P. T. 1056 號敦煌藏文占卜文書收入其中,并對各文書的研究情況作了詳細介紹。〔法〕A·麥克唐納著,耿昇譯《敦煌吐蕃歷史文書考釋》(西寧:青海人民出版社,2010 年)對敦煌寫本文書中部分藏文占卜文書的占卜性質與內容進行了深入分析。項欠多傑《敦煌吐蕃占卜文書研究》(蘭州:甘肅民族出版社,2013 年)主要介紹了蕃佔敦煌時期的卜具和占卜研究概況,探討了藏族占卜文化的起源與發展,并對吐蕃時期的羊肩胛骨卜、鴉鳴占卜、骰子卜、銅錢卜、十二因緣占卜文書等進行了分析和研究,還論述了敦煌吐蕃占卜文書的特徵、價值,以及吐蕃占卜文書與其他學科的關係。該書填補了利用敦煌吐蕃占卜文獻對敦煌吐蕃占卜和藏族占卜文化全面研究的空白。

謝後芳《古代藏族卜辭》(《西藏研究》1982 年第 3 期)從文學角度對敦煌吐蕃時期的卜辭殘卷從形式、結構、表現手法等方面進行了分析研究。王堯、陳踐《吐蕃時期的占卜研究——敦煌藏文寫卷 P. T. 1047、P. T. 1055 號譯釋》(《世界宗教研究》1985 年第 3 期)將 P. T. 1047、P. T. 1055 號占卜文書譯成漢文,予以介紹,并對吐蕃時期的占卜作了初步分析研究,認爲占卜是由前兆聯想到前兆迷信的進一步系統化,是苯教巫師類宗教職業者的"傑作",并成爲他們爭取信徒的重要手段。王堯、陳踐《三探吐蕃卜辭——倫敦印度事務部圖書館所藏藏文占卜文書譯釋》(《青海社會科學》1987 年第 3 期)對倫敦印度事務部圖書館所藏藏文占卜文書作了解題、譯釋等工作。周錫銀、望潮《藏族的骰子卜》(《西藏藝術研究》1997 年第 3 期)探討了藏族骰子卜的卜具、成卦骰子數以及敦煌古藏文寫卷《骰子占卜辭》殘卷 34 個卜辭所反映的卜象,并借此略窺公元 9 世紀以前藏區人們的思想狀況、社會現象。王堯《西望陽關有故人:敦煌藏文寫卷述要》(《中國學術》2002 年第 4 期)介紹了敦煌藏文寫卷中的部分占卜文獻。格桑央京《敦煌藏文 P. T. 351 占卜文書解讀》(《敦煌學輯刊》2006 年第 1 期)對 P. T. 351 寫本加以轉寫、漢譯和疏証,分析了該占卜文書的書寫特徵。格桑央京《敦煌藏文寫卷 Ch. 9. Ⅱ. 19 號初探》(《中國藏學》2005 年第 2 期)首先介紹 Ch. 9. Ⅱ. 19 號藏文文書是由 62 段占卜辭組成的,其內容主要包括戰爭、敵人、出行、疾病、訴訟、婚姻、經商、鬼怪作祟等方面,指出這些對研究吐蕃時期的占卜心理有很大幫助。陳楠《P. T. 1047 寫卷卜辭與吐蕃相關史事考釋》〔《西北民族大學學報》(哲學社會科學版)2010

年第 4 期〕在前人研究的基礎上,從分析寫卷卜辭入手,參證 P. T. 1287、P. T. 1288 等古藏文寫卷及傳統藏史典籍文獻,對相關歷史人物及歷史事件作了綜合性分析研究。陳踐踐《IOL Tib J749 號占卜文書解讀》(《中國藏學》2012 年第 1 期)介紹了 IOL Tib J749 號古藏文骰子占卜文書的特點、卦象、卦名等基本情況,并作了漢藏文對讀。

敦煌占卜文書研究的回顧與展望方面,〔法〕馬克著,耿昇譯《法國戰後對中國占卜的研究》(《世界漢學》1998 年第 1 期)對法國戰後對敦煌占卜文獻的研究概況略作介紹。趙貞《黃正建〈敦煌占卜文書與唐五代占卜研究〉》(《唐研究》第 8 卷,2002 年)首先敍述了占卜文書的研究概況,然後對該書逐章作了點評,又從文書的收錄、分類、定名、解題等方面就《敦煌占卜文書與唐五代占卜研究》的相關問題作了評價。黃正建《敦煌占卜文書研究的回顧與展望》(《敦煌吐魯番研究》第 7 卷,北京:中華書局,2004 年)從敦煌占卜文書的定義及其涉及範圍、對諸種《目錄》分類收錄占卜文書研究論著的分析、以往敦煌占卜文書研究的歷程與特點、對今後敦煌占卜文書研究的幾點意見等方面對敦煌占卜文書研究的狀況作了回顧與展望。王晶波《敦煌占卜文獻研究的問題與視野》(《敦煌研究》2011 年第 4 期)在充分吸納前人成果的基礎上,從文獻、文本、文化三個層面入手,就敦煌占卜文獻研究的歷史、問題、方法和視野進行了論述,力求總結經驗,釐清概念,拓展視野,將敦煌占卜文獻的研究推向深入。

敦煌占卜文書與民間信仰方面,余欣《中古異相——寫本時代的學術、信仰與社會》(北京:中華書局,2011 年)以西陲出土的寫本爲基礎,探討中國古代的學術、信仰與社會,關注中國學術本源的特殊視點:方術與博物。濮仲遠《唐宋時期的敦煌民間信仰研究》(西北師範大學碩士學位論文,2005 年)運用敦煌文書中大量關於自然物崇拜、鬼魂崇拜、占卜、巫術等民間信仰方面的材料,對唐宋民間信仰進行了研究探討。劉永明《唐五代宋初敦煌道教的世俗化研究》(蘭州大學博士後出站報告,2006 年)從道教與術數的關係探討了敦煌術數占卜文獻對敦煌道教研究的價值。劉永明《敦煌道教的世俗化之路——敦煌〈發病書〉研究》(《敦煌學輯刊》2006 年第 1 期)指出《發病書》是敦煌占卜文獻中很有特點的一類,專述疾病的占卜及宗教治療之術,在敦煌地區十分流行。本文在考證分析以 P. 2856 爲核心的敦煌《發病書》之形成、內容結構、文本特點的基礎上,着重考察了敦煌《發病書》的內容形成與道教之間的密切關係,揭示了其中鮮明的道教特徵和道教與民間宗教之間複雜交織的相互關係,展示了道教世俗化的重要途徑和具體表現。劉永明《吐蕃時期敦煌道教及相關信仰習俗探析》(《敦煌研究》2011 年第 4 期)通過對 9 世紀前期的幾份敦煌具注曆日、《康再榮建宅文》、P. 2729V《太史雜占曆》等文書的分析考察,認爲吐蕃統治敦煌時期,漢民依然能夠在一定程度上保持和延續本民族的生產生活方式和信仰習俗。楊秀清《數術在唐宋敦煌大衆生活中的意義》[《南京師範大學報》(社會科學版)2012 年第 2 期]指出術數以陰陽五行爲核心的宇宙觀念、宇宙的自然運行和人生禍福相同一的觀念,以及由此決定的秩序觀念和厭劾祠禳之術,成爲敦煌大衆知識與思想體系中不可缺少的一部分,對敦煌的社會生活產生了重大影響。

(二) 相占

文獻研究方面,劉永明《命相集成》(合肥: 黄山書社,1995 年)對增補《四庫全書》未收錄的命相類古籍作了輯錄整理,其中包括許多敦煌寫本占卜文書。鄭炳林、王晶波《敦煌寫本相書校錄研究》(北京: 民族出版社,2004 年)對敦煌寫本相書的 12 個卷號進行了全面的釋錄、校注和題解,是敦煌遺書發現百年以來相書文獻的首次全面整理刊佈,爲敦煌相書的深入研究奠定了堅實的基礎。王晶波《敦煌寫本相書研究》(北京: 民族出版社,2010 年)從文獻研究、文本研究、文化研究三個層面入手,在對 12 個卷號的敦煌相書殘卷進行全面梳理、錄文校釋的基礎上,分類論述敦煌相書的內容、性質與特點,探討敦煌相書所蘊含的符號體系、文化內涵與價值觀念,并從中窺探唐五代宋初社會生活與信仰風俗的種種情狀。

王晶波《英藏敦煌唐代厤子圖考》(《中國典籍與文化》2004 年第 3 期)在拼合英藏敦煌厤子圖殘片 CH. 00209、S. 5976 的基礎上,從相圖佈局結構、內容等方面入手,并與傳世相圖比較,綜合考察了這件相圖的名稱、繪製年代及意義特點。鄭炳林、王晶波《敦煌寫本 P. 2572 (B)〈相法〉(擬)殘卷研究》(《敦煌學輯刊》2005 年第 4 期)指出 P. 2572 (B)是 P. 2572 後半部所抄的一部失名相書殘卷,它記載了如何綜合運用各種相法以預測吉凶貴賤等內容,與此卷前半部分所抄的許負類相書屬於不同的系統。因此作者將敦煌寫本 P. 2572 (B)從許負系統相書中獨立出來,擬題爲《相法》,考察了它的形式、內容、性質以及抄寫年代。王晶波《許負相書的作者與源流》(《敦煌學輯刊》2006 年第 4 期)、《敦煌寫本許負相書的系屬與類別》(《敦煌研究》2006 年第 5 期)分別從作者、源流、殘卷篇目、內容等加以考察,釐清許負系統相書的 5 個寫本系屬來源、抄寫年代并比較異同,爲進一步研究此類相書的性質、內容及其意義,提供了一份可靠的依據。王晶波《唐宋相書的著錄與種類》(《圖書與情報》2006 年第 6 期)依據史志目錄、敦煌文獻,結合對其他傳世文獻的考察,對唐宋之際相書的著錄、種類等情況進行全面梳理,以期爲全面認識唐宋社會文化,尤其是民間信仰與民衆心理,提供一份獨特的資料。王晶波《敦煌寫本許負系統相書考》(《絲綢之路民族古文字與文化學術討論會會議論文集》,西安:三秦出版社,2007年)指出敦煌許負系統相書共有5個卷號,代表了敦煌相術的主流。本文從對這些殘卷篇目、内容的分析入手,結合其他文獻記載,考辨異同,鑒察得失,梳理源流,爲進一步認識敦煌寫本相書的性質、内容及意義,提供一份可靠的依據。鄧文寬《敦煌三件〈相書一部(卷)〉"集"成年代之我見(修訂稿)》[《百年敦煌文獻整理研究國際學術討論會論文集》(上册),2010年]在前人研究的基礎上,認爲CH.87、P.3589V、S.5969敦煌三件許負系統《相書一部(卷)》抄本歸於同一母本,并認爲這三件許負系統《相書一部(卷)》早期的"集"成在東晉南朝時,但五代末至宋初仍有人在加工修改,故今本的最後"集"成年代當在五代末至宋初的數十年間。

　　文本研究方面,黄正建《敦煌文書中〈相書〉殘卷與唐代的相面——唐代占卜之二》(《敦煌學輯刊》1988年第1、2期)通過對P.2572、P.2797、P.3589V號相書異同的比較,考察了它們的成書年代,又介紹了P.3390、P.3492V、P3395、S.5976號四卷相書的基本情況。對王重民先生認爲P.3589V相書是托名許負編集,實乃古代傳行民間的諸種相書之一的觀點作了補充,同時論述了相面在唐代社會中的作用。鄭炳林、王晶波《敦煌寫本相書概述》(《敦煌學國際聯絡委員會通訊創刊號》,2003年12月)探討了敦煌寫本相書的研究狀況、敦煌寫本相書的分類及年代判定、敦煌寫本相書對研究中國古代歷史和敦煌民俗的價值等問題。王晶波《敦煌相書殘卷CH.00209、S.5976校理釋録》(《敦煌學輯刊》2004年第1期)將CH.00209、S.5976兩件文書拼接爲一張比較完整的相痣圖;校理釋録出了圖中標注的占辭解説,認爲無論是所存人體圖的數量、表現的部位,還是圖中所標注的黑痣數,以及其對命運的占卜,都比傳世相痣圖要豐富得多。王晶波《敦煌相書殘卷P.3390號研究》(《敦煌學輯刊》2004年第2期)在前人研究的基礎上結合傳世相書,對P.3390號相書的内容、性質、背景,以及它與其他相氣色圖書的關係等進行了探討。王晶波《論佛教占相内容對敦煌寫本相書的影響》(《敦煌研究》2004年第2期)以保存於敦煌的寫本相書爲依據,就其中相圖、占辭所反映出的相關内容,并結合其他文獻所載,從具體表現與途徑諸方面分析討論了佛教占相内容對敦煌相術的影響。王晶波《敦煌相書殘卷S.3395、S.9987B1V考論》[《蘭州大學學報》(社會科學版)2004年第4期]指出S.3395與S.9987B1V殘片可以綴合拼接,通過對殘卷篇目的劃分以及語言、内容解説的分析考察,比較了它與敦煌許負相書系統的異同,認爲它是在敦煌許負相書的基礎上,匯録當時流行的相書和相面法編纂而成的一部新相書,是居於許負相書和傳世相書之間具有過渡性質的作品,反映了唐代相書發展的情況。鄭炳林《敦煌寫本許負相書殘卷研究》（《敦煌學國際研討會論文集》，北京圖書館出版社，2005 年）介紹了敦煌寫本許負相書殘卷的基本情況和主要特徵，并考證認爲晚唐五代敦煌地區占卜風氣比較興盛，敦煌文士們在改變其他典籍的同時也在改變占卜文獻，從而留下了兩類許負相書抄本。王晶波、王璐《唐代相痣書殘卷 P. 3492V 研究》（《敦煌研究》2005 年第 1 期）指出敦煌相痣書 P. 3492V 殘卷記載了人體各部位黑痣及其所主命禄吉凶，是目前所見相痣類圖書中内容最豐富、記載最詳細的一部，客觀地反映了唐代相痣術的發展及其在民間流傳的實際狀況。作者結合傳世文獻的記載，并以其他卷號的敦煌寫本相書爲參照，從形式、内容等方面，對 P. 3492V 相痣書殘卷進行了初步探討。王晶波《論敦煌相書中的陰陽五行觀念》（《敦煌學輯刊》2005 年第 2 期）分析了陰陽五行觀念在敦煌相書中的具體表現和特點，并聯繫傳世相書，討論了唐代陰陽五行觀念與相術結合的狀況。王晶波《隋唐五代的相工羣體》[《西北師範大學學報》（社會科學版）2005 年第 5 期]以史書的記載爲中心，結合筆記小說等史料，分析考察隋唐五代相工羣體的身份、地位、組成與活動情況，爲更深入、全面地認識隋唐五代社會提供一個新的視角。安忠義《從居延漢簡和敦煌文獻看中國古代目瞤耳鳴民俗的流變》（《敦煌學研究》2006 年第 2 期）利用居延漢簡和敦煌文獻對中國古代利用目瞤耳鳴進行吉凶預測的民俗進行了系統梳理。鄭炳林《敦煌寫本相書理論與敦煌石窟供養人畫像——關於敦煌莫高窟供養人畫像研究之二》（《敦煌學輯刊》2006 年第 4 期）認爲敦煌石窟供養人畫像千人一面的現象主要是受敦煌地區審美觀，即敦煌寫本相書好相理論的影響。馬建東《敦煌俗字舉隅——以寫本相書爲中心》（《天水師範學院學報》2008 年第 1 期）從語言學的角度，對敦煌寫本相書中的俗體字、假借字、避諱字等作了考述，爲學者的進一步研究提供了一些材料。王晶波《敦煌的身占文獻與中古身占風俗》（《敦煌學輯刊》2012 年第 2 期）指出敦煌保存的唐五代宋初的身占文獻及相關記載是研究中古時期身占習俗的重要材料，文章通過對這些文獻的分析考察，并聯繫吐魯番出土的回鶻文占卜書，探討了中古時期有關身體生理現象的占卜習俗及内容影響。

　　文化研究方面，高國藩《唐代敦煌的看相與算命》（《歷史月刊》1990 年第 27 期）認爲中國的算命術開創於唐代，從初唐到晚唐漫長的歲月裏，民間算命先生通過各種形態，對算命術的内涵作了内容廣泛的探討，他們揭示了命運的吉與凶，但他們更力圖找出轉凶爲吉的有效途徑，使算命術成爲人們擺脫困境的至寶，它也因此獲得了民衆的篤信。王晶波《敦煌相術與佛教占相内容異同論》（《敦煌學輯刊》2003 年第 1 期）認爲兩者作爲不同思想體系的產物,在碰撞過程中相互產生了潛移默化的回應,最終形成了對兩者原有文化體系既有排斥又有借鑒吸收的敦煌相術文化。陳逸平、易波《論天人感應思想對敦煌相書的影響》(《敦煌研究》2005 年第 2 期)認爲中國相術在其形成發展中受到了各種思想的影響,并指出敦煌藏經洞出土的 12 個卷號的相書,主要都是唐末五代時期的鈔本。它的發現爲研究中國古代相術尤其是相書的早期發展,提供了可貴的資料。作者還從星辰感應、日月星辰和四時比附、自然山川比附、動物比附等方面,探討了天人感應内容影響敦煌相書的具體情况。何佩容《隋唐時期的占相文化與占相活動》(臺北清華大學碩士學位論文,2010 年)結合敦煌相書與傳統史料,探究隋唐時期特殊的時空環境背景下,士大夫的占相活動,以及這個時期相術與社會環境交互作用下,所形成的特有占相文化。

(三) 星占

文獻研究方面,馬世長《敦煌星圖的年代》(《中國古代天文文物論集》,北京:文物出版社,1989 年)綜合考證了 S. 3326 號《敦煌星圖》的年代,認爲此寫卷大致抄寫於唐中宗李顯時期,即公元前 705—710 年之間。馬世長《敦煌寫本紫薇垣星圖》(《中國古代天文文物論集》,北京:文物出版社,1989 年)介紹了敦煌本《紫薇垣星圖》的畫法、内容等基本情况,并利用卷本星圖和占雲氣書探討了該星圖的特點和抄寫年代。夏鼐《另一件敦煌星圖寫本——〈敦煌星圖乙本〉》(中國社會科學院考古研究所編《中國古代天文文物論集》,北京:文物出版社,1989 年;又見《中國敦煌學百年文庫・科技卷》,蘭州:甘肅文化出版社,1999 年)通過比較,認爲敦煌兩件星圖的内容和《步天歌》最爲相近,與《晉書》、《隋書》的《天文志》差異較多,但都屬於一個系統,作者還對甲、乙兩星圖的抄寫年代作了考證。王進玉《敦煌紫薇垣星圖》(《歷史大觀園》1989 年第 8 期)介紹了敦煌紫薇垣星圖的内容和研究現狀。鄧文寬《比〈步天歌〉更古老的通俗識星作品——〈玄象詩〉》(《文物》1990 第 3 期)對 P. 2512 和 P. 3589 兩篇識星詩作進行釋文、斷句,互爲校勘,并略述兩殘卷的基本情况。鄧文寬《隋唐歷史典籍校正三則——兼論 S. 3326 星圖的定名問題》(《敦煌吐魯番天文曆法研究》,蘭州:甘肅教育出版社,2002 年)將 S. 3326 星圖命名爲"二十八宿分野圖一卷"。

文本研究方面,潘鼐《敦煌卷子中的天文材料》(中國社會科學院考古研究所編《中國古代天文文物論集》,北京:文物出版社,1989 年)分別從星占的殘餘部分、二十八宿次位經及三家星經、玄象詩、五行及日月旁氣等介紹了敦煌卷子中的天文材料。席宗澤《敦煌卷子中的星經和玄象詩》(《中國傳統科技文化探勝——紀念科技史家嚴敦傑先生》,北京:科學出版社,1992 年)將敦煌卷子 S. 3326、P. 2512、P. 3589 和《通占大象曆星經》、《晉書·天文志》、《開元占經》、《天文要録》、《天地祥瑞志》等史料系統地加以考察,理清了其來龍去脈及相互間的關係,指出敦煌卷子"二十八宿次位經和三家星經"(P. 2512)是《開元占經》和稍早的《天文要録》、《天地祥瑞志》的源頭,而抄寫在 P. 2512 上的《玄象詩》則是《步天歌》的前身。鄭慈宏《敦煌文獻中的識星作品——〈玄象詩〉》(《中國文化大學中文學報 7》,2002 年)根據敦煌本《玄象詩》推測可能爲吳太史令陳卓所作,《玄象詩》非民間通俗識星作品,而是僅供專業之用,并認爲《玄象詩》是目前所見最早建立三垣、二十八宿的識星作品,在天文學史上具有一定價值。趙貞《敦煌遺書中的唐代星占著作:〈西秦五州占〉》(《文獻》2004 年第 1 期)考察了敦煌文獻 P. 3288、P. 2941、P. 3555、S. 2729V、S. 5614 和 Дх. 1366V 組成的不見於史書記載的唐代星占著作《西秦五州占》,該占書所包含的大量社會歷史資料對於揭示唐代社會的細微變化、唐末五代西北地區的歷史變動等有着重要意義。

文化研究方面,安吉拉·霍華德著,張艷梅譯《星象崇拜——中國密教的一些文字證明材料》(《敦煌研究》1993 年第 3 期)對《火羅圖》的星宿神靈的肖像圖和説明文字進行了解釋和考證,認爲其釋文真實地反映了中國傳統思想與新輸入的外國星占學思想相結合的過程,而且包含在密教的統一背景中。余欣《敦煌文獻與圖像中的羅睺、計都釋證》(《敦煌學輯刊》2011 年第 3 期)主要通過敦煌文獻和圖像資料,對羅睺、計都的觀念淵源,實際占驗中的運用及傳統天文星算思想的張力,星命與道教齋醮符籙的結合,星神圖像程式的成立與演變,曆法星占所見之東西文明交流史與"交錯的文化史"等問題作了論考。余欣《唐宋之際"五星占"的變遷:以敦煌文獻所見辰星占辭爲例》(《史林》2011 年第 5 期)主要以辰星占辭爲例,對五星占在唐宋之際的變遷作了論析。

(四) 雲氣占

文獻研究方面,中國文物編輯部《敦煌唐代〈郡縣公廨本錢簿、占雲氣書〉卷》(《中國文物》1980 年第 1 期)刊登了敦煌唐代《郡縣公廨本錢簿、占雲氣書》的全部黑白照片,還刊登了《紫薇垣圖》的彩色照片。馬世長《敦煌縣博物館藏星圖占雲氣書殘卷——敦博第 58 號卷子研究之三》(《敦煌吐魯番文獻研究論集》,北京:中華書局,1982 年)介紹了敦博第 58 號《占雲氣書》殘卷的內容、圖形等基本情況,作了録文,對雲氣圖形作了補注,且對此《占雲氣書》的輯録和年代進行了考證。何丙郁、何冠彪《敦煌殘卷占雲氣書研究》(臺北:藝文印書館,1985 年)分上、下兩篇,上篇討論雲氣定義、中國古代占候雲氣的起源,并考釋敦煌博物館藏《占雲氣書》,根據對占例的研究,指出其行軍候望雲氣以占吉凶的性質;下篇是對《占雲氣書》的校勘和注釋。鄧文寬、劉樂賢《敦煌天文氣象占寫本概述》(《敦煌吐魯番研究》第 9 卷,2006 年 5 月)將 19 件敦煌天文氣象占寫本分成天文氣象占、懸象西秦五州占、佛教天文書三類,對其内容和研究價值加以討論。

文本研究方面,何冠彪《三國至隋唐占候雲氣之著作考略》(《漢學研究》1989 年 12 月)以《隋書·經籍志》、《舊唐書·經籍志》、《新唐書·藝文志》爲本,旁參其他文獻,略考三國至隋唐占候雲氣的著作情况。蘇瑩輝《敦煌本觀雲占氣彩圖解詁——敦煌科技介紹》(《故宫文物月刊》1990 年 8 月)對敦煌博物館藏《占雲氣書》的彩圖進行解讀。何丙郁著,邰建羣譯《一份遺失的占星術著作——敦煌殘卷〈占雲氣書〉》(《敦煌研究》1992 第 1 期)認爲敦煌殘卷《占雲氣書》可能抄寫於 10 世紀初葉,是特意爲軍隊使用的通過觀察雲氣運用"關聯式思考"判斷軍隊進退吉凶的秘密占星術圖册。

(五) 曆法

文獻研究方面,鄧文寬《敦煌天文曆法文獻輯校》(南京: 江蘇古籍出版社,1996 年)將當時已知的有關星圖、具注曆等敦煌天文曆法材料全部予以匯總刊出,除整理録文以外,還加了校勘和題解,書末并附有供研究使用的年神方位、命宫等十三種表格,是一部很有學術價值的著作。同氏《敦煌三篇具注曆日佚文校考》(《敦煌研究》2000 年第 3 期;又見《敦煌吐魯番天文曆法研究》,蘭州: 甘肅教育出版社,2002 年)研究了三篇新公佈的敦煌所出具注曆日,對其中兩篇作了釋文和定年,對一篇以前公佈的殘片作了綴合,其中新公佈的《唐大和八年甲寅歲(834)具注曆日》尤其重要。同氏《敦煌吐魯番天文曆法研究》(蘭州: 甘肅教育出版社,2002 年)以天文曆法爲主題,對敦煌文獻中天文星占、曆日等進行了年代考定與釋證等工作。同氏《鄧文寬敦煌天文曆法考索》(上海古籍出版社,2010 年)介紹了敦煌氣象占寫本的内容和基本價值,并對敦煌占卜文獻中的部分具注曆、星圖殘卷進行了考證研究。

鄧文寬《敦煌文獻 S. 2620 號〈唐年神方位圖〉試釋》(《文物》1988 年第 2 期)對 S. 2620 的性質、内容和作成年代進行了考釋,認爲這件文獻的性質是年神方位圖,作成於唐建中四年(783),殘存六圖包括了大曆十三年至建中四年的内容,因此題名應爲《唐年神方位圖》。同氏《敦煌本〈唐乾符四年丁酉歲(877)具注曆日〉"雜占"補録》(《敦煌學與中國史研究論集——紀念孫修身先生逝世一周年》,蘭州: 甘肅文化出版社,2001 年)對英藏 S. P. 6 號《唐乾符四年丁酉歲具注曆日》中"雜占"部分 24 項内容進行了録文。王愛和《英藏 S. 681V 與俄藏 Дx. 01454、Дx. 02418V 的拼接綴合與研究》(《敦煌學輯刊》2003 年第 1 期)將 S. 681V 與 Дx. 01454、Дx. 02418V 拼接爲比較完整的《乙巳年(945)具注曆日》,可補全鄧文寬《後晉天福十年乙巳歲(945)曆日比較表》,并由此推導出許多新的內容,尤其是可以利用敦煌曆日快速、正確地總結出建除十二客的安置方法。鄧文寬《兩篇敦煌具注曆日補釋與新校》(《出土文獻研究》第 6 輯,上海古籍出版社,2004 年)對《唐乾符四年丁酉歲具注曆日》進行了補校,對《唐乾寧四年丁巳歲具注曆日》進行了新的校勘。郝春文《〈六十甲子納音〉及同類文書的釋文、說明和校記》(《敦煌學輯刊》2011 年第 4 期)將現存於敦煌遺書中的《六十甲子納音》一種及同類文獻兩種進行整理,在公佈釋文的同時,略作說明及校理,以便於學界利用。

　　文本研究方面,王重民《敦煌本曆日之研究》(《敦煌遺書論文集》,北京:中華書局,1984 年)介紹了敦煌石室所出曆日寫本,并論證敦煌七曜曆日爲星占書,且敦煌曆日之所以採用七曜曆也純是爲了星占。鄧文寬《敦煌文獻中的天文曆法》(《文史知識》1988 年第 8 期)綜合介紹了敦煌天文曆法產生的背景和豐富的內容,并重點介紹了敦煌的星圖和《玄象詩》。黃一農《敦煌本具注曆初探》(《新史學》第 3 卷第 4 期,1992 年)考析十餘種敦煌本具注曆殘片,并比較敦煌曆與中原曆的異同。鄧文寬《敦煌曆日中的〈年神方點陣圖〉及其功能》(《段文傑敦煌研究五十年紀念文集》,北京:世界圖書出版公司,1996 年)分析了"年神方點陣圖"的六個功能,指出此類圖都是科學與迷信混雜。劉永明《S. 2729 背〈懸象占〉與吐蕃時期的敦煌道教》(《敦煌學輯刊》1997 年第 1 期)以蕃佔時期的 S. 2729 背面的《懸象占》和《太史雜占曆》爲核心對蕃佔時期的敦煌道教作了初步探討。馬若安《敦煌曆日"沒日"和"滅日"安排初探》(《敦煌吐魯番研究》第 7 卷,2004 年)對比《宣明曆》和《崇玄曆》的沒日和滅日,認爲敦煌沒日和滅日的日期少數是一樣的,但多數完全不一樣,說明敦煌曆不屬於唯一的安排體系。因此,爲了全面解釋敦煌曆日的日期安排,一定需要不同的方法。鄧文寬《敦煌具注曆日與〈四時纂要〉的比較研究》(《敦煌研究》2004 年第 1 期)以 P. 3403《宋雍熙三年丙戌歲(986)具注曆日(一卷)并序》爲代表,與韓鄂所撰《四時纂要》中相同的 15 項逐一進行比較,其結果基本一致,從而認爲敦煌曆日中的術數文化內容,基本屬於中原文化體系。[法]華瀾著,李國强譯《敦煌曆日探研》(《出土文獻研究》第 7 輯,上海古籍出版社,2005 年)從敦煌曆日的編號、界定與分類、社會與宗教背景、結構與構成、社會科學特徵五個方面研究了 54 部 9—10 世紀的敦煌曆日,指出這一歷史時期的敦煌曆日之間大體存在着一些共同的特點,但這并不能證明這些曆日可以構成同一性的整體內容。9 世紀末期,敦煌出現了真正的曆日作者,他們的思想根植於儒家文化的土壤之中,并爲之爭奪宗教上的主導地位,因此在他們編寫的曆日中,所安排的都是官方宗教規定的節日和祭儀。在曆日欄中增設的各類活動和吉凶選擇内容,表明曆日已成爲大衆普遍關注的對象,擴大到了普通的大衆階層。鄧文寬《莫高窟北區出土〈元至正二十八年戊申歲(1368)具注曆日〉殘頁考》(《敦煌研究》2006 年第 2 期)將莫高窟北區第 464 窟出土的一件版刻印曆日殘卷考定爲元至正二十八年印本曆日,并分析了殘卷所注晝夜時刻的情況。劉永明《敦煌本〈六十甲子曆〉與道教》(《敦煌學輯刊》2007 年第 3 期)考察流行於晚唐五代宋初時期的敦煌占卜書《六十甲子曆》的形成與道教之間的關係及其文本特點。陳昊《"曆日"還是"具注曆日"——敦煌吐魯番曆書名稱與形制關係再討論》(《歷史研究》2007 年第 2 期)指出,據吐魯番臺藏塔新出《永淳三年曆日》和其他文獻,唐代早期曆日應定名爲"曆日"而非"具注曆日"。"曆日"作爲曆書的自題名一直使用到唐武宗時期,自唐僖宗時期以後則使用"具注曆日"。唐前期官頒曆日曆注中已有吉凶宜忌的内容,全國範圍内的曆書形制基本統一,這種形制一直延續到敦煌吐蕃和歸義軍時期。

　　文化研究方面,鄧文寬《從"曆日"到"具注曆日"的轉變——兼論曆譜與曆書的區別》(《2000 年敦煌學國際學術討論會文集——紀念敦煌藏經洞發現暨敦煌學百年》歷史文化卷上,蘭州:甘肅民族出版社,2003 年)認爲曆譜是由曆書轉化來的,其歷史背景一是由於曆譜中增加了吉凶宜忌的内容;二是這種轉化和中國古曆内容與書寫材質的變化有關,而不是來自域外文化的啓迪。晏昌貴《敦煌具注曆日中的"往亡"》(《魏晉南北朝隋唐史資料》第 19 輯,武漢大學出版社,2002 年)指出"往亡"是中國最古老的出行忌日,并將敦煌文書中所見的"往亡"歸納爲四種類型,對各種類型的根源進行追溯。劉永明《唐宋之際曆日發展考論》(《甘肅社會科學》2003 年第 1 期)考察了唐宋之際曆日發展概況,重點分析了曆注内容的充實和發展演變,即從具注曆日到擇吉黄曆的發展,陰陽術數與曆日相結合的歷史過程,以及在術數的滲透下曆日擇吉功能的加強,曆日的流行,曆日對社會生活的滲透,以及曆日對文化的影響等。[法]華瀾《略論敦煌曆書的社會與宗教背景》(《敦煌與絲綢文化學術講座》第 1 輯,2003 年)探討了敦煌曆書的社會與宗教背景,認爲敦煌曆書與社會、宗教有着密切的關係。鄧文寬《敦煌具注曆日選擇神煞釋證》(《敦煌吐魯番研究》第 8 卷,2005 年)首先指出敦煌具注曆日的一部分包含了術數文化的内容,接着分析了年神、月神、日神、時神等的具體内容和禁忌,認爲這些没有事實依據的迷信的理論基礎是建立在五行學説之上的,而作爲人們自我設定的選擇術,無論對古代的國人還是在當今的東亞地區,對人們的日常生活都具有巨大持久的影響。劉永明《敦煌道教的世俗化之路——道教向具注曆日的滲透》(《敦煌學輯刊》2005 年第 2 期)在整理、統計、歸納敦煌具注曆日中宗教方術内容和辨析其是否屬於道教範圍的基礎上,考察認爲,道教對具注曆日的滲透反映了吐蕃佔領時期和歸義軍時期敦煌道教的世俗化發展。[法]華瀾《9 至 10 世紀敦煌曆日中的選擇術與醫學活動》(《敦煌吐魯番研究》第 9 卷,2006 年)結合傳世典籍和敦煌寫本對曆日中的日遊、人神兩種與醫學相關的選擇術、曆日中的日常選擇活動和醫事活動等加以研究,認爲這些知識掌握在術士羣體及其周圍人羣手中。

(六)夢占

文獻研究方面,劉文英《中國古代的夢書》(北京:中華書局,1990 年)對英、法藏敦煌漢文寫本解夢書作了全面系統的分類輯録、校注和研究,使學術界對敦煌寫本解夢書有了一個比較全面整體的了解和認識,方便了學術研究。鄭炳林、羊萍《敦煌本夢書》(蘭州:甘肅文化出版社,1995 年)對敦煌寫本夢書殘卷的主要部分作了釋録,并就敦煌本夢書產生的歷史背景、分類定名與年代判定、比較研究等問題進行了探討,是一部學術性很强的敦煌文獻整理研究專著。鄭炳林《敦煌寫本解夢書校録研究》(北京:民族出版社,2005 年)分上、下兩篇,上篇《敦煌寫本解夢書研究》分別就解夢書產生的歷史背景、研究現狀、分類定名與年代判定、比較研究等進行了研究探討;下篇《敦煌寫本解夢書校録》對 16 件解夢書進行了録文、校注,是解夢類文書研究的集大成者。

[日]菅原信海《敦煌本〈解夢書〉にっいこ》(牧尾良海博士頌壽紀念論集《中國の佛教・思想と科學》,昭和五九年)介紹了敦煌寫本解夢書,列出了敦煌寫本中的 S. 620、S. 2222、S. 2222V、S. 5900、P. 2829、P. 3105V、P. 3102、P. 3281V、P. 3908 等號,并重點對 P. 3281《周公解夢書》、S. 620《解夢書》、P.3908《新集周公解夢書》、P. 3105《解夢書・別解夢書》作了介紹,指出 P. 3685 與P. 3281、S. 2222 爲同一解夢書殘卷,P. 2829 與 S. 2222 爲同種殘卷,P. 3908 與 S. 5900 爲同一解夢書殘卷。黄正建《唐代占卜之一──夢占》(《敦煌學輯刊》1986 年第 2 期)一文向學界介紹了敦煌文書中的 7 個卷號解夢書的情況,具有開創之功,是國内第一位從事敦煌寫本解夢書研究的學者。[法]戴仁《敦煌寫本中的〈解夢書〉》(《法國學者敦煌學論文選萃》,北京:中華書局 ,1993 年)分別在解夢書目録、P. 3908 號寫本譯注、文書詮釋等方面進行了研究,第一次向學界介紹了敦煌寫本解夢書的全面情況,特別是對 P. 3908號的研究校釋達到了很高的水準。余瓊《敦煌本夢書殘卷輯校補正》(《古籍研究》2002 年第 3 期)從文獻學的角度,依照原卷影件,對 5 種敦煌本夢書殘卷進行了核校,并對部分條目作了匡補。王宗祥《"良妻解夢"事確有記載──卜天壽抄〈三臺詞〉得解》[《2000 年敦煌學國際學術討論會文

集——紀念敦煌藏經洞發現暨敦煌學百年》歷史文化卷（下），蘭州：甘肅民族出版社，2003 年]通過 S.2072 寫卷記馮唐妻解夢事證明郭沫若、任半塘對卜天壽抄《三臺詞》末兩句的校釋是對的。關長龍《敦煌本夢書雜議》[張涌泉等主編《姜亮夫、蔣禮鴻、郭在貽先生紀念文集》（漢語史學報專輯，總第 3輯），上海教育出版社，2003 年]從分類與綴合、詞語臆詁、文字等方面列舉了作者在敦煌本夢書校錄中的成果。余瓊、施謝捷《敦煌夢書殘卷劉文英輯校本匡補（1—2）》（《敦煌學研究》2007 年第 1、2 期）對劉文英輯校本中的 5 種敦煌本夢書殘卷進行了核校，并對部分條目進行了匡補。趙靜蓮《敦煌寫本解夢書語言文化校讀四則》[《青海民族大學學報》（社會科學版）2010 年第 2期]從敦煌本解夢書中找出了 4 則夢語，對照原卷，參考諸家見解，重新進行了校錄，并從語言、文化等角度進行了詳細解釋。

文本研究方面，劉文英《夢的迷信與夢的探索：中國古代宗教哲學和科學的一個側面》（北京：中國社會科學出版社，1989 年）大量引用敦煌寫本解夢書資料，對敦煌寫本解夢書進行了系統的分類，并於書後"附錄三"中全文刊佈了 P.3908《新集周公解夢書》。高國藩《敦煌寫本〈解夢書〉初探》（《民俗調查與研究》，石家莊：河北人民出版社，1988 年）從民俗的角度對敦煌解夢書進行了解讀，認爲《解夢書》各種條款的形成不僅受到民間風俗傳說和傳統觀念的制約，而且也受到時代與社會的制約。楊自福、顧大勇《敦煌寫本〈周公解夢書〉殘卷初探》（《敦煌學輯刊》1995 年第 2 期）在前人研究的基礎上論證出敦煌寫本《周公解夢書》殘卷的成書年代在三國時代或稍後，敦煌寫本《周公解夢書》是後人假托周公之名而撰寫的夢書。鄭炳林《敦煌寫本解夢書概述》（《敦煌學輯刊》1995 年第 2 期）從學術界對敦煌寫本解夢書整理研究中存在的問題及敦煌寫本解夢書的內容、分類定名、年代判定等方面提出了自己的看法和意見。[日]湯淺邦弘《夢の書の行方：敦煌本〈新集周公解夢書〉》[《待兼山論叢》（哲學），1995 年]以敦煌本《新集周公解夢書》爲中心，對中國古代夢觀的展開、夢書內容的變化等進行了探討。史睿《鄭炳林、羊萍〈敦煌本夢書〉》（《敦煌吐魯番研究》第 3 卷，1998 年）全面評價了鄭炳林、羊萍《敦煌本夢書》的優缺點。鄭炳林《俄藏敦煌文獻 Дx.10787〈解夢書〉劄記》（《敦煌學輯刊》2003 年第 2 期）指出俄藏敦煌文獻中保有兩片正背皆書、冊頁裝的解夢書殘卷，內容與其他解夢書可互爲補充。王顏《敦煌占夢文書與唐代的占夢習俗》（《華夏文化》2005 年第 3 期）以 P.3908 的《新集周公解夢書》爲例，論述了敦煌解夢書常用的解夢方法，并認爲解夢書與社會生活、國家政治關係密切。鄭炳林、陳于柱《敦煌古藏文 P.T.55〈解夢書〉研究》（《蘭州學刊》2009 年第 5 期）探討了 P.T.55《解夢書》的抄寫時間與背景、文本特點、適用羣體等問題,認爲唐宋之際敦煌區域宗教、族羣重構與互動的若干情形,是促成 P. T. 55《解夢書》兼具多元社會特徵的重要原因,同時也是大量藏文苯教文獻出現於敦煌藏經洞的歷史背景之一。

文化研究方面,趙青山《敦煌解夢文書中忌諱"比丘尼"原因考》(《敦煌佛教與禪宗學術討論會文集》,西安:三秦出版社,2007 年)認爲敦煌占夢書中視夢到女尼爲不祥之兆,并非占夢家對她們有何偏見和厭惡,而是占夢家揣摩世俗心態,迎合世俗心理之產物。因此,占夢家的占辭是世人和社會對比丘尼的心理和態度的反映,爲世代相傳的習慣性觀念,是民衆生活經驗和宗教觀念長期積澱的產物。趙靜蓮《敦煌解夢書之婚姻生殖文化意義解讀——以水、刀劍、社宮、牛馬爲例》[《青海師範大學學報》(哲學社會科學版)2009 年第 5 期]以敦煌解夢書中水、刀劍、社宮、牛馬四喻像爲例,分析了其中蘊含的婚姻生殖意義。

(七) 宅經葬書

文獻研究方面,金身佳《敦煌寫本宅經葬書校注》(北京:民族出版社,2007 年)從卷解、錄文、校記、注解等方面對敦煌寫本中的宅經與葬書進行了全面的文獻學整理,爲這類文書的深入研究提供了方便。陳于柱《敦煌寫本宅經校錄研究》(北京:民族出版社,2007 年)分上、下兩篇,上篇《敦煌寫本宅經研究》就敦煌寫本宅經的分類、占卜與唐五代社會以及陰陽宅、五姓宅、鎮宅法等進行探討;下篇《敦煌寫本宅經校錄》對 20 件敦煌寫本宅經殘卷分 7 類進行系統深入的文獻學整理,并對相關問題加以考釋,具有明顯的工具書性質,極大地方便了學術界的參考與利用。關長龍《敦煌本堪輿文書研究》(北京:中華書局,2013 年)分上、下兩編,下編爲校錄文字,計收錄敦煌堪輿文書 32 號,釐定綴合爲 28 件文獻,條分 10 類:陰陽宅經類 5 件,五姓宅經類 2 件,陰陽五姓宅經合編類 5 件,三元宅經類 4 件,玄女宅經類 1 件,八宅經類 1 件,葬經類 6 件,山岡地脈類 1 件,卜葬書類 2 件,附錄《陰陽書》1 件。其所收寫卷較此前已刊佈者增出 3 件。又在前人已有的校錄成果基礎上進一步研讀考證,在卷子收錄以及校勘、定名、綴合、考辨字詞文意方面頗有創獲,其中特別是圖文校錄和補正方面用力尤多;上編通過梳理下編的文本內容并與傳世文獻相比證,對唐五代的風水信仰、敦煌堪輿文獻所論列的風水理論以及唐五代曾經存在過的風水文獻進行了考證。

[日] 宮崎順子《敦煌文書〈宅經〉初探》(《東方宗教》1995 年第 85 期)把《黃帝宅經》與傳世本《宅經》進行了比勘和研究。趙建雄《宅經校譯》(臺北:雲龍出版社,1996 年)着重對傳世本宅經與敦煌寫本 P. 3865 宅經殘卷進行了互校和語譯。朱俊鵬《敦煌風水類文書初探》(首都師範大學碩士學位論文,

2002 年）對敦煌術數文獻中風水類文書進行了全面的校録和整理，系統分析所反映的理論體系，并利用所包含的豐富的民俗資料，生動地再現了唐五代宋初敦煌地區人們的一些社會生活場景。陳于柱《關於敦煌寫本宅經分類問題的再討論》（《敦煌學輯刊》2003 年第 2 期）在前人研究的基礎上對敦煌占卜文書中 20 件宅經殘卷進行了再分類，并依據文書内容，考察了部分寫卷的抄創時間。［日］宮崎順子《敦煌文書ペリオ3647 文書の術數と訳注》（《東洋史訪 9》，2003 年）對 P. 3647《葬經》作了校録和注釋。［日］宮崎順子《敦煌文書 ペリオ3281〈宅竅梁屋法〉の術數と校本》（《羽衣國文》第 14 期，2003 年）最早對 P. 3281V 底卷加以録文和校釋，爲以後的校録研究提供了方便。曾波《敦煌寫卷〈諸雜推五姓陰陽等宅圖經〉之"五姓"校議》（《敦煌學輯刊》2005 年第 3 期）對 P. 2615a 和 P. 2632V《諸雜推五姓陰陽等宅圖經》中出現的"五姓"作了校勘，并對前人研究中部分有疑義的姓氏作了考釋。關長龍《敦煌本堪輿書四種擬名商略》[《百年敦煌文獻整理研究國際學術討論會論文集》（上冊），2010 年]擬定了 10 餘件俄藏敦煌堪輿文書的名稱。吳羽《敦煌文書〈陰陽書·葬事〉補正數則》（《敦煌研究》2013 年第 2 期）針對 P. 2534《陰陽書·葬事》殘卷文本中的錯誤作了進一步的補正，爲進一步研究本件文書和唐宋葬日選擇理論的演變及中古喪葬擇日的實況準備了更好的條件。

文本研究方面，［法］茅甘《敦煌寫本中的五姓堪輿法》（《法國學者敦煌學論文選萃》，北京：中華書局，1993 年）根據包括宅經殘卷在内的敦煌文書，對以《諸雜推五姓陰陽等宅圖經》、《陰陽五姓宅經》爲中心的五姓説進行了比較和研究，并指出在唐代曾經存在一個以五姓著稱的堪輿宗派。［日］宮崎順子《敦煌文書〈司馬頭陀地脈訣〉の形派風水術》（《羽衣國文》，1998 年）論述了敦煌文書《司馬頭陀地脈訣》中所藴含的風水術數。陳于柱、魏萬斗《唐宋陰陽相宅宗初探——以敦煌寫本宅經爲考索》（《敦煌學輯刊》2002 年第 2 期）對敦煌本宅經與傳世本宅經有關陰、陽兩宅的若干規定進行了對比與組合，探究了陰陽相宅宗的理論内涵與特點。陳于柱《敦煌寫本宅經中的八宅——"八宅經一卷"研究》[《麥積山石窟藝術文化論文集》（下），蘭州學出版社，2004 年]指出敦煌本"八宅經"的内容反映出：它運用傳統術數理論結合隋唐興起的"遊年八卦"等禄命知識，至少形成兩個并列的吉凶評價體系，即住宅災禍年的判定和八種命宮人作宅吉凶宜忌的評價。通過比較得出隋唐時期以八卦爲基本分類方式的相宅術及著述不止一種，到五代宋以後以"八宅"命名的相宅術逐漸增多。邱博舜、蔡明志《敦煌陽宅風水文獻初探》（《文資學報》2005 年第 1 期）根據 16 件與陽宅有關的文書，探討其中"五姓宅法"與"八宅法"兩大系統的内容，突出其在風水理論發展中承先啓後的地位。余欣《敦煌灶神信仰稽考》(《敦煌學輯刊》2005 年第 3 期)綜合運用敦煌占卜文獻和具注曆,結合傳世典籍及睡虎地秦簡《日書》中的資料,對敦煌的灶神信仰進行了考辨,指出敦煌祭灶皆在庚申日,但是敦煌的材料没有一條與中原地區在十二月祭灶神的慣例相符,確切原因有待考證。金身佳《敦煌寫本葬書中的六甲八卦冢》(《敦煌學輯刊》2005 年第 2 期)利用敦煌寫本葬書,論述六甲八卦冢就是一塊大墓地中四種朝向、方位不同的墓穴,是隋唐至宋時期敦煌地區的陰陽師用於分派給五姓百姓安葬的墓穴之所,之所以分爲四種,就是爲了分配給五姓,便於方術占斷吉凶。金身佳《敦煌寫本 P. 2831〈卜葬書〉中的麒麟、鳳凰、章光、玉堂》(《敦煌學輯刊》2005 年第 4 期)指出 P. 2831《卜葬書》中的麒麟、鳳凰、章光、玉堂是四吉神獸,與刑戮、龍煞、獸煞、地禍、死喪、天獄等凶煞組成十大神煞,在六甲八卦冢方面用於卜定吉穴,墳墓的高低和墓穴的深淺也要合這四吉神獸方吉,在亡人下葬時麒麟等四吉神獸還有引道、躍途、啓路、回車的作用。金身佳《敦煌寫本 P. 4930〈相冢書〉中的六對八將試釋》(《敦煌學輯刊》2006 年第 3 期)認爲 P. 4930《相冢書》中的六對八將是形法相地的理氣相法,并分析其用途。黄正建《試論唐人的喪葬擇日——以敦煌文書爲中心》(《轉型期的敦煌學》,上海古籍出版社,2006 年)分別對比了陰陽書與具注曆及唐代墓誌與具注曆,認爲唐朝人在選擇葬日時多以陰陽書或葬書爲據。余欣《唐宋時代敦煌的鎮宅術》(《敦煌吐魯番研究》第 9 卷,北京:中華書局,2006 年)將敦煌文書中的鎮宅法分成石鎮法、解厭法、符鎮法、丹藥法、誦經法、複合法六種,對整個過程、鎮物和禁咒等一一考辨。余欣《唐宋敦煌醮祭鎮宅法考索》(《敦煌研究》2006 年第 2 期)認爲敦煌的醮祭鎮宅法雖然與道教有很深的淵源關係,但并非完全是道教的儀式,而是道教儀軌與民間雜信仰的混合物。金身佳《敦煌寫本宅經中的陰陽宅修造吉日》(《敦煌研究》2006 年第 2 期)認爲敦煌寫本宅經中陰陽宅的修造吉日是依天道運行而定的,而其修造忌日是據太歲出遊而定的。金身佳《敦煌寫本宅經 P. 3594 九方色圖試釋》(《廊坊師範學院學報》2007 年第 2 期)認爲 P. 3594《宅經》的九方色圖是術數家用於占斷某年的紫白修造吉方用的,這是一組年九宮圖,九個小圓按一坎、二坤、三震、四巽、五土、六乾、七兑、八艮、九離的順序排列,每個小圓又按同樣順序居中宫排列。每一圓表示該圓所示之年的紫白方爲修造吉方,其他雜色方是修造凶方,修造應當避之。金身佳《敦煌寫本宅經 P. 2964 的"四鄰造作"諸問題試析》(《湘潭師範學院學報》2007 年第 2 期)指出敦煌寫本宅經 P. 2964《四鄰造作等》有"四鄰造作及自家泥壘犯觸轉爲福法",這是與黄黑道十二神有關的鎮厭方術,泥壘黄道神所值時日方位就有諸多吉利,若犯觸黑道神所值時日方位時,則給予相應解救措施。在建築修造時强調要選擇黄道吉日、黄道吉方,纔能家宅昌盛。陳于柱《敦煌寫本〈宅經·五姓同忌法〉研究——兼與高田時雄先生商榷》(《中國典籍與文化》2007 年第 4 期)利用敦煌寫本葬書、傳世史料與術數典籍綜合考察了敦煌寫本《宅經·五姓同忌法》,認爲構成《五姓同忌法》的墓月、耗月與上利、下利等内容,是普遍適用於唐宋社會與敦煌地區五姓相宅、占墓等擇吉習俗中的禁忌法則。并就《五姓同忌法》的基本概念、功能等問題與日本學者高田時雄先生進行了商榷。金身佳《五姓相宅分析與批判》(《周口師範學院學報》2007 年第 3 期)指出中國歷史上曾流行五姓相宅書,五姓的劃分依據是中國古代音律學的五聲或五音,但主要是漢代普遍信仰的五行觀念,根據五姓的五行屬性與宅的五行屬性的相生相剋關係及五行的旺相休囚來判定宅的吉凶宜忌,五姓宅的吉凶主要是據大門的方向、數量而定的。它起源於漢朝的圖宅術,盛於隋唐、北宋,到明清逐漸式微。五姓相宅術所運用的相生相剋雖然也是一種辯證關係,存在着一定的合理性,但將其運用於人間吉凶的判定,尤其是與五姓結合,則是牽强附會的。金身佳《敦煌寫本宅經葬書與古人的天人合一理念》(《湘潭大學學報》2007 年第 4 期)認爲敦煌寫本宅經葬書在尋求一個理想的居住環境方面,要求住宅四周的山勢要像天上的四象一樣,這實爲古人天人合一的理念,是古人在地理環境對人體生理和病理的影響方面的深刻認識,反映了古人順應地理環境、開發利用地理美景作爲人類美好的居住環境的追求。劉永明《兩份敦煌鎮宅文書之綴合及與道教關係探析》[《蘭州大學學報》(社會科學版)2009 年第 6 期]對《甲戌年正月廿二日洪潤鄉百姓高延晟祭宅神文》、《押衙鄧存慶鎮宅文》殘卷進行綴合校録,并結合《敦煌王曹延禄醮祭文》,對文書中所反映的民間信仰與道教的密切關係作了探討。魏靜《敦煌宅葬文書相關問題研究》(南京大學博士學位論文,2008 年)分別從宅葬文書五大類,即宅葬形式總論、五姓宅經、陰陽宅經、八宅經、鎮宅法這五類的每一類中各選取一個專題,結合術數知識進行了深層的文獻分析。魏靜《敦煌占卜文獻中地勢五音占卜法相關問題考析》(《敦煌學輯刊》2009 年第 2 期)對敦煌占卜文獻中的地勢五音占卜法的相關問題作了考察,説明了在敦煌文獻中如何根據五音來劃分地勢,對主要五姓居於五音的吉凶問題作了探討和分類,并分析了敦煌文獻中與五音無關的以地勢高低來劃分地形、占斷吉凶的占卜方法。陳于柱《武威西夏二號墓彩繪木板畫中"金雞"、"玉犬"新考——兼論敦煌寫本〈葬書〉》(《敦煌學輯刊》2011 年第 3 期)認爲武威西夏二號墓彩繪木板畫中的"金雞"、"玉犬",是南朝時期以來形成的金雞、玉犬信仰延續下的產物。

　　文化研究方面,余欣《神道人心:唐宋之際敦煌民生宗教社會史研究》

（北京：中華書局，2006 年）提出了"民生宗教"的概念，利用敦煌有關占卜文獻，對敦煌地區的卜宅安居等風水信仰進行了分析。余欣《敦煌的入宅與暖房禮俗——唐宋居住生活之一側面》（《中華文史論叢》2004 年第 78 期）認爲敦煌百姓移居新宅時先根據宅經或曆日挑選吉日，并有複雜熱鬧的入宅儀式。這一儀式的思想源流一部分是中國傳統的陰陽占宅術，另一部分則來源於道教。陳于柱《廉價的解脫：從"鎮宅法"看唐五代宋初敦煌鎮宅習俗——敦煌寫本宅經"鎮宅法"研究之一》（《佛教藝術與文化國際學術研討會論文集》，2004 年）利用敦煌寫本宅經"鎮宅法"并結合傳世文獻，從鎮宅物、鎮宅法術、宗教原理三個方面對唐五代宋初敦煌地區的鎮宅習俗展開研究。陳于柱《從敦煌占卜文書看晚唐五代敦煌占卜與佛教的對話交融——以敦煌寫本宅經爲中心》（《敦煌學輯刊》2005 年第 2 期）在前人研究基礎上，利用敦煌占卜文書中的寫本宅經，并綜合其他敦煌占卜文書與傳世文獻，分析論述唐五代宋初敦煌占卜與佛教在多層面上的對話與交融。陳于柱《非邏輯的變通——從敦煌寫本宅經"鎮宅法"看古代占卜、巫術的互補結合》（《天水師範學院學報》2006 年第 1 期）以敦煌寫本宅經"鎮宅法"爲個案，結合敦煌雜占文書與傳統文獻，論證作爲占卜書的敦煌寫本宅經卻將巫術化的鎮宅法"移植"於其中，從而起到占卜本身非邏輯變通的作用，即"鎮宅法"特有的巫術特點，使中國傳統可預知、可改變的命運觀，在占卜與鎮厭巫術的互補中得到滿足；由於"鎮宅法"中融入有道德因素，因此當出現占辭與人間事實不符的矛盾時，占卜借此可獲得更廣的解釋餘地。陳于柱《敦煌寫本宅經與唐五代敦煌居宅神煞研究——以空間神爲中心》（《天水師範學院學報》2007 年第 3 期）指出唐五代時期敦煌民間信仰中的居宅神煞，儘管呈現強烈的本土特徵，但受佛、道在神靈領域與民間信仰自由混通的影響而具有多元性，同時兼備禁忌、占卜、祭祀、鎮厭等多重功能。其信仰羣體超越僧俗、胡漢界限，映射出唐五代敦煌社會族羣對中國本土神衹的普遍認同和在民間信仰領域的民族融合。陳于柱《論晚唐五代敦煌占卜的"德感"》（雍際春主編《隴右文化論叢》第 3 輯，2008 年）以晚唐五代宋初的敦煌爲個案，利用敦煌寫本宅經，并結合其他敦煌占卜文書和社會文書，對占卜的道德化在唐宋時代的表現和特徵等問題作了探討。

（八）禄命

文獻研究方面，黃正建《敦煌禄命類文書述略》（《中國社會科學院歷史研究所學刊》第 1 輯，2001 年）初步整理了以往學術界較少涉及的敦煌禄命類文書，將 260 餘件敦煌占卜文書中的全部 33 件禄命文書區分爲"有外來文化因素的星命術"和"傳統的推命術"兩類，并分類論述了每件文書的定名、內容、特點等,對文書涉及的一些具體問題也作了初步考證。文章又比較了敦煌禄命類文書與正史書目著録的禄命類著作的異同,敍述了唐五代社會禄命術的實際行用情況,分析了禄命術在敦煌地區流行的原因。文章還從禄命術發展的歷史着眼,指出了敦煌禄命類文書所具有的重要價值。陳于柱《區域社會史視野下的敦煌禄命書研究》(北京:民族出版社,2012 年)由研究篇和校録篇兩部分組成,研究篇分七章就敦煌禄命書的分類與定名、考釋、社會影響等問題進行了探討;校録篇對 41 件敦煌禄命書殘卷進行了系統深入的文獻學整理,并對相關問題加以考釋,具有明顯的工具書性質,極大地方便了學術界的參考與利用。

格桑央京《敦煌藏文寫卷 P. T. 55 號譯釋》(中央民大藏學系編《藏學研究》第九集,北京:民族出版社,1998 年)將敦煌藏文寫卷 P. T. 55 號命名爲《十二因緣占卜文書》,并將藏文寫卷内容翻譯爲漢文。羅秉芬、劉英華《敦煌本十二生肖命相文書藏漢文比較研究——透過十二生肖命相文書看藏漢文化的交融》(《加强藏學研究 發展藏族科技:第七屆中國少數民族科技史國際會議論文集》,北京:中國藏學出版社,2006 年)對法國國立圖書館庋藏敦煌古藏文寫卷 P. T. 127 中禄命書的相關内容加以翻譯和釋録,并與敦煌漢文本 P. 3398《推十二時人命相屬法》進行了比較,探討了兩部文書的文化和時代特徵,極大地推動了學界對敦煌藏文術數文獻的認識。陳踐踐《敦煌藏文 CH. 9. II. 68 號"金錢神課判詞"解讀》[《蘭州大學學報》(社會科學版)2007 年第 3 期]對敦煌藏文占卜文書 CH. 9. II. 68 號"金錢神課判詞"作了解題、原文轉寫、藏譯漢和疏證等工作,并對其他十一份占卜文書的占卜工具、占卜方法、卜辭内容的異同等作了分類介紹,對卜辭中出現的"投毒"、"土葬"等習俗也作了簡單的闡述。劉瑞明《關於〈推九曜行年容厄法〉等敦煌寫本研究之異議》(《敦煌研究》2007 年第 3 期)對高國藩先生關於 P. 3779《推九曜行年容厄法》和 P. 2675v《七星人命屬法》等敦煌寫本的校録、研究提出了不同看法,并對此進行了校勘和評析。陳踐《敦煌藏文 P. T. 127 號十二生肖命相文書解讀——謹以此紀念柳昇祺先生百歲宴誕》(郝時遠、格勒主編《紀念柳昇祺先生百歲誕辰暨藏文歷史文化論集》,2008 年)對 P. T. 127 號十二生肖命相文書進行了解題、録文及轉寫、詞語匯釋、藏譯漢等工作,認爲其内容客觀上反映了當時官吏俸禄數量、糧食品種、壽元長短等方面的情況,且與 P. 3398 號文書可能出自同類漢文底本。

文本研究方面,[法]茅甘《敦煌寫本中的九宮圖》(蘇遠鳴主編《敦煌學論文集》第 2 卷,1981 年)介紹了敦煌曆書中"九宮圖"的圖像、意義以及文書資料,認爲敦煌寫本中的九宮圖和曆書總結概括了要比其吉祥的表面現象複雜得多的概念。饒宗頤《論七曜與十一曜——記敦煌開寶七年（974）康遵批命課》（《選堂集林·史林》，臺北：明文書局，1984 年）由 P.4071《康尊批命課》，申論《韋斯經》出自西域都賴水，并考辨“七曜”有摩尼教傳入之“七曜”與中國天文術數傳統中固有的“七政”兩意，兩者不可混同，并指出唐末外來的黃道十二宮之説已甚流行。高國藩《論敦煌唐人九曜算命術》（中國唐代學會編輯委員會編《第二屆國際唐代學術會議論文集》，臺灣：文津出版社，1993 年）首次利用敦煌發現的九曜推命文書 P.3779，對唐代敦煌流行的九曜算命術作了專題研究。趙貞《“九曜行年”略説——以 P.3779 爲中心》（《敦煌學輯刊》2005 年第 3 期）從 P.3779《九曜行年災厄法》對佛經《梵天火羅九曜》的吸收以及對敦煌具注曆日和星命術類文書的研究，認爲這種推命方法來源於印度，它是伴隨佛經的譯介傳入中國的，至唐宋時已經相當普遍。但差不多同時，九宮、八卦等命理滲入進來并成爲九曜推命的重要組成部分，中國古代的命理學也因此變得更加豐富。[日] 高田時雄著，鍾翀譯《五姓説之敦煌資料》（《敦煌·民族·語言》，北京：中華書局，2005 年）利用敦煌資料説明五姓説不僅見於敦煌宅經，還見於具注曆、禄命書、韻書中，并將藏文的《人姓歸屬五音經》與漢文的五姓文書從音韻學的角度進行了對比和逐一分析。趙貞《敦煌文書中的“七星人命屬法”釋證——以 P.2675bis 爲中心》（《敦煌研究》2006 年第 2 期）介紹了“七星人命屬法”的含義和流行狀況，認爲P.2675bis 吸收了兩部佛經有關七星特徵的內容，而在世人命運的推占中滲透着濃烈的佛教因素。魏靜《敦煌占卜文書中有關遊年八卦部分的幾個問題》（《敦煌學輯刊》2008 年第 2 期）認爲遊年八卦是敦煌占卜文書的重要組成部分，內容爲現存各種遊年八卦占卜方法的可考前身，不僅涉及占卜人事，也涉及占卜住宅，對正確理解古代占卜文化具有重要意義。陳于柱《敦煌寫本〈禄命書·推人遊年八卦圖（法）〉研究》（《天水師範學院學報》2008 年第 6 期）認爲五代敦煌寫本《推人遊年八卦圖（法）》是中國古代禄命書中的重要組成部分，可與早期《日書》相銜接，與中古醫學典籍之間亦存在諸多資源分享之處，其底本至遲在晉宋時期已創製，此類寫本以遊年八卦爲命理基礎，以人生行年中的交往、出行、疾病醫療爲主要占卜事項。張福慧、陳于柱《遊走在巫醫之間——敦煌術數文獻所見“天醫”考論》（《寧夏社會科學》2008 年第 2 期）指出敦煌術數文獻中的“天醫”較早出現於東漢道教典籍與宗教活動中，由於具備療疾治病的信仰功能，在魏晉隋唐進一步擴展到醫學與術數占卜領域。古代中國“醫、巫合流”的文化特質，注定類似“天醫”等信仰因素要在占卜巫術與醫學間遊走，成爲古代不同宗教學科所共用的文化資源。陳于柱《從上都到敦煌——敦煌寫本禄命書 S.5553〈三元九宮行年〉研究》[《蘭州大學學報》（社會科學版)2009 年第 5 期]指出敦煌禄命書 S.5553《三元九宮行年》是歸義軍時期由中原上都傳入邊陲敦煌的一部術數典籍,敦煌密教徒出於職業競爭的需要,對其進行了加工和改造,儘管它多以宣説命運吉凶爲主旨,但對時人的政治心態、神靈信仰、女性生育與疾病觀念等多有生動反映。陳于柱《敦煌本禄命書〈推人九天宮法\九天行年災厄法〉研究》(《敦煌學輯刊》2009 年第 2 期)認爲抄寫於晚唐五代的禄命書《推人九天宮法\九天行年災厄法》主要通過九天宮與年歲相對應以推人吉凶禍福,敦煌本九天行年書寫至少源出兩個系統:一是來自本土的九天行年禄命書,一是改編自佛教文獻《梵天火羅九曜》,唐宋時期敦煌與中原社會具有文化差異。陳于柱《敦煌藏文本禄命書 P. T. 127〈推十二時人命相屬法〉的再研究》(《中國藏學》2009 年第 1 期)對抄創於歸義軍時期的敦煌古藏文禄命書 P. T. 127 的文本來源、抄寫時間、信仰羣體、創製背景等問題進行了探討。邵明傑《與敦煌文書 S.2729〈太史所占十二時善惡吉凶法〉有關的幾個問題》(《民族史研究》2010 年第 00 期)考證了敦煌文書 S.2729《太史所占十二時善惡吉凶法》的成書時間,并結合《太史所占十二時善惡吉凶法》及相關典籍對吐蕃佔領時期敦煌的民族狀況、吐蕃王朝佛苯之爭對敦煌佛教的影響、《太史所占十二時善惡吉凶法》的創作主旨等問題進行了探討。陳于柱、張福慧《敦煌具注曆日見載"本命元神"考辨》(《敦煌學輯刊》2010 年第 4 期)認爲敦煌具注曆日見載本命元神當爲古代禄命信仰中的元辰星神,而不是部分學者認爲的北斗七星之本命星君或十二生肖。王莉《敦煌占卜文獻托名孔子考》(《絲綢之路》2010 年第 22 期)梳理了漢文卜法中的孔子形象和《金錢神課判詞》中的孔子形象,并探討了孔子與占卜的歷史淵源,認爲敦煌占卜文獻之所以托孔子命名、命卦,是因爲孔子的高深學問和言論與方術之士所翫弄的"術"有異曲同工之妙,并成爲孔子神聖權威在民間的認同方式,於是普通民衆對孔子片面、盲目的神秘主義崇拜就發展起來了。陳于柱《敦煌文書 P. T. 127〈人姓歸屬五音經〉與歸義軍時期敦煌吐蕃移民社會研究》(《民族研究》2011 年第 5 期)通過對法藏敦煌藏文寫本 P. T. 127 的文本屬性、抄寫時間與使用羣體的分析和探討,揭示出吐蕃移民社會地位的提高與以術數文化爲代表的地方秩序語言之間的互動關係,這對於深度解讀歸義軍時期敦煌吐蕃移民社會歷史,具有重要的學術價值。陳于柱、張福慧《敦煌藏文本 S.6878V〈出行擇日吉凶法〉考釋》[《首都師範大學學報》(社會科學版)2012 年第 6 期]對 S.6878V《出行擇日吉凶法》的考釋,不僅進一步揭示了此件文獻的内容樣貌與文本來源,彌補了相關敦煌漢文文獻的缺陷與不足,而且爲推進漢藏文化交流史的研究以及唐宋之際敦煌吐蕃移民史研究提供了重要素材和重要綫索。

文化研究方面,陳于柱、張福慧《遊走在世俗與神聖之間——唐五代宋初敦煌命算信仰與佛道關係研究》(《敦煌學輯刊》2007 年第 4 期)通過對敦煌寫本禄命書所載行年命算術及相關信仰的考察,闡明世俗信仰在唐五代敦煌道教、佛教、占卜術數之間的混通與轉換,并從占卜術數的視角對歸義軍時期敦煌佛教世俗化問題進行了探討。陳于柱《占卜·佛道·族羣——敦煌寫本禄命書 P. 3398〈推十二時人命相屬法〉研究》(《敦煌吐魯番研究》第 11 卷,上海古籍出版社,2009 年)細緻考量了敦煌寫本禄命書 P. 3398《推十二時人命相屬法》所反映的命理特徵、宗教成分以及信仰羣體等關鍵問題,客觀再現了晚唐五代敦煌多民族多宗教文化背景下占卜術數與佛道、族羣間多元互動的社會歷史格局。張福慧、陳于柱《敦煌古藏文、漢文本〈十二錢卜法〉比較研究》(《天水師範學院學報》2010 年第 3 期)認爲敦煌藏文本《十二錢卜法》是在繼承漢文本占卜模式的基礎上,結合吐蕃自身情況,對漢文本進行了改編;敦煌藏文本《十二錢卜法》兼具漢族術數文書與吐蕃宗教習俗的多元特質,從一個側面映現了吐蕃時期敦煌社會不同族羣、宗教間對立與融匯交錯互動的歷史圖景。

（九）鳥占

文獻研究方面,王堯、陳踐《吐蕃的鳥卜研究——P. T. 1045 號卷子譯解》[《藏學研究文集》,民族出版社,1985 年;又見《中國敦煌學百年文庫·民族卷》,蘭州:甘肅文化出版社,1999 年;又見金雅聲、束錫紅主編《敦煌古藏文文獻論文集》(下),上海古籍出版社,2007 年]首次對敦煌古藏文寫卷P. T. 1045進行了全部録文及考釋,同時結合中國古代典籍中有關鳥卜的記述,對吐蕃的鳥卜情況進行了研究。陳楠《敦煌藏漢鳥卜文書比較研究——P. T. 1045 號、P. 3988 號與 P. 3479 號文書解析》(季羨林、饒宗頤主編《敦煌吐魯番研究》第 10 卷,上海古籍出版社,2007 年)在前人研究的基礎上,對 P. T. 1045號藏文寫卷及 P. 3988 與 P. 3479 號兩件漢文寫卷進行了綜合比較研究:重新解讀了 P. T. 1045 號藏文寫卷,提供新的譯文并附藏文轉寫;重新迻録并解釋 P. 3988 與 P. 3479 兩份漢文卷子,糾正茅甘原解釋中的某些錯誤之處;比較漢藏兩種文書中的異同內容,并試圖深入探討漢藏文化交流的淵源關係。

文本研究方面,楊世宏《敦煌古藏文殘卷〈鴉鳴占卜法〉譯釋并探源》(《西北民族研究》1988 年第 2 期)對敦煌古藏文寫卷 P. T. 1045《鴉鳴占卜法》重新進行了譯釋,并結合其他著作對其來源進行了探討,認爲古代吐蕃的天文曆算及宇宙觀是受到了印度文化、佛教文化及中原漢文化的影響,但其實質的東西仍與古代羌族的宇宙觀有着同源的關係。[美]勞佛爾著,陳楠、趙炳昌譯《吐蕃的鳥卜》(《國外敦煌吐魯番文書研究選譯》,蘭州:甘肅人民出版社,1992 年)説明了臨時編號 3530(P. T. 1045)文書兩部分的關係,即第一部分爲序言,第二部分爲烏鴉占卜實例總表,糾正了巴考的"雷電説",確認"烏卜"是以烏鴉叫的聲音、時間和方位來確定判別吉凶,并拿這一文書跟那塘版《丹珠爾》經中一個《烏鴉叫聲辨析》的小部經作了比較,認爲 P. T. 1045所見的根據烏鳴而占吉凶的作法,可以視爲一種先起源於印度,後來被吐蕃人接受并作了修改的占卜術。[法]茅甘《敦煌寫本中的烏鳴占凶吉書》(《法國學者敦煌學論文選萃》,北京:中華書局,1993 年)首先對敦煌文獻中涉及烏鳴占的文書進行了梳理,然後將藏、漢兩種語言寫成的敦煌烏鳴占文書P. 3479 和 P. 3988 進行了綜合對比研究,認爲這種占卜方法應起源於漢地。房繼榮《敦煌本〈烏鳴占吉凶書〉研究》(蘭州大學碩士學位論文,2007 年)首先對敦煌本《烏鳴占吉凶書》所涉及的相關文獻進行了錄文和考釋,然後結合傳世文獻以及田野調查資料對敦煌本《烏鳴占吉凶書》的内容進行了詳盡而細緻的分析。房繼榮《烏卜源流考——兼論文化遺産的利用與保護》(《社科縱橫》2007 年第 3 期)結合考古發現及中國古代傳世典籍的相關記載來探討烏卜的起源。趙貞《試論 P. T. 1045〈烏鳴占〉的來源及其影響》(《敦煌學輯刊》2010 年第 4 期)結合敦煌漢文烏占文書及傳世文獻,對 P. T. 1045《烏鳴占》的來源進行了探討,認爲 P. T. 1045 來自漢文烏占傳統的可能性更大;同時,結合歸義軍時期的鳥形押,對吐蕃烏占的影響略加討論。趙貞《Дх. 6133〈祭烏法〉殘卷跋》(《敦煌研究》2012 年第 1 期)認爲Дх. 6133殘卷包含的《祭烏法》對探討吐蕃烏鳴占的來源及歸義軍時期的占卜法有一定的參考價值。儘管在文本傳抄和推占方式上,此件與其他寫本略有不同,這表明諸如《烏鳴占》之類占著抄,在中晚唐社會曾經十分流行,由此也引導了唐人奉爲祈福的風氣。

(十)五兆卜法

文獻研究方面,王祥偉《敦煌五兆卜法文獻校錄研究》(北京:民族出版社,2011 年)擇取目前關於五兆卜法唯一的傳世文獻——敦煌五兆卜法文獻作爲整理與研究的對象,在對敦煌五兆卜法文獻進行系統整理的基礎上,通過對五兆卜法的產生與消亡、五兆卜法的占卜法、五兆卜法與龜卜和易占的關係、五兆卜法的占卜事項、五行理論與中國古代術數文獻的構建等問題進行系統的研究,基本上還原了歷史上五兆卜法產生、發展和演變的過程及其在中國古代占卜術中的地位,從而在一定程度上豐富了中國古代術數文化的内容。王晶波《敦煌五兆卜法文獻的綴合與定名》(《敦煌學輯刊》2013 年第 4期)在中外學者已有研究的基礎上,對敦煌五兆卜法文獻的殘卷進行了進一步的比勘梳理,又綴合了四件殘卷,并就其定名和系統提出了新的看法。

文本研究方面,[法]馬克·卡林諾斯基《敦煌數占小考》[《中國古代科學史論·續篇》,京都大學人文科學研究所,1991 年;又見《法國漢學》第 5 輯（敦煌學專號）,北京:中華書局,2000 年]對敦煌占卜文獻中五兆卜法的演卦方法、占卦方法等作了介紹,并簡單介紹了易占法、十二錢卜法、靈棋卜法、周公卜法、管公明卜法、孔子馬頭卜法、摩醯首羅卜法、缺名卜法、周公孔子占法的基本情況,最後討論敦煌各數占法演卦至定吉凶的過程。劉永明《敦煌占卜與道教初探——以 P. 2859 文書爲核心》(《敦煌學輯刊》2004 年第 2 期)以 P. 2859 爲中心,專門對五兆卜法文獻中所體現出的道教特徵進行探討。張富春《中國古代祈財信仰研究》(四川大學博士學位論文,2006 年)對敦煌五兆卜法文獻從祈財信仰的角度進行了研究,對與祈財有關的内容研究得非常詳細,同時還對五兆卜法的占卦方法及在唐宋時期的應用情況進行了説明。王祥偉《五兆卜法考略》(《敦煌學輯刊》2009 年第 2 期)指出五兆卜法是以算子爲卜具,以五行學説爲理論基礎的一種占卜術。本文在介紹五兆卜法概況的同時對其揲蓍法進行了討論推演,并對其應用和消亡進行了探討。

(十一) 雜占

易占方面,張志清、林世田《S. 6349 與 P. 4924〈易三備〉寫卷綴合整理研究》(《文獻》2006 年第 1 期)就 S. 6349、P. 4924《易三備》寫卷的裝幀形式、寫本概況及綴合問題進行了探討。張志清、林世田《S. 6015〈易三備〉綴合與校錄——敦煌本〈易三備〉研究之一》(《敦煌吐魯番研究》第 9 卷,北京:中華書局,2006 年)在前人研究的基礎上對 S. 6015《易三備》寫卷進行了綴合與校錄,爲後續研究奠定了基礎。翟旻昊《德藏吐魯番出土 Ch. 1635 文書研究》(《敦煌研究》2013 年第 5 期)對德藏吐魯番出土 Ch. 1635 文書進行了錄文和研究,認爲其爲術士所用周易納甲筮法手册的一部分,應定名爲《周易納甲占殘片》。此外,作者還將其與敦煌等地發現的類似寫本進行了比較,從中可以看出古代易占思想的延續與傳承。

羊胛骨卜方面,陳踐《P. T. 1047 號和 IOL TibJ763 號羊胛骨卜新探》(《中國藏學》2013 年第 S1 期)探討了兩件收藏於海外的敦煌古藏文羊胛骨卜文書 P. T. 1047 和 IOL TibJ763,其中 P. T. 1047 號係增譯,作者參閱了研究藏族周邊民族占卜文獻的論著,受到啓迪,增譯了卦象,并對譯文再次作了修訂;IOL TibJ763 係新譯。張福慧、陳于柱《敦煌藏文本 P. T. 1047V〈羊胛骨卜抄〉的再研究》(《敦煌研究》2013 年第 4 期)對敦煌藏文本 P. T. 1047V《羊胛骨卜抄》的文本屬性及定名、成書時間等問題進行了探討,認爲成書時間不會早於赤松德贊時期,亦不會晚於赤祖德贊時期,應大致成書於公元 8 世紀後半期至 9 世紀前期之間。并認爲其是研究吐蕃民族文化與社會歷史的重要資料,提供了探考吐蕃苯教歷史變遷的樣本,反映了流寓敦煌的苯教教團在特定歷史背景下強調其生存合法性的歷史訴求。

占失方面,周西波《敦煌文獻中之逐盜求失物方術考略》(《轉型期的敦煌學》,上海古籍出版社,2007 年)匯總介紹了藏經洞中保存的有關逐盜求失物的占卜文書,并將其與秦漢簡牘及宋以後相關占卜用書進行了比較。劉樂賢《懸泉漢簡中的建除占"失"殘文》(《文物》2008 年 12 期)對懸泉漢簡建除占"失"殘文作了校釋和研究,認爲"失"當讀爲"魅",指人死後變成的能作祟害人的惡鬼,亦即古書記載的"歸殺"或"回煞"。

孔子馬坐卜方面,饒宗頤《敦煌本〈立成孔子馬坐卜占法〉跋》(《敦煌學輯刊》1999 年第 1 期)介紹了 S.1339《立成孔子馬坐卜占法》的文本內容,并結合傳世文獻作了初步研究。

摩醯首羅卜方面,王愛和《摩醯首羅卜性質初步分析》(鄭炳林主編《敦煌佛教藝術文化國際學術研討會論文集》,蘭州:蘭州大學出版社,2002 年)以 S.5614Vb 號爲例,考證出它是南北朝僧人創製的旨在教化的卜書,這反映了外來佛教文化與傳統"易占"文化相互靠近、相互調試的心理。

占婚嫁方面,黃正建《敦煌占婚嫁文書與唐五代的占婚嫁》(項楚、鄭阿財主編《新世紀敦煌學論集——潘重規教授九五華秩并研究敦煌學一甲子紀念》,成都:巴蜀書社,2003 年)認爲敦煌文書中涉及婚嫁的有兩類,一類是《曆日》,還有一類是與其他占卜術雜抄在一起的文書。該文主要介紹了婚占文書的本身,并結合唐五代有關占婚嫁的記載探討了當時敦煌婚占的實際情況。

金釵卜方面,鄭阿財《〈雲謠集·鳳歸雲〉中〈金釵卜〉民俗初探》(《中國民俗文化研究》第 1 輯,2003 年)指出金釵卜是雜占的一類,是民間通俗文化中所謂的"相思卦",并就敦煌寫本《雲謠集·鳳歸雲》,探討曲子詞中所反映出的"金釵卜"民俗的性質、淵源、從唐代"金釵卜"到元明清"鞋打卦"的演變等相關問題,借以彰顯中國俗文學與俗文化相生相成的密切關係。

(十二) 民俗及其他

民俗方面,高國藩《敦煌民俗學》(上海文藝出版社,1989 年)根據敦煌寫本,用大量篇幅,從民俗學的角度,校錄、研究了部分敦煌寫本占卜文書,開闢了敦煌占卜文書研究的新領域。高國藩《敦煌古俗與民俗流變:中國民俗探微》(南京:河海大學出版社,1989 年)從民俗的角度對唐代敦煌民間的卜卦、看相、符咒、算命、巫術等民俗文化進行了深入的發掘和研究,探索它們的來源與流變,爲我國民俗文化研究的發展留下了不朽的篇章。高國藩《敦煌民俗資料導論》(臺北:新文豐出版公司,1993 年)採用"資料概述"、"資料特色"、"資料價值"的框架,將有關敦煌資料進行分類排比,對敦煌卜卦信仰、看相信仰、算命信仰、預兆信仰等古代的民俗提出了自己的看法。高國藩《敦煌俗文化學》(上海三聯書店,1999 年)在其第三章"敦煌九曜算命術與俗文化"中對 P.3779《推九曜行年容厄法》進行了錄注和命理學剖析,并對其在民俗文化史上的價值給予肯定。

另外,時日宜忌方面,寧宇《敦煌寫本 P.3081 號文書與唐代五月五日禁忌研究》(《敦煌學輯刊》2012 年第 4 期)對 P.3081《七曜日吉凶推法》進行錄文,并將其與 P.2693《七曜曆日》以及印度的《宿曜經》進行對比研究,從而揭示該文書的使用價值。同氏《敦煌寫本時日宜忌文書敍錄——英藏、法藏篇》[《蘭州大學學報》(社會科學版)2013 年第 1 期]將敦煌寫本時日宜忌文書的法藏、英藏部分分爲七曜直類、六十甲子曆類、神祇出行類和推忌日月類四大類進行梳理,力求展現唐五代時期時日宜忌文書的概貌,從而釐清敦煌時日宜忌文書的脈絡,爲進一步研究夯實基礎。同氏《敦煌藏經洞所見之時日宜忌文書略陳》(《蘭臺世界》2013 年第 6 期)對收藏於英、法、俄等處的 27 篇時日宜忌文書進行梳理,力求展示文書的概貌,以期爲日後進一步研究夯實基礎。

白澤精怪圖方面,高國藩《敦煌本〈白澤精怪圖〉與古代神話》(《神話新論》,上海文藝出版社,1987 年)介紹了 P.6261、P.2682《白澤精怪圖》兩個殘卷的基本情況,并對 P.2682 中的幾個神話精怪進行了考察和探源。周西波《〈白澤圖〉研究》(《中國俗文化研究》,2003 年)在對《白澤圖》進行綜合研究時也釋錄了敦煌本《白澤精怪圖》的部分文字。佐佐木聰《〈白澤圖〉輯校:附解題》(《東北大學中國語學文學論集》2009 年第 14 號)對包括 P.2682《白澤精怪圖》在內的《白澤圖》進行了稽考、校錄和解題。游自勇《敦煌本〈白澤精怪圖〉校錄——〈白澤精怪圖〉研究之一》(《百年敦煌文獻整理研究國際學術討論會論文集(上冊)》,2010 年)梳理了敦煌本《白澤精怪圖》的研究狀況,且在前人研究的基礎上進行了完整精確的校錄。佐佐木聰《法藏〈白澤精恠圖〉(P.2682)考》(《敦煌研究》2012 年第 3 期)根據調查原本所見,首先闡明了本卷的來歷,然後通過考證其來歷,證明《白澤精恠圖》不是《白澤圖》,并對本卷的性質進行了探討。

回顧一個世紀以來的敦煌占卜文獻研究,視角全面,成果豐碩,是敦煌文獻研究中的佼佼者。希望今後能有更多的學者關注這一研究課題,共同把敦煌占卜文獻的研究做得更扎實、更深入,以此來推進敦煌學學科的更大發展。

基金項目:本文爲國家科技支撐計劃國家文化科技創新工程項目"絲綢之路文化主題創意關鍵技術研究"(2013BAH40F01)階段性成果之一。

敦煌佛道關係研究綜述

劉泓文（蘭州大學）

　　中國歷史上的佛道關係是一個需要研究的永久性課題，也是一個需要從多層次多角度認識的課題。就敦煌而言，作爲佛教這一外來文化進入中國的門户，往往被冠以“佛教都市”的美譽，人們卻在無意間忽視和掩蓋了敦煌有着源遠流長的道家與道教文化根源的真相。加之佛教典籍對佛道論爭結果的記載具有選擇性且充滿門户之見，使得人們對歷史上的佛道關係形成了一種嚴重的偏見，即認爲道教中所有值得一提的東西幾乎都是從佛教那裏抄襲、竊取來的。這就導致早期的敦煌佛道關係研究者們着重關心的是“道教與佛教的相似點”，而沒有從道教的立場去考察“佛教從道教吸取了什麽”或者“道教從佛教没有吸取什麽”。所幸自20世紀80年代以來，經過敦煌道教研究者們的辛勤耕耘和探索，這種偏見不僅有了很大的改觀，而且形成了對敦煌佛道關係多方面、多視角的研究格局。爲便於學術界更好地了解敦煌佛道關係的研究歷史和研究現狀，本文力圖從學術史的角度，通過分類的方法，以佛道的鬥爭與融合、道教從佛教吸取了什麽、佛教從道教吸取了什麽爲題，全面梳理敦煌佛道關係的研究成果。

一、佛道的鬥爭與融合

　　綜合論述方面，王維誠《老子化胡説考證》（《國學季刊》第4卷第2號，1934年6月）利用法藏敦煌本《化胡經》卷一、卷八和卷十與傳世文獻相比較，勾勒出了自西漢至明清時期老子“化胡”這一佛道關係史上最大公案的主要發展脈絡。汪泛舟、徐相霖《古敦煌宗教考述》（《宗教學研究》1989年Z1期）認爲敦煌遺書中佛、道經典能同藏於一室，即佛、道兩家在敦煌地區由鬥爭到交融這一歷史事實的生動反映。顔廷亮《關於〈白雀歌〉見在寫卷兼及敦煌佛道關係》（《蘭州教育學院學報》1995年第2期）認爲在吐蕃佔領敦煌時期和歸義軍時期佛道兩教雖然盛衰懸殊，但并不是貶斥與被貶斥、扼殺與被扼殺的關係，而是和平共處、各守其事；當時的敦煌社會，也并非純然是佛教社會。姜伯勤《道釋相激：道教在敦煌》（《敦煌藝術宗教與禮樂文明——敦煌心史散論》，北京：中國社會科學出版社，1996年11月；又見《道家文化研究》第13輯“敦煌道教文獻專號”，北京：三聯書店，1998年4月）以敦煌道教爲例，以考察“佛教從道教吸取了什麽”、“道教從佛教没有吸取什麽”、道釋相激中

179

如何致力於超越性的中國式智慧的創造爲新視點,揭示了一些中古佛道關係的真相,有助於糾正過去學術界由於長期受佛教單方面記載的誤導而產生的對中古道教的誤解。邵文實《敦煌道教試述》(《世界宗教研究》1996 年第 2 期;又見《中國敦煌學百年文庫·宗教卷3》,蘭州:甘肅文化出版社,1999 年)認爲敦煌道教最大的特點是對佛教的妥協性,一味地忍讓、包容着佛教,衹是偶爾發一點小牢騷,以求得與顯得有些霸道的佛教和平共處。王承文《古靈寶經定期齋戒的淵源及其與佛教的關係》(《華林》第 2 輯,北京:中華書局,2002 年 1 月)通過對古靈寶經與早期天師道《旨教經》關係的考證研究,證明靈寶經的定期齋戒來源於漢晉天師道的傳統,而非佛教的齋法。這一研究,深化了我們對“道教没有從佛教吸收什麼”這一重大理論問題的認識。劉屹《唐代道教的“化胡經”説與道本論》(《唐代宗教信仰與社會》,上海辭書出版社,2003 年 8 月)在全面系統地清理南北朝到隋唐,特別是從唐初到唐玄宗時期,圍繞“化胡經説”和“道本論”國家與佛道雙方交涉的歷史脈絡後,梳理出了李唐王朝和道教在利用“化胡經説”處理佛道關係方面所體現出的與前代不同的態度和方式。鍾海波《敦煌講唱文學中的道教文化》[《西北工業大學學報》(社會科學版)2004 年第 1 期]認爲敦煌講唱文學中蘊涵着的道教文化反映了唐代對道教的尊崇以及佛、儒、道三教之間相互鬥爭、相互融合的關係。樊春光《〈老子化胡經〉的來龍去脈》(《宗教哲學》第 36 期,2006 年 6 月)通過解讀相關的歷史著作和佛、道教文獻,圍繞着佛道關係的發展歷程,對《老子化胡經》的來龍去脈進行了梳理。劉永明《略析道教神仙信仰對佛教的影響——以敦煌 P. 2305〈妙法蓮華經講經文〉爲核心》(《敦煌學輯刊》2007 年第 4 期)從道教對佛教的影響這一視角出發,通過對敦煌寫本 P. 2305《妙法蓮華經講經文》所反映出的神仙信仰的考察分析,揭示出了道教對佛教的影響和佛道融合的一些情狀,認爲雙方的關係不是鬥爭,而是和諧;不是淺表層面的雜糅,而是深層次的會通;不是生搬硬套式的拼湊,而是水乳交融式的融合。實際上,唯有這樣的和諧、會通與融合,纔有利於佛教真正在具有悠久歷史傳統和燦爛文明的中國扎根傳衍,纔有利於將佛教中國化而爲中國文化輸入新鮮的血液。黃崑威《敦煌本〈太玄真一本際經〉思想研究》(蘇州大學博士學位論文,2010 年)從同時代中國哲學的思想背景出發研究《本際經》,以佛、道兩教關係的歷史發展和道教哲學思想內部的邏輯演進爲綫索,揭示道教思想的哲學轉型和這一時期的佛教“中國化”。曹凌《略論〈三廚經〉——以佛道交涉爲中心》(《文史》2011 年第 1 輯)從佛道交融的角度對以道教典籍和道教思想爲基礎構成的佛教疑僞經《三廚經》進行了系統性的梳理,指出在其改撰過程中對道教氣理論和存思法的排斥,以及在發展過程中不斷加入的佛教元素無疑提示了佛道混融的大潮中仍然存在着分判兩者的界限，從而爲我們展示了"佛教没有從道教吸取什麼"的全新視角。

佛道融合方面，邰惠莉《敦煌寫本〈佛圖澄所化經〉初探》（《敦煌研究》1997 年第 4 期）認爲該經的性質是一份融合佛教、道教傳帖爲一體，利用普通民衆敬鬼神的心理，用通俗易懂的語言來進行傳教的民間傳帖。王惠民《太上洞玄靈寶天尊名初探》（《道家文化研究》第 13 輯"敦煌道教文獻專號"，北京：三聯書店，1998 年 4 月）通過對 4 件敦煌寫本的文書學研究，發現了此經與《太上洞真賢門經》的關係，并據此排列出 4 件寫本的先後順序，進而探討了此經中的道教經懺與佛教相關内容的相互影響，并推測此經的成書時間爲 5 世紀末至 8 世紀初。程存潔《敦煌本〈太上靈寶洗浴身心經〉研究》（《道家文化研究》第 13 輯"敦煌道教文獻專號"，北京：三聯書店，1998 年 4 月）探討了《太上靈寶洗浴身心經》中"真一"與"清靜之境"、"道性"與"道本"、"洗身"與"修心"等概念，揭示了《太上靈寶洗浴身心經》是佛、道兩教長期融合的結果，它從佛教中汲取營養，同傳統道教思想有機的結合在一起，創造出了符合道教的洗浴修心之法。李尚全《淺論唐宋敦煌民俗佛教的特色》（《鐵道師院學報》第 15 卷第 3 期，1998 年 6 月）以 S.3427 爲佐證，認爲道教與佛教的融合，在吐蕃統治敦煌時代佔主導地位，且吐蕃佛教與道教的關係是：道教爲體，吐蕃佛教爲用。馬德《敦煌文書〈道家雜齋文範集〉及有關問題述略》（《道家文化研究》第 13 輯"敦煌道教文獻專號"，北京：三聯書店，1998 年 4 月）對 P.3562V 進行了録校和定年、定性，并初步探討了文集中所反映的道觀和佛道結合問題，認爲 P.3562V 中的"亡文"和"願文"是佛、道兩家爲達到各自目的而採取的相同的方法和手段，是佛家與道家相結合的例證。鄭阿財《從敦煌文獻看三教合一》（中國唐代學會主編《第二届國際唐代學術會議論文集》，臺北：文津出版社，1993 年）從敦煌文獻中與佛教有關的道經、敦煌壁畫中的道教題材、敦煌寫卷中的道教變文三個方面論述了敦煌地區道教與佛教的相互渗透和影響。王承文《敦煌古靈寶經與晉唐道教》（北京：中華書局，2002 年）第二章"從敦煌本古靈寶經兩部佚經論中古早期道佛關係"通過對敦煌本古靈寶經兩部佚經《靈寶威儀經訣上》、《太極左仙公請問經》的細緻研究，一反中古至今的流行觀點，指出充斥於古靈寶經中的許多佛教術語與敬佛用語并非意味着道教對佛教的被動接受或簡單剽襲，而是在着重强調靈寶經自身至尊地位的基礎上，以包容和借鑒的態度對佛教文化主動採取的"拿來主義"，體現了道教對外來學説的相容與整合。釋覺旻《從"三教大法師"看晚唐五代敦煌社會的三教融合》（鄭炳林主編《敦煌佛教藝術文化國際學術研討會論文集》，蘭州大學出版社，2002 年）認爲"三教大法師"這一師號意味着統治者"置佛教於各信仰最高"的政策,反映了此時此地三教融合的社會現象。張元林《淨土思想與仙界思想的合流——關於莫高窟第 249 窟窟頂西披壁畫定名的再思考》(《敦煌研究》2003 年第 4 期)通過比較研究,確認莫高窟第 249 窟西披壁畫表現的是《維摩詰經·阿閦佛品》內容的可能性,并認爲該窟窟頂內容是佛教淨土思想與中國道教傳統仙界思想的一種融合。鍾海波《敦煌講唱文學中的佛教文化》(《唐都學刊》2004 年第 3 期)認爲敦煌講唱文學中宣揚佛教文化的作品佔很大比例,其主要內容表現禁欲修煉觀、因果報應觀、六道輪回和天堂地獄觀等,這些作品明顯混合着儒家和道家思想文化,説明佛教傳入中國後與本土文化的融合。李小榮《敦煌偽經〈佛説三廚經〉研究》(《戒幢佛學》第 3 卷,長沙:嶽麓書社,2005 年 1 月)以敦煌偽經《佛説三廚經》爲例,探討了中古時期佛、道兩教在民間信仰中的融通關係。劉永明《論敦煌佛教信仰中的佛道融合》(《敦煌學輯刊》2005 年第 1 期)以敦煌文書中非佛經類文獻爲核心,從敦煌高僧與佛道義理溝通、普通僧衆和世俗信衆在宗教信仰和宗教活動中的佛、道融合等幾個方面進行了具體考察和分析,反映了唐五代宋初敦煌地區佛教與道教相融合的具體情狀,并揭示了不同層面的佛、道融合所具有的不同特點。劉屹《化佛與化胡——晉宋道教眼中的佛道關係》(首都師範大學史學研究室編《首都師範大學史學研究》第 3 輯,2005 年)認爲雖然有愈演愈繁的老子和尹喜"化佛"、"化胡"的描繪,也有對釋迦之道的些許微詞,然而在晉宋時代,"佛道同源"、"同根異枝"的理論仍然是道教中的主流觀念。嚴耀中《論述佛教戒律的玄化與道化》(《敦煌學輯刊》2007 年第 4 期)從佛教戒律的玄化與道化這一側面,系統論述佛、道兩家之間的相互影響,説明了異化的互通性。寇鳳凱《盛唐時期的道教"三教合一"思想探析——以敦煌道教講經文爲中心》(《今日科苑》2009 年第 10 期)認爲 P. 3021 + P. 3876 號《道教中元金錄齋講經文(擬)》在繼承前人對三教關係認識的基礎上,積極反思三教論衡所帶來的後果,并對盛唐時期的道教"三教合一"思想進行了總結,宣導三教同源、同質説,這是目前所見到的道教關於"三教合一"最早、也是最明確的表述。

佛道鬥爭方面,萬毅《敦煌本〈昇玄內教經〉補考》(《道家文化研究》第 13 輯"敦煌道教文獻專號",北京:三聯書店,1998 年 4 月)不同意關於《昇玄內教經》成書年代的"梁陳間成書説",而是從"古靈寶經"以下,一步步追尋"昇玄內教"的蹤迹,認爲此經產生於公元 570 年以後的四五年間,是北周佛道爭訟背景下的產物。安忠義《甘肅省博物館藏〈報父母恩重經變〉研究》(《絲綢之路》2003 年第 S1 期)對甘肅省博物館藏《報父母恩重經變》的內容和歷史背景作了較爲深入的探討,認爲這類作品的出現是佛儒鬥爭交融的產物,與當時敦煌地區特殊的政治背景有關,并且對五代及兩宋的四川地區產生了一定的影響。陽清《漢魏六朝宗教傳記中的鬥法故事——以道徒、僧尼與鬼神的交鋒爲典型》(《敦煌學輯刊》2009 年第 4 期)以《列仙傳》等爲代表的宗教傳記中的鬥法故事,昭示出佛、道因爭奪信仰空間而展開的激烈競爭,促進了兩種宗教的完善和發展,且影響到早期志怪、唐傳奇及其他敍事形態。孫景《敦煌文書〈道教詮理答難〉校錄研究》(蘭州大學碩士學位論文,2009 年)認爲《道教詮理答難》在敦煌地區出現,是與初盛唐時期敦煌地區道教發展狀況以及佛道間激烈競爭密切相關的,此經對研究佛道論衡具有很大的價值。

二、道教從佛教吸取了什麼

從道教經典考察道教對佛教的吸取方面,日本學者秋月觀暎有三篇文章:《敦煌發見〈神人所説三元威儀觀行經〉斷簡校勘》(《福井博士頌壽紀念·東洋思想論集》,早稻田大學出版部 1960 年版)、《大英博物館所藏スタィソ將來漢文文書第五三〇八號敦煌發現〈神人所説三元威儀觀行經〉斷簡と〈大比丘三千威儀〉》(《人文社會》第 19 期,1960 年 3 月)、《敦煌出土道經と佛典》(《講座敦煌 4·敦煌と中國道教》,東京:大東出版社,1983 年 12月),分別將 S.5308《神人所説三元威儀觀行經》殘卷與《大比丘三千威儀》相互對照,發現《神人所説三元威儀觀行經》係道徒改換、節略、刪減《大比丘三千威儀》而成,幾乎是照抄了《大比丘三千威儀》。日本學者牧田諦亮《三廚經と五廚經——佛教と道教混淆について》(《聖德太子研究》第 2 卷,1966 年)認爲道教《五廚經》係由佛教《三廚經》發展而來。

鄭阿財《敦煌寫本〈父母恩重經〉研究》(《法商學報》第 18 期,1983 年 6月)通過將道藏本《太上老君父母恩重經》與敦煌寫本《父母恩重經》對照,發現其內容文辭均與《佛説父母恩重經》相類,當是道徒模仿佛典之作。陳祚龍《看了兩種模擬僞造的敦煌唐抄道經以後(上、下)》(《大陸雜誌》第 76 卷第 5期,1988 年 5 月;《大陸雜誌》第 76 卷第 6 期,1988 年 6 月)指出《太玄真一本際經》卷七乃竊取與妄改西晉釋法炬和釋法立所譯的《法句經》而成;而敦煌本《太上洞玄靈寶淨土生神經一卷》及《太極真人問功德行業經》則是直接模擬佛教淨土三經一論而成。姜伯勤《論敦煌本〈本際經〉的道性論》(《道家文化研究 7(道教研究專號)》,上海古籍出版社,1995 年 6 月;又見《敦煌藝術宗教與禮樂文明——敦煌心史散論》,北京:中國社會科學出版社,1996 年 11月)通過與中觀學説的比較,認爲敦煌本《本際經》,是在"道性自然"的傳統指引下,依憑莊子思想而吸收鳩摩羅什之學的超越智慧,促進了文化藝術之超越性與盛唐氣象的展開。王承文《敦煌本〈太極左仙公請問經〉考論》(《道家文化研究》第 13 輯"敦煌道教文獻專號",北京：三聯書店,1998 年 4 月）從三個方面分析了靈寶經對大乘佛教思想的借鑒導致了道教教義發生變化,其中對佛教"本無論"和道教"道爲無心"説之關係的論説尤爲可貴。鄭阿財《敦煌道教孝道文獻研究之一──〈慈善孝子報恩成道經道要品第四〉的成立與流行》[《杭州大學學報》（哲學社會科學版）1998 年第 1 期]認爲 P. 2582《慈善孝子報恩成道經》是受晉唐時許遜信仰影響及佛教倡導孝道之刺激編纂而成。萬毅《敦煌本〈昇玄內教經〉的南朝道教淵源》[《中山大學學報》（社會科學版）2001 年第 4 期]通過對敦煌本道教《昇玄內教經》中南朝道教淵源的辨析,揭示出這部經典是在承襲魏晉以降南方道教各派教法的基礎上,受到當時玄學風尚的影響,借鑒大乘佛教般若性空思想和中觀學説,對中國固有的道教傳統教義的哲理化改造。王承文《敦煌古靈寶經與道教"三洞經書"和"三乘"考論》（《敦煌學輯刊》2003 年第 1 期）認爲"三洞"思想流行於東晉末年的江南,古靈寶經吸收并發揮了"三洞"的概念,第一次將江南當時流行的《三皇經》、《上清經》、《靈寶經》等聯繫整合起來,同時又吸收了佛教的"三乘"思想,把"三洞經書"稱爲大乘,而把其他幾乎所有經法稱爲小乘。萬毅《道教〈昇玄內教經〉所見"三一"論淺析》（馮達文、張憲主編《信仰·運思·悟道》,廣州：中山大學出版社,2003 年 12 月）認爲《昇玄內教經》和《玄門大論》中的"三一"觀的發展受到了魏晉玄學和大乘佛教般若思想的影響。劉屹、劉菊林《論〈太上妙法本相經〉的北朝特徵──以對佛教因素的吸收爲中心》[《首都師範大學學報》（社會科學版）2007 年第 3 期]從《太上妙法本相經》中出現的大量佛教概念和辭彙入手,揭示其佛教因素的來源;指出此經的造作者主要受到北朝佛教的影響,故此經應屬北朝道教的產物;關注從北朝末年到唐代,《本相經》中這些佛教因素被删改和去留的狀況及原因,從而揭示出中古道經吸收佛教因素的某些基本原則。萬毅《隋代道教"三一"觀新解──敦煌本〈昇玄內教經〉與〈玄門大論三一訣〉》（《敦煌研究》2007 年第 4 期）對敦煌本道教《昇玄內教經》與隋代道教類書《玄門大論三一訣》中關於"三一"觀念的新説進行了比較分析,指出道教"三一"神觀論的提出受到南朝玄學風尚的影響,特別是大乘佛教般若學説與中觀理論的激發,它在隋代的流行反映了思想文化領域的"南朝化"傾向。楊靜《敦煌本〈太上業報因緣經〉佛源詞例釋》[《現代語文》（語言研究版）2011 年第 9 期]認爲敦煌本《太上業報因緣經》在語言辭彙、宗教義理、行文方式諸方面或多或少受到漢譯佛經的影響,尤其是其中的佛源詞有很多,既有源於佛教因緣報應、三世輪迴的語詞,也有源於佛門稱謂的語詞,還有源於佛教儀式的語詞等,從中可以窺探中古道經吸收漢譯佛經語詞的特點以及中古時期佛教與道教相互依附、衝突、融合的互動關係。

　　從道教文化考察道教對佛教的吸取方面，法國學者蘇遠鳴著，耿昇譯《敦煌寫本中的地藏十齋日》（《法國學者敦煌學論文選萃》，北京：中華書局，1993 年）在考察佛、道兩教相關經文的基礎上，認爲道教的十齋日是在佛教六齋日的基礎上發展起來的。俞美霞《畫像石與敦煌壁畫中的道教圖像》（臺北中華自然文化學會發行《“二十一世紀敦煌文獻研究回顧與展望”研討會論文集》，1999 年 12 月）認爲敦煌壁畫中亦佛亦道的圖像，是道教在敦煌發展所遺留下來的歷史軌跡，它明確地反映了一個事實：早期道教的發展是假托佛教既有的形式而行，且二者并成。王承文《古靈寶經對“黃赤道士”的批判與道教出家理論的發端》（《華林》第 1 輯，2001 年 4 月）認爲道館的出現和道教出家理論的早期發展，都與古靈寶經對天師道“黃赤道士”的批判及其借鑒佛教戒律與教義密切相關。王承文《古靈寶經與中古道教出家思想的發端》（《論衡叢刊 2》，成都：巴蜀書社，2002 年 8 月）考察了作爲漢魏天師道根本教義之一的“合氣”之術與兩晉道教主要宗派之間的關係，認爲古靈寶經對天師道“黃赤道士”的批判，根源於其對佛教戒律與教義的大量借鑒，而這種批判和借鑒正是中古道教出家理論發展的開端。王承文《古靈寶經的齋官制度與天師道及佛教的關係》（《敦煌吐魯番研究》第 6 卷，北京大學出版社，2002 年 8 月）認爲創設齋官反映了以經典科教爲核心的經教道教的開始形成，而道教講經制度的形成則是借鑒了儒學和佛教的講經模式。吳羽《敦煌道經及齋文所見道教事師之禮》（《敦煌研究》2005 年第 1 期）指出魏晉以降道教事師之禮發生了巨大的變化，在吸收佛教內容的同時又保留了濃厚的中國本土傳統。吳羽《敦煌寫本中所見道教〈十戒經〉傳授盟文及儀式考略——以 P.2347 敦煌寫本爲例》（《敦煌研究》2007 年第 1 期）認爲道教盟文和經文中的佛教術語祇有以中國本土生長的文體形式爲載體，與道教的原有觀念相結合，通過道教的儀式纔能在道教徒的觀念和行爲中獲得合法地位。寇鳳凱《敦煌道教講經文研究》（蘭州大學碩士學位論文，2010 年）認爲道教講經文的存在表明其創作者廣泛從佛教文化、中國傳統文化及社會現象中吸取精華，呈現出濃烈的“三教合一”思想。張慕華《論歸義軍時期敦煌道教齋文的演變》（《敦煌研究》2011 年第 2 期）認爲歸義軍時期敦煌道教齋文演變的根本動因是宗教文化之間以及宗教與世俗文化之間相互依附共生的結果，即道教齋文不但積極借鑒佛教齋文的文體特點，同時又與當地的民風遺俗相融合，深入滲透到民眾的日常生活中，呈現出斑駁化、通俗化的發展趨勢。葉貴良《從“北都羅酆”等詞看晉唐道教的地獄世界》（《宗教學研究》2012 年第 4 期）探究了晉唐道教地獄世界的概況，認爲這一時期的道教借鑒和吸收了大量的佛教文化,從此逐漸走向繁榮。

三、佛教從道教吸取了什麼

從佛教經典考察佛教對道教的吸取方面,蕭登福《敦煌寫卷所見受道教術儀影響之佛經》(《道教術儀與密教典籍》,臺北:新文豐出版公司,1994 年3 月)列舉了《淨度三昧經》、《藥師琉璃光如來本願功德經》、《普賢菩薩說澄明經》等深受道教思想影響的佛經。蕭登福《敦煌寫卷〈佛說淨度三昧經〉所見的道教思想》(臺灣中正大學中國文學系編印《全國敦煌學研討會論文集》,1995 年 4 月;又見《中國敦煌學百年文庫・宗教卷3》,蘭州:甘肅文化出版社,1999 年)從《佛說淨度三昧經》中的司察制度、天堂地獄檢校組織、玄學思想和名相、道教思想、首過科儀、護身善神、忠孝觀念等方面探討了此經受中土思想及道教的影響狀況。蕭登福《〈太上說南斗六司延壽度人妙經〉探述》(《宗教學研究》1998 年第 2 期)通過對若干部有關佛經的分析,證明道教治病延生思想和幡燈儀法對佛教和東密產生了很大的影響。法國學者穆瑞明《老子與浮屠的"廚經"》(戴仁主編《遠東亞洲叢刊》第 11 卷"紀念法國遠東學院創立一百周年敦煌學新研"專號"紀念敦煌藏經洞發現一百周年紀念",2000 年)通過研究敦煌文書和相關文獻得出"廚經"作爲一種旨在通過節食而獲得解脫的精神方法,是中國中古時代佛道互動的一個主要例證。尤其值得注意的是,這是佛教文本和儀式兩者都毫無疑問是從道教借入的少數證據之一。這些"廚經"是由道教徒原創,8 世紀逐漸被密教所吸收并創造出他們自己的佛經文本,而且在 8 世紀末東傳到日本,融入日本密教傳統中。王友奎《敦煌寫本〈咒魅經〉研究》(《敦煌研究》2012 年第 2 期)認爲道教對敦煌寫本僞經《咒魅經》的形成和流傳產生了極大的影響,《咒魅經》中充斥着道教的語言陳述,是佛教的"瓶"中裝了道教的"酒"。張淼《佛教疑僞經對道教思想的融攝——以敦煌遺書爲考察對象》(《南京曉莊學院學報》2012 年第 2 期)從注重修行的天廚思想、關注生命的益算增壽思想以及星辰人神化的星斗崇拜等方面,探討了敦煌佛教疑僞經對道教思想的融攝,認爲佛教疑僞經吸收、融攝道教思想,使得佛教無論是內容上還是形式上均能夠較好地符合中國文化傳統和中國民衆的心理,這是佛教爲何能夠在中國社會扎根下來并不斷發展和融入到中國民衆中的關鍵一環,而融攝了道教思想的佛教疑僞經則是我們準確把握中國佛教特質的重要思想資源。

從佛教石窟藝術考察佛教對道教的吸取方面,段文傑《道教題材是如何進入佛教石窟的——莫高窟 249 窟窟頂壁畫內容探討》(敦煌文物研究所編《1983 年全國敦煌學術討論會文集・文史遺書編上》,蘭州:甘肅人民出版社,1987 年)通過對魏晉南北朝時期道家玄學思想的社會流行、東王公和西王母形象的來源和演變的分析,指出道教和佛教題材相結合而出現於敦煌壁畫中不是一種偶然現象,而是外來佛教在其傳播過程中倚借於當時中土社會思潮和民族審美心理的演化結果,也是早期佛教藝術中國化的特殊形式。段文傑《略論莫高窟第 249 窟壁畫内容和藝術》(《敦煌研究》1983 年 00 期)認爲249 窟的壁畫在造型、衣飾、構圖、描綫、賦彩、神采、氣韻等方面,對傳統道教的神仙思想、審美情趣和表現技法的繼承和發展,充分顯示了佛教和佛教藝術不斷中國化的特色。溫廷寬《黄老神仙方術對敦煌彩塑的影響》(《中國敦煌吐魯番學會研究通訊》1987 年第 1 期)認爲中國古代的黄老神仙方術及神話傳説,對敦煌飛天的藝術形象及其形成的藝術氣氛,有着濃重的影響。寧强《上士登仙圖與維摩詰經變——莫高窟第 249 窟窟頂壁畫再探》(《敦煌研究》1990 年第 1 期)解讀了莫高窟第 249 窟窟頂壁畫中的“上士登仙圖”和“維摩詰經變”,認爲敦煌第 249 窟窟頂的《上士登仙圖》,是我國現存的内容最爲豐富、結構最爲嚴謹、保存最爲完好的早期道教繪畫作品。日本學者齋藤理惠子著,賀小萍譯《敦煌第 249 窟天井中國圖像内涵的變化》(《敦煌研究》2001 年第 2 期)以敦煌第 249 窟天井西坡的須彌山圖爲中心,詳細地描述、分析、考證了與佛教不同的中國式道教圖像是如何融匯到佛教美術中的。俞美霞《從辭賦談敦煌壁畫中的道教圖像》(敦煌研究院編《2000 年敦煌學國際學術討論會文集——紀念敦煌藏經洞發現暨敦煌學百年·石窟藝術卷》,蘭州:甘肅民族出版社,2003 年 9 月)對敦煌壁畫藝術及其相關部分略作説明及闡釋,并以《魯靈光殿賦》及《楚辭·天問序》之文字史料爲依據,充分探討了壁畫中的道教圖像問題,認爲敦煌壁畫中的神仙圖像是對早期道教思想的呈現。岳鋒《莫高窟第 249 窟窟頂壁畫圖像學研究》(《天水師範學院學報》2012 年第 6 期)從圖像學的角度認爲莫高窟第 249 窟窟頂壁畫是不同文化淵源圖像的“混用”匯聚成的一個整體,共同表達了一個隱藏在圖像背後的意義,即一個融合了外來佛教思想和本土道教思想的古代敦煌人心中的宇宙幻想。李正宇《吸納消化 化彼爲我——談莫高窟北朝洞窟“神話、道教題材”的屬性》(《敦煌研究》2013 年第 3 期)認爲莫高窟第 249、285、297 窟出現的東王公、西王母、伏羲、女媧、雷神、開明、飛廉、青龍、白虎、朱雀、玄武、方士、羽人等形象,其實是佛教對神話、道教題材的吸納消化,化爲已有。佛教儘管排斥道教,卻可以吸納道教中某些對佛教有用的成分,加以改造、轉化,將它化入佛教機體,成爲佛教因數,從而充實、壯大、加强了自身,在佛道較量中更勝一籌。同時意味着北朝時期敦煌佛教突破了佛經封閉性局限,朝着世俗化方向邁步。

從佛教文化考察佛教對道教的吸取方面,蕭登福《從敦煌寫卷中看道教星斗崇拜對佛經之影響》(臺北漢學研究中心編印《第二屆敦煌學國際研討會論文集》,1991 年 6 月)發現大藏經及敦煌出土寫卷中,有許多佛經提到祭祀星斗之法,以爲祀星可以避災免難。進而論證這種星斗崇拜,係受印度外道及中國道教之影響而寫成的。蕭登福《道教符籙咒印對佛教密宗之關係》(《臺中商專學報》第 24 期,1992 年)分別論述了佛道兩教的符籙咒印,認爲密教典籍沿用了道教之符印,并仿道徒之佩籙;同時也將咒語神符化,仿照神符的用法來使用咒語。再者,密典不僅在形制、用法上承襲道教,甚至在用語上,如"急急如律令"等也都沿用不絶。王惠民《敦煌"雙履傳說"與"履屐圖"本源考》(《社科縱橫》1995 年第 4 期)通過對"雙履圖"、"雙履傳說"的討論,認爲中國佛教對亡僧之履的注重源於中國的本土文化,具有濃厚的道教色彩,爲探討佛教的中國化提供了新的資料。蕭登福《敦煌寫卷及藏經中所見受道教影響的星壇及幡燈續命思想》(柳存仁主編《慶祝潘石禪先生九十華誕敦煌學特刊》,臺北:文津出版社,1996 年 9 月)列舉了敦煌寫卷及藏經中具有明顯的道教星祭儀法及幡燈續命思想的經卷,來説明道教在思想及儀軌上受道教影響的情形。李小榮《略論變文講唱中道教之長生思想的來源與表現》(《楚雄師專學報》2000 年第 4 期)從道教長生思想形成與發展的歷史背景出發,具體地分析了唐代敦煌地區的道教活動,進而闡述道教長生思想對佛教變文講唱產生巨大影響的根本原因以及它在變文講唱中的表現。蕭登福《敦煌寫卷所見受道教辟穀食氣思想影響的佛典》(《宗教學研究》2002 年第 2 期;又見項楚、鄭阿財主編《新世紀敦煌學論集——潘重規教授九五華秩并研究敦煌學一甲子紀念》,2003 年 3 月)探討了敦煌出土的有關辟穀食氣方面的佛典,論述了佛教傳入後攝取中土道教辟穀導引之術的事實。尹富《十齋日補説》(《世界宗教研究》2007 年第 1 期)認爲道教十齋日至遲在中唐時期已被佛教吸收,且除了傳世文獻所反映出來的佛教對十齋日由拒斥到吸收的被動過程外,敦煌遺書中的十齋日寫本還爲我們展示了兩條更爲主動的途徑:其一,儘管在齋日時間上完全繼承了道教十齋日,對其內容則進行了佛教化的改造;其二,將十齋日的發明權歸之於佛教。

總之,縱觀敦煌佛道關係的研究史,雖無鴻篇巨著,但從不同視角進行的專題研究亦是可圈可點,尤其令人欣喜的是學界對敦煌佛道關係的研究已經開始真正做到從佛道雙方的立場出發,深入其中探究佛道在歷史上的互動關係,對敦煌佛道關係的認識和評價也更準確、更全面。但儘管如此,相對於敦煌學其他領域的研究成果,國內外學者對敦煌佛道關係的研究仍然處於比較薄弱的境地,需要研究者們在合作交流、砥礪奮進的基礎上啓發和激蕩出更多的新視角和新觀點，以求揭開敦煌佛道關係研究的新篇章。

基金項目：本文爲國家科技支撐計劃國家文化科技創新工程項目"絲綢之路文化主題創意關鍵技術研究"（2013BAH40F01）階段性成果之一。

敦煌家庭史研究述評

王晶（復旦大學）

榮新江在整體把握了敦煌學近百年的研究史後得出一個基本認識：以往研究敦煌文書容易忽視家庭問題，祇不過是把家庭作爲一個均田户來考慮，近來年，隨着社會史研究的發展，家庭成爲敦煌學者獨立思考的個案。[①] 這一論斷極具概括性，揭示了敦煌家庭史研究的三個基本特點：第一，敦煌家庭史的研究有着自己的土壤，它植根於"均田户"的研究；第二，敦煌家庭史的研究受到了社會史的影響；第三，敦煌家庭史作爲獨立的個案研究纔剛剛起步，有待於我們總結，以期進行更爲深入的研究。

一、均田户視野下漢唐間敦煌家庭規模與結構的變遷

（一）漢至北朝敦煌家庭規模

兩漢時期敦煌的户籍材料相對較少，因此從均田户的角度來考察兩漢敦煌家庭規模的研究并不豐富。西涼時期的 S.113《西涼建初十二年（416）敦煌郡敦煌縣西宕鄉高昌里籍》成爲探討這一時期敦煌家庭規模的焦點。賈小軍認爲五涼時期敦煌的家庭規模較小。[②] 凍國棟認爲雖然户籍中完整的存户少，但其中所見的家庭規模大抵爲五口或接近五口之家，這與兩漢以來的傳統是相適應的。[③] 杜正勝認爲西涼户籍中 8 户完整，共 34 口，平均 4.25 口，與漢代没有顯著差別。[④] 西魏大統年間的户籍 S.613《西魏大統十三年（547）瓜州效穀郡計帳》是研究北朝時期敦煌家庭規模極珍貴的材料，很多學者對其進行論述，杜正勝認爲名册全者有 5 户，5 至 7 口不等。[⑤] 凍國棟認爲北朝敦煌的家庭規模大體上與漢代相同，5 口之家爲普遍現象。[⑥] 楊際平認爲在三長前，三五十家合爲一户的情況固然存在，但基本上還是三五口家的小户。[⑦] 熊鐵基認爲總體看來，家庭人口在 8 口、5 口之下，成員結構不出祖孫三代，絶大

---

① 榮新江《敦煌學與中古社會史研究》，《敦煌學十八講》，北京大學出版社，2001 年。

② 賈小軍《五涼時期河西民衆社會生活初論——以兩份出土文書爲中心的考察》，《社會科學戰線》2011 年第 12 期。

③ 凍國棟《隋唐五代的人口結構》，《中國人口史》第 2 卷隋唐五代時期，上海：復旦大學出版社，2001 年。

④ 杜正勝《傳統家族結構的典型》，《古代社會與國家》，臺灣允晨文化實業股份有限公司，1992 年。

⑤ 杜正勝《傳統家族結構的典型》，《古代社會與國家》。

⑥ 凍國棟《北朝時期的家庭規模結構及相關問題論述》，《北朝研究》1990 年第 1 期。

⑦ 楊際平《北魏太和前後若干史事考辨》，《北朝研究》1991 年第 4 期。

多數没有三代。① 用這兩份文書來分析十六國北朝敦煌的家庭規模,王利華對此提出了質疑,他指出雖然在這兩份户籍中,小型家庭仍居於絕對支配地位,但它們并不能説明太大問題,一因所載户口數量太少,不具備統計學的價值;二因敦煌地處西北邊鄙,環境特殊,不能反映内地情況。②

(二)唐代敦煌家庭規模

用户籍分析北朝敦煌家庭規模存在着諸多問題,同樣,用來分析唐代家庭規模也存在着很多問題,也由此引出了較多的爭論。一部分學者認爲,唐代敦煌家庭以規模較大的 8 口以上的大家庭爲主,杜正勝稱之爲"唐型家庭",他以《天寶六載敦煌郡敦煌縣龍勒鄉都鄉里户籍》爲統計樣本,户口完整的共 17 户,159 口,平均每户是 9.36 口,與《舊唐書·地理志》所載天寶時代瓜州的平均每户 10.45 口相接近,天寶六載户籍殘卷僞濫不實,他認爲這個數據可能比真實的平均數小。③ 另一部分則認爲,唐代敦煌家庭依然是以 5 口之家的小家庭爲主,多世同居的大家庭祇存在於大官僚大地主家庭中。張國剛用《唐(八世紀中期)河西支度營田使户田給穀簿》推測,4 口、5 口之家最多,佔 14 户,加上夫妻兩口之家 5 户,共 19 户,佔全部人户的 68%。而 6 口至 9 口以上祇有 8 户,10 口以上僅有一户,兩者佔 32%。④ 魏承思以池田温《中國古代籍帳研究》記載完整的 99 户進行統計,認爲唐代大多數農民家庭爲 5 口以下的簡單個體家庭,而一部分大官僚大地主家庭則採取累世同居的複合型家庭形態。⑤

對於這種分歧,諸多學者指出,在討論家庭規模時應該與户口登記制度聯繫起來,應該將"户"與"家"這兩個概念區分開來。楊際平就認爲考察唐代的家庭規模,需要與敦煌的户口登記制度聯繫起來,沙州有些家庭的規模較大,是張議潮推行"合户"政策的產物,比如令狐進達一户有 34 人,這實際上是由 7 個家庭組成的,令狐進達户實際上是合籍而不共財,是否同居也很難説。⑥ 邢鐵指出唐朝明令限制父母在世的時候子孫分家,已經分財異居的家庭,在登記户口的時候,仍然合在一起。他還指出也應該把"户"與"家"這兩個概念區分開來,有些統計把户籍中的奴婢也算爲家庭人口,因此對敦煌户籍所登記的人口祇能認定爲每"户"的人口,而實際生活中每"家"的人口則要

① 熊鐵基《以敦煌資料證傳統家庭》,《敦煌研究》1993 年第 3 期。
② 王利華《魏晉南北朝時期的家庭》,《中國家庭史》第 1 卷先秦至南北朝時期,廣州:廣東人民出版社,2007 年。
③ 杜正勝《傳統家族結構的典型》,《古代社會與國家》。
④ 張國剛《家庭生計》,《中國家庭史》第 2 卷隋唐五代時期,廣州:廣東人民出版社,2007 年。
⑤ 魏承思《唐代家庭結構初探——兼論中國封建家庭結構變動規律》,《社會科學研究》1986 年第 2 期。
⑥ 楊際平《讀劉進寶〈唐宋之際歸義軍經濟史研究〉》,《敦煌吐魯番研究》第 11 卷,上海古籍出版社,2008 年。

少一些。①

（三）漢唐間敦煌家庭結構的變化

北朝和唐代的敦煌家庭規模雖然存在一定的差別,但是他們在家庭結構上卻有着相似性,金眉指出西涼至唐前期敦煌的家庭結構中核心家庭比例高達60%左右,在血緣社會中,無論核心家庭在比例上有多高,其特性都消融於父系家庭的特性中,核心家庭與累世同居家庭祇存在代際多少的差別而不存在本質的不同。② 熊鐵基也認爲敦煌籍帳所顯示的家庭成員的數量以及結構說明敦煌的家庭形態是父系家庭。③ 杜正勝在分析了敦煌西涼户籍以及西魏大統年間的户籍後,認爲兩者所展現的均屬唐型家庭結構,唐型家庭的特點是已婚兄弟同居共財,直系的祖孫三代成員共同組成家庭相當普遍,此型從北朝、隋至中唐以前爲盛。④ 唐代敦煌家庭規模略大於北朝敦煌家庭規模,但兩者的家庭結構均以父系爲中心,這與邢鐵所提出的"宋型家庭"即以中間的壯年夫婦爲中心的家庭結構有很大不同。⑤ 劉永華則指出由於社會從穩定走向動蕩,唐中後期敦煌的家庭結構逐漸走向殘破化。⑥

二、社會學視野下的敦煌家庭及新研究方法的探討

（一）社會學視野下的敦煌家庭研究

社會學家將現代家庭類型分爲核心家庭、主幹家庭、聯合家庭等其他家庭類型,楊際平將這種劃分方法引入,認爲5—10世紀的126户敦煌家庭中,各種核心家庭超過總數的一半,達到52.4%;主幹家庭與主幹聯合家庭爲數不多,佔27.8%;聯合家庭、單身家庭以及其他家庭佔6%—8%。⑦ 李潤强用這些社會學概念對敦煌家庭類型的演變作了動態的描述,他以敦煌户籍中的程德一家爲例,動態地展現了一個家庭由核心家庭走向主幹家庭,再從主幹家庭發展爲聯合家庭、核心家庭的歷程。⑧ 張國剛指出社會學家庭分類方法的好處是,它使家庭關係的結構簡單明了,便於說明不同家庭結構下的財產關係、人際關係,但是用這種概念來分析古代的家庭結構,也存在着諸多問

---

① 邢鐵《典型形態:"宋型家庭"的規模和結構》,《中國家庭史》第3卷宋遼金元時期,廣州:廣東人民出版社,2007年。
② 金眉《唐代家庭法律制度》,《唐代婚姻家庭繼承法研究——兼與西方法比較》,北京:中國政法大學出版社,2009年。
③ 熊鐵基《以敦煌資料證傳統家庭》,《敦煌研究》1993年第3期。
④ 杜正勝《傳統家族結構的典型》,《古代社會與國家》。
⑤ 邢鐵《典型形態:"宋型家庭"的規模和結構》,《中國家庭史》第3卷宋遼金元時期。
⑥ 劉永華《唐中後期敦煌的家庭變遷和社邑》,《敦煌研究》1991年第3期。
⑦ 楊際平《家庭結構》,《五一十世紀敦煌的家庭與家族關係》,長沙:嶽麓書社,1997年。
⑧ 李潤强《大家的結構及構成原因分析》,《中國傳統家庭形態及家庭教育——以隋唐五代家庭爲中心》,北京:人民出版社,2008年。

題：首先現代經濟生活簡單明了，古代的經濟社會關係卻較爲複雜，家庭形式及其內部關係也遠爲複雜。其次，中國古代的家庭關係更爲複雜。①

（二）敦煌家庭研究新思路的探討

張國剛對於家庭史的研究思路提出三個維度，即法制史的維度、經濟史的維度和社會史的維度，其中法制史的維度是指主要關注家庭內部各個成員的法權關係，把倫理關係放在法律的視角下加以考量。② 家庭結構與規模的探討在這一思路的觀照下開始了新的探索。張國剛從唐律出發，提煉出"同居"的兩種意義，并將它引入到家庭關係，結合敦煌文書中出現的各種經濟糾紛案，概括出了唐代家庭的複合型特徵：一是，在一起過日子的同財生活，但是同居的各家不在一個戶籍上，即"同居共活"。二是，并不在一起過日子，但是各家卻擁有一個戶口，擁有同一個名義上的戶主，即"同籍別居"。③ 李淑媛則具體對敦煌戶籍文書中四種別籍異財的實例進行分析：一父母在而子另立戶籍；二夫妻分別與子別籍；三兄弟分析各爲戶主；四親在曾別籍異財，後因父死，子無力自立而與期親合貫之例。④ 李潤強討論了婦女歸宗對於敦煌家庭形態的影響，敦煌文書顯示歸宗婦女的戶籍登記在本家，對本家原有的家庭形態并沒有太大改變。⑤

三、家庭史研究的主體內容

（一）家庭權力結構

在家庭結構的內部，由於血緣、婚姻等原因造成成員之間的親疏遠近關係，進而產生了權力結構。從"家"、"戶"二元結構的角度來說，家庭中存在着戶主與家長的權力。從父權與母權的角度來講，又包括夫權、女權、舅權，其中夫權屬於父權，女權、舅權屬於母權。

1. 戶主、家長與尊長

戶主首先由家庭中的男性最尊者擔任，韓樹峰對西魏、前秦以及唐代戶籍中的戶主進行研究，認爲十六國北朝男性尊長充任戶主是政府的法律規定，而唐代"戶主皆以家長爲之"，是對十六國北朝制度的沿襲。擔任戶主的順序依次爲男性尊長、男性卑幼、女性，這一原則從北朝延續至唐代。⑥ 祇有

① 張國剛《家庭規模與結構》，《中國家庭史》第 2 卷隋唐五代時期。
② 張國剛《如何撰寫中國家庭史》，《中國家庭史》第 2 卷隋唐五代時期。
③ 張國剛《唐代家庭形態的複合型特徵》，《歷史研究》2005 年第 4 期；《唐代家庭與家族關係的一個考察——一份敦煌分家析產文書的學習劄記》，《中國社會歷史評論》第 3 卷。
④ 李淑媛《唐宋家庭財產制之型態》，《爭財競產：唐宋的家產與法律》，臺北：五南圖書出版公司，2005 年。
⑤ 李潤強《從敦煌戶籍文獻考察婦女歸宗對唐代家庭的影響》，《敦煌研究》2007 年第 1 期。
⑥ 韓樹峰《漢唐戶主資格的變遷》，《中國人民大學學報》2011 年第 1 期。

在户内無男時,女性纔可以成爲國家行政法意義上的户主。張晉藩以《唐玄宗天寶六年(747)敦煌郡敦煌縣龍勒鄉都鄉里籍》爲例,指出卑幼的男性做户主,與女性尊長存在相矛盾,在行政法上,法律衹認可男子的户主資格,若爲女户時,也認可女子的户主資格,在刑法上,不認可作爲尊長的女子在刑法上的尊長地位。① 家庭成員中的權力是相當複雜的,不僅要考慮儒家禮法所規定的尊長卑幼有別,還要考慮到家庭成員中的性別差異,男性權力與女性權力的差別。

羅彤華認爲家長是一個禮教或習俗上的概念,通常是家中之最尊長。② 圍繞着家長的財産支配權力問題,學者們展開了一系列的相關研究。宋娟認爲敦煌文書展現了唐代同居共財大家庭中穩定與衝突并存的現象,家長對財産的支配權優先於家庭其他成員。③ 但家長處理財産的權力也受到了限制。家長權力受到一定的限制與家長權力的來源是相關的,家長處理財産的權力主要有兩個來源。一是認爲家長的財産處理權來自法律,李潤强據 S.4577《癸酉年(973)十月五日楊將頭遺物分配憑據》認爲楊將頭的主觀意願得到了充分體現,這是由於祖父、父親是户主家長,具有法定的財産處置和析分權力。④ 另外一種觀點認爲家長處理財産的權力來自唐宋時期家庭財産共有制度。《敦煌契約文書輯校》中存有 5 份遺書樣文,姜密認爲遺囑中不僅包括了指定的法定繼承人,而且還包括了其他的承分人,這説明了唐宋時期家庭實行財産共有制度,這種制度賦予了父祖尊長以支配財産的特權。⑤

尊長較家長而言是多元的,因爲衹要兩兩相對,就有尊長。羅彤華對敦煌文書中的詩集以及各種遺書進行研究,指出婦人尊長不可直接爲家長,姑與婦不過是新與故之當家者,皆各自從屬於爲家長的夫,即使夫亡後,原則上也應將家長與當家之位傳於子及子婦。⑥ 羅彤華還將直尊權威與旁尊權威區分開來,敦煌文書中的分書樣式表明,旁尊家長鮮有强制的威力,兄弟財産嚴格均分,旁尊家長的分割權不僅受到限制,如其一意孤行,還可能面臨卑幼的訴訟。直尊或旁尊家長的家內權威或有大小之別,但在國法面前,有關規範仍一體適用,其權利與責任并無明顯差異。

2. 父權與母權

從"家"、"户"二元以及家中尊卑次序的角度來看,家中存在着户主、家

① 張晉藩《婚姻與家庭》,《中國民法通史》,福州:福建人民出版社,2003 年。
② 羅彤華《家長與尊長——唐代家庭權威的構成》,《唐研究》第 11 卷,北京大學出版社,2005 年。
③ 宋娟《唐代同居共財家庭經濟生活探論》,《求索》2012 年第 2 期。
④ 李潤强《唐代家庭財産的法律繼承和遺囑繼承》,《甘肅政法學院學報》2005 年 1 月。
⑤ 姜密《中國古代非"户絶"條件下的遺囑繼承制度》,《歷史研究》2002 年第 2 期。
⑥ 羅彤華《家長與尊長——唐代家庭權威的構成》,《唐研究》第 11 卷。

長、尊長這些權力主體。從家庭性別來考慮,則父權與母權是討論家庭權力結構的又一途徑。在推演唐代喪禮的變化過程中,許多學者注意到了其背後所隱藏的父權與母權權力的變遷。S. 1725《唐前期書儀》記載唐前期在室女與返回本家女所服喪制基本相同,出嫁也不壓降。大中年間,張敖撰《新集吉凶書儀》則顯示女兒不再被允許回家臨葬,同時女婿也不再遵從親臨處族親屬的繁文縟節,妻族有喪妻子也不能於夫家門內受弔哀哭。據此,王楠認爲唐後期夫權勢力逐漸強大,父權支配女性婚後生活的能力逐次下降,婚後女性與父家相對疏遠。① 吳麗娛重視從禮的角度來考察母權與夫權的變化消長,她對 S. 1725 中所記拜姑舅禮進行考察,認爲與拜姑舅禮相適應的婦爲姑舅服三年禮的逐漸實行和普及,確證了唐宋之際所謂母系意識的消亡和夫權重於父權的觀念的變化,婦爲舅姑服三年終成正禮,即婦女爲公婆服喪超過娘家父母,女出嫁爲父母降服齊衰期,女婿服從緦麻改小功,反映了夫權的加重。②

　　但是父權的增長,并不一定帶來母權的衰落,兩者并非簡單的此消彼長的關係,由母權所延申而來的舅權也引起了學者的重視。媳婦在婆家可能遭受家人的欺負,所以需要娘家的兄弟姐妹來保護。敦煌判文記載寡婦支撐門户,很多事情都需要求助於族人,由此形成舅權。敦煌出土的後唐天復九年(909)董加盈兄弟分家文書,有見人"阿舅石神神"的簽押,邢鐵認爲,舅父名義上是來監督分家公平、立嗣合理,其實是來幫助和保護本家姐妹的,體現了唐代敦煌家庭中的舅權。③

(二) 家庭成員及親屬的稱謂

　　洪芳藝將敦煌變文中以"阿"爲前綴的親屬稱謂詞分爲兩類,并逐一進行了解釋,一是直系血親的稱謂詞,二是旁系血親與姻親稱謂詞。④ 除洪芳藝所搜集的帶"阿"前綴的親屬詞外,蔣禮鴻還搜集并解釋了其他親屬的稱呼,他將"哥哥"和"歌歌"均釋文爲父親。⑤ 陳宗振指出 S. 1497、S. 6923 等文書中《小小黃宮養贊》所提及的"哥哥"事實上是指父親,這説明由於北方各民族的大融合,至少在東晉時期,源於鮮卑語"阿幹"的借詞已經演變爲與漢語"弟弟"、"妹妹"類似的"歌歌"或"哥哥",并用以表示"父親"了。⑥

---

① 王楠《唐代女性在家族中地位的變遷——對父權到夫權轉變的考察》,《中國社會歷史評論》第3卷,北京:中華書局,2001年。

② 吳麗娛《唐代婚儀的再檢討》,《燕京學報》2003年第19期。

③ 邢鐵《婦女的分家權益》,《宋代家庭研究》,上海人民出版社,2005年。

④ 洪藝芳《敦煌變文中"阿"前綴的親屬稱謂詞——以直系血親稱謂詞爲中心》,《敦煌學》2008年第27輯。

⑤ 蔣禮鴻《敦煌文獻語言詞典》,杭州大學出版社,1994年。

⑥ 陳宗振《試釋李唐皇室以"哥"稱父的原因及"哥"、"姐"等詞與阿爾泰諸語言的關係》,《語言研究》2001年第2期。

　　家庭成員以及親屬的稱謂是因各種社會、文化關係而產生的,因此這些稱謂也反映了各種社會及文化現象。洪芳藝分析了親屬稱謂中的宗法因素,直系血親稱謂詞明顯比旁系血親、姻親稱謂詞更爲發達,反映了宗法制度中旁系血親和姻親不如直系血親的不平等文化特色,凸顯了宗法制度中重視直系血親的文化特色。[①] 唐代變文《醜女緣起》中稱呼妻子的稱謂詞"阿嬭",是兄死而弟妻其嫂之婚俗的外在符號,而兄死弟妻其嫂的婚俗文化則是深藏在這個稱謂詞當中的文化內涵。洪芳藝指出帶有阿前綴的直系血親稱謂詞中,皆有尊親屬的稱謂以及語用中對長輩使用從兒稱謂,這是家族中長幼有序的積澱,以親屬稱謂稱呼非親屬關係的人,以表示尊重和親近,則反映了家族中親疏有別的倫理觀念。[②]

(三) 婚姻關係

　　家庭史視野下的婚姻研究,圍繞婚齡、婚姻制度、婚變、離婚等方面展開,至於婚姻禮俗以及婚姻中的婦女方面的研究已經爲學者們歸入了敦煌民俗學和婦女史的範圍,故暫時不列入家庭史研究的範圍。敦煌婦女對婚姻的選擇有很強烈的門户之見。[③] 敦煌自古已來就有早婚風俗,[④]唐前期敦煌地區的婚齡與法定婚齡一致,歸義軍時期的婚齡晚於法定婚齡。上層階級的婚嫁年齡普遍等於或低於政府所提倡的年齡,而一般百姓的婚齡則晚於政府的提倡。[⑤]

　　敦煌地區存在着一夫一妻、一夫一妻有妾、一夫多妻、一夫多妻有妾等婚姻制度,鄭炳林等對歸義軍節度使多妻現象進行了考察,指出歸義軍利用婚姻與周邊少數民族維持和平,并對晚唐五代敦煌地區吐谷渾、吐蕃與粟特女性的婚姻生活進行了探討。[⑥] 譚蟬雪認爲敦煌還存在着收繼婚的可能,敦煌户籍中的老夫少妻和老妻少夫現象也引起了學者們的重視,并由此論證了敦煌收繼婚的存在。[⑦] 陳麗萍對敦煌百姓的婚變現象作了分析,指出敦煌女性

　　① 洪藝芳《敦煌變文中"阿"前綴的親屬稱謂詞——以旁系血親與姻親稱謂詞爲中心》,《敦煌學輯刊》2010 年第 2 期。
　　② 洪藝芳《敦煌變文中"阿"前綴的親屬稱謂詞——以直系血親稱謂詞爲中心》,《敦煌學》2008 年第 27 輯。
　　③ 陳麗《唐代敦煌婦女婚姻生活探微》,《敦煌研究》2004 年第 5 期。
　　④ 高國潘《敦煌曲子詞與民間早婚風俗》,《社會科學(甘肅)》1986 年第 3 期。
　　⑤ 石小英《唐五代宋初敦煌婚齡考》,《延安大學學報》2004 年第 5 期;《由敦煌籍帳文書引發的對魏晉南北朝時期婚齡問題的探討》,《商丘師範學院學報》2005 年第 1 期。
　　⑥ 鄭炳林《張氏曹氏歸義軍政權的胡漢聯姻》,《中國史研究》2004 年第 1 期。鄭炳林、徐曉麗《晚唐五代敦煌歸義軍節度使多妻制研究》,《西北民族學院學報》2003 年第 4 期;《晚唐五代敦煌歸義軍政權的婚姻關係研究》,《敦煌學》第 25 輯,2004 年 9 月;《晚唐五代敦煌吐谷渾與吐蕃移民婦女研究》,《敦煌學輯刊》2002 年第 2 期;《晚唐五代敦煌地區粟特婦女生活研究》,《新疆師範大學學報》2004 年第 2 期。
　　⑦ 譚蟬雪《敦煌婚姻文化》,蘭州: 甘肅人民出版社,1993 年;《敦煌婚俗的特點》,《1990 年敦煌學國際研討會文集(史地、語文編)》,瀋陽: 遼寧美術出版社,1995 年;《敦煌民俗》,蘭州: 甘肅教育出版社,2006 年。陳麗萍《敦煌籍帳中夫妻年歲差距過大現象初探——兼論敦煌地區收繼婚存在的可能性》,《首都師範大學學報》2006 年第 2 期;《唐宋時期敦煌地區非正式婚姻子女現象略考》,《敦煌研究》2006 年 4 期。

在亡夫之後,感情和生活大多陷於困頓,但不論選擇獨身還是再婚,都能夠爲當時社會所接受。①

敦煌的放妻書數量較爲豐富,也一度成爲學者們所關注的重點,有學者已經對此進行了綜述與總結,故祇列舉部分代表性的文章略作述評。② 劉文鎖對放妻書的基本格式、時代、内容進行了分析。③ 楊際平對放妻書所反映的婚姻關係和離異情況進行了分析。④ 張艷雲認爲和離是有一套完整的制度和程式的。⑤ 放妻書反映了敦煌寬鬆的婚姻環境和平等的婦女地位、夫從妻居的婚姻生活格局以及夫妻對性愛和感情的重視。⑥ 乜小紅還對俄藏敦煌放妻書進行了研究,討論了唐代民間婚姻觀念中比較重視夫妻感情的現象,指出唐代婦女地位有所上升,離婚後婦女的再嫁受到尊重。⑦

(四) 家庭關係

家庭成員中的關係是比較複雜的,從家庭結構以及家庭權力的角度來看,家庭關係應該包括父系相關的各種關係和與母系相關的各種關係,敦煌家庭關係的研究大體在夫妻關係、夫妾關係、婦女與本家的關係以及叔嫂關係這幾個方面有所展開。

夫妻關係。姚偉鈞注意到了現實生活與法律制度規範下的夫妻關係的區别。⑧ 段塔麗指出唐代法律規範下所確立的是夫尊妻卑的夫妻關係,然而敦煌文書表明在現實生活中則是相對平等的關係。⑨ 耿元麗據敦煌文書中夫妻書信樣本以及放妻書,認爲唐人理想中的夫妻關係的重點在"義"上,在這種"義"的要求下,逐漸形成了唐代夫妻感情淡漠。⑩ 史成禮指出夫妻之間感情淡漠,以至於有些婦人需要運用特殊的手段來維繫夫妻關係,P. 2610V《禳女子婚人述秘法》表明已婚夫妻爲了增進愛情,通過一系列迷信手段加以保證。⑪

夫妾關係。夫妾關係與夫妻關係大爲不同。張國剛將 P. 2539《天地陰陽交歡大樂賦》中夫妻性愛和與姬妾性愛進行對比,認爲前者一般在晚上,後者在白天;前者姿勢傳統,後者爲"恥做"的動作;前者情深意切,後者言辭猥褻;

① 陳麗萍《敦煌文書所見唐五代婚變現象初探(一)》,《敦煌學輯刊》2005 年第 2 期。
② 胡翠霞《敦煌〈放妻書〉研究綜述》,《絲綢之路》2011 年第 8 期。
③ 劉文鎖《敦煌"放妻書"研究》,《中山大學學報》(社會科學版)2005 年第 1 期。
④ 楊際平《敦煌出土的放妻書瑣議》,《廈門大學學報》1999 年第 4 期。
⑤ 張艷雲《從敦煌〈放妻書〉看唐代婚姻中的和離制度》,《敦煌研究》1999 年第 2 期。
⑥ 邵鬱《敦煌"放妻書"淺議》,《天水行政學院學報》2009 年第 3 期。
⑦ 乜小紅《對俄藏敦煌放妻書的研究》,《敦煌研究》2008 年第 3 期。
⑧ 姚偉鈞《從〈敦煌解夢書〉看唐代夫妻關係》,《神秘的占夢:夢文化散論》,南寧:廣西人民出版社,1991 年。
⑨ 段塔麗《從夫妻關係看唐代婦女家庭地位的變化》,《蘭州大學學報》2001 年第 6 期。
⑩ 耿元麗《唐代家庭中的夫妻關係》,《濟南大學學報》2006 年第 6 期。
⑪ 史成禮《性迷信習俗趣録》,《敦煌性文化》,廣州出版社,1999 年。

前者主要是爲生育子嗣,後者則爲還精補腦;《大樂賦》對這些差別的描述,反映了唐朝現實家庭關係中,丈夫同妻子及姬妾關係的根本區別,前者體現出性別角色的平等,後者祇是性愛關係。[1]

婦女與本家的關係。陳弱水認爲敦煌發現的唐代離婚狀中有女方父母簽署的例子,表明了婦女本家歸宗地位在法律以及習俗上的反映。他利用敦煌文書對民間百姓的婦女與母家的關係進行了分析,指出唐代民間家庭的結構看來比上層社會簡單,歸宗女不可能有天寶六載敦煌龍勒鄉暗示的那麼多,但也絕不少見。[2]

叔嫂關係。盧向前通過對 P. 3354《唐天寶六載敦煌郡敦煌縣龍勒鄉都鄉里籍》中的杜懷奉親屬關係進行研究,揭示了叔嫂關係的異常之處,指出杜懷奉和其亡兄妻張氏有染。[3] P. 4024 中記載"孤叔爲娚(嫂)期",吳麗娛認爲這與貞觀禮相悖;既非周制古禮,也不屬於貞觀十一年的新禮,嫂叔服祇能算是恩服,長期存在於士庶社會。[4]

(五) 家庭生計

家庭生計的研究不同於一般的古代經濟史,古代經濟史的諸多研究着眼於社會,而家庭生計的研究應該要進入個體小家庭的內部,考察家庭內部的各種經濟活動。張國剛對敦煌家庭的住房面積進行研究,他根據《年代不詳的賣宅舍契》對住房分佈與面積進行計算,還考察了其中面積較小的廚房,認爲古人的廚房一般在房屋的東面。還據 P. 2685《年代未詳(828?)沙州善護、遂恩兄弟分家契》列出了一份普通農民家庭居家過日子的物品清單。[5]

對敦煌家庭的生存狀況,學者們從不同的角度進行了研究考察。毛漢光用人均所獲糧食的數量來描述敦煌居民的生存狀況,他使用西魏計賬中的 33 户受田資料計算出人均分配的田畝數,然後推算畝產量和人均食量,生活綫上佔 36%,過着小康生活,其剩餘價值不足以再生產。生存綫上的佔 40%,他們終日爲獲得基本生活所需而努力,稍有不幸,就會成爲佃人、作人、雇人、部曲,甚至降爲奴隸。生存綫下的佔 24%。[6] 張國剛用恩格爾系數來討論中等家庭的生計狀況,據敦煌河西支度營田使文書中所記載的給糧數目,一夫一妻加二男一女的家庭,每年全家的口糧是 25 石,相當於 40 粟,中等家庭佔有

---

① 張國剛《"立家之道,閨室爲重"——論唐代家庭生活中的夫妻關係》,《清華大學學報》2008 年第 1 期。
② 陳弱水《試探唐代婦女與本家的關係》,《婦女與社會》,中國大百科全書出版社,2005 年。
③ 盧向前《唐代胡化婚姻關係試論——兼論突厥世系》,《史學文存:1936—2000 浙江大學中國古代史論文集》,上海古籍出版社,2001 年。
④ 吳麗娛《喪服制度》,《唐禮摭遺:中古書儀研究》,北京:商務印書館,2002 年。
⑤ 張國剛《家庭生計》,《中國家庭史》第 2 卷隋唐五代時期。
⑥ 毛漢光《敦煌、吐魯番居民生存權之個案研究》,《中國人權史:生存權篇》,桂林:廣西師範大學出版社,2006 年。

土地 65 畝,平均收入是 90 粟,家庭糧食消費約佔總收入的 44%。① 韓國磐認爲天寶時的農民生活,并不像舊史所渲染的那樣美滿,好的祇能勉强維持生活,差的必至破產流亡。②

(六)家庭財產的析分

日本學者仁井田陞介紹了敦煌文獻中的若干遺囑,認爲它是家產分割文書。③ 魏道明認爲敦煌文書中尼姑靈惠的遺囑不能用來説明存在着遺囑繼承制度,祇能作爲唐代"户絶"時可適用遺囑的旁證材料,中國古代不具有單純的財產個人所有權,因此不存在遺囑繼承制度。④ 鄭顯文對這件文書也有録文,他認爲在一定條件下唐代的遺囑繼承優於法定繼承。⑤ 齊陳駿對遺囑繼承的原則提出了幾點看法:一、根據尊長或死者的遺囑分配;二、家庭遺產均分;三、部分私人財產不列入均分的家產;四、祖父遺產應該由直系子孫繼承;五、户絶財產又無遺囑,官爲檢校,養男有部分繼承權。⑥ 李玉林又指出了財產分割時三種方式:一、兄弟按習俗常理協商解決;二、親屬參與説和;三、僧衆協調和僧官機構裁決。⑦ 邢鐵以三組敦煌户籍爲例,對均田制下的家庭財產繼承問題進行了研究,認爲均田令文規定了口分田和永業田的不同繼承方式,但是其中的一些補充規定卻使令文在具體的執行過程中得以靈活變通,作爲民間習俗的諸子平均析分父祖的所有田地的方式并沒有改變。⑧ 姜密以《敦煌契約文書輯校》中的 5 份《遺書樣文》指出有承分人即非"户絶"條件下採取遺囑繼承形式在唐五代社會生活中是相當流行的。⑨

李潤强搜羅分析了敦煌的若干件分家文書,認爲家庭財產的遺囑繼承,既遵照國家財產繼承法令,也突出了家長對財產的處分權和子孫的析產願望。至中晚唐時,遺囑繼承則成爲主要的家庭財產析分形式。⑩ 乜小紅排列了敦煌各種分家文書,動態地把握遺囑歷史演變的過程,描述了遺令到遺囑的發展演變過程,指出早期的遺令含多方面内容,是亡者生前對死後各種事務的安排及意願的表達,外力和國家律令并不干預。隋唐以來,同居共財大家族向單個獨立小家庭經濟體過渡,家財的繼承越來越現實而重要,遺令漸

---

① 張國剛《家庭生計》,《中國家庭史》第 2 卷隋唐五代時期。
② 韓國磐《唐天寶時農民生活之一瞥——敦煌吐魯番資料閱讀劄記之一》,《廈門大學學報》1963 年第 4 期。
③ 仁井田陞《中國法制史研究·奴隸農奴法、家族村落法》,東京大學東洋文化研究所 1962 年。
④ 魏道明《中國古代遺囑繼承制度質疑》,《歷史研究》2000 年第 6 期。
⑤ 鄭顯文《唐代家庭財產繼承制度初探》,《中國文化研究》2002 年秋之卷。
⑥ 齊陳駿《有關遺產繼承的幾件敦煌遺書》,《敦煌學輯刊》1994 年第 2 期。
⑦ 李玉林《敦煌遺書 P.3774 號的研究——從一個家庭的財產分割牒看吐蕃統治下的敦煌》,《西藏大學學報》2007 年第 4 期。
⑧ 邢鐵《從三組敦煌户籍説唐代均田制下的繼承問題》,《中國中古史論集》,天津古籍出版社,2003 年。
⑨ 姜密《中國古代非"户絶"條件下的遺囑繼承制度》,《歷史研究》2002 年第 2 期。
⑩ 李潤强《唐代家庭財產的法律繼承和遺囑繼承》,《甘肅政法學院學報》2005 年 1 月。

變爲家長專門分配遺產的手段,這類專門賦予經濟內容的遺令即遺囑,由唐代遺囑法所界定。[①] 邢鐵對敦煌文書中諸子平均析產以及反映婦女繼承的相關文書進行考察,認爲唐代家產繼承的各種具體方式和程式,都是圍繞着如何更有效地保證各種情況的家庭的門户延續而設計的。[②]

四、小　　結

總體而言,敦煌家庭的研究無論是從深度還是廣度上講都還有待於進一步推進。首先,敦煌家庭史的研究在很長一段時間內都極爲重視敦煌的籍帳材料,取得了諸多成果。但是另一方面籍帳文書有自身的局限性,在用來研究敦煌家庭時應該保持謹慎的態度,漢至北朝的户籍材料較少,户口較少,很難具有統計學的意義;户籍中存在着蔭附人口,使得户籍的可信度降低,這也影響了結論的可靠性;由於敦煌户籍偽濫,很難將户籍與實際生活中的家庭等同起來。其次,敦煌家庭史的研究受社會學的影響也很大,社會學對於敦煌家庭史研究的推動力不可忽視,但是在將社會學的概念與敦煌家庭結合時,必須充分考慮到社會學概念本土化的問題,不能盲目照搬,也不能全盤否定。第三,張國剛對於家庭史的研究提出了三個維度,即法制史的維度、經濟史的維度和社會史的維度。[③] 事實上,具體到敦煌家庭史的研究時,將它與制度史、法制史聯繫起來確爲一條可行的方案。第四,從具體的研究內容來講,敦煌家庭史研究的深度還有待進一步擴展,對於家庭關係、家庭權力、家庭成員稱謂、家庭生計、家庭財產析分等問題的討論還需要進一步的展開與深入。

---

① 乜小紅《秦漢至唐宋時期遺囑制度的演化》,《歷史研究》2012 年第 5 期。
② 邢鐵《唐代家產繼承方式述略》,《河北師範大學學報》2002 年 5 月。
③ 又可參見陳建强、蔣愛花《注重歷史學和社會學研究相結合:中國家庭史研究新見迭出》,《光明日報》2002 年 8 月 21 日。

西夏統治敦煌史研究述評

陳光文（蘭州大學）

西夏（1038—1227）是以党項羌爲主體，建立於中國西北部的少數民族政權。西夏立國近兩百年，對 11—13 世紀的西北區域史以及中國的政治格局與歷史走向產生了深遠的影響。西夏全盛時期疆域“東盡黄河，西界玉門，南接蕭關，北控大漠，地方萬餘里”，①而敦煌即處玉門關內，漢唐時期一直是溝通中西經濟、文化往來的交通樞紐。20 世紀初，由於敦煌文獻與黑水城文獻的發現，產生了以出土文獻研究中古史的兩大顯學——敦煌學與西夏學，而西夏時期敦煌史則屬這兩大顯學的彙聚、交叉領域。西夏學專家史金波先生曾專門撰寫《敦煌學和西夏學的關係及其研究展望》（《敦煌研究》2012 年 1 期）一文，探討了這兩門學科之間的關係，并指出西夏時期的敦煌是敦煌學研究中的薄弱環節。隨着敦煌學與西夏學的不斷發展，學術界對西夏時期敦煌史的研究越來越關注，取得了較爲豐碩的成果。本文旨在對已有成果進行回顧與述評，并提出一孔之見，希望能夠裨益於這一課題的進一步研究。

一、西夏實際統治敦煌時間的研究

西夏實際統治敦煌的確切時間是西夏時期敦煌史研究中的重要問題，也是一個熱點和難點問題。西夏統治敦煌的時代下限爲 1227 年，對此學術界没有分歧；但關於西夏實際開始統治敦煌的時間，由於史料本身的模糊和零碎，加之學者們所據史料的不同和理解角度的差異，相繼形成了 1035 年、1070 年、1073 年、1028 年、1036 年、1030 年、1146 年、1067 年、1068 年等觀點。以上諸説的出現，一方面反映了這一問題研究的複雜性和難度，同時也反映了學術界研究的不斷深入和進步。以下按照各個觀點產生的先後順序分別予以述評：

1. 1035 年説。1951 年，宿白先生發表《莫高窟大事年表》（《文物參考資料》第二卷五期，大衆書店，1951 年）一文，該文對莫高窟史上發生的大事進行了編年：“一零三五。景祐二年，西夏趙元昊略佔瓜、沙、肅三州。”是爲 1035 年説之肇始。宿白先生雖未交待史料，但所據當是《宋史·夏國傳》之記載。《傳》載：“（景祐）二年，元昊自率衆攻貓牛城，一月不下。既而詐約和，城開，

---

① 　［清］吴廣成撰，龔世俊校證《西夏書事校證》，蘭州：甘肅文化出版社，1995 年，第 145 頁。

乃大縱殺戮。又攻青唐、安二、宗哥、帶星嶺諸城，唃廝囉部將安子羅以兵絕歸路，元昊晝夜角戰二百餘日，子羅敗，遂取瓜、沙、肅三州。"①其後，夏鼐《考古學和科技史》(《考古學專刊甲種第 14 號》，科學出版社，1978 年)、閻文儒《莫高窟的創建與藏經洞的開鑿及其封閉》(《文物》1980 年 6 期)二文亦取此說。劉玉權先生《西夏時期的瓜、沙二州》(《敦煌學輯刊》2 集)一文對 1035 年說進行了辯駁，他據《夏國傳》中"元昊晝夜角戰二百餘日"的記載，認爲元昊與唃廝囉的戰鬥是從景祐二年(1035)下半年開始，經過二百日苦戰纔攻佔瓜、沙、肅三州，而此時已是 1036 年。

2. 1070 年說。1932 年，王靜如先生在羅福成所贈《六祖大師法寶壇經》的殘片背面發現一組西夏文書寫的公文，經過研究定名爲《瓜州審判檔案殘卷》。該卷記述了瓜州官吏對一宗因商賈買賣牲畜、交換繒帛而導致的侵奪傷害案件的審理過程。審理時間起自西夏天賜禮盛國慶二年(1070)二月至同年六月二十一日，且尚未審理完畢。王靜如先生《引論》(《北平圖書館館刊》第四卷第三號"西夏文專號"，1932 年)一文據此卷記載指出："此時瓜州早已屬之西夏國，故其官吏當能受理此案矣。"1973 年，他又撰寫了《新見西夏文石刻和敦煌安西洞窟夏漢文題記考釋》(載《王國維學術研究論集》第一輯，華東師範大學出版社，1983 年)一文，該文對敦煌莫高窟和安西(今瓜州)榆林窟的西夏文、漢文題記進行了整理和譯釋。其中最早的西夏時期題記是莫高窟第 444 窟窟簷門南柱內的西夏漢文題記："天賜禮盛國慶二年(1070)……師父□□蓋以重佛……"需要指出的是，王靜如先生在研究《瓜州審判檔案殘卷》之後說："此時瓜州早已屬之西夏國，故其官吏當能受理此案矣"，但并未提出西夏於 1070 年纔實際統治瓜、沙的說法。② 儘管如此，王靜如先生的發現和相關研究，爲之後學者進一步深入研究西夏實際統治瓜、沙時間提供了重要依據。此後劉進寶先生在所著《敦煌歷史文化》(甘肅人民出版社，2000 年)一書中結合上述石窟題記、《瓜州審判檔案殘卷》及其他材料，將西夏有效統治瓜、沙時間比定於 1070 年前後。

3. 1028 年說。1978 年，余堯先生發表《漫話河西走廊》(《甘肅師大學報》1978 年 3 期)一文，主要就河西走廊的歷史進行了述論。文中認爲："公元 1028 年(天聖六年)，党項羌趙元昊擊敗回紇，佔領甘、肅、瓜、沙諸州，河西遂屬西夏。"作者對所據史料未予交代，但應是將西夏攻佔甘州的時間與攻佔

---

① [元]脫脫等撰《宋史》卷485《夏國傳》，北京：中華書局，1979 年，第 13994 頁。
② 筆者按：不少學者引用王靜如先生《敦煌莫高窟和安西榆林窟所見的西夏歷史和文化》(《文物》1974 年第 5 期)一文，稱王靜如先生在該文中提出西夏於 1070 年實際統治瓜、沙二州的觀點。然經過查閱，筆者未在《文物》1974 年第 5 期上看到有這篇文章，且在王靜如先生目前公開發表的著述中也未見此文，因而有必要在此廓清，以免訛誤相傳。

瓜、沙、蕭三州的時間相混淆。諸史籍中均記載西夏於 1028 年攻佔甘州,但并未載同時攻佔瓜、沙、蕭。因此,1028 年説實爲對史料的誤讀。

4. 1073 年説。1972 年,岡崎精郎先生《党項古代史》(京都東洋史研究會,1972 年)一書出版,該書是研究党項與西夏史的一部煌煌大作。在書中第三篇"党項與回鶻關係的研究"中,作者對回鶻與西夏在敦煌的勢力消長進行了探討,并依據敦煌壁畫内容,認爲 1073 年時敦煌始屬於西夏之領土。1980 年,森安孝夫先生發表《回鶻與敦煌》(載《講座敦煌 2・敦煌の歷史》,東京大東出版社,1980 年)一文,該文較爲系統地研究了沙州回鶻問題。作者推斷最晚於 11 世紀初,沙州開始出現回鶻集團,而這些沙州回鶻來自西回鶻國。這些來自西回鶻國的沙州回鶻勢力起初操縱曹氏政權,但 1023 年之後不久,西回鶻國勢力直接涉及沙州,沙州回鶻勢力取代了曹氏政權。1052 年後,沙州回鶻徹底統治了沙州,其政治上則隸屬於西回鶻國。森安孝夫先生認可岡崎氏有關 1073 年敦煌爲西夏領土的觀點,并進一步補充道:"西夏雖佔領了敦煌,看起來統治的程度并不十分嚴格和徹底。"森安先生的文章發表後,在學術界產生了較大影響,但也有不少學者不同意其提出的"沙州回鶻集團來自西回鶻國,并在政治上隸屬於西回鶻國"的觀點。

5. 1036 年説。1980 年,白濱、史金波先生在《莫高窟、榆林窟西夏資料概述》(《敦煌學輯刊》1 集)一文中提出:"公元 1036 年,即在西夏第一代皇帝景宗元昊立國之前,西夏就佔據了瓜、沙二州,直到 1227 年爲蒙古所滅,西夏統治瓜、沙達一百九十一年之久。"1982 年,劉玉權先生發表《西夏時期的瓜、沙二州》(《敦煌學輯刊》2 集)一文,作者結合敦煌莫高窟和安西榆林窟西夏佛事活動痕迹與史書記載,對西夏統治時期瓜、沙二州的情況進行了研究。文章首先對學術界有關西夏攻佔瓜、沙二州的幾種説法如 1028 年説和 1035 年説提出了質疑,并進行了有力的辯駁。在辯駁舊説和分析史料的基礎上,提出西夏攻佔并統治瓜、沙二州應從 1036 年算起。同時他結合石窟題記及相關文獻記載,認爲西夏雖於 1036 年攻佔瓜、沙二州,但統治并不穩固,原來的曹氏後代和回鶻勢力一直伺機推翻西夏,而西夏有效地統治瓜、沙則在皇祐(1049—1053)以後。其後,劉玉權先生相繼發表了《關於沙州回鶻洞窟的劃分》(載《1987 年敦煌石窟研究國際討論會文集・石窟考古編》,遼寧美術出版社,1990 年)、《再論西夏據瓜沙的時間及相關問題》(《敦煌研究》1993 年 4 期)、《略論沙州回鶻與西夏》(《首屆西夏學國際學術會議論文集》,寧夏人民出版社,1998 年)、《沙州回鶻史探微》(《1994 年敦煌學國際研討會文集——紀念敦煌研究院成立 50 周年・宗教文史卷下》,甘肅民族出版社,2000 年)等多篇文章,對西夏據瓜、沙的時間以及沙州回鶻相關史實進行了深入的研究。

他對原有觀點進行了修正,提出公元 10 世紀中葉前後至 12 世紀上半葉敦煌存在沙州回鶻政權,并進一步認爲 1030 年沙州發生了一場政治動亂,結果是沙州回鶻取代曹氏歸義軍。而 1036 年西夏攻佔瓜、沙後,對其統治并不穩固,同時沙州回鶻與曹氏遺民的勢力還比較强大,企圖推翻西夏在河西的統治,但未能實現,公元 12 世紀 20 年代以後便完全銷聲匿迹了。陳炳應先生堅持 1036 年説,在所撰《西夏與敦煌》(《西北民族研究》1991 年 1 期)一文中,作者對記載西夏攻佔敦煌相關史實的早期文獻進行了細緻梳理,認爲宋人的幾種重要著作都肯定了西夏於 1036 年攻佔瓜、沙二州。同時對學界業已存在的幾種觀點尤其是"西夏於 1036 年攻佔瓜州,1073 年前後攻佔沙州"一説進行了反駁,認爲回鶻鎮國王子和回鶻多次向宋朝貢是由於回鶻民族的部落制和西夏的羈縻政策造成的,并不能説明西夏攻佔敦煌遲至 1073 年。其後又發表《11 世紀存在過統治瓜沙二州的回鶻汗國嗎? ——西夏統治瓜沙始年考》(《敦煌研究》2001 年 2 期)一文,對學術界新提出的"1036 至 1070 年前後沙州回鶻國統治瓜、沙,1070 年後西夏纔正式統治瓜、沙"的觀點及其所據史料進行了反駁,認爲西夏於 1036 年攻佔瓜、沙後就一直實行統治。但對周邊回鶻民族實行羈縻政策,回鶻部衆有一定的力量,但不是很强,并沒有攻佔瓜、沙二州,也不存在統治瓜、沙二州的"回鶻汗國"。崔紅芬先生《西夏對河西的佔領及相關問題》(載《西夏研究》第 3 輯,中國社會科學出版社,2006 年)一文亦持相同觀點。

　　榮新江先生《敦煌學十八講》(北京大學出版社,2001 年)一書認可 1036 年西夏攻佔沙州説,但認爲剛開始西夏對沙州的統治較弱,1036—1052 年間敦煌歸義軍政權或許還在西夏的控制下繼續存在。而大概在 1052 年以後,西夏加强了對所佔領瓜、沙的直接統治。楊蕤先生所著《西夏地理研究》(人民出版社,2008 年)一書認爲 1036 年後西夏基本控制了瓜、沙二州,但統治并不穩固,期間沙州回鶻、于闐等勢力有可能攻擊甚至在短時期內佔領過沙州。

　　6. 1030 年説。1985 年,吴天墀《西夏史稿》(四川人民出版社,1980 年)一書據《西夏書事》相關記載,認爲 1030 年西夏降服了回鶻瓜州王賢順,將勢力伸展到包括敦煌在內的玉門關以東地區。《西夏書事》卷十一載:"天聖八年(1030)春三月,回鶻瓜州王請降,德明納之。"[①]此段記載源出《宋史·夏國傳》:"(天聖)八年,瓜州王以千騎降於夏。"[②]但"以千騎降夏",并未指西夏由

① 　[清]吴廣成撰,龔世俊校證《西夏書事校證》,蘭州:甘肅文化出版社,1995 年,第 128 頁。
② 　[元]脱脱等撰:《宋史》卷 485《夏國傳》,北京:中華書局,1979 年,第 13992 頁。

此佔據了瓜、沙,實際上吳天墀先生也并未據此提出西夏於 1030 年佔據瓜沙,祇是説由於瓜州王請降而將勢力伸展至敦煌。在《西夏史稿》一書第 32 頁,吳天墀先生指出:"(1035 年)元昊再舉兵進攻回鶻,佔領肅、瓜、沙三州,把整個河西走廊區域置於西夏的實際控制之下。"因此一些學者所謂吳天墀先生提出 1030 年西夏佔據瓜沙的説法實爲對其觀點的曲解。

7. 1146 年説。1989 年,錢伯泉先生發表《回鶻在敦煌的歷史》(《敦煌學輯刊》1989 年 1 期)一文,該文對早期甘州回鶻、安西回鶻與歸義軍的關係以及甘州回鶻的興衰史進行了梳理和探討,同時對沙州回鶻在敦煌的統治進行了研究,指出"安西回鶻、龜茲回鶻、沙州回鶻無疑是指同一支回鶻"。其後又發表《沙州回鶻國研究》(《甘肅社會科學》1989 年 6 期)一文,認爲"沙州回鶻即龜茲回鶻和撒里畏吾",從唐末到元初,沙州回鶻對敦煌的歷史產生過十分重要的影響。并進一步認爲:"自公元 1014 年曹賢順爲歸義軍節度使起,至公元 1146 年,金以邊地賜西夏,沙州回鶻國附屬西夏止,沙州回鶻曾經直接統治敦煌達一百三十餘年;自公元 1147 年至 1226 年,沙州回鶻雖附屬於西夏,但仍以當地統治者的身份存在了八十年。"

8. 1067 年説。1990 年,李正宇、楊富學兩位先生在敦煌舉行的敦煌學國際學術討論會上分別提交了《悄然湮没的王國——沙州回鶻國》一文和《沙州回鶻及其政權組織——沙州回鶻研究之一》一文(此兩文後均收入《1990 年敦煌學國際研討會文集·史地語文編》,遼寧美術出版社,1995 年)。李正宇先生在文中列舉了 10 條證據,認爲西夏軍隊於 1036 年攻佔瓜、沙後,不到一年又被沙州回鶻勢力驅逐出境,建立了沙州回鶻政權。但 1067 年西夏又擊敗沙州回鶻,重新佔領瓜、沙地區并實行統治。1228 年蒙古軍攻佔瓜、沙,從此瓜、沙地區進入蒙古、元朝統治時期。西夏統治瓜、沙的時間起 1067 年,迄 1228 年,共 162 年。楊富學先生在文中以漢文史籍和敦煌回鶻文文獻爲依據,并結合敦煌石窟中的回鶻壁畫,對沙州回鶻國的存在進行了論證,并對其政權組織進行了研究。他認爲大致從 10 世紀初開始,沙州回鶻勢力崛起并逐漸控制了沙州,約於 1036 年建立了獨立的封建割據政權——沙州回鶻國。沙州回鶻實際上指的是以沙州爲中心,統治瓜、沙地區的那一部分回鶻,與龜茲回鶻不同。同時指出,瓜、沙二州的失陷和沙州回鶻政權的消亡在 11 世紀 60 年代末。1998 年,陸慶夫先生發表《歸義軍晚期的回鶻化與沙州回鶻政權》(《敦煌學輯刊》1998 年 1 期)一文,認爲歸義軍亡後出現的沙州回鶻政權是歸義軍晚期回鶻化的繼續和結果,其基礎是沙州、西州及甘州三支回鶻部衆之融聚,是回鶻勢力與歸義軍政權雙方力量消長的產物,證明了 1036 年歸義軍亡後至 1071 年以前沙州回鶻王國存在的合理性。此後,楊富學先生對該問題進行了更深入研究,在其新著《西夏與周邊關係研究》(甘肅民族出版社,2012 年)一書中,他對傳世文獻進行了細緻的爬梳和辨析,并充分結合出土文獻、文物與藝術史的最新研究成果,對西夏與沙州回鶻相關問題進行了全面、深入的考證研究。作者認爲西夏雖於 1036 年攻佔瓜、沙,但大致於 1067 年纔真正確立對瓜、沙的統治,而在 1036—1067 年之間沙州地區由沙州回鶻國實行統治。同時對日本學者森安孝夫先生認爲的西州回鶻統治沙州說進行了駁議,認爲沙州回鶻是獨立於高昌回鶻王國之外的一個地方政權。該文是有關西夏統治敦煌時間及沙州回鶻國相關問題的最新研究成果,值得重視。1067 年說雖然晚出,但越來越受到學術界關注。這是由於持此說的學者不僅對傳世文獻進行了細緻的爬梳、比對和甄別,而且對出土文獻尤其是敦煌吐魯番出土回鶻文文獻進行了充分的利用,同時也充分吸收了敦煌石窟回鶻壁畫的最新研究成果。

與 1067 年說相近的是 1068 年說,此說應是對 1067 年說的繼承。寧可、郝春文《敦煌的歷史和文化》(新華出版社,1993 年)一書將西夏首次攻佔敦煌時間繫於 1036 年,而將西夏再度攻佔敦煌并實行有效統治的時間繫於1068 年。

9. 1072 年說。1991 年,孫修身先生發表《西夏佔據沙州之我見》(《敦煌學輯刊》1991 年 2 期)一文,對學術界存在的諸多西夏統治敦煌時間的說法提出 11 條疑點,認爲:"從敦煌莫高窟所見最晚的宋朝年號和最早使用的西夏年號,再結合文獻中所見瓜州王降後,沙州的七頁方物,遣使人中的鎮國王子,北亭可汗等。是證沙州爲西夏的佔有,當在 1072 年之時,即自 1019 至1072 年,是爲敦煌歷史上的回鶻統治時期。"需要指出的是,孫修身先生所說的這個"回鶻",指的是西州回鶻,此一點應當是受到了森安孝夫先生的西州回鶻統治沙州說的影響。

通過對以上諸說的回顧和梳理,可以看出學術界對西夏實際統治敦煌的時間存在很大分歧。總體說來,西夏實際統治敦煌的時間這一問題比較複雜,這一方面是由於歷史上回鶻與西夏勢力在敦煌交替反復,另一方面則由於史料對這段歷史的記載太過模糊不明,因此使後人在研究這段歷史時,或由於所據材料不同、或解析材料的角度不同而導致衆說紛紜。但這一問題又非常重要,因爲時間標尺不清楚,就會直接影響到我們對於其他問題的認識。回顧學術界對於西夏實際統治敦煌時間的研究歷程,可以看出通過學界前輩的不斷努力,該問題的研究正在步步推進,不斷接近史實。相信隨着文獻梳理的進一步細化、石窟考古資料的日益豐富和研究的不斷深入,這一問題必定會得到圓滿的解決。

二、西夏統治時期敦煌社會、經濟與文化的研究

關於西夏統治時期敦煌的社會、經濟及文化狀況,學術界的研究成果非常有限。劉玉權先生在《西夏時期的瓜、沙二州》(《敦煌學輯刊》2 集)一文中指出,西夏佔領瓜、沙以後的相當長時間内,曹氏後裔及原來盤踞瓜、沙的回鶻勢力仍繼續活動了很長時間,而在宋至和(1054—1055)以後,特别是西夏天賜禮盛國慶(1069—1074)以後,西夏在瓜、沙的統治纔得以逐漸加强并趨於穩固。同時,西夏統治者崇信佛教,耗費大量財力、物力和人力興建和重修了大量佛窟,推動了當地佛教的發展,而其物質基礎是西夏時期敦煌手工業、農牧業和商業的較大發展。陳炳應先生對西夏時期敦煌社會歷史狀況進行了比較細緻的研究,在《西夏與敦煌》(《西北民族研究》1991 年 1 期)一文中,作者對敦煌的建制、政策,經濟與文化進行了較爲詳細的勾勒。他指出,西夏攻佔瓜、沙之後,行政上繼續唐、宋的建制,設置瓜、沙二州,品級屬"下等司",并設有軍事、政治、經濟機構,實行了全面有效的統治。西夏統治時期敦煌的經濟比較繁榮,表現在商業、農業、畜牧業和手工業方面。并認爲敦煌多種文字、文化并行,而且佛教藝術興盛,由此表明西夏統治時期敦煌的文化也是比較繁榮的。昔里鈐部是西夏沙州的最後一任守將,也是西夏末期敦煌史的一個重要人物,敖特根先生《西夏沙州守將昔里鈐部》(《敦煌學輯刊》2004 年 1 期)一文從姓氏、族屬、世系家譜、生平事迹等方面,對昔里鈐部進行了系統考察。除了以上專文的論述外,在一些通識性著作中對西夏時期敦煌史也略有提及,如中嶋敏《西夏時代の沙州》(載《講座敦煌 2・敦煌の歷史》,東京大東出版社,1980 年),寧可、郝春文《敦煌的歷史和文化》(新華出版社,1993 年)第八章第二"西夏時期",胡戟、傅玫《敦煌史話》(中華書局,1995 年)第二章第十二"西夏時期的敦煌和畫塑",劉進寶《敦煌歷史文化》(甘肅人民出版社,2000 年)第九章"西夏對敦煌的統治",李并成《敦煌學教程》(商務印書館,2007 年)第二章第六節"夏元明清時期的敦煌",榮新江《敦煌學十八講》(北京大學出版社,2001 年)第一講第六"西夏元明清時期的敦煌"等,但都非常簡略,尚難以稱爲專門性研究。還有一些學者則從宏觀角度對西夏經營河西走廊與絲綢之路的相關情況進行了探討,其中對敦煌有所涉及,如李華瑞《試論西夏經營河西》(《蘭州學刊》1987 年 5 期),李并成《西夏時期河西走廊的開發》(《甘肅民族研究》1989 年 2、3 期),李蔚《西夏統治下的河西》(《敦煌學輯刊》1992 年 1、2 期),錢伯泉《西夏對絲綢之路的經營及强盛》(《西北民族研究》1993 年 2 期),李學江《西夏時期的絲綢之路》(《寧夏社會科學》2002 年 1 期)等。

　　自 20 世紀初開始，敦煌（主要是石窟中）相繼發現了爲數較多的西夏文獻，而在莫高窟、榆林窟中也識別出大量的西夏時期洞窟，這些文獻以及洞窟中的壁畫、題記是研究敦煌史、西夏史的第一手資料。1908 年，伯希和在敦煌莫高窟北區 P. 181—P. 182 窟（即今敦煌研究院編號第 464—465 窟）發現了爲數較多的西夏文文獻，現收藏於法國國家圖書館。1958 年，在莫高窟前的古塔中發現了三種珍貴的西夏文佛經。1964 年中國科學院民族研究所和敦煌文物研究所共同組成敦煌石窟西夏調查研究小組，對敦煌石窟中的西夏洞窟進行了系統考察，發現了 100 餘處西夏文題記，同時將西夏石窟由原來的幾個增加到幾十個。1988 年開始，敦煌研究院彭金章先生領導了對莫高窟北區石窟的考古發掘，清理出大量西夏文文獻和文物。這些敦煌發現的文獻、題記、壁畫、出土物既反映了西夏時期敦煌一地的歷史文化面貌，同時也是西夏王朝政治、經濟、軍事、科技、文化狀況的一個縮影，因而引起了敦煌學界和西夏學界的高度重視。王靜如先生《敦煌莫高窟和安西榆林窟中的西夏壁畫》（《文物》1980 年 9 期）一文利用莫高窟和榆林窟壁畫中的《犁耕圖》、《踏碓圖》、《釀酒圖》和《鍛鐵圖》、人物畫的髮式與服飾以及《國師圖》和《唐僧取經圖》等探討了西夏的經濟、文化發展狀況。另外又發表《新見西夏文石刻和敦煌安西洞窟夏漢文題記考釋》（載《王國維學術研究論集》第一輯，華東師範大學出版社，1983 年）一文，對敦煌莫高窟和榆林窟內的西夏文、漢文題記進行了整理譯釋，其功甚偉。這些題記中既有西夏紀年，亦有反映西夏時期瓜、沙歷史的相關記載，具有極高的價值。白濱、史金波先生《莫高窟、榆林窟西夏資料概述》（《敦煌學輯刊》1 集，1980 年）一文對敦煌石窟中的西夏資料進行了整體概述，從中我們可以看出石窟壁畫的內容主要有生產工具及生產場景，西夏人物形象、服飾與習俗等，同時作者對敦煌石窟中大量西夏文題記特別是紀年題記進行了分類探討，指出這些題記對於研究石窟分期、西夏國名、地名、官制與封號、西夏姓氏、西夏語言文字都具有重要的價值。陳炳應先生在《西夏文物研究》（寧夏人民出版社，1985 年）一書中，用較大篇幅對莫高窟、榆林窟中的西夏題記進行了詳細考辨，并對題記中反映出來的西夏地方建置、職官與軍名、西夏人的敬佛活動進行了考論，同時探討了西夏佛教藝術的特點、壁畫中的生產生活場景以及服飾特徵。史金波、白濱先生《莫高窟榆林窟西夏文題記研究》（《考古學報》1982 年 3 期）一文亦對莫高窟、榆林窟發現的西夏文題記進行了詳盡的譯釋與研究。史金波先生《敦煌莫高窟北區西夏文文獻譯釋研究》（一至三）（載彭金章、王建軍《敦煌莫高窟北區石窟》第 1—3 卷，文物出版社 2000 年、2004 年、2004 年）三篇文章對敦煌莫高窟北區石窟發現的西夏文文獻進行了譯釋研究，指出這些文獻儘管多爲殘片，但包含了不少重要的世俗和佛教典籍,具有重要的學術價值和文物價值。張先堂先生《瓜州東千佛洞第 2 窟供養人身份新探》(《敦煌學輯刊》2006 年第 4 期)、《瓜州東千佛洞第 5 窟西夏供養人初探》(《敦煌學輯刊》2011 年第 4 期)兩文對東千佛洞第 2 窟、第 5 窟的西夏文題記進行了拍攝和釋讀,彌補了前人對該題記釋讀的缺憾和不足,足堪關注。束錫紅、府憲展《英藏黑水城文獻和法藏敦煌西夏文文獻的版本學價值》(《敦煌研究》2005 年 5 期),束錫紅《法藏敦煌西夏文文獻考論》(《敦煌研究》2006 年 5 期),束錫紅《英法俄藏西夏文文獻的分析和比較》(《西夏研究》第 3 輯,中國社會科學出版社,2006 年)對法國國家圖書館收藏的伯希和 1908 年於敦煌獲得的西夏文文獻進行了考論,并對其版本價值進行了探討。

以上諸位學者通過敦煌文獻與文物資料,從整體性角度探討了西夏時期的社會、經濟與文化狀況,其他學者則多從各自專業領域出發,以某一類文獻或壁畫中的某一類圖像入手進行了個案探討。敦煌石窟壁畫中含有形象而豐富的西夏人物和服飾資料。陳建輝、賈璽增《莫高窟第 409 窟東壁西夏國王像之服裝研究》(《敦煌研究》2005 年特刊)一文,對莫高窟第 409 窟中的西夏皇帝龍袍、白色氈冠、蹀躞和高鞢靴進行了探討,認爲該窟中的西夏皇帝龍袍是我國現在最早的龍袍圖像之一,并指出西夏皇帝所戴尖頂氈冠之白色,是西夏王朝據五行學説崇尚白色的體現。徐莊《敦煌壁畫與西夏服飾》(《敦煌研究》2005 年特刊)一文首先對文獻史料中的西夏服飾記載進行了勾勒,并結合敦煌壁畫和黑水城出土卷軸畫中的西夏供養人形象,對西夏官員與帝王服飾、一般男子服飾以及西夏女子服飾中的髮式、冠飾與服飾進行了分類研究。謝靜女士長期從事關於敦煌石窟藝術中少數民族服飾的研究,對西夏服飾也進行過細緻的研究,在所撰《敦煌石窟中西夏供養人服飾研究》(《敦煌研究》2007 年 3 期)一文中,作者利用敦煌石窟中西夏供養人圖像,并結合黑水城發現的西夏唐卡、彩色版畫等西夏藝術品,對西夏服飾進行了論述和探討,指出西夏在保留原有民族傳統服飾特點的基礎上,積極吸收中原漢族的服飾制度和樣式,形成了獨具特色的民族服飾。她在之後相繼發表《敦煌石窟中的西夏服飾研究之二——中原漢族服飾對西夏服飾的影響》(《藝術設計研究》2009 年 3 期)、《西夏服飾研究之三——北方各少數民族對西夏服飾的影響》(《藝術設計研究》2010 年 1 期)兩文,進一步論述了中原漢族服飾和周邊其他少數民族服飾對西夏服飾制度和樣式的影響。在《西夏石窟中回鶻、西夏供養人服飾辨析》(《敦煌研究》2007 年 4 期)一文中,作者針對學術界長時期存在的將沙州回鶻供養人服飾當作西夏供養人服飾的錯誤觀點,通過探討造成這一錯誤的原因、沙州回鶻政權的建立、沙州回鶻與高昌回鶻供養人服飾的對比、西夏服飾與回鶻服飾的對比等問題,進一步闡明了沙州回鶻和西夏供養人服飾的區別所在。謝靜女士對於敦煌石窟中西夏服飾的研究後來集中體現於其博士論文《敦煌石窟中的少數民族服飾文化研究》(蘭州大學博士論文,2007 年)中。除服飾外,敦煌壁畫中還有一些西夏時期家俱以及音樂和樂舞的圖像。楊森先生《漫談西夏家俱》(載《絲綢之路民族古文字與文化學術研討會論文集》,三秦出版社,2007 年)一文結合敦煌壁畫及其他地區出土文物遺存,對西夏時期壁畫中的家俱進行了分類研究。榆林窟第 3 窟,學術界一般認爲是西夏時期洞窟,在該窟東壁有一幅千手千眼觀音經變畫,内容豐富,具有珍貴的美學和史學價值。鄭汝中先生《榆林窟第 3 窟千手觀音經變樂舞圖》(載《1990 年敦煌學國際研討會文集·石窟藝術編》,遼寧美術出版社,1995 年)一文指出,這幅經變畫不同於一般經變畫,其全部内容是人間的物像,是以器物爲主題的器物畫,描繪了當時社會生活的各個方面。同時作者從圖像中考出 16 種樂器,并對 3 件比較獨特的樂器如胡琴、箜篌、扁鼓進行了專題研究。莊壯先生《西夏的胡琴與花鼓》(《敦煌研究》1997 年 4 期)一文,對瓜州東千佛洞第 7 窟(西夏)東壁藥師經變樂隊中的胡琴演奏圖像和打擊樂器花盆進行了考證研究,指出東千佛洞壁畫中的西夏胡琴和花盆鼓圖像,爲敦煌壁畫樂器增添了新的品種,反映了西夏音樂文化藝術的創新精神。這幅圖像是繼榆林窟第 3 窟中發現胡琴圖像後的又一發現。在 1988 年進行的敦煌莫高窟北區洞窟清理發掘中,考古人員發現了一大批不同時代的重要遺迹和珍貴遺物,其中有一些西夏錢幣。彭金章、沙武田先生《試論敦煌莫高窟北區出土的波斯銀幣和西夏錢幣》(《文物》1998 年 10 期)一文對 B113 洞窟中發現的西夏錢幣如祥符通寶、宣和通寶、天盛元寶和乾祐元寶進行了介紹,并對西夏錢幣與宋代錢幣共出問題、西夏錢幣在同出錢幣中所佔比例問題以及天盛元寶鐵錢和乾祐元寶鐵錢問題進行了研究,指出西夏錢幣在敦煌莫高窟的出土,爲學術界深入研究敦煌學、西夏學、錢幣學提供了一批新的實物資料。康柳碩先生《關於敦煌莫高窟出土的波斯薩珊銀幣和西夏錢幣》(《甘肅金融》1999 年 3 期)一文探討了西夏錢幣出土的多重意義,并對其歷史背景進行了分析,認爲一是西夏重視佛教,投入巨大人力、物力、財力;二是西夏時期與西域諸國通過絲綢之路友好往來,商貿興盛。

　　西夏時期推行崇佛政策,在其統治區域内大力推行佛教。西夏統治時期,在敦煌或興建、或重修了大量洞窟,推動了當地佛教的發展。關於西夏時期敦煌石窟的分期及其藝術,敦煌學界已作了比較多的研究,對此王惠民先生《敦煌西夏洞窟分期及存在的問題》(《西夏研究》2011 年 1 期)、沙武田先生《敦煌西夏石窟分期研究之思考》(《西夏研究》2011 年 2 期)兩文已作了全面的總結和有益的思考,此不再贅述。從中可以看出,關於西夏時期敦煌石窟的劃分和研究,前輩學者做了很多工作并取得了明顯的進展,但由於史書的記載不明,導致學術界對西夏何時在敦煌實行有效統治以及沙州回鶻與西夏勢力在敦煌的興衰交替存在較大分歧。歷史背景的含混不明,直接影響到了學術界對西夏敦煌石窟年代的劃分和研究;加之西夏敦煌石窟藝術在風格上的多樣性,也增加了分期斷代的難度。因此,就整個西夏敦煌石窟藝術的辨識、分期和研究來看,現有研究成果還有未盡人意之處。對此,王惠民先生在《敦煌西夏洞窟分期及存在的問題》(《西夏研究》2011 年第 1 期)一文中提出了建議和設想:第一,石窟分期工作首先要找出盡量多的代表洞窟,確定這一時期石窟的特點,這是進行分期前的重要準備工作;第二,石窟分期實際上是一種年代和大致年代的排定,最直接的就是以有年代的洞窟爲標準進行比對,沒有年代的則要從造像題材、風格等多方面進行比較,排出前後和相對年代。而如果是孤立的題材、風格就無法進行排定。同時他還認爲,石窟排年涉及史學、宗教、美術、攝影、測繪等多個領域,工作量大,日後應採取團隊形式進行綜合考察和研究。這一建議爲日後西夏石窟藝術的辨識、分期和研究指明了方向。

三、研究中存在的問題與展望

這一時期的敦煌是西夏王朝的一個邊地,西夏時期敦煌史研究屬於西夏學與敦煌學的交叉領域。百餘年來,敦煌學界和西夏學界在一代代前輩學者的努力下,取得了輝煌的成就。在西夏時期敦煌史的研究上,學術界也取得了較大進展。同時,學術界對西夏時期敦煌史的研究存在如下幾個現象和問題:

第一,宏觀來看,相比於漢唐時期敦煌史研究的汗牛充棟,西夏時期敦煌史的研究無疑顯得過於薄弱。毋庸置疑,由於絕大部分敦煌藏經洞出土文獻都寫於唐五代宋初,絕大部分洞窟也都營建於五代以前,故而對於敦煌史的研究亦相應地集中於唐五代時期。而西夏時期敦煌史研究由於缺少藏經洞文獻的材料支持,加之這一時期敦煌地位的相對下降以及敦煌學與西夏學的交叉研究性質,導致學術界對西夏時期敦煌史的研究關注不夠,研究也很不深入。

第二,從西夏時期敦煌史本身的研究狀況來看,學術界的研究重點大多聚焦於西夏何時實際統治敦煌這一問題上,對敦煌社會、經濟、文化的研究則較爲薄弱。西夏何時統治敦煌本來祇是西夏時期敦煌史研究中的一小部分,但從上面總結來看,這部分的研究論著卻要遠遠多於有關敦煌社會、經濟、文化的研究。目前有關前一部分的研究取得了較大進展,但後一部分的研究成果卻寥寥無幾,這是一種很不平衡的研究現象。導致這一現象的原因首先是史料的零碎、缺乏。其次,由於西夏時期敦煌史是西夏學與敦煌學的交叉領域,西夏學界多是從地方文獻與整體史的角度出發,利用敦煌新出文獻和石窟資料、輔以其他文獻資料來研究西夏王朝的社會、經濟及文化狀況,取得了非常豐碩的成果。不可否認,地方文獻對整體史的研究具有非常珍貴的價值,在西夏史料相對缺乏的情況下,敦煌資料無疑爲研究西夏史的各個方面提供了寶貴的新資料。但地方文獻首先反映的應是地方史、區域史,然就目前來看,敦煌學界在運用敦煌資料來研究西夏時期敦煌史方面明顯做得不夠,甚或可以説,西夏時期敦煌史是敦煌學研究中迄今爲止最爲薄弱的環節之一。

第三,目前敦煌學界的研究主要集中在石窟分期與藝術研究方面,并取得了顯著成果,但也存在一些問題和不足之處。一是相比於其他時代的敦煌藝術而言,西夏藝術的研究仍顯薄弱。這主要表現在學術界對敦煌石窟中西夏藝術的研究仍多停留在微觀研究階段,研究成果多屬某一類圖像的個案研究,"祗見樹木,不見森林",缺乏敦煌石窟西夏藝術的系統研究。二是如上文所論,西夏時期敦煌石窟的分期與斷代還存在不少爭議。石窟的分期斷代是石窟藝術深入研究的基礎,因此還需下大力氣推動這一工作的進展。三是對於西夏時期敦煌佛教信仰狀況的研究還不夠充分和深入。

以上所論西夏時期敦煌史研究當中存在的一些問題和不足,既是對以往研究的總結和檢討,亦是日後我們需要進一步努力的方向。筆者認爲,作爲具有敦煌學和西夏學交叉研究屬性的西夏時期敦煌史這一課題,無論對於構建完整的敦煌通史,還是對於增進我們對西夏史的認識,都具有相當重要的意義。在今後的研究中,我們需要充分利用敦煌文獻、石窟資料,并結合傳統史料,進一步搞清楚西夏實際統治敦煌的時間問題及其背後複雜變幻的歷史軌迹,同時進一步研究西夏時期敦煌的社會、經濟、文化等一系列問題。另外還需利用文獻資料與石窟藝術,深入研究西夏時期敦煌的佛教信仰狀況,系統構建西夏統治敦煌史。以上祗是就自己的認識,提出一孔之見。相信隨着文獻資料和考古資料的日益豐富,以及相關學科領域的研究進展,西夏時期敦煌史的研究必將取得更大的成績。

基金項目:本文爲教育部人文社會科學青年基金項目"西夏至清代敦煌史研究"的階段性成果(批准號:13YJCZH012)。

敦煌大族與莫高窟營建研究史回顧與思考

張景峰（敦煌研究院）

敦煌莫高窟的開鑿，從前秦建元二年第一個洞窟開始，[①]到元代開窟結束，歷時千年之久。在這千年的營造史中，世家大族起主要作用。敦煌石窟保存了豐富的供養人畫像和題記，這些供養人是活躍在敦煌歷史上各民族成員的代表，有漢人、鮮卑人、回鶻人、西夏人、蒙古人，還有中亞的粟特人等。當然，還有許多供養人也參與了敦煌歷代石窟的營建工作，由於各種原因，石窟中沒有保存下來他們的任何記錄。保存下來的這些供養人中許多來自敦煌大族，他們有的源自老牌漢族大姓，有的則出自新崛起的大族，也有依靠少數民族政權而躋身敦煌大族行列的少數民族。他們是莫高窟各個歷史時期洞窟的窟主，成爲敦煌石窟營建者的主體之一。更爲重要的是，敦煌石窟中許多洞窟特別是一些大窟，都是敦煌世家大族修建的家窟。因此，對敦煌大族營建洞窟的研究，必將推動對敦煌家族史研究的進一步發展，具有重要的學術價值。本文即對敦煌大族營建莫高窟研究史進行回顧，并對今後的研究提出自己的看法與意見，以推動本課題研究的深入。

一、敦煌大族與莫高窟的營建研究史回顧

敦煌大族與莫高窟的營建研究開始較晚。1959 年，金維諾發表《敦煌窟龕名數考》一文，將敦研 322 中記載的家窟名號與莫高窟的洞窟結合進行了考證，開文書與石窟結合研究之先河，對南大像（第 130 窟）、司徒窟（第 94 窟）、張都衙窟（第 108 窟）、大王天公主窟（第 100 窟）、北大像（第 96 窟）、大像天王（第 98 窟）、靈圖寺（第 444 窟）、翟家窟（第 220、85 窟）、社衆窟（第 44 窟）、令狐社衆窟（第 263 窟）、文殊堂（第 61 窟）、獨刹神堂（第 465 窟）、陰家窟（第 231、138 窟）、太保窟（第 454 窟）、七佛堂（第 365 窟）、陳家窟（第 258 窟）、何法師窟（第 196 窟）、吳和尚窟（第 16 窟）、索家窟（第 12 窟）、天王堂（第 4 窟）、吳家窟（第 158 窟）、李家窟（第 148 窟）等予以確認，這些洞窟大多數爲敦煌大族修建的家窟。[②] 1964 年，藤枝晃發表《敦煌千佛洞の中興 張氏

[①] 據武周聖曆元年（698）《李君修莫高窟佛龕碑》載：“莫高窟者，厥初秦建元二年，有沙門樂僔，戒行清虛，執心恬靜，嘗杖錫林，行至此山，忽見金光，狀有千佛，遂架空鑿險，造窟一龕。”又據莫高窟第 156 窟前室北壁及敦煌文書 P.3720《莫高窟記》載：“又在州東南廿五里三危山上，秦建元之世，有沙門樂僔杖錫西遊至此，巡禮其山，見金光如千佛之狀，遂架空鑿岩，大造龕像。”

[②] 金維諾《敦煌窟龕名數考》，《文物》1959 年第 5 期，第 50—54、61 頁。

諸窟を中心とした九世紀の佛窟造營》一文,詳細考察了張、李、陰、索、吳、翟、何、馬等中晚唐敦煌大族營造的洞窟,與文獻結合展現了大族在莫高窟開窟造像的情況。[①] 1979 年,史葦湘在確定了敦煌李(第 331、332、148、當家三窟)、陰(第 285、217、231、138 窟)、張(第 94、156、108 窟)、索(第 12 窟)、曹(第 98、100、61、454、55 窟)、翟(第 220、85 窟)等家族在莫高窟營建的洞窟之後,指出敦煌莫高窟的營建是古代豪門世族意識形態的一種反映。[②] 1986 年,萬庚育通過敦煌石窟中的供養人題記對敦煌地區世家大族與各地郡望的關係以及石窟開建與重修的歷史進行了研究。[③] 同年,賀世哲在全面整理莫高窟供養人題記的基礎上,詳細考證了莫高窟部分洞窟的營建年代及窟主,重點考證了唐宋時期的一些洞窟,表明此時敦煌的世家大族在莫高窟的營建過程中起着主導作用,很多洞窟成爲其家窟。[④] 1987 年,馬德在金維諾的基礎上繼續對敦研 322《臘八燃燈分配窟龕名數》進行研究,并確定了大王天公主窟(第 100 窟)、大像天王(南、北大像前面殿堂內的天王塑像)、三聖龕(第 282 窟)、三聖小龕(第 244 窟)、剎心内龕(第 332 窟)、三聖剎心(第 427 窟)、杜家窟(第 76 窟)、宋家窟(第 72 窟)、太保窟(第 428 窟)、陳家窟(第 320 窟)、王家窟(第 143)、宋家窟(146 窟)等窟。[⑤] 1989 年,馬德還對河西都僧統修建的家窟進行了研究,認爲第 85、138、143 窟分別是河西都僧統翟法榮、陰海晏以及王僧統的功德窟,這些洞窟同時也具有家窟的性質。[⑥] 1995 年,馬德對敦煌陰、李、吳、翟、索、王、慕容、閻、杜、張、宋等世家大族修建的洞窟分析之後指出,因爲敦煌在歷史上實際上是世家大族的敦煌,所以從某種意義上講,莫高窟的營造歷史也就實際上是敦煌世家大族的歷史的一部分。[⑦] 1996 年,馬德在其專著《敦煌莫高窟史研究》第九章"敦煌世族與家窟家廟"中專門對敦煌世家大族在莫高窟的營建情況進行了研究,認爲顯赫於敦煌歷史上的敦煌世家大族都參與過莫高窟的營造,莫高窟的大窟基本上都是敦煌世家大族所

---

① [日]藤枝晃《敦煌千佛洞の中興 張氏諸窟を中心とした九世紀の佛窟造営》,《東方學報》(京都)第 35 册《敦煌研究》,1964 年,第 9—139 頁。

② 史葦湘《世族與石窟》,敦煌文物研究所編《敦煌研究文集》,蘭州:甘肅人民出版社,1982 年,第 151—164 頁。

③ 萬庚育《珍貴的歷史資料——莫高窟供養人畫像題記》,敦煌研究院編《敦煌莫高窟供養人題記》,北京:文物出版社,1986 年,第 179—193 頁。

④ 賀世哲《從莫高窟供養人題記看洞窟的營建》,敦煌研究院編《敦煌莫高窟供養人題記》,北京:文物出版社,1986 年,第 194—236 頁。

⑤ 馬德《10 世紀中期的莫高窟崖面概觀——關於〈臘八燃燈分配窟龕名數〉的幾個問題》,段文傑主編《1987 敦煌石窟研究國際討論會文集·石窟考古編》,瀋陽:遼寧美術出版社,1990 年,第 40—52 頁。

⑥ 馬德《都僧統之"家窟"及其營建——〈臘八燃燈分配窟龕名數〉叢識之三》,《敦煌研究》1989 年第 4 期,第 54—58、41 頁。

⑦ 馬德《敦煌的世族與莫高窟》,《敦煌學輯刊》1995 年第 2 期,第 41—48 頁。

造。① 2003 年,馬德在其另一本專著《敦煌石窟營造史導論》中,也對敦煌的世家大族修建的洞窟進行了論述,并以陰、李、翟等家窟爲例對敦煌家窟的社會意義進行了討論。② 2008—2010 年,馮培紅等在對敦煌家族史研究回顧的過程中,對敦煌世家大族與修建洞窟的研究史也進行了簡單的回顧與述評。③

敦煌大族與莫高窟營建研究中,對單個家族修建洞窟的年代、窟主、家窟中的典型洞窟以及經典圖像等問題研究的成果也非常多,下面以家族爲單位進行敍述。

張氏

1964 年,藤枝晃綜合利用敦煌石窟與文獻資料,對吐蕃及歸義軍時期張氏等家族所修的洞窟進行了研究,認爲第 159、156(張議潮窟)、94(張淮深窟)、9(有張承奉像)窟皆爲張家窟。④ 1979 年,史葦湘在對敦煌的世族與石窟進行論述的過程中,確定敦煌張氏家族修建的洞窟有第 94、156、108 三窟。⑤ 1986 年,賀世哲以供養人題記爲依據,判定莫高窟一些洞窟年代的同時,也對一些洞窟的窟主進行了考證,分別考訂第 156 窟爲張議潮的功德窟、第 94 窟爲張淮深的功德窟、第 108 窟爲張淮慶的功德窟。⑥ 1990 年,鄧文寬對張淮深重修北大像和開鑿第 94 窟的年代進行了考證,認爲公元 885 年改建北大像,而第 94 窟開鑿於公元 885—888 年。⑦ 1994 年,鄭炳林對張淮深改建北大像和開鑿第 94 窟的年代進行了再研究,認爲改建北大像的時間自乾符二年(875)開始,至乾符六年(879)結束,而開鑿第 94 窟則開始於乾符六年,於中和二年(884)四月結束。⑧ 1996 年,馬德從敦煌文書 P.3550、張懷慶以及張氏家族的郡望三個方面對莫高窟張都衙窟(第 108 窟)涉及的問題進行了研究。⑨ 1991—1992 年,暨遠志發表了系列論文,對張議潮窟(第 156 窟)中張議潮統軍出行圖進行了研究。⑩ 2004 年,陳明以《敦煌歸義軍出行圖研究》爲題

① 馬德《敦煌莫高窟史研究》,第九章《敦煌世族與家窟家廟》,蘭州:甘肅教育出版社,1996 年,第 241—254 頁。
② 馬德《敦煌石窟營造史導論》,臺北:新文豐出版公司,2003 年,第 221—227、253—262 頁。
③ 馮培紅《漢宋間敦煌家族史研究回顧與述評》(上),《敦煌學輯刊》2008 年第 3 期,第 31—49 頁;馮培紅、孔令梅《漢宋間敦煌家族史研究回顧與述評》(中),《敦煌學輯刊》2008 年第 4 期,第 53—74 頁;馮培紅、孔令梅《漢宋間敦煌家族史研究回顧與述評》(下),《敦煌學輯刊》2010 年第 3 期,第 103—119 頁。
④ [日]藤枝晃《敦煌千佛洞の中興 張氏諸窟を中心とした九世紀の佛窟造營》,《東方學報》(京都)第 35 册,《敦煌研究》,1964 年,第 39—41、48—91 頁。
⑤ 史葦湘《世族與石窟》,敦煌文物研究所編《敦煌研究文集》,蘭州:甘肅人民出版社,1982 年,第 153 頁。
⑥ 賀世哲《從莫高窟供養人題記看洞窟的營建》,敦煌研究院編《敦煌莫高窟供養人題記》,北京:文物出版社,1986 年,第 194—236 頁。
⑦ 鄧文寬《張淮深改建莫高窟北大像和開鑿第 94 窟年代考》,《1990 年敦煌學國際研討會文集》,瀋陽:遼寧美術出版社,1995 年,第 121—135 頁。
⑧ 鄭炳林《張淮深改建北大像和開鑿 94 窟年代再探》,《敦煌研究》1994 年第 3 期,第 37 — 41 頁。
⑨ 馬德《莫高窟張都衙窟及其有關問題》,《敦煌研究》1996 年第 2 期,第 30—36 頁。
⑩ 暨遠志《張議潮出行圖研究——兼論唐代旌節制度》,《敦煌研究》1991 年第 3 期,第 28—40 頁;《張議潮出行圖研究(續)——論沙州歸義軍的行營官健制和蕃漢兵制》,《敦煌研究》1992 年第 4 期,第 78—86 頁;《論唐代打馬球——張議潮出行圖研究之三》,《敦煌研究》1993 年第 2 期,第 26—36 頁。

撰寫了博士學位論文,重點對第 156 窟張議潮出行圖進行了研究。①

曹氏

1979 年,史葦湘在分析敦煌世族與莫高窟的關係時,確定歸義軍曹氏家族修建的洞窟有第 98、100、108、454、55 等窟。② 1982 年,賀世哲、孫修身以世系爲順序,對歸義軍曹氏在莫高窟的營建活動進行了詳細的梳理與考證,列出了洞窟修建年代以及窟主。③ 1991 年,馬德對敦煌曹氏家族在莫高窟修建的第 98、100、454 三窟的社會背景進行了分析。④ 1992 年,李正宇(署名鄭雨)對第 98 窟的歷史背景以及時代精神進行了研究。⑤ 1994 年,賀世哲通過供養人題記等材料,將莫高窟第 256 窟確定爲曹元深功德窟。⑥ 1995 年,王惠民分析認爲莫高窟第 454 窟爲曹元德的功德窟。⑦ 1999 年,郭俊葉重新對第 454 窟的窟主進行了分析,認爲是曹延恭夫婦。⑧ 2001 年,沙武田分析了第 98 窟對曹氏歸義軍時期大窟營建的影響,認爲曹氏歸義軍時期在壁畫內容和佈局方面以第 98 窟爲起點,開始了一個新的造窟階段,并對同期及後世產生了深刻影響。⑨ 2003 年,沙武田、段小强考定莫高窟第 454 窟主室東壁門南第一身于闐國王像不是李聖天,而是 967—977 年在位的尉遲輸羅即從德或其他;從于闐國王像與洞窟可能的幾位功德主共存時間關係來考察,第 454 窟窟主爲曹延恭,即由曹延恭創修,曹延禄續修完成。⑩

李氏

1959 年,金維諾在對敦研 322《臘八燃燈分配窟龕名數》進行分析時,指出第 148 窟爲李家窟。⑪ 1964 年,藤枝晃也認爲莫高窟第 148 窟是李家窟,其修建於唐河西節度使覆亡前夕。⑫ 1979 年,史葦湘考證敦煌李氏家族在莫高窟營建七窟,即初唐的第 331 窟,聖曆元年的第 332 窟,大曆十一年的第 148 窟,景福元年的第 9 窟,以及尚未確證窟號的"當家三窟"。⑬ 2003 年,公維章

① 陳明《敦煌歸義軍出行圖研究》,蘭州大學 2004 年博士學位論文。
② 史葦湘《世族與石窟》,敦煌文物研究所編《敦煌研究文集》,蘭州:甘肅人民出版社,1982 年,第 154 頁。
③ 賀世哲,孫修身《瓜沙曹氏與敦煌莫高窟》,敦煌文物研究所編《敦煌研究文集》,蘭州:甘肅人民出版社,1982 年,第 220—272 頁。
④ 馬德《曹氏三大窟營建的社會背景》,《敦煌研究》1991 年第 1 期,第 19—24 頁。
⑤ 鄭雨《莫高窟第九十八窟的歷史背景以及時代精神》,《九州學刊》第 2 卷第 4 期,1992 年,第 35—43 頁。
⑥ 賀世哲《再談曹元深功德窟》,《敦煌研究》1994 年第 3 期,第 33—36 頁。
⑦ 王惠民《曹元德功德窟考》,《敦煌研究》1995 年第 4 期,第 163—170 頁。
⑧ 郭俊葉《莫高窟第 454 窟窟主再議》,《敦煌研究》1999 年第 2 期,第 21—24 頁。
⑨ 陳明、沙武田《莫高窟第 98 窟及其對曹氏歸義軍時期大窟營建之影響》,載鄭炳林主編《敦煌佛教藝術文化論文集》,蘭州大學出版社,2002 年,第 165—185 頁。沙武田《莫高窟第 98 窟及其對曹氏歸義軍時期大窟營建之影響》,載鄭炳林主編《敦煌歸義軍史專題研究續編》,蘭州大學出版社,2003 年,第 642—662 頁。
⑩ 沙武田《莫高窟第 454 窟窟主的一點補充意見》,《敦煌研究》2003 年第 3 期,第 7—9 頁。
⑪ 金維諾《敦煌窟龕名數考》,《文物》1959 年第 5 期,第 50—54、61 頁。
⑫ [日] 藤枝晃《敦煌千佛洞の中興 張氏諸窟を中心とした九世紀の佛窟造營》,《東方學報》(京都)第 35 册《敦煌研究》,1964 年 3 月,第 25—30 頁。
⑬ 史葦湘《世族與石窟》,敦煌文物研究所編《敦煌研究文集》,蘭州:甘肅人民出版社,1982 年,第 152 頁。

以莫高窟第 148 窟爲研究對象撰寫了博士論文,從唐代敦煌的李氏家族、涅槃經變、三種淨土圖像、三種密教觀音經變以及其他幾種圖像以及涅槃、淨土主題對莫高窟中唐洞窟的影響等幾個方面對敦煌莫高窟第 148 窟進行了研究,此論文 2004 年出版。[1]

　　關於第 9 窟的研究,1985 年,姜亮夫認爲第 9 窟應爲張氏之功德窟,開鑿於大順二年索勳保輔承奉之際。[2] 1986 年,賀世哲先生則認爲第 9 窟窟主不是張、索、李,而可能是他們的屬吏。[3] 1994 年,梁尉英在對第 9 窟的内容及題材分析之後,認爲此窟的窟主當非張承奉,而應是敦煌的李氏家族。[4] 2008年,李軍亦根據第 9 窟没有李弘願畫像及題名,認爲此窟當在張承奉稱王之前建成,即乾寧四年(897)二月至光化元年(898)之間,并認爲此窟爲李家窟,推測東壁門上的四身男供養人畫像可能是真正的窟主李弘願兄弟。[5] 2009 年,張景峰對敦煌莫高窟第 9 窟甬道供養人畫像年代提出了異議,并認爲此窟開鑿於乾寧三年初(896)至乾寧四年(897)6 月 9 日之間。[6]

　　關於第 290 窟的研究,2009 年,李茹認爲莫高窟第 290 窟爲瓜州刺史李賢所建的功德窟,并對李賢與敦煌,李賢功德窟供養人畫像與題記等問題進行了研究。[7]

索氏

　　1959 年,金維諾在對敦研 322《臘八燃燈分配窟龕名數》進行分析時,指出索家窟爲第 12 窟。[8] 1964 年,藤枝晃對吐蕃統治以及歸義軍時期的索家窟,結合文獻進行了考察。[9] 1979 年,在對敦煌索氏家族分析之後,史葦湘指出第 12 窟爲索法律窟。[10] 1996 年,馬德在其專著對敦煌世族與家窟、家廟論述時,指出敦煌的"鉅鹿索氏"在莫高窟崖面上留下的大窟主要有建於吐蕃時期的第 144 窟和建於張氏歸義軍時期的第 12 窟。[11]

　　圍繞第 12 窟東壁門上供養人畫像及其相關問題的研究,1987 年,《中國

　　① 公維章《涅槃、淨土的殿堂———敦煌莫高窟第 148 窟研究》,北京:民族出版社,2004 年。
　　② 姜亮夫《莫高窟年表》,上海古籍出版社,1985 年,第 444 頁。
　　③ 賀世哲《從供養人題記看莫高窟部分洞窟的營建年代》,載敦煌研究院編《敦煌莫高窟供養人題記》,北京:文物出版社,1986 年,第 214 頁。
　　④ 梁尉英《略論敦煌晚唐藝術的世俗化》,敦煌研究院、江蘇美術出版社編《敦煌石窟藝術・莫高窟第 9、12 窟(晚唐)》,南京:江蘇美術出版社,1994 年,第 10—34 頁。
　　⑤ 李軍《晚唐中央政府對河隴地區的經營》,蘭州大學 2008 年博士學位論文,第六章第五節《從供養人題記看莫高窟第 9 窟的建成時間——兼論張承奉首度稱王的時間》,第 175—183 頁。
　　⑥ 張景峰《敦煌莫高窟第 9 窟甬道供養人畫像年代再探》,《蘭州學刊》2009 年第 11 期,第 20—26 頁。
　　⑦ 李茹《敦煌李賢及其功德窟相關問題試論》,《敦煌學輯刊》2009 年第 4 期,第 112—126 頁。
　　⑧ 金維諾《敦煌窟龕名數考》,《文物》1959 年第 5 期,第 50—54、61 頁。
　　⑨ [日]藤枝晃《敦煌千佛洞の中興　張氏諸窟を中心とした九世紀の佛窟造営》,《東方學報》(京都)第 35 册《敦煌研究》,1964 年 3 月,第 36—39、111—116 頁。
　　⑩ 史葦湘《世族與石窟》,敦煌文物研究所編《敦煌研究文集》,蘭州:甘肅人民出版社,1982 年,第 154 頁。
　　⑪ 馬德《敦煌莫高窟史研究》,蘭州:甘肅教育出版社,第 247 頁。

石窟·敦煌莫高窟》四,在對第 12 窟東壁門上供養人畫像進行説明時,指出此窟的窟主爲'索義辯',但畫像并非索義辯本人,而應是其祖父母,祖父索奉珍的身份最與畫面形象相符。[①] 1994 年,梁尉英認爲第 12 窟東壁門上的供養人畫像爲索義辯夫婦的"俗家之像"。[②] 2006 年,李正宇也認爲第 12 窟東壁門上的供養人像爲曾任沙州釋門都法律的索義辯及其夫人。[③] 2007 年,范泉則從莫高窟第 12 窟東壁門上新發現的題記入手,認爲東壁門上的供養人像是索義辯的祖父母,而實際的窟主是索義辯,并認爲該窟前室供養人畫像行列是在舉行一種法會活動。[④]

翟氏

除了上面敦煌大族修建石窟總論之外,學界還對初唐(第 220 窟)、晚唐(第 85 窟)的翟家窟從考古、圖像以及藝術等方面進行了專門的研究。

對第 220 窟的研究,1978 年,由關友惠、施萍婷、段文傑執筆,重點對整體推移後的甬道南北兩壁的壁畫內容進行了公佈與介紹。[⑤] 1998 年,寧强對第 220 窟北壁壁畫的七尊佛像、五色彩幡、燃燈供佛、歌舞樂隊、十二藥叉大將及其眷屬、八大菩薩或十大菩薩等內容進行了詳細研究,認爲主要表現的是供養藥師佛的"儀式"。[⑥] 日本學者河原由雄,對第 220 窟南壁的壁畫進行了詳細敘述,并依據《佛説觀無量壽佛經》進行解讀,認爲此鋪經變是没有條幅的觀經變;[⑦]之後,勝木言一郎[⑧]以及寧强、王惠民等均認爲此經變是觀經變。[⑨] 2002 年,公維章對第 220 窟南壁的經變畫進行了分析,認爲其定名應爲無量壽經變。[⑩] 2004 年,寧强以《中國中世紀的藝術宗教和政治——敦煌翟家窟》爲題,完成了博士學位論文,重點對敦煌初唐的翟家窟第 220 窟進行了全面、系統的研究。[⑪] 2007 年,施萍婷認爲觀經變一般有未生怨和十六觀,而第 220

① 敦煌文物研究所編《中國石窟·敦煌莫高窟》四,北京: 文物出版社,1987 年,圖版第 160,"圖版説明"第 228 頁。
② 梁尉英《略論敦煌晚唐藝術的世俗化》,敦煌研究院、江蘇美術出版社編《敦煌石窟藝術·莫高窟第 9、12 窟(晚唐)》,南京: 江蘇美術出版社,1994 年,第 10—34 頁。
③ 李正宇《晚唐至宋敦煌僧許僧人娶妻生子》,載鄭炳林、樊錦詩、楊富學主編《敦煌佛教與禪宗學術討論會會議論文集》,西安: 三秦出版社,2007 年,第 18—20 頁。
④ 范泉《莫高窟第 12 窟供養人題記、圖像新探》,《敦煌研究》2007 年第 4 期,第 86—90 頁。
⑤ 敦煌文物研究所《莫高窟第 220 窟新發現的複壁壁畫》,《文物》1978 年第 12 期,第 41—46 頁。
⑥ 寧强《佛經與圖像—敦煌第二二0 窟北壁壁畫新解》,《故宫學術季刊》(第十五卷)第三期,1998 年,第 75—92 頁。
⑦ [日]河原由雄《敦煌淨土變相的成立與展開》,《佛教藝術》第 68 號,東京: 每日新聞社,1968 年,第 85 —107 頁。
⑧ [日]勝木言一郎《敦煌莫高窟第 220 窟阿彌陀淨土變相圖考》,《佛教藝術》第 202 號,1992 年,第 67—92 頁。
⑨ 寧强《從"偶像崇拜"到"觀想天國"——論西方淨土變相之形成》,敦煌研究院編《段文傑敦煌研究五十年紀念文集》,北京: 世界圖書出版公司,1996 年,第 144—149 頁。王惠民《敦煌淨土圖像研究》,載《法藏文庫》81,臺北: 佛光山基金會,2003 年,第 326—328 頁。
⑩ 公維章《莫高窟第 220 窟南壁無量壽經變劄記》,《敦煌研究》2002 年第 5 期,第 8 — 12 頁。
⑪ NingQiang: Art, religion and politics in Medieal China: The Dunhuang Cave of the Zhai Family. HawaiiUniversity Press,2004.

窟至少没有表現佛説觀經的緣起未生怨以及十六觀,因此不是觀經變。①
2008 年,陳菊霞也對此經變畫以無量壽經變進行解釋。②

第 85 窟的研究,1982 年,李永寧在對敦煌莫高窟的報恩經變研究時,重點對第 85 窟報恩經變的《惡友品》内容進行了釋讀,并對晚唐此經變的社會意義進行了分析。③ 1989 年,馬德《都僧統之"家窟"及其營建》探討了莫高窟第 85 窟始建和重修的年代與供養人等問題,認爲第 85 窟具有"家窟"性質。④ 1998 年,梅林依據 P.4660《翟家碑》在對莫高窟第 85 窟十三鋪經變畫進行分析之後,認爲該窟是"自東至西,先教後禪,先三乘方便義經變,後一乘了義經變"的反映。⑤ 2007 年,賀世哲以第 85 窟金剛經變爲主,對敦煌中晚唐時期金剛經變進行考釋。⑥ 同年,賴鵬舉認爲第 85 窟的開鑿是唯識與中印密教二系經變相互針對性的結果。⑦ 同年,張景峰對莫高窟第 85 窟中心佛壇上塑像進行了研究,認爲該窟是以塑像、壁畫相結合的方法,來表現以《金剛經》爲主旨的禪宗思想,并對翟法榮修持佛法的追尋及修建第 85 窟的構想進行了分析。⑧ 2008 年,陳菊霞以《翟氏在莫高窟的營建活動》爲題,對第 220、85 等翟家窟的内容進行了簡要論述。⑨ 2010 年,陳菊霞對第 85 窟東壁下方供養人畫像進行了分析。⑩

吴氏

1987 年,馬德考證敦煌吴氏家族修建的洞窟有第 16、17 窟(吴和尚窟),第 152、153、154 一組洞窟(吴家窟)。⑪ 1995 年,馬德在《敦煌的世族與莫高窟》一文中,再一次確認了這一觀點。⑫ 2008 年,沙武田經過研究,認爲莫高窟第 161 窟是法成的功德窟。⑬

陰氏

1959 年,金維諾根據敦研 322《臘八燃燈分配窟龕名數》記載,考證其中

---

① 施萍婷《關於敦煌壁畫中的無量壽經變》,《敦煌研究》2007 年第 2 期,第 1—5 頁。

② 陳菊霞《敦煌翟氏研究》,蘭州大學 2008 年博士學位論文,第六章,第 197—198 頁。

③ 李永寧《報恩經和莫高窟壁畫報恩經變》,敦煌文物研究所編《敦煌研究文集》,蘭州:甘肅人民出版社,1982 年,第 189—219 頁.

④ 馬德《都僧統之"家窟"及其營建》,《敦煌研究》1989 年第 4 期,第 54—58、41 頁。

⑤ 梅林《莫高窟第 85 窟、第 196 窟藝術研究的兩個問題》,敦煌研究院編《敦煌石窟藝術第八五窟附一九六窟》,南京:江蘇美術出版社,1998 年,第 10—22 頁;圖版説明第 216—233 頁。

⑥ 賀世哲《敦煌壁畫中的金剛經變研究(續)》,《敦煌研究》2007 年第 4 期,第 16 — 28 頁。

⑦ 賴鵬舉《盛唐以後莫高窟引入中印密教及唯識系經變思想關係研究》,《敦煌學輯刊》2007 年第 1 期,第 40—44 頁。

⑧ 張景峰:《敦煌莫高窟第 85 窟與塑繪結合的金剛經變》,《敦煌學輯刊》2007 年第 4 期,第 273—278 頁。

⑨ 陳菊霞《敦煌翟氏研究》,蘭州大學 2008 年博士學位論文,第六章,第 183—222 頁。

⑩ 陳菊霞《從莫高窟第 85 窟供養人看地 85 窟的營建和重修活動》,載中央文史研究館,敦煌研究院、香港中文大學饒宗頤學術館編《慶賀饒宗頤先生 95 華誕敦煌學國際學術研討會論文集》,2010 年,第 165—170 頁。

⑪ 馬德《吴和尚·吴和尚窟·吴家窟——〈臘八燃燈分配窟皇名數〉叢識之一》,《敦煌研究》1987 年第 3 期,第 62—64、61 頁。

⑫ 馬德《敦煌的世族與莫高窟》,《敦煌學輯刊》1995 年第 2 期,第 41—47 頁。

⑬ 沙武田《敦煌吐蕃譯經三藏法師法成功德窟考》,《中國藏學》2008 年第 3 期,第 40—47 頁。

兩處記載的陰家窟爲第 231 窟和第 138 窟,前者建於吐蕃時期,後者建於張氏歸義軍時期。① 1964 年,藤枝晃對吐蕃時期的陰家窟(第 231 窟)以及張承奉時期所建的陰家窟(第 138 窟)進行了分析,并結合敦煌文書 P. 4640《陰處士碑》對第 231 窟進行了考證。② 1979 年,史葦湘在對敦煌的世族與石窟進行研究時,指出第 285、217、231、138 窟均有陰氏家族人物修建洞窟的題記,而後三窟則是祖孫相傳的家窟。③ 1986 年,萬庚育在《珍貴的歷史資料——莫高窟供養人畫像題記》一文中討論了敦煌世族與石窟的修建,在論述第 217、231、138 窟之後,又列出了第 98 窟中敦煌陰氏的供養人題記。④ 同年,賀世哲在《從莫高窟供養人題記看洞窟的營建年代》一文中,不僅對第 217、231、138 窟的營建年代及窟主進行了考證,還指出陰氏家族還參與營建了第 96、431、432 窟。⑤ 1997 年,馬德對敦煌陰氏與莫高窟的營建進行了研究,認爲第 96、138、139、217、231、285、321 窟均是陰氏家族建造。⑥ 2004 年,張清濤對武周時期的第 96、321、217 等窟進行了簡單論述。⑦ 同年,張景峰對晚唐陰家窟(第 138 窟)的開鑿年代、窟主以及東壁門上的供養人畫像以及影窟(第 139 窟)等問題進行了探討,認爲東壁門上供養人畫像與智惠性對坐的男供養人畫像爲陰季豐,二人均是窟主,而第 139 窟則是陰季豐之子海晏的影窟。⑧ 2006 年,沙武田在對莫高窟第 138 窟主室東壁門上智惠性供養圖像分析後,認爲智惠性與洞窟關係密切,同時認爲此智惠性與《陰處士碑》所記陰嘉政妹安國寺法律并非同一人,而是另有所指。⑨ 同年,白天佑、沙武田對第 231 窟東壁門上的陰伯倫夫婦供養像進行了分析,認爲其作爲供養人畫像在位置、組合關係等方面具有特性,具有原創性圖像的特點,認爲這種獨特的供養人畫像在吐蕃時期也是不甚流行的,祇有像陰家這樣的大家族,在敦煌吐蕃入主前後均有相當大的勢力、地位與影響,所以他們可以變個形式,以曲折的方式畫像入窟。⑩ 2008 年,張景峰以《敦煌陰氏與莫高窟陰家窟》爲題完成了碩士論文,對敦煌

① 金維諾《敦煌窟龕名數考》,《文物》1959 年第 5 期,第 52—53、54 頁。
② 藤枝晃《敦煌千佛洞の中興 陰氏諸窟を中心とした九世紀の佛窟造営》,《東方學報》(京都)第 35 册《敦煌研究》,1964 年,第 30—35、126—127 頁。
③ 史葦湘《世族與石窟》,敦煌文物研究所編《敦煌研究文集》,蘭州:甘肅人民出版社,1982 年,第 152—153 頁。
④ 萬庚育《珍貴的歷史資料———莫高窟供養人畫像題記》,敦煌研究院編《敦煌莫高窟供養人題記》,北京:文物出版社,1986 年,第 185 頁。
⑤ 賀世哲《從莫高窟供養人題記看洞窟的營建年代》,敦煌研究院編《敦煌莫高窟供養人題記》,北京:文物出版社,1986 年,第 201—204、207—208、215—216 頁。
⑥ 馬德《敦煌陰氏與莫高窟陰家窟》,《敦煌學輯刊》1997 年第 1 期,第 90—95 頁。
⑦ 張清濤《武則天時代的敦煌陰氏與莫高窟陰家窟淺議》,敦煌研究院編《2004 年石窟研究國際學術會議論文集》,上海古籍出版社,2006 年 11 月,第 425—430 頁。
⑧ 張景峰《莫高窟第 138 窟及其影窟的幾個問題》,敦煌研究院編《2004 年石窟研究國際學術會議論文集》上册,上海古籍出版社,2006 年,第 410—424 頁。
⑨ 沙武田《莫高窟第 138 窟智惠性供養像及相關問題研究》,《敦煌學輯刊》,2006 年第 3 期,第 83—89 頁。
⑩ 白天佑、沙武田《莫高窟第 231 窟陰伯倫夫婦供養像解析》,《敦煌研究》2006 年第 2 期,第 6—10 頁。

陰氏家族與陰家窟進行了較爲全面地論述。[①] 同年,張景峰、顧淑彦首先對《陰處士碑》碑文進行研究,分析了陰氏家族在吐蕃佔領敦煌前後的不同表現;同時對陰嘉政所開鑿第 231 窟西壁龕內頂部四披所繪的瑞像圖與東壁門上的陰伯倫夫婦供養像進行分析,認爲二者成對應關係,其目的是借助瑞像具有神異的功能引導陰伯倫夫婦升天。[②] 2009 年,張景峰、顧淑彦對敦煌陰氏家族與歸義軍政權的婚姻關係進行探討;同時將第 138 窟南壁男供養人畫像與晚唐五代其他洞窟的同類題材進行對比,認爲其是五代時期陰氏家族成員重新繪製而成,時間在長興四年(933)至清泰四年(937)之間,由此可知此窟在五代時曾兩次重修。[③] 2009 年,王中旭以《陰嘉政窟——禮俗、法事與家窟藝術》爲題,完成了博士學位論文,以吐蕃時期出現的新樣式爲切入點,對陰嘉政窟新樣式出現的原因,圖像佈局的思想和洞窟的性質、功能等問題進行了研究。[④]

另外,對敦煌陰家窟中的某些圖像、壁畫的研究成果也較多,最主要是對這些陰家窟中的一些壁畫進行了重新認識與考證。2004 年,日本學者下野玲子以莫高窟第 217 窟爲主要考證對象,將第 217、103、23 窟原先認爲是法華經變的壁畫確定爲佛頂尊勝陀羅尼經變。[⑤] 同年,王惠民以莫高窟第 321 窟爲主要考證對象,將第 321 南壁、第 74 窟北壁的經變畫考訂爲十輪經變。[⑥] 李玉珉對第 321 窟南壁寶雨經變、西方淨土變、十一面觀音等經變畫內容進行了研究。[⑦] 2010 年,張景峰對莫高窟第 431 窟觀無量壽經變以及其他壁畫進行了分析,認爲此窟的觀無量壽經變,體現了淨土大師善道的"凡夫論"思想;進而指出第 431 窟初唐的這次重修,建立了莫高窟最早的一個往生西方淨土法事活動的道場。[⑧]

此外,馬德對敦煌王、陳、宋、慕容、閻、杜等家族在莫高窟修建的家窟給予了初步的確認。[⑨]

---

① 張景峰《敦煌陰氏家族與莫高窟陰家窟研究》,蘭州大學 2008 年碩士學位論文。

② 張景峰、顧淑彦《莫高窟第 231 窟新出現圖像的關係初探》,載敦煌研究院編《敦煌吐蕃文化學術研討會論文集》,蘭州:甘肅民族出版社,2009 年,第 195—207 頁。

③ 張景峰、顧淑彦《莫高窟第 138 窟供養人畫像再認識》,《藝術百家》2009 年第 3 期,第 17—23 頁。

④ 王中旭《陰嘉政窟——禮俗、法事與家窟藝術》,中央美術學院 2009 年博士學位論文。

⑤ [日]下野玲子《敦煌莫高窟第 217 窟南壁經變的新解釋》,《美術史》第 157 號,第 96—115 頁。

⑥ 王惠民《敦煌 321 窟、74 窟十輪經變考釋》,《藝術史研究》第 6 輯,2004 年,第 309—336 頁。

⑦ 李玉珉《敦煌莫高窟第 321 窟壁畫初探》,臺灣大學藝術史研究所《美術史研究集刊》第 16 期,2004 年,第 49—78 頁。

⑧ 張景峰《莫高窟第 431 窟初唐觀無量壽經變與善道之法門在敦煌的流傳》,《敦煌研究》2010 年第 4 期,第 34—43 頁。

⑨ 馬德《10 世紀中期的莫高窟崖面概觀——關於〈臘八燃燈分配窟龕名數〉的幾個問題》,段文傑主編《1987 敦煌石窟研究國際討論會文集·石窟考古編》,瀋陽:遼寧美術出版社,1990 年,第 40—52 頁;《敦煌的世族與莫高窟》,《敦煌學輯刊》1995 年第 2 期,第 41—47 頁;馬德《敦煌莫高窟史研究》,第九章《敦煌世族與家窟家廟》,蘭州:甘肅教育出版社,1996 年,第 241—254 頁。

二、關於敦煌大族與莫高窟營建研究的一些思考

敦煌世家大族在中國中古時期敦煌地區的政治與社會舞臺上扮演主要角色,是敦煌歷史發展的關鍵性因素,不僅如此,世家大族在敦煌石窟營建史上都起主要作用。因此,對敦煌大族與莫高窟的營建研究,對探討中古社會史、藝術史、佛教思想史以及佛教考古方面都具有重要意義。

在敦煌大族與莫高窟的營建綜合研究方面,主要圍繞敦煌文獻中記載的洞窟名號和莫高窟營建史兩個內容展開。這些成果對這一課題今後的深入研究起着開拓性的作用。

敦煌家窟個案研究部分,對張氏家窟的研究,除了借助敦煌文獻對家窟予以確認和對個別洞窟的年代進行判定之外,還出現了對歸義軍節度使出行圖的研究。由於歸義軍曹氏譜系的逐漸清晰化,歷任節度使修建的洞窟以及修建年代也較爲清晰,因此,對曹氏家窟的研究,側重於對洞窟營建背景以及部分洞窟窟主的研究。對李氏家窟的研究,主要是對第 148 窟和第 9 窟的研究,對前者的研究已經較爲深入,出現了公維章的博士論文;而對後者的研究則主要集中在對洞窟的年代、窟主以及甬道供養人畫像的研究。[①] 對索氏家窟的研究,主要圍繞第 12 窟展開,成果也主要集中在對洞窟東壁門上供養人畫像的研究。對翟氏家窟的研究較爲深入,不僅出現了寧強關於敦煌翟家窟研究的博士論文,而且對第 220、85 窟部分內容的研究也較爲深入。對陰氏家窟的研究成果也較多,不僅有關於洞窟年代、窟主等問題的研究,還有對洞窟某一雕塑、壁畫題材的研究;而且還出現了對吐蕃時期第 231 窟專門研究的博士論文。

從以上分析來看,敦煌家窟個案研究呈現出兩方面的特點:

一方面,家窟個案研究的程度不同。相比較而言,對敦煌張氏、曹氏、李氏、翟氏以及陰氏等家族在莫高窟建造家窟的研究成果較多,而對索、吳等家族家窟的研究則主要停留在對家窟的確定以及供養人畫像的研究與探索。至於其他家族,則依然停留在對家窟的確認這一層面。

另一方面,研究的深度不相同。對敦煌張氏、翟氏、李氏、陰氏四個家族家窟的研究相對較爲深入,除了對張議潮出行圖以及李氏家窟第 148 窟有博士論文詳細研究之外,還出現了對陰氏、翟氏等家窟專門研究的碩、博士論文。至於其他家族,則依然停留在 20 世紀五六十年代對家窟確認這一層面上,沒有進展。

---

① 莫高窟第 9 窟是否是李家窟,還沒有定論,需要今後進一步的研究與探索。

從研究狀況來看,目前敦煌大族與莫高窟的營建這一課題研究的前景依然廣闊,需要我們今後進一步研究與探索。但是擺在我們面前的問題依然是如何研究。

2009 年,樊錦詩先生在《中國史研究》上發表《關於敦煌石窟研究的一些思考》一文,從四個方面指出了今後敦煌石窟研究主要工作的方向。在談到進一步加深敦煌佛教主題內容研究的力度和深度方面,先生指出:

> 特別要在研究方法和研究思路上有所創新,要突破以往就石窟而石窟、就圖像而圖像、就佛教而佛教的單一研究思路的格局,綜合利用思想史、哲學史、藝術史的相關研究成果,從專題研究入手,分門別類對反映某一佛教思想宗派或依據某一部佛經繪製的壁畫內容進行縱向的深入的研究;同時,在橫向上注意它與同一個洞窟中其他內容之間,以及反映的思想與同時期其他宗派之間的相互聯繫與影響的研究,既有個案的深入研究,又有橫向的綜合研究,力爭在石窟所反映的佛教史和佛教思想研究方面創出一片新天地。①

先生的論述使我頗受啓發。現從進一步加強和深化敦煌大族與莫高窟的營建研究的角度入手,談幾點個人的認識。

首先,加强敦煌家窟綜合研究的力度。敦煌石窟任何洞窟的營建,都不會脱離當時的社會、宗教以及文化藝術的背景,敦煌大族營建的家窟也不例外。因此,在對敦煌家窟研究這一課題開展的過程中必須對這些家窟佛教思想、社會背景以及藝術流傳等問題進行綜合考量,力求在敦煌石窟大的營建時代背景下定位這些家窟,而不是以窟論窟,或者以圖像論圖像。

其次,家窟個案的研究有待加强。不僅要加强單個家族營建石窟研究的力度,而且要加强家窟中單個洞窟研究的深度與力度。以陰家窟爲例,敦煌陰家窟的研究成果較多,但成果多不能説明就没有工作可做了。我們不僅要加强對敦煌陰氏家窟研究的力度,而且要加强敦煌陰氏家族在初唐(第 431、321 窟)、盛唐(第 217 窟)、吐蕃佔領敦煌時期(第 231 窟)、歸義軍時期(第 138 窟)等各個時期家窟的研究,力爭在中國佛教思想流傳到敦煌這個大的時代背景下重新審視與認識這些陰家窟的開鑿與營建。

再次,要能"站在巨人的肩膀上"。敦煌學的研究都是在前人研究的基礎上不斷開拓領域、推陳出新的,因此在今後的研究中我們要充分借鑒和吸收前人的研究成果;不能對前人研究一概否定,更不能有前人已經研究,後人就不必再做工作的想法。莫高窟第 323 窟的研究就是一個很好的例證。第 323

---

① 樊錦詩《關於敦煌石窟研究的一些思考》,《中國史研究》2009 年第 3 期,第 93 頁。

窟一直是學界研究的熱門洞窟之一,先後有金維諾對此窟"佛教史迹畫"的研究、①馬世長對佛教感應故事畫和"戒律畫"進行詳細地考證、②史葦湘和孫修身對佛教史迹畫的研究,③而 2003 年,巫鴻的《敦煌 323 窟與道宣》更將此窟的研究推向了高潮,不僅運用了新的研究方法,也開拓了敦煌石窟研究新的領域。④

在展開敦煌大族與莫高窟的營建這一課題研究過程中,我們更應該充分吸收前人的研究成果,不能説前人研究過了我們就回避。莫高窟第 231 窟是吐蕃佔領時期的陰家窟,先後有沙武田、張景峰等對此窟的内容進行過研究。⑤ 2009 年,王中旭以《陰嘉政窟——禮俗、法事與家窟藝術》爲題,完成了博士學位論文,專門對第 231 窟進行了研究。⑥ 王中旭論文的主要成績是對西壁龕外南北兩側的文殊普賢變進行了較爲深入研究,并認爲文殊、普賢變下方的屏風畫分別應爲《五臺山化現圖》、《普賢行願(或化現)圖》。那麽第231 窟的問題都已經解決了嗎? 我認爲需要做的工作依然很多。首先提出一個問題,第 231 窟額號"報恩君親窟",在洞窟内容之中,除了前人多次提到的維摩詰、報恩經變以及陰伯倫夫婦供養像之外,還有哪些内容體現了洞窟報恩的主題? 我們經過研究認爲,除了以上内容之外,西壁龕内頂部的瑞像圖、屏風畫以及原塑像均體現了"報恩君親"這一主題,關於瑞像圖繪製與東壁門上供養人畫像的關係我們已經作過研究,⑦其他内容則需要我們今後進一步探索。那麽,今後我們如何開展對第 231 窟的研究呢? 關於敦煌石窟單個洞窟的研究方法,樊錦詩先生在 2000 年已經提出了科學的研究思路,她指出:

> 今後要加强對個體洞窟的基礎研究,對每個洞窟進行佛教、藝術、歷史的綜合研究,探討每個洞窟或每一組洞窟的題材内容、佛教思想、性質、功能、藝術特點等。⑧

① 金維諾《敦煌壁畫中的中國佛教故事》,《美術研究》1958 年第 1 期,第 70—76 頁。
② 馬世長《莫高窟第 323 窟佛教感應故事畫》,《敦煌研究》試刊第 1 期,1982 年,第 80—96 頁。
③ 史葦湘《劉薩訶與敦煌莫高窟》,《文物》1983 年第 6 期,第 5—13 頁。孫修身《莫高窟佛教史迹故事畫介紹》,《敦煌研究》1982 年第 2 期,第 101—105 頁;《劉薩訶和尚事迹考》,敦煌文物研究所編《1983 年全國敦煌學術討論會文集・石窟藝術編上》,蘭州:甘肅人民出版社,1987 年,第 272—309 頁。孫修身主編《敦煌石窟全集 12・佛教東傳故事畫卷》,香港:商務印書館,1999 年。
④ 巫鴻《敦煌 323 與道宣》,胡素馨主編《佛教物質文化:寺院財富與世俗供養國際學術研討會論文集》,上海書畫出版社,2003 年,第 333—348 頁。
⑤ 白天佑、沙武田《莫高窟第 231 窟陰伯倫夫婦供養像解析》,《敦煌研究》2006 年第 2 期,第 6—10 頁。張景峰《敦煌陰氏家族與莫高窟陰家窟研究》,蘭州大學 2008 年碩士學位論文。張景峰、顧淑彦《莫高窟第 231 窟新出現圖像的關係初探》,載敦煌研究院編《敦煌吐蕃文化學術研討會論文集》,蘭州:甘肅民族出版社,2009 年,第 195—207 頁。
⑥ 王中旭《陰嘉政窟——禮俗、法事與家窟藝術》,中央美術學院 2009 年博士學位論文。
⑦ 張景峰、顧淑彦《莫高窟第 231 窟新出現圖像的關係初探》,載敦煌研究院編《敦煌吐蕃文化學術研討會論文集》,蘭州:甘肅民族出版社,2009 年,第 195—207 頁。
⑧ 樊錦詩《敦煌石窟研究的百年回顧與展望》,《敦煌研究》2000 年第 2 期,第 48 頁。

由此看來，第231窟的研究還有一段較長且不平坦的路要走。

最後，各個時代家窟的開鑿，既是敦煌當時政治社會的見證，也是敦煌佛教史以及佛教思想最直接體現，因此對敦煌家窟的深入研究，是中國佛教思想流傳到敦煌最直接也最現實的反映。然而，對於敦煌家窟營建佛教思想功能的研究我們依然有很長一段路要走，而且需要完成的工作也絕非憑一己之力可以完成。

基金項目：國家社科基金西部項目"敦煌大族與莫高窟的營建研究——以陰家窟爲中心"（10XKG004）；敦煌研究院項目"敦煌晚唐石窟的調查與研究——以莫高窟第138窟爲中心"（201004）。

中國漢傳佛教藝術中的睒子本生研究述評

高海燕（蘭州大學）

本生，梵文、巴利文均作 Jātaka，音譯闍陀伽、闍陀，意譯作本生、本起、本緣、本生談（譚）、本生話、本生經或略稱作生經，是九分教和十二分教之一。[①] 該類故事記述佛及弟子們在過去生中的事，特別是指釋迦牟尼佛於過去無數劫以來修種種菩薩行的事迹。

本生故事種類繁多，較早形成的巴利文《本生經》收有 547 個故事。金維諾先生曾將本生故事劃分爲四個大類：1. 以“施捨”爲主題；2. 宣揚“仁智”、“信義”；3. 以“孝友”爲主題；4. 以“持戒”、“感應”以及其他一些宣揚佛教信仰爲中心的譬喻或本生故事。[②] 在衆多的題材當中，類屬“孝友”的“睒子本生”具有一定代表性。佛教初傳中國，其所提倡的修行標準與儒家傳統倫理道德發生的矛盾與抵觸，重點即表現在忠君孝道方面。爲了根植於中國社會，取信於各階層民衆，佛教徒們即選取具有此種内涵的佛教故事廣爲宣揚，睒子本生因其包含的忠君、孝親和仁愛思想而深受歡迎。值得注意的是，這一源於印度的佛教故事在流佈中國的過程中，經過吸收、改造，逐漸褪去了早期的異域風格而徹底中國化，成爲膾炙人口的“二十四孝”中的一孝，伴隨着中國人對孝道的熱衷與崇敬走進千家萬户。今見大量甘肅、山西、河南、北京、遼寧等地發現的宋、遼、金、元等較晚時代墓室壁畫或石棺綫刻中包含睒子[③]行孝的二十四孝圖，雖已不同於佛教故事，但從另一角度展現了佛教中國化過程中對孝觀念的融合和闡揚，亦是我們應關注其來源——睒子本生故事的根據和理由。本文在種類繁多的本生故事中，選取具有一定代表性的“睒子本生”，旨在對中外學者涉及該本生故事的研究成果作一述評，提出一孔之見，不足之處，祈請方家批評指正。

一、對本生故事個例的專門研究

20 世紀初，隨着莫高窟藏經洞的發現，敦煌學逐漸成爲國際顯學，對於佛

---

① 九分教是教法的原始分類，即爲：修多羅（契經）、祇夜（重頌）和伽羅那（授記）、伽陀（孤起頌）、優陀那（自説）、伊帝目多伽（本事）、闍陀伽（本生）、毗佛略（方廣）、阿浮陀達磨（未曾有法）。然在佛法的開展中，特別是律部與論議的發達，對於聖典的部類，感到有補充的必要，於是又增加而綜合爲“十二分教”，九分教以外，另加入尼陀那（因緣）、阿波陀那（譬喻）和優婆提舍（論議）。
② 金維諾《〈佛本生圖〉形式的演變》，《中國美術史論集》（中卷），哈爾濱：黑龍江美術出版社，2004 年，第 166 頁。
③ 後又有“郯子”、“聯子”、“琰子”等名稱，均應爲“睒子”的演化或誤傳。

教藝術的探討開始興起,之後逐漸發展至全國各地的石窟、石刻造像等佛教遺存,佛教故事圖像作爲佛教藝術的重要組成部分,開始進入研究者們的視線。相關資料的不斷刊佈和學術水準的進步使得佛教藝術研究對象不斷細化,"小題大做"、"以小見大"成爲學術發展趨勢,真正將某一種本生故事題材——睒子本生作爲個例專門研究的論著,起步較晚且非常有限,其成果按主要內容可分爲以下兩大類:

(一)圖像學角度的研究

關於睒子本生圖像的研究以麥積山第 127 窟壁畫居多。麥積山石窟以泥塑爲主,保存壁畫不多,且殘損比較嚴重,但研究價值很高,尤其是西魏[①]第 127 窟。該窟造像完好,技藝精湛,壁畫內容豐富,除現存最大規模和極具代表性的薩埵太子本生和睒子本生外,還繪有維摩詰變、西方淨土變、涅槃變等,佈局均衡、對稱,層次分明,堪稱傑作。花平寧、謝生保兩位先生撰有《麥積山石窟壁畫中的〈睒子變〉》,以該幅壁畫與新疆克孜爾石窟和敦煌莫高窟的同類題材進行簡要比較,指出其構圖宏偉、氣勢壯觀,具有民族傳統和中原風格以及人物典型、細節生動等突出特點。[②] 王寧宇先生的文章從美術學和繪畫技法的角度介紹了這幅壁畫的位置、內容、構圖,并將其與前後歷史時期的美術遺迹進行比較對照,認爲這幅作品是中國山水"平遠"法運用最早的範例,除十分注重自然生活、繪製生動之外,在中國山水畫發展史上具有特殊的地位。[③] 而夏朗雲先生則對王先生的觀點提出了質疑,認爲《睒子本生圖》是人物鞍馬畫而非山水畫,并就中國山水畫的起源問題進行了討論。[④] 劉俊琪先生通過對這幅壁畫的臨摹經驗,從情節場面、人物畫面佈局、形神氣韻等幾個方面進行了詳細剖析,同時從繪畫技法上深入研究,揭示了這幅壁畫的特殊意義和美學價值。[⑤]

一些學者在探討與睒子本生相關的問題時,將印度、新疆、敦煌、麥積山、雲岡等地的遺存都納入考察範圍之內,大大推進了這一領域研究的發展。1914 年至 1915 年,奧登堡考察隊在莫高窟考察時掠走了一部分文物,其中一幅壁畫殘片現藏於俄羅斯聖彼得堡艾爾米塔什博物館,劉永增先生曾對這幅壁畫進行考證,指出其并非是一些學者所認爲的佛傳故事畫,而是睒子孝親

---

① 亦有學者認爲該窟創建年代爲北魏晚期,因不在本文探討範圍內,故不贅言。
② 花平寧、謝生保《麥積山石窟壁畫中的〈睒子變〉》,《絲綢之路》1998 年第 3 期,第 41—43 頁。
③ 王寧宇《孝子變相·畋獵圖·山水準遠——麥積山壁畫〈睒子本生〉對中國早期山水畫史的里程碑意義》,《美術研究》2002 年第 1 期,第 44—47 頁。
④ 夏朗雲《也談麥積山壁畫〈睒子本生〉——與王寧宇先生商榷》,《美術研究》2004 年第 3 期,第 72—78 頁。
⑤ 劉俊琪《麥積山北魏壁畫〈睒子本生〉圖的內容和藝術特色》,《天水行政學院學報》2001 年第 2 期,第 62—64 頁。

的本生故事,應定名爲《睒子本生圖》,并具體分析了該幅畫的内容和莫高窟其他幾幅睒子本生的大概情況。[①] 針對這幅壁畫作品,蔡偉堂先生進一步撰文指出,被掠去的睒子本生故事壁畫原存於莫高窟第 433 窟,[②]在此基礎上,蔡先生對該幅壁畫和敦煌石窟其他睒子本生故事畫的内容、佛經依據、表現形式以及藝術特點等進行了比較全面的探討,對印度、新疆、雲岡、麥積山等敦煌地區以外的睒子本生也有論述。[③] 謝生保先生則從睒子本生所表達的孝親思想出發,介紹和總結了各地石窟中的睒子本生壁畫及雕刻,從《睒子經變》[④]的產生和發展,論述了南北朝時期儒、釋、道之間既鬥爭又吸收的經歷和佛教藝術中忠君孝道思想的發展。[⑤] 較爲全面系統介紹睒子本生的是東山健吾先生,他以分析敦煌莫高窟和西千佛洞的睒子本生故事畫的畫卷形式、連環畫形式及異時同圖法爲主,與印度犍陀羅、克孜爾、雲岡、麥積山等地石窟中相同内容的故事畫進行構圖上的對比,“認爲敦煌壁畫中的睒子本生并非漢代傳統形式的延續,而是在印度·犍陀羅的影響之下所形成的”。[⑥]

雲岡石窟是北魏建都平城(今山西大同)時期留下的一座佛教藝術寶庫,保存有大量雕刻精美的造像、花紋及佛教故事,“代表了 5 世紀世界美術雕刻的最高水準”,[⑦]經調查統計,目前尚存佛教故事雕刻畫面 220 餘幅,可考名者198 幅,另有近百幅漫漶不清或湔蝕殆盡,[⑧]這些圖像是雲岡石窟重要的組成部分,研究價值極高。雲岡石窟現存 3 處睒子本生故事浮雕,分別位於第 1、7、9 窟中,針對這些圖像的個案研究很有限,唯有王恒的文章詳細介紹了第 9 窟和第 1 窟中睒子本生故事的内容鋪陳、構圖安排以及表現特點,指出雲岡石窟是犍陀羅美術的繼承者,同時又融入了中國傳統文化的選擇。[⑨]

必須提及的是,“睒子鹿乳奉親”爲我國傳統“二十四孝”之一,敦煌遺書《孝子傳》中也記有“閃子(睒子)”孝行,其本質已不同於佛教故事中的“睒子本生”,但卻是“睒子本生”中國化、世俗化的產物,它們之間不可忽視的關聯

---

① 劉永增《蘇藏一幅敦煌壁畫内容異議》,《敦煌研究》1988 年第 3 期,第 90—92 頁。

② 東山健吾先生曾在文章中指出這幅壁畫是從莫高窟第 124 窟剥離的(見東山健吾著,李梅譯,趙聲良審校《敦煌石窟本生故事畫的形式——以睒子本生圖爲中心》,《敦煌研究》2011 年第 2 期,第 8 頁)。該壁畫於 1971 年在日本東京展出時標識其所在洞窟“P.124C”爲伯希和編號,東山先生應將敦煌研究院編號與伯希和編號混淆。

③ 蔡偉堂《敦煌壁畫中的睒子本生故事畫——從俄藏莫高窟第 433 窟睒子本生故事畫談起》,《敦煌研究》2004年第 5 期,第 13—19 頁。

④ 謝生保先生在文中將佛教石窟中壁畫和石刻的睒子本生故事稱爲《睒子經變》,認爲其主要是依據聖堅譯《睒子經》所繪製。

⑤ 謝生保《從〈睒子經變〉看佛教藝術中的孝道思想》,《敦煌研究》2001 年第 2 期,第 42—50 頁。

⑥ [日]東山健吾著,李梅譯,趙聲良審校《敦煌石窟本生故事畫的形式——以睒子本生圖爲中心》,《敦煌研究》2011 年第 2 期,第 1 頁。

⑦ 張焯《雲岡石窟的歷史與藝術》,雲岡石窟研究院編《雲岡石窟》,北京:文物出版社,2008 年,第 2 頁。

⑧ 趙昆雨《雲岡石窟佛教故事雕刻藝術》,南京:鳳凰出版傳媒集團江蘇美術出版社,2010 年,第 3 頁。

⑨ 王恒《雲岡石窟中表現的“孝道”思想——雲岡“睒道士本生”畫解》,《文物世界》2001 年第 3 期,第 34—38 頁。

充分反映了儒、釋的相互借鑒和吸收,由是一些專論"二十四孝"或《孝子傳》的文章會提及這一故事。如魏文斌等先生的文章就考證了甘肅境內已清理發掘的數十座宋金時期墓葬中磚雕或彩繪的"二十四孝"人物故事,簡要介紹了"睒子鹿乳奉親"在墓葬磚雕彩繪中的表現形式、在敦煌遺書及其他佛經中的記載等。[①] 針對敦煌遺書中記載的"閃子"孝行,袁書會指出,閃子爲敦煌變文《孝子傳》中唯一一位異域人物,其實即爲佛教中的睒子,而異域孝子進入中國人的精神生活,歸功於佛教的傳播和孝行在中國人心目中的地位。[②] 潘文芳的碩士學文論文《"二十四孝"研究》則充分借鑒前人的研究成果,深入探討了"二十四孝"的相關問題,文章專列一節論述了"郯子故事的演化",認爲宋金是"睒子"故事向"郯子"故事演化的時期,也是"二十四孝"郯子"鹿乳奉親"故事成型的關鍵時期,同時宋代佛教的發展是"二十四孝""郯子"故事得以取材佛經"睒子"故事的背景。[③]

(二) 相關佛教經典的研究

本生經是本生故事的依據,如對相關經典沒有深入細緻的認識,本生故事和圖像的研究就成爲無源之水、無本之木。睒子故事原是古印度民間廣爲流佈的一個傳説,最早記載見於印度史詩《羅摩衍那》,後被佛教本生故事吸收,隨着佛經的漢譯傳入我國,一些學者注意到了睒子本生的佛經依據以及睒子孝行故事的相關文本流傳狀況。饒宗頤先生以東晉法顯《佛國記》中提到的"睒變"爲切入點,以睒子本生爲例,引申闡述了"經變"、"變文"、"變相"等佛教文學形式與圖像之間的關係,但是并未就睒子本生專作深入的闡述和考證。[④] 謝明勳、程毅中二位先生都曾以敦煌寫本《孝子傳》爲切入點,詳細考索了"睒子經"流傳過程中之著録及其異名狀況,謝先生認爲"睒子的孝行故事應是在唐代之後纔在中國的孝子故事中嶄露頭角的",[⑤]程先生則在校録 P. 3536 的基礎上指出其中的"閃子"就是佛本生故事中的"睒子",并對不同歷史時期"二十四孝"中有關睒子的相關問題進行了考證。[⑥] 橋本草子的《シュヤーマ本生説話の変容——仏典を中心とする》一文則將載有睒子故事的各類佛經、遺書和文獻都一一進行了梳理與説明,[⑦]很具參考價值。對睒子故

① 魏文斌、唐曉軍、師彥靈《甘肅宋金墓"二十四孝"圖與敦煌遺書〈孝子傳〉》,魏文斌、吳荭《甘肅佛教石窟考古論集》,北京:民族出版社,2009 年,第 514—541 頁。

② 袁書會《二十四孝中的異域人物——淺談中印文化交流》,《社會科學戰綫》2000 年第 4 期,第 136—139 頁。

③ 潘文芳《"二十四孝"研究》,福建師範大學 2010 年碩士學位論文。

④ 饒宗頤《從"睒變"論變文與圖繪之關係》,《饒宗頤史學論著選》,上海古籍出版社,1993 年,第 386—403 頁。

⑤ 謝明勳《敦煌本〈孝子傳〉"睒子"故事考索》,《敦煌學》(臺北) 第 17 輯,1991 年 9 月,第 40 頁。

⑥ 程毅中《敦煌本"孝子傳"與睒子故事》,《中國文化》1991 年第 5 期,北京:生活·讀書·新知三聯書店,1992 年 8 月,第 149—153 頁。

⑦ [日]橋本草子《シュヤーマ本生説話の変容——仏典を中心とする》,《京都女子大學人文論叢》通卷 50 號紀念,2002 年 1 月,第 109—130 頁。

事的起源、流傳和演變研究較爲詳盡的應爲張鴻勳先生,他重點從文獻的角度,旁徵博引,詳細考證了睒子本生故事傳入我國的過程和形式:從古印度史詩《羅摩衍那》到敦煌變文,再到"二十四孝",這一佛教故事逐漸融入、適應中國社會和傳統文化,出現在諸多石窟的壁畫、雕刻中和其他地區發現的宋、遼、金、元等歷代墓室壁畫或石棺綫刻的二十四孝圖上,廣爲流佈。[1]

二、涉及睒子本生的相關研究

佛教故事大體可分爲佛傳、因緣、本生和佛教史迹四類,每一類故事都有各自的特點、功能和傳播的主題。很多關於佛教故事或本生故事的論著中都會提及睒子本生,多數一筆帶過,粗略叙述,或以羅列繪製洞窟、解釋故事內容、介紹所據經典爲主,但其中不乏一些有深度和借鑒意義的相關論述,因此有必要對這些成果作一介紹。

(一)敦煌地區

佛教故事圖像由印度經中亞、新疆傳入我國中原地區,其構圖方式、表現形式和風格特點均發生了一定的演變而逐漸中國化、世俗化,就本生故事的表現形式而言,從印度的犍陀羅、秣菟羅風格到新疆的單幅菱形格"西域型",[2]再到中原地區的連環畫構圖、秀骨清像的人物特徵,呈現出清晰的異域宗教漢化過程。敦煌作爲華戎所交的佛教傳播要衝,深受西域影響的同時又具有漢民族的文化本質,其壁畫藝術綿延數百年,自十六國晚期的北涼到蒙元,代代相因,各個歷史時期的特點都頗爲鮮明和具有代表性,睒子本生在敦煌地區共存 8 處,都爲北周至隋代作品。

較早注意到敦煌本生圖的演變特點并關照其他地區的學者是金維諾先生,他先後發表《〈佛本生圖〉的內容與形式》和《〈佛本生圖〉形式的演變》兩篇文章,前者簡單介紹了敦煌本生圖的內容與形式,與新疆等地同類題材進行了一些比較;[3]後者則重點闡述了佛教本生故事畫從單幅構圖到長卷型構圖,又到大型經變構圖的發展演變過程,同時指出,睒子故事早期作品畫面都比較簡單,"畫家在以單幅構圖表現故事性題材時,具有選擇'情節'的才能。作爲一個連續性的故事,衹能依靠一個出現在畫面的片斷,來説明故事的特殊內容,這就要求畫家善於選擇能説明故事本身特殊內容的部分來表現"。[4]

---

① 張鴻勳《從印度到中國——絲綢之路上的睒子故事與藝術》,蘭州大學敦煌學研究所、麥積山石窟藝術研究所編《麥積山石窟藝術文化論文集》(上),蘭州大學出版社,2004 年,第 337—358 頁。

② 釋依淳《克孜爾與莫高窟的本生畫之考據》,《1990 年敦煌學國際研討會文集·石窟考古編》,第 277 頁。歐陽啓名稱之爲"西域風格"(見氏著《佛教造像》,北京:文化藝術出版社,2004 年,第 92 頁)。

③ 金維諾《〈佛本生圖〉的內容與形式》,金維諾《中國美術史論集》(中卷),第 154—165 頁。

④ 金維諾《〈佛本生圖〉形式的演變》,金維諾《中國美術史論集》(中卷),第 167 頁。

睒子本生的中心情節,是睒子披鹿皮衣汲水而被誤射,因而常常被加以表現出來。之後許多學者都撰文探討敦煌本生圖的源流發展,如高田修先生大量列舉了莫高窟早期的佛教故事畫(包括睒子本生),在與印度同類題材圖像相比較的前提下探討了這些故事畫的藝術傾向和特點。[①] 釋依淳大師和高金玉先生都分別從依據經典、題材數量、洞窟位置、構圖形式、表現手法等幾個方面,分析了新疆克孜爾石窟和以敦煌莫高窟爲代表的内地石窟本生故事畫,指出佛教藝術發端於印度,經中亞、新疆傳入我國内地,在内容和形式上顯示出中國化的變革過程。[②] 此外寧強先生也注意到印度浮雕、新疆壁畫和敦煌壁畫中的睒子本生故事,分析了不同地區、不同文化背景對故事性構圖的影響,并對佛教藝術東漸過程中的地方化問題作了一些探討。[③] 作爲佛教藝術發展鏈條中不可或缺的重要環節,在研究印度、新疆、敦煌或是中原其他地區的本生故事圖像時,都不能孤立對待,片面分析,而是要全面考慮它們之間的聯繫和異同,這些顯然已在學界達成共識。

研究某一題材本生故事究竟應涉及哪些基本方面,賀世哲先生的著述應能提供極好的思路。賀先生對敦煌早期石窟圖像作了比較系統、全面的探討,在論及睒子本生圖時,先闡述其題材起源和列舉所據漢譯佛經,再分析流傳地區的現存狀況(包括印度、新疆、雲岡、麥積山和一些佛教造像等),最後介紹了敦煌壁畫中的睒子本生圖。[④] 雖然相關内容在整部書中所佔比例并不大,但卻極具啓發性和參考價值。

值得一提的是,20 世紀 80 年代以來,由於多方原因和客觀條件的促進,敦煌學的發展日新月異,一些大型系列圖册相繼發佈、出版,佛教故事、本生故事是這些圖册中不可或缺的組成部分,重要者如《中國石窟·敦煌莫高窟》(第 1—5 卷)、[⑤]《中國美術全集·繪畫編》(14—15)敦煌壁畫(上、下)、[⑥]《中國敦煌壁畫全集》(1—17)、[⑦]《敦煌石窟全集·3·本生因緣故事畫卷》[⑧]等,

① ［日］高田修《佛教故事畫與敦煌壁畫——專論敦煌前期的本緣故事畫》,《中國石窟·敦煌莫高窟》第 2 卷,北京:文物出版社、東京:平凡社,1984 年,第 200—208 頁。

② 釋依淳《克孜爾與莫高窟的本生畫之考據》,《1990 年敦煌學國際研討會文集·石窟考古編》,瀋陽:遼寧美術出版社,1995 年,第 256—278 頁;高金玉《克孜爾石窟"本生"壁畫的藝術特色及對内地石窟壁畫的影響》,《遼寧師範大學學報》(社會科學版)2006 年 3 月,第 103—106 頁;

③ 寧強《從印度到中國——某些本生故事構圖形式的比較》,《敦煌研究》1991 年第 3 期,第 3—12 頁。

④ 賀世哲《敦煌圖像研究·十六國北朝卷》,蘭州:甘肅教育出版社,2006 年,第 189—195 頁。

⑤ 敦煌文物研究所編著《中國石窟·敦煌莫高窟》(第 1—5 卷),北京:文物出版社、東京:平凡社,1981 年—1987 年。

⑥ 中國美術全集編輯委員會、敦煌研究院編《中國美術全集·繪畫編》(14—15)敦煌壁畫(上、下),上海人民美術出版社,1985 年。

⑦ 中國敦煌壁畫全集編輯委員會編《中國敦煌壁畫全集》(1—17),瀋陽:遼寧美術出版社;天津人民美術出版社,1989 年—2006 年。

⑧ 李永寧編《敦煌石窟全集·3·本生因緣故事畫卷》,上海人民出版社,2001 年。

均刊有大量精美圖片并配有説明性文字,大大方便和推進了研究工作。

(二)其他地區

除敦煌地區外,其他地區佛教石窟中也有睒子圖像存在,但研究成果不多,深度也不夠,僅有部分可供參考借鑒。

作爲新疆石窟的代表,克孜爾石窟的營建年代早於莫高窟一個多世紀,莫高窟北朝時期洞窟的窟形和壁畫均深受克孜爾石窟影響,二者又同樣保存有大量佛教故事壁畫,特別是本生故事畫。1987—1988 年,姚士宏先生先後三次撰文,全面、系統介紹克孜爾石窟的本生故事壁畫,分類列舉了包括睒子本生在內的 64 種本生故事并進行討論,指出龜兹佛教宗學小乘説一切有部,在三世佛中突出現世的釋迦牟尼佛,强調其曠劫不息的累世修行,作爲龜兹佛教藝術代表的克孜爾石窟,必然要運用本生故事這一形式來表達此種思想,而又以中心柱窟表現最爲充分完備。此外,這些取材於佛經的本生故事畫,實際上是流傳於印度一帶的民間故事,被佛經編纂者用來宣傳佛教的基本教義,并且很多都與現實生活有着某種聯繫。① 這裏明確點明了本生故事的宗教意圖、功能以及社會互動性,也是研究當中不可忽視的問題。

最早涉足雲岡石窟的是日本學者,1938—1945 年,日本京都大學人文科學研究所組成以水野清一、長廣敏雄爲代表的調查隊,在雲岡石窟展開了迄今爲止最爲詳細的考古調查,其成果是從 1951 年開始陸續公開出版的《雲岡石窟——公元五世紀中國北部佛教石窟寺院的考古學調查報告》16 卷本,這部巨著代表了雲岡石窟研究的最高水準,即使在今天,仍有極大的參考價值。該著對雲岡石窟的佛教故事(包括本生故事)雕刻內容進行了全面細緻的考證,匯集了一批攝影、實測、綫描、拓片等,非常有借鑒意義,是研究雲岡石窟佛教故事不可或缺的文獻工具。針對雲岡石窟本生故事研究最爲深入的國內學者是趙昆雨先生,他先於 2002 年撰寫《雲岡本緣故事雕刻內容及其特徵》一文,"綜合考述了雲岡石窟本緣故事的雕刻題材內容,并就早、中、晚三期故事雕刻的表現特徵作出簡要探討";②其後的著作《雲岡石窟佛教故事雕刻藝術》對雲岡石窟中佛教故事(本行、本生、因緣和其他類故事)雕刻內容進行了較系統的研究與考述,將這些故事的構圖方式分爲單幅式、長卷式、立軸式和對稱式,并結合雲岡早、中、晚三期石窟對應分析,同時依據佛教經典爲題材內容定名,③其中有對睒子本生的論述,既秉承前人成果,又有新穎之處,

① 姚士宏《克孜爾石窟本生故事畫的題材種類》(一、二、三),《敦煌研究》1987 年第 3 期,第 65—74 頁;《敦煌研究》1987 年第 4 期,第 19—25 頁;《敦煌研究》1988 年第 1 期,第 18—21 頁。
② 趙昆雨《雲岡本緣故事雕刻內容及其特徵》,《敦煌研究》2004 年第 2 期,第 34 頁。
③ 趙昆雨《雲岡石窟佛教故事雕刻藝術》,南京:鳳凰出版傳媒集團、江蘇美術出版社,2010 年。

圖文并茂,鞭辟入裏,具有一定的總結性和前瞻性。

張寶璽先生曾對麥積山石窟壁畫,包括佛教故事畫、經變、佛像、裝飾圖案和供養人像進行了論述和歸納,其中從壁畫內容、構圖和起源等方面闡述了第 127 窟內的睒子太子本生。[①] 由於與薩埵太子本生在麥積山第 127 窟內同具重要性和特殊性,這兩鋪壁畫成爲研究該窟時不可回避的重點,往往并論。如項一峰的《麥積山第 127 窟研究》即詳細解讀了這兩幅本生故事壁畫的內容和構圖,并結合整個洞窟的造像、壁畫內容分析其主導宗旨和所表現出的佛教義理。[②] 李光霖的論文側重從臨摹的角度闡釋了麥積山幾個北魏代表洞窟的壁畫,對第 127 窟內這兩幅本生故事畫的內容、構圖和表現特徵有細緻的考索。[③] 亦有學者以壁畫爲切入點,注意到麥積山石窟和莫高窟之間的聯繫。沙武田先生指出“在時代上麥積山第 127 窟與敦煌莫高窟第 285、249 相一致”,[④]可進行比較研究,在進行壁畫藝術的比較時,分析了第 127 窟內薩埵太子本生和睒子本生的風格特點和產生原因,認爲兩幅壁畫均深受南朝影響,并且更似大型經變畫的表現形式,而薩埵太子“本生故事畫樣式的西傳在麥積山和莫高窟二地表現出明顯的地域特色”。[⑤] 李崇峰先生則認爲莫高窟北周的睒子本生是受到麥積山第 127 窟的影響,祇是要比麥積山更爲簡單一些,[⑥]這種簡單化祇是敦煌爲了適應當地特色而地方化的一種選擇。

李靜傑先生關注到了佛教造像碑上的本生、本行故事,他將包括睒子本生在內的這些故事列表分析,根據各種題材出現和消失的情況將其分爲三個發展期,每一期都有各自的特點,“恰與漢魏晉南北朝時期漢譯本緣經表現的主體內容吻合”。[⑦] 這些雕刻佛本生、本行故事的造像碑廣泛分佈在中原東部、西北、成都和蘇南地區,亦即造像碑分佈的基本地域,就雕刻故事的面貌、風格、構圖和情節表現形式而言,上述區域存在一定差異,主要由南北朝政治分立,各地區佛教文化傳播途徑及傳統審美取向的不同而造成,但是,南北方的共性仍佔主流。此外李先生還注意到佛教造像碑與石窟寺在發展過程中的相互影響,認爲二者佛教故事的發展基本是同步的。認真重視這些結論和

① 張寶璽《麥積山石窟壁畫敍要》,麥積山石窟藝術研究所編《中國石窟·天水麥積山》,北京:文物出版社,1998 年,第 190—200 頁。
② 項一峰《麥積山第 127 窟研究》,《麥積山石窟藝術文化論文集》(上),第 95—124 頁。
③ 李光霖《對麥積山幾所北魏壁畫代表窟的述說》,《麥積山石窟藝術文化論文集》(上),第 380—390 頁。
④ 沙武田《北朝時期佛教石窟藝術樣式的西傳及其流變的區域性特徵——以麥積山第 127 窟與莫高窟第 249、285 窟的比較研究爲中心》,《敦煌學輯刊》2011 年第 2 期,第 89 頁。
⑤ 沙武田《北朝時期佛教石窟藝術樣式的西傳及其流變的區域性特徵——以麥積山第 127 窟與莫高窟第 249、285 窟的比較研究爲中心》,《敦煌學輯刊》2011 年第 2 期,第 102 頁。
⑥ 李崇峰《敦煌莫高窟北朝晚期洞窟的分期與研究》,敦煌研究院編《敦煌研究文集·敦煌石窟考古篇》,蘭州:甘肅民族出版社,2000 年,第 69 頁。
⑦ 李靜傑《造像碑佛本生本行故事雕刻》,《故宮博物院院刊》1996 年第 4 期,第 80 頁。

思路,將大大裨益於睒子等本生故事的綜合研究。

三、研究中存在的問題與展望

經過幾代學者的不斷努力,睒子本生的研究已取得一定的成果且越來越受到中外學界的重視,相繼出版發表了一批學術論著,爲今後進一步的研究奠定了良好的基礎。從最初的資料登錄、整理、畫面解讀、內容考證到之後的綜合研究、專題討論、分析比較、溯源探流,從敦煌莫高窟走向更廣闊的石窟藝術世界,這一課題的發展與進步毋庸置疑。同時,對這一領域的研究也存在着如下一些現象和問題:

(一)關於睒子本生故事的研究顯現出極大的不平衡性,這種現象也同時存在於對其他佛教故事的研究中。研究者們往往從各自擅長或感興趣的領域出發,偏重於三種視角:1. 本生故事情節的解讀、內容的溯證和構圖演變的分析;2. 單純從藝術角度探討本生故事作品的繪畫風格、畫面佈局、所滲透的宗教意蘊及美學內涵;3. 從文獻學或文學角度對本生故事所據佛經和文本進行分析考證。事實上,這三個方面在本生故事研究中缺一不可,應將其融會貫通,相互印證,方能充分把握這一佛教藝術形式。

(二)研究的重點多集中於敦煌地區,雖然已有學者在論著中將印度、新疆和敦煌等地石窟中的本生圖像進行比較分析,探尋它們之間的聯繫以求證佛教中國化的歷程,但并未更多注意到中國其他地區的石窟和佛教遺存。睒子本生是一種古老的題材,它起源於印度,隨佛教傳入中國,除漢譯佛經外,東晉法顯的《法顯傳》(即《佛國記》)以及唐玄奘的《大唐西域記》中都有記載。睒子故事流傳時間久遠,宋代之前,該本生故事在新疆、敦煌、麥積山、雲岡等地的石窟和各地散存的佛教造像中經常出現,宋代之後逐漸演變爲"二十四孝"中的一孝,這些現象很應引起注意。作爲佛教義理與中國傳統儒家觀念相結合的代表,睒子本生的流行與當時當地的社會歷史背景、宗教流行狀況和文化傳統習俗之間有着怎樣的關係? 這些不同地域時代的睒子本生圖像的異同又該如何整合以探尋其中的規律? 從現有研究成果來看,對於圖像的全面收集、綜合分析以及針對上述問題的深入探討,仍是一片空白。

(三)目前對睒子本生個案的關注仍比較孤立,層次基本停留在表面,僅就這一種題材進行圖像釋讀,分析其構圖形式、表現技法、藝術風格、人物形象、演變規律等,研究視角也略顯片面單一,通常拘泥於單純的歷史、宗教、藝術、文獻、美學中的某些方面,沒有交叉運用各門學科、多種方法,深層次、多角度地探討。很少有研究者注意到這些圖像背後的深層內涵,并進行藝術作品之民族氣度與時代風貌的綜合比較和總結。按照金維諾先生劃分的本生故事四大題材,其敍述內容和義理內涵均有差異,它們雖經常與睒子本生出現於同一佛教藝術載體(如同一石窟)中,但分別與哪些題材組合、所佔數量比例的多少、空間位置顯著與否以及各自的功能和作用等都是值得探討的問題,因爲這些問題往往反映出各個時期、不同地區的社會現實和宗教狀況,橫向對比不同佛教本生故事之間的聯繫和彼此消長的規律,尋找它們之間的融匯交叉之處是未來該領域研究的趨勢且很有必要。

　　以上所論中國漢傳佛教睒子本生故事研究中存在的一些問題和不足,既是對以往工作的總結和檢討,亦是日後我們需要進一步努力的方向。筆者認爲,對以睒子本生爲代表的佛教本生故事進行全面綜合而細緻的歸納梳理、深度發掘,於歷史、宗教、文獻、社會、文化、藝術等諸領域均意義重大。目前,相關考古實物不斷被發現,圖像資料繼續大量刊佈且品質愈高,各學科之間的交流合作日益頻繁,都爲全面深入研究這些本生故事圖像提供了新的有利條件。在今後的工作中,我們要充分利用包括實物、圖片、文字記錄、歷史文獻、佛教經典和地方志等一切材料,綜合各個相關學科的研究成果,不斷總結新的研究方法,拓寬學術視野。相信通過學界的不斷努力,這一領域的研究必將取得更大的成就。

黑水城文獻與元代地方行政體制研究綜述

杜立暉（首都師範大學）

　　黑水城文獻收錄元代行政類文書逾 700 件，這些文書是研究以亦集乃路爲中心的元代地方行政體制的珍貴一手資料。自 20 世紀五六十年代，國內外學者開始關注這批文獻，至今已取得了豐碩研究成果，下面對相關研究情況按時間順序試作介紹。

一、20 世紀五六十年代

　　黑水城文獻與敦煌文獻相似，早期無法擺脫被國外探險家們盜掘并運至國外的命運。1908—1909 年，俄國探險家科茲洛夫兩次赴黑水城遺址挖掘，其將所獲大批文物、文獻資料運抵俄國。1914—1915 年，英籍匈牙利人斯坦因第三次來華探險，其於 1914 年在"黑城內外，重加探索"，[①]所獲文獻現存倫敦英國圖書館。因俄方藏品一直秘不示人，至 20 世紀 30 年代，羅福萇先生發表《俄人黑水訪古所得記》一文[②]後國人纔方知一二，而向達先生的《斯坦因黑水獲古紀略》一文，也使國人對斯坦因在黑水城所獲文獻略有所知。[③] 限於當時條件，以上兩人未能親睹俄、英兩國所藏黑水城文獻全貌，故未提及元代行政類文書。直至 1953 年，馬伯樂《斯坦因第三次中亞探險所得漢文文書》一書面世，斯坦因第三次來華掘走的部分文書纔公之於衆，該書收錄元代行政公文 67 件，[④]其中包括非常重要的編號爲 NO.481 的"亦集乃路河渠司"等文書，爲後人利用相關文書進行元代地方行政問題研究提供了資料。此後，日本學者岩村忍等在 1964 年出版的《校定本元典章刑部·序》中，將"亦集乃路河渠司"文書與《元典章》、《通制條格》、《經世大典》等文獻進行比較，指出該件文書在保留元代公牘形式等方面的重要意義。[⑤] 岩氏雖非專論黑水城文獻，但對推動此類文獻與元代地方行政問題研究的開展，起了先導作用。

　　總體來看，這一階段學界因所獲黑水城文獻的信息量極其有限，對黑水城文獻的重視不足。

---

① 向達《斯坦因黑水獲古紀略》，《國立北平圖書館館刊》第四卷第 3 號，第 2510 頁。
② 羅福萇《俄人黑水訪古所得記》，《國立北平圖書館館刊》第四卷第 3 號，第 2503—2508 頁。
③ 向達《斯坦因黑水獲古紀略》，《國立北平圖書館館刊》第四卷第 3 號，第 2509—2525 頁。
④ 馬伯樂《斯坦因第三次中亞探險所得漢文文書》，倫敦：英國博物館董事會刊行，1953 年，197—216 頁。
⑤ 岩村忍、田中兼二《校定本元典章刑部》，第 1 册，京都大學人文科學研究所、元典章研究班，1964 年，第 8—11 頁。

二、20 世紀七八十年代

1975 年陳高華先生發表《“亦集乃路河渠司”文書和元代蒙古族的階級分化》一文，①該文利用《斯坦因第三次中亞探險所得漢文文書》一書刊佈的文書圖版，就亦集乃路河渠司文書進行專門探討。該文在糾正馬伯樂録文錯誤的同時，認定此件的性質爲“亦集乃路河渠司向該路總管府上報執行拘收蒙古子女情況的保結文書”，②然後重點對文書反映的元朝蒙古族內部的階級鬥爭、階級矛盾，以及此件“保結文書”在亦集乃路總府的執行情況進行説明。陳文是利用黑水城文獻研究元代行政問題的發軔之作，其開拓之功，值得首肯。進入 80 年代，一批新發現的黑水城文獻被公佈，陳炳應先生於 1983 年在《考古與文物》發表《黑城新出土的一批元代文書》③一文，該文將 1978—1979 年間發現的 24 件黑水城元代漢文文書公佈，并對文書反映的“亦集乃路的建置和社會組織”、“亦集乃路的驛路交通”等問題進行了説明，指出“這個材料告訴我們，在黑城，除了路一級的總管府外，還有別的系統的建制，這對於研究黑城地區的社會政治狀況是有益處的”，④“亦集乃路驛站的管理辦法與別的地方不同”⑤等。經陳文之研究，學界初步認識到黑水城文獻在研究元代地方行政方面的重要價值。此時國外學界對於黑水城文獻的研究工作也大有推進，俄國著名漢學家孟列夫先生在 1984 年完成了《哈拉浩特特藏中漢文部分敍録》一書，⑥該書對俄藏黑水城漢文文獻進行了説明，其中包括元代文獻。隨着黑水城文獻影響力的擴大，國內考古工作者開始對黑水城遺址進行系統發掘。經 1983—1984 年的兩次挖掘，此地又出土大批文獻及文物，這些資料的詳細信息刊登在 1987 年刊佈的《內蒙古黑城考古發掘紀要》⑦中。該文除介紹黑水城遺址出土文物外，還對該處所出元代文獻進行了分類，指出存在“公文”、“書信”、“典籍圖書”、“雜類”等十一種類型的元代文獻，對其中的一件“亦集乃路錢糧房”文書進行了著録。該文爲黑水城文獻研究的開展，起了推動作用。隨後，李逸友先生發表《黑城文書所見的元代納憐道站赤》一文，對 80 年代在黑水城兩次考古發掘中出土的“若干納憐道文書”進行研究，指出此類文書記載了亦集乃路站赤的數量與站名、亦集乃路所管站赤的牲畜數

---

① 陳高華《“亦集乃路河渠司”文書和元代蒙古族的階級分化》，《文物》1975 年第 9 期，第 87—90 頁。
② 陳高華《“亦集乃路河渠司”文書和元代蒙古族的階級分化》，第 88 頁。
③ 陳炳應《黑城新出土的一批元代文書》，《考古與文物》1983 年第 1 期，第 55—62 頁。
④ 陳炳應《黑城新出土的一批元代文書》，第 58 頁。
⑤ 陳炳應《黑城新出土的一批元代文書》，第 59 頁。
⑥ 孟列夫《哈拉浩特特藏中漢文部分敍録》，莫斯科：蘇聯科學出版社，1984 年。
⑦ 內蒙古文物考古研究所、阿拉善盟文物工作站《內蒙古黑城考古發掘紀要》，《文物》1987 年第 7 期，第 3—23 頁。

量、馬料放支數量、時限,亦集乃路總府提調站赤及站赤消乏情況等問題。①
該文使學界首次了解到亦集乃路站赤的有關信息,是黑水城元代站赤問題研
究的先聲。

這一時期,學界對於黑水城文獻反映的元代地方行政問題的研究,有了
一定進展。

三、20 世紀 90 年代

進入 90 年代,黑水城文獻研究漸成學術熱點,黑水城文獻的公佈數量增
多,相關研究有了進一步拓展。1991 年李逸友先生將 1983 年和 1984 年在黑
水城考古發掘所獲 2200 餘件漢文文獻中的 760 件整理出版,②此次公佈的文
獻"凡是屬於公文及民間交往的世俗文書,都是元代和北元遺物"。③ 由於此
前學界所獲黑水城文獻的信息量有限,該書整理出版如此數量的元代文獻,
在學術界,尤其是元史學界引起了很大關注,引發了一段時期內以《黑城出土
文書(漢文文書卷)》爲中心的研究熱潮。《黑城出土文書(漢文文書卷)》一
書共分上、下兩篇,上篇爲文書綜述,分爲 11 個方面,就黑水城文獻的總體概
況、亦集乃路的居民、建制、財政、站赤等問題進行梳理,其中關於黑水城文獻
所見總管府"建制"、"財政"、"站赤"等方面的介紹,爲後人深入開展路總管
府行政管理問題研究奠定了基礎。下篇爲文書釋錄,分爲"卷宗"、"人事"、
"民籍"、"禮儀"、"軍政事務"等 19 個類別。其中人事類、民籍類、軍政事務
類、錢糧類、站赤類等類別,均爲行政公文。但該書亦存在一定不足,如兩次
黑水城考古發掘出土漢文文獻 2200 餘件,該書僅公佈了其中的一小部分,該
書所做錄文還有許多待糾正、補充之處等。此後,李逸友先生先後撰寫《元大
德四年軍糧文卷》、④《元代文書檔案制度舉隅——記內蒙古額濟納旗黑城出
土元代文書》、⑤《黑城出土的元代律令文書》、⑥《黑城出土文書續釋》⑦等數
文,就黑水城元代文書反映的軍事事件、公文制度、法律制度、站赤管理等問
題進行了有益探索。

郭峰先生在這段時期出版了《斯坦因第三次中亞探險所獲甘肅新疆出土

① 李逸友《黑城文書所見的元代納憐道站赤》,《文物》1987 年第 7 期,第 36—40 頁。
② 李逸友《黑城出土文書(漢文文書卷)》,北京:科學出版社,1991 年。
③ 李逸友《黑城出土文書(漢文文書卷)》,第 10 頁。
④ 李逸友《元大德四年軍糧文卷》,《文物天地》1991 年第 4 期,第 35—37 頁。
⑤ 李逸友《元代文書檔案制度舉隅——記內蒙古額濟納旗黑城出土元代文書》,《檔案學研究》1991 年第 4 期,
第 50—54 頁。
⑥ 李逸友《黑城出土的元代律令文書》,《文物》1991 年第 7 期,第 60—64 頁。
⑦ 王叔磐《北方民族文化遺產研究文集》,呼和浩特:內蒙古教育出版社,1995 年,第 302—322 頁。

漢文文書——未經馬斯伯樂刊佈的部分》①一書,對上文馬伯樂之書進行了補充,該書公佈黑城子文書(即黑水城文書)105 件,其中元代行政類文書 2 件。

1994 年,王克孝先生將孟列夫前著譯成《黑城出土漢文遺書敍録》漢文版②出版,該書成爲中國學者了解俄藏黑水城漢文文獻總體狀況的重要工具書,這其中也包括元代行政文書。1996—2000 年期間,《俄藏黑水城文獻》③漢文部分 1—6 册,由中俄兩國聯合出版,該書公佈了俄藏黑水城元代漢文行政類文書的圖版。1992—2001 年《俄藏敦煌文獻》④陸續出版,該書有誤收的黑水城元代行政類文書十幾件。

這一階段,日本學者池内功先生發表《元朝郡県祭祀における官費支出について——黑城出土祭祀費用文書の檢討》⑤一文,就黑水城文書中的祭祀費用文書進行了探討,分析了元朝地方政府祭祀費用的來源及管理等問題。松井太先生《カラホト出土蒙漢合璧税糧納入簿斷簡》⑥一文,通過對一件蒙漢雙語文書的解讀,對元代税糧納入制度進行了探討等。

總之,這一階段以中國藏、英藏、俄藏等黑水城文獻的陸續公佈爲主要内容,這些資料的刊佈,使人們研究有關問題可資利用的原始資料增多,這爲黑水城文獻研究的進一步展開起了重要推動作用。此階段的研究成果呈現出以介紹性研究爲主的特色,雖然深入細緻的考索和探究性研究總量較少,但相關研究領域在不斷拓展。

四、21 世紀以來

21 世紀以來,首先是黑水城漢文文獻的繼續公佈。如《英藏黑水城文獻》、⑦《斯坦因第三次中亞考古所獲漢文文獻(非佛經部分)》、⑧《中國藏黑水城漢文文獻》⑨等相繼出版。至此,黑水城大部分漢文文獻均已公佈,上述諸書在刊佈黑水城文獻圖版的同時,均對多數文書進行了定名工作,《斯坦因第三次中亞考古所獲漢文文獻(非佛經部分)》還對相關文獻進行了釋録。黑水城漢文文獻的全面公佈直接推動了黑水城文獻研究走向繁榮。在此期間,金

---

① 郭峰《斯坦因第三次中亞探險所獲甘肅新疆出土漢文文書——未經馬斯伯樂刊佈的部分》,蘭州:甘肅人民出版社,1993 年。
② 孟列夫著,王克孝譯《黑城出土漢文遺書敍録》,銀川:寧夏人民出版社,1994 年。
③ 史金波等《俄藏黑水城文獻》,上海古籍出版社,1996—2000 年。
④ 孟列夫等《俄藏敦煌文獻》,上海古籍出版社,1992—2001 年。
⑤ 池内功《元朝郡県祭祀における官費支出について——黑城出土祭祀費用文書の檢討》,《四國學院大學論集》第 85 輯,1994 年,第 33—68 頁。
⑥ 松井太《カラホト出土蒙漢合璧税糧納入簿斷簡》,《待兼山論叢》第 31 號,大阪大學文學部,1997 年,第 25—49 頁。
⑦ 西北第二民族學院等《英藏黑水城文獻》,上海古籍出版社,2005—2010 年。
⑧ 沙知、吳芳思《斯坦因第三次中亞考古所獲漢文文獻(非佛經部分)》,上海辭書出版社,2005 年。
⑨ 塔拉等《中國藏黑水城漢文文獻》,北京:國家圖書館出版社,2008 年。

瀅坤先生敏鋭地注意到《俄藏敦煌文獻》中誤收的黑水城文獻,其《〈俄藏敦煌文獻〉中的黑水城文書考證及相關問題的討論》①一文,考索出誤入《俄藏敦煌文獻》的黑水城文書 17 件,涉及元代文書 14 件。該文擴大了黑水城文獻的數量構成,對推動相關研究的開展具有積極意義。②

其次,黑水城文獻整理研究的推進。2008 年吉田順一、チメドドルヅ(齊木德道爾吉)先生所編《ハラホト出土モンゴル文書の研究》③出版,該書識讀出 135 件黑水城民族文獻,其中包括回鶻蒙古文、八思巴蒙古文元代行政文書 39 件,該書對黑水城蒙古文行政類文書的識讀,爲學界實現漢文與蒙文文獻的結合研究提供了幫助。本書重在對文字的識讀及文書内容的解説,對文書所反映的相關問題并未開展研究。2012 年孫繼民先生等著《俄藏黑水城漢文非佛教文獻整理與研究》④出版,該書採用比較成熟的敦煌吐魯番文書整理研究範式,對《俄藏黑水城文獻》第 1—6 册所有非佛教漢文文獻進行了釋録和文字校勘工作,爲學界利用《俄藏黑水城文獻》提供了極大便利,該書還對部分元代文獻進行了專題研究,亦多有創獲。

再次,專題研究的開展。其一,户籍問題研究。劉曉先生發表《從黑城文書看元代的户籍制度》⑤一文,圍繞《黑城出土文書(漢文文書卷)》民籍類中的 4 件户籍文書,探討了元代户籍管理中户口的登記程式、户籍内容,并進而指出元代户籍管理缺乏制度性的特點。吴超先生《〈黑城出土文書〉所見"牌子"考》⑥一文,就《黑城出土文書(漢文文書卷)》民籍類文書中的"牌子户"進行了研究,提出"金代的牌子(排子)是軍事組織的基本單位,元代雖然沿用了金代這一軍事制度,但性質發生了些許變化,此時的牌子除了具有軍事上的職能外,還兼有一定的户籍管理職能"⑦的觀點。《黑城出土文書(漢文文書卷)》一書所共收録民籍類文書 21 件,該類文書還有進一步發掘的空間。

其二,站赤問題研究。陳高華先生發表《黑城元代站赤登記簿初探》一文,就《俄藏黑水城文獻》中被定名爲《甘肅行省寧夏路支麪酒肉米鈔文書》的兩件元代文書進行了研究,指出這兩件文書的性質"正是站的工作人員爲往來使臣所作的登記簿册",進而研究了元代"站赤的祗應"問題,以及文書反映

---

① 金瀅坤《〈俄藏敦煌文獻〉中的黑水城文書考證及相關問題的討論》,《敦煌學》第 24 輯,2003 年,第 61—81 頁。

② 在金文之前,孟列夫在《俄藏敦煌文獻漢文寫卷敍録》一書中已指出編號爲 Дх. 1403 的刑房文等屬於黑水城遺物,由於這些元代行政文書在《俄藏黑水城文獻》中均已收録,故此不贅。

③ 吉田順一、チメドドルヅ(齊木德道爾吉)《ハラホト出土モンゴル文書の研究》,東京:雄山閣,2008 年。

④ 孫繼民等《俄藏黑水城漢文非佛教文獻整理與研究》,北京師範大學出版社,2012 年。

⑤ 劉曉《從黑城文書看元代的户籍制度》,《江西財經大學學報》2000 年第 6 期,第 74—77 頁。

⑥ 吴超《〈黑城出土文書〉所見"牌子"考》,《北華大學學報》(社會科學版)2009 年第 4 期,第 98—102 頁。

⑦ 吴超《〈黑城出土文書〉所見"牌子"考》,《北華大學學報》(社會科學版)2009 年第 4 期,第 102 頁。

的"河西蒙古宗王"的事迹。① 該文是以黑水城文獻爲中心,探討元代站赤管理等問題的典範之作。王亞莉先生發表《黑城文書所見元代兩份整點站赤文書考釋》一文,就《黑城出土文書(漢文文書卷)》(至正二十四年整點站赤文卷)中的 F116：W578 和 F116：570 文書進行了釋讀,對元朝整點站赤的背景、整點時採取的措施、文書反映的落卜克站位置、正馬、官給駝馬、輪流走遞等問題進行研究。② 隨後王先生又發表《黑城出土元代簽補站户文書 F116：W543 考釋》一文,就《黑城出土文書(漢文文書卷)》(簽補站户文卷)中編號爲 F116：W543 的文書進行了探討,圍繞該文書,探究了元代站户消乏的三個原因,對文書所見站户簽補措施進行了歸納。③ 王文通過黑水城文獻對元代站赤管理問題進行了有益探索。

其三,行政機構文書研究。邱樹森先生《從黑城出土文書看元"回回哈的司"》一文,借助黑水城出土的 3 件元代"回回哈的司"文書,證實了此機構在元代幾經行廢的事實,以及該機構在元後期各地的恢復,哈的大師的職權情況。其研究還指出哈的司多設於禮拜寺,"回回哈的司"是唐宋"蕃坊"向明清"教坊"轉化的過渡形式。④ 陳志英先生《〈元皇慶元年(公元 1312 年)十二月亦集乃路刑房文書〉初探》一文,對《俄藏黑水城文獻》第 6 册擬題爲《皇慶元年刑房奉詔赦除令》的文書進行了研究,認爲此件"可能是推官審理完畢後與其他各府官傳閱的文書,也可能是刑房根據總管府的審批意見,做出的最終的判決文書",⑤其價值表現在"爲我們了解《元典章》的省文提供新的認識,對研究元代法律史上的'斷例'及亦集乃路的驛站情況亦有很重要的價值"。⑥陳瑞青先生《黑水城所出元代甘肅行省豐備庫錢糧文書考釋》一文,就黑水城所出元代 F116：W21 文書進行了考釋,認爲其性質爲"甘肅行省豐備庫給亦集乃路總管府的牒文",并指出該文書對於研究"元代中央財政在地方的實施","尤其對研究萬億寶源庫的職能問題,提供了新的材料"。⑦ 朱建路先生發表《從黑城出土文書看元代亦集乃路河渠司》一文,探討了河渠司的職責、設置原因等問題。⑧ 魏郭輝先生對誤入敦煌文獻的一件擬題爲《提舉司牒》的

① 陳高華《黑城元代站赤登記簿初探》,《中國社會科學院研究生院學報》2002 年第 5 期,第 49—56 頁。
② 王亞莉《黑城文書所見元代兩份整點站赤文書考釋》,《內蒙古師範大學學報》(哲學社會科學版)2008 年第 1 期,第 27—32 頁。
③ 王亞莉《黑城出土元代簽補站户文書 F116：W543 考釋》,《寧夏社會科學》2009 年第 3 期,第 98—101 頁。
④ 邱樹森《從黑城出土文書看元"回回哈的司"》,《南京大學學報》(哲學・人文科學・社會科學)2001 年第 3 期,第 152—160 頁。
⑤ 陳志英《〈元皇慶元年(公元 1312 年)十二月亦集乃路刑房文書〉初探》,《內蒙古社會科學》(漢文版)2004 年第 5 期,第 43 頁。
⑥ 陳志英《〈元皇慶元年(公元 1312 年)十二月亦集乃路刑房文書〉初探》,第 44 頁。
⑦ 陳瑞青《黑水城所出元代甘肅行省豐備庫錢糧文書考釋》,《寧夏社會科學》2012 年第 2 期,第 94—97 頁。
⑧ 朱建路《從黑城出土文書看元代亦集乃路河渠司》,《西夏學》第 5 輯,2010 年,第 85—91 頁。

文書進行了研究,此文在考證文書內容的同時,重點對"伯顔丞相"出現在亦集乃路的原因進行了推測。[①] 許生根先生對英藏黑水城文獻中的 4 件元代軍政文書進行了研究,探索了文書反映的黑水城駐軍和糧食供應問題,提出"廣積倉"在亦集乃路總管府設置之前就已存在的觀點。[②] 以上幾文,探討了黑水城文獻反映的元代地方行政機構的有關問題,充分體現了黑水城元代文獻在補史、證史方面的重要價值。

學界除關注黑水城文獻中有關亦集乃路的行政機構文書外,還注意到了甘肅行省派出機構"分省"問題。馬順平先生關注較早,其發表《北元"宣光二年甘肅等處行中書省亦集乃分省咨文"考釋》一文,就《俄藏黑水城文獻》中一件擬題爲《宣光二年甘肅等處行中書省亦集乃路分省咨文》的文書進行了探討,認爲此件文書包括了 3 份咨文,其內容記錄了北元亦集乃分省被明軍攻陷前的政治軍事狀況,補充了相關史料的闕失。[③] 該文使學界認識到在元上都分省之外還存在"亦集乃分省",[④]使"分省"問題研究通過黑水城文獻向前推進。此後,楊彥彬先生發表《試析元末至北元初期甘肅地區的分省設置——以三件黑城出土文書爲中心》一文,對俄藏的兩件及中藏的一件文書進行了綜合研究,探討了元末至北元初期甘肅行省分省設置情況、分省的主要機構、職責、分省與行省、路的關係等問題。[⑤] 朱建路先生又發表《元末與北元初期的分省設置》、《黑水城所出〈亦集乃分省元出放規運官本牒〉考釋》兩文,前文的貢獻在於將元代的分省劃分爲"中書分省與行省分省兩種",并提出亦集乃路與亦集乃分省是不同機構的觀點。[⑥] 後文對俄藏擬題爲《亦集乃分省元出放規運官本牒》的分省文書進行研究,着重探討了文書反映的軍事與經濟等問題。[⑦]

其四,行政制度研究。金瀅坤先生利用混入《俄藏敦煌文獻》的一件黑水城文書,對元代行之於地方的"養濟院制度"進行了有益探索。[⑧] 郭兆斌先生

① 魏郭輝《俄藏敦煌文獻 Дx. 16714〈提舉司牒〉校釋及相關問題考略》,《寧夏社會科學》2008 年第 4 期,第 102—104 頁。
② 許生根《英藏黑水城出土四件元代軍政文書初探》,《寧夏社會科學》2008 年第 2 期,第 97—100 頁。
③ 馬順平《北元"宣光二年甘肅等處行中書省亦集乃分省咨文"考釋》,《內蒙古大學學報》(哲學社會科學版) 2008 年第 2 期,第 32—36 頁。
④ 李治安先生曾探討過元上都分省問題,相關研究收入其《行省制度研究》一書,但對於上都分省以外的分省, 李先生未云。
⑤ 楊彥彬《試析元末至北元初期甘肅地區的分省設置——以三件黑城出土文書爲中心》,《西夏學》第 4 輯, 2009 年,第 153—156 頁。
⑥ 朱建路《元末與北元初期的分省設置》,《西夏研究》2011 年第 3 期,第 66—71 頁。
⑦ 朱建路《黑水城所出〈亦集乃分省元出放規運官本牒〉考釋》,《寧夏社會科學》2012 年第 2 期,第 114— 117 頁。
⑧ 金瀅坤《從黑城文書看元代的養濟院制度——兼論元代的亦集乃路》,《中央民族大學學報》(哲學社會科學 版)2003 年第 2 期,第 67—70 頁。

又撰《黑水城所出兩件與養老制度有關文書研究》一文,在金文基礎上,對元代養老制度和收養孤老程式進行了重新考索,頗有新見。① 此後,吳超先生又發表《〈黑水城出土文書〉所見亦集乃路的孤老救濟初探》一文,其研究認爲"元代針對孤老殘疾等的收養制度曾有效地實行,并且在地處西北邊陲的亦集乃路也得以貫徹執行"。②

張國旺先生通過對《俄藏黑水城文獻》中擬題爲《至正年間提控案牘與開除本官員狀》的文書的考證,探索了元代俸禄制度的執行情況以及亦集乃路歷任官員,多有新知。③ 蘇力先生在研究亦集乃路蒙古字學時涉及蒙古教授的俸禄問題。④ 日本學者舩田善之先生關注到黑水城文書反映的開讀聖旨制度,其先後發表《元代の命令文書の開讀について》,⑤《元代開讀詔旨考——基於黑城出土文書的探討》⑥等文。舩田先生保持了日本學者一貫精細、嚴謹的風格,通過與傳世典籍結合,對黑水城開讀聖旨文書的形式、開讀聖旨過程、文書的保存等內容進行了考證。孫繼民先生等通過黑水城肅正廉訪司文書,對元代肅正廉訪司照刷制度進行了專門探討,補充了前人没有關注到的一些細節問題,梳理了該制度的淵源,并對於刷尾流程問題進行了精深考證。⑦ 朱建路先生通過對《俄藏黑水城文獻》題爲《至正廿四年司吏劉融買肉面等物呈文》以及《黑城出土文書(漢文文書卷)》中編號爲 F36:W6 文書的識讀、分析,研究了文書反映的堂食制度問題,指出文書的性質爲一件"除破"報銷呈文。⑧ 此外,還有部分學者關注了黑水城文獻反映的元代禮儀與祭祀制度,對於禮儀制度的研究,關注重點在於亦集乃路的儀式、節日,對祭祀制度則重在研究其經費問題。如蔡偉政先生《黑水城所出元代禮儀文書考釋三則》一文,就黑水城 3 件禮儀文書反映的元代亦集乃路乃至西北地方在祭祀或其他禮儀方面的一些情況,進行了考證,分析了文書性質,指出此 3 件文書在研究元代節慶禮節、拜賀儀式等方面的價值。⑨ 孔德翊、屈耀琦先生《元代

① 郭兆斌《黑水城所出兩件與養老制度有關文書研究》,《西夏學》第 8 輯,2011 年,第 247—252 頁。
② 吳超《〈黑水城出土文書〉所見亦集乃路的孤老救濟初探》,《西夏研究》2012 年第 1 期,第 32—36 頁。
③ 張國旺《俄藏黑水城 TK194 號文書〈至正年間提控案牘與開除本官員狀〉的定名與價值》,《西域研究》2008 年第 2 期,第 55—61 頁。
④ 蘇力《元代亦集乃路蒙古字學補證》,《東北師大學報》(哲學社會科學版)2012 年第 1 期,第 65—68 頁。
⑤ 舩田善之《元代の命令文書の開讀について》,《東洋史研究》第 63 卷 4 號,2005 年,第 36—67 頁。
⑥ 載聶鴻音、孫伯君《中國多文字時代的歷史文獻研究》,北京:社會科學文獻出版社,2010 年,第 309—316 頁。
⑦ 孫繼民、郭兆斌《從黑水城出土文書看元代的肅政廉訪司刷案制度》,《寧夏社會科學》2012 年第 2 期,第 87—93 頁;孫繼民《黑水城文獻所見元代肅政廉訪司"刷尾"工作流程——元代肅政廉訪司文卷照刷制度研究之一》,《南京師大學報》(社會科學版)2012 年第 5 期,第 102—109 頁。
⑧ 朱建路《黑城所出〈至正廿四年司吏劉融買肉麵等物呈文〉考釋》,《元史論叢》第 11 輯,2009 年,第 305—311 頁。
⑨ 蔡偉政《黑水城所出元代禮儀文書考釋三則》,《西夏學》第 8 輯,2011 年,第 253—260 頁。

亦集乃路祭祀初探》一文,通過黑水城文獻,對元代亦集乃路祭祀對象、祭品及祭祀費用進行了探析,指出元代亦集乃路祭祀受到傳統祭祀文化影響,又帶有自身民族的特色,通過對祭祀費用的考察,得出經濟困難直接弱化了祭祀的功能、加速了元朝基層社會瓦解的結論。① 屈耀琦先生又發表《對黑城出土的一件祭祀文書的考釋》一文,對一件編號爲 F116:W91 的祭祀文書進行研究,分析了文書性質,提出文書結尾日期"二月"是由於祭祀撥款周轉延誤了時間所致的觀點,認爲文書反映了元代基層對宣聖祭祀的重視。② 屈文利用黑水城文獻將元代祭祀制度研究繼續向前推進。

這一時期,職官制度研究也是學界關注的熱點。鄭彥卿先生《黑水城所出一件元代職官文書考釋》一文,就《黑城出土文書(漢文文書卷)》中編號爲 F61:W4 的文書進行了探討,指出文書中"宣徽同"、"宣政同"、"詹同"、"國史學士"、"瑞典使"在《元史》并没有記載,具有補史作用。③ 潘潔等先生對黑水城出土的幾件選官文書進行了探討,分析了元代官員選充的三個條件:"一是自身要具備職位所需的各種條件,二是任其他職務時的表現是官員陞遷的重要條件,三是需要有舉保人推薦",并指出文書反映了"亦集乃路官員對調現象,甘肅行省的倉庫官經歷了由各路自行選任到行省選任的過程等問題"。④ 吳超先生先後發表《黑水城出土文書所見人事變化初探》、⑤《〈黑水城出土文書〉所見亦集乃路達魯花赤》⑥等,對有關職官選任制度等進行了探討。此外,筆者還發表《黑水城 F114:W3 元代選充倉庫官文書初探》、⑦《俄藏黑水城肅州路官員名録文書考釋》⑧等文,就黑水城文獻中的編號爲 F114:W3、俄 TK226 兩件文書反映的元代倉庫官選任制度、地方官員的任職、遷轉制度等進行了探討,此兩文涉及的問題還有進一步探討的餘地。

此外,關於賦税制度,潘潔先生發表《黑水城出土元代賦税文書研究》、⑨《元代亦集乃路賦税考——黑水城出土税票考釋》⑩等多文,就黑水城文獻反映的元代亦集乃路税收制度、税糧繳納等問題進行了有益探索。

其五,文書制度研究。對黑水城文獻反映的元代文書制度的研究,在這

---

① 孔德翊、屈耀琦《元代亦集乃路祭祀初探》,《西夏研究》2011 年第 1 期,第 84—91 頁;該文孔德翊又以《元代亦集乃路祭祀探析》之名發表於《亞洲研究》2011 年第 2 期。

② 屈耀琦《對黑城出土的一件祭祀文書的考釋》,《西夏研究》2011 年第 4 期,第 45—51 頁。

③ 鄭彥卿《黑水城所出一件元代職官文書考釋》,《寧夏社會科學》2007 年第 5 期,第 97—99 頁。

④ 潘潔、陳朝輝《黑水城出土元代亦集乃路選官文書》,《寧夏社會科學》2009 年第 3 期,第 102—104 頁。

⑤ 吳超《黑水城出土文書所見人事變化初探》,《吉林師範大學學報》(人文社會科學版)2011 年第 3 期,第 37—41 頁。

⑥ 吳超《〈黑水城出土文書〉所見亦集乃路達魯花赤》,《陰山學刊》2011 年第 2 期,第 24—28 頁。

⑦ 杜立暉《黑水城 F114:W3 元代選充倉庫官文書初探》,《西夏學》第 4 輯,2009 年,第 139—144 頁。

⑧ 杜立暉《俄藏黑水城肅州路官員名録文書考釋》,《西夏學》第 5 輯,2010 年,第 79—84 頁。

⑨ 潘潔《黑水城出土元代賦税文書研究》,《西夏學》第 4 輯,2009 年,第 102—124 頁。

⑩ 潘潔《元代亦集乃路賦税考——黑水城出土税票考釋》,《中國經濟史研究》2011 年第 1 期,第 67—71 頁。

一時期開始起步。王銘先生發表《〈亦集乃路河渠司上總管府具保結呈〉考辨》一文,通過“亦集乃路河渠司”文書,辯析了“呈狀”的源流和演變趨勢,考證了文書中所涉及的各公文名稱的由來、文種起源和用途類別,及元代公文特定專門詞語的類別、功用、歷史地位等問題。① 王文視野開闊,以黑水城文獻爲研究起點,將文書反映的元代“呈狀”的相關問題考證清楚,對於推動元代文書制度研究的開展具有積極意義。劉廣瑞先生發表《黑水城所出元代解由文書初探》一文,就黑水城文獻中的幾件解由文書進行了探討,將文書與《元典章》相比較,指出黑水城解由文書符合元代解由文書的體式,并對文書性質進行了判定。② 劉先生還發表《黑水城所出元代“白帖”文書初釋》③一文,重點關注了黑水城文獻中一種特殊的文書“白帖”。此外,潘潔先生還對黑水城勘合文書的種類進行了探討。④

最後,這一時期學界除出版、發表上述成果外,部分寧夏大學、河北師範大學等高校研究生,還以黑水城文獻爲研究對象,撰寫了碩士論文。如尤樺《從黑水城文獻看元代亦集乃路地方文書制度》從總體上對黑水城文獻反映的文書制度進行概括、分類,對文書的傳遞、審查、保存等問題進行了探討。⑤ 王艷梅《元代亦集乃路地方政府建制研究》探討了亦集乃路地方政府機構設置、政府職能等相關問題。⑥ 王亞莉《黑城出土元代站赤文書研究》對黑水城提調站赤、簽補站户、整點站赤等類型文書進行了綜合研究(包括其前文内容)。⑦ 劉廣瑞《黑水城所出元代帶編號文書初探》對黑水城文獻中帶有千字文編號的文書進行了整理,并對帶編號文書進行了類別劃分,對其意義及出土地點進行了推測。⑧ 朱建路《黑水城所出元代糧食相關文書研究》對河渠司、廣積倉等機構文書進行了探討,對亦集乃路的糧食流通和經濟狀況進行了分析(前文所述其所撰寫的幾文,均出自該碩士論文)。⑨ 蔡偉政《黑水城所出元代禮儀祭祀文書初探》對中國藏黑水城文獻收錄的元代禮儀祭祀文書進行了重新歸類,探討了 3 件禮儀文書的價值(即其前文),分析了元代郡縣祭祀費用的申請程式、祭祀經費等問題。⑩ 郭兆斌《元代肅政廉訪司研究——以

① 王銘《〈亦集乃路河渠司上總管府具保結呈〉考辨》,《南京曉莊學院學報》2002 年第 2 期,第 118—121 頁。
② 劉廣瑞《黑水城所出元代解由文書初探》,《河北民族師範學院學報》2012 年第 1 期,第 60—64 頁。
③ 劉廣瑞《黑水城所出元代“白帖”文書初釋》,《内蒙古農業大學學報》(社會科學版)2012 年第 2 期,第 293—295 頁。
④ 潘潔《黑水城出土勘合文書種類考》,《内蒙古社會科學》(漢文版)2013 年第 4 期,第 42—44 頁。
⑤ 尤樺《從黑水城文獻看元代亦集乃路地方文書制度》,寧夏大學碩士學位論文,2008 年。
⑥ 王艷梅《元代亦集乃路地方政府建制研究》,寧夏大學碩士學位論文,2008 年。
⑦ 王亞莉《黑城出土元代站赤文書研究》,寧夏大學碩士學位論文,2008 年。
⑧ 劉廣瑞《黑水城所出元代帶編號文書初探》,河北師範大學碩士學位論文,2009 年。
⑨ 朱建路《黑水城所出元代糧食相關文書研究》,河北師範大學碩士學位論文,2009 年。
⑩ 蔡偉政《黑水城所出元代禮儀祭祀文書初探》,河北師範大學碩士學位論文,2011 年。

黑水城出土文獻爲中心》探討了元代肅政廉訪司彈劾舉薦官吏制度、刷案制度、廉訪司在農業管理中的職責問題等。①以上碩士論文，從不同角度對黑水城文獻反映的相關地方行政問題進行了探討，雖然在研究深度、研究準確性上還有待提高，但在推動黑水城文獻研究的深入開展，豐富元代行政問題研究等方面無疑作出了積極貢獻。

綜上可見，學界對黑水城文獻反映的元代地方行政問題的研究，呈現出其成果數量與日俱增，研究領域、研究內容日趨擴大之勢。但上述研究還存在一些薄弱環節。首先，黑水城文獻反映的諸多問題尚未開展系統研究。如黑水城文獻反映的元代巡檢司、錄事司、稅使司、朵思麻宣政院等元代地方行政機構的運行情況，關於解由、勘合等元代行政公文的運作情況等。其次，前人業已關注到的相關問題，尚有進一步探討的空間，如關於廉訪司、站赤管理、倉庫官選任制度等。這些問題，前人要麼僅關注到其中的一件或幾件文書，沒有全面考察此類文書，要麼在研究中沒有解決有關機構或制度本身的諸多問題，因此有必要在全面考察相關文書的基礎上，結合傳世文獻對上述問題作進一步探討。雖然元史學界曾利用傳世文獻對其中的某些問題開展過討論，如李治安先生關於巡檢司、肅正廉訪司的研究，②愛宕松男、王民信、韓光輝先生關於錄事司的研究，③陳高華先生關於"解由制度"的研究④等，然元史學界未利用黑水城文獻。通過黑水城文獻研究上述問題，一可以補充前人研究之不足，二可以得出一些新的認識。此外，對於某些問題，雖然具有元史背景的專家曾對黑水城文獻進行過探討，但他們的研究內容有限，而後起的一批年輕學者，由於受元史及文獻學背景所限，其相關研究多有可商榷之處。故黑水城文獻反映的元代地方行政問題，擁有廣闊的研究空間，值得深入探討。

---

① 郭兆斌《元代肅政廉訪司制度研究——以黑水城出土文獻爲中心》，河北師範大學碩士論文，2012 年。
② 詳見《元代政治制度研究》，第 221—244 頁、第 282—354 頁；《元代行省制度》，第 763—787 頁、第 835—900 頁。
③ 日本學者愛宕松男先生在 30 年代所發表的《元代都市制度と其の起源》一文（《東洋史研究》1938 年第 3 卷，第 4 號），是元代錄事司問題研究的發軔之作，此文後以《元代的錄事司》之名收錄於《日本學者研究中國史論著選譯》第五卷，北京：中華書局，1993 年）；臺灣學者王民信先生在 60 年代又發表《元朝的"錄事司"考》一文（《大陸雜誌》1968 年第 36 卷，第 2、3 期，後收入《宋史研究集》第五集，臺北：中華叢書編審委員會，1970 年）；韓光輝先生對遼金元時期的都市巡警院、錄事司、司侯司等研究用力頗多，發表論文數篇，如《元代中國的建制城市》（《地理學報》1995 年，第 4 期）；《〈元史‧世祖紀〉"巡院三"考察》[《北京大學學報》（哲學社會科學版）2009 年第 4 期]；《宋遼金元建制城市的出現與城市體系的形成》（《歷史研究》2007 年第 4 期）；《宋遼金元城市行政建制與區域行政區劃體系的演變》[《北京大學學報》（哲學社會科學版）2008 年第 2 期]；《中國元代不同等級規模的建制城市研究》（《地理學報》2010 年第 12 期）；《論中國古代城市管理制度的演變和建制城市的形成》[《清華大學學報》（哲學社會科學版）2011 年第 4 期]，並於 2011 年出版《宋遼金元建制城市研究》一書。
④ 陳高華、史衛民《中國政治制度通史‧元代卷》，北京：人民出版社，1996 年，第 390—392 頁。

深切懷念寧可先生

郝春文　劉屹（首都師範大學）

著名歷史學家、首都師範大學歷史學科創建者之一、傑出的教育工作者、首都師範大學歷史學院教授寧可先生因病醫治無效，於 2014 年 2 月 18 日下午 16 時 30 分，不幸於北京逝世，享年 86 歲。

寧可先生，湖南瀏陽人，1928 年 12 月 5 日出生，北京大學史學系畢業，中國共產黨黨員。1948 年底，他接受中共華北局城市工作部城市幹部培訓班的培訓，1949 年初從解放區返回北平。1949—1952 年間，曾在北京市第三區（東四區）人民政府和教育局工作。1953 年，調入北京市教師進修學院歷史教研組。1954 年受命參與籌建北京師範學院歷史科，并於次年參與創建歷史系。先後任歷史系講師、副教授、教授、博士生導師，并曾兼任校圖書館副主任、副系主任、系總支第一副書記、代理系主任、學報副總編輯等黨政領導職務。還曾擔任北京市史學會理事、副會長，中國史學會理事，中國唐史學會常務理事，中國敦煌吐魯番學會常務理事、副會長兼秘書長，北京大學、蘭州大學等高校的兼職教授等社會兼職。逝世前爲首都師範大學歷史學院教授，中國唐史學會、中國敦煌吐魯番學會、中國炎黃文化研究會、《文史》雜誌顧問。

寧可先生作爲我校歷史學科最早的三位元老之一，參與創建了北京師範學院歷史科和歷史系。他兢兢業業，篳路藍縷，與同事們一起騎自行車奔走於北京城內外，從中學發現并引進了一批有發展潛力的高層次人才，爲我校歷史學科以後的發展壯大奠定了堅實基礎。寧可先生是我院中國古代史和史學理論學科的創建者，長期擔任這兩個學科的負責人，爲這兩個學科的建立和發展作出了突出的不可磨滅的貢獻。在擔任歷史系領導期間，他重視教學和科研工作，爲推動歷史學科的發展作出了重要貢獻；在擔任圖書館領導期間，他爲我校的圖書資料建設作出了重要貢獻；在擔任學報領導期間，他爲提高學報的學術品質作出了重要貢獻。寧可先生還參與了文物室的創建工作，并積極促成了首都師範大學歷史博物館的建立。首都師範大學歷史學院如今已成爲國內史學教學和研究重鎮，飲水思源，我們永遠不會忘記寧可先生等老一輩教師對歷史系和歷史學院的開創之功！

寧可先生畢生從事中國古代史和史學理論、敦煌學等學術領域的教學、研究工作。主要著作有：《寧可史學論集》、《寧可史學論集續編》、《史學理論研討講義》、《敦煌社邑文書輯校》（合作）、《敦煌的歷史與文化》（合作），主編和參加主編《中國經濟發展史》、《隋唐五代經濟史》、《中華五千年紀事本末》、《中華文化通誌》、《敦煌學大辭典》、《英藏敦煌文獻（漢文佛經以外部分）》等。并主持《中華大典·經濟典》的編纂工作。先後在《歷史研究》、《紅旗》、《新建設》、《中國史研究》、《中國經濟史研究》、《人民日報》、《光明日報》等雜誌、報刊上發表論文 90 餘篇。

寧可先生天資聰穎，酷愛讀書，涉獵廣泛，有着淵博的知識積累。他研讀過大量的馬克思主義經典作家的著作，具有深厚的理論素養。他對許多歷史理論問題有着獨到的見解，善於從理論的視角把握歷史的現象和本質，從宏觀的視野分析歷史事物的因果關係。早在 20 世紀五六十年代，他參與了中國史學界關於農民戰爭和歷史主義與階級觀點等相關問題的討論，發表多篇重要論文。他先後就農民戰爭是否可能建立"農民政權"、農民戰爭是否帶有"皇權主義"的性質、該如何恰當的理解和評價地主階級對農民的"讓步政策"等當時學界討論的熱點發表了自己的看法。他的這些意見，客觀而平和，基本上可爲相關問題的討論作出階段性總結。60 年代，他參與了歷史主義與階級觀點的討論，針對當時史學界和理論界對馬克思主義階級觀點的理解存在片面性和絕對性的情況，他強調歷史主義和階級觀點是從不同角度認識統一的歷史過程的兩個原則或方法，各有各的適用角度和範疇，不能用階級觀點統括對歷史認識的全部。他的這些意見具有糾正對馬克思主義階級觀點在歷史研究中教條化應用的重要意義，引起史學界和理論界的高度關注。但隨之而來的"文革"，也使他因此而受到波及。改革開放以後，寧可先生另一大理論貢獻，是他最早提出應把歷史科學理論與歷史理論區分開來。這一觀點澄清了史學理論學科建設中的根本性概念問題，已成爲史學界的共識。他的一系列精闢觀點，對當代史學理論學科的建設仍具有指導意義。

寧可先生還在一些重要理論問題上發表了對以後研究具有指導性的論述。例如有關地理環境對人類社會發展的作用的問題，不僅是人類社會歷史發展究竟由哪些因素決定的理論問題，也對當代中國的經濟、政治、軍事乃至文化的發展和決策具有重要意義。他對這一理論問題的思考，始於將地理環境決定論作爲資產階級理論批判的 50 年代，他對這一問題的探索前後歷經三十年、五易其稿纔拿出來發表，顯示了他對一個學術問題嚴謹的思索和執着的追求。他還對八九十年代以來社會上流行的"文化熱"提出自己的看法，認爲種種"文化決定論"、"文化至上論"等都是非科學的，都忽視了社會政治、經濟因素與文化之間的相互作用，不值得提倡。在當時的社會環境下，提出這樣的看法也是需要學術的勇氣的。

在關注理論問題的同時,寧可先生還在中國古代史特別是中國古代社會經濟史和敦煌學等方面,做了大量細緻而具體的研究工作。他的研究,以能對中國歷史發展進程有通貫性的史識爲主要特色,注重史實之間的相互聯繫及深層關係,注重闡釋歷史發展的特點。如關於中國封建社會經濟結構以及體制特徵的問題,他強調中國歷史上的封建經濟并非是一個絕對封閉靜止的系統,而是具有相當的開放性和活動性,商品經濟就是促成封建經濟系統開放性和活動性的因素。強調商品經濟在封建經濟中的作用,對於研究中國古代社會經濟史無疑具有重要的指引意義。關於封建社會人口問題的研究,將歷史與當下的人口問題緊密結合,具有很強的現實意義。這些問題的研究,不僅加深了學界對中國社會經濟史一些根本問題的認知,也可對現實提供有益的借鑒。

此外,他對漢唐時期"社邑"的研究,不僅幾乎窮盡了傳世文獻中的相關記載,而且還充分利用了考古材料和敦煌資料,爲我們提供了觀察中國古代基層社會組織的重要視窗;他對有關隋煬帝評價問題的意見,不僅對評價隋煬帝這個歷史人物有重要啓示,更是他所強調的歷史認識論理論的具體實踐。其他各項具體的研究,無不是在對史料的廣泛收集和細緻辨析基礎上,以宏闊而精到的理論意識統貫全局,展示了寧可先生高深的理論素養和淵博的歷史學識。他所討論的問題,上下數千年,縱橫越萬里,從長時段的具體歷史進程中,揭示其發展變化的特點和規律,發前人未發之覆。他很善於從各種因素的相互聯繫、互動中,辨證地分析問題。對問題的探究,由此及彼,由表及裏,層層深入,直至問題的核心。他的選題既重視其理論意義,也重視其現實意義。他的論文思路縝密,論證周到,表述清晰,結論自然令人心悅誠服。

由於具有深厚的理論素養和敏銳的學術眼光,寧可先生的學術研究往往具有前瞻性和引領性。如他對漢代農業生產數字的研究、對中國古代人口的研究,以及對漢唐社邑的研究,都是開風氣之先,啓發後繼者繼續從事相關課題的研究。他的研究成果同時受到國際學術界的重視,其學術觀點經常被當作具有代表性的看法被介紹到國外。他是當今當之無愧的史學大家!

寧可先生還是一位優秀的學術組織者。20世紀80年代初,他大力宣導史學工作者要進行歷史考察,先後協調多家單位聯合組織了三次大型的、學術水準較高的歷史考察。參加這些考察的年輕人,大多數都成爲二三十年後古代史學界的中堅力量。他積極參與創建中國敦煌吐魯番學會,并在1983—1992年間,擔任中國敦煌吐魯番學會的副會長和秘書長,帶領秘書處負責具體的學術活動組織和管理工作。在爭取中央撥款、制定經費使用計劃、確定學會掛靠單位、籌建資料中心和編輯出版敦煌吐魯番學叢書、進行國際學術交流等方面做了大量具體工作,爲學會的工作奠定了基礎和格局。20 世紀八九十年代,他還參與主編或主持了《英藏敦煌文獻(漢文佛經以外部分)》、《敦煌學大辭典》、《敦煌文獻分類録校叢刊》等項目的組織、協調與具體實施工作,爲中國敦煌學界留下了足以傳世的重要成果。

寧可先生自 24 歲起開始從事教學工作,有着 60 多年的教齡,是一位傑出的教育工作者。他總是説:"我是個教員,教課對我來説是第一位的。"從 1981 年開始招收碩士研究生開始,他先後指導了 40 多名博、碩士研究生和博士後人員,除一部分留校任教外,還有多人在不同學術領域作出傑出貢獻。直到 70 多歲時,他還堅持給研究生上課,每次上課前都要在頭天晚上把第二天要講的内容再過一遍纔放心。2008 年起,寧可先生自己出資設立"成慶華寧可獎學金",鼓勵首都師範大學歷史學院的年輕學子積極從事中國古代史研究,體現出他對學校和學院的深厚感情。

寧可先生爲人謙虛樂觀,待人友善寬厚,淡泊名利。他參與學術爭鳴時,重在立場客觀,以理服人。他强調從事實出發纔是歷史認識的規律,强調學術研究要有懷疑精神,對任何權威都不能盲從盲信,强調要重視理論素養的養成。這些都爲後學們樹立了榜樣。他强調從事史學工作的人,首先要做一個真正的人,要有良知和史德,要有社會責任,這些也都通過言傳身教深深影響了所有受過他教誨的人。

在寧可先生的告別儀式上,他的學生共作挽聯,集中概括了先生的主要學術特色和在人才培養方面的貢獻:"上下數千載,縱橫越萬里,文章道德堪爲典範;樹人計百年,教澤被四海,同門受業痛失宗師。"

寧可先生的逝世,是我國教育界、史學界和首都師範大學的重大損失。我們一定要化悲痛爲力量,把寧可先生終生致力的史學研究和教書育人事業不斷推向前進,以更加出色的教學和科學研究業績告慰先生,這纔是對寧可先生最好的懷念!

寧可先生千古!

逝者瞻仰止，來者努力行
——緬懷寧可先生
柴劍虹（中華書局）

　　2月18日下午5時許，我剛參加完中央文史館書畫研究院一個出版項目的論證會，接到我們中國敦煌吐魯番學會會長郝春文教授的電話："寧可先生去世了，請通知學會其他人。"我趕緊給學會的幾位副會長、常務理事打電話、發短信報告了這個令人悲痛的消息，也很快接到了他們表示哀悼的回應。儘管許多人已經得知近來寧可先生的健康狀況不容樂觀，但回想幾個月前在紀念學會創立三十周年學術討論會上他的精神奕奕、談笑風生，怎麼也不相信他會這麼快離我們而去。我不由地想到：寧可先生駕鶴西去的時刻，正是農曆正月雨水節氣的前幾個時辰，也許是上蒼要催動我們這些後輩學人哀悼的淚水，融入春雨，去澆灌先生一生鐘愛的教學、科研園地。

　　寧可先生是中國敦煌吐魯番學會的創始人之一，長期擔任學會的副會長兼秘書長。我作爲學會成立大會的參加者和首批會員之一，也因學會和敦煌學研究事業而長期得益於寧可先生的言傳身教。三十年來，寧可先生爲學會建設與推進敦煌學研究所作的巨大貢獻均已銘刻在"世界學術之新潮流"的豐碑之上，不可磨滅，我這篇短文也難以詳述。我祇是將自己感受最深的一點寫在下面，既是寄托對先生的緬懷之情，也期盼和學會的同仁們共勉。

　　中國敦煌吐魯番學會是在我國改革開放新的歷史時期，沐浴着黨和政府的關懷春風，乘着國際文化、學術交流的浪潮而誕生的，具有國際影響力的民間學術團體。因爲學會涉及的學科門類廣泛、學者眾多，又由於歷史的因緣，據親歷學會籌備工作的一些先生講，籌備期間，學會的主要創辦者之間，對於學會在機構組建、方針目標、學術活動安排等許多問題上存在分歧，乃至演化爲頗難調和的矛盾。籌備會上下，長期從事敦煌文物保護和研究的藝術家有捨我其誰的氣質，字斟句酌的語言學家有錙銖必較的韌性，考古學、哲學、文獻學、宗教學工作者也都有自己的理念、設想與追求。鑒於各人經歷、學養、性格等方面的差異，意見紛紜，莫衷一是。這樣，就必須找到一個平衡點，而且得有人出來支撐這個點以達到平（衡）和（諧）。於是，據我所知，在當時國家教委領導周林同志的主持下，唐長孺、寧可等先生就發揮了作爲歷史學家統觀以往與現實，着眼未來，注重長遠以解決分歧的積極作用，找到了一個大家公認的平衡點——全局觀念，即爲中國敦煌吐魯番學的長久、健康發展計，既要充分肯定與更好發揮甘肅學者的示範作用,也應進一步組織、團結全國各地的相關學者和學術機構,很好利用北京高校在人才培養和學術文化交流等方面的優勢,推進學術事業。1983 年 8 月,中國敦煌吐魯番學會在蘭州宣告成立。同時,也推舉出大家都首肯的、具有組織與協調能力的 55 歲的寧可教授擔任學會的秘書長。

於是,學會從正式成立的那一天起,從全局觀念出發來加強敦煌吐魯番學研究的資料建設與人才培養,發揚團隊精神,增進國內外學術交流,就成爲寧可先生主持學會秘書處工作的主要任務。

學會秘書處雖然設在首都師範大學,而寧可先生不僅在北京大學、蘭州大學、西北師大、武漢大學、杭州大學等高校和中國社會科學院的人才培養上投入了不少精力,而且又一一實施北京、蘭州和新疆三個敦煌學吐魯番學資料中心的籌建工作,并且抓緊與港臺地區及國外敦煌學研究者及相關文獻收藏機構的聯繫。當時給我的感覺是,在實際工作中,寧可先生不僅確實做到了立足北京、放眼西北,也確實在爲推進敦煌學這個"世界學術之新潮流"付出艱巨的努力。1985 年夏,經過寧可先生和其他學會領導的精心策劃,一個規模空前的敦煌吐魯番學國際研討會在新疆烏魯木齊、吐魯番成功舉辦,包括幾十位國內外一流專家在內的一百多位學者相聚天山南北,在熱烈而興奮的氣氛中切磋研討。據我所知,許多大專家是生平第一次涉足新疆,而新疆也恐怕是有史以來第一回集中迎來了一大批國內外著名專家,以致驚動也感動了當時自治區的主要負責人王恩茂書記,爲此他專門在"八樓"(昆侖賓館)接見并宴請了會議代表。1983 年蘭州的研討會和學會成立大會是一次國內的會議(且沒有港臺地區代表);而 1985 年這次會議則是名副其實的在我國舉行的第一次國際性的敦煌吐魯番學研討會。我還記得在這次會議上有兩個小插曲:一是一位中國學者和一位美國學者在會上展開了激烈爭辯,兩人均年輕氣盛,唇槍舌劍,火藥味甚濃,乃至季羨林、趙儷生、周一良等老先生也有些着急,趕忙出面調和氣氛,寧可先生則心平氣和地讓我去做做那位中國學者的説服工作,以平息火氣;一是會議代表在暑熱甚酷的吐魯番時,因當時當地的賓館祇有兩三個房間有空調,其餘均僅靠電扇驅熱,寧可先生祇能安排 70 歲左右的老者入住空調房間,不料卻引起了個別有領導職務卻沒有此"待遇"的代表的誤解、計較,產生了埋怨和隔閡(這種"負能量",日後居然演化成爲"正能量",推動了海外藏敦煌文獻在國內的出版,也是敦煌學史上的奇妙一筆,容日後再述)。其實,因條件所限,當時包括 68 歲的周紹良先生在內的好幾位著名學者也都沒有安排住空調房。寧可先生聽説此事後則一笑了之,他那種任勞任怨的態度也給我留下了深刻的印象。

在敦煌學史上，有兩本書的編著出版是值得大書而特書的：一本是寧可先生參與策劃并親赴英倫主持挑選文書，和英國圖書館合作的《英藏敦煌文獻（漢文佛經以外部分）》；另一本是寧可先生參與主編并主持協調編撰的《敦煌學大辭典》。這兩本書的具體編撰出版工作可謂艱苦卓絶，無庸我在此贅述，我這裏祇對它們的意義談簡要的認識。

《英藏敦煌文獻（漢文佛經以外部分）》出版前，北京圖書館已經有了英藏、法藏敦煌文獻的縮微膠捲，但不僅查閱很不方便，而且其中不少膠片的清晰度不夠，影響閱讀效果；黃永武先生主編、臺灣新文豐出版公司用縮微膠片影印的《敦煌寶藏》，雖然未能解決清晰度問題，但總算有紙質印本可查看了，還是受到敦煌學研究者的重視，祇是因未事先取得英、法收藏單位的授權，也引起版權上的爭議。《英藏敦煌文獻》則是在與英國有關方面充分協商後，與英方共同編撰的，重新拍攝原卷，并由中國的四川人民出版社影印出版的圖錄本。這就打通了一條通過實質性的國際合作，首先讓流失海外的敦煌文獻回國出版的路子，做到無論是在敦煌資料的國際交流上，還是在敦煌文獻的編目、定名及圖片的品質上，都取得了前所未有的新突破。這也啓示并促進了之後上海古籍出版社與法國、俄羅斯有關收藏機構的合作，相繼出版了俄藏、法藏敦煌文獻與藝術品的大型圖錄本，開啓了全面刊佈敦煌、吐魯番文獻的新局面。

《敦煌學大辭典》的編纂，也是一個開創性的大工程。拿今天的標準來衡量，應該是一個國家級的重點項目，但那時卻沒有向政府要一分錢的資助（臨出版前，經我們幾位在中國敦煌石窟保護研究基金會擔任副理事長的力爭，纔由基金會提供了 2 萬元的出版資助）。季羨林會長領銜主編此書，寧可先生是 5 位副主編之一，但他和上海辭書出版社的嚴慶龍編審卻是實際上的執行副主編。要帶領一個由來自各學科門類的 32 人組成的編委會，要組織、協調全國一百多位作者，編纂這樣一部有上萬個詞目的大型工具書，而且是史無前例的有多學科交叉特色的敦煌學專門辭典，在體例、框架上均需首創，其中的繁難程度可想而知。例如其中的藝術類詞目，是分工請敦煌研究院安排院內相關專家學者來撰寫的，但由於研究院本身其他的工作任務較重，撰稿人往往很難集中精力與時間來編寫，一度推遲了全書的編撰進度。寧可先生就再三與院裏領導及出版社協商，分批將研究院的作者安排到上海集中討論、撰寫，取得了很好的效果。又如某一個分支原定的撰稿人突然表示無法承擔編寫任務，寧可先生馬上果斷地將任務交給在京的中青年學者分擔，保證了編撰工作的順利進展。在這項工作中，寧可先生以他一貫堅守的全局觀點化解了種種困難與矛盾，顯示出高超的領導藝術和組織才能，充分調動老、中、青三代學者的積極性，同舟共濟，甘苦與共，歷時十載，終於在 21 世紀到來之前正式出版發行了這部辭典，獲得了學術界與出版界的高度讚譽。

　　誠然，上述事情祇是寧可先生在擔任學會秘書長期間所付出心血的十之一二，卻不僅集中體現了他立足全局的戰略眼光，而且也反映了他善於把握工作要領的戰術技巧。我個人認爲，這些也正緣於他作爲一位歷史學家豐厚的學養。我在寧可先生領導下做學會副秘書長工作多年，真切感受到他的理論素養與道德涵養都是一流的。這種素養和涵養的外化形式是他日常的談吐——簡潔、果斷，常常是不溫不火而又略帶幽默感。即便是在學會領導人之間發生意見分歧時，他也仍是憑自己堅守的原則來靈活處置；即便是某些處事的行爲方式招致埋怨和不滿時，他仍然能理性、冷靜地處理，做到不帶情緒，顧全大局，以團結爲重。其素養和涵養的豐富內涵則融入他的理論與學術著述之中，也演化爲他的人格魅力。這實在都是難能可貴的。

　　中國敦煌吐魯番學會已過而立之年。三十年間，周林、唐長孺、常書鴻、姜亮夫、周一良、王永興、周紹良、季羡林、段文傑等學會老一輩的創始人和敦煌學界的耆宿都已陸續駕鶴西去，現在寧可先生也去九天之上與他們會合。逝者瞻仰止，來者努力行。我們緬懷前輩，更應當以他們的道德文章爲楷模，不斷鞭策自己爲敦煌吐魯番的研究事業作出應有的貢獻。

2014 年清明節前後

寧可教授與蘭州大學敦煌學研究

鄭炳林（蘭州大學）

寧可教授是中國敦煌吐魯番學會創始人之一，没有寧可教授的努力和付出，也許就没有今天中國敦煌學發展的盛況和水準。作爲蘭州大學敦煌學研究所的負責人，我親身經歷了蘭州大學敦煌學研究的創建、困難發展與快速發展等過程，親身感受到寧可教授對蘭州大學敦煌學研究的扶持、指導和付出。應當説，没有寧可先生等老一代敦煌學者的支持，就没有蘭州大學敦煌學研究的今天。

首先，寧可先生關心支持蘭州大學敦煌學研究人才的培養。改革開放之後，中國敦煌學如雨後春筍般發展起來，各地的教學科研單位都設立了自己的敦煌學研究機構，蘭州大學也在 1979 年初成立敦煌學研究小組，成員祇有齊陳駿和研究生陸慶夫。解決研究人才是當時蘭州大學面臨的主要問題。1981 年初，蘭州大學就開始爲敦煌學研究選留人才，將敦煌學研究小組擴大爲敦煌學研究室，最先選留的是我和郭鋒，當年 9 月份就送到北京師範學院進修。隨後敦煌學專業第一屆碩士高偉、雷學華也來到北京師範學院進修，同時來北京學習的還有陸慶夫、杜斗成同志。蘭州大學一下子派出 6 個人來北京進修敦煌學，這在蘭州大學的歷史上也是少有的。半年之後杜斗成、陸慶夫返回蘭州大學，我和郭鋒一年後返回蘭州大學，雷學華、高偉一年半之後返回蘭州大學。到北京進修敦煌學主要是在北京大學、北京師範學院聽課，住在北京師範學院，我們聽課和住宿等事宜都是寧可先生安排的，在北京大學聽課有王永興先生的敦煌吐魯番文書研究，宿白的魏晉南北朝考古、吳宗國的隋唐史和田餘慶的魏晉史、左景權的敦煌研究等，在北京師範學院聽寧可教授的中國古代經濟史等。每天奔波在北京師範學院與北京大學之間，没有事的時候也去北京圖書館和雍和宮善本部。北京進修對蘭州大學敦煌學研究影響很大，我們都得益於這次進修，開拓了我們的視野，學習了敦煌的研究方法，增長了知識。後來蘭州大學敦煌學研究室成立後，半數都是我們這些人。雖然後來郭鋒調離蘭州大學，但是蘭州大學敦煌學研究所的主體是寧可先生這次培養出來的。

其次，寧可先生關心和支持蘭州大學敦煌學資料中心的建設。我們都知道，20 世紀 80 年代中國敦煌學剛剛起步，研究資料十分匱乏。我這裏不用缺乏而用匱乏，就是研究資料奇缺，不具備研究條件是當時最大的問題，我們蘭州大學敦煌學與外界交流溝通的過程中最不願意聽到的一句話就是不具備研究條件。因此加強資料建設、改變資料條件是我們的中心任務。1982 年下半年我住在北京師範學院購買圖書將近半年，使蘭州大學敦煌學資料中心初具雛形。1983 年中國敦煌吐魯番學會成立大會上，敦煌學界百餘名專家發起要求國家支持敦煌學建設，這些專家中就有寧可先生，經陳雲、趙紫陽、王丙乾、鄧小平等同志的批准，給敦煌學會 120 萬元經費。學會準備在北京、蘭州、烏魯木齊建立三個資料中心。分別支持經費 30 萬、5 萬和 10 萬。蘭州地區的資料中心幾經波折最後放在蘭州大學，這批經費最後用於購買《敦煌寶藏》等圖書，我們最初進行敦煌學研究就是利用這批資料，雖然《敦煌寶藏》影印非常差，圖版模糊不清，但是就是這樣的書，當時有一部也是如獲至寶，畢竟要比縮微膠捲用起來舒服得多。我們在這批圖書的基礎上出版了蘭州大學第一批成果。我的《敦煌地理文書匯輯校注》、《敦煌碑銘贊輯釋》和《敦煌寫本夢書》等，就是建立在這樣的資料基礎之上的。蘭州大學敦煌學能夠發展到今天，成為國家敦煌學重點研究基地，很大程度上得益於這批最初經費的支持，得益於最初這批資料建設。它的立項中，寧可先生起到不可估量的作用，每一個蘭州大學敦煌學研究的專家和學生都應當牢牢記住這一點。

　　第三是蘭州大學敦煌學研究基地的建設。中國敦煌學的起步是很晚的，特別是改革開放之後敦煌學的發展舉步維艱，在艱難困苦中發展，很多了解敦煌界情況的人都清楚這一點，調節中國敦煌學界各個機構之間的矛盾就像聯合國安理會處理各國糾紛一樣。中國敦煌吐魯番學會成立大會，光籌備會議就進行過多次，教育部、甘肅省委、文化部等各自看法不一致，應當說眾口難調。但是經過季羨林、寧可等老一代專家協調，最後中國敦煌學界的同仁們總算坐在一張桌子旁開起了會議，討論起敦煌學研究的問題，這本身就是一件不容易的事情。這與寧可先生的領導藝術有很大關係，特別是與他把握全局、通盤規劃的視野有密不可分的關係。在寧可先生協調下出版了一批著名的成果，如江蘇古籍出版社的《敦煌文獻分類校錄叢刊》、四川人民出版社出版的《英藏敦煌文獻》等。其中特別值得一提的是 1983 年中國敦煌吐魯番學會成立大會就擬定建立學術機構和規劃出版工作，1985 年進行了詳細的任務分配，後來隨着國家經濟困難很多事情都沒有辦法進行。蘭州大學敦煌學1983 年成立研究室，當時有 14 個研究人員，1986 年得到美國基督教基金會資助，總體情況還可以。1998 年得到博士點，1999 年進入首批重點研究基地，發展一路順風。這中間 1999 年國家重點研究基地的進入最為關鍵，寧可先生是首批基地評審專家，寧可先生的大力支持，使蘭州大學敦煌學研究所得以順利通過進入建設行列，2000 年到現在蘭州大學敦煌學研究所得到 211、985 經費支持將近 2 000 萬,得到各類項目支持 2 000 多萬,其中國家重大、教育部重大攻關、國家科技支撐計劃等 7 項,重點 3 項。培養博士 100 人,有全國優秀博士學位論文等。

第四,作爲學生眼中的寧可先生。我有幸於 1981 年 9 月份留校,當時我還有半年纔能畢業,但是已經在蘭州大學留校做敦煌學研究,在學期間接觸的敦煌學課程祇有周丕顯先生開的敦煌文獻概論和段文傑先生開的敦煌藝術概論,没有做過什麼敦煌學研究。後來北京進修抱着一種忐忑不安的心情來學習,聽了寧可先生的課,留下印象最深的是寧可先生高度的理論概括能力和深厚的史料功底,無論講到哪里資料都可隨手拈來。寧可先生講課隨身兩副眼鏡,不停地換着戴。還有我這個世紀初進入國家社科基金項目評審專家行列,力爭爲敦煌學界爭取項目經費,其中有一年整個歷史學組所批項目 60 項,敦煌學佔了 10 項,會後寧先生聽説非常高興,請我和郝春文一起吃飯,喝過寧可先生的好酒。20 世紀 80 年代寧可先生來蘭州大學商談敦煌發展,也和寧可先生一起吃飯喝酒,留下非常平易近人的印象。今天寧可先生駕鶴仙去,給我們留下無盡的思念。我們要學習寧可先生的爲敦煌學發展的奉獻精神,把敦煌研究事業推向一個新的高度。

追思寧可先生

榮新江（北京大學）

寧可先生走了，我們又失去一位尊敬的師長，失去了一位敦煌學的領路人。

雖然寧可先生長期任教於首都師範大學，但在我的心目中，他好像一直是在我們身邊言傳身教的一位北大的老師，這可能有好幾個方面的原因：他是北大的學生，所以北大的老先生們經常説到他；他在我們上大學的時候，由系主任鄧廣銘教授請來，一人獨立承擔"中國古代史"的課程，雖然那時我們78級已經上完了"中國古代史"，但我們都把他當作我們的老師；後來由於他在季羨林先生領導下擔任中國敦煌吐魯番學會的秘書長，我有時爲季先生跑腿辦事，所以經常有機會和寧先生接觸，也常常聽他講北大的"故事"；時間長了，他就好像是北大的老師一樣，不時給我以指教。寧先生頭腦清晰，反應機敏，講話邏輯性強，又有感染力，他講話的樣子在我腦海中現在還能清晰地浮現出來。

在我的"敦煌學"研究歷程中，有一段難忘的時光，受到寧可先生很多教誨。那是在20世紀的90年代初，寧可先生協助周紹良先生編纂《英藏敦煌文獻（非佛經部分）》，爲此他曾到倫敦一年，摩挲敦煌古卷，爲這部書的編輯工作奠定了堅實的基礎。1991年8月我在英國完成《英國圖書館藏敦煌漢文非佛教殘卷目錄（S.6981－13677）》的編目工作回到北京，《英藏敦煌文獻》也正好要編纂S.6981號以後的部分，由寧可先生具體負責這部分的三册編輯工作，他知道我做了這部分的目錄，加上倫敦方面吳芳思（Frances Wood）和艾蘭（Sarah Allan）的大力推薦，寧先生讓我參與第11—13卷《英藏》的標目工作。當時寧先生的身體很不好，住在北大西面的西苑醫院住院部的一樓，而我家就在與西苑醫院一條馬路之隔的北大承澤園。於是，我每天帶着材料，去西苑醫院住院部和他討論如何標目。那時醫院爲了讓他們這些知名教授不受干擾，規定的探視時間很少。於是寧先生讓我從樓房的後面翻進陽臺，從陽臺門進去，在寧先生的病房裹，我們一天又一天地工作起來。我記不起來護士來換藥時，寧先生是怎麼對付她們的了，印象裹我們的工作很順暢，也很有效率，大概一個多月後寧先生出院的時候，我們的標目也基本完稿。我們不必用讚揚焦裕祿的話語去表彰寧先生，他其實是秉承了中國知識分子優良的傳統，鍥而不捨，學術高於一切。對於我而言，寧先生是犧牲了自己的身體和休養時間,讓我省去不知多少跑路的時間。換句話說,如果寧先生在首都師大和我討論書稿的話,那我就要在路上花費不知多少時間了。後來這部分稿子又在社科院歷史所的會議室中,和《英藏》的編委和其他參與定稿的成員一起逐條討論修訂後定稿。

熟悉敦煌卷子的人都知道,S. 6981 以後寫本都是一些殘片,是英國圖書館的翟林奈(Lionel Giles)編不出目錄而棄置在 S 編號後面的,加上從一些經帙上揭下來的斷片,數量相當之多。寧先生在審核我編的目錄時,提出許多修訂的意見,并訂正了我的一些錯誤,使得《英藏》這部分的標目比較準確,從今天看來,是經得住時間考驗的,這裏面凝聚了寧先生的許多心血。

寧先生在學術上有許多建樹,但他作爲敦煌吐魯番學會的領導人,發表的敦煌學論文并不多。在我和他接觸的過程中,我發現他其實對許多敦煌寫本都有自己的看法,由於在英國接觸了一年的寫本原件,因此對敦煌文獻有很多親身體驗,能夠説出許多寫本的名堂來。祇是他有中國老一輩學者的性格,喜歡"述而不作",因此很多精闢的看法,沒有形諸文字。我在和他討論寫本定名的時候,不時從他的言談話語中得到啓發,那一段在西苑醫院的時間,對於我來説,就像 1983 年在避暑山莊協助編纂《中國大百科全書》隋唐部分時聽唐長孺先生講課一樣,真的是受益匪淺。

正因爲我知道寧先生對敦煌寫本有些獨到見解,所以 1995 年當我協助季羨林、周一良、饒宗頤三位先生編輯《敦煌吐魯番研究》創刊號時,廢了不少口舌動員寧先生寫了一篇文章,即《敦煌遺書散錄二則》。文章一則是《英藏 S. 10 號〈毛詩鄭箋〉卷背字音錄補》,揭示了卷背面有很小的字寫的字音,間有字義,正對應於所音的寫卷正面的經、傳、箋之字。若不是親檢原件,這是很難看出來的古代書籍的一種書寫方式。另一則劄記是《敦煌卷子中的孟姜女詩》,提示了 S. 8466、S. 8467 兩件寫本的價值。像這樣的文章寧先生發表得并不多,他對敦煌學的貢獻,更多地體現在他參與編纂的《敦煌學大辭典》、《英藏敦煌文獻》等敦煌吐魯番學會主持的大型圖書成果當中。

寧先生是有事業心的學者,他雖然走了,相信年輕的一代可以把他所開創的中國敦煌學的事業繼續下去。

2014 年 3 月 29 日於大阪旅次

從匹馬孤征到團結起來
開啓敦煌吐魯番學研究新篇章
——"中國敦煌吐魯番學會成立大會、
1983 年全國敦煌學術討論會"回顧與總結

劉全波（蘭州大學）

1983 年 8 月 15 日至 22 日，中國敦煌吐魯番學會成立大會、1983 年全國敦煌學術討論會在蘭州舉行，這次會議是中國敦煌吐魯番學發展的里程碑，是中國敦煌吐魯番學研究從匹馬孤征到團結起來開創敦煌吐魯番學研究新局面的標誌性事件。到 2013 年，距中國敦煌吐魯番學會成立大會、1983 年全國敦煌學術討論會召開 30 周年了，在這 30 年裏，我國的敦煌吐魯番學研究事業在科學研究、人才培養、學科建設、對外交流、資料刊佈等方面都取得了巨大的進步。1983 年以前，中國的敦煌吐魯番學研究主要依靠少數學者個人的勤奮鑽研，獨赴大漠，匹馬孤征是當時情景的真實寫照，而對研究資料的搜集、整理、刊佈更是落後於日本以及中國臺灣學界，強大的使命感、責任感不時鞭策着每一位中國學人的心，振興中國的敦煌吐魯番學研究事業也成爲廣大專家學者的共識。在黨中央和各級政府的扶持下，中國敦煌吐魯番學會終於在 1983 年成立了，廣大的敦煌吐魯番學研究領域的科研工作者的熱情霎時被調動起來，我國的敦煌吐魯番學研究事業逐漸進入了百花齊放、萬馬奔騰的新局面：老專家如老驥伏櫪志在千里，中年學者奮起直追勇做中流砥柱，年輕一代則如初生牛犢躍躍欲試。1983 年全國敦煌學術討論會共收到論文 115 篇，參加會議的專家 150 多名，這次會議與中國敦煌吐魯番學會成立大會合併舉行，意義重大，影響深遠，它是首屆全國性的敦煌學討論會，是對當時敦煌學研究力量和水準的一次大檢閱，它不僅是我國敦煌吐魯番學研究中的一件大事，也是我國學術界的一件大事，它在不斷發展的我國敦煌吐魯番學研究事業中是一聲劃破漫漫長冬的春雷。爲了展現中國敦煌吐魯番學會成立、1983 年全國敦煌學術討論會舉行前後我國敦煌吐魯番學發展的風雨歷程，我們根據相關文獻對這個時期中國敦煌吐魯番學的發展情況做了梳理，在回顧歷史的同時，體味黨中央和各級政府對敦煌吐魯番學發展的扶持與呵護，感悟老一輩敦煌吐魯番學研究者的積極進取與高風亮節，這些歷史記憶將是我們在新的時代發展敦煌吐魯番學事業、進行敦煌吐魯番學研究的精神財富和無窮動力。

一

　　1949 年以來，黨和政府對保存民族文化遺產、傳承祖國優秀文化、開展學術研究工作十分重視，敦煌莫高窟、吐魯番各文化遺址先後被列爲國家重點文物保護單位，國家花費了大量人力、物力扶持敦煌吐魯番學研究的發展。1956 年擬定的全國十二年科學規劃中，敦煌研究被列爲重要項目。1963—1966 年，經周恩來總理批准，撥款對莫高窟近 400 個洞窟進行了加固保護。二屆人大期間，鄭振鐸、茅以升、向達、王重民、賀昌羣等先生曾有加強敦煌研究工作的提案。20 世紀 50 年代我國的敦煌吐魯番學研究與海外的差距有所縮小，某些方面甚至還居於領先地位，出版了一批有關敦煌研究的重要書籍，如王重民《敦煌曲子詞集》，周紹良《敦煌變文匯録》，姜亮夫《瀛涯敦煌韻輯》，任二北《敦煌曲初探》、《敦煌曲校録》，王重民、王慶菽、向達、周一良、啓功、曾毅公《敦煌變文集》，王重民《敦煌古籍敍録》，蔣禮鴻《敦煌變文字義通釋》，王重民主編《敦煌遺書總目索引》等。不幸的是，十年動亂期間，我國的敦煌吐魯番研究幾乎陷於停滯。

　　常書鴻先生是敦煌研究院的第一代領導，對敦煌文物的研究和保護作出了很大貢獻，他多次向黨中央和各級部門建言獻策，建議保護敦煌乃至西北的文獻文物。1972 年，常書鴻先生建議成立“西北石窟文物管理中心”，直屬中央文博口，中心設在蘭州，敦煌、烏魯木齊設工作站，組織甘肅、新疆兩省區有經驗的工作人員參加石窟的勘察工作，成立委員會，編寫出版西北文物總録，制定西北文物管理研究計劃，進行文物保護和研究工作。五屆人大二次會議上，常書鴻先生提案，由中國社會科學院組成石窟藝術研究中心，積極培養接班人，招研究生，聘請有關專家作通訊研究員，并在敦煌、吐魯番、雲岡、麥積山等地設立石窟藝術研究分站。此後，常書鴻先生又提出題爲《敦煌文物、文獻整理研究委員會》的建議書，內容是請社會科學院的歷史、考古、宗教、民族及南亞所的領導組成委員會，吸收院外專家參加、指導、組織、規劃、協調研究工作，資助出版專刊、專著，搜集資料，開展學術交流，建立設立文獻文物資料中心等。①

　　1978 年 8 月 25 日，原國務院副總理方毅同志向黨中央提出書面報告《關於加強敦煌石窟文物研究的建議》，建議增加必要的研究人員，開展敦煌學研究，加快攝影、臨摹和出版工作，并建議中國社會科學院在制定科學研究規劃

----

　　① 《解放後我國學者要求加強敦煌吐魯番研究的建議》，《中國敦煌吐魯番學會成立大會、1983 年全國敦煌學術討論會會刊》（以下簡稱“會刊”），第 188—190 頁。

時,考慮把敦煌學的研究作爲一個項目列入規劃,并在今後的工作中給予指導和支持。① 鄧小平、李先念同志批示同意。1978 年 8 月 28 日,鄧小平閱方毅《關於加强敦煌石窟文物研究的建議》,作出批示:"我同意這些建議。請先念同志考慮和批示。"②

1978 年 9 月 10 日,唐長孺先生等 8 位專家、學者,建議成立敦煌吐魯番文書研究中心,由歷史研究所、文物局領導,制訂文書研究規劃,開年會,出刊物,編索引,培養專門人才。1978 年 9 月,敦煌文物所肖默、馬世長先生建議,將文物研究所改爲石窟研究所,或納入社會科學院宗教所,承擔同樣内容,補充人員,加强和其他社會科學的協作和交流,開展研究工作。③

1981 年 8 月 8 日,鄧小平在赴新疆視察途中路經甘肅,參觀了敦煌千佛洞。聽取敦煌研究所介紹千佛洞維護情況,指示隨同參觀的王任重幫助解決千佛洞保護維修資金不足的問題。1981 年國家有關部門向敦煌研究所下撥三百萬元專項經費。④ 此後不久,教育部即派人到甘肅做調查研究。

諸位專家、學者對加强敦煌吐魯番學研究工作的建議,以及他們長期堅持不懈的呼籲,得到了黨中央和各級部門的重視,在鄧小平等黨和國家領導人的親切關心下,教育部、文化部、西北省區相關部門加强了對敦煌吐魯番文獻文物的調查研究,教育部顧問周林同志擔負起領導責任,組織專家學者召開座談會商討發展我國敦煌吐魯番學的措施,積極而有針對性地聽取意見、建議,旨在整合各方力量以促進我國敦煌吐魯番學研究事業的發展,打破敦煌吐魯番學研究落後的舊格局。

二

在相關部門研究、促進敦煌吐魯番學發展的過程中,相關科研機構已經開始了敦煌吐魯番學的研究事業,他們的開創精神成爲劃破沉寂的一聲聲春雷。敦煌在甘肅,所以甘肅的高等院校、科研機構最先行動起來,蘭州大學、敦煌文物研究所就是當時衆多研究機構中較爲突出的代表。劉再聰先生在論文中説:"成立綜合性的專門研究機構,集中力量研究敦煌文書及相關内容,在國内形成一種風氣。在這種形勢下,很多單位都積極籌畫。首先行動起來的是甘肅的高校。"⑤

《敦煌學輯刊》總第 1 輯的《學術動態》裏介紹了 1979 年上半年蘭州大學

---

① 《方毅文集》,北京:人民出版社,2008 年,第 187—190 頁。
② 《鄧小平年譜(1975—1997)》,北京:中央文獻出版社,2004 年,第 363 頁。
③ 《解放後我國學者要求加强敦煌吐魯番研究的建議》,《會刊》,第 188—190 頁。
④ 《鄧小平年譜(1975—1997)》,北京:中央文獻出版社,2004 年,第 761 頁。
⑤ 劉再聰、李亞棟《西北師範大學敦煌學教學史(二)》,《絲綢之路》2012 年第 20 期,第 82—90 頁。

歷史系敦煌學研究組邀請段文傑、周丕顯先生開設敦煌學進修班的事情。"我校歷史系爲提高教學品質,促進《敦煌學》的研究,於去年上半年邀請了敦煌文物研究所的段文傑同志、省圖書館的周丕顯同志爲該系進修班開設了《敦煌學》的課程。段文傑同志講了《絲綢之路與石窟寺》、《敦煌石窟中十六國時期的佛教藝術》、《敦煌石窟中隋唐時期的佛教藝術》、《敦煌石窟中五代、宋元時期的佛教藝術》、《敦煌石窟藝術的源流》、《敦煌藝術的歷史價值》;周丕顯同志講了《敦煌遺書的發現、被盜、收藏及研究》、《敦煌遺書中的歷史學資料和古地志資料》、《敦煌遺書與宗教研究》。參加聽講的還有歷史系'敦煌學小組'的全體同志、部分青年教師及部分研究生。這門課程的開設,對歷史系《敦煌學》研究的開展,起了有力的推動作用。"①蘭州大學歷史系敦煌學小組是當時國內最早進行敦煌學研究的機構之一,而蘭州大學的帶動作用,則帶來了整個甘肅學術界研究敦煌學的小高潮。

　　1980 年蘭州大學歷史系敦煌學研究組編輯《敦煌學輯刊》總第 1 輯《編後記》載:"我省的河西走廊,是古代絲綢之路的必經通道;敦煌遺書,爲研究我國古代的政治歷史、社會經濟以及民族、宗教、語言、文學等提供了极其豐富的資料;莫高窟的壁畫,更是聞名中外的藝術寶庫,對這些方面進行一些研究,是我省高校文科及有關單位的一個義不容辭的任務。本期所刊載的十多篇關於《敦煌學》及河西史地的論文,是我校歷史系《敦煌學研究小組》組織和編寫的。我校敦煌研究小組是 1979 年元月由歷史系的幾位同志發起組織的。參加小組的還有我校其他系和省圖書館的同志。自小組成立以來,這些同志在資料收集和組織研究等方面都做了一些工作。本期刊載的一些文章,就是他們的部分成果。敦煌莫高窟文物研究所的許多同志對我校敦煌學研究小組極其關心,給予了許多指導和幫助,并寄來了不少文章,我們一併刊載在這期《敦煌學》專刊上。我校敦煌學研究小組是這門學科研究隊伍中的新兵,由於各方面條件的限制,水準很低,望能得到國內外各界同志們的批評指正。本期專刊在組織和審稿中,承蒙段文傑同志在百忙中給予熱情、具體的指導,謹在這裏表示感謝。"②這則簡短的《編後記》記載了 1979 年元月敦煌學研究小組的成立,這就是今天教育部人文社會科學重點研究基地蘭州大學敦煌學研究所的源起。

　　《敦煌學輯刊》從 1980 年出版試刊第 1 輯,1981 年、1982 年先後出了試刊第 2 輯、第 3 輯。試刊第 1 輯共發表論文 15 篇,分別是傅振倫《從敦煌發現的

　　① 《學術動態》,《敦煌學輯刊》總第 1 期,1980 年,第 107 頁。
　　② 《編後記》,《敦煌學輯刊》總第 1 期,1980 年,第 116 頁。

圖經談方志的起源》,段文傑《形象的歷史——談敦煌壁畫的歷史價值》,周丕顯《敦煌遺書概述》,齊陳駿《敦煌沿革與人口》,賀世哲《敦煌莫高窟北朝石窟與禪觀》,劉光華《漢武帝對河西的開發及其意義》,白濱、史金波《莫高窟、榆林窟西夏資料概述》,史葦湘《微妙比丘尼變初探》,李其瓊、施萍亭《奇思馳騁爲"皈依"——敦煌、新疆所見〈須摩提女姻緣〉故事畫介紹》,唐景紳《明代河西的軍屯》,水天明《敦煌訪古憶記》,薛英羣《略談敦煌地志文書中的公廨本錢》,關友惠《敦煌莫高窟早期圖案紋飾》,歐陽琳《談談隋唐時代的敦煌圖案》,劉玉權《敦煌莫高窟北朝動物畫漫談》。試刊第 2 輯共發表論文 13 篇,分別是段文傑《敦煌石窟藝術的内容及其特點簡述》,王堯《敦煌古藏文本〈北方若干國君之王統敍記〉文書》,薛英羣、徐樂堯《唐寫本地志殘卷淺考》,周丕顯《敦煌科技書卷叢談》,齊陳駿《敦煌沿革與人口(續)》,張鴻勳《敦煌講唱文學的體制及其類型初探》,劉光華《建郡後的漢代河西》,劉玉權《西夏時期的瓜、沙二州》,陳慶英《〈斯坦因劫經録〉、〈伯希和劫經録〉所收漢文寫卷中夾存的藏文寫卷情況調查》,水天明《伏案英倫,僕僕大漠——談向達教授對"敦煌學"的貢獻》,歐陽琳《敦煌壁畫中的蓮花圖案》,孫修身《從〈張騫出使西域圖〉談佛教的東漸》,法國戴密微著、耿昇譯、王堯校《〈拉薩宗教會議僧諍記〉導言》。試刊第 3 輯共發表論文 22 篇,分別是段文傑《張議潮時期的敦煌石窟藝術》,黃永年《釋敦煌寫本〈雜抄〉中的"面衣"》,秦明智《前涼寫本〈法句經〉及有關問題》,賀世哲《莫高窟二四九窟窟頂西坡壁畫内容考釋》,劉光華《敦煌上古歷史的幾個問題》,王冀青《有關金山國史的幾個問題》,趙和平《唐代"兩稅"一詞探源》,張鴻勳《敦煌講唱技藝搬演考略》,馬德《從一件敦煌遺書看唐玄宗與佛教的關係》,施萍亭《兩件敦煌文物介紹》,甘肅省博物館漢簡整理小組《居延漢簡〈相劍刀〉册釋文》,馬明達《居延漢簡〈相劍刀〉册初探》,初師賓、任步雲《建武三年河西大將軍府居延都尉奉例略考》,關意權《"支那"名義考原》,王叔凱《淺論粟特字母的傳播與回鶻文的創制》,朱英榮《關於新疆克孜爾石窟的幾個問題》,湯開健《李遠、汪藻及〈青唐録〉》,劉建麗《"夜落紇"和"夜落隔"》,郝蘇民、喬今同《新發現的蘭州莊嚴寺元代法旨》,熊國堯《元代"漁關醮提領印"淺證》,唐景紳《明清時期河西的水利》,法國哈密頓著、耿昇譯《851—1001 于闐王世系》。[①] 這些文章的發表,對於引領當時的敦煌吐魯番學研究新風尚起了重要的旗幟作用。更爲重要的是,當時負責敦煌文物研究所工作的段文傑先生,繁忙之餘,連續有 3 篇文章在《敦煌

---

① 此處之所以列出《敦煌學輯刊》試刊前 3 輯的論文目録,是因爲試刊前 3 輯目前還没有被中國知網(CNKI)收録,故存此備查。

學輯刊》試刊 1、2、3 期上發表,這對於蘭州大學與敦煌文物研究所相關研究人員的引領作用、旗幟作用必然是空前的,這無言的行動,對某些對敦煌吐魯番學研究尚存猶豫、觀望態度的人來説,絶對是渙然冰釋,於是整個甘肅學術界的熱情被激發了出來,敦煌吐魯番學研究的新局面逐步打開。

　　20 世紀 80 年代初,敦煌文物研究所也就是後來的敦煌研究院,也大刀闊斧地開始了敦煌學著作與刊物的出版、創辦工作。馬德先生《艱難的起步──〈敦煌研究〉創刊記憶》回顧説:“1980 年,新的領導班子工作之初,所裏就決定在保護好文物的基礎上,全面積極地開展研究工作,具體工作即是創辦一本學術期刊,及時發表所內外敦煌研究方面的新成果。并初步計畫在 1983 年 9 月借敦煌文物研究所成立 40 周年之際舉辦一次全國性的敦煌學術研討會,以擴大敦煌研究的影響。”“新領導班子一開始工作便做出出版文集的決定,并即刻得到實施,定書名爲《敦煌研究文集》。從 1980 年 5 月開始徵稿,7 月即收到論文 13 篇,約 26 萬字;8 月 1 日,段文傑先生書寫了序言,對文集的內容作了介紹,同時説明以此文集作爲敦煌文物研究所研究工作的新起點。書稿很快交到甘肅人民出版社,由美術編輯室負責編輯工作,馬負書先生擔任責任編輯。但由於當時各方面條件的限制,文集直到 1982 年 3 月纔由甘肅人民出版社出版,比原來計畫的出版時間晚了一年多。”“1980 年 8 月開始,在段文傑第一副所長的領導下,我們開始籌辦自己的刊物《敦煌研究》。”“《敦煌研究》試刊第一期由院裏資深研究人員李永寧先生擔任責任編輯,出版社方面還是由馬負書先生作責任編輯,進行一些編輯技術方面的指導。從 1980 年下半年開始徵稿,1981 年 6 月即收齊稿件,共計 16 篇論文,28 萬字;段文傑先生寫了發刊詞,闡明了辦刊的宗旨和目的,對刊物的內容範圍也做出了限定。原計劃第一期於 1981 年內出版,後來也是拖到 1982 年 6 月纔面世。”“《敦煌研究》創刊號的徵集工作實際上從 1982 年就開始了。原定於學術會議前出刊,但後來因爲學術會議的籌備也是編輯室負責具體工作,中間受了一些外界的影響,原定的學術會議時間提前,稿件定下來時已經到 1983 年的 5 月底。原想如果是 9 月份舉辦學術會議,爭取在會議前能出版創刊號的……儘管如此,《敦煌研究》創刊號到 1984 年春節之後纔面世(因爲特殊情況,在後面注明是出版時間爲 1983 年 12 月)。與試刊不同的是,在版權頁上注明了期刊登記號,儘管也是以書代刊,但展示了創刊的標誌。”①李永寧先生《敦煌研究院第一本論文集和〈敦煌研究〉的誕生》回顧説:“新領導班子成立了,段文傑、樊錦詩主持研究所工作。他們支持我們重新把那些稿件再作整

──────────

① 馬德《艱難的起步──〈敦煌研究〉創刊記憶》,《敦煌研究》2013 年第 3 期,第 10—14 頁。

理,并身體力行,把多年調查研究的'敦煌服飾'撰寫成文,把'洞窟斷代分期'的研究成果整理成章,并動員全所同志多做研究,多寫論文。同志們也積極投稿,有同志把多年得不到發表的研究成果從箱底拿了出來交給我們。"①

《敦煌學輯刊》與《敦煌研究》的創刊是整個敦煌吐魯番學界的大事,這兩本雜誌是敦煌吐魯番學界的姊妹花,30 多年裏它們刊發了大量的研究論文,是敦煌吐魯番學研究的主要陣地之一,當今敦煌吐魯番學界的大多數專家學者都曾是這兩本雜誌的讀者與作者,都是吮吸着它們的營養起步的。1983 年 8 月 20 日,《敦煌學輯刊(創刊號)》總第 4 輯出版,收錄有寫於 1983 年 6 月 10 日的《發刊詞》,其內容爲:"《敦煌學輯刊》自 1980 年創刊以來,已出了 3 期。從這一期起,本刊正式公開發行。創辦這一刊物,目的在於促進敦煌學的研究,繁榮民族文化,繼承和發揚我國古代優秀文化遺產。本刊以刊登有關敦煌和吐魯番遺書、敦煌藝術、中西交通以及河西史地等研究論文爲主,同時也刊載國外敦煌學者有代表性的論著譯文,報導國內外敦煌學研究動態。我們殷切地希望能得到老一輩敦煌學專家的扶持與幫助,更希望國內有志於研究敦煌學的中青年同志給予大力支持,以期共同把這一刊物辦好。"②作爲蘭州大學敦煌學研究所的一員,重讀 30 年前的《發刊詞》,手中摩挲着 30 年前的雜誌,心中熱潮滾滾,因爲它不僅見證了蘭州大學敦煌學研究所的歷史,更見證了整個中國敦煌吐魯番學發展的歷史。

三

1982 年 3 月,在國務院召開古籍整理出版規劃會期間,周林同志請到會專家座談了整理敦煌吐魯番文獻的情況及建立學會的設想。

1982 年 4 月 15 日,教育部高教一司將古籍整理出版規劃會議上有關學者座談敦煌學的情況報教育部黨組,即《關於發展敦煌學的建議》,報告分五個部分:敦煌石窟文化的豐富內容,敦煌遺書文物的收藏情況,敦煌學在海外,國內敦煌研究情況,發展我國敦煌學的設想。報告對促進敦煌學的發展建議如下:第一,成立敦煌學會或研究會。此事可請社會科學院牽頭,教育部、文化部共同發起,具體工作可委托敦煌文物研究所、文物出版社、北京大學、蘭州大學、歷史研究所、西北師院各派一人,建立籌備小組,召開若干座談會,了解國內外的研究狀況,提出學會(或研究會)組織方案,起草章程。會議可在蘭州舉行,由蘭州大學、西北師院、敦煌文物研究所負責會務,規模百人

---

① 李永寧《敦煌研究院第一本論文集和〈敦煌研究〉的誕生》,《敦煌研究》2013 年第 3 期,第 7—9 頁。
② 《發刊詞》,《敦煌學輯刊》總第 4 期,1983 年。

左右。并徵集學術論文,組織學術交流。第二,普查國内外的敦煌文書、文物,搜集資料,有計劃地複印、影印,以供研究。此項工作可列入古籍整理出版規劃,儘快組織,分頭落實整理。第三,組織考察隊。組織年富力强的學者,深入現場考察,搜集民間散藏的文書、文物,使散失的資料逐步集中豐富起來。第四,北京大學、蘭州大學、武漢大學、中山大學、山東大學、西北師院、杭州大學現有的研究機構和研究力量,可根據各自的特長,地理歷史條件,結合古籍整理的規劃,制定敦煌學研究和人才培養計劃,并與敦煌文物研究所、歷史研究所、中國佛教協會等單位,分工協作,全面開展。第五,有計劃地開展國際學術交流,出版敦煌文書、經卷、圖録、論文及專著。辦好蘭州大學的《敦煌學輯刊》。①

1982 年 6 月,教育部在南京邀請了部分學者醞釀成立學會之事。許多專家學者一致表示了組織起來促進研究工作的願望,認爲國内、國際形勢迫切要求我們凝聚力量,改變研究力量和資料分散的現狀,并强烈表示要爲加速人才培養、多出快出科研成果、進一步提高我國敦煌吐魯番學在國際學術界中的地位而貢獻力量。

1982 年 7 月 2 日至 3 日,中國敦煌吐魯番學會籌備會議在北京大學召開,參加者有教育部顧問周林,北京大學副校長季羨林及王永興、張廣達、郭松年,中國社會科學院劉忠、王笑,文化部國家文物局朱希元、王東明,文化部藝術研究院譚樹桐,中國佛教協會周紹良,中國人民大學歷史系沙知,北京師範學院歷史系寧可,蘭州大學歷史系安守仁、齊陳駿,西北師範學院歷史系陳守忠及教育部高教一司季嘯風、章學新、闞延河。敦煌文物研究所和武漢大學歷史系因時間趕不及未到。會議由季羨林主持,教育部顧問、國務院古籍整理小組副組長周林作了講話。北京大學黨委書記韓天石、副書記項子明、副教務長夏自强到會看望了與會代表,并作了發言。周林同志首先發言,請到會的同志充分討論敦煌吐魯番學會成立的必要性和可能性問題,以便團結協作,共同籌劃。章學新同志介紹了各有關單位聯繫的經過。與會代表經過討論,一致認爲成立中國敦煌吐魯番學會很有必要,目前成立的條件也已基本具備,應當及早召開成立大會,開展工作。與會者一致認爲學會的宗旨應當是在馬克思主義理論的指導下進行敦煌吐魯番的研究,加强研究工作者之間的團結協作,開展學術討論與學術交流,扶植與培養人才,通過扎扎實實的工作促進我國敦煌吐魯番學的發展,做出成果,使之在國際上佔據應有的地位。成立大會初步定於 1982 年 10 月上旬在蘭州召開,參加人數包括新聞界

---

① 《關於發展敦煌學的建議》,《會刊》,第 184—187 頁。

在內約 150 人,會期一周左右,會後去敦煌考察。會務籌備工作委托蘭州大學、敦煌文物研究所及西北師範學院具體負責。成立大會的主要任務是交流國內研究工作的情況,加强團結,建立學會組織,供有關單位的研究工作者參考,并進行一些學術論文的報告和討論。會議要求各有關單位爲大會提供相應的資料:建國前後國內敦煌吐魯番學研究情況(北京大學中國中古史研究中心),臺灣、香港和海外有關敦煌吐魯番學研究的情況(歷史研究所),敦煌吐魯番資料分佈情況(敦煌所、古文獻研究室),國內外有關敦煌吐魯番研究文獻目録(北大),國內敦煌吐魯番研究機構及研究項目現況(古文獻研究室、藝術研究院),敦煌學術討論會籌備情況(敦煌所),西歐敦煌吐魯番學研究近況(張廣達),1981 年絲綢之路考察隊活動介紹(齊陳駿),關於開展敦煌吐魯番學研究及人才培養的初步意見(季羡林)。由於敦煌吐魯番學涉及多種學科,老專家較多,與會者一致認爲應聘請一批老年專家作爲顧問,學會理事會是做實際工作的,既要有廣泛性,人數又不宜過多,大體上以 30 人以內爲宜,中年同志多一些,要有一定數量的少數民族學者,理事會候選人由有關單位推薦,原則上每單位一人,少數民族兩人,甘肅、新疆的名額可略多一些。①

1982 年 7 月 19 日,教育部發出致中央宣傳部《關於成立敦煌吐魯番學會的請示報告》,報告中彙報了 1982 年 3 月古籍整理規劃會議期間的座談情況,并彙報了 1982 年 7 月召開的敦煌吐魯番學會籌備會議情況。并根據籌備會情況,建議於 1982 年 10 月在蘭州召開中國敦煌吐魯番學會成立大會,規模 150 人左右。所需費用大部分由社會科學院掌握的學會活動費中撥付,小部分由教育部承擔。會議除組織起來成立學會外,注重交流情況,對人才培養、科學研究工作也有所規劃。爲開好會議,教育部擬分頭與甘肅省委及新疆有關部門進一步聯繫,共同協調組織。②

1983 年 1 月 15 日,中央宣傳部發函教育部,同意成立中國敦煌吐魯番學會,并建議爲了聯合和調動國內各方面的有關學術力量,推動研究工作的開展,請教育部負責協調組織工作。在籌備成立學會的工作中,請與甘肅、新疆、西藏的黨(政)領導部門聯繫協商,并邀請中央民族學院和地方的民族研究所等單位的有關專家、學者(特別是兄弟民族學者)參加,共同開創我國的敦煌吐魯番學研究新局面。③

1983 年 5 月 18 日至 20 日,中國敦煌吐魯番學會第二次籌備會議在北京大學舉行,會議由北京大學副校長季羡林主持,教育部顧問、國務院古籍整理

---

① 《中國敦煌吐魯番學會籌備會議紀要》,《會刊》,第 191—192 頁。
② 《關於成立敦煌吐魯番學會的請示報告》,《會刊》,第 182—183 頁。
③ 《中共中央宣傳部的批示》,《會刊》,第 181 頁。

出版規劃小組副組長周林、北京大學黨委書記項子明、副校長王學珍、中古史研究中心教授鄧廣銘到會講話；參加會議的代表有北京大學王永興、張廣達，中國社會科學院歷史研究所盧善煥，文化部文物局馬恩田，藝術研究院譚樹桐，敦煌文物研究所段文傑，中國人民大學歷史系沙知，北京師範學院歷史系寧可，北京圖書館徐自強，中央民族學院陳踐，蘭州大學歷史系齊陳駿，甘肅省社會科學院顏廷亮，西北師範學院李并成，新疆社會科學院穆舜英，西藏自治區馬久，武漢大學歷史系朱雷，杭州大學古籍研究所張金泉；中國社會科學院王笑、中國佛教協會周紹良因事請假；中宣部理論局吳雄丞、中國新聞社記者李義也參加了會議；教育部高教一司章學新彙報了協調組織的情況。經文化部文物局及甘肅省有關領導同志建議，敦煌文物研究所原定於 9 月 10 日在敦煌召開的 1983 年全國敦煌學術討論會與敦煌吐魯番學會成立大會合併舉行。合併之後的會議名稱爲：“中國敦煌吐魯番學會成立大會、1983 年全國敦煌學術討論會”，會議定於 8 月 15—20 日之間在蘭州舉行，會期 10 天，以便在 8 月 31 日日本召開的第 31 屆亞洲北非人文科學大會之前閉幕。會議擬邀請代表 160 名左右，會議的內容包括開幕式、閉幕式、交流國內外敦煌吐魯番學研究情況、宣讀敦煌學論文、討論人才培養和科學研究、協商學會理事及顧問名單、選舉理事會、參觀莫高窟等事項。委託甘肅省的四個發起單位組成大會秘書處，分工協作負責會務工作及參觀活動，蘭州方面的會務由蘭州大學爲主組織安排，大會方面的會務由文物研究所承擔。[1]

四

　　經過兩年多的醞釀籌備，中國敦煌吐魯番學會成立大會、1983 年全國敦煌學術討論會在蘭州開幕了。段文傑先生爲《1983 年全國敦煌學術討論會文集》作序《我國敦煌學史的里程碑——代前言》說：“這次學術討論會規模空前，意義重大。參加會議的學者專家約二百人。出席會議的中央和甘肅省領導同志有鄧力羣、廖井丹、周林、李子奇、肖華、陳光毅等。這些同志多數在會議上講了話，特別是中央書記處書記、中宣部部長鄧力羣同志在大會上做了重要講話。這是我國許多學會和學術討論會前所未有的盛況，給與會同志以很大的鼓舞。”[2]

　　1983 年 8 月 15 日，中共甘肅省委書記李子奇在中國敦煌吐魯番學會成立大會、1983 年全國敦煌學術討論會開幕式上講話，代表中共甘肅省委、甘肅

---

① 《中國敦煌吐魯番學會第二次籌備會議紀要》，《會刊》，第 193—194 頁。
② 《1983 年全國敦煌學術討論會文集（石窟·藝術編）》上，蘭州：甘肅人民出版社，1985 年，第 2 頁。

省人民政府向大會表示熱烈的祝賀,向出席大會的各位領導表示熱烈的歡迎和致敬。并説全國敦煌吐魯番學研究的廣大專家和學者歡聚一堂,成立敦煌吐魯番學會,舉行 1983 年全國敦煌學術討論會,這標誌着我國敦煌吐魯番學的研究進入了一個新階段,將改變以往研究工作中力量分散、資料分散的狀況,促進敦煌吐魯番學研究工作的團結、協作和聯合,在全國範圍内集聚力量,加速培養人才,多出快出科研成果,使祖國的文化遺產得到進一步發揚光大,爲祖國爭光,爲四化建設服務。①

全國政協副主席、蘭州部隊政委肖華將軍在大會開幕式上發表講話,代表蘭州部隊黨委和領導機關,向到會同志表示熱烈歡迎,向大會表示熱烈祝賀。并説"在中央的關懷下,我們這個學會終於成立了,我相信在這個學會的組織指導下,我國敦煌吐魯番的研究一定能破關斬隘、一日千里,取得豐碩成果"。肖華對敦煌吐魯番學的研究提出四點希望:一是用馬列主義、毛澤東思想作指導,從理論和實踐的結合上,對敦煌吐魯番文物進行歷史的、辨證的、系統的、科學的研究;二是要團結協作,密切配合,羣策羣力開鑿中華民族的這一塊寶;三是要培養出更多的中青年學者,壯大研究隊伍;四是要認真汲取國外研究的成果,加強與世界各國的學術交流。民族文化遺產是世界文明發展的組成部分,既是民族的的財富,也是人類的財富。歡迎各國學者和我們一起研究敦煌吐魯番學,加快研究的速度,使當年的絲綢之路成爲聯繫中外學者友好往來的紐帶。②

中宣部顧問廖井丹在大會開幕式上講話,代表中共中央宣傳部向大會和同志們致以熱烈的祝賀。并説在黨的百花齊放、百家爭鳴方針的指引下,經過中央主管部門和地方黨政機關團結廣大專家學者的共同努力,敦煌、吐魯番學的研究同其他學科一樣,取得了長足的進步,一些專門研究機構相繼建立和發展起來,培養了一批專門人才,形成了一支初具規模的科研隊伍,取得了可喜的成果,這次學術討論會就是對研究成果的一次大檢閱,推動其向前發展。廖井丹還指出在研究工作中,需要各方面專家學者通力合作,協同研究,既有分工,又能相互配合,互相支持,抛棄門户之見,取長補短,互通有無,團結奮鬥,這樣就能更好地更快地出成果,繁榮和發展具有我們民族特點的社會主義新文化。③

北京大學副校長季羨林做了《中國敦煌吐魯番學會成立大會、1983 年全國敦煌學術討論會籌備工作報告》。季羨林説:經過兩年多的籌備,中國敦煌

① 李子奇《在中國敦煌吐魯番學會成立大會、1983 年全國敦煌學術討論會上的講話》,《會刊》,第 20—22 頁。
② 肖華《在中國敦煌吐魯番學會成立大會、1983 年全國敦煌學術討論會上的講話》,《會刊》,第 23—24 頁。
③ 廖井丹《在中國敦煌吐魯番學會成立大會、1983 年全國敦煌學術討論會上的講話》,《會刊》,第 25—27 頁。

吐魯番學會成立大會、1983 年全國敦煌學術討論會今天正式開幕了，這是我國敦煌吐魯番研究發展進程中的一件大事。也可以説是我國學術界的一件大事，這次會議是在黨中央領導同志、中宣部、教育部、文化部、中國社會科學院、甘肅、新疆、西藏省區黨委的關懷和支持下舉行的，是 18 個發起單位（分別是中國社會科學院、文化部文物局、藝術研究院、中國佛教協會、中國人民大學、北京大學、北京師範學院、蘭州大學、西北師範學院、北京圖書館、中央民族學院、甘肅社會科學院、新疆社會科學院、新疆博物館、西藏社會科學院、杭州大學）共同努力的結果。季羨林最後總結説，目前已經報到的代表 100 餘人，包括從事敦煌吐魯番研究的歷史、考古、文學、民族、宗教、語言、歷史地理、繪畫、雕塑、音樂、舞蹈、科技史等各個方面的老專家和中青年學術工作者，這真是一次敦煌吐魯番學研究的空前盛會，讓我們團結起來，羣策羣力，開好這次大會，讓我們爲發揚中華民族的優秀文化傳統，共同開創我國敦煌吐魯番研究工作新局面，在舉世矚目的敦煌吐魯番研究領域中確立我國的應有地位，爲振興中華，加強社會主義精神文明建設而貢獻力量吧！[1]

　　教育部顧問、國務院古籍整理規劃小組副組長周林在大會上做了《團結起來，促進我國敦煌吐魯番學的更大發展》報告，周林説：中央宣傳部批准由教育部協調組織中國敦煌吐魯番學會，請北京大學副校長季羨林教授主持籌備，其目的在於團結和聚集國内的學術力量，互相協作，共同來推動我國敦煌吐魯番學的進一步發展，使敦煌吐魯番學的研究工作，能夠適應社會主義精神文明建設的新形勢，進入一個新的發展階段。周林同志提出四點希望：一是堅持馬克思主義、毛澤東思想爲理論指導；二是堅持團結、堅持協作；三是認真培養人才；四是重視國外學者的研究成果。[2]

　　1983 年 8 月 20 日，中共中央書記處書記、中宣部部長鄧力羣出席了大會，并作了重要講話。鄧力羣説：爲了適應社會主義建設的新形勢，廣大知識分子要學習、學習、再學習，不論是自然科學工作者、社會科學工作者，還是文藝工作者，都要廣泛吸取整個人類歷史所創造的的優秀文化遺產，更重要的是向實踐學習，向不斷創造新生活的人民羣衆學習。要堅持理論聯繫實際，一切從實際出發，在實踐中檢驗真理和發展真理。他説知識分子必須清醒地認識自己在祖國社會主義現代化建設中承擔的重要使命，自覺地把自己同祖國的命運和社會主義事業的發展緊密聯繫起來。有了知識絶不應該用來爲個人爭名奪利，而應該像許多優秀知識分子那樣，爲國家和人民貢獻自己的

　　① 　季羨林《中國敦煌吐魯番學會成立大會、1983 年全國敦煌學術討論會籌備工作報告》，《會刊》，第 33—36 頁。
　　② 　周林《團結起來，促進我國敦煌吐魯番學的更大發展》，《會刊》，第 28—32 頁。

一切。他希望宣傳文教部門的各級領導要合理組織科研隊伍,解決本地區、本部門、本單位物質文明和精神文明建設中迫切需要解決的問題;要進一步落實知識分子政策,從政治上、思想上、生活上關心知識分子,切實解決邊遠地區、艱苦條件下堅守崗位的知識分子工作和生活中的實際困難;所有的宣傳部門,報紙、廣播、電視、文藝、出版等等,對邊遠地區、艱苦條件下工作的知識分子,對他們取得的優異成績,對他們熱愛事業、不畏艱難困苦的獻身精神和崇高品德要用各種形式大力宣傳。①

五

　　1983 年 8 月 17 日下午,大會通過了《中國敦煌吐魯番學會章程(草案)》,并聘請李一氓、周林、吳堅、谷苞、孫軼青、王冶秋、王仲犖、王靜如、任二北、任繼愈、張政烺、辛安亭、周一良、周紹良、周祖謨、金寶祥、饒宗頤、姜亮夫、夏鼐、常書鴻、常任俠、蔣禮鴻、王朝聞、張庚、張明坦、韓國磐、傅振倫爲中國敦煌吐魯番學會顧問。接着大會選舉產生了 60 人組成的中國敦煌吐魯番學會理事會,大會一致通過,爲臺灣學者保留兩名理事名額。②《中國敦煌吐魯番學會章程》規定,本會的宗旨是:提倡在馬克思主義指導下進行敦煌吐魯番學研究;加强研究工作者之間的團結、協作、學術討論與學術交流;扶植與培養人才;以促進敦煌吐魯番學的發展。本會的經常工作任務是:舉辦學術討論會;開展國內外的學術交流活動;印發會刊或通訊以及其他出版物;協助組織和協調各有關單位和會員的研究工作、學術活動及人才培養工作。③

　　1983 年 8 月 18 日上午,大會舉行了第一次理事會,推選會長、副會長、秘書長、副秘書長和常務理事會成員,宣佈中國敦煌吐魯番學會正式成立。理事會選舉季羨林爲會長,唐長孺、段文傑、沙比提、黃文煥、寧可爲副會長,并選舉寧可爲秘書長,張廣達、齊陳駿、穆舜英爲副秘書長,金維諾、張錫厚、王永興、沙知爲常務理事。

　　中國敦煌吐魯番學會成立大會、1983 年全國敦煌學術討論會會議代表名單共有 187 人,④其中不包括參加會議的中央和甘肅省領導,如鄧力羣、肖華、李子奇、周林、廖井丹以及甘肅省委副書記、省長陳光毅,甘肅省人大常委會副主任吳堅,中共甘肅省委宣傳部部長聶大江,中共甘肅省委宣傳部副部長

---

① 鄧力羣《鄧力羣同志在中國敦煌吐魯番學會成立大會、1983 年全國敦煌學術討論會上的講話》,《會刊》,第 1—18 頁。
② 蘭波《加速我國敦煌吐魯番學的新發展——中國敦煌吐魯番學會成立大會、1983 年全國敦煌學術討論會紀實》,《圖書與情報》1983 年第 4 期,第 36—37 頁。
③ 《中國敦煌吐魯番學會章程(草案)》,《會刊》,第 150 頁。
④ 《會議代表明單》,《會刊》,第 152—155 頁。

流螢等人。1983 年全國敦煌學術討論會共收到論文 115 篇,①後來部分論文結集出版,分別收錄於《1983 年全國敦煌學術討論會文集(石窟・藝術編)》上,共收錄論文 12 篇。②《1983 年全國敦煌學術討論會文集(石窟・藝術編)》下,共收錄論文 19 篇。③《1983 年全國敦煌學術討論會文集(文史・遺書編)》上,共收錄論文 24 篇。④《1983 年全國敦煌學術討論會文集(文史・遺書編)》下,共收錄論文 19 篇。⑤

　　大會委托甘肅的 4 個發起單位即蘭州大學、敦煌文物研究所、甘肅省社會科學院、西北師範學院組成大會秘書處,分工協作負責大會的會務工作及參觀活動。得地利優勢的蘭州大學更是積極認真準備,蘭州大學總務長萬天成擔任大會辦公室主任,調用了半個蘭大的力量組織保障會議的順利進行。而那些當年的大會工作人員、當年的青壯派,今天多數已經成爲活躍在敦煌吐魯番學界的著名專家與學者,他們是蘭州大學的齊陳駿、鄭炳林、郭鋒、馬明達、陸慶夫、牛龍菲、杜斗城,甘肅社會科學院的顏廷亮、敦煌研究院的李永寧、馬德、林家平、寧强、羅華慶,西北民族大學的湯開建,西北師範大學的劉進寶等。⑥

六

　　歷時 8 天的中國敦煌吐魯番學會成立大會、1983 年全國敦煌學術討論會上,多位專家學者對敦煌吐魯番學的發展狀況做了專題報告,如王永興先生的《我國敦煌文獻(漢文)研究概述》,段文傑先生的《五十年來我國敦煌石窟藝術研究之概況》,陳國燦先生的《吐魯番文書在解放前的出土及其研究概況》,張廣達先生的《歐洲學者研究敦煌吐魯番學的概況》,穆舜英、王炳華、李征先生的《吐魯番考古研究概述》,周紹良先生的《敦煌遺書(漢文部分)編輯整理》,齊陳駿先生的《絲路考察紀略》等。大會期間,不少專家學者則針對當時敦煌吐魯番研究的現況爲敦煌吐魯番學的發展把脈開方,就如何開展科學研究、怎樣培養人才出謀劃策。

　　姜亮夫先生提交了 3 篇論文,即《敦煌學規劃私議》、《對教育部周林在敦煌學術會上的報告的一些補充意見》、《敦煌學規劃之一》,對敦煌學的發展提出建議。《敦煌學規劃私議》主要介紹了敦煌卷子整理研究的十個工序,依次

---

① 《1983 年全國敦煌學術討論會論文目録》,《會刊》,第 158—161 頁。
② 《1983 年全國敦煌學術討論會文集(石窟・藝術編)》上,蘭州:甘肅人民出版社,1985 年。
③ 《1983 年全國敦煌學術討論會文集(石窟・藝術編)》下,蘭州:甘肅人民出版社,1987 年。
④ 《1983 年全國敦煌學術討論會文集(文史・遺書編)》上,蘭州:甘肅人民出版社,1987 年。
⑤ 《1983 年全國敦煌學術討論會文集(文史・遺書編)》下,蘭州:甘肅人民出版社,1987 年。
⑥ 《大會工作人員名單》,《會刊》,第 156—157 頁。

是徵集流散、綴合散頁、初編草目、高低分類、定時、校讎、集果、印書、聘賢、綜合考論。30 多年過去了，姜先生的這些建議還是很有價值，我們今天對敦煌文書的研究還是需要繼續按着這樣的路子向前走，加強校讎、集果、綜合考論的功夫。三十而立，敦煌學要走的路還很長。姜亮夫先生三篇文章中不斷提及的另外一個重要問題是人才培養，"立刻開始培養研究幹部。爲達到培訓目的，初年級應使他們對全部敦煌的文物有所認識。可在蘭州大學成立培育人才的研究班，便於學員隨時到敦煌學習；還要培養部分需要的技術者"。①"培養人才的問題。培養人才的問題，似乎也應在大會閉幕時請領導提出來讓大會商量。由部裏大力扶持有培養條件的機構，大學，也可以由地方來擔負一部分工作。"②"此外還請蘭州大學辦個藝術系，特設一個造型藝術班，加上學點梵文，四五年後，積了五六人，送他們到印度去學阿旃達藝術。"③

季羨林先生《關於開展敦煌吐魯番學研究及人才培養的初步意見》從八個方面對敦煌吐魯番學研究及人才培養工作做了説明，依次是編目、網羅散佚、科研、人才培養、人才交流、出版工作、機構設置與經費補助、指導思想。其中第七部分，季羨林先生特別强調了吐魯番學的研究，一是在北京和新疆兩地建立全國吐魯番學圖書資料中心，二是成立吐魯番學研究機構，保護文物古迹，開展考古研究工作。④

金維諾先生發言説："談一下對敦煌學、吐魯番學本身內涵的理解。敦煌、吐魯番學的研究不祇是文書，也不祇是美術，還包括考古。所以我們説它包括三個方面，一個是對地上遺址的考古研究，另外一個是考古發掘及其整理，再一個是文書的整理研究。敦煌的考古很重要，甚至很多重要的結論的關鍵問題，解決還靠將來的考古發掘，比如張氏或者曹家墓葬的發掘，可能會給我們美術和文書的研究提供更重要的材料，這三方面的研究要結合進行。"⑤

朱維錚先生發言説："怎麼樣開展敦煌學、吐魯番學的研究？現在我們有了學會，一個協調的組織機構，我們希望能夠促進這樣幾方面的研究。一是材料的研究，二是進一步促進專門的研究和專題的研究，三是比較研究，四是綜合的研究。"面對敦煌學、吐魯番學研究存在的問題如材料缺乏、情報不靈、借書困難、技術落後、出版困難、人才不足、力量不足、宣傳普及太差，朱維錚先生也提出了諸多建議，如成立敦煌學、吐魯番學資料中心，主辦敦煌學、吐

---

① 姜亮夫《敦煌學規劃私議》，《會刊》，第 37—42 頁。
② 姜亮夫《對教育部周林在敦煌學術會上的報告的一些補充意見》，《會刊》，第 43—44 頁。
③ 姜亮夫《敦煌學規劃之一》，《會刊》，第 45—46 頁。
④ 季羨林《關於開展敦煌吐魯番學研究及人才培養的初步意見》，《會刊》，第 107—112 頁。
⑤ 《金維諾同志發言摘要》，《會刊》，第 121—122 頁。

魯番學內部通訊,介紹國內外研究動向,編製敦煌學、吐魯番學文獻目録,編製敦煌學、吐魯番學研究論著目録,解決研究手段現代化問題,不僅要重視研究生的培養還要解決大學生、研究生學非所用問題,同時注意從羣衆中間發掘人才,出一批有品質、科學性、趣味性并重的作品,設立研究基金資助研究人員進行研究等。①

任繼愈先生發言説:"培養一個學科,要長年累月地努力,要一代人兩代人繼續下去,主力還是靠中青年的學者,做出成績,爲我們社會主義祖國爭光。""我們對敦煌、吐魯番以及包括新疆一帶文物保護工作也是一個迫在眉睫的問題,我們要注意它,保護它。我們古代遺留下來的遺産,不可能再創造,毀一件少一件,殘缺的就不能再補上。我們要對子孫後代負責,對社會負責,對人類負責。文化遺産不但是中國的,而且是世界的。我們敦煌、吐魯番文物對世界文化都有貢獻。我們有責任把它保護好,留給後人。"②

常書鴻先生發言説:"在黨的團結協作、振興中華的偉大號召下,中央和地方的黨政領導部門大力支持,使全國敦煌吐魯番學的專家學者們集會在古城蘭州,暢談今後發展的前景,并且建立了全國性的學術團體,來聯絡各方,推動研究工作。我感到非常高興。這個局面,正是我長期夢想和大半生爲之奮鬥的。""我相信,在新的歷史時期,在黨和政府的關懷下,在學會的組織和推動下,同志們的工作會比我們做得更加好,這是我們的目的和希望。長江後浪推前浪,這也是歷史發展的規律。祝敦煌吐魯番文化發揚新的光彩。"③

寧可先生發言説:"我們這次大會的一個重要內容,就是對今後如何開展敦煌吐魯番學的研究提出意見和建議。經過大家的討論,提出了很多很好的意見。概括起來是這樣六個方面:一是全面地、系統地收集文物、文書資料,加強文物的保護工作,二是有計劃地培養敦煌吐魯番的研究人才和做文物、文書的整理工作的人才,三是加強出版工作,四是組織考察,五是除去國內的學術交流活動外,還應當積極的開展對國外的學術交流活動,六是開展敦煌吐魯番學的普及工作,應該向廣大的人民羣衆和廣大的青少年宣傳敦煌吐魯番的燦爛文化,進行愛國主義的教育,以有助於社會主義精神文明的建設,同時也吸引廣大的羣衆關心敦煌、吐魯番,愛護敦煌、吐魯番的文物。""以上六個方面就是大會代表們意見的綜合。我們準備把以上意見向中央領導作一個彙報。""學會應該做的事情就是集中大家的意見,向上反映,提出建議,并

---

① 《朱維錚同志發言摘要》,《會刊》,第131—135頁。
② 《任繼愈同志發言摘要》,《會刊》,第139頁。
③ 《常書鴻同志發言稿》,《會刊》,第143頁。

且做一些推動、促進、協助、組織方面的工作。"①

　　唐長孺先生致閉幕詞説："這次大會,到會代表共 194 人(會議代表名單實有 187 人),有歷史、考古、古文獻、語言、文學、民族、宗教、經濟、繪畫、雕塑、音樂、舞蹈、科技史等十幾個學科的專家學者,提交會議討論的論文共 85 篇(據論文目録計 115 篇),涉及敦煌吐魯番研究的許多方面。這次大會是我國敦煌吐魯番學的一次空前盛會,是我國敦煌吐魯番學的學術力量和學術成果的一次大檢閲。""在這次會議上,同志們交流了各方面的工作情況,集中討論了今後工作開展的意見,進行了熱烈而活潑的學術討論,舉行了幾次專題座談會,聘請了學會顧問,選舉了理事會。整個會議過程洋溢着團結協作和學術民主的氣氛。應當説,在領導的關懷和支持下,在各位代表的共同努力下,我們這次會議是成功的。""讓我們把這次會議的結束作爲繼續前進的新起點。讓我們羣策羣力,團結協作,奮發圖强,切實工作,爲開創我國敦煌吐魯番學工作的新局面而共同努力吧。"②

七

　　1983 年 10 月,常書鴻、傅振倫、唐長孺、季羨林、任繼愈、谷苞、段文傑、史樹青、沙知、穆舜英、張廣達、寧可、黃文煥、齊陳駿、朱雷、唐耕耦、張錫厚、譚樹桐、金維諾、周紹良、潘絜兹、王朝聞 22 位專家給中央領導寫信,彙報了1983 年 8 月在蘭州召開的中國敦煌吐魯番學會成立大會、1983 年全國敦煌學術討論會情況,并對學會進一步的工作做了説明:一、全面地、系統地搜集資料,保護文物,擬依托北京圖書館和蘭州、烏魯木齊的圖書館或高等院校,分別建立敦煌學和吐魯番學的資料中心,協助文物考古部門在國內普查文書文物。并通過有關途徑,把分散在國外的資料複製回來,分藏三個中心,編出點目録,爲全面開展研究奠定基礎。二、有計劃地培養人才,1990 年前,在有關高等院校和研究機關,招收研究生 100 名,增加一點人員,逐步改變現有隊伍中青年少的不合理結構。三、加强出版工作,有計劃地組織學者編印出版《敦煌文書》、《吐魯番文書》(已進行)、《敦煌壁畫》、《高昌壁畫》、《敦煌石窟全集》等。同時出版一批專著。四、組織西北地方的學術考察,開展綜合研究。五、開展國內外的學術交流活動。六、抓緊普及工作,以多種形式向羣衆進行愛國主義教育。爲了實現以上目標,需要國家撥給一筆基金。初步框算"六五"期間需人民幣 500 萬元(分 3 年撥給),每年另撥外匯 5 萬美元。爲充

---

① 《寧可同志的發言》,《會刊》,第 140—142 頁。
② 唐長孺《閉幕詞》,《會刊》,第 144 頁。

實各機構的整理研究人員,需補充編制 150 名,在全國"社聯"沒有成立前,這筆基金建議由社會科學院或教育部代管。①

　　1983 年 11 月 4 日,教育部黨組發出致中央宣傳部《關於中國敦煌吐魯番學會工作掛靠問題的請示報告》,報告説:10 月 30 日,財政部電話通知,中央領導同志對學會申請資助的報告已經批示:一、小平、陳雲、耀邦同志圈閲。二、紫陽同志批示:撥一點錢,我原則同意。請依林、丙乾同志酌定(十月七日)。三、姚依林同志批示:擬同意,請丙乾同志定。四、王丙乾同志批示:可撥一點錢補助,但要和有關部門聯繫一下,誰管這件事情,工作和財務問題如何處置,現在和今後如何辦。教育部根據慣例,認爲社會科學的學會,一般應由中國社會科學院或"社聯"歸口管理,建議在"社聯"未成立之前,敦煌吐魯番學會可掛靠中國社會科學院或教育部。由於中國敦煌吐魯番學會領導人表示學會開展的工作包括人才培養,資料中心的建立,涉及許多行政工作,掛靠中央的一個行政部門較有利於工作。鑒於敦煌吐魯番學會由教育部協調組織,教育部建議希望中國敦煌吐魯番學會今後掛靠於教育部。②

　　1983 年 11 月 11 日,中央宣傳部發函教育部黨組,同意中國敦煌吐魯番學會掛靠教育部,并請教育部指導中國敦煌吐魯番學會認真開展工作。③

八

　　1983 年 8 月 15 日至 1983 年 10 月 14 日,蘭州大學歷史系敦煌學研究室舉辦了"敦煌·吐魯番學講習班"。中國敦煌吐魯番學會成立大會、1983 年全國敦煌學術討論會會間和會後,蘭州大學歷史系敦煌學研究室舉辦了一期"敦煌·吐魯番學講習班"。來自甘肅、新疆、陝西、寧夏等地的學員列席了中國敦煌吐魯番學會成立大會,旁聽了 1983 年全國敦煌學術討論會。會議閉幕後,講習班邀請了參加這次會議的學有專長的同志講授了一組有關敦煌吐魯番學的專題課程,有中國佛教協會圖書文物館研究員周紹良《敦煌通俗文學》,中國歷史博物館研究員史樹青《文物與考古學》,西藏社會科學院籌備組組長黃文煥《河西吐蕃卷式寫經》,北京大學歷史系副教授張廣達《國外敦煌學研究動態》,武漢大學歷史系副教授陳國燦《吐魯番學及其研究》,中國人民大學歷史系副教授沙知《敦煌經濟文書》,中國社會科學院文學研究所副研究員張錫厚《敦煌文學的歷史貢獻》,中國藝術研究院舞蹈研究所副研究員王克芬《敦煌壁畫中的舞史資料》,甘肅省圖書館西北文獻資料室主任、蘭州大學

---

①　《二十二位專家給中央領導的信》,《會刊》,第 173—176 頁。
②　《關於中國敦煌吐魯番學會工作掛靠問題的請示報告》,《會刊》,第 177—178 頁。
③　《中共中央宣傳部的批示》,《會刊》,第 179 頁。

歷史系兼職副教授周丕顯《敦煌文獻目録》,中國社會科學院歷史研究所研究人員唐耕耦《敦煌社邑文書介紹》,甘肅省博物館考古工作隊研究人員董玉祥《石窟寺考古及甘肅諸石窟寺概述》,敦煌文物研究所研究人員孫修身《莫高窟藝術寶藏》,蘭州大學歷史系副教授盧葦《絲綢之路史略》,蘭州大學歷史系敦煌學研究室副教授齊陳駿《河西歷史地理》,蘭州大學歷史系敦煌學研究室教師牛龍菲《敦煌樂史資料》。①

　　1983 年 10 月至 1984 年 1 月,姜亮夫先生主持舉辦的首屆敦煌學講習班在杭州大學舉行。林加力《在我校舉辦的全國首屆敦煌學講習班結業》載:"中央教育部委託我校古籍研究所所長姜亮夫教授主持舉辦的我國首屆敦煌學講習班,於今年一月九日結業。來自甘肅、新疆、吉林、遼寧、四川、湖北、湖南和浙江八個省的高等院校,有關研究機構的講師和助理研究員們,通過一個學期的學習,完成了原定的學習計劃。這期講習班由姜亮夫教授主講。姜老不但是我國著名的語言學家和古典文學專家,而且是蜚聲中外的敦煌學專家,現任中國敦煌吐魯番學會顧問……在這期講習班上,姜老不顧年高體弱,系統地給學員們講授了《敦煌學概論》。這門課共分十六講,二十四課時,主要內容有:'我與敦煌學'、'敦煌學在中國'、'敦煌學在中國文化史上的價值'、'敦煌遺書簡介(分佛經、道經、儒經、歷史、地理、語言、科技)'、'敦煌藝術內容綜述'、'怎樣研究敦煌學'、'敦煌經卷研究方法簡介'等。姜老還多次開設專題講座,親自撰寫講義、選編參考文獻約三十萬字。""我校另一位著名的敦煌學專家蔣禮鴻教授也給講習班講了課,內容是關於他的著作《敦煌變文字義通釋》的寫作動機、方法、經過和設想。此外,浙江美術學院王伯敏副教授講了《敦煌石窟壁畫的藝術》,安徽大學樂壽明副教授講了《佛學概論》,我校沈康身副教授講了《敦煌建築藝術》。經教育部批准,古籍所還組織學員們到甘肅敦煌莫高窟進行實地考察,參觀了六十個主要洞窟和五個特級洞窟,參閱了敦煌文物研究所遺書研究室所藏的部分敦煌遺書,聽取了敦煌文物研究所副所長樊錦詩所作的《敦煌洞窟分期介紹》的學術報告和遺書研究室主任施娉婷同志關於敦煌遺書研究情況的介紹。"②

九

　　回望 30 年,我們的敦煌吐魯番學研究取得了長足的發展,當年前輩學者最爲關注的資料搜集、刊佈問題,已經得到了全面的解決,《英藏敦煌文獻》、

---

① 《蘭州大學歷史系敦煌學研究室舉辦"敦煌・吐魯番學講習班"》,《敦煌學輯刊》1984 年第 1 期,第 143 頁。
② 林加力《在我校舉辦的全國首屆敦煌學講習班結業》,《杭州大學學報》(哲學社會科學版)1984 年第 1 期,第 120 頁。

《法藏敦煌西域文獻》、《俄藏敦煌文獻》、《國家圖書館藏敦煌遺書》、《甘藏敦煌文獻》、《天津市藝術博物館藏敦煌文獻》、《上海圖書館藏敦煌吐魯番文獻》、《敦煌秘笈》乃至其他散藏敦煌遺書、吐魯番文書基本都已經得到了整理、刊佈；人才培養問題也得到了較好的解決，單單教育部人文社會科學重點研究基地蘭州大學敦煌學研究所已經培養出博士研究生近 100 人，碩士研究生 200 多人，北京大學、浙江大學、武漢大學、四川大學、首都師範大學、南京師範大學、上海師範大學、西北師範大學等高校也培養出大批敦煌吐魯番學人才；在科學研究上，我們也取得了衆多的成績，各類著作、論文大量湧現，研究遍及歷史、考古、藝術、宗教、文學、語言文字等各個領域，“敦煌吐魯番在中國、研究在國外”早已成爲歷史，北京、蘭州等地已成爲全世界敦煌吐魯番學研究的中心之一；此外，國際國內的學術討論會每年都有召開，加强了國內外學者之間的文化交流，更展示了中國敦煌吐魯番學的風采與實力。敦煌吐魯番學研究正在走向深化、細化，敦煌吐魯番學再研究一百年也十分有必要，敦煌吐魯番學必定是要不斷向前發展，而擺在當今的問題是如何實現敦煌吐魯番學的更大發展、更大跨越。

鄭炳林教授在 2012 年蘭州大學敦煌學基地總結中分析研究所面臨的問題時說：“第一、教師隊伍配置不足，學科領域不平衡，有很多急需研究領域没有配置科研人員，國際化程度較低。如胡語文獻專家和石窟考古與石窟藝術專家嚴重不足。急需胡語文獻，尤其是藏文文獻專家 2 名，藝術考古專家 3 名。特別是國外專家 2—3 名。在短期內將研究所的科研隊伍增加到 20 人左右。第二、研究生培養亟待提高，注意加大國外留學生的培養，以增加國際知名度。急需與國外院校聯合，培養高水準的研究生，在保持招生規模相對穩定的同時，確定重點培養對象，力爭在優博培養上有一個新的突破。”①鄭炳林教授所指出的這兩個方面仍然是 30 年前前輩學者最爲關注的科學研究與人才培養問題，科學研究關係到敦煌吐魯番學在國際國內的地位、聲譽，人才培養關係到敦煌吐魯番學的發展、傳承問題，蘭州大學敦煌學研究所有特殊性也最有代表性，這無疑反映了當今中國敦煌吐魯番學界的主要問題，也是主要努力方向。我們在新時代要實現敦煌吐魯番學研究事業的新發展、新跨越，就要好好解決科學研究與人才培養這兩個最重要的問題，將研究深化、細化，將我們最弱的胡語文獻研究發展起來，培養出更多的高水準、高素質、複合型、國際化人才。《敦煌吐魯番學研究》第一卷《弁言》有一句話說得很好，我們拿來用作結束語：“繼往開來，是我們的責任；培植新苗，是我們的心願。

---

① http：//dhxyjs. lzu. edu. cn/xinwenzhongxin/20120106/115556. htm.

壯大我們的隊伍,創造出更豐碩的研究成果,纔是我們對先民和西北大地慷慨賜予的應有回報。"①

基金項目:國家科技支撐計劃國家文化科技創新工程項目(2013BAH40F01)。

---

① 《弁言》,《敦煌吐魯番學研究》(第一卷),北京大學出版社,1996 年,第 1 頁。

“中國敦煌吐魯番學會成立三十周年
國際學術研討會”論文觀點述要

張元林（敦煌研究院）

　　“中國敦煌吐魯番學會成立三十周年國際學術研討會”於 2013 年 8 月
18—20 日在首都師範大學舉行。本次會議厚厚的兩册《論文集》共收録了逾
百篇論文。這些論文涉及敦煌吐魯番學研究的各個領域。從選題和研究對
象來看，大體可劃分爲三大類：1）學會成立史、學術史回顧與研究述評；
2）文獻研究；3）圖像研究。現將這些論文的要點綜述如下，以供研究者參考。

一、學會成立史、學術史回顧與研究述評

　　盧向前（浙江大學）《王永興先生與敦煌吐魯番學及其他》通過回憶在先
生門下從學的親身經歷和深切感受，從三個方面評述了王永興先生對中國敦
煌吐魯番研究事業作出的傑出貢獻：1. 辛勤培養學生。文中特別舉出先生
當年指導學生們研讀敦煌文書和指導學生論文寫作的實例，生動而具體地展
示了先生是如何一步一步地引導學生們走入敦煌吐魯番研究的殿堂的。讀
來令人深受感觸和啓發；2. 組織編集、出版《敦煌吐魯番研究文獻論集》。通
過比較、介紹《論集》第一輯和第二輯的作者和當時的書評，指出《論集》不僅
培養了新人，還帶動和推進了全國範圍內敦煌吐魯番研究；3. 對中國敦煌吐
魯番學會的籌建作出了獨特貢獻。指出先生不僅參加了學會籌建之初的重
要會議、就學會名稱提出建議，還自己到中南海拜訪國家領導，尋求支持。**劉
進寶**（浙江大學）《關於學會成立的點滴回憶》依據親身經歷和原始材料，對與
中國敦煌吐魯番學會的成立及與 1983 年全國敦煌學學術會議相關的一些史
實作了進一步鈎沉：1. 最初開始計劃成立的是敦煌學會，後來改名爲敦煌吐
魯番學會；2. 敦煌吐魯番學會成立大會原計劃於 1982 年 10 月在蘭州舉行，
後與敦煌文物研究所籌辦的 1983 年全國敦煌學術討論會合併舉辦；3. 22 位
知名學者集體給中央領導同志的信寫於 1983 年 8 月學術會議期間；4. 會議
的正式名稱爲“中國敦煌吐魯番學會成立大會、1983 年全國敦煌學術討論
會”。**柴劍虹**（中華書局）《繼承發揚學術團隊精神——爲中國敦煌吐魯番學
會創建 30 周年而作》從三個資料中心的建立、敦煌文獻的整理出版、《敦煌文
學作品選》等的編寫、“走近敦煌”與“敦煌講座”叢書的編撰等作者親身經歷
的工作談起，認爲中國敦煌吐魯番學會自創建伊始就十分重視團結協作的團

隊精神,團隊精神對推進中國敦煌吐魯番學的發展至關重要。**榮新江**(北京大學)《敦煌講座的編撰與成果: 對中國敦煌學三十年的獻禮》對這部叢書的編纂緣起、具體内容、編寫者的選擇和學術意義等作了詳細説明。這部叢書計劃分 32 本,涉及三大領域: 1. 歷史、地理、社會方面(12 本);2. 考古、藝術、文學、文物方面(9 本);3. 文獻、經典、寫本學方面(11 本)。每册的撰寫者都是目前在各相關研究領域的佼佼者。編者希望利用集體的力量,運用跨學科的研究方法,使這部叢書成爲敦煌學各個領域的通論性著作。**黄征**(南京師範大學美術學院)《敦煌學翻天覆地三十年》首先通過回顧 20 世紀 80 年代後中國敦煌學史上發生的三件具有代表性的大事,即: 季羡林任會長創建中國敦煌吐魯番學會;常書鴻、段文傑任院長創建敦煌研究院;姜亮夫、蔣禮鴻受命主辦敦煌學講習班,以説明三十年來中國敦煌吐魯番研究發生的重大變化及取得的成就;接着把中國敦煌的發展歸結爲創立期、發展期、停滯期和繁榮期四個時期,并對各時期作了簡要介紹。**王冀青**(蘭州大學)《英國牛津大學斯坦因 1907 年敦煌莫高窟考古日記整理研究報告》根據英國牛津大學所藏的斯坦因第二次中亞考古(1906—1908 年)途中於 1907 年 5 月 21 日—6 月 12 日在敦煌莫高窟活動期間撰寫的考察日記,對斯坦因一行在莫高窟共 23 天的活動作了迄今止最詳盡的分析和介紹。據《報告》,斯坦因這次在敦煌莫高窟的活動主要有: 1. 檢閲、挑選藏經洞文物。將藏經洞全部文物搬至洞外進行搜檢和挑選;2. 從王道士手中騙購總重達 500 公斤的藏經洞文書和各類藝術品,并偷運出敦煌;3. 考察石窟。先後對南區北段石窟、北區進行測量、拍照,還對少量洞窟進行編號并首次對藏經洞進行了準確測量。文中還附帶介紹了斯坦因對藏經洞文書的性質、藏經洞封閉時間和原因等學術問題的思考和觀點。**Susan Whitfield**(**魏泓**,英國國家圖書館)之 *Travellers to Dunhuang: 1930—1960* 一文,介紹了受斯坦因、伯希和等人關於敦煌石窟的書籍對 20 世紀 30—60 年代間前往敦煌的幾位西方旅行家的影響,包括如鮮爲人知的年青愛爾蘭人 Desmond Parsona、兩度前往敦煌的著名英國科學家兼科技史家 Joseph Needham(李約瑟)、新聞記者 Irene Vongehr Vincent 和 John B. Vincent,以及印度語言學家兼政治家 Raghu Vira 等,并對他們在莫高窟拍攝的照片、所做的洞窟記録和日記等歷史資料作了簡略介紹。**Irina F. Popova**(**波波娃**,俄羅斯科學院東方文學研究所)《俄羅斯科學院檔案館 С・Ф 奥登堡館藏中文文獻》對 С・Ф 奥登堡的學術背景和他在 1914—1915 年第二次赴中國新疆、敦煌考察時所獲的文物及其收藏歷史進行了較系統介紹。俄羅斯科學院檔案館奥登堡館藏中文文獻主要保存於編號第 130 和第 187 兩個存儲單元中。前者主要是不同語言的手稿,後者是中國西部探險材料等。**徐自**

强、張永强(國家圖書館、《中國書法》雜誌社)《對莫高窟題記的初步整理和研究——〈敦煌莫高窟題記彙編〉編纂記》回顧了《敦煌莫高窟題記彙編》的編纂緣起、編纂經過,并對與此相關《新訂莫高窟諸葛亮家窟號對照表》、莫高窟繪畫題記的整理、莫高窟題記的書法藝術及其研究進行了介紹與述評。**朱玉麒**(北京大學)《段永恩生平考略》介紹了作者對曾經有功於吐魯番文獻的收藏和整理的清末民初任職新疆的武威人段永恩的生平事迹資料進行搜集和整理的主要過程,并對段永恩家世及其在新疆的交遊、任職履歷、後人現狀等進行了較詳細的考述,進一步豐富了這方面的史料。**劉波、林世田**(國家圖書館)《俞澤箴與京師圖書館敦煌遺書編目工作》主要依據俞澤箴先生的日記,圍繞京師圖書館對敦煌文獻的編目始末,對一些史實作了鈎沉和梳理。文章指出:1. 俞澤箴先生於1920—1925年間參與了京師圖書館的敦煌文獻的整理、編目和《敦煌經典目》的編纂工作;2. 俞澤箴等先生整理、著錄、編排館藏敦煌遺書目錄時,採納了尚在編輯過程中的日本《大正藏》的體例,顯示出其對國際佛學界最新動態的準確把握;3. 陳垣先生應當通覽了絶大部分館藏敦煌遺書,但并非祇限於任京師圖書館館長的五個月間;4.《敦煌劫餘録》的編纂基礎係《敦煌經典目》;5. 陳垣先生對《敦煌劫餘録》的編纂、校録作出了卓越的貢獻。

陳國燦(武漢大學)《對敦煌吐魯番學研究的回顧》對三十年來中國敦煌吐魯番學研究由量到質的變化歸納了五點:1. 學術研究機構由小到大,學術團體由無到有,學術期刊由少到多,品質不斷提升;2. 基礎建設日益完善;3. 新的研究領域不斷開拓,原來薄弱的領域得以加强;4. 學術水準有了很大的提升,開創性研究成果不斷湧現。同時,也指出了吐魯番學研究方面尚待加强的五個領域:1. 對戊己校尉時代的吐魯番研究不足;2. 對西州王國時期漢人的活動的研究基本上是空白;3. 在吐魯番地理研究方面,結合出土文獻的古今對照研究者甚少;4. 在研究吐魯番出土回鶻文、蒙文文獻時,結合歷史背景的研究偏少;5. 對歷史上各時期吐魯番地方政權對中央王朝趨向性的研究不夠。**張涌泉**(浙江師範大學)《手寫紙本文獻:中華文明傳承的重要載體》論述了與創建手寫紙本文獻學相關的幾個問題。第一,認爲手寫紙本文獻是繼簡帛之後我國古代文獻傳播和中華文明傳播的最主要載體之一,主要包括吐魯番文書、敦煌文獻、黑水城文獻、宋元以來的契約文獻、明清檔案。第二,認爲相對於簡帛和印本文獻而言,手寫紙本文獻具有以下三方面的特點:1. 内容更爲大衆化、更爲廣泛,甚至可以説無所不包;2. 形制以卷軸式爲主。晚唐五代時也出現了梵夾裝、經折裝、粘葉裝、縫繢裝等以折疊爲特點的裝幀式樣;3. 校録時直接在紙本上添加校讀符號。第三,認爲手寫紙本文獻在中華文明的傳承中佔有以下地位：1. 是古代文獻傳承中的重要一環；2. 保存了大批世無傳承的佚典；3. 在很大程度上改寫了中國的學術史；4. 推動了一批新學問的誕生。第四，認爲創建一門全新的手寫紙本文獻學，不但有必要，而且時機也已成熟。**方廣錩**（上海師範大學）《敦煌遺書中寫本的特異性——寫本學劄記》認爲，由於敦煌寫本由抄寫者逐一抄寫而成，故呈現出一些個性化特點；加之一些寫本在流通過程中又經過一些著錄、修復或改動，故又呈現出與寫本的"唯一性"和"流變性"兩個基本特點相違之處，統稱爲寫本的"特異性"。以英藏敦煌文書爲例，具體表現爲：1. 反向抄寫，錯亂行款；2. 正面可綴，背面不可綴；3. 爪剖舊卷，另組新卷；4. 後人著錄，誤作原題。**趙聲良**（敦煌研究院）《敦煌美術研究與中國美術史——略談三十年來敦煌美術的研究》首先從以下三個方面對 90 年代後敦煌美術的研究進行了回顧與總結，認爲：1. 敦煌藝術綜合研究與介紹的成果主要體現在壁畫圖像的考證研究、石窟考古和分期研究、石窟藝術研究這三個方面，以 90 年代後期開始陸續編寫、出版的 26 册《敦煌石窟全集》等爲代表；2. 敦煌藝術資料的大規模公佈與分類研究方面則出版了一批大型、專題美術圖集，其中以《中國石窟·敦煌莫高窟》（五卷本）、《西域美術》等爲代表；3. 美術專題的深入研究方面，主要體現在對建築藝術和建築史、圖案、山水畫、敦煌美學和藝術風格、藏經洞繪畫品等的研究進一步深化上。其次，提出了在敦煌石窟美術中值得重視的四個方面的問題：1. 美術作品的專業性考察是研究的基礎；2. 從中國美術發展史的視角進行敦煌美術的研究；3. 從中外文化交流中來看敦煌美術的特點；4. 敦煌美術研究與傳統美術研究的差異。**馬德**（敦煌研究院）《敦煌遺書研究誤區檢討》對一百多年來敦煌遺書研究中暴露出來的問題進行了歸納，認爲存在以下六大誤區：1. 易者取，難者避；2. 順者採，逆者捨；3. 名人的誤導；4. 一葉障目，先入爲主；5. 以今量古——《大正藏》的束縛和限制；6. 以古當今——廢頁的概念。并認爲造成上述誤區的原因主要在於對敦煌遺書研究的認識不足和對敦煌遺書研究的基礎訓練方面欠缺。**湯士華**（吐魯番學研究院）《吐魯番學與吐魯番學會》對中國吐魯番學史和吐魯番學會的發展歷程作了介紹與評價。認爲中國吐魯番學的研究史可分爲早、中、近三個時期。早期，即 20 世紀前半期，主要的研究成果出自俄、德等國外學者之手，但亦有黃文弼等部分中國學者開始研究；中期，即 20 世紀後半期，以吐魯番地區一系列考古發掘所出土的大量珍貴文物，以及"吐魯番出土文書整理小組"陸續編集出版的 10 卷《吐魯番出土文書》爲標誌，中國吐魯番學進入了全新的歷史時期；近期，即 2000 年以後，以吐魯番學研究院的成立和洋海古墓羣的發掘等爲標誌，中國吐魯番學研究進入了鼎盛時期。

鄭阿財(臺灣南華大學)《敦煌佛教文學理念的建構與研究面向》首先回顧了從"敦煌俗文學"向"敦煌文學"概念發展的歷程,指出"敦煌佛教文學"也是其發展的必然結果之一。接着,分析了"敦煌佛教文學"理念的建構歷程,認爲相較於一般的傳統文學,"敦煌佛教文學"除了應注重"敦煌"文獻的獨特性外,更要注意佛教的自覺性,以及文學的創作性。最後,就今後這方面的研究應該關注的問題提出了自己的看法。認爲首先要建構清楚的"敦煌佛教文學"概念,劃定明確的整體研究範疇,在此基礎上,再從文學文獻學的視角對已刊佈的敦煌文獻資料進行甄別,進而開展分類研究;并認爲在研究中既要兼顧"佛教性"與"文學性",又要注意與相關的圖像研究相結合。伏俊璉(西北師範大學)《敦煌文學編年史相關問題研究》首先概略論述了敦煌文學的發展階段、特點和分類。認爲其發展主要包括唐前期(618—763)、吐蕃攻佔時期(764—847)和歸義軍時期(848—1036)三個階段。敦煌文學可分爲敦煌寫卷中的經典文學和文人創作的典雅文學、敦煌民俗儀式文學、敦煌宗教儀式文學三類。接着討論了敦煌文學編年史的特點及編寫體例。認爲其特點即其難點,主要體現在:1. 敦煌文學中最具代表性的講唱文學作品大多沒有作者,并經數次修改、增訂,產生年代難以確定;2. 除了來自中原的作品外,敦煌本地作者生平難以查考;3. 能考證其抄寫時間的作品僅佔少數;4. 一些作品創作於不同年代的作品被有意識地彙集成册,作爲一組作品流傳。最後,列出了寫卷年代考定的四種情況。吳麗娛(中國社會科學院)《關於敦煌〈朋友書儀〉的研究回顧與問題展望》較系統、全面地介紹了敦煌文獻《朋友書儀》的研究歷史和現狀,并就研究中存在的一些爭議問題提出了自己的看法。認爲研究進展主要是體現在以下四個方面:1.《朋友書儀》的特色、形態與版本、系統的劃分;2. 作爲《朋友書儀》淵源的索靖《月儀帖》的發現以及《唐人月儀貼》的來源和流傳過程的考證;3. 吐魯番"朋友書儀"的發現以及對不同類型月儀合集問題的研究;4.《朋友書儀》與《杜家立成雜書要略》之間關係的研究。竇懷永(浙江大學)《百年敦煌文獻避諱研究述略》從以下三個方面回顧了百年來在敦煌文獻避諱研究方面取得的豐碩成果:1. 避諱研究的對象、範圍不斷拓展。認爲從早期的四部典籍等儒家經典不斷擴展到醫藥、占卜、天文等多種文獻;2. 避諱字形問題的探討日趨活躍。認爲其成果體現在探討敦煌文獻避諱字與俗字字形的關係的研究上;3. 敦煌文獻的避諱特點逐漸清晰。認爲衆多研究展示出敦煌文獻避諱的階段性、寬鬆性和承沿性特點。陳麗萍、趙晶(中國社會科學院、中國政法大學)《日本杏雨書屋藏敦煌吐魯番文書研究綜述》分三個層面介紹了日本杏雨書屋藏敦煌吐魯番文書收藏情況和研究歷史。首先簡要回顧了這批藏品的來源、收藏與流佈過程。其中特別介紹了羽田亨的初步編目和李盛鐸藏品的數量；其次，認爲其研究歷史大體可分三個階段：第一分階段多據圖版或抄本着重對李盛鐸舊藏進行研究，成果相對單一；第二階段主要由日本學者依據《羽田亨博士收藏西域出土土文獻寫真》進行研究，視野有所擴大，成果較豐富；第三階段是中日學者共同依據 2009 年出版的《敦煌秘笈目録册》及《敦煌秘笈影片册》進行研究并取得顯著的成果；第三，從概括性介紹與研究、對已有研究的繼續或推進、對文書的個案研究以及對某類文書的整體研究這四個方面着重對第三階段取得的成果進行了介紹，并總結了這一階段的研究特色。文後并附相關的研究論著目録供研究者參考。

二、文 獻 研 究

王三慶（臺灣成功大學）《敦煌應用文啓請文研究》首先辨析了"啓請"與"啓請文"的區別。認爲前者源自佛教術語，是一種非常虔誠地對佛跪拜，主動懺悔或被動地承認自己過錯的禮佛儀式。而後者則是專門以"啓請文"作爲書篇名目的、在"雜齋"法會上恭敬宣讀的齋疏文字。接着，通過敦煌文獻中的多件"啓請文"實例，説明其功用主要是在受戒儀式或法會中啓請賢聖降臨道場，證盟懺悔，除滅罪過，甚至薦拔亡靈、超渡餓鬼。并指出其多屬於密教或雜密範疇。鄭怡楠、鄭炳林（中央美術學院、蘭州大學）《敦煌曹氏歸義軍時期修功德記文體的演變》把敦煌曹氏歸義軍時期發願文中記載石窟修建功德內容的文書提取出來，作爲專門的修窟功德記加以介紹，并對其文體結構及其演變進行研究。首先認爲整個曹氏歸義軍時期修功德記文文體結構都相同，基本没有變化，且它們與其他各種發願文的格式没有特別的區別；其次，認爲自五代以後，由於敦煌地區没有相對較好的石材等原因，以紙質代替石材，用形式代替本質就成爲一種通行做法，所以自曹議金之後，敦煌開鑿石窟慶功以法會爲主，而不是刻石頌功；第三，認爲修功德記前期與後期記載的內容有很大的差別。前期張氏歸義軍時期記載的內容都是縱向家譜性質的，記載一家人的功績、演革，而曹氏歸義軍時期發願文形式的修功德記文記載的基本都是橫向的家族成員、節度使僧侣僚屬等的功績。玄幸子（日本關西大學）《敦煌文獻與中國口語史研究——以太田辰夫著〈中國語歷史文法〉爲中心》例舉太田辰夫的經典著作《中國語歷史文法》中引用的 51 條敦煌文獻材料及其論文《唐代文法試探》中所舉十五項敦煌文獻材料以説明敦煌文獻是研究中國口語史的唯一直接材料，認爲重新開始整理敦煌文獻中的口語材料十分有意義，而且時機也已經成熟。黃正建（中國社會科學院）《唐代訴訟文書格式初探——以吐魯番文書爲中心》結合吐魯番出土文書實例，分別介紹和分析了唐代訴訟文書中的《辭》、《牒》、《狀》等文書格式及對訴訟文書的相關稱呼。認爲訴訟文書在唐代法典上的稱呼爲"辭牒",一般人多稱其爲"辭狀"或"詞狀"。在唐前期,普通庶民使用《辭》,有品級或一定身份的人使用《牒》,到唐後期始出現"訴狀"稱呼。此後,"狀"就成爲訴訟文書的固定稱呼。**許建平**(浙江大學)《由敦煌本與岩崎本互校看日本舊鈔〈尚書〉寫本之價值——兼論日本舊鈔本與敦煌寫本互證的重要性》通過比較研究,從以下五個方面闡述了日本舊鈔本岩崎《尚書》的文獻價值:1. 岩崎本可佐證敦煌本之文字爲隸古定《尚書》原貌;2. 敦煌本已改爲今字,而岩崎本存隸古定《尚書》原貌;3. 岩崎本可佐證敦煌本糾傳世刻本之論誤;4. 可據岩崎本以證敦煌本之誤;5. 可據岩崎本以考見傳世本之異文。**石塚晴通、唐煒**(日本北海道大學)《從 Codicology 的角度看敦煌漢文文獻》從 Codicology 這種綜合的文獻學研究角度,對敦煌漢文文獻的字形、字體、紙質、寫本和印本以及訓讀等方面進行了闡釋和研究。**白化文**(北京大學)《佛典目録及推薦目録之溯源問題》討論與漢文典籍推薦書目的溯源相關的兩個問題,即,一是把溯源僅限於清代,二是敦煌遺書中的《雜鈔》是不是推薦書目。對於前者,認同徐富有的"非導讀書目,而是一份教學計劃"的觀點;對於後者,大體認爲學界"中國現存最早的推薦目録是在敦煌發現的《雜鈔》"的觀點,但同時也指出了其中的一些錯謬之處。文後還附有作者舊作《敦煌寫本〈衆經別録〉殘卷校釋》一文供參考。**王邦維**(北京大學)《再説"通韻"》是繼作者發表《鳩摩羅什〈通韻〉考疑暨敦煌寫卷 S. 1344 相并問題》一文之後對"通韻"問題的再探討。文章首先認爲"通韻"一詞并不祇有一種理解或解釋;其次,認爲"通韻"是一個專門詞語,但似乎不太像書名;第三,認爲原卷上的這段文字的抄寫年代早不過中唐,甚至更晚一些;第四,認爲鳩摩羅什并未撰寫過《通韻》,而後人也未托名,"通韻"并不是一部書名。并推論這段文字是在介紹當時流行的某種"悉談章"或是其一部分,甚至可能是《涅般經悉談章》或其另一種抄本。**譚世寶**(澳門理工學院、山東大學)《燉(焞、敦)煌的辭源再探討》首先對學術界存在的"燉(焞、敦)煌爲胡語"説的兩條依據進行了分析和辯駁,認爲前人由於對《史記》、《漢書》等史籍中的相關記載片面理解而斷定"敦煌"一名在漢代設敦煌郡縣之前就已經存在并進而以此作爲"敦煌"一詞來源於非漢族的土著居民的"胡語説"的主要證據,這是完全錯誤的。接着,文章對"燉(焞、敦)煌爲漢語詞源"説的依據進行了論證。認爲匈奴等"行國"無本族地名可作區域標界,而中原王朝的周、秦、漢則有"名從主人"的地名設定原則,因此"敦煌"與"祁連"皆爲漢人確定并命名的地標性名詞。**張銘心、凌妙丹**(中央民族大學)《中央民族大學藏吐魯番出土文書整體性研究及出土地初探》首先對該大學所藏的吐魯番出土文書所涉地名、人名、年代、文書內容四個方面進行了考證,認爲這批文書是一組相互關聯的文書,其使用地在鹽城,時代爲開元十五年至十八年前後,人物主要爲鹽城的一般百姓;其次,對文書的出土地進行了初步實地考察,推斷這批文書的出土地應該就是鹽城古墓羣,且很可能就出土於 9 座被盜墓葬中的一座。**張鐵山、朱國祥**(中央民族大學)《論回鶻文〈玄奘傳〉的專有名詞的翻譯方式——以回鶻文第九、十卷爲例》列舉了職官制度的翻譯、人名、朝代名和地名的翻譯、山川地理河流的翻譯、城門樓閣佛寺道觀的翻譯、隱性文化詞及書法字體的翻譯這 5 個方面共 36 個專有名詞的翻譯實例,來説明勝光法師所譯回鶻文《玄奘傳》在翻譯難度很大的漢語專有名詞時做到了"文、義切合原作"的境界。文中還將回鶻文《玄奘傳》專有名詞的翻譯歸納爲直譯法、音譯法、音譯加直譯、意譯法共 4 種。

荒見泰史(日本廣島大學)《敦煌本十齋日資料與齋會》首先探討了印度的"六齋日"和中國的"十齋日"的關係,認爲後者是在前者的基礎上增補形成的;其次,較系統地分類介紹了敦煌本十齋日的資料及其傳傳、使用狀況;第三,探討了敦煌十齋日資料中反映的齋儀、贊佛活動。認爲在十齋日當天舉行的齋會上所用儀禮作法有與別的齋會上所用的儀禮作法相融合并拓展的情況。而且不僅在八關齋會的場合,在預修齋、講經等場合也採用民間人士的佛贊類頌辭,并加上了文藝表演的因素。**張先堂**(敦煌研究院)《一件珍貴的唐五代敦煌俗家弟子轉經録——敦煌研究院藏 218 號殘卷初探》是學界對敦煌研究院藏 D0218 號殘卷的首次研究成果。首先對該卷文本進行了詳細的考釋、録文;其次,對其內容和年代進行了考證,斷定此卷爲唐五代時期的敦煌俗家弟子誦經録;第三,從性別結構、階層構成、佛經選擇、時間安排、誦經記録、成績考核 6 個方面對該件文書反映的唐五代時期敦煌俗家弟子讀誦佛經的組織形態進行了探討,認爲其反映了唐五代敦煌俗家弟子的結社誦經、試經活動,并推斷唐五代敦煌地區俗家弟子的誦經活動由僧人擔任導師的可能性很高,當與寺院僧人保持着密切的聯繫;第四,認爲此卷對於深入研究唐五代敦煌民間基層社會人們誦讀、受持佛經的信仰活動,即法供養活動及其組織形態提供了珍貴的第一手資料,具有重要的歷史文獻價值。**Kuo Liying**(郭麗英,法國遠東學院)《敦煌六世紀上半葉寫本〈大方等陀羅尼經〉新探》通過敦煌本《大方等陀羅尼經》與《大正藏》的比較研究,指出兩者之間在內容上的相異之處,認爲敦煌 6 世紀上半葉的寫本的內容并未完全定型,而且推論《大正藏》中的四卷本可能在 6 世紀後半纔修訂完成。并提出了幾個待後續研究的相關問題。**李小榮**(廈門大學)《有關唱導問題的再檢討——以道紀〈金藏論〉爲中心》主要依據新發現的北齊釋道紀所撰《金藏論》進行了探討,再次確認了唱導是一種面向大衆的經法活動的觀點,并認爲《金藏論》是宜唱事緣類的唱導底本,其故事多摘自《雜寶藏經》、《報恩經》等敍事類佛典,宜唱事緣是其最大特色;還認爲"唱導"的含義其實有中、印之別與廣、狹義之分。其中隋代以前爲廣義用法,是指佛教弘法的主要形式之一,常與齋會結合,主要以講、唱方式來宣説佛理。隋唐—兩宋則爲狹義用法,義爲表白。其可以追溯至西域(印度)唱導。但狹義用法,仍祇是廣義唱導(法會活動)中的組成部分之一。**姚崇新**(中山大學)《淨土的嚮往還是現世的希冀——中古中國藥師信仰內涵再考察》首先重新定位了《藥師經》的內涵。認爲該經以滿足衆生消災延壽的現世利益爲主,兼及度亡,雖也提示淨土,但并非本經重點;其次,對與藥師信仰相關的造像記、寫經題材記、齋懺文等材料從信仰層面進行了考察。認爲中古民衆的藥師信仰內涵主要在於現世利益的考慮,兼及爲亡者薦福。至於藥師淨土,則基本没有涉及;第三,在重新審視了敦煌《藥師經變》圖像中的主要元素的基礎上,對敦煌《藥師經變》的性質提出新的思考,認爲其實質并不在於表達對藥師淨土的嚮往,而主要在於現世利益的考慮。**王惠民**(敦煌研究院)《P. 2250〈略説禪師本末〉所反映的三階教實踐活動》首先認爲前人研究中提到的敦煌本"《略説禪師本末》一卷"似乎即指該件文書;其次探討了該件文書所反映的三階教徒的宗教活動,認爲包括行化誘人、説法度人與禁口不言等七個方面;第三,探討了該件文書所反映的三階院的結構與功能。對禪院、佛堂、三階堂、三乘法堂,三階院所繪《地獄變》作了介紹與分析。最後附有該件文書的録文以供參考。**侯沖**(上海師範大學)《敦煌變文:佛教齋供儀式角度的解讀》從四個方面對敦煌變文與佛教齋供儀式之間的關係進行了探討。首先,對該選題的動機進行了解釋,并認爲判斷某個佛教儀式是否爲齋供儀式的最基本標準就是有無設齋供僧;其次,從齋僧的不同形態、齋僧咒語和法施應機三個方面闡釋了佛教齋供儀式;第三,介紹了佛教齋供儀式的兩種分類法,即羅列式分類和齋意分類。認爲齋意(即齋供的目的)是區分俗講與其他齋供儀式的標準,祇有以勸俗人施財輪物爲目的的齋供纔是俗講;第四,對敦煌文獻中作爲俗講文本材料的變文作了介紹與辨析,認爲以前被視爲"變文"一部分的莊嚴文,由於其中不見勸俗人施財輪物的內容,故不應是俗講的專用底本。**周尚兵**(山東師範大學)《"五福"與"淨土"——敦煌齋文裏"好生好死"的理想人生》首先指出,敦煌齋文中大量的祈願與頌聖語句實則源自中國傳統文化中"好生好死"的文化心理與價值取向,而其中的兩個核心語詞即與"五福"與"淨土"。以前者爲核心,中國傳統文化構建了一套關於"好生"的話語系統,以後者爲核心,佛教構建的是關於"好死"的話語系統;接着,着重對"好生"主題展開了進一步論述。認爲壽、富、康寧、攸好德、考終命這"五福"是祈願中"好生"的主題,"高門君子"則是齋文嘆德體現的"好生"理想狀態,而"堯年舜日佛暉"則是齋文中頌聖嘆佛語句所寄托的"好生"理想。**梁麗玲**(臺灣銘傳大學)《敦煌文獻中的孕產習俗與佛教信仰》首先依據敦煌文獻中的佛典、講經文、佛曲佛贊,并結合墓誌銘等材料,來説明古代婦女孕產時所面臨的難關和伴隨而來的苦惱及心理壓力,以及爲求母子平安而進行的各種拜佛求神的活動;其次,根據敦煌文獻中與孕產有關的難月文、經咒符印等材料,探討了唐五代時期孕產習俗及與之相關的佛教信仰。如婦女在屆臨產月時祈求神靈護佑、爲免除難產而使用佛教提供的對治難產的經咒符印。并認爲這些經咒符印多與密教及觀音信仰的流行有關。**王振芬**(旅順博物館)《承陽三年〈菩薩懺悔文〉及相關問題》首先通過對該件佛經殘片的經文内容、書體風格、殘片紙質等的分析,并結合當時吐魯番地區的政治環境,再次確認了其寫經年代爲北涼承陽三年;其次,考證了與該片文書相關的《菩薩善戒經》的翻譯年代,認爲至少早在劉宋元嘉四年,九卷本的該經的序品和一卷本的該經就已經譯出了;第三,認爲這件《菩薩懺悔文》雖然直接節錄了《菩薩善戒經》的部分内容,但它不是以傳經爲目的,而是在授受菩薩戒的儀式中行禮必不可少的禮懺。并進一步推論它或許就是一篇授戒師的作品。**戴曉雲**(北京魯迅博物館)《水陸法會起源再考》首先認爲水陸法會的中興絶非學界多數認同的"宋代説",而是唐代;其次,認爲梁武帝是水陸法會的最早發起者,并推論梁武帝當初舉辦的無遮法會可能就是印度的四部無遮法會;最後,對敦煌文獻中的《東都發願文》的性質進行探討,認爲文書中的一些用語、祈請的神靈、回向的對象等都與後世的水陸法會十分相近,其雖未出現"水陸"之名,卻有水陸法會之實,它其實就是梁武帝最初在東都舉辦無遮法會上宣讀的儀文。**汪娟**(臺灣銘傳大學)《中土瑞像傳説的特色與發展——以敦煌瑞像作爲考察的起點》通過梳理佛教史傳、傳統史籍和敦煌文獻中的相關記載,對中土"瑞像"一詞的涵義及"瑞像傳説"的特色與發展進行了深入考察。認爲:1. 中土瑞像傳説的特色可歸納爲瑞像種類的增加、流行區域的擴大、新興瑞像的當地化、神異特質的重要化和瑞像傳説的類型化;2. 中土"瑞像"語義的歷史發展可概括爲:東漢時期的"他指(指非佛像)"、南北朝時期"特指"釋迦與"泛指佛像"的并法并存、隋唐時期"特指"對象之擴大與大量運用。宋代及以後仍有不少的傳世文獻中記載了"瑞像";3. 玄奘和道宣對瑞像傳説的傳播貢獻甚巨。**Mattew Kapstein**(**馬修·凱普斯坦**,巴黎高等實踐學院/美國芝加哥大學)*Dunhuang Tibetan Buddhist Manuscropts and Later TibetanBuddhism: Recent Research on Their connections*(《敦煌的藏文佛教文書與晚期的吐蕃佛教:關於二者關係的近期研究》)對有關二者關係的近期研究作了介紹。**張總**(中國社會科學院)《十王經新材料與研考轉折》着重介紹了近年新發現和公佈的 6 件《十王經》文獻和 4 件相關雕刻、繪畫品,同時約略談到了《十王經》的起源、流變;并認爲目前相關的材料和研究已經有相當程度的積累,可以進行歸納性、總結性研究了。**張小艷**(復旦大學)《敦煌本〈衆經要攬〉校錄并研究》校錄并詳細考證了敦煌文獻中 S. 514、BD3000、BD3159、羽 635、羽 727 五個卷子之間的定名、內容、所引經文,并對它們之間的關係進行了細緻的考證。文章認爲:1. BD3000 + BD3159,羽 635 + 羽 727 分別可綴合爲兩件文書,它們連同 S. 514 一起,是敦煌文獻中現存的三件《衆經要攬》寫本;2. 前三卷文書原定名爲《衆經要攢》是因將"攬"誤讀成"攢"所致。《要攬》是指從衆多的佛教"三藏"中摘錄"妙言要義"分類編撰而成的書;3. 敦煌《要攬》寫本引經力求簡明,引用方式主要有真引、變引等 5 種;4. 關於敦煌《要攬》寫本年代,BD3000 + BD3159、S. 514 兩件前人分別定爲南北朝和歸義軍時期,羽 635 + 羽 727 可能爲唐顯慶二年以後的寫本;5. 敦煌《要攬》寫本具有勘正現存源經的文字論誤、籍出典中已佚源經的引文、考證并輯存源經的零星片斷、據引文出典印證經錄中所載佛經的來源這四方面的價值。**張子開**(四川大學)《〈歷代法寶記〉及其所引"外書"考》介紹了敦煌寫本《歷代法寶記》中所列的非佛教書籍——即所謂的"外書"的目錄和所引內容,并對佛教的"外書"觀進行了探討。認爲佛教對"外書"最初抱有排斥的態度,到後來,爲了適應不同的受衆,遂允許僧人有選擇、有條件地閱讀部分外書。而《歷代法寶記》引用外書的目的,正是爲了摧伏禪僧心目中的"外道"。

王卡(中國社會科學院)《敦煌本〈洞真高上玉帝大洞雌一玉檢五老寶經〉校讀記》首先考定了分藏於日本、英國的五件敦煌寫本(即羽 612、羽 614、石谷風藏 060、Ch. 75. IV2、散 0903)的經名,考定前三件文書殘卷都是成書於南北朝時期的道教上清派經典《洞真高上玉帝大洞雌一玉檢五老寶經》,且原屬同一個卷子,後被李木齋盜裁爲三件。并推論後兩件寫本亦可能爲該經卷子,且與前三件原本屬同卷。介紹了該經的內容、淵源、傳本以及敦煌本的發現過程。最後還附有作者點校過的該經錄文。**劉屹**(首都師範大學)《論古靈寶經的神話時間模式——以新經和舊經中"劫"字的使用爲中心》首先通過對比古靈寶經的"無始舊經"與"仙公新經"對"劫"字的理解和使用,揭示出"舊經"與"新經"在時間模式上的異同。認爲"新經"中"劫"字用法衹有兩種,而"舊經"則至少有包括"新經"用法在內的六種,"舊經"在時間模式上顯然要複雜和豐富得多。且"舊經"的時間模式是把開天闢地以來的單純時間軸納入到了包含多個宇宙大周期、大循環的時間圓環體系中;其次,進一步確認了作者此前提出的"新經"早於"舊經"作成、新經出自一人之手且很可能由葛仙公的後代葛巢甫所造的觀點;第三,認爲"舊經"與"新經"都在一定程度上延續着漢魏仙道傳統的思想觀念,而稍晚所出的"舊經"逐漸形成了靈寶經具有代表性的思想觀念。**郜同麟**(中國社會科學院)《太上洞玄靈寶天尊名新探》對王惠民《〈太上洞玄靈寶天尊名〉初探》一文中關於該經原貌的推論提出了不同意見:1. 認爲王文忽略了敦煌文獻中關於該經的四件卷子背面所抄的佛教文獻,且關於各卷間缺失內容不多的觀點不確。認爲其中的 P. 3755 與北敦 4047 之間缺失了較多文字;2. 認爲王文將 P. 3755 文書中的"北方玄上玉宸天尊"改爲"北方玄上玉宸天尊"證據不足,應爲"東北方玄上玉宸天尊";3. 認爲王文關於該經"是依六方禮懺"的觀點不成立,應爲"十方"天尊。認爲《太上洞玄靈寶天尊名》應有三卷,上述四卷寫本祇是該經的上卷,其中祇包括北方、東北方兩方天尊。**游自勇**(首都師範大學)《敦煌寫本〈百怪圖〉補考》首先對敦煌遺書中發現的 5 件《百怪圖》寫卷的定名、文書文本及它們之間的關係進行了探討,認爲其中的 Дх. 3876 與 Дх. 6698 屬同一文書的不同部分,而另外三件則出自不同底本,但在內容上基本屬於前後接續的關係;其次,據這五件文書復原了敦煌本《百怪圖》中第廿五至卅二的內容,認爲僅就這部分看,內容已經十分豐富,則《百怪圖》全書篇幅巨大,且帶有彙編性質;第三,探討了敦煌本《百怪圖》與正史書目中的《百怪書》之間的關係。認爲前者雖名爲"圖",其實無圖,故極可能爲《百怪書圖》之省稱,而《百怪書圖》或許源自《百怪書》。并推測敦煌本《百怪圖》的占卜事項中還應包括占眼瞤、占耳鳴、占蛇怪等內容;最後,指出了敦煌本《百怪圖》的文本學意義,認爲雖然祇保留下了一小部分,但其分門別類的編排結構卻一覽無餘,這爲我們借助後世同類書籍來蠡測敦煌本《百怪圖》的缺失部分提供了可能。**劉永明**(蘭州大學)《P. 3562V〈道教齋醮度亡祈願文集〉與唐代的敦煌道教》首先對該件文書的形成時間和抄寫時間進行了較詳細的考證,認爲其最早的願文大約形成於唐玄宗時期或左右,最晚者大約形成於曹議金征伐甘州回鶻時期(925—928)。而其抄寫第衆手所成,故不限於一時;其次,對該願文集反映的唐代道教法事活動進行了梳理,并結合相應的靈寶派經典對一些重要內容的宗教內涵進行了初步分析。認爲唐代敦煌地區的道教不僅有寫經、道士、道觀,而且也按照靈寶派經典所規定的齋期和相應的齋儀規範進行各種法事活動;第三,指出該件文書不僅隱含着不少尚待進一步關注的有關唐代道教的信息,而且還有反映佛道關係的材料。**鄧文寬**(中國遺產研究院)《敦煌本 S. 3326號星圖新探——文本與歷史學的研究》將該件文書的"雲氣占"部分星圖部分當作一個整體進行了綜合研究。認爲:1. 星圖的原作者是唐初著名星占家李淳風(602—670);2. 進一步確認了作者此前對該件星圖的定名,即"二十八宿分野圖一卷",它是爲占驗雲氣服務的。雲氣、星圖和分野是三位一體的關係;3. 此件星圖的初稿形成於貞觀元年至十九年間,是當時李淳風給予李世民的一個進呈本;4. 此件星圖的抄繪人或收藏者是李淳風之後的敦煌某位汜姓人物。**趙貞**(北京師範大學)《〈宿曜經〉所見"七曜占"考論》結合敦煌曜曆術文獻,從時日宜忌、人生吉凶、五月五日占和日月蝕及地占幾個方面初步梳理了該經所見的"七曜占"内容。并認爲"七曜占"在中古社會的廣泛流行可從七曜或九曜"注曆"和從國家對七曜的控制這兩方面得到説明。**Christine Mollier**(穆瑞明,法國國家科學研究中心)*Stars and Planets at Dunhuang: Talismans, amulets and astrology*(《敦煌的星與行星:驅邪物、護身符和占星術》)通過對一些反映最初來自外部、印度并於唐代流行於中國的、與中國—印度式九曜占星系統有關係占星術方面的特別術語的辨識,介紹了敦煌文獻中發現的與行星有關的另一種星占驅邪系統。**陳于柱**(首都師範大學、天水師範學院)《日本杏雨書屋藏敦煌本〈發病書〉殘卷整理與研究》首先認爲杏雨書屋藏敦煌文書羽 015 號背面内容與 P. 2978V、S. 6346V 屬同一卷《發病書》文書。其排列順序爲 S. 6346V—羽 015 號 V—P. 2978V;接着對這件《發病書》内容作了校録;最後,分析了這件文書的文本特點。文章認爲從編排體例上看,通篇未見具體篇目和標題。從結構順序上看,主要按照"推得病時法"、"推十二祇得病法"等五種"法"的相關書寫逐次展開,有別於其他《發病書》的體例。并認爲晚唐五代宋初的敦煌,《發病書》的使用頻率較高,且流行多個版本。

　　楊富學、包朗(敦煌研究院、蘭州大學)《霞浦摩尼教文獻〈摩尼光佛〉與敦煌文獻之關係》探討了霞浦摩尼教文獻《摩尼光佛》與敦煌文獻之間的關係。認爲:1. 通過對霞浦《摩尼光佛》與敦煌摩尼教文獻《下部讚》中共見内容的比較與辨析,發現二者在用詞、用語上的許多相同之處。這表明二者之間存在着某種關係,既有可能是同源關係,亦可能存在一定的傳承關係;2. 霞浦《摩尼光佛》所見"三皈依"作品與敦煌佛教文獻所見應出自同源。霞浦《摩尼光佛》所見的"移活吉思大聖"這一神祇亦僅見於敦煌景教文獻《尊經》(P. 3847)而不見於其他經典。這也表明霞浦文獻與敦煌文獻的同源性;3.《摩尼光佛》的許多内容,尤其是祝頌語是直接承襲《下部讚》而來的;4.《摩尼光佛》中出現的大量咒語與敦煌《下部讚》、《摩尼光佛教法略儀》中所謂的"梵語"間存在着對應關係。**張小貴**(暨南大學)《敦煌文書〈兒郎偉〉與祆教關係辨析》結合瑣羅亞斯德教經典與儀式的研究,對敦煌《兒郎偉》與祆教之間的關係進行了辨析。認爲1. 兒郎偉并非波斯語的祆教術語 nīrange 的音譯,而是早在東漢時已出現的對男兒郎的美稱;2. 敦煌《兒郎偉》儘管包括咒鬼驅疫及祈願吉祥的内容,但其祇是一般驅儺文的創作格式,并無實際的宗教内涵,反而反映了更多的社會現實信息,因此并非祆教咒文;3. 對於敦煌《兒郎偉》中的"部領安城大祆"語句反映的歷史内涵,認爲在敦煌驅儺文大量出現的九十世紀,由於粟特人聚落的離散,作爲入華粟特人主要信仰的的祆教也逐漸失去了其信衆基礎。此時"安城火祆"被吸收進入行傳統驅儺禮的隊伍中,與粟特人及祆教信仰并無關係。**王衛平**(旅順博物館)《從旅順博物館藏新疆出土文物看祆教在新疆地區的流佈》首先介紹了該館藏新疆出土的反映波斯文化因素的文物、圖案。如唐代褐地聯珠鷹紋錦、薩珊王朝波斯文化影響的帶有白色聯珠紋圖案的陶器,以及錢幣、建築構件與飾件等;其次,以漢文著述中所見之祆教相關記載爲例説明祆教在新疆地區的流佈,認爲自北魏至唐宋,祆教在新疆地區流行不衰;第三,以旅順博物館藏新疆藏新疆佛畫斷片爲例説明祆教對新疆佛教繪畫的影響。認爲該佛像頭部髮髻上所束之聯珠圈紋狀髮飾是典型的波斯樣式;較多使用紅色綫條描繪臉部輪廓及五官的情況與唐代伊州、西州火祆神廟中的諸神形象非常相像;該像後部火焰上沖的火焰狀頭光是祆教對火藝術最直接的體現。

胡戟(陝西師範大學)《西遷前的回鶻與唐的關係》首先概括論述了唐與回紇(回鶻)的關係,認爲兩者關係十分密切,不僅相互和親,而且在唐肅宗時爲兄弟之國,到唐德宗時爲父子之國;其次,介紹了西安大唐西市博物館所藏的反映當時唐與回鶻親密關係的三方墓誌材料;最後,强調要以大民族觀念來研究民族史。**趙和平**(北京理工大學)《尉遲氏族源考——中古尉遲氏研究之一》首先依據傳統史籍和敦煌文獻氏族譜的材料,再次確認了尉遲敬德的地望爲太原郡;其次,考證了尉遲氏有族源,認爲其來源當爲鮮卑三十六國、九十九姓之一,即後世所稱之代人;最後,對《魏書·官氏志》提到的"西方尉遲氏"提出了新的解釋,認爲非指傳統認知的于闐尉遲氏,而是指彙集在北魏代都平城畿内"西方"的尉遲部,且尉遲敬德與遠在于闐的尉遲氏并無多大關係。**孟憲實**(中國人民大學)《武則天時期的"祥瑞"——以〈沙州圖經〉爲中心》主要利用敦煌文獻《沙州圖經》諸寫本中的相關材料,集中從"徵應"和"符瑞"兩個方面討論了武則天對中國古代帝王政治學説中的神秘主義學説,即天人感應學説的利用。首先介紹了《沙州圖經》中記之二十條祥瑞,認爲《沙州圖經》,特別是李無虧進獻祥瑞的記載,對於研究武則天時期的祥瑞具有突出的價值;其次,介紹并初步研究了傳世史料中記載的武則天所習好的"祥瑞",認爲符瑞之類也是武則天爲宣稱自己統治地位的正當性而開展的廣泛的造神運動的一部分,但隨着李氏王朝的恢復,這些符瑞之類的荒謬性也遭到批判與揭露;第三,分析了從武則天時代的狂烈的"造神"一變而到武則天之後的猛烈"批判"這一變化產生的政治背景、官場文化及當時不同階層人們的心理。**關尾史郎**(日本新潟大學)《"五胡"時代户籍制度初探——以對敦煌、吐魯番出土漢文文書的分析爲中心》以户籍及與户籍密切相關的簿籍類文書爲考察對象,從户籍及其格式、户籍製作程式、家口賑三個方面討論了五胡十六國時期的户籍制度,有助於我們認識十六國時期政府是通過什麽樣的信息掌控、管理民户的。**張榮强**(北京師範大學)《從"歲盡增年"到"歲初增年"——兼談如何看待古代户籍中的年齡資料問題》對中國古代與造籍制度密切相關的兩種計算年齡的方法及其演變進行了探討。認爲:秦漢時期"歲盡增年"的實質是"著籍增年",但在國家禮儀和民間習俗層面卻是"歲首增年"。不過,唐代造籍時間變化後,"歲首增年"亦成爲官方的增年標準。在"附論"中還討論了漢唐户籍中的資料,認爲秦漢時期的各項資料都是以當年八月份爲標準登録,而唐代造籍的造籍程式則橫跨兩個自然年度,既有上年年末登録手實的,也有下年正月登録手實的。**楊寶玉**(中國社會科學院)《法藏敦煌文書 P.2942 中主要人物關係考辨》對備受學界關注的該件文書中的"使主"、"副帥"、"元帥"、"河已西副元帥"、"尚書"五個官稱間的關係、其所指人物及相關史實作了新的辨識與考證,認爲這五個官稱分指三人。具體爲:"使主"、"副帥"、"元帥"指同一人,即楊休明,他是本件文書中大部分判文的作者;"尚書"爲楊志烈,正史中關於他在甘州遇害的記載真實可信;"河已西副元帥"爲周逸,是被狀文作者指控爲殺害楊休明并冒用前長官楊志烈之名謀官侵財的元兇。**馮培紅**(蘭州大學)《敦煌大族、名士與北涼王國——兼論五涼後期儒學從大族到名士的轉變》分段業執政時期和沮渠政權時期兩個階段,對敦煌大族、名士與五涼政治、文化的關係進行了進一步探討。前一階段以敦煌大族爲切入點,探討其在支持西涼李暠擺脱段業統治、尋求獨立的過程中所起的作用;後一階段兼論敦煌大族與名士,以説明敦煌儒士對北涼文治建設的作用,認爲五涼後期儒學從大族到名士的轉變體現了這一時期的時代特徵,也是五涼文化興盛的重要原因。**李軍**(西北大學)《張淮深再收瓜州史事鈎沉》對晚唐時期歸義軍丟失及收復瓜州的時間、張淮深稱號的變化和《張淮深變文》中"破殘回鶻"的來源三個問題作了再次考證。認爲瓜州被回鶻佔領的時間當在乾符三年馬通達狀上張淮深之後不久,而歸義軍收復瓜州的時間當在乾符四年十月。文中對張淮深大中七年至中和元年間的官位陞遷作了梳理,并認爲所謂"五稔三遷"中的"三遷"應爲"加授左散騎常侍兼御史大夫"、"加授户部尚書,充河西節度"以及"加授兵部尚書"。至於"破殘回鶻"的來源,認爲其正是乾符元年之際被河西的吐谷渾、龍家、吐蕃和嗢末聯手擊破的回鶻,也即此後甘州回鶻的前身。**孫繼民**(河北省社會科學院)《黑水城金代漢文〈西北諸地馬步軍編册〉兩個地名的考證》首先認爲該件俄藏文書應更名爲《金陝西臨洮路馬步軍編册》;其次,對文書中出現的"也尨河"和"通佑堡"兩個地名進行考證,認爲前者即今甘肅臨潭一帶的冶木河,推測後者爲北宋時期的通岷寨,位置大體在今甘肅臨潭東南至岷縣的 306 公路上的名爲"流順"的村鎮。**牛來穎**(中國社會科學院)《舟橋管理與令式關係——以〈水部式〉與〈天聖令〉爲中心》探討了蒲津橋修建及改造記錄對考定敦煌文書 P. 2507 號《水部式》的寫作年代的啓發意義,推測其部分內容是唐開元十二年以前的式文,并對舟橋管理與法典中的令式關係進行了探討。**李方**(中國社會科學院)《中古時期西域水利考(五)——柳中縣、蒲昌縣水渠考》在系列研究的基礎上,依據新掌握的材料,又新考證、補充了魏略渠、界對渠、屯續渠、魯渠、新渠、柹渠、阿魏渠、谷中渠 8 條唐西州柳中縣、蒲昌縣的水渠。**林聰明**(臺灣逢甲大學)《氣候因素在吐魯番學研究上的應用——以唐代爲例》強調從氣候生態學的新視角來研究吐魯番的自然和社會風物。作者首先介紹了吐魯番地區的地理環境與氣候形態,然後從氣候因素的角度,分別觀察了唐代西州的水利灌溉、糧穀生產、葡萄栽培,以及社會民生、天候災害等方面;認爲氣候因素影響到了包括上述方面在內的自然和社會、民生的各個方面,從氣候因素深入探討吐魯番學相關課題,將會是一個具有發展空間的領域。**余欣**(復旦大學)《園菜瓜果助米糧:敦煌蔬菜博物志》對敦煌文獻《時要字書》中出現的二十六種植物、蔬菜,從"博物志"的角度進行了引錄、考證與研究。最後提出三點認識:1. 敦煌、吐魯番的主要蔬菜,無論品種還是排序,均與中亞末祿國相近。認爲三地間的相似性基於綠洲農業特性和絲綢之路作爲植物傳播路徑的存在;2. 吐魯番、敦煌時要文書中各種菜籽和蔬菜價格的排序,反映了交易量的大小和它們在當時經濟生活中的重要性的高低,也即當時農業生產和蔬菜消費的真實情況;3. 當時日常栽培的主要蔬菜品種不過 10 種上下。并認爲也許正是這個原因,纔需要採集大量的野菜作爲補充,且這些野菜之名也被《時要字書》這類生活小詞典收錄。**陳明**(北京大學)《絲路出土密教醫學文獻初探》首先從文本、圖像、儀軌與咒語、具體的應用這四個方面勾勒了絲綢之路密教醫學的概貌。特別指出:敦煌的密教醫方不全是出自印度或中亞,還有來自中醫的內容;其次,對《千手千眼觀世音菩薩治病合藥經》及相關文獻中反映的藥方、藥名、配製步驟、服用方法和療效等內容作了初步探討,認爲該經中方劑的"中醫化書寫"或許是密教經典翻譯藥方時採用的一種共同模式;第三,對俄藏 Ф. 281《服藥咒》中所列的藥方、藥物及其該件文獻的來源和抄寫地和時間等進行了初步探討,認爲它與占星術也有一定關係,并非中土人士所作,是典型的印度密教文本,其配藥方式也是比較典型的印度生命吠陀醫學的配藥方式。此外,還認爲該文書可能出自黑城,推測其年代約在五代—宋初之際。

朱鳳玉(臺灣嘉義大學)《敦煌通俗字書所呈現之唐五代社會文化研究芻議——以敦煌寫本〈俗務要名林〉爲例》以敦煌寫本《俗務要名林》爲例來説明敦煌文獻中通俗字書中的語彙反映了社會生活方面的豐富內容,可作研究唐五代社會文化的重要材料。文中首先介紹了敦煌寫本《俗務要名林》的數量、文本的體裁、內容以及概略研究史;其次,例舉了《俗務要名林》中的瓜果蔬菜等經濟作物和飲食方面的實例,認爲其主要反映了唐代敦煌及北方地區的的民間飲食生活及其特色;最後,初步討論了唐五代社會文化研究所涵蓋的領域,認爲大體包括衣、食、住、行、育、樂等幾個方面。楊秀清(敦煌研究院)《論唐宋時期敦煌文化的大衆化特徵》首先就"敦煌文化"的概念、內涵及其表現形態闡述了自己的看法,認爲根據敦煌文化的特質,可以把唐宋時期的敦煌地區作爲一個特定的文化區進行考察。其次,探討了唐宋時期敦煌文化的大衆化特徵,認爲與十六國北朝時期敦煌、河西文化的精英文化特徵不同,這一時期的敦煌文化的主流是大衆文化。其主要特徵爲簡約化、通俗化、生活化。第三,論述了這一時期宗教信仰的大衆化特徵,認爲大衆化的佛教信仰是其主流的佛教信仰。最後,認爲唐宋時期敦煌大衆文化至少具有兩方面的意義,即一方面,其價值取向直指民生,這成爲這一時期敦煌地區相對長期穩定的文化原因;另一方面,其開放性、相容性的特徵,使敦煌文化超越地域限制而具有了世界意義。劉再聰、陰朝霞(西北師範大學)《從敦煌〈榮親客目〉文書看唐宋婚俗中女家單獨"宴客"儀節——兼談"添箱"習俗之起源》首先就反映敦煌婚姻文化內容的敦煌文書《榮新客目》文書的綴合、録文及個別詞語的解釋提出了一些看法;其次,進一步明確了該《榮親客目》是敦煌望族陰氏作爲主辦方的女家準備宴請客人的計劃性名單;第三,認爲該《榮親客目》顯示出敦煌婦女的社會交往是以"家"爲核心;第四,認爲該《榮親客目》顯示在完婚過程中女方家也有隆重的宴客儀式。洪藝芳(臺灣澎湖科技大學)《敦煌收養文書的內容及其文化內涵》以敦煌文書所見的7件收養文書爲主要研究對象,并結合與之相關的其他敦煌文書材料,探討了敦煌收養文書的格式、內容及其文化內涵。文章認爲:1. 敦煌收養文書有其基本的格式,有訂約日期(首尾)、收養者、被收養者、收養原因、商議者、養子的義務與權利、收養代價、違約懲罰、保證語、答押者這十個方面的內容。其中收養者、被收養者、養子的義務與權利、違約懲罰和保證語這五部分爲文書必備內容;2.認爲敦煌收養文書主要揭示了儒家文化、佛家文化、儒佛融合三方面的文化內涵,即儒家宗法觀念中重視血緣親疏的傳統、佛教之因果報應思想和將佛家因果報應觀念滲浸於以儒家孝道爲立意的收養文書中之儒佛融合。

陳踐(中央民族大學)《ITJ739 號骰卜文書中的民俗和文化語詞述略》例舉、翻譯并解釋了該件藏文文書中反映吐蕃民俗和文化的 6 個語詞。這 6 個語詞的漢譯語分別爲"赫面"、"創世鳥"、"牛角燈"、"牛宿女宿結姻緣"、"修剪牛尾毛"。才讓(西北民族大學)《英藏敦煌藏文 IOL. Tib. 26 號第二部分之來源研究》首先翻譯、解讀了該件文書第二部分之首題。認爲首題中提到的保存在漢地的對世友著作《異部宗輪論》進行注釋的,當是唐代窺基編纂的《述記》;其次,將該文書第二部分藏文《異部宗輪論疏述記》轉錄、翻譯并與漢文本的《述記》、《二十二》進行了比對,認爲藏文祇節譯了大天五事的部分,并傾向於認爲藏文并不是直接譯自《述記》或《大毗婆沙論》,而是譯自《二十二》,或者說是《二十二》藏譯本的節選。而《二十二》則引用了《述記》或《大毗婆沙論》的相關內容。陳楠(中央民族大學)《吐蕃統轄敦煌時期之抄經內容與 P. T. 999 號寫卷》提供了與吐蕃時期敦煌藏文佛經中數量最多的《大乘無量壽宗要經》的抄寫最有關係的 P. T. 999 號藏文寫卷的完整漢譯文,并認爲其內容可分爲三個部分,其抄寫年代爲張議潮起義之前的那個鼠年,即公元 844 年。束錫紅(西北民族大學)《海外藏敦煌西域藏文文獻的多元文化內涵和學術價值》首先回顧、介紹了敦煌西域藏文獻的流散過程和收藏情況,然後闡述了這些文獻的多元文化內涵與學術價值。認爲它們形成於吐蕃佔領時期(786—848)的前後,與吐蕃的"前弘期"相當,甚至一些文獻可能與吐蕃王朝的建立、吐蕃文字的創製時間相差不遠,并在相當一段時間內爲藏語人羣所延續,因此可以說記錄了一個特殊的時代。文章還認爲就今天來講,這些文獻不僅可彌補、糾正由於"前弘期"基本文獻資料的缺失而造成的後代藏文史料對"前弘期"歷史認識的空白或泛論、想象,而且對於目前搜集、整理、研究和出版藏文歷史文獻而言,也是寶貴的、最直接的材料。

三、圖 像 研 究

王靜芬(美國弗吉尼亞大學)《不空絹索觀音再思》結合相關文獻,對東亞、南亞、東南亞與喜馬拉雅地區的不空絹索觀音的早期造像進行了充分的探討。認爲:1. 散佈亞州各地的不空絹索觀音造像雖然時代相近,但形象表現卻十分不同。9 世紀敦煌的相關圖像常爲六臂坐像,其眷屬也與同時期的印度東部的造像不同。依據的是更爲完善的、由菩提流支所譯的三十卷本。其而東南亞和尼泊爾造像則依據成就法類的經典所造;2. 雖然不空絹索觀音陀羅尼早在 7—8 世紀就被譯爲漢文,但早期東亞的造像,卻更像是受到經文所描述的不空絹索觀音似大自在天的形貌的啓發。反而是同時代的印度造像比東亞圖像更接近於相關漢文譯本的圖像描述;3. 不空絹索觀音信仰不僅在 7—8 世紀與皇權建立了聯繫,被東亞國家視爲國教,在稍後的印尼也受到重視。**孟嗣徽**(故宮博物院)《吐魯番龜兹地區的熾盛光佛與星神圖像的研究》在作者既有研究的基礎上,依據吐魯番龜兹地區的幾件熾盛光佛與星神圖像的材料,探討了這些圖像中的巴比倫、希臘—波斯—印度—中國元素及其傳播路徑。認爲:1. 現藏於德國柏林人類學博物館的出自柏孜克里克石窟的原定名爲"藥師佛變相"的一方壁畫應定名爲"熾盛光佛與九曜十二元神圖";2. 認同國外學術界關於吐魯番出土的 MIKIII—520 號星占圖卷與印度和伊朗系的星占術有關,以及榮新江認爲該畫卷頗受粟特系祆教影響的觀點;3. 由於印度宗教信仰與波斯宗教信仰在中亞地域的混融,導致這一地區的神祇形象上出現多種宗教的圖像特徵,這在龜兹、吐魯番和敦煌表現尤爲明顯。從熾盛光佛與星象崇拜的圖像形成的過程,可以看出希臘、波斯、印度、中國多種文化因素的影響。**張惠明**(法國東亞文明研究中心)《俄藏柏孜克里克石窟的一幅高昌回鶻時期的五臺山文殊圖壁畫研究》對現藏於俄國艾爾米塔什博物館的、由鄂登堡第一次中國新疆考察隊於 1909 年在吐魯番柏孜克里克石窟今第 34 窟剥取的一幅高昌回鶻時期的五臺山文殊圖壁畫殘片(館藏號 Ty—776)中的中心人物圖像部分和山水背景部分進行了研究。對位於構圖中心的文殊騎獅部分,認爲其手持如意騎獅的樣式與敦煌 9—10 世紀的同類圖像極爲相似;對於作爲文殊侍從的持杖老人和中年僧人形象,認爲該壁畫中的持杖老者應該就是文殊菩薩化現的老人之身,那身中年僧人形象可能就是佛陀波利。對於壁畫中表現五臺山的山水背景中出現的一組化現圖像,認爲除了佛足兩個圖像的華麗與印度佛教經典或圖像有直接的淵源關係外,其他幾個圖像均來自與中國佛教或傳統的祥瑞思想與圖像有關的樣式。最後,認爲這幅壁畫殘片圖像屬於記載中的《五臺山文殊菩薩變相》一類,故將其定名爲《五臺山文殊》可能更爲貼近 10—11 世紀的同類題材之繪畫題目。**李翎**(故宮博物院)《敦煌散食與散食圖》首先列舉了敦煌文書中的兩件"散食文"以説明"散食"活動是爲佛、菩薩、羅漢、衆僧、諸類雜鬼供養食物,以祝願生人多諸吉祥、死者永離鬼趣的。其次,對其舉行的時間進行了探討。最後,將敦煌第 159 窟和第 236 窟壁畫中的"齋僧圖"畫面定名爲與之相關的"散食圖"。**張元林**(敦煌研究院)《敦煌、和田所見摩醯首羅天圖像及相關問題》對敦煌、和闐兩地的摩醯首羅天圖像進行較系統的介紹和梳理,幷對這兩地的摩醯首羅天圖像進行了比較。認爲要從敦煌現有的圖例中總結出其圖像的演變軌迹存在一定的困難。但相對而言,和闐的圖像則呈現出一些總體性的特徵。儘管敦煌與和闐兩地的摩醯首羅圖像存在着一些相同或相似之處,而且前述法藏不知名曼陀羅中的衆神形象和排列方式也使人聯繫到和闐的那些繪有多位神祇的木板畫和壁畫,但總體上二者仍屬兩種不一樣的造像傳統。不過,敦煌、和闐兩地的摩醯首羅天與印度教的濕婆、粟特的祆神韋什派克在圖像特徵和神格功能上的相同之處卻又表明了它們之間的某種聯繫。同時認爲中國史籍中的相關記載是可信的。**陳菊霞**(敦煌研究院)《〈維摩詰經變〉中的香山子》通過梳理敦煌《維摩詰經變》相關畫面,并結合傳世文獻和出土文物,對該經變畫面維摩詰帳前供案上放置的山形供品進行了辨識與定名。認爲該山形供品即佛教用於焚香供佛和佛事活動時所用的香料。并在介紹、分析與"香山"或有關的史料記載的基礎上,對其進行了定名,認爲可定爲"香山"或"香山子"。**張曉剛、郭俊葉**(敦煌研究院)《敦煌"地藏十王"經像拾遺》首先對新發現的俄藏敦煌文獻中 4 件《閻羅王授記經》殘片進了文本輯錄和綴合;其次對日本杏雨書屋羽073－2 號文書進行標點、校錄,認爲該件文書是一件完整的《閻羅王授記經》,并且就是李盛鐸舊藏中流至日本的散 262 號文書;最後,對莫高窟第 220 窟東壁門上表層殘存壁畫進行了辨識,認爲極有可能是宋代重修該窟時繪製的"地藏十王圖"。**趙曉星**(敦煌研究院)《莫高窟第 361 窟主室窟頂藻井壇城辨識——第 361 窟研究之八》首先辨識了該窟窟頂藻井四壁的 12 身神祇形象,認爲應是佛教的十二天;其次分析了藻井井心十字金剛杵的意涵,認爲井心十字金剛杵的主要功能更側重於鎮護全窟,保證藻井壇城作爲密教壇城的穩定性,確保其永恒堅固不滅;第三,認爲窟頂壇城可能依唐代不空所譯《供養十二天威德天報恩品》所繪,應定名爲"十二天曼陀羅";第四,分析了窟頂十二天曼陀羅的壇城的組成結構;最後还介紹了莫高窟第 7 窟的十二天曼陀羅。**張景峰**(敦煌研究院)《佛教兩種末法觀的對抗與闡釋——敦煌莫高窟第 321 窟研究》在對第 321 窟的內容綜合考察的基礎上,對該窟的宗教意涵進行了解讀。首先介紹、分析了該窟南壁十輪經變及其功能。認爲其作用有二:一是依靠地藏菩薩種種功德,消除人間災難;二是依靠十佛輪破除末法時代中行"十惡"所造"五逆",達到保護佛教法的目的。其次,解釋了該窟北壁無量壽經變的功能,認爲北壁所繪爲無量壽經變。因爲《無量壽經》中宣揚了末法思想,因此繪此經變是爲了應對十輪經系對末法思想的宣傳。最後,在分析了第 321 窟的洞窟佈局後認爲,該窟是展現十輪地藏信仰與西方淨土信仰兩種思想并存、相互對抗,各自闡釋自己末法觀的場所。從佈局來看,對抗的結果是以淨土的勝利而結束。

李并成(西北師範大學)《河西、青海境内西王母文化遺存的實地調查與考證》結合搜檢文獻資料和實地考察結果,分別介紹了青海、甘肅境内的西王母文化遺存。其中的遺址有:被認爲是"西王母石室"遺址的青海省天峻縣的二郎洞及其周邊遺址、青海省泊源縣日月藏族鄉大石頭村宗家溝石窟羣、甘蕭河西走廊的武威市五壩山漢代壁畫墓、酒泉市丁家閘魏晉壁畫墓、張掖市高臺縣駱駝城和許三灣魏晉畫像磚墓、瓜州縣踏實鄉榆林河北岸清代所建王母宮、敦煌佛爺廟墓羣魏晉十六國時期墓羣1號畫像磚墓，以及敦煌莫高窟第249窟窟頂南壁壁畫。**李重申**（蘭州理工大學）《北大漢簡〈六博書〉篇考述》結合江蘇尹灣六號墓出土的漢簡《博局占》，對北大漢簡中的《博局圖》和《日書》作了對比分析和論證，闡釋了六博形制的多樣性。認爲它不僅涉及射藝、投壺、酒宴等禮儀，還與骰子、雙陸、象棋等有的形制和競賽方法有密切關係。**李金梅、鄭志剛**（深圳職業技術學院）《中國古代馬球源流新考》在既往研究的基礎上，通過對江蘇睢寧新發現的六塊東漢時代的畫像磚上打馬球圖像的各種姿態及其形象特徵，進一步確認東漢時期已經有馬球運動的存在，從而印證了相關的文獻記載。

　　王素（故宮博物院）《印度新德里國立博物館藏敦煌吐魯番文物》介紹了作者在新德里國立博物館展廳所見的斯坦因第二、第三次中亞考察時在敦煌、吐魯番等地所獲的文物。其中重點介紹了吐魯番阿斯塔那古墓出土的幾件文物。文章認爲將阿斯塔那古墓出土文物與文獻結合起來進行綜合研究，將會推動吐魯番學的發展。**張永兵**（吐魯番研究院）《吐魯番近年考古新發現及研究》介紹了近年來新疆吐魯番七處地點的墓地考古及新發現。認爲這些新發現跨度大、內容廣，爲研究吐魯番地區歷史、文化提供了新的第一手資料。特別是交河溝西墓地、巴達木墓地粟特人墓的發現，對研究粟特人的分佈狀況以及中西交流提供了大量依據。**陳愛峰**（吐魯番學研究院）《大桃兒溝石窟第10窟觀無量壽經變考釋》首先對該幅經變中的"十六觀"和"淨土莊嚴相"的畫面內容進行了分析，繼而將之與敦煌石窟的同類題材經變進行了對比，并初步斷定該幅觀無量壽經變的作者對敦煌石窟相當熟悉，很可能來自敦煌。最後對該幅經變的構圖進行了分析，認爲雖然因循了敦煌石窟觀經變的造像傳統，但淨土莊嚴相的佈局與構圖與敦煌石窟迥然不同。并認爲該經變是漢藏兩種風格的合璧——"十六觀"有唐代敦煌石窟"十六觀"的影子，在淨土莊嚴相中有濃厚的藏傳佛教藝術風格。**張乃翥**（龍門石窟研究院）《洛陽石刻美術遺迹與中古士人的生態意識——以洛陽出土韋師、李嗣本等墓誌石刻藝術爲緣起》首先介紹了近年洛陽出土石刻文物中生態化美術遺迹，接着簡要回顧了學界"以物鑒史"的學術實踐；第三，選擇了洛陽文物遺迹中具有題材性價值的美術形象，并將這些形象劃分爲表現人物與自然環境的美術構圖、表現自然環境下個體動物的美術構圖兩類進行分析；最後，解讀了這些美術題材的語境意義，認爲那些被認爲是漢地傳統的"四神"、"十二生肖"的創作構圖已經體現了從審美領域流露出來的生態意識。

2013"敦煌吐魯番學術研討會"綜述

張先堂(敦煌研究院)

來自中國大陸、臺灣、香港地區和日本、法國、俄羅斯、韓國等國的 40 餘位敦煌吐魯番學專家學者於 2013 年 11 月 16—17 日匯聚寶島臺灣的古城臺南成功大學美麗的光復校區,參加了由臺灣成功大學中國文學系主辦、人文社會科學中心協辦的"敦煌吐魯番學術研討會"。

本次學術會議由成功大學資深教授、原文學院院長王三慶教授領銜主辦,王教授是臺灣敦煌學開山祖師潘重規先生的高足,不僅在敦煌學研究方面建樹頗豐、成果累累,而且培養出多位敦煌學弟子,成爲臺灣敦煌學第二代領軍學者之一。由他主辦的本次敦煌吐魯番學學術會得到國際敦煌學界積極回應,中外學者向本次學術會提交了 41 篇論文。

11 月 16 日上午,本次會議由成功大學中國文學系主任葉海煙教授主持舉行了簡短的開幕式,成功大學文學院院長王偉勇教授、王三慶教授先後致歡迎、感謝辭。接着舉行了專題演講會,由臺灣中研院院士、著名敦煌學專家張廣達教授作了題爲《齋琬文的研究和展望》的主題演講。張教授首先介紹了敦煌寫卷中的 P. 2547、P. 2867、P. 2940 等有 10 多個異稱的齋文寫卷;其次對王三慶先生對敦煌齋琬文的研究予以充分肯定,介紹他找到 7 種標準來判斷齋願文,對 300 多號齋願文進行了考察研究,將齋琬文用三個標準分爲十大類,探討了它與社會、與佛教等多方面的關係;接着指出從齋琬文既可看到當地百姓參加各種佛教法會的情形,也可看到祝願皇帝的內容,既有中央的爭論,又有地方的協調,反映了複雜的社會關係;最後指出宋代以後社會變遷,齋願文大減,齋琬文的變化反映了社會的變遷。

之後在兩天時間內,會議進行了 3 場大會學術報告、8 場分組學術報告會,共有 38 篇論文在會議上宣講。

16 日上午舉行了第一場大會學術報告會,由中國敦煌吐魯番學會會長郝春文教授主持,有 4 位專家報告論文。

四川大學中國俗文化研究所所長項楚教授《敦煌本〈醜婦賦〉校注商榷》針對以往學者關於"畜眼"、"兮利"、"犢速"、"撼戰"等 11 個疑難詞語的解釋進行了辨正,提出了新的更加準確的考釋,顯示出項先生一貫的廣博精深的治學風格。

日本京都大學人文科學研究所高田時雄教授《藏文書寫的漢文〈願新

郎·願新婦〉》指出由於吐蕃統治時期藏文對漢語的影響及吐蕃晚期寫經事業的影響,藏文在敦煌得到較多運用,敦煌文獻中保存有藏文音寫漢文的佛經、教義問答、讚歌、偈、詩詞、童蒙書等,最後特別介紹了法藏 P. t. 1254 號藏文音寫的漢文《願新婦》《願新郎》,以之與同類漢文本對照,説明敦煌寫本中漢藏對音存在長安音系、河西音系兩個音系,P. t. 1254 號屬於河西音系,缺乏系統性,導致還原漢字的困難。高田先生的報告顯示其在多種語言文字研究方面的深厚功力。

蘭州大學敦煌學研究所所長鄭炳林教授《漢唐敦煌與羅布泊間的交通與環境演變》從先秦時期疏勒河的流向與敦煌渤澤間的通途,漢代敦煌到鄯善間的交通路綫的開啓與環境變遷,隋唐時代疏勒河下游交通路綫與環境變遷,漢唐制約敦煌羅布泊間交通道路發展的要素等方面,系統地梳理了敦煌到羅布泊之間交通道路與環境的演變;指出這條道路在漢代特別是漢武帝經營西域時期達到繁榮,在東漢時設置宜禾都尉後地位下降,到隋代設置伊吾城,唐朝設置伊吾郡并開通伊吾道,敦煌與羅布泊之間的交通繁榮的景象不再出現,而其衰落的主要原因即漢唐以來沿途環境發生很大變化,惡劣的自然條件已經不可能再支撐頻繁的交通往來需求。

日本廣島大學荒見泰史教授《敦煌本〈五臺山贊文〉與念佛法事、齋會》梳理了敦煌文獻中與五臺山信仰有關的五臺山贊文,將其分爲: a. 五臺山贊系統贊文、b.《法照和尚念佛贊》系統中的五臺山贊文,指出 b 系統寫本是法照門徒在淨土五會念佛法事上使用的文本,有在實際使用中被改寫而演變發展的痕迹,它們在 10 世紀中葉特別盛行;并認爲經過法照門徒的活動,淨土五會念佛法事以及《五臺山贊》的唱誦也滲透到了當時的社齋齋會中,五會念佛法事的流行及其對齋會的影響反映了 10 世紀法事和齋會的變遷情況。

16 日下午至 17 日上午,本次學術會安排了 A、B 兩個小組同時進行分組學術報告會。

16 日下午,A 組兩場學術報告會分別由鄭炳林、趙和平主持,有 8 位學者先後報告論文。

中國社會科學院邊疆史地研究中心李方研究員《高昌國時期水渠與唐代西州水渠的關係》討論高昌國時期的水渠與唐代西州水渠的關係,首先考察兩個時期至少有 9 條水渠名稱、所處大致方位相同,表明二者之間有傳承關係;接着指出唐代西州還有一些貞觀年間出現的水渠、一些以高昌國時期甚至更早時期大家族姓氏命名的水渠也應該是承襲高昌國時期的水渠而來的;最後指出唐西州水渠一部分是承襲高昌國水渠而來的,但數量不是很多,西州大部分水渠應是在高昌國水系的基礎上擴建新修的。

臺灣政治大學歷史系羅彤華教授《試析僧龍藏牒的家世與財產問題》首先分析僧龍藏的家世,指出其父子曾在吐蕃統治時期分別任部落使和將頭,家世顯赫,財力雄厚;接着指出龍藏牒反映了家產分割的兩點爭議:一是僧人可否分得家產,一是財物收支的歸屬,還反映了家產分配方式,即家中共用與當房使用兩種方式,可填補唐代史料空缺,接續南北朝私財初現,并可以聯繫宋以後全家共財、各房私財之別,在認識古代家庭財產的分疏上,極具價值。

西北師範大學歷史文化學院李并成教授《尼雅古綠洲沙漠化考》在概要論述尼雅古綠洲概況、歷史演進、自然環境復原、農牧業開發等問題的基礎上,重點考察了尼雅古綠洲沙漠化問題,推斷尼雅古綠洲遺址廢棄的年代應在公元336—382年間,亦即東晉十六國時期,并深入分析尼雅古綠洲的廢棄是由於氣候變乾、尼雅河水流量減少、風沙活動活躍,加之人們不顧及自然資源承載能力而過度開墾、放牧,破壞固沙植被,以及大規模的戰亂破壞等幾個方面的原因。

首都師範大學歷史學院游自勇副教授《敦煌寫本"史大奈碑"的復原與考釋》對敦煌寫本S.2078號作爲習字抄寫的文書重新予以校錄,復原爲一篇唐初突厥人史大奈的神道碑,進而考釋史大奈之祖父最大可能爲莫何可汗處羅侯,其父爲蘇尼失,於大業七年隨西突厥處羅可汗入隋,參與了煬帝時期的高麗之戰,隋唐易代之際追隨李淵、李世民東征西討,爲李唐王朝的建立和鞏固建立了不少功勳,被賜姓史氏,先後被授多種將軍之職,進封竇國公,於貞觀十二年卒,陪葬於昭陵。

敦煌研究院張先堂研究員《敦煌莫高窟的家族營造活動——以供養人圖像和題記爲中心》以圖像與文獻相結合的方式,考察莫高窟家族營造活動有多個家族聯合創建、單一家族獨立建造、單一家族重修、多個家族合作重修等組織形態;考察莫高窟家族營造活動的歷史演變,從十六國至初唐、盛唐是以多個不同家族合作造窟爲主,從初唐開始,經盛唐、中唐,至晚唐、五代、宋代,單一家族獨立的營造活動逐漸活躍,乃至達於極盛,五代至宋代,興起了重修前代洞窟的熱潮;指出家族營造活動反映出濃厚的傳統文化特徵:以造窟功德爲家族七世先亡、現存眷屬禳災祈福,具有濃厚的功利目的;光耀家族、傳之久遠的願望使石窟成爲家族的功德碑和紀念館;報恩君親的題材內容使石窟成爲表達忠孝觀念的載體,反映着莫高窟佛教藝術中國化、世俗化的演變軌迹。

蘭州大學敦煌學研究所馮培紅教授《論中古時代敦煌、吐魯番大族間的關聯》從漢晉敦煌大族在高昌的軍事活動、十六國高昌麴氏與敦煌大族西徙高昌、敦煌大族在高昌國扮演的角色、唐代沙州與西州大族之間的聯絡等幾個方面,論述了敦煌與吐魯番作爲絲綢之路上兩個重鎮之間在軍事、政治、經濟、文化方面的密切關聯性。

香港大學佛學研究中心講師崔中慧《由〈涼王大沮渠安周造寺功德碑〉探討北涼宮廷寫經體》考證 1902 年新疆考古出土的北涼《涼王大沮渠安周造寺功德碑》,指出此碑反映北涼奠定佛教史上最早的官方寫經組織制度,并且沿襲漢晉中原官職系統,是結合政府文書管理系統與佛教譯經系統的官方組織,對於北魏的官方譯經寫經組織有一定的影響力,沮渠安周幾件佛經題記顯示,北涼開創帝王供養佛經之先河;文中還將《安周碑》與樊海《佛說菩薩藏經》書法進行比對,認爲此碑的書寫者就是此官方書吏樊海,并指出《安周碑》獨特的北涼體書法,在横劃"一"的入筆尖峰昂揚的尖角特色,刻意追求方塊漢字方角平衡的處理方式,代表典型的北涼宮廷品味,是當時地域風格的代表,它上承漢隸下啓魏碑,是中國書法史上的一座豐碑。

敦煌研究院趙聲良研究員《敦煌石窟與隋唐文化史》指出隋唐文化史中佛教文化佔有舉足輕重的地位,通過敦煌石窟藝術以及敦煌文書可以看出當時的文化盛況,并從寺院成爲民衆遊之所,寺院的俗講漸成民衆娛樂節目,燃燈節、二月八日行像與四月八日浴佛等佛教活動成爲歲時節令,寺院石窟成爲民衆接觸雕塑、繪畫、書法等藝術的場所等幾個方面予以論述,說明由於敦煌石窟和敦煌文獻的無限豐富,我們以敦煌資料爲基礎,對照分析長安及絲綢之路的考古遺存,就可以在一定程度上還原隋唐時代民衆文化生活的狀況,從而展示一個形象的、立體的隋唐文化史。

16 日下午,B 組兩場學術報告會分別由高田時雄、荒見泰史主持,有 8 位學者先後報告論文。

俄羅斯科學院東方文獻研究所所長波波娃教授《敦煌文獻標注日期問題之若干說明》介紹了幾件有紀年的俄藏敦煌文書:1)中俄聯合編輯出版的《俄藏敦煌文獻》中未收的一件帶有殘缺日期的文獻 Дx.10267,該文書標明日期"壬寅年八月十二日",其中含有曹字私印,印證該文書祇能存在於曹氏歸義軍時期(914—1036 年),假設此件文書爲曹宗壽時期的壬寅年(1002);2)俄藏 Дx.1359a、Дx.4277 + Дx.6042 兩件文書標注爲已卯年(979),其中都有象形文字"曹"的印章;3)Ф.32/Ⅲ、Ф.32/Ⅵ 兩件均記載敦煌王曹宗壽和濟北郡夫人氾氏"命當府匠人編造帳子,後請手筆添寫新舊經律論"施入報恩寺,紀年爲"大宋咸平五年(壬寅年)",表明敦煌藏經洞關閉的時間仍必須認定爲 1002 年。

蘭州大學敦煌學研究所魏迎春副教授《敦煌寫本 P.3907〈籯金〉殘卷考釋》對 P.3907《籯金》殘卷進行釋録,并將其與 S.5604《籯金》比較考釋,指出

P. 3907《籝金》雖爲殘卷,但對研究《籝金》具有重要價值:第一,敦煌其他寫本《籝金》多爲殘卷,或多數省略事例附注,本卷可補其不足;第二,本卷事例附注有很多與其他《籝金》抄本不同,很可能是李若立原著本《籝金》;第三,通過對敦煌寫本《籝金》的考釋和研究,并對比敦煌碑銘贊寫卷引用《籝金》事例附注得知,在晚唐五代宋初歸義軍時期敦煌地方教育中,《籝金》的影響非常大。

蘭州大學敦煌學研究所劉全波博士《論敦煌類書的分類》在論述漢宋間類書的發展、漢宋間類書的分類的基礎上,重點考察敦煌類書的分類,對王三慶、白化文、任麗鑫、許建平諸位先生的分類予以梳理,特別是在採納王三慶先生對敦煌類書分類成果的基礎上,嘗試將敦煌類書分爲類事、類文、類句、類語、賦體以及事文并列體六種,并指出類事類書一直是類書的發展主流,而類句、類語、賦體是重要補充,敦煌類書中的《語對》、《籝金》、《兔園策府》是其代表,是千年遺珍,完美展現了敦煌類書的魅力。

嘉義大學中國文學系朱鳳玉教授《敦煌通俗字書中音樂語詞呈現之樂器析論》考察《開蒙要訓》、《雜集時用要字》等通俗字書中載録的音樂詞語,考論其中的"琵琶"、"鼓"、"角"、"琴"、"瑟""簫"、"筝"等 40 種樂器,指出敦煌通俗字書所載録之樂器,均見於隋煬帝大業"九部伎"、唐太宗貞觀"十部伎"及玄宗"立部"、"坐部"二伎;"鐸、鈴、笳、扭弦、拊拍"雖爲九部伎、十部伎所不用,然爲唐時宗廟及其他場合所用之樂器;至於"吹贏、龍笛、鳳管、嵇琴、七星、水盞、六絃、勒波"則爲西夏時代所流行之樂器。

南華大學文學系教授兼敦煌學研究中心主任鄭阿財先生《青島博物館藏敦煌文獻經眼録》簡要著録了青島博物館所藏 8 件敦煌寫卷,説明其中 1 件爲竹心居士藏,5 件爲許承堯舊藏,繼由葉恭綽購得,捐贈青島湛山寺,後藏於青島博物館;指出其中或爲文物精品,如長達近 8 米、保存完整、品相良好、有開皇元年張珍和夫妻題記的《大般涅槃經》,或爲書法精品,如由 16 片不同內容佛經殘片裁剪黏貼而成 8 個摺子的唐人寫經,或具文獻研究價值,如《毗尼律藏》、《佛名經》、《維摩義記》等卷內容與現流通本文字有所不同,值得探究;其中兩件有許承堯題跋,呈現作爲擅長書法的許氏對寫卷書法評騭與斷代功夫,在敦煌學研究史上也具有一定的價值。

上海復旦大學歷史學系余欣教授《敦煌出土簡牘文書所見漢唐相馬法述考》考證敦煌簡牘文書中所見相馬法,認爲斯坦因於 1907 年在敦煌西北長城烽燧遺址發掘漢簡中的一枚相馬法殘簡是古本《相馬經》傳文的一部分,并結合馬王堆帛書《相馬經》、《齊民要術》的記載,箋釋其中有關相馬的肢體、耳朵、眼睛等內容;指出敦煌漢簡 843 號:"伯樂相馬自有刑,齒十四五當下平",

是《相馬經》的歌訣部分;S. 5637 願文範本《馬》中也包含有相馬的毛色、眼睛和鬃、臆、腹等體貌的內容;并述及 1969 年武威漢墓出土的"馬踏飛燕"銅像被學者指爲相馬用的"馬式",還有學者指出馬式有兩種,鑒定各部位發育狀況的靜態馬式和鑒定奔走能力的步樣馬式,這些研究大大拓展了我們對相馬文書和實物的理解。

北京大學歷史學系朱玉麒教授《段永恩與吐魯番文獻的收藏與研究》多方收集在中國和日本多家公私機構收藏的共計 10 卷(册)的吐魯番文獻中所存段永恩 28 則題跋,對其詳予釋録、箋注,進而探析其學術價值,指出這些題跋揭示了吐魯番文書的書法價值,探索了吐魯番文獻的歷史價值,并分析其學術特點,指出這些題跋體現了段永恩比較全面的舊學新知素養,反映其書法理論與書法實踐的雙修境界,同時也指出他繼承了其師晚清新疆文壇翹楚王樹枏研究吐魯番文書的題跋,而又體現了新知未廣的欠缺。

臺南藝術大學簡佩琪助理教授《從"目連經變"至"十王經變"圖像遞嬗之迹》首先考證榆林窟壁畫"目連經變"係據《大目乾連冥間救母變文并圖一卷》而以"地獄空間"爲主題擷取不同場景作爲描繪情節;其次考證敦煌藝術中諸種"十王圖卷"的文本來源,認爲《閻羅王授記經》與"十王圖卷"的關係較密切;最後通過考察比對圖像的文本來源及其異同和演變,認爲敦煌遺書中的"十王圖卷"圖像可以分別在"目連經變"中的"過閻王殿"、"過渡奈河"、"過將軍所"、"至將軍所"等母題中尋得圖像最初的型態,也可以在不同的卷子中觀看到遞嬗演變的痕迹,因此可以確認敦煌"十王圖卷"的圖像源自於"目連經變",由此也可知,這種跨主題的圖像移植,其間的橋樑是兩故事中必須有能相互連接的共通點,如"地獄"等共通相關、能彼此穿越的情節和場景。

17 日上午,A 組兩場學術報告會分別由崔溶澈、朱玉麒主持,有 7 位學者先後報告論文。

蘭州商學院敦煌商業文化研究所高啓安教授《漢魏時期的弗炙——以河西走廊爲中心》梳理有關弗炙的文字學解釋、史料所見大量的弗炙圖像與文獻記載,説明弗炙在先秦時期頗爲流行,是漢代魏晉十六國時期肉食的主要烹飪方式;以大量考古文物圖像資料詳爲考證弗炙所用的烤肉叉、切刀、烤爐、鋏、扇子、木炭、切肉案、盛肉盤等烹飪用具的材質、形制、功能和使用方法;最後説明弗炙的食用方式是將烤爐安置在現場,現場烤制,趁熱食用。

陝西師範大學文學院黑維强教授《契約文書中的"分數"類詞語釋義》考證敦煌契約文書及宋代以後契約文書中關於土地家產等分割內容文字時,經常使用"分數"、"分籍"、"分法"、"分範"、"分截"等詞語,根據契約文書內容詳加考釋,説明它們是一組同義詞,表示份額、數額的意思。

　　北京理工大學人文社科學院趙和平教授《〈記室備要〉再研究——制度視野下的唐代中後期內廷權利運作機制研究》以敦煌文書 P. 3723《記室備要》爲藍本,圍繞樞密使這一使職,探討唐中後期的中樞內廷運作及相應的宦官官制,認爲樞密使作爲聯繫中樞軍事、政治和詔告的重要官員,無疑掌握最多的"內部信息",即以皇帝爲中心的中樞行政體系,在政務運行中更多的是通過樞密使完成的,作爲唐代中樞內廷官員的重要組成部分,樞密使的地位和作用是舉足輕重的,不僅負責中、外朝官員的溝通,同時在內廷的傳達和對皇帝負責上,其作用也是顯而易見的。

　　敦煌研究院文獻研究所沙武田研究員《敦煌石窟營建里程碑式文獻〈莫高窟記〉題於莫高窟第 156 窟相關問題申論》認爲《莫高窟記》這樣一份記載莫高窟營建里程碑式的文字是在咸通六年上元日敦煌合郡在莫高窟舉行燃燈、設供活動中,特意選擇地方最高長官張議潮爲慶祝因收復涼州之後得到朝廷册封司空而營建的功德窟第 156 窟中,顯然是特別選擇的,意在表明第 156 窟的建成標誌着一個新的時代的開始;推斷《莫高窟記》的作者可能是當時敦煌文人和高僧的代表、時任河西副都僧統的悟真,作者的身份也正好回應了《莫高窟記》中內容偏重記載以僧人爲主的活動,沒有提到任何地方長官與世家大族代表的營造活動。

　　敦煌研究院楊秀清研究員《道教的大衆化與唐宋時期敦煌大衆的道教思想》認爲唐前期敦煌道教精英思想的流行與道教大衆化同時并進,道教知識與思想的大衆化的表現形式有寫經供養,道教俗講,道教儀式、技術在大衆中的傳播等方面;中唐以後敦煌道教陷於衰落,原有的道觀不復存在,被遣散後的道士朝着陰陽術士的身份轉化,道教活動向着民衆化、實用化、方術化的方向發展;晚唐至北宋歸義軍時期敦煌道教的大衆化表現在流行以祈福禳災爲目的的齋醮活動,與術數知識相融合的道教技術(如符咒、解謝、鎮壓等)成爲敦煌大衆的主要知識與技術,通俗宣傳道教思想的活動依然存在;唐宋時期敦煌大衆的道教知識與思想體現在道教的儀式、方法、技術成爲大衆祈福禳災的主要知識與技術,道教的術數方伎背景使得以陰陽五行爲核心的宇宙觀念、宇宙的自然運行和人生禍福相統一的觀念、由此決定的秩序觀念成爲敦煌大衆普遍奉行的指導生活的觀念。

　　嘉義大學中文系周西波副教授《〈洞淵神咒經〉探論》通過對《洞淵神咒經》由十卷擴展爲二十卷後前後十卷內容的對照,認爲末世思想是始終如一的,其作用在於警示世人通道的重要,再加上利用鬼魅爲祟的傳統心理,把經典的功能與世俗生活需求緊密聯繫,目的在於推動作齋轉經的活動,可能是該經流行的主因;後十卷中"元始天尊"的出現,靈寶經思想的凸顯,都透露該經内容取向的變化,尤其對科儀的闡述愈加詳細,包括壇場的佈置、程式、神號的陳列、咒頌的使用等,呈現出科儀範本的形式,顯然都是因應齋醮活動發展的需求。

首都師範大學歷史學院劉屹教授《古靈寶經業報輪回觀念的發展——以新經、舊經中的"先世"一詞爲中心》指出靈寶經中的"先世"一詞,在"新經"和"舊經"中有不同的意涵。舊經中的"先世"有指祖先的,有指修道者個人前身的,而"新經"中的"先世"則基本上均指個人的前生。由此説明"新經"的作者對"先世"一詞的理解是前後統一的,可能表明"新經"的作者是同一個人,而"舊經"的作者可肯定不是同一人,因爲對同一個詞的理解就存在明顯的差異;又將東晉中後期的思想界否定傳統報應論的新思潮,與"新經"大膽接受佛教個人業報思想相聯繫,認爲這是"新經"作成的特殊時代背景,亦可證"新經"的作者應該是受到東晉中後期思想界對報應理論研討的啓發,而此一時期也正是葛巢甫造構新經之時,因而也爲論證新經作者爲葛巢甫新增一論據。

17 日上午,B 組兩場學術報告會分別由張先堂、朱鳳玉主持,有 7 位學者先後報告論文。

銘傳大學中國文學系梁麗玲教授《敦煌文獻中的護童信仰》指出敦煌文獻所呈現的護童信仰簡便易行,當兒童患病時,面對一般藥物難以處理的疑難雜症,父母會依《佛説護諸童子陀羅尼經》持誦咒語,或針對 ch.00217 所繪護童女神進行祭祀,以求庇護兒童,解除病苦;這種簡便易行的信仰儀式,對於一般庶民大衆極具吸引力,在相關的民間療方上,出現越來越簡單化、平民化、世俗化,或與道教相結合的趨勢。

東華大學中國語文學系劉惠萍教授《敦煌類書〈事森〉與漢魏六朝時期的孝子故事》利用兩漢至魏晉時期的文獻與墓葬藝術中所保留圖像資料,尋繹敦煌類書《事森》殘卷中 21 則孝子故事的内容,以及相關故事在魏晉南北朝時期的演化與發展脈絡,指出敦煌類書《事森》所引的孝子傳或孝子圖,可能未必是如《太平御覽》等官修類書所引的劉向《孝子傳》,可能是民間一本流行的書,或許它們并不像傳統經典或文人創作那樣事事於理有據,但更貼近民衆的生活情感,更爲人們所津津樂道、廣泛流傳;并認爲敦煌類書除了具有輯佚、校勘及考證等諸多重要價值外,更提供了探討"知識精英"與"民間思想"間互動互依關係的許多重要訊息。

成功大學中國文學系博士、桃源縣大有國小教師黃亮文《論韓愈爲嫂服期之相關問題——附論叔嫂服之初始》是一篇頗有深度的有關古代喪服制度研究的論文,指出以往論及韓愈爲嫂服期未能窮根究底,且無文獻佐證,其推論或流於臆測,存有若干遺憾,遂分五項論之:其一,從韓愈《祭鄭夫人文》推論"幼養於嫂"應爲"喪服必以期"之因;其二,從韓愈兄韓會身爲仕宦之家,深受儒家經傳影響,崇尚儒家教化之思想背景有關;其三,受到唐代魏徵等朝臣之奏論所反映的當時傳紀儀注與禮俗之影響;其四,考察敦煌 P. 4024 書儀寫卷《喪服儀》中《齊衰期·義服》列"繼父同居期"、"孤叔爲嫂期",正與韓會"幼養於嫂,喪服必以期"相合,可證其出於當時社會禮俗;其五,從東晉孝武帝爲其從嫂康獻皇后服齊衰期,論證其服出於《喪服傳》及《昏義》,是否由此衍生"孤叔爲嫂期",尚待進一步研究;至於何以爲期服,當由於避嫌同於母,不服三年,又"至親以期斷",其養育之恩,"次於生我",不宜降至期年以下,是以服期。

中興大學中文系林仁昱副教授《敦煌變文的英雄唱述探究》借用西方學者坎伯(Joseph Campbell)關於英雄故事的原型理論,把敦煌變文分爲追求生命"真理"的英雄路程(《太子成道變文》、《大目乾連冥間救母變文》、《目連變文》等),史籍與在地"武勇"英雄的形塑意義(《漢將王陵變》、《張議潮變文》),用盡氣力的英雄遺恨與悲嘆(《李陵變文》),復仇英雄的意義及其歷練過程(《伍子胥變文》),孝義與文化認同的堅持(《舜子變》、《孟姜女變文》、《王昭君變文》)五種類型英雄故事來予以分析;并指出在"英雄"唱述這樣一個概念下,是可以將以佛教爲主題的宗教性變文,與以歷史人物爲主題的講史性變文合并論述,即人們要面對宗教精神升華的目標與世俗人情的挑戰,同樣需要成就一個"英雄"性格;透過變文這樣一個相容説、唱,夾用韻、散文體的表演文學,更可以看到其唱述英雄的靈活性與豐富性。

日本關西大學玄幸子教授《關於 P. 2688 上的數種雜寫》考察 P. 2688 正面抄寫 12 種內容,背面抄寫 7 種內容,指出共有三個抄寫人 A、B、C,認爲該卷產生於 10 世紀中葉,可能是出自跟翟奉達有關的人物家裏,結合卷背抄寫的八關齋戒文,再聯想翟奉達爲亡妻作七七齋的情況,反映此卷受到十王思想的影響,并且提供了有關十恩德、十解夢的重要資料。

澎湖科技大學洪藝芳教授《敦煌變文中的妻子稱謂詞探析》考論唐五代敦煌變文中的妻子稱謂詞多達 17 個,其中在此時期新興與用法產生轉變者有 11 個,共使用 56 次,在以之爲語料進行描寫、歸納、分析與詮釋的基礎上,指出這些稱謂詞具有多方面的價值:重現妻子稱謂詞豐富真實的樣貌,呈現辭彙形態的雙音趨勢,發掘辭彙意義的歷時變遷,彰顯辭彙運用的語境限制,揭示辭彙蘊含的文化內涵。

中國社會科學院歷史研究所吳麗娛研究員《關於晚唐五代別紙類型和應用的再探討——〈新集雜別紙〉研究之二》以 P. 4092(附 S. 5623)《新集雜別

紙》爲對象,從其“月旦賀官”、“知聞往來”兩類別紙討論別紙的內容形態、類型以及製作,特別是“多幅”形式的使用等,指出別紙由於反映書信實質性內容,或作爲書信的補充,某種程度上重要性甚至超過正書;還討論了書儀的製作與河北地方文化形成傳播的一些問題,認爲河北作爲曾經的藩鎮割據中心,交聘活動歷來頻繁,《新集雜別紙》一類書儀是藩鎮和地方州縣官員喜聞樂見和非常實用的,它們的流行適應了當時的文化環境和需要,印證了新的書體形式的流傳和普及,也證明五代河北的確有着能夠與其他地方并行和溝通的地方文化。

17日上午和下午,本次學術會舉行兩場大會學術報告,分別由郭麗英、楊秀清主持,先後有七位學者報告論文。

韓國高麗大學中文系崔溶澈教授《韓國所藏敦煌吐魯番文物及絲綢之路研究活動》介紹韓國中央博物館所藏的中亞文物主要來自日本大谷光瑞搜集的敦煌吐魯番文物,據說共有366種、1488件,其中包括壁畫殘片58件、佛畫11件、佛頭等50件,大部分屬於六朝到唐末,是中國—印度,即西域地區的美術品,其中以柏孜克里克石窟寺院壁畫爲主的吐魯番出土文物,可分爲宗教遺物、日常生活遺物、埋葬遺物等。至於韓國所藏敦煌遺書,目前所知僅1件,即嶺南大學所藏敦煌經卷《大般涅槃經》,被潘重規先生鑒定爲隋代寫卷。此外還介紹了韓國敦煌學會、中亞學會及國際敦煌項目中心的一些活動,韓國敦煌學研究的成果及其特徵。

首都師範大學郝春文教授《一件新發現的敦煌寫本〈論語注〉跋》介紹日本國學院大學圖書館所藏的《論語注》,本書爲册子裝,共保存12葉,卷中不避“民”字諱,經文爲大字,注釋則採用雙行夾注格式;卷首有兩顆朱印,經人辨識爲“木齋真賞”、“合肥孔氏珍藏”;持其與已知敦煌吐魯番寫本《論語》比對,知其爲前所未見之《論語》古注。

政治大學中國文學系楊明璋助理教授《婚儀的問答:從敦煌本〈下女夫詞〉到日用類書〈佳期綺席詩〉、徽州文書〈餪房文詞〉》從婚儀問答體這一角度將敦煌文獻、日用類書與徽州文書貫通研究,認爲它們大體都屬於通俗文學之列,從《中國喜歌集》、《徽州文書》所見的清代、民國初年問答體的婚儀詩文來看,敦煌本《下女夫詞》之所以會有三種不同的系統,且同一系統不同的寫本抄錄的內容、次序也有或大或小之差異,主要是因爲它既然是作爲婚嫁儀式而生成的,而儀式的繁簡本就會隨着時空而有所改變,抄錄的繁簡也會隨着文本使用時機而有不同的變化。

成功大學中國文學系王三慶教授《〈文場秀句〉之發現、整理與研究》介紹作者發現日本羽田亨舊藏杏雨書屋《敦煌秘笈》第七二之ｂ丿二號“道教齋儀ノ二"中藏有數行近似"文復(?)秀句"之書名和内容,故予以辯證,除從日本國中以漢文編撰作爲童蒙教材《注好選》中找出該書援引《文場秀句》之相同文字,證明"文復秀句"實爲"文場秀句"之形近訛誤,進而比較作者自己整理之《敦煌類書》,證明《敦煌秘笈》第七二之ｂノ二號恰爲擬題之"對語甲"中的《天地第一》、《日月第二》,進而連帶證明法藏 P. 3965 + P. 2678 實即失名之《文場秀句》内容,於是借此復原另有《風雲第三》、《雷電第四》、《煙霧第五》、《春第六》、《夏第七》、《秋第八》、《冬第九》、《帝德第十》、《瑞應第十一》、《王第十二》等諸門類及條文。若再輔以日本另傳古注《言泉集》、《兄弟姊妹帖》中所引述之《文場秀句》文字,則作者所著《敦煌類書》中以 P. 2524 等七種英、法、俄諸國寫本整理而成并擬題作《敦煌本類書語對》一書,其中應有改編或存有不少《文場秀句》之原有内容。總之,透過《文場秀句》之考察,足見敦煌文獻存有不少中土佚失之本,往往也與國外存留之古文獻可以互證,呈現中日兩國文本資料的互通性,并相互輝映。

上海復旦大學出土文獻與古文字研究中心張小艷副教授《敦煌社會經濟文書疑難詞語輯考》對禮席、無壇、祝索、賺悮、著作這五個前人未曾措意或與之有不同見解的詞語進行考釋,提出新的更加準確的解釋,顯示出作者扎實不凡的研究功力,也顯示出敦煌語言文字這一已有衆多學者經營百年的研究領域仍有待深入、常作常新的境界。

銘傳大學應用文學系汪娟教授《佛教瑞像的特徵與形成的思想基礎——從印度、于闐、敦煌到東土瑞像的整體考察》對瑞像的概念予以新的探討,認爲瑞像之"瑞",重點并不在於表示"吉祥",更重要的特質是指"靈驗"、"靈瑞"、"瑞應"之像,即瑞像的本質在於靈驗,而佛像的靈驗事迹,必須借由神通變化來表現,佛像若有神通變化的靈驗事迹,便可謂之"瑞像";指出瑞像和一般佛像有多方面的差異:即造像由來的不同(來自神力所造者、虔誠感通而至者、帝王、高僧、信士所作而有靈應者),造像準則的不同(敬心殷重、准聖模樣),造像特徵的不同(依佛造像、像即是佛),造像功能的不同(啓發信心,流佈佛法;獎善懲惡,示現神威;預兆時局,吉凶禍福;守護衆生,庇佑國家);并認爲瑞像與佛身思想特別是佛的法身思想密切相關,所謂"法身無相"、"假相以表真"。

法國遠東學院郭麗英教授《敦煌中原未傳佛經漫談》考察了吐蕃時期到10 世紀間在北庭和安西所譯佛經在敦煌的流傳抄寫情況,其中《回向輪經》被抄寫於吐蕃時期敦煌高僧洪辯營造的"七佛藥師之堂"(即莫高窟第 365 窟)的佛壇下,并填入"比丘洪辯"的名字,被洪辯作爲己身祈福滅罪之用;《回向輪經》還在敦煌寫卷中保存至少有 5 件;《佛説金剛廣大清靜陀羅尼經》據題記可知是"沙門曇倩於安西譯",在敦煌有 4 個寫本,但此經未收入大藏經,於經藏目錄也未見提及;《金剛峻經》題記注明爲"大興善寺三藏沙門大廣智不空奉詔譯",在敦煌遺書中共有 8 個寫本,但首尾完整者祇有 P. 3913 一本,此經內容有兩大部分,一是説明 49 種壇場做法儀則,一是付法藏品,該經的撰寫應該不是出自一人之手,也不是短暫時間內所造成的,應是密教圈子內修行金剛頂瑜伽法的一小部分人士取當時金剛頂系的修行法儀,前後撰述互相抄寫而成的。

17 日下午,在完成所有學術報告後,本次會議舉行了觀察報告及座談會,由會議主辦者成功大學王三慶教授主持,項楚、郝春文、鄭阿財、高田時雄四位資深學者先後發言表達感想,表示感謝。最後由會議主辦方代表成功大學中文系主任葉海煙教授致閉幕詞,宣佈本次會議圓滿結束。

總括以觀,本次由臺灣成功大學中國文學系主辦的"敦煌吐魯番學術研討會"是一次理性務實的、成功的學術研討會,會議在多方面取得了收穫:

第一,取得了一批新的學術成果。本次學術會參會代表共提交 41 篇論文,這些論文內容豐富,廣泛涉及敦煌吐魯番的語言、文字、文學、歷史、地理、政治、佛教、道教、藝術等學科領域,大多論文資料豐富,論證扎實,體現了較高的學術水準,顯示了敦煌吐魯番學研究的新成果。

第二,加强了國際敦煌吐魯番學者的溝通與交流。敦煌吐魯番學是一門國際性的學問,本次學術會的參加者以中國大陸和臺灣、香港地區學者爲主,此外還吸引了來自日本、法國、俄國、韓國的學者,大家共聚一堂,切磋研討,增進了相互之間的信息溝通與了解,有助於各地學者之間相互借鑒,相互促進。

第三,展示了青年學者的成長和敦煌吐魯番學的良好發展前景。參加本次學術會的學者中,既有在學界享有盛譽的耆宿,也有年富力强的中年學者,更爲引人注目的是,有一批風華正茂的年輕學者,特別是中國大陸和臺灣地區的一批接受過系統的專業訓練、具有較高學歷的青年學者,顯示了開闊的學術視野、扎實的學術功底和不俗的學術水準,顯示出中國敦煌吐魯番學後繼有人,發展前景良好,這是令人感到喜悦和欣慰的。

2013 年敦煌學研究論著目録

宋雪春（上海師範大學）

　　本年度中國大陸地區共出版敦煌學專著 70 餘部,公開發表相關論文近 400 篇。現將研究論著目録編製如下,其編排次序爲：一、專著部分;二、論文部分。論文部分又細分爲概説、歷史地理、社會、宗教、語言文字、文學、藝術、考古與文物保護、少數民族歷史語言、古籍、科技、書評與學術會議十二個專題。

一、專　　著

關長龍《敦煌本堪輿文書研究》,北京：中華書局,2013 年 1 月。

敦煌文物研究院主編《中國石窟・敦煌莫高窟》（全四册）,北京：文物出版社,2013 年 1 月。

牛玉生《範本傳真・敦煌人物綫描》,北京：人民美術出版社,2013 年 1 月。

李建隆《敦煌壁畫中的樂舞演出與演出空間》,上海書店出版社,2013 年 2 月。

沙武田《吐蕃統治時期敦煌石窟研究》,北京：中國社會科學出版社,2013 年 3 月。

方廣錩、吳芳思主編《英國國家圖書館藏敦煌遺書》（11—20）,桂林：廣西師範大學出版社,2013 年 3 月。

方廣錩、吳芳思主編《英國國家圖書館藏敦煌遺書》（21—30）,桂林：廣西師範大學出版社,2013 年 12 月。

陳爍《敦煌文學：雅俗文化交織中的儀式呈現》,北京：中國社會科學出版社,2013 年 3 月。

方廣錩《中國國家圖書館藏敦煌遺書總目録・新舊編號對照卷》,北京：中國人民大學出版社,2013 年 4 月。

白化文《敦煌學與佛教雜稿》,北京：中華書局,2013 年 4 月。

西北民族大學、上海古籍出版社等《法國國家圖書館藏敦煌藏文文獻》（15）,上海古籍出版社,2013 年 5 月。

胡同慶、王義芝《敦煌古代衣食住行》,蘭州：甘肅美術出版社,2013 年 5 月。

王志鵬《敦煌佛教歌辭研究》,北京：高等教育出版社,2013 年 5 月。

敏春芳、鄭炳林、樊錦詩《敦煌願文詞彙研究》,北京：民族出版社,2013 年 5 月。

方健榮、鄭寶生《敦煌的詩》,蘭州:甘肅人民出版社,2013 年 1 月。

王金、胡楊《絲綢之路·敦煌》(英文),北京:中國民族攝影藝術出版社,2013
年 3 月。

方健榮選《大美敦煌》,蘭州:甘肅人民出版社,2013 年 6 月。

洪帥《敦煌詩歌詞彙研究》,北京:光明日報出版社,2013 年 7 月。

王建疆《反彈琵琶——全球化背景下的敦煌文化藝術研究》,北京:中國社會
科學出版社,2013 年 7 月。

石小英《八至十世紀敦煌尼僧研究》,北京:人民出版社,2013 年 7 月。

李映洲、余太山《敦煌壁畫藝術論》(上下),蘭州大學出版社,2013 年 7 月。

"首屆朝聖敦煌全國美術展覽作品集"編委會《首屆朝聖敦煌全國美術展覽作
品集》,蘭州:甘肅人民美術出版社,2013 年 7 月。

范鵬、顏廷亮、馬廷旭《敦煌文化中的中韓文化交流——敦煌文化與東亞文化
國際學術研討會論文選》,蘭州:甘肅人民出版社,2013 年 7 月。

史敦宇、歐陽琳、史葦湘、金洵瑨、金長明《敦煌壁畫復原圖》,南京:江蘇美術
出版社,2013 年 7 月。

柴劍虹《柴劍虹敦煌學人和書叢談》(當代敦煌學者自選集),上海古籍出版
社,2013 年 7 月。

西北民族大學、上海古籍出版社等《英國國家圖書館藏敦煌西域藏文文獻》
(5),上海古籍出版社,2013 年 7 月。

《中國古代壁畫經典高清大圖系列:敦煌莫高窟第 57 窟觀世音菩薩(初
唐)》,北京:文物出版社,2013 年 7 月。

《中國古代壁畫經典高清大圖系列:敦煌莫高窟第 3 窟千手眼觀音變(元)》,
北京:文物出版社,2013 年 7 月。

《中國古代壁畫經典高清大圖系列:敦煌莫高窟第 217 窟觀無量壽經變(初
唐)》,北京:文物出版社,2013 年 7 月。

《中國古代壁畫經典高清大圖系列:敦煌莫高窟第 199 窟菩薩(中唐)》,北
京:文物出版社,2013 年 7 月。

《中國古代壁畫經典高清大圖系列:敦煌莫高窟第 220 窟阿彌陀經變(初
唐)》,北京:文物出版社,2013 年 7 月。

《中國古代壁畫經典高清大圖系列:敦煌莫高窟第 328 窟說法圖(盛唐)》,北
京:文物出版社,2013 年 7 月。

《中國古代壁畫經典高清大圖系列:敦煌莫高窟第 321 窟飛天(初唐)》,北
京:文物出版社,2013 年 7 月。

《中國古代壁畫經典高清大圖系列:敦煌莫高窟第 103 窟·法華經變(中

唐)》,北京：文物出版社,2013 年 7 月。

《中國古代壁畫經典高清大圖系列：敦煌莫高窟第 372 窟阿彌陀經變(初唐)》,北京：文物出版社,2013 年 7 月。

《中國古代壁畫經典高清大圖系列：敦煌莫高窟第 172 窟觀無量壽經變(盛唐)》,北京：文物出版社,2013 年 7 月。

《中國古代壁畫經典高清大圖系列：敦煌莫高窟第 306 窟·菩薩(西夏)》,北京：文物出版社,2013 年 7 月。

《中國古代壁畫經典高清大圖系列：敦煌莫高窟第 401 窟·供養菩薩(初唐)》,北京：文物出版社,2013 年 7 月。

《中國古代壁畫經典高清大圖系列：敦煌莫高窟第 172 窟飛天(盛唐)》,北京：文物出版社,2013 年 7 月。

《中國古代壁畫經典高清大圖系列：敦煌莫高窟第 321 窟·十一面觀音(初唐)》,北京：文物出版社,2013 年 7 月。

《中國古代壁畫經典高清大圖系列：敦煌莫高窟第 159 窟文殊變(中唐)》,北京：文物出版社,2013 年 7 月。

《中國古代壁畫經典高清大圖系列：敦煌莫高窟第 57 窟·大勢至菩薩(初唐)》,北京：文物出版社,2013 年 7 月。

《中國古代壁畫經典高清大圖系列：敦煌莫高窟第 158 窟供養菩薩(元)》,北京：文物出版社,2013 年 7 月。

《中國古代壁畫經典高清大圖系列：敦煌莫高窟第 465 窟天請問經變(中唐)》,北京：文物出版社,2013 年 7 月。

《中國古代壁畫經典高清大圖系列：敦煌莫高窟第 285 窟供養菩薩(西魏)》,北京：文物出版社,2013 年 7 月。

《中國古代壁畫經典高清大圖系列：敦煌莫高窟第 428 窟說法圖(北周)》,北京：文物出版社,2013 年 7 月。

《中國古代壁畫經典高清大圖系列：敦煌莫高窟第 45 窟觀音菩薩(盛唐)》,北京：文物出版社,2013 年 7 月。

《中國古代壁畫經典高清大圖系列：敦煌莫高窟第 321 窟·寶雨經變(初唐)》,北京：文物出版社,2013 年 7 月。

《中國古代壁畫經典高清大圖系列：敦煌莫高窟第 254 窟·尸毗王本生(北魏)》,北京：文物出版社,2013 年 7 月。

《中國古代壁畫經典高清大圖系列：敦煌莫高窟第 148 窟藥師經變局部(盛唐)》,北京：文物出版社,2013 年 7 月。

《中國古代壁畫經典高清大圖系列：敦煌莫高窟第 328 窟供養菩薩(西夏)》,

北京：文物出版社,2013 年 7 月。

《中國古代壁畫經典高清大圖系列：敦煌莫高窟第 220 窟説法圖（初唐）》,北京：文物出版社,2013 年 7 月。

《中國古代壁畫經典高清大圖系列：敦煌莫高窟第 99 窟·千手鉢文殊變（五代）》,北京：文物出版社,2013 年 7 月。

成都詩婢家文化有限責任公司編《敦煌遺珠：大千敦煌粉本擷英》,成都：四川美術出版社,2013 年 7 月。

郝春文主編《英藏敦煌社會歷史文獻釋録》第十卷,北京：社會科學文獻出版社,2013 年 8 月。

郝春文主編《2013 年敦煌學國際聯絡委員會通訊》,上海古籍出版社,2013 年 8 月。

王小盾《從敦煌學到域外漢文獻研究》,北京：商務印書館,2013 年 8 月。

羅振玉著,羅繼祖主編《敦煌唐寫本周易王注殘卷校字記（外十二種）》,上海古籍出版社,2013 年 9 月。

李應存《敦煌佛書與傳統醫學》,北京：中醫古籍出版社,2013 年 9 月。

張小艷《敦煌社會經濟文獻詞語論考》,上海人民出版社,2013 年 10 月。

范鵬主編《敦煌哲學》,蘭州：甘肅人民出版社,2013 年 10 月。

楊小平《敦煌文獻詞語考察》,北京：中國社會科學出版社,2013 年 10 月。

趙豐主編《敦煌絲綢藝術全集·法藏卷》（法文版）,上海：東華大學出版社,2013 年 10 月。

劉屹《敦煌道經與中古道教》（《敦煌講座》書系）,蘭州：甘肅教育出版社,2013 年 11 月。

陸離《敦煌的吐蕃時代》（《敦煌講座》書系）,蘭州：甘肅教育出版社,2013 年 11 月。

林世田、楊學勇、劉波《敦煌佛典的流通與改造》（《敦煌講座》書系）,蘭州：甘肅教育出版社,2013 年 11 月。

趙聲良《敦煌石窟藝術總論》（《敦煌講座》書系）,蘭州：甘肅教育出版社,2013 年 11 月。

竇懷永《敦煌文獻避諱研究》（《敦煌講座》書系）,蘭州：甘肅教育出版社,2013 年 11 月。

鄭炳林、李軍《敦煌歷史地理》（《敦煌講座》書系）,蘭州：甘肅教育出版社,2013 年 11 月。

吳麗娛《敦煌書儀與禮法》（《敦煌講座》書系）,蘭州：甘肅教育出版社,2013 年 11 月。

楊富學《回鶻與敦煌》(《敦煌講座》書系),蘭州:甘肅教育出版社,2013 年 11 月。

王惠民《敦煌佛教與石窟營建》(《敦煌講座》書系),蘭州:甘肅教育出版社, 2013 年 11 月。

李小榮《敦煌變文》(《敦煌講座》書系),蘭州:甘肅教育出版社,2013 年 11 月。

姚崇新、王媛媛、陳懷宇《敦煌三夷教與中古社會》(《敦煌講座》書系),蘭州: 甘肅教育出版社,2013 年 11 月。

顏廷亮《敦煌文學千年史》,北京:人民文學出版社,2013 年 11 月。

陳敬濤《敦煌吐魯番契約文書中的羣體及其觀念、行爲探微》,北京:中國政法 大學出版社,2013 年 11 月。

張新朋《敦煌寫本〈開蒙要訓〉研究》,北京:中國社會科學出版社,2013 年 11 月。

余欣《存思集:中古中國共同研究班論文萃編》,上海古籍出版社,2013 年 11 月。

樊錦詩《敦煌研究院年鑒(2009—2010)》,蘭州:甘肅人民出版社,2013 年 11 月。

葉貴良《敦煌本〈太上洞淵神咒經〉輯校》,北京:中國社會科學出版社,2013 年 11 月。

孫占鼇主編《敦煌文化與敦煌學》,蘭州大學出版社,2013 年 11 月。

易存國《敦煌藝術美學》(第二版),上海人民出版社,2013 年 12 月。

榮新江主編《唐研究》(第 19 卷),北京大學出版社,2013 年 12 月。

郝春文、陳大爲《敦煌的佛教與社會》(《敦煌講座》書系),蘭州:甘肅教育出 版社,2013 年 12 月。

屈直敏《敦煌文獻與中古教育》(《敦煌講座》書系),蘭州:甘肅教育出版社, 2013 年 12 月。

王晶波《敦煌占卜文獻與社會生活》(《敦煌講座》書系),蘭州:甘肅教育出版 社,2013 年 12 月。

鄭阿財《敦煌佛教文學》(《敦煌講座》書系),蘭州:甘肅教育出版社,2013 年 12 月。

伏俊璉《敦煌文學總論》(《敦煌講座》書系),蘭州:甘肅教育出版社,2013 年 12 月。

張涌泉《敦煌寫本文獻學》(《敦煌講座》書系),蘭州:甘肅教育出版社,2013 年 12 月。

趙豐、王樂《敦煌絲綢》(《敦煌講座》書系),蘭州:甘肅教育出版社,2013 年
　　12 月。

榮新江、朱麗雙《于闐與敦煌》(《敦煌講座》書系),蘭州:甘肅教育出版社,
　　2013 年 12 月。

馮培紅《敦煌的歸義軍時代》(《敦煌講座》書系),蘭州:甘肅教育出版社,
　　2013 年 12 月。

余欣《敦煌的博物學世界》(《敦煌講座》書系),蘭州:甘肅教育出版社,2013
　　年 12 月。

張德芳《河西漢簡與敦煌社會》(《敦煌講座》書系),蘭州:甘肅教育出版社,
　　2013 年 12 月。

二、論　　文

（一）概説

王惠民《哈佛大學藏敦煌文物敍録》,《敦煌研究》2013 年 2 期。

馬洪菊《葉昌熾早期金石學成就與潘祖蔭的影響》,《敦煌學輯刊》2013 年
　　2 期。

方廣錩《中國國家圖書館藏敦煌遺書的分類與解説》,《敦煌吐魯番研究》13
　　卷,上海古籍出版社,2013 年 8 月。

方廣錩《中國國家圖書館藏敦煌遺書六種目録述略》,《上海師範大學學報》
　　2013 年 4 期。

方廣錩《〈中國國家圖書館敦藏敦煌遺書總目録〉的編纂》,《敦煌研究》2013
　　年 3 期。

方廣錩《國圖敦煌遺書編號的歷史與現狀》,《文史》2013 年 3 期。

方廣錩《敦煌遺書:鮮活勾畫中國古代佛教寺院生態》,《中國社會科學報》
　　2013 年 8 月 21 日。

伏俊璉《敦煌文書的價值》,《甘肅日報》2013 年 5 月 1 日。

馬德《敦煌文化遺產數字化的一點認識》,《敦煌學輯刊》2013 年 2 期。

吴娜《敦煌研究院院長樊錦詩委員:千年敦煌"數字夢"》,《光明日報》2013
　　年 3 月 8 日。

榮新江《期盼"吐魯番學"與"敦煌學"比翼齊飛》,《新疆日報》2013 年 4 月
　　25 日。

李曉光《流失海外的敦煌文獻在國外的具體分佈》,《雲南檔案》2013 年
　　9 期。

劉進寶、孫寧《池田溫先生與敦煌學研究》,《敦煌研究》2013 年 3 期。

趙鑫曄《俄藏敦煌文獻整理中的幾個問題》,《文獻》2013 年 2 期。

林玉、董華鋒《四川博物院藏敦煌吐魯番寫經敍錄》,《敦煌研究》2013 年 2 期。

鄭阿財《杏雨書屋〈敦煌秘笈〉來源、價值與研究現況》,《敦煌研究》2013 年 3 期。

伏俊璉《胡適敦煌學研究的思維理路——紀念胡適誕辰 120 周年》,《敦煌研究》2013 年 2 期。

李懷順《再論抗戰時期的西北科學考察團》,《敦煌研究》2013 年 6 期。

王新春《傳統中的變革：黃文弼的考古學之路》,《敦煌學輯刊》2013 年 4 期。

韓春平《敦煌遺書與數字化》,《敦煌學輯刊》2013 年 4 期。

王冀青《蔣孝琬晚年事迹考實》,《敦煌學輯刊》2013 年 3 期。

李曉岑、賈建威《甘肅省博物館藏敦煌寫經紙的初步檢測和分析》,《敦煌學輯刊》2013 年 3 期。

李并成《敦煌遺書中所見的寒食、清明節習俗》,《中國社會科學報》2013 年 4 月 3 日。

劉進寶《陳寅恪與藏語、西夏文的解讀》,《中國社會科學報》2013 年 4 月 17 日。

朱羿《構建"敦煌哲學"有助形成敦煌學學術體系》,《中國社會科學報》2013 年 10 月 9 日。

余欣《中國博物學傳統的重建》,《中國圖書評論》2013 年 10 期。

柴劍虹《我所認識的段文傑先生》,《絲綢之路》2013 年 20 期。

樊錦詩《段文傑：敦煌文物事業的開創者和推動者》,《絲綢之路》2013 年 20 期。

郝春文《作爲學術領導人的段文傑先生》,《絲綢之路》2013 年 20 期。

劉進寶《敦煌研究院史上的"段文傑時代"》,《絲綢之路》2013 年 20 期。

趙聲良《段文傑先生的敦煌藝術研究》,《絲綢之路》2013 年 20 期。

張元林《情系敦煌　澤被四方——段文傑先生捐贈圖書及其價值述要》,《絲綢之路》2013 年 20 期。

初世賓《段文傑先生的寶貴精神品質》,《絲綢之路》2013 年 20 期。

安邑江《大家風範——追憶段文傑先生的貢獻》,《絲綢之路》2013 年 20 期。

李最雄《創辦敦煌石窟保護基金會　推動石窟保護研究事業發展——深切緬懷段文傑先生》,《絲綢之路》2013 年 20 期。

何鄂《懷念段文傑院長》,《絲綢之路》2013 年 20 期。

許琪《我的恩師段文傑先生》,《絲綢之路》2013 年 20 期。

張春海《樊錦詩：敦煌的女兒》,《中國社會科學報》2013 年 9 月 16 日。

范鵬《敦煌哲學：如何可能與怎樣可行（上）》,《甘肅日報》2013 年 11 月 11 日。

張堡《哲學的多義性與敦煌哲學的建構——對"哲學"、"敦煌哲學"及其"敦煌"的哲學精神的討論》,《甘肅社會科學》2013 年 5 期。

成兆文《論敦煌哲學的建構之路》,《甘肅社會科學》2013 年 4 期。

李亞祺《嚮往敦煌》,《絲綢之路》2013 年 5 期。

馬國俊《呼喚敦煌》,《絲綢之路》2013 年 5 期。

（二）歷史地理

劉滿《鳳林津、鳳林關位置及其交通路綫考》,《敦煌學輯刊》2013 年 1 期。

劉滿、史志林《漢允吾縣的位置及其在河湟地區交通上的重要地位》,《敦煌學輯刊》2013 年 3 期。

鄭炳林、曹紅《漢唐間疏勒河流域的湖澤考》,《蘭州大學學報》2013 年 5 期。

李岩雲《敦煌河倉城址考》,《敦煌研究》2013 年 6 期。

趙青山《試論六至七世紀高昌疫病流行與突厥入侵的關係——以抄經題記爲中心》,《敦煌學輯刊》2013 年 2 期。

李岩雲《論敦煌西湖漢長城沿綫烽燧的設置原則》,《敦煌學輯刊》2013 年 2 期。

趙和平《俄藏三件敦煌宮廷寫經初步研究》,《敦煌研究》2013 年 3 期。

李正宇《"三危"、"瓜州"、"敦煌"辨》,《絲綢之路》2013 年 4 期。

榮新江《大中十年唐朝遣使册立回鶻史事新證》,《敦煌研究》2013 年 3 期。

王祥偉《敦煌都司的設置考論》,《敦煌研究》2013 年 2 期。

陳菊霞《歸義軍節度使夫人翟氏生平事迹考》,《敦煌研究》2013 年 2 期。

黃沚青《敦煌文書 S.5747〈張承奉祭風伯文〉性質再談》,《敦煌研究》2013 年 2 期。

沙武田《五代宋敦煌石窟回鶻女供養像與曹氏歸義軍的民族特性》,《敦煌研究》2013 年 2 期。

馮培紅《敦煌大族與西涼王國關係新探》,《敦煌吐魯番研究》13 卷,上海古籍出版社,2013 年 8 月。

孟憲實《緤布與絲綢——論西州的土貢》,《敦煌吐魯番研究》13 卷,上海古籍出版社,2013 年 8 月。

李方《中古時期西域水渠研究（二）》,《敦煌吐魯番研究》13 卷,上海古籍出版社,2013 年 8 月。

李方《中古時期西州水渠考(三)》,《吐魯番學研究》2013 年 1 期。

李森《北朝崔氏家族青州龍興寺造像活動發覆》,《敦煌研究》2013 年 2 期。

楊富學、張海娟《蒙古豳王家族與元代亦集乃路之關係》,《敦煌研究》2013 年 2 期。

黄京《從敦煌歸義軍節度使曹氏死後稱"卒"看其族屬》,《敦煌研究》2013 年 4 期。

趙莉、周銀霞《"西晉建興元年臨澤縣廷決斷孫氏田塢案册"所反映的河西鄉里制》,《敦煌研究》2013 年 4 期。

趙青山《唐末宋初僧職判官考——以敦煌文獻爲中心》,《敦煌學輯刊》2013 年 1 期。

陳開穎《北魏沙門統曇曜地位喪失的再探討——兼與石松日奈子商榷》,《敦煌研究》2013 年 5 期。

潘禎雲《論藏區政教合一制形成的教理基礎》,《敦煌學輯刊》2013 年 4 期。

詹靜嫻《北宋破章埋史小考》,《敦煌學輯刊》2013 年 4 期。

杜立暉《從黑水城文獻看元代俸禄制度的運作》,《敦煌學輯刊》2013 年 4 期。

楊寶玉《涼州失陷前後河西節度使楊志烈事迹考——以法藏敦煌文書 P. 2942 爲中心》,《敦煌學輯刊》2013 年 3 期。

楊寶玉《敦煌藏經洞所出兩件度牒相關文書研究》,《吐魯番學研究》2013 年 2 期。

陳菊霞《陷蕃前的敦煌文書——S. 11287 新探》,《敦煌吐魯番研究》13 卷,上海古籍出版社,2013 年 8 月。

程喜霖《樣人考論——以吐魯番唐代樣人文書爲中心》,《敦煌吐魯番研究》13 卷,上海古籍出版社,2013 年 8 月。

鄭怡楠《敦煌歸義軍節度使曹延恭造窟功德記考釋》,《敦煌學輯刊》2013 年 3 期。

鄭怡楠《敦煌寫本〈河西節度使大王造大寺功德記〉考釋》,《敦煌學輯刊》2013 年 4 期。

俄玉楠、鄭怡楠《敦煌寫本 P. 3350〈都押衙鐫大龕功德記録〉考釋》,《敦煌學輯刊》2013 年 4 期。

馬强、潘玉渠《隋唐時期敦煌令狐家族譜系考略》,《敦煌研究》2013 年 6 期。

吕志峰《敦煌懸泉考論——以敦煌懸泉漢簡爲中心》,《敦煌研究》2013 年 4 期。

高啓安、潘謂顯《漢居延所在置喙——以居延里程簡 E. P. T59：582 爲中心》,《敦煌研究》2013 年 5 期。

羅見今、關守義《〈肩水金關漢簡（壹）〉紀年簡考釋》，《敦煌研究》2013 年
　5 期。

丁樹芳《〈前秦建元二十年籍〉補説》，《敦煌學輯刊》2013 年 4 期。

杜斗城、吳通《敦煌遺書中獨孤皇后施造"一切經"及有關問題》，《蘭州大學
　學報》2013 年 1 期。

樊翔《論敦煌索氏與仇池政權的關係》，《青海民族研究》2013 年 4 期。

任攀《敦煌漢簡中有關漢代秩級"真二千石"的新發現》，《史學月刊》2013 年
　5 期。

李博《唐末五代宋初敦煌地區鄉規民約考析——以敦煌出土漢文收養文書爲
　例》，《甘肅社會科學》2013 年 4 期。

（三）社會

楊秀清《敦煌石窟壁畫中的古代兒童生活研究（一）》，《敦煌學輯刊》2013 年
　1 期。

楊秀清《敦煌石窟壁畫中的古代兒童生活（二）》，《敦煌學輯刊》2013 年 2 期。

楊秀清《敦煌石窟壁畫中的古代兒童生活（三）》，《敦煌學輯刊》2013 年 3 期。

楊秀清《敦煌石窟中的兒童圖像考察簡報》，《敦煌學輯刊》2013 年 4 期。

吳麗娛《"中祥"考》，《敦煌吐魯番研究》13 卷，上海古籍出版社，2013 年
　8 月。

韓鋒、高情情《魏晉南北朝時期儒學在河西地區發展的原因及影響》，《敦煌學
　輯刊》2013 年 2 期。

常萍《再論吐魯番出土隨葬衣物疏中的"躐颲囊"》，《敦煌學輯刊》2013 年
　2 期。

王志鵬《略論武周政治對敦煌文化的影響》，《西夏研究》2013 年 3 期。

吳羽《敦煌文書〈陰陽書·葬事〉補正數則》，《敦煌研究》2013 年 2 期。

趙小明《敦煌求子方術考論》，《四川職業技術學院學報》2013 年 3 期。

蔡偉堂、盧秀文《從敦煌僧人服飾看漢化、世俗化的形成因素》，《絲綢之路》
　2013 年 4 期。

朱曉宇《唐代書儀中的喪服衣服圖解析——以法藏敦煌西域文獻爲例》，《長
　安大學學報》2013 年 1 期。

王曉燕《敦煌本〈刺史書儀〉中之"俵錢去處"考釋》，《敦煌學輯刊》2013 年
　3 期。

張新國《唐代前期寡婦户籍"合籍"現象探析——以敦煌吐魯番籍帳文書爲
　例》，《敦煌學輯刊》2013 年 3 期。

王晶波《敦煌五兆卜法文獻的綴合與定名》，《敦煌學輯刊》2013 年 4 期。

陳繼宏《從出土文獻看蕃佔時期敦煌的奴婢》,《敦煌學輯刊》2013 年 4 期。

翟旻旻《德藏吐魯番出土 Ch. 1635 文書研究》,《敦煌研究》2013 年 5 期。

柳慶齡、許尊庶《〈方氏像譜〉中明代衣冠服飾考》,《敦煌學輯刊》2013 年 3 期。

李軍《清抄本〈京兆翁氏族譜〉所收晚唐河西文獻校注——兼論其内容的真實性》,《敦煌學輯刊》2013 年 3 期。

耿靜《敦煌放妻書淺議》,《牡丹江大學學報》2013 年 7 期。

李博《敦煌出土文書所見"五逆之罪"考》,《絲綢之路》2013 年 2 期。

宋廣玲《從考古資料看唐五代敦煌兒童的遊戲活動》,《絲綢之路》2013 年 10 期。

羅海山《唐宋敦煌七月"恩赦"條款考論》,《當代法學》2013 年 2 期。

王中旭《敦煌陰嘉政窟〈報恩變〉解讀》,《中華文化畫報》2013 年 7 期。

張海博《淺析敦煌魏晉墓畫像磚中的持械人物》,《絲綢之路》2013 年 12 期。

李素絹、李國臣《從敦煌莫高窟壁畫看敦煌古代體育競技》,《蘭臺世界》2013 年 6 期。

陳曉強《敦煌契約文書所見織物研究》,《西北民族研究》2013 年 1 期。

劉艷紅《敦煌文獻"左南直北"考辨》,《山西大同學院學報》2013 年 1 期。

寧宇《敦煌寫本時日宜忌文書敍錄——英藏、法藏篇》,《蘭州大學學報》2013 年 1 期。

王金蛾《唐代敦煌的民間教育及特點探賾》,《求索》2013 年 1 期。

劉再聰《從敦煌〈榮親客目〉文書看唐宋婚俗中的"添箱"習俗》,《西北師範大學學報》2013 年 4 期。

陳爍《敦煌喪葬儀式與喪俗文之關係探究》,《石河子大學學報》2013 年 4 期。

趙青山、姚磊《敦煌寫經題記的史料價值》,《圖書與情報》2013 年 6 期。

吳蘊慧《敦煌社會經濟文獻及其檔案價值研究》,《檔案》2013 年 3 期。

杜文濤《也談敦煌文書中帶"奴"字的人名》,《洛陽師範學院學報》2013 年 10 期。

張增如、歐居湖《從敦煌寫本看唐代性文化——基於唐代婚姻文化的視角》,《文史雜誌》2013 年 4 期。

高啓安《"殺羊"及敦煌羊隻飼牧方式論考》,《西北民族大學學報》2013 年 2 期。

（四）宗教

林悟殊《京藏摩尼經開篇結語辨釋》,《西域研究》2013 年 2 期。

韓春平《浙博藏〈根本説一切有部毘奈耶雜事〉獻疑》,《敦煌學輯刊》2013 年

1 期。

楊學勇《法藏敦煌文獻 P. 2550 號與三階教的鬥爭問題》,《宗教學研究》2013
年 1 期。

魏文斌《漢至北魏秦州佛教史料與麥積山石窟(二)》,《敦煌學輯刊》2013 年
2 期。

賴文英《唐代華嚴法界救度思想的開展——兼論榆林窟第 25 窟盧舍那佛與
藥師、地藏的組合》,《敦煌學輯刊》2013 年 1 期。

礪波護著,韓昇譯《天壽國和重興佛法的菩薩天子》,《敦煌學輯刊》2013 年
1 期。

王菡薇《敦煌寫本〈金光明經·捨身品第十七〉殘卷年代考》,《中國社會科學
報》2013 年 3 月 13 日。

董大學《俄藏號〈稍釋金剛科儀要偈三十二分考辨〉》,《寧夏大學學報》2013
年 1 期。

王承文《敦煌本〈靈寶經目〉與古靈寶經的分類及其內在關係考釋之二》,《敦
煌學輯刊》2013 年 2 期。

趙青山《五件文書所反映的敦煌吐蕃時期寫經活動》,《中國藏學》2013 年
4 期。

董華鋒、何先紅《益州佛教與梁武帝經略益州相關史事述論》,《敦煌學輯刊》
2013 年 2 期。

湯君《俄藏黑水城文獻之漢文〈阿含經〉考論》,《敦煌學輯刊》2013 年 2 期。

魏迎春、鄭炳林《晚唐五代敦煌佛教教團僧尼違戒蓄財研究》,《敦煌學輯刊》
2013 年 2 期。

李文才《從飲酒看晚唐五代宋初敦煌佛教的世俗化——以 S. 6452－5 號文書
爲中心的考察》,《陝西師範大學學報》2013 年 2 期。

曾良《有關〈恪法師第一抄〉雜考》,《敦煌吐魯番研究》13 卷,上海古籍出版
社,2013 年 8 月。

郭俊葉、張小剛《敦煌文獻〈佛說五無返復經〉研究》,《敦煌吐魯番研究》13
卷,上海古籍出版社,2013 年 8 月。

劉屹《符文、真文與天文——論"靈寶"概念的不同表現》,《敦煌吐魯番研究》
13 卷,上海古籍出版社,2013 年 8 月。

林悟殊《敦煌摩尼教文書日月神名辨》,《敦煌吐魯番研究》13 卷,上海古籍出
版社,2013 年 8 月。

李文才、周永新《晚唐五代敦煌淨土寺支出賬目分類構成研究——基於對
P. 2049 號文書會計賬目計量分析的考察》,《江蘇科技大學學報》2013 年

2 期。

李文才《晚唐五代敦煌淨土寺收支賬目初探——基於 P. 2049 號籍帳文書的考察》,《揚州大學學報》2013 年 5 期。

王惠民《西方淨土變形式的形成過程與完成時間》,《敦煌研究》2013 年 3 期。

彭金章《敦煌新近發現的景教遺物——簡述藏經洞所出景教文獻與畫幡》,《敦煌研究》2013 年 3 期。

百橋明穗著,蘇佳瑩譯《日本的阿彌陀淨土圖與敦煌的淨土變》,《敦煌研究》2013 年 3 期。

梁旭澍、王海雲、王惠民《敦煌研究院藏三階教文獻〈三階觀法略釋〉殘卷》,《敦煌研究》2013 年 4 期。

沈騫《從〈沙州圖經〉所記敦煌祆舍談〈晉書·石季龍載記下〉所謂之"胡天"》,《敦煌學輯刊》2013 年 3 期。

李翎、馬德《敦煌白傘蓋信仰及相關問題》,《敦煌學輯刊》2013 年 3 期。

王卡《敦煌本〈抱朴子殘卷〉的傳世經緯》,《敦煌學輯刊》2013 年 3 期。

張元林《敦煌〈法華經變·藥王菩薩本事品〉及其反映的"真法供養"觀》,《敦煌學輯刊》2013 年 4 期。

張慕華《敦煌寫本佛事文體結構與佛教儀式關係之研究》,《中山大學學報》2013 年 1 期。

劉永明《P. 3562V〈道教齋醮度亡祈願文集〉與唐代的敦煌道教(一)》,《敦煌學輯刊》2013 年 4 期。

李正宇《再論晚唐五代北宋時期的敦煌佛教》,《南京曉莊學院學報》2013 年 6 期。

趙青山《敦煌寫經道場紙張的管理》,《敦煌學輯刊》2013 年 4 期。

陳雙印、張郁萍《唐代佛教分期問題研究》,《敦煌學輯刊》2013 年 4 期。

張先堂《一件珍貴的唐五代敦煌俗家弟子誦經錄——敦煌研究院藏 D0218 號殘卷新探》,《敦煌研究》2013 年 6 期。

李翎、馬德《敦煌印本〈救產難陀羅尼〉及相關問題研究》,《敦煌研究》2013 年 4 期。

王慧慧《從 P. 3364〈某寺面油破歷〉看民俗佛教的一些特點——民俗佛教認識之二》,《敦煌研究》2013 年 4 期。

劉波《經歷曲折的旅順博物館藏敦煌本〈壇經〉》,《光明日報》2013 年 3 月 19 日。

葉明花、蔣力生《〈呼吸靜功妙訣〉: 敦煌文書中的呼吸靜功文獻》,《中國道教》2013 年 6 期。

錢光勝《試論〈西藏度亡經〉與敦煌寫本〈閻羅王授記(十王)經〉的關係》,《西藏大學學報》2013 年 1 期。

張永萍《吐蕃統治時期的敦煌寺學》,《西藏研究》2013 年 2 期。

史淑琴、王東《晚唐敦煌吐蕃居民宗教地位變遷研究》,《甘肅社會科學》2013 年 4 期。

張文江《敦煌本〈壇經〉析義之惠能開悟》,《上海文化》2013 年 6 期。

張穎《從佛經音義看唐五代敦煌的佛教信仰》,《西北師大學報》2013 年 3 期。

趙靜《淺談佛教藝術在吐魯番地區的興衰》,《絲綢之路》2013 年 14 期。

宋雪春《敦煌寫本〈玉耶經〉的傳譯校勘及相關問題探討》,《絲綢之路》2013 年 18 期。

耿紀朋、鄭小紅《敦煌道經對於中古道教研究的重要性》,《湖北科技學院學報》2013 年 8 期。

(五) 語言文字

張涌泉《敦煌文獻校勘方法例釋》,《敦煌吐魯番研究》13 卷,上海古籍出版社,2013 年 8 月。

張小艷《敦煌社邑文書詞語輯考》,《敦煌吐魯番研究》13 卷,上海古籍出版社,2013 年 8 月。

張小艷《"不辦承料"辨正》,《文史》2013 年 1 期。

米勒著,史淑琴譯《關於敦煌漢藏對音的幾個問題》,《西北語言與文化研究》1 輯,上海:華東師範大學出版社,2013 年 3 月。

王宏理《關於〈浙藏敦煌文獻〉中的古筆題最澄書》,《敦煌研究》2013 年 5 期。

譚世寶《"獦獠"的音義形考辨》,《敦煌研究》2013 年 6 期。

孔德棠《漢簡釋讀過程中存在的幾類問題字》,《敦煌研究》2013 年 6 期。

竇懷永《略論大型字典對唐諱字形的收録——以〈漢語大字典〉第二版爲例》,《敦煌研究》2013 年 2 期。

高田時雄著,史淑琴譯《古代西北方言的下位變體》,《敦煌研究》2013 年 2 期。

趙家棟《敦煌文獻字詞考釋與語法研究》,《合肥師範學院學報》2013 年 4 期。

張新朋《大谷文書中十三則〈千字文〉殘片之定名與綴合》,《敦煌研究》2013 年 5 期。

田啓濤《敦煌道經詞語例釋》,《敦煌研究》2013 年 5 期。

于淑健《敦煌古佚和疑僞詞語新探》,《語言研究》2013 年 3 期。

趙靜蓮《敦煌文獻疑難詞語考釋劄記》,《語言研究》2013 年 3 期。

李小潔《敦煌契約文書通假字研究》,《神州》2013 年 2 期。

史淑琴《敦煌漢藏對音中部分溪母字讀見母音的現象》,《南開語言學刊》2013 年 1 期。

洪帥《敦煌詩歌與〈漢語大詞典〉編纂》,《漢語史研究集刊》2013 年 00 期。

趙靜蓮《敦煌寫本俗字校考五則》,《中國文字研究》2013 年 1 期。

趙靜蓮《敦煌文獻校釋八則》,《圖書館理論與實踐》2013 年 2 期。

趙靜蓮《敦煌文獻字詞考釋七則》,《西南交通大學學報》2013 年 2 期。

趙靜蓮《敦煌文獻詞語誤釋原因初探》,《魯東大學學報》2013 年 2 期。

趙靜蓮《敦煌吐魯番文獻疑難詞語考釋二則》,《語文學刊》2013 年 13 期。

左麗萍《敦煌本〈大乘無量壽經〉異體字考釋三則》,《語文學刊》2013 年 14 期。

葉嬌《敦煌文獻服飾詞考釋二則》,《語言研究》2013 年 3 期。

葉嬌《敦煌文獻異稱現象研究——以服飾詞爲例》,《浙江師範大學學報》2013 年 3 期。

劉瑤瑤《敦煌碑銘贊佛教詞語詁解》,《甘肅社會科學》2013 年 1 期。

王桂坪《〈敦煌變文字義通釋〉證補》,《魯東大學學報》2013 年 3 期。

于淑健《俗字零劄——以敦煌寫本爲例》,《魯東大學學報》2013 年 3 期。

于正安《敦煌曆文俗語詞考釋》,《現代語文》2013 年 2 期。

王新華《敦煌藏漢對音文獻中的入聲字演變》,《山東社會科學》2013 年 6 期。

（六）文學

張馨心《河西寶卷與河西講唱文學關係——以〈方四姐寶卷〉爲例》,《敦煌學輯刊》2013 年 1 期。

劉雁翔《杜甫〈石龕〉詩與八峰崖石窟》,《敦煌學輯刊》2013 年 1 期。

伏俊璉《唐前期的敦煌文學》,《中國社會科學報》2013 年 4 月 12 日。

程毅中《〈季布罵陣詞文〉與詞話的發展》,《敦煌吐魯番研究》13 卷,上海古籍出版社,2013 年 8 月。

鄭阿財《試論敦煌"唱導文學"與"俗講文學"之名義》,《敦煌吐魯番研究》13 卷,上海古籍出版社,2013 年 8 月。

朱鳳玉《羽 153V〈妙法蓮華經講經文〉殘卷考論——兼論講經文中因緣譬喻之運用》,《敦煌吐魯番研究》13 卷,上海古籍出版社,2013 年 8 月。

荒見泰史《遊僧與藝能》,《敦煌吐魯番研究》13 卷,上海古籍出版社,2013 年 8 月。

林生海《敦煌本秋胡故事再探》,《第九屆北京大學史學論壇論文集》,2013 年 3 月 1 日。

張蓓蓓《黑水城抄本〈千家詩〉殘頁考》,《敦煌學輯刊》2013 年 2 期。

喻忠傑、劉傳啓《敦煌所見三種戲劇寫本謭論》,《敦煌學輯刊》2013 年 3 期。

郭麗《〈兔園策府〉考論——簡論唐代童蒙教育的應試性傾向》,《敦煌研究》2013 年 4 期。

金少華《P. 2528〈西京賦〉寫卷爲李善注原本考辨》,《敦煌研究》2013 年 4 期。

陽清《〈古小説鈎沉〉徵引敦煌類書殘卷考實》,《敦煌研究》2013 年 5 期。

石明秀《敦煌漢簡所見漢賦考》,《社會科學戰綫》2013 年 3 期。

陳靜《敦煌詩歌寫本的傳播特徵及其形成原因》,《首都師範大學學報》2013 年 3 期。

程興麗、許松《敦煌變文寫卷特徵與編纂效果探析》,《大理學院學報》2013 年 8 期。

巨虹《敦煌學郎詩内容考略》,《晉中學院學報》2013 年 1 期。

曹翔《敦煌寫卷王梵志詩校釋劄記》,《圖書館理論與實踐》2013 年 3 期。

王金娥《敦煌一卷本〈王梵志詩〉儒釋相諧的教化特點論析》,《甘肅社會科學》2013 年 2 期。

趙耀鋒《論敦煌俗賦的戲劇性》,《天水師範學院學報》2013 年 3 期。

葉璇璇、周掌勝《敦煌變文 ABB 式語詞的結構特點》,《語文知識》2013 年 1 期。

盧騰《敦煌變文〈茶酒論〉雙音詞初探》,《語文學刊》2013 年 1 期。

許松《敦煌〈李陵變文〉、〈王昭君變文〉釋讀析疑》,《圖書與情報》2013 年 3 期。

劉傳啓《敦煌歌辭誤校例説——兼談敦煌文獻之俗句法》,《莆田學院學報》2013 年 1 期。

（七）藝術

陳悦新《金塔寺石窟佛像服飾與年代》,《敦煌學輯刊》2013 年 1 期。

關琛琪《敦煌壁畫中的唐代服飾藝術美學初探》,《藝術與設計》2013 年 1 期。

張善慶《涅槃經變、金光明經變抑或去或留降魔成道圖——甘肅馬蹄寺石窟羣千佛洞第 1 窟北朝壁畫考（二）》,《敦煌學輯刊》2013 年 1 期。

魏文斌《漢至北魏秦州佛教史料與麥積山石窟（一）》,《敦煌學輯刊》2013 年 1 期。

李森《青州龍興寺造像北齊大盛原因考》,《敦煌學輯刊》2013 年 2 期。

武海龍《敦煌莫高窟第 31 窟金剛經變説法圖主尊探微》,《敦煌學輯刊》2013 年 2 期。

王治《長路迢遙往生便——敦煌莫高窟唐代西方淨土變結構解析》,《美術研究》2013 年 1 期。

王敏慶《榮耀之面：南北朝晚期的佛教獸面圖像研究》,《敦煌吐魯番研究》13 卷,上海古籍出版社,2013 年 8 月。

吳建軍《五代敦煌曹元忠統治時期雕版印刷研究》,《裝飾》2013 年 4 期。

高陽《敦煌壁畫中樹木圖案的"程式化"裝飾特徵》,《裝飾》2013 年 7 期。

潘亮文《敦煌唐代的文殊菩薩圖像試析》,《敦煌研究》2013 年 3 期。

李靜傑《陝北宋金石窟題記內容分析》,《敦煌研究》2013 年 3 期。

張寶璽《北石窟寺第 165 窟帝釋天考》,《敦煌研究》2013 年 2 期。

沙武田、李國《敦煌莫高窟第 3 窟爲西夏洞窟考》,《敦煌研究》2013 年 4 期。

李其瓊《再談敦煌壁畫臨摹》,《敦煌研究》2013 年 3 期。

佐藤有希子著,牛源譯《敦煌吐蕃時期毗沙門天王像考察》,《敦煌研究》2013 年 4 期。

劉永增《敦煌石窟摩利支天曼荼羅圖像解說》,《敦煌研究》2013 年 5 期。

詹社紅、米萬忠《北石窟寺歷代題記輯錄》,《敦煌研究》2013 年 4 期。

李正宇《吸納消化化彼爲我——談莫高窟北朝洞窟"神話、道教題材"的屬性》,《敦煌研究》2013 年 3 期。

費泳《佛像的衣着種類及安陀會、偏衫問題》,《敦煌研究》2013 年 5 期。

米德昉《敦煌壁畫西方淨土變與藥師淨土變對置成因分析》,《敦煌研究》2013 年 5 期。

趙曉星《莫高窟第 361 窟與周邊中唐洞窟之關係——莫高窟第 361 窟研究之九》,《敦煌研究》2013 年 5 期。

張景峰《莫高窟祥瑞白狼塑像考察》,《敦煌研究》2013 年 5 期。

阮麗《莫高窟天王堂圖像辨識》,《敦煌研究》2013 年 5 期。

劉玉權《肅南裕固族自治縣上石壩河石窟的西遊記故事壁畫》,《敦煌研究》2013 年 3 期。

郭俊葉《敦煌壁畫、文獻中的"魔睺羅"與婦女乞子風俗》,《敦煌研究》2013 年 6 期。

趙陽、陳愛峰《吐峪溝石窟第 44 窟兔王本生故事考》,《敦煌研究》2013 年 6 期。

陳悅新《青州地區北朝佛衣類型》,《敦煌學輯刊》2013 年 4 期。

董華鋒《南朝造像題記與南朝佛教相關問題考論》,《敦煌學輯刊》2013 年 4 期。

汪正一、趙曉星《敦煌莫高窟三清宮正殿〈山海經〉彩畫考察》,《敦煌研究》2013 年 6 期。

胡同慶《試探東鄉縣紅塔寺石窟的藝術特點》,《敦煌研究》2013 年 6 期。

張元林《敦煌、和闐所見摩醯首羅天圖像及相關問題》,《敦煌研究》2013 年 6 期。

李新《敦煌莫高窟古代朝鮮半島資料研究——莫高窟第 61 窟〈五臺山圖〉古代朝鮮半島資料研究》,《敦煌研究》2013 年 4 期。

段文傑《敦煌壁畫臨摹中的白描畫稿》,《絲綢之路》2013 年 20 期。

劉永增《敦煌石窟勝佛母曼荼羅圖像解説》,《故宫博物院院刊》2013 年 4 期。

王瑞雷《西藏西部東嘎 1 號窟法界語自在曼荼羅圖像與文本》,《敦煌研究》
　　2013 年 5 期。

于碩《甘穀縣華蓋寺石窟唐僧取經壁畫初探》,《敦煌研究》2013 年 4 期。

常沙娜《虚畫誤真 實學興新——如何真正繼承與弘揚中國傳統文化藝術》,
　　《敦煌研究》2013 年 3 期。

劉哲《平山郁夫與敦煌壁畫》,《中國宗教》2013 年 6 期。

石炯《敦煌莫高窟的“人非人”形象及其啓示》,《陝西師範大學學報》2013 年
　　1 期。

王中旭《敦煌吐蕃晚期〈普賢行願圖〉、〈普賢并萬菩薩化現圖〉與相關問題研
　　究》,《中國國家圖書館館刊》2013 年 10 期。

胡同慶《論悲慘與悲壯之差異——簡論敦煌早期佛教藝術内涵并與李澤厚先
　　生“悲慘世界論”商榷》,《敦煌研究》2013 年 2 期。

王玲秀《炳靈寺藏傳佛教藝術中的三十五佛初探》,《敦煌研究》2013 年 4 期。

段澤林《三代“敦煌人”的“敦煌夢”》,《中國藝術報》2013 年 6 月 28 日。

戴春陽《敦煌石窟斗頂的考古學觀察(上)——覆斗頂非模仿斗帳》,《敦煌研
　　究》2013 年 2 期。

戴春陽《敦煌石窟覆斗頂的考古學觀察(下)——覆斗頂淵源管窺》,《敦煌研
　　究》2013 年 4 期。

殷博《用現代構成理論解讀敦煌圖案的組織形式》,《新疆藝術學院學報》2013
　　年 1 期。

許棟《論早期五臺山圖的底本來源——以敦煌壁畫中的五臺山圖爲中心》,
　　《社會科學戰綫》2013 年 1 期。

仇春霞《敦煌北涼三窟壁畫的西域風格及本土化研究》,《中國國家博物館館
　　刊》2013 年 2 期。

余明涇《敦煌莫高窟北朝時期的佛陀造像袈裟穿着方式的分析》,《東華大學
　　學報》2013 年 1 期。

穆紀光《敦煌藝術史的符號學視看方式》,《甘肅社會科學》2013 年 2 期。

沙武田《敦煌美術史資料拾零》,《山西檔案》2013 年 4 期。

劉文良、晏淨天《中唐敦煌壁畫之“異象”探析》,《南京藝術學學院學報》2013
　　年 2 期。

魏健鵬《敦煌壁畫中襆頭的分類及其斷代功能芻議》,《藝術設計研究》2013
　　年 2 期。

余明涇《敦煌莫高窟北朝時期佛陀造像衣着的演變》,《集美大學學報》2013

年 1 期。

侯奔奔《唐代敦煌壁畫的佛教文化意蘊》,《民族藝術》2013 年 2 期。

竺小恩《敦煌壁畫中的蒙元服飾研究》,《浙江紡織服裝職業技術學院學報》
2013 年 1 期。

劉文榮《敦煌壁畫中所見"葫蘆琴"圖像考釋》,《交響(西安音樂學院學報)》
2013 年 2 期。

黃嫄《佛教文化與敦煌石窟藝術探析》,《東北農業大學學報》2013 年 4 期。

申林《略論敦煌壁畫在唐代的藝術風格》,《蘭臺世界》2013 年 27 期。

郭芳《莫高窟藝術中的隋代菩薩頭冠研究》,《絲綢之路》2013 年 2 期。

羅漢《淺談敦煌壁畫中的兩種建築風格》,《絲綢之路》2013 年 4 期。

蔣應紅《敦煌藝術的再生及當代啓示》,《絲綢之路》2013 年 4 期。

趙豐、段光利《從敦煌出土絲綢文物看唐代夾纈圖案》,《絲綢》2013 年 8 期。

劉雲《隋唐時期敦煌壁畫造型探究與應用》,《黑龍江史誌》2013 年 21 期。

高宇琪《敦煌莫高窟壁畫藝術特點研究》,《蘭州教育學院學報》2013 年 1 期。

劉傳啓《從敦煌佛教歌曲看唐五代宋初的佛儒交融》,《民族藝術》2013 年 4 期。

景月親《敦煌樂舞藝術研究中的文獻計量學分析》,《交響(西安音樂學院學
報)》2013 年 3 期。

（八）考古與文物保護

王旭東《潮濕環境土遺址保護理念探索與保護技術展望》,《敦煌研究》2013
年 1 期。

周華、楊淼、高峰等《射綫探傷無損檢測方法在文物考古現場應用最新進展》,
《敦煌研究》2013 年 1 期。

陳雨、王旭東、楊善龍等《凍融循環作用下不同含鹽土體微細結構變化初步研
究》,《敦煌研究》2013 年 1 期。

李波、陳港泉等《Photoshop 軟件在古代壁畫保護修復中的初步應用》,《敦煌
研究》2013 年 1 期。

張文元、崔強等《綜合分析方法對余杭良渚遺址羣出土玉器的原位無損研
究》,《敦煌研究》2013 年 1 期。

王旭東、張虎元、裴强强《乾旱區 PS 加固土建築遺址風化耐久性現場試驗研
究》,《敦煌研究》2013 年 1 期。

武發思、汪萬福等《嘉峪關魏晉墓腐蝕畫真菌羣落組成分析》,《敦煌研究》
2013 年 1 期。

樊再軒、薛止昆等《新疆和田達碼溝遺址出土壁畫修復試驗報告》,《敦煌研
究》2013 年 1 期。

林波、王旭東等《敦煌莫高窟第 108 窟西壁岩體內溫濕度變化規律研究》,《敦煌研究》2013 年 1 期。

于宗仁、蘇伯民等《文物出土現場保護移動實驗室在考古發掘現場應用支撐研究中分析體系的構建》,《敦煌研究》2013 年 1 期。

祁浩、鄧宏、余珊珊《無綫傳感器網絡在考古發掘現場動態環境監測的應用研究》,《敦煌研究》2013 年 1 期。

李青會、董俊卿等《湖北荆州出土戰國玻璃珠的 pXRF 無損分析及相關問題研究》,《敦煌研究》2013 年 1 期。

陳港泉、于宗仁等《陝西鳳棲西漢 M25 耳室土壤中金屬元素空間分佈規律研究》,《敦煌研究》2013 年 1 期。

楊善龍、郭青林、王旭東《無損技術在北庭西大寺鹽分分佈調查中的應用研究》,《敦煌研究》2013 年 1 期。

董俊卿、顧冬紅等《湖北熊家冢墓地出土玉器的 pXRF 無損分析》,《敦煌研究》2013 年 1 期。

汪萬福、武發思等《仿愛夜蛾成蟲對敦煌莫高窟模擬洞窟壁畫的選擇趨性》,《昆蟲學報》2013 年 10 期。

吳健、張帆等《基於壁面曲率分析的壁畫數字化攝影採集方法研究》,《敦煌研究》2013 年 1 期。

蘇伯民、孫秀娟等《ZB—WB—S 砂岩加固材料的性質表徵和加固作用的初步研究》,《敦煌研究》2013 年 1 期。

郭青林、張景科等《新疆北庭故城病害特徵及保護加固研究》,《敦煌研究》2013 年 1 期。

張正模、劉洪麗《突發性强降雨對莫高窟洞窟微環境影響分析》,《敦煌研究》2013 年 1 期。

袁鴻、龍永芳等《荆門獾子冢搬遷車馬土體分析研究》,《敦煌研究》2013 年 1 期。

武發思、汪萬福等《魏晉五號壁畫墓保存環境中空氣微生物檢測研究》,《敦煌研究》2013 年 6 期。

武發思、汪萬福等《敦煌莫高窟第 98 窟壁畫表面菌斑的羣落結構分析》,《微生物學通報》2013 年 4 期。

巴東《論張大千繪畫藝術與敦煌石窟藝術的內在聯繫》,《內江師範學院學報》2013 年 1 期。

杜潔芳《敦煌保護：重要的是傳承》,《中國文化報》2013 年 9 月 26 日。

（九）少數民族歷史語言

佐藤貴保著,馮培紅、王蕾譯《西夏末期黑水城的狀況——從兩件西夏文文書談起》,《敦煌學輯刊》2013 年 1 期。

才讓《敦煌藏文 P. T. 996 號〈大乘無分別修習之道〉解讀》,《中國藏學》2013
年 1 期。

包文勝《賀蘭部名稱考釋》,《敦煌學輯刊》2013 年 1 期。

王東《"投毒"與唐代吐蕃政治——以敦煌文獻爲中心的考察》,《中國藏學》
2013 年 1 期。

陳踐《P. T. 1047 號和 IOLTibJ763 號羊胛骨卜新探》,《中國藏學》2013 年 S1 期。

陳楠《吐蕃統轄敦煌時期之藏文抄經活動考述》,《中國藏學》2013 年 S2 期。

陸離《關於吐蕃統治敦煌時期户籍制度的幾個問題——兼談吐蕃統治敦煌的
部落設置》,《中國經濟史研究》2013 年 2 期。

蒙小燕、蒙小鶯《插箭節與安多藏區部落文化——以西倉十二部落與合作四
部落爲例》,《敦煌學輯刊》2013 年 4 期。

葉拉太《敦煌古藏文吐蕃地名的分類及其結構特點探析》,《西藏大學學報》
2013 年 2 期。

武内紹人著,楊銘、楊公衛譯《敦煌西域古藏文僱傭契約研究》,《西域研究》
2013 年 4 期。

梁繼紅《武威藏西夏文〈五更轉〉考釋》,《敦煌研究》2013 年 5 期。

段晴《〈伏闍達五年蠲除契約〉案牘》,《敦煌吐魯番研究》13 卷,上海古籍出版
社,2013 年 8 月。

馬小鶴《回鶻語廿七宿與十二宫圖表——吐魯番文書 T Ⅱ Y29（部分）與 U494
譯釋》,《敦煌吐魯番研究》13 卷,上海古籍出版社,2013 年 8 月。

張福慧、陳于柱《敦煌藏文本 P. T. 1047V〈羊胛骨抄〉的再研究》,《敦煌研究》
2013 年 4 期。

陳明《新出犍陀羅語佛教寫卷中的詞語辨析》,《敦煌吐魯番研究》13 卷,上海
古籍出版社,2013 年 8 月。

新疆龜兹研究院、北京大學中國古代史研究中心、中國人民大學國學院西域
歷史語言研究所聯合主編《克孜爾石窟後山區現存龜兹語及其他婆羅謎文
字題記内容簡報（一）——第 203、219、221、222、224、227、228、229 窟》,《敦
煌吐魯番研究》13 卷,上海古籍出版社,2013 年 8 月。

荻原裕敏《略論龜兹石窟現存古代期龜兹語題記》,《敦煌吐魯番研究》13 卷,
上海古籍出版社,2013 年 8 月。

慶昭蓉《龜兹石窟現存題記中的龜兹國王》,《敦煌吐魯番研究》13 卷,上海古
籍出版社,2013 年 8 月。

任小波《贊普葬儀的先例與吐蕃王政的起源——敦煌 P. T. 1287 號〈吐蕃贊普傳

記〉第 1 節新探》,《敦煌吐魯番研究》13 卷,上海古籍出版社,2013 年 8 月。

卓瑪才讓《英藏敦煌古藏文文獻中三份相關經濟文書之解析》,《西域研究》
2013 年 3 期。

（十）古籍

張磊《日本古辭書所引〈本草〉與敦煌本〈本草〉比較研究》,《敦煌學輯刊》
2013 年 1 期。

劉全波《〈華林遍略〉編纂考》,《敦煌學輯刊》2013 年 1 期。

秦樺林《敦煌、吐魯番、黑水城出土史籍刻本殘頁考》,《敦煌研究》2013 年 2 期。

馬楠《敦煌寫本 P. 3315 所見古文考》,《敦煌研究》2013 年 2 期。

許建平《敦煌子部文獻的範圍與分類》,《敦煌研究》2013 年 3 期。

許建平《新見國家圖書館藏敦煌經部寫本殘頁録校研究》,《敦煌吐魯番研究》
13 卷,上海古籍出版社,2013 年 8 月。

蕭旭《敦煌寫卷 P. 5034V〈春秋後語〉校補》,《敦煌吐魯番研究》13 卷,上海古
籍出版社,2013 年 8 月。

趙紅《敦煌本 P. 2569〈春秋後語・趙語〉訂補》,《西域研究》2013 年 4 期。

王立羣《敦煌本〈文選〉李善注研究》,《文學遺產》2013 年 4 期。

秦樺林《敦煌本〈抱朴子〉研究概況及校勘舉隅》,《中國典籍與文華》2013 年
4 期。

秦樺林《敦煌〈抱朴子〉殘卷的抄寫年代及文獻價值》,《敦煌研究》2013 年 6 期。

金瀅坤《敦煌本"策府"與唐初社會——國圖藏敦煌本"策府"研究》,《文獻》
2013 年 1 期。

王金保《敦煌遺書 P. 5002 釋録并研究》,《敦煌學輯刊》2013 年 2 期。

秦樺林《吐魯番文獻 TID1015 號刻本韻書殘頁小考》,《語言研究》2013 年 2 期。

姚軍《敦煌〈漢書〉唐寫本的校勘價值》,《寶雞文理學院學報》2013 年 3 期。

曹潔《敦煌遺書箋注本〈切二〉研究》,《傳統中國研究集刊》11 輯,上海人民出
版社,2013 年 5 月。

王新華《敦煌語音文獻年代考》,《社科縱橫》2013 年 5 期。

（十一）科技

鄧文寬《吐蕃佔領前的敦煌曆法行用問題》,《敦煌研究》2013 年 3 期。

鄧文寬《兩篇敦煌具注曆日殘文新考》,《敦煌吐魯番研究》13 卷,上海古籍出
版社,2013 年 8 月。

何啓龍《〈授時曆〉具注曆日原貌考——以吐魯番、黑城出土元代蒙古文〈授時
曆〉譯本殘頁爲中心》,《敦煌吐魯番研究》13 卷,上海古籍出版社,2013 年
8 月。

李金田、朱向東等《敦煌醫學　寶藏奇葩——敦煌醫學的學術和研究價值探析》,《中國現代中藥》2013 年 2 期。

湯志剛、張瑞等《論敦煌遺書〈灸經圖〉的文獻價值》,《西部中醫藥》2013 年 9 期。

僧海霞《唐宋時期敦煌地區藥酒基酒考》,《中醫雜誌》2013 年 2 期。

李應存、柳長華《敦煌療風虛瘦弱的方源及臨牀治驗舉要》,《西部中醫藥》2013 年 1 期。

李應存、柳長華《敦煌醫學卷子中與〈千金方〉有關的婦產科內容釋要》,《西部中醫藥》2013 年 2 期。

李應存、柳長華《敦煌醫方中杏仁組方用治肺系病癥探析》,《西部中醫藥》2013 年 10 期。

王曌瀅、王玉珠《敦煌醫學抗衰老方劑研究概況》,《西部中醫藥》2013 年 4 期。

陳陥、沈澍農《敦煌醫藥文獻 P. 2882 補校與評議》,《南京中醫藥大學學報》2013 年 3 期。

僧海霞《唐宋時期敦煌地區中醫遣方湯劑製作溶媒及用量考析》,《中醫雜誌》2013 年 9 期。

僧海霞《唐宋時期敦煌地區藥用醋考》,《中醫雜誌》2013 年 14 期。

王戰磊、李應存《敦煌遺書〈輔行訣臟腑用藥法要〉五臟虛實對本臟升降的影響初探》,《光明中醫》2013 年 5 期。

僧海霞《唐宋時期敦煌地區美髮文化透視》,《中醫藥文化》2013 年 3 期。

（十二）書評與學術會議等

榮新江《俄羅斯的敦煌學——評〈敦煌學：第二個百年的研究視角與問題〉及其他》,《敦煌吐魯番研究》13 卷,上海古籍出版社,2013 年 8 月。

榮新江評《The Silk Road》,《敦煌吐魯番研究》13 卷,上海古籍出版社,2013 年 8 月。

趙貞《敦煌學學術史與方法論的新開拓——評〈博望鳴沙：中古寫本研究與現代中國學術史之會通〉》,《敦煌研究》2013 年 6 期。

關尾史郎《河西磚畫墓、壁畫墓的空間與時間——讀〈甘肅出土魏晉唐墓壁畫〉一書後》,《敦煌吐魯番研究》13 卷,上海古籍出版社,2013 年 8 月。

伏俊璉《敦煌契約的語言學價值和意義——陳曉強〈敦煌契約文書語言研究〉序》,《青海師範大學學報》2013 年 3 期。

史淑琴《敦煌文學研究的力作——讀〈敦煌文學文獻叢稿(增訂本)〉》,《河西學院學報》2013 年 4 期。

王祝英《敦煌辭書的集大成之作——讀〈敦煌經部文獻合集·小學類〉》,《辭書研究》2013 年 4 期。

樊錦詩《〈敦煌石窟全集〉考古報告編撰的探索》,《敦煌研究》2013 年 3 期。

明成滿《國外和港臺地區的敦煌寺院經濟研究述評》,《中國社會經濟史研究》2013 年 2 期。

李永寧《敦煌研究院第一本論文集和〈敦煌研究〉誕生》,《敦煌研究》2013 年 3 期。

柴劍虹《學術期刊的學術視野與創新——爲〈敦煌研究〉創刊三十周年而作》,《敦煌研究》2013 年 3 期。

馬德《艱難的起步——〈敦煌研究創刊記憶〉》,《敦煌研究》2013 年 3 期。

孫儒僴《莫高軼事——我的敦煌生涯(3)》,《敦煌研究》2013 年 3 期。

孫秀麗《最高級別學術盛會——慶祝中國敦煌吐魯番學會成立三十周年》,《中國文物報》2013 年 8 月 21 日。

宋雪春、王曉燕《團結協作　再創輝煌——中國敦煌吐魯番學會成立三十周年國際學術研討會紀要》,《中國文物報》2013 年 11 月 22 日。

張英梅《居延遺址與絲綢之路歷史文化國際學術研討會會議論文綜述》,《敦煌學輯刊》2013 年 3 期。

李芬林、曾雪梅《甘肅省圖書館藏敦煌文獻述評》,《敦煌研究》2013 年 6 期。

陳國燦《讀〈杏雨書屋藏敦煌秘笈〉劄記》,《史學史研究》2013 年 1 期。

付義琴、趙家棟《〈敦煌願文集〉校讀劄記》,《圖書館理論與實踐》2013 年 8 期。

陳曉強《〈敦煌契約文書輯校〉勘正》,《甘肅聯合大學學報》2013 年 5 期。

吳炯炯《〈唐刺史考全編〉補正》,《敦煌學輯刊》2013 年 2 期。

楊曉宇《敦煌寫本功德記釋録補遺》,《甘肅社會科學》2013 年 5 期。

龔元華《敦煌寫卷誤釋校讀劄記》,《唐山師範學院學報》2013 年 3 期。

單霽翔《進入服務時代的博物館管理》,《敦煌研究》2013 年 1 期。

單霽翔《提升博物館講解服務質量的思考》,《敦煌研究》2013 年 6 期。

李萍、羅瑤《莫高窟遊客管理的探索與實踐(一)——預約制的實施與完善》,《敦煌研究》2013 年 5 期。

李萍《世界文化遺產莫高窟遊客管理的探索與實踐——遊客調查規範程序》,《敦煌研究》2013 年 6 期。

2013 年吐魯番學研究論著目録

朱艷桐（蘭州大學）

　　2013 年出版吐魯番學專著與文集共 14 部，論文共計 131 篇。現將本年度吐魯番學研究論著目録編製如下，編排次序爲：一、專著與文集；二、論文。論文部分又分爲文獻、歷史、經濟、社會文化、民族、宗教、考古、藝術、語言文字、學術評價十個專題。

一、專 著 與 文 集

巫新華主編，賈應逸編著《吐魯番壁畫》，濟南：山東美術出版社，2013 年 1 月。

劉婕《唐代花鳥畫研究》，北京：文化藝術出版社，2013 年 1 月。

羅彤華《唐代官方放貸之研究》，桂林：廣西師範大學出版社，2013 年 2 月。

王邦維、陳金華、陳明編《佛教神話研究：文本、圖像、傳説與歷史》，上海：中西書局，2013 年 2 月。

乜小紅《中國中古契券關係研究》，北京：中華書局，2013 年 3 月。

張安福《漢唐屯墾與吐魯番緑洲社會變遷研究》，北京：中國農業出版社，2013 年 5 月。

施新榮、劉鎮偉主編《西域歷史與文獻論叢》第 1 輯，北京：學苑出版社，2013 年 5 月。

王啓濤《吐魯番出土文獻語言導論》，北京：科學出版社，2013 年 6 月。

北京大學中國古代史研究中心、《中國古代史研究：中國中古史青年學者聯誼會會刊》編委會編《中國中古史研究：中國中古史青年學者聯誼會會刊》第 3 卷，北京：中華書局，2013 年 6 月。

耿昇《中法文化交流史》，昆明：雲南人民出版社，2013 年 6 月。

朱玉麒、王新春編《黃文弼研究論集》，北京：科學出版社，2013 年 10 月。

榮新江編《黃文弼所獲西域文獻論集》，北京：科學出版社，2013 年 10 月。

陳敬濤《敦煌吐魯番契約文書中的羣體及其觀念、行爲探微》，北京：中國政法大學出版社，2013 年 11 月。

楊富學《回鶻與敦煌》，蘭州：甘肅教育出版社，2013 年 11 月。

二、論 文

（一）文獻

陳國燦《〈北涼高昌郡高寧縣條次烽候差役更代簿〉考釋》,《吐魯番學研究》
　　2013 年 2 期,1—9 頁。

張銘心、凌妙丹《中央民族大學收藏吐魯番出土文書初探》,《中央民族大學學
　　報》2013 年 6 期,115—121 頁。

張艷奎《吐魯番出土〈唐人習字〉文書初探》,《吐魯番學研究》2013 年 2 期,
　　69—78 頁。

秦樺林《敦煌、吐魯番、黑水城出土史籍刻本殘頁考》,《敦煌研究》2013 年 2
　　期,57—63 頁。

秦樺林《吐魯番文獻 TID1015 號刻本韻書殘頁小考》,《語言研究》2013 年 2
　　期,33—38 頁。

徐暢《德藏吐魯番出土〈幽通賦注〉寫本的性質、年代及其流傳》,《吐魯番學
　　研究》2013 年 2 期,30—60 頁。

翟旻旻《德藏吐魯番出土 Ch.1635 文書研究》,《敦煌研究》2013 年 5 期,92—
　　98 頁。

張新朋《大谷文書中十三則〈千字文〉殘片之定名與綴合》,《敦煌研究》2013
　　年 5 期,67—72 頁。

陳明《書寫與屬性——再論大谷文書中的醫學殘片》,《西域研究》2013 年 2
　　期,105—116 頁。

潘文、李盛華、袁仁智、吕有强、扈小健《日本天理大學藏吐魯番牛醫方考釋》,
　　《中國中醫基礎醫學雜誌》2013 年 2 期,189—190 頁。

趙彦昌、李兆龍《吐魯番文書編纂沿革考(上)》,《檔案學通訊》2013 年 6 期,
　　94—97 頁。

張遠華《〈吐魯番出土文書〉圖文本與釋文本對照》,《吐魯番學研究》2013 年
　　1 期,123—137 頁。

吴景山、張洪《〈大唐都督楊公紀德頌〉碑校讀》,《西域研究》2013 年 1 期,
　　16—22 頁。

徐玉娟《〈三州輯略〉吐魯番史料的來源》,《吐魯番學研究》2013 年 2 期,79—
　　85 頁。

（二）歷史

殷晴《漢代西域人士的中原憧憬與國家歸向——西域都護府建立後的態勢與
　　舉措》,《西域研究》2013 年 1 期,1—8 頁。

裴成國《〈高昌主簿張綰等傳供帳〉再研究——兼論麴氏高昌國時期的客使接待制度》,《西域研究》2013 年 4 期,67—73 頁。

趙青山《試論六至七世紀高昌疫病流行與突厥入侵的關係——以抄經題記爲中心》,《敦煌學輯刊》2013 年 2 期,57—61 頁。

翟旻昊《新出〈麴建泰墓誌〉發微》,北京大學中國古代史研究中心、《中國古代史研究:中國中古史青年學者聯誼會會刊》編委會編《中國中古史研究:中國中古史青年學者聯誼會會刊》3 卷,北京:中華書局,2013 年 6 月,165—183 頁。

陳爽《出土墓誌所見中古譜牒探迹》,《中國史研究》2013 年 4 期,69—100 頁。

杜文玉《唐代地方州縣勾檢制度研究》,杜文玉主編《唐史論叢》16 輯,西安:陝西師範大學出版總社有限公司,2013 年 4 月,1—17 頁。

雷聞《牓文與唐代政令的傳佈》,榮新江主編《唐研究》19 卷,北京大學出版社,2013 年 12 月,41—78 頁。

張新國《吐魯番文書中的"武周載初元年壹月"所指日期辨正》,《中南大學學報》2013 年 5 期,223—226 頁。

萬晉《唐長安的"里"、"坊"與"里正"、"坊正"》,《東嶽論叢》2013 年 1 期,79—84 頁。

王靜、沈睿文《唐墓埋葬告身的等級問題》,《北京大學學報》2013 年 4 期,35—41 頁。

米卡熱慕·艾尼玩《淺談喀喇汗王朝與高昌回鶻汗國之間的關係》,《絲綢之路》2013 年 10 期,22—23 頁。

張曉玲、何寧生《十六國的民事法制》,《西北大學學報》2013 年 6 期,31—37 頁。

張玉興、尹玉《唐代縣級司法權限與訴訟處理程序試析》,《蘭臺世界》2013 年 15 期,13—14 頁。

趙曉芳《唐代西州爭訟文書與解紛機制研究》,《甘肅政法學院學報》2013 年 4 期,119—126 頁。

白京蘭《清末新疆建省與法律的一體化推進》,《西域研究》2013 年 1 期,33—38 頁。

程喜霖《論唐代西州鎮戍——以吐魯番唐代鎮戍文書爲中心》,《西域研究》2013 年 2 期,9—19 頁。

陳國燦《唐安西都護府駐軍研究》,《新疆師範大學學報》2013 年 3 期,55—61 頁。

程喜霖《樣人考論——以吐魯番唐代樣人文書爲中心》,中國敦煌吐魯番學會等主編《敦煌吐魯番研究》13 卷,上海古籍出版社,2013 年 8 月,203—226 頁。

劉後濱、王湛《唐代于闐文書折衝府官印考釋——兼論于闐設置折衝府的時間》,《西域研究》2013 年 3 期,23—30 頁。

尚珩《"催人上烽契"與唐代"催人上烽"研究》,《文物春秋》2013 年 4 期,7—14 頁。

(三) 經濟

孫寧《唐代前期非農人口籍帳的編造與其背景——以西州寺院手實爲中心》,《中國農史》2013 年 5 期,43—51、125 頁。

張新國《唐代前期寡婦户籍"合籍"現象探析——以敦煌吐魯番籍帳文書爲例》,《敦煌學輯刊》2013 年 3 期,39—52 頁。

王曉敏《淺談唐代西州户籍文書的内容與格式》,《齊齊哈爾師範高等專科學校學報》2013 年 1 期,83—84 頁。

李方《中古時期西域水渠研究(二)》,中國敦煌吐魯番學會等主編《敦煌吐魯番研究》13 卷,上海古籍出版社,2013 年 8 月,241—262 頁。

李方《中古時期西州水渠考(三)》,《吐魯番學研究》2013 年 1 期,1—19 頁。

荒川正晴撰,沈玉凌、平勁松譯《唐代吐魯番高昌城周邊的水利開發與非漢人居民》,《吐魯番學研究》2013 年 2 期,122—131 頁。

王蕾《唐代與清代新疆水利開發比較分析》,《呼倫貝爾學院學報》2013 年 3 期,23—29 頁。

劉坎龍《清代西域屯墾戍邊詩的紀實性手法》,《西域研究》2013 年 1 期,98—106 頁。

張婧《隋代高昌房屋租賃及其相關問題考釋——以吐魯番出土文書爲據》,《寶雞文理學院學報》2013 年 2 期,47—50 頁。

孟憲實《緤布與絲綢——論西州的土貢》,中國敦煌吐魯番學會等主編《敦煌吐魯番研究》13 卷,上海古籍出版社,2013 年 8 月,227—240 頁。

周左鋒《唐代藥肆新探》,杜文玉主編《唐史論叢》16 輯,西安:陝西師範大學出版總社有限公司,2013 年 4 月,29—51 頁。

董永强《從度量衡看漢文化對吐魯番地區少數民族的影響》,《蘭臺世界》2013 年 27 期,22—23 頁。

田歡《清代吐魯番廳法律文書所見"租賣"土地交易》,《深圳大學學報》2013 年 5 期,151—159 頁。

(四) 社會文化

常萍《再論吐魯番出土隨葬衣物疏中的"蹹麴囊"》,《敦煌學輯刊》2013 年 2

期,132—138 頁。

趙海霞《五至七世紀高昌地區酒文化研究》,《華夏文化》2013 年 3 期,26—
27 頁。

趙海霞、王曙明《薈萃與交融——5—7 世紀高昌飲食器具探析》,《蘭臺世界》
2013 年 3 期,143—144 頁。

高愚民《從出土文物看古代西域飲食》,《新疆人文地理》2013 年 5 期,91—
93 頁。

祖力皮亞·亞森《從雙陸棋看唐代社會的發展》,《新疆大學學報》2013 年 3
期,58—59 頁。

何啓龍《〈授時曆〉具注曆日原貌考——以吐魯番、黑城出元代蒙古文〈授時
曆〉譯本殘頁爲中心》,中國敦煌吐魯番學會等主編《敦煌吐魯番研究》13
卷,上海古籍出版社,2013 年 8 月,263—290 頁。

林梅村《大月氏人的原始故鄉——兼論西域三十六國之形成》,《西域研究》
2013 年 2 期,90—104 頁。

王欣《高昌漢人的族羣認同》,《西域研究》2013 年 4 期,58—66 頁。

王卓英《唐代西州女性家庭生活探微——以吐魯番磚誌爲中心》,《黑龍江史
誌》2013 年 21 期,47—48 頁。

王旭送《中古時期漢文史學在吐魯番地區的傳播》,《石河子大學學報》2013
年 5 期,117—121 頁。

王路思、郭林《塔里木盆地乾屍的發現歷程及成因探討》,《科學之友》2013 年
8 期,136—137 頁。

（五）民族

楊富學《回鶻佛教對印度英雄史詩〈羅摩衍那〉的借用》,王邦維、陳金華、陳明
編《佛教神話研究:文本、圖像、傳說與歷史》,上海:中西書局,2013 年 2
月,103—113 頁。

馬小鶴《回鶻語廿七宿與十二宮圖表——吐魯番文書 T Ⅱ Y29(部分)與 U494
譯釋》,中國敦煌吐魯番學會等主編《敦煌吐魯番研究》13 卷,第上海古籍
出版社,2013 年 8 月,321—339 頁。

張鐵山《交河故城出土回鶻文〈高昌王及王后頌詞〉研究》,《吐魯番學研究》
2013 年 2 期,10—20 頁。

張鐵山《試析回鶻文〈金光明經〉偈頌》,《中央民族大學學報》2013 年 1 期,
119—123 頁。

林巽培《回鶻文〈慈恩傳〉的收藏與研究》,《民族語文》2013 年 1 期,67—
81 頁。

王紅梅《回鶻文佛教文獻斷代考析》,《宗教學研究》2013 年 3 期,118—123 頁。

張鐵山《絲綢之路古代語言文字兼用與文化影響》,鄭炳林、尹偉先主編《2010 絲綢之路與西北歷史文化學術討論會論文集》,蘭州:甘肅人民出版社,2013 年 9 月,106—131 頁。

王樾《唐代西域與吐火羅》,《學術月刊》2013 年 8 期,148—158 頁。

(六)宗教

芮傳明《東方摩尼教的“佛教色彩”論考》,《暨南史學》8 輯,2013 年,61—87 頁。

克林凱特著,陳瑞蓮、楊富學譯《耶穌涅槃——中亞摩尼教對佛教的依托》,《河西學院學報》2013 年 3 期,17—25 頁。

趙靜《淺談佛教在吐魯番地區的興衰》,《絲綢之路》2013 年 14 期,9—11 頁。

殷小平《唐元景教關係考述》,《西域研究》2013 年 2 期,51—59 頁。

秦幫興《玄奘未記高昌祆教原因初探》,《陝西教育學院學報》2013 年 1 期,42—44、74 頁。

張青平《麴氏高昌王國祭祀狀況研究》,《科技視界》2013 年 23 期,92—93 頁。

朱磊《試論魏晉南北朝時期新疆的北斗信仰》,《西域研究》2013 年 2 期,60—68 頁。

王紅梅《元代畏兀兒北斗信仰探析——以回鶻文〈佛説北斗七星延命經〉爲例》,《民族論壇》2013 年 5 期,76—81 頁。

(七)考古

吐魯番學研究院《新疆吐魯番市勝金店墓地發掘簡報》,《考古》2013 年 2 期,29—55 頁。

新疆吐魯番學研究院《新疆吐魯番勝金店墓地 2 號墓發掘簡報》,《文物》2013 年 3 期,20—24 頁。

新疆文物考古研究所《新疆吐魯番市巴達木墓地發掘簡報》,《考古》2013 年 6 期,24—36 頁。

陳新勇《勝金店墓地出土腰機研究》,《吐魯番學研究》2013 年 2 期,100—108 頁。

司藝、呂恩國、李肖、蔣洪恩、胡耀武、王昌燧《新疆洋海墓地先民的食物結構及人羣組成探索》,《科學通報》2013 年 15 期,1422—1429 頁。

李亞、李肖、曹洪勇、李春長、蔣洪恩、李承森《新疆吐魯番考古遺址中出土的糧食作物及其農業發展》,《科學通報》2013 年增刊Ⅰ,40—45 頁。

鄭會平、何秋菊、姚書文、王博、宋國定、楊益民、王昌燧《新疆阿斯塔那唐墓出土彩塑的製作工藝和顏料分析》,《文物保護與考古科學》2013 年 2 期,31——38 頁。

司藝、蔣洪恩、王博、何秋菊、胡耀武、楊益民、王昌燧《新疆阿斯塔那墓地出土唐代木質彩繪的顯微激光拉曼分析》,《光譜學與光譜分析》2013 年 10 期,2607——2611 頁。

徐佑成、肖亞、陳愛峰《吐魯番大、小桃兒溝及雅爾湖石窟壁畫成分分析》,《吐魯番學研究》2013 年 1 期,79——90 頁。

吐魯番學研究院技術保護研究所《新疆吐魯番阿斯塔那古墓羣出土唐代麻布修復報告》,《吐魯番學研究》2013 年 2 期,109——114 頁。

魯禮鵬、萬傑《吐魯番阿斯塔那墓地出土木梳的型式研究》,《吐魯番學研究》2013 年 1 期,20——31 頁。

張弛《吐魯番阿斯塔那出土彩繪木鴨流源——兼論南京西善橋南朝墓所出"竹林七賢"磚畫中的鴨形器》,《吐魯番學研究》2013 年 2 期,93——99 頁。

王鵬輝《新疆史前考古所出角觿考》,《文物》2013 年 1 期,77——83 頁。

邵會秋、楊建華《歐亞草原與中國新疆和北方地區的有銎戰斧》,《考古》2013 年 1 期,69——86 頁。

田羽《新疆出土動物紋青銅牌飾淺析》,《黑龍江史誌》2013 年 17 期,52——53 頁。

李肖、徐佑成、江紅南、杜志强《實時三維技術在交河故城遺址保護中的應用》,《文物保護與考古科學》2013 年 1 期,24——29 頁。

孫滿利、李最雄、王旭東、張景科、高燕《交河故城垛泥牆體裂隙注漿工藝研究》,《文物保護與考古科學》2013 年 1 期,1——5 頁。

雷繁、舒昌《高昌故城土遺址建築形制及價值評估》,《城市建築》2013 年 4 期,236 頁。

張安福、田海峰《新疆絲路中道漢唐歷史遺存現狀及保護研究》,《新疆師範大學學報》2013 年 6 期,63——67 頁。

哈麗丹·吉力力、孟優《土地利用變化對歷史文化資源的影響——以吐魯番爲例》,《安徽農業科學》2013 年 20 期,8721——8725、8778 頁。

　　(八) 藝術

陳愛峰、吾買爾·卡德爾《高昌故城東南佛寺與藏傳佛教》,《中國藏學》2013 年 4 期,86——92 頁。

黃培傑、滿盈盈《西域佛教美術遺址考古綜論》,《美術與考古》2013 年 2 期,141——144 頁。

侯明明、楊富學《吐峪溝半白半黑人骨像"摩尼教説"駁議》,《吐魯番學研究》

2013 年 2 期,86—92 頁。

趙陽、陳愛峰《吐峪溝石窟 44 窟兔王本生故事考》,《敦煌研究》2013 年 6 期,18—22 頁。

徐玉瓊《高昌早期佛教造像形制及其特徵——以吐峪溝石窟壁畫爲中心》,《長江大學學報》2013 年 8 期,3—4 頁。

馬新廣《唐五代佛寺壁畫裏的文殊》,《世界宗教文化》2013 年 3 期,79—81 頁。

鄺楊華《西北地區出土雙頭鳥紋刺繡紋樣初探》,《考古與文物》2013 年 2 期,89—93 頁。

郭萍《花角鹿圖案在絲綢之路上的傳播》,《昌吉學院學報》2013 年 3 期,11—14 頁。

吳艷春《"火樹銀花"映彩錦　仙山圣樹求永生——吐魯番所出古代絲綢燈樹、花樹紋樣賞析》,《文物鑒定與鑒賞》2013 年 2 期,50—53 頁。

周菁葆《西域高昌地區出土的魏晉南北朝時期的紡織品》,《浙江紡織服裝職業技術學院學報》2013 年 3 期,51—55 頁。

夏俠《解析高昌合蠡紋錦袴的工藝特徵》,《新疆藝術學院學報》2013 年 1 期,13—15 頁。

姚書文《吐魯番出土泥塑文物的造型與色彩藝術探析》,《新疆藝術學院學報》2013 年 3 期,18—24 頁。

高愚民《樂舞盛唐——阿斯塔那舞蹈雜技俑》,《新疆人文地理》5 期,84—89 頁。

（九）語言文字

王啓濤《吐魯番出土文書疑難詞語新考》,《古漢語研究》2013 年 1 期,27—28 頁。

張小艷《吐魯番出土文書詞語考釋三則》,《中國語文》2013 年 6 期,550—557 頁。

徐華《敦煌吐魯番所出法制文書疑難詞語新釋》,《四川師範大學學報》2013 年 6 期,151—154 頁。

趙靜蓮、劉艷紅《敦煌吐魯番文獻疑難詞語考釋二則》,《語文學刊》2013 年 7 期,20—21、25 頁。

劉藝銘《吐魯番出土高昌郡時期文書的書法藝術研究》,《短篇小説》2013 年 11 期,117—118 頁。

劉藝銘《高昌上奏文書的書法藝術研究》,《芒種》2013 年 12 期,227—228 頁。

周侃《基於書法史視角的唐代書手價值研究》,《廣西師範大學學報》2013 年 1

期,170—173 頁。

（十）學術評價

徐華《條分縷析,旁徵曲引——王啓濤教授〈吐魯番出土文獻詞典〉評介》,《吐魯番學研究》2013 年 1 期,138—141 頁。

徐華《十年磨一劍,顯學譜新篇——王啓濤教授〈吐魯番出土文獻詞典〉評介》,《西南民族大學學報》2013 年 1 期,239—240 頁。

游自勇《評余欣〈中古異相：寫本時代的學術、信仰與社會〉》,《世界宗教研究》2013 年 2 期,189—192 頁。

岩本篤志撰,翟旻旻、梁辰雪譯《敦煌吐魯番學所見東亞博物學——余欣〈中古異相：寫本時代的學術、信仰與社會〉評介》,北京大學中國古代史研究中心、《中國古代史研究：中國中古史青年學者聯誼會會刊》編委會編《中國中古史研究：中國中古史青年學者聯誼會會刊》3 卷,北京：中華書局,2013 年 6 月,342—347 頁。

王東《滿園春色獨枝俏——讀楊富學、陳愛峰著〈西夏與周邊關係研究〉》,《甘肅民族研究》2013 年 4 期,100—105 頁。

榮新江 *The Silk Road. Key Papers*, Part Ⅰ：The Pre-Islamic Period,中國敦煌吐魯番學會等主編《敦煌吐魯番研究》13 卷,上海古籍出版社,2013 年 8 月,579—588 頁。

張彥虎《西域屯墾與綠洲與綠洲社會發展——評〈漢唐屯墾與吐魯番綠洲社會變遷研究〉》,《中國農史》2013 年 5 期,142—143 頁。

王蕾《2012 年吐魯番學研究綜述》,郝春文主編《2013 敦煌學國際聯絡委員會通訊》,上海古籍出版社,2013 年 8 月,56—74 頁。

楊富學《新世紀初國內回鶻佛教研究的回顧與展望》,《西夏研究》2013 年 2 期,57—77 頁。

徐秀玲《近三十年來唐代催傭問題研究回顧》,《河西學院學報》2013 年 3 期,36—41 頁。

王新春《傳統中的變革：黃文弼的考古學之路》,《敦煌學輯刊》2013 年 4 期,158—168 頁。

孫麗萍《篳路藍縷功至今——紀念黃文弼先生誕辰 120 周年》,《吐魯番學研究》2013 年 2 期,132—135 頁。

張弛《大漠、古道、西風："中國西北考古一人"黃文弼》,《大眾考古》2013 年 3 期,55—58 頁。

盧向前《王永興先生與敦煌吐魯番學及其他》,郝春文主編《2013 敦煌國際聯絡委員會通訊》,上海古籍出版社,2013 年 8 月,113—122 頁。

2009—2013 年臺灣地區敦煌學研究論著目錄

張家豪(臺灣中正大學)

一、專　著

王三慶《從敦煌齋願文獻看佛教與中國民俗》,新文豐出版公司,2009.8。

王三慶《敦煌佛教齋願文本研究》,新文豐出版公司,2009.2。

周西波《道教靈驗記考探：經法驗證與宣揚》,文津出版社,2009.6。

明成滿《唐後期五代宋初敦煌寺院財產管理研究》,蘭臺出版社,2011.4。

洪藝芳《敦煌文獻中主僕稱謂詞與社會文化研究》,文津出版社,2013.2。

楊明璋《敦煌文學與中國古代的諧隱傳統》,新文豐出版公司,2011.3。

寧可《大師導讀：敦煌》,龍圖騰文化,2011.6。

劉惠萍《圖像與神話：日、月神話之研究》,文津出版社,2011.7。

歐天發《俗賦之領域及類型研究》,新文京開發,2010.5。

歐天發《俗賦類型研究》,高雄復文圖書出版社,2010.3。

鄭阿財《見證與宣傳：敦煌佛教靈驗記研究》,新文豐出版公司,2010.7。

二、期　刊　論　文

（一）文獻

才讓《敦煌藏文文獻編目整理、出版的成果回顧及未來研究趨勢之展望》,《臺
　　大佛學研究》22,2011.12,109—138 頁。

方廣錩《敦煌遺書的收藏、編目與出版》,《漢學研究通訊》117,2011.2,32—
　　40 頁。

石冬梅《〈俄藏敦煌文獻〉第 10 冊殘片考辨定名》,《國家圖書館館刊》101：1,
　　2012.7,51—79 頁。

洪國樑《〈敦煌經部文獻合集·羣經類詩經之屬〉校錄評議》,《敦煌學》29,
　　2012.3,33—85 頁。

郝春文《讀敦煌文獻劄記(又二則)》,《張廣達先生八十華誕祝壽論文集》,新
　　文豐出版公司,2010.9,791—796 頁。

陳濤《日本杏雨書屋藏唐代敦煌本〈雜律疏〉殘卷略說——原李盛鐸舊藏敦煌
　　寫本》,《法制史研究》18,2010.12,255—267 頁。

鄭阿財《談中國大陸近年編印英、法、俄藏敦煌寫本圖錄的意義》,《第一屆東

亞漢文文獻整理研究國際學術研討會論文集》,2011.7,53—71 頁。

（二）語言文字

王錦慧《魏晉南北朝至宋代"動＋將＋趨"結構研究——以漢文佛典作考察》,《漢文佛典語言學——第三屆漢文佛典語言學國際研討會論文集》,法鼓文化,2011.7,143—177 頁。

金愛英《TK—IRS 的數碼形象研究支持環境下的敦煌文獻與高麗大藏經比較研究系統構築及其對文字學研究的意義》,《第廿一屆中國文字學國際學術研討會論文集》,東吳大學中國文學系,2010.4,393—410 頁。

洪藝芳《從〈俗務要名林〉看唐代民間的服飾文化》,《文學新鑰》15,2012.6,1—34 頁。

洪藝芳《敦煌文獻中奴婢稱謂詞析論》,《敦煌學》29,2012.3,87—117 頁。

郝廷璽《唐王仁昫〈刊謬補缺切韻〉宋跋本和敦煌本的俗字之比較》,《中國語文》652,2011.10,49—56 頁。

高啟安《吐魯番高昌供食文書中的肉食量詞——以"節"爲中心,兼説〈唐六典〉中的肉量詞"分"》,《敦煌學》28,2010.3,19—39 頁。

郭懿儀《敦煌所藏〈雲謠集·鳳歸雲〉音韻風格初探》,《嶺東學報》33,2013.6,119—158 頁。

郭懿儀《試析敦煌所藏〈雲謠集〉之用韻特色》,《應華學報》11,2012.6,115、117—144 頁。

喬全生、崔容《山西方言所見敦煌俗文學中的語言現象》,《漢文佛典語言學——第三屆漢文佛典語言學國際研討會論文集》,法鼓文化,2011.7,657—671 頁。

黃佩茹《敦煌變文〈燕子賦〉（甲本）語言特色探析》,《第四十屆中區中文研究所碩士博士生論文研討會論文集》,2011.4,20—35 頁。

劉國平《敦煌講經變文"古吟上下"與南北朝駢文關係試探》,《大葉大學通識教育學報》11,2013.5,1—12 頁。

蔡忠霖《俗字構字部件形體變異研究——以唐代字樣書爲中心》,《第二十屆中國文字學國際學術研討會論文集》,臺灣中山大學中國文學系,2009.5,359—383 頁。

蔡忠霖《唐代字樣書文字屬性歸類初探》,《第十九屆中國文字學全國學術研討會論文集》,新文京開發出版公司,2009.4,257—276 頁。

蔡忠霖《寫本異體字構字部件形體變異研究——兼與唐代字樣書俗訛字相較》,《東吳中文學報》21,2011.5,81—116 頁。

蔡忠霖《論字書的字型規範及其"并正"現象——以唐代字樣書爲例》,《文與哲》15,2009.12,33—60 頁。

蔡忠霖《論字書標準字形的"并正"現象——以唐代字樣書爲中心》,《文化視域的融合——第九屆唐代文化國際學術研討會》,唐代學會,2009.9,25—27 頁。

蔡忠霖《論字樣書序跋所見的唐代官方文字政策》,《第廿一屆中國文字學國際學術研討會論文集》,東吳大學中國文學系,2010.4,89—104 頁。

(三) 文學

1. 綜論

朱鳳玉《從越南漢文小説看爭奇文學在漢字文化圈的發展》,《成大中文學報》38,2012.9,67—92 頁。

金賢珠《韓國敦煌文學研究的回顧與展望》,《敦煌學》30,2013.10,45—55 頁。

陳尚君《唐女詩人甄辨》,發表於"文化視域的融合——第九屆唐代文化國際學術研討會"後收錄於《淡江中文學報》23,2010.12,1—26 頁。

富世平《試論轉變藝術的文本化過程》,《敦煌學》28,2010.3,61—72 頁。

廖秀芬、鄭阿財《從敦煌文獻論唐宋俗文學的發展與演變》,《遊藝與研學:唐宋俗文學研究論集》,萬卷樓,2013.9,335—373 頁。

2. 詩歌

楊明璋《論三組敦煌詩與唐宋伎藝表演的關係兼論敦煌文學研究的未來》,《出土文獻研究視野與方法》第一輯,2009.10,223—251 頁。

胡同慶《敦煌唐宋時期的文字遊戲及其藝術特點》,《史物論壇》12,2011.6,5—21 頁。

曾玉惠、楊惠娥《敦煌文獻節令詩初探》,《崑山科技大學學報》9,2012.6,1—13 頁。

李弘毅《論〈玉臺新詠〉之傳承與宋版價值(上)》,《國文天地》28:3 = 327,2012.8,53—57 頁。

李弘毅《論〈玉臺新詠〉之傳承與宋版價值(下)》,《國文天地》28:5 = 329,2012.10,69—73 頁。

林銘偉《讀〈秦婦吟〉——羅蘭巴特語碼讀文學法的運用》,《第七屆嘉義大學中國文學系碩士班研究生論文發表會論文》,2010.12,42—59 頁。

3. 曲子詞

林仁昱《俗情的關照與捨離——與"出家"有關的敦煌歌辭探究》,發表於"文化視域的融合——第九屆唐代文化國際學術研討會",唐代學會,2009.9,25—27 頁。

金賢珠、朴美淑《敦煌曲子詞格式演變試探——以〈浣溪沙〉〈山花子〉〈楊柳枝〉〈喜秋天〉〈卜算子〉詞牌爲例》,《中國語文》646,2011.4,70—87 頁。

金賢珠、朴美淑《敦煌閨怨詞之敍事性初探》,《中國語文》657,2012.3,91—106 頁。

金賢珠、李恩周《敦煌歌辭之宗教性敍事特色——以聯章〈百歲篇〉爲中心的考察》,《中國語文》643,2011.1,56—65 頁。

金賢珠、李恩周《關於敦煌曲子詞的名稱與範圍的商榷(下)》,《中國語文》633,2010.3,86—92 頁。

金賢珠、李恩周《關於敦煌曲子詞的名稱與範圍的商榷(上)》,《中國語文》632,2010.2,75—82 頁。

金賢珠、金銀珍《唐代敦煌邊塞詞之邊塞形象考察》,《中國語文》668,2013.2,35—48 頁。

曾玉惠、邱淑珍《試論敦煌歌辭中史實的表現手法與價值取向》,《景文學報》20:2,2010.8,41—59 頁。

蘇世明《唐代早期文人詞與敦煌民間曲子詞之比較》,《孔孟月刊》48:9—10 = 573—574,2010.6,31—34 頁。

4. 變文

王友蘭《王昭君説唱文學的人物型塑》,《遊藝與研學:唐宋俗文學研究論集》,萬卷樓,2013.9,39—110 頁。

吳安清《中國救母型故事與目連救母故事研究》,《玄奘人文學報》9,2009.7,81—113 頁。

李玉珍《從〈伍子胥變文〉看劍的隱喻符號》,《中國語文》636,2010.6,66—78 頁。

李宜樺《從史傳到稗語——〈漢將王陵變〉之情節承衍與轉化考察》,《中國文學研究》30,2010.6,31、33—68 頁。

李映瑾《史話之間——敦煌 S.2144"韓秦虎話本"反映的話本書寫藝術》,《遊藝與研學:唐宋俗文學研究論集》,萬卷樓,2013.9,217—254 頁。

杜皖琪《敦煌通俗話本——〈廬山遠公話〉中的民間文學特質淺析》,《真理大學人文學報》7,2009.4,53—75 頁。

林佩儀《敦煌〈孟姜女變文〉中的人物及空間原型意象分析》,《第七屆嘉義大學中國文學系碩士班研究生論文發表會論文集》,2010.12,29—41 頁。

邱子維《敦煌文獻中醜女書寫之探討》,《研究生論文集刊》13,臺灣中正大學中國文學系暨研究所,2011.6,49—72 頁。

張家豪《析論〈韓擒虎話本〉之創作手法與心理》,《敦煌學》30,2013.10,87—106 頁。

陳伯謙《敦煌寫本〈李陵變文〉與〈史記〉、〈漢書〉中〈李陵傳〉戰爭敍述比較研究》，《第四十一屆中區中文研究所碩博士生論文研討會論文集》，2011.11，29—41 頁。

陳佳琪《從〈舜子變〉看後母虐兒母題的中國民間故事》，《東方人文學誌》，8：3，2009.9，77—98 頁。

陳美伊《破色入道：〈破魔變文〉中釋迦牟尼修道研究》，《研究生論文集刊》13，臺灣中正大學中國文學系暨研究所，2011.6，101—114 頁。

游佳容《敦煌詞文敍事藝術探究——以敍事視角爲主要探究中心》，《新生學報》8，2011.8，105—126 頁。

黃郁晴《論〈伍子胥變文〉中"漁人"書寫演變的意義》，《龔顯宗教授榮退論文集》，龔顯宗教授榮退紀念論文編委會，2009.1。

楊明璋《敦煌本〈前漢劉家太子傳〉考論》，《敦煌學》28，2010.3，91—109 頁。

楊明璋《論敦煌文學中的善惠故事——以 S.3050V、S.4480V、S.3096 爲主》，《敦煌學》29，2012.3，161—178 頁。

楊明璋《論敦煌文獻中的二篇漢皇故事之源流及其文本屬性》，發表於"文化視域的融合——第九屆唐代文化國際學術研討會"，唐代學會，2009.9。

楊明璋《講唱之劍——以敦煌本〈伍子胥變文〉爲中心的討論》，《政大中文學報》18，2012.12，87—113 頁。

楊錦璧《"目連變文"修佛證道的試煉之旅及其宗教關懷》，《文學新鑰》15，2012.6，99—144 頁。

廖秀芬《從經典到世俗——以〈舜子至孝變文〉爲中心之敍事架構》，《敦煌學》28，2010.3，125—144 頁。

鄭阿財《從〈敦煌秘笈〉羽 39V 殘卷論〈舜子變〉的形成》，《張廣達先生八十華誕祝壽論文集》，新文豐出版公司，2010.9，745—768 頁。

羅國蓮《論"秋胡戲妻"故事中的秋胡形象——以〈列女傳〉至〈秋胡戲妻〉爲範圍》，《東吳中文綫上學術論文》14，2011.6，27—52 頁。

羅慶雲《談敦煌變文〈廬山遠公話〉的佛教思想》，《遠東通識學報》3：1，2009.1，65—74 頁。

蘇淑貞《論敦煌本〈王昭君變文〉之重要性與創作特點》，《應華學報》7，2010.11，179—222 頁。

蘇詩雅《敦煌寫本〈孟姜女變文〉敍事探析》，《東方人文學誌》9：1，2010.3，77—96 頁。

　　5. 俗賦

伏俊璉《敦煌俗賦之研究範疇及俗賦在文學史上的意義》，《政大中文學報》

18,2012.12,35—56 頁。

林黛琿《敦煌俗賦〈齖䶗書〉與宋元話本〈快嘴李翠蓮記〉之比較研究》,《臺灣金門技術學院學報》,2010.1,37—55 頁。

袁盟政《〈韓朋賦〉故事原型探析——以搜神記、法苑珠林爲中心》,《第二十四屆南區中文系碩博士生論文發表會論文集》,2010.12,249—259 頁。

張文冠《敦煌俗賦校讀劄記》,《敦煌學》30,2013.10,77—86 頁。

張玉茹《敦煌俗賦中的詼諧元素之遞嬗——以醜婦題材爲例》,《東方人文學誌》8:2,2009.6,23—44 頁。

張晏菁《敦煌變文〈茶酒論〉與唐代"三教論衡"的通俗化》,《東吳中文綫上學術論文》22,2013.6,25—44 頁。

梁淑媛《唐賦敍事對話主角類型研究》,《師大學報·語言與文學類》,55:2,2010.9,1—28 頁。

蔡文榮、盧翁美珍《〈韓朋賦〉之體制與故事衍化意義——從〈搜神記〉"韓憑妻"與敦煌本〈韓朋賦〉比較談起》,《東吳中文學報》,2009.11,37—55 頁。

蘇淑貞《論敦煌本〈韓朋賦〉的敍述與故事特色》,《應華學報》8,2010.12,157—194 頁。

6. 經、子典籍方面

王三慶《再論〈中村不折舊藏禹域墨書集成·月令〉卷之整理校勘及唐本"月儀書"之比較研究》,《成大中文學報》40,2013.3,33—35、37—74 頁。

王三慶《唐以後"月儀書"之編纂及其流變》,《張廣達先生八十華誕祝壽論文集》,新文豐出版公司,2010.9,901—920 頁。

吳麗娛《試述敦煌書儀書狀中的禮物與禮單——以官場酬應和敦煌歸義軍的送禮活動爲中心》,《張廣達先生八十華誕祝壽論文集》,新文豐出版公司,2010.9,797—826 頁。

許建平《英俄所藏敦煌〈毛詩音〉寫卷的文獻價值》,發表於"第一屆中國古典文獻學國際學術研討會",2009.11。

陳茂仁《敦煌寫卷校〈新序〉十六則》,《書目季刊》45:4,2012.3,103—114 頁。

黃亮文《P.4024〈喪服儀〉錄文補證》,《敦煌學》29,2012.3,147—160 頁。

黃亮文《論中國散藏書儀寫卷版本及 P.3442〈書儀〉的定名與年代問題》,《敦煌學》28,2010.3,73—89 頁。

黃亮文《論敦煌書儀文獻的內容、範圍與分類》,《敦煌學》30,2013.10,123—144 頁。

楊明璋《從記物到敍人：敦煌文獻、日用類書與徽州文書中的婚儀詩歌之比較》,《2012 通俗與武俠文學學術研討會論文集》,2012.9,57—74 頁。

楊明璋《從敦煌文獻到日用類書：論宋元間日用類書中的婚儀及其詩文之源流》,"2011 年出土文獻研究視野與方法研討會",臺灣政治大學中國文學系,2011.6。

楊明璋《論唐五代的婚嫁儀式詩文———一般文獻與敦煌文獻所見之比較》,《出土文獻研究視野與方法》第 2 輯,2011.9。

楊明璋《論敦煌文獻所見的婚儀及其詩文的實際運用情形》,《成大中文學報》32,2011.3,35—60 頁。

竇雁詩《〈新定書儀鏡〉成書年代考察》,《雲漢學刊》21,2010.6,14—35 頁。

竇雁詩《敦煌文獻杜友晉〈新定書儀鏡〉婚書研究》,《東方人文學誌》9：3,2010.9,143—160 頁。

（四）宗教

Christoph Anderl；Kevin Dippner；Øystein Krogh Visted "Some Reflections on the Mark—up and Analysis of Dūnhuáng Manuscripts：Exemplified by the Platform Sūtra"《檢視敦煌寫本的標記與分析———以〈六祖壇經〉爲例》,《中華佛學學報》25,2012.7,7—50 頁。

王三慶《〈齋琬文〉一卷的再研究與補校》,《敦煌學》29,2012.3,1—15 頁。

白光《百年〈壇經〉呈心偈的研究方法及其理路評述》,《宗教哲學》58,2011.12,71—86 頁。

白光《試探敦煌出土五種漢文寫本〈壇經〉的先後親疏關係》,《普門學報》59 期,2010.9,1—32 頁。

朱鳳玉《從儀式教化論敦煌十王經與十王圖之運用》,《敦煌學》30,2013.10,1—19 頁。

衣川賢次著、朗潔譯《〈泉州千佛新著諸祖師頌〉與〈祖堂集〉》,《中正大學中文學術年刊》15,2010.6,1—31 頁。

汪娟《佛教禮懺"斷除三障"的修道意涵———以敦煌本〈大佛名十六卷略出懺悔〉爲中心》,《張廣達先生八十華誕祝壽論文集》,新文豐出版公司,2010.9,827—860 頁。

周西波《失題敦煌道經考述》,發表於"第一屆中國古典文獻學國際學術研討會",東吳大學中文系,2009.11。

周西波《敦煌道教齋文的內容與意義》,《文學新鑰》13,2011.6,61—86 頁。

林聰明《關於研究唐代敦煌道教文化的一些看法》,發表於"第三屆唐代文化、文學研究及教學國際學術研討會",逢甲大學,2010.5。

武紹衛《敦煌本〈普賢菩薩説此證明經〉經本研究》,《敦煌學》30,2013.10,

57—75 頁。

侯沖《密教中國化的經典分析：以敦煌本〈金剛頂迎請儀〉、〈金剛頂修習瑜伽儀〉和〈壇法儀則〉爲切入點》，《圓光佛學學報》19，2012.6，141—172 頁。

姜守誠《"業鏡"小考》，《成大歷史學報》37，2009.12，21—59 頁。

胡聰賢"On Authorship of the Platform Sutra"《論〈六祖壇經〉的作者》，《亞東學報》29，2009.6，355—363 頁。

荒見泰史《"淨土五會唸佛法事"與八關齋、講經》，《政大中文學報》18，2012.12，57—86 頁。

荒見泰史《敦煌本〈齋琬文〉等諸齋願文寫本的演變——以其與唱導文學的關係爲主》，《敦煌學》29，2012.3，119—145 頁。

涂艷秋《從支謙與竺法護的譯經風格蠡測敦煌寫卷 P. 3006 經文之譯者》，《漢學研究》31：1＝72，2013.3，285—318 頁。

張文良《姚暓〈三教不齊論〉考》，《輔仁宗教研究》25，2012.9，33—49 頁。

梁麗玲《敦煌本〈佛母經〉中的夢兆探析》，《張廣達先生八十華誕祝壽論文集》，新文豐出版公司，2010.9，861—880 頁。

陳大爲《敦煌龍興寺與普通信衆的關係》，《敦煌學》28，2010.3，41—60 頁。

陳盛港《從〈神會語錄〉的對話中探討修學佛法的幾個關鍵性議題》，《世界宗教學刊》19，2012.6，1—35 頁。

黃青萍《敦煌寫本〈圓明論〉與〈阿摩羅識〉初探——以傅圖 188106 號爲中心》，《中研院歷史語言研究所集刊》84：2，2013.6，199—233 頁。

黃青萍《敦煌寫本〈頓悟真宗要訣〉及其禪法》，《敦煌學》30，2013.10，107—122 頁。

落合俊典著，蕭文真譯《敦煌佛典與奈良平安寫經——分類學的考察》，《敦煌學》28，2010.3，111—124 頁。

劉屹《漢末還是南北朝？——〈想爾注〉成書時代之比較》，《敦煌學》28，2010.3，145—164 頁。

劉惠萍《圖像與文化交流——以 P. 4518（24）之圖像爲例》，《張廣達先生八十華誕祝壽論文集》，新文豐出版公司，2010.9，1057—1084 頁。

劉顯《敦煌出土〈大智度論〉寫卷綴合 10 例》，《新世紀宗教研究》9：4，2011.6，115—133 頁。

劉顯《敦煌出土〈大智度論〉寫卷綴合六則》，《新世紀宗教研究》10：3，2012.3，141—151 頁。

鄭阿財《經典、文學與圖像——十王信仰中"五道轉輪王"來源與形像之考察》，《敦煌學》30，2013.10，183—200 頁。

蕭文真《〈敦煌秘笈〉羽——100 號殘卷性質之析論》,《文學新鑰》15,2012.6,71—98 頁。

蕭文真《由〈金剛經講經文〉至〈銷釋金剛科儀〉——談〈金剛經〉信仰世俗化之轉變》,《敦煌學》29,2012.3,205—219 頁。

蕭旭《俄藏敦煌寫卷 Φ367〈妙法蓮華經音義〉校補》,《書目季刊》46:2,2012.9,101—130 頁。

謝世維《音誦與救度:〈太上洞玄靈寶空洞靈章經〉之研究》,《清華學報》39:1,2009.3,34—64 頁。

蘇哲儀《試論唐代道教在敦煌的傳播》,《人文與應用科學期刊》4,2012.12,59—75 頁。

(五)民俗

李映瑾《敦煌絹畫供養人願文初探》,《敦煌學》28,2010.3,1—18 頁。

林和君《敦煌〈下女夫詞〉在戲曲發展史的意義》,《雲漢學刊》17,2009.3,103—132 頁。

胡同慶《古代敦煌的圍棋、雙陸、樗蒲、藏鈎等競智型遊戲》,《歷史文物》225,2012.4,36—49 頁。

胡同慶《唐代敦煌壁畫中的婚嫁風俗》,《歷史文物》211,2011.2,70—79 頁。

劉瑞明《敦煌相面術的文化解讀》,《敦煌學》30,2013.10,145—181 頁。

劉瑞琳《〈下女夫詞〉再校釋與古代婚姻文化蘊涵》,《敦煌學》29,2012.3,179—203 頁。

劉瑞琳《從敦煌寫卷"患文"看民間習俗佛教化的現象》,《中臺學報》22:4,2011.6,111—128 頁。

鄧文寬《吐魯番出土"伏羲女媧畫幡"考析——兼論敦煌具注曆日中的"人日"節和"啓源祭"》,《張廣達先生八十華誕祝壽論文集》,新文豐出版公司,2010.9,1057—1084 頁。

(六)藝術

尹富《七世紀中葉至八世紀初地藏造像論考》,《法鼓佛學學報》4,2009.6,75—146 頁。

王媛媛《庇麻與頭冠——高昌摩尼教聖像藝術的宗教功能》,《張廣達先生八十華誕祝壽論文集》,新文豐出版公司,2010.9,1085—1130 頁。

王義芝《敦煌壁畫中的唐代女性髮髻》,《歷史文物》206,2010.9,64—71 頁。

王義芝《敦煌壁畫中的唐代婦女面妝》,《歷史文物》211,2011.2,80—85 頁。

王義芝《敦煌壁畫中婦女的插梳方式》,《歷史文物》194,2009.9,6—13 頁。

史臺麗《吐蕃時期敦煌莫高窟一五八石窟研究》,《東方學報》33,2012.12,1—

20 頁。

百橋明穗《日本的阿彌陀淨土圖與敦煌的淨土變》,《南藝學報》2,2011.6,7—42 頁。

吳欣欽《北魏平城時期敦煌寫經書法的點畫及其書史意義》,《藝術論壇》6,2009.7,4—63 頁。

吳欣欽《初唐敦煌道教女官寫經書法之書史意義探析》,《第三十七屆中區中文研究所碩博士生論文發表會論文集》,2009.11,229—334 頁。

李建緯《唐代金銀飾品研究：以性別與裝飾功能爲中心》,《史物論壇》16,2013.6,33—67 頁。

李昱東《西方淨土變相與淨土思想》,《空大人文學報》21,2012.12,97—128 頁。

施翠峰《中國大乘佛教藝術欣賞》,《藝術欣賞》5：1,2009.2,4—16 頁。

胡同慶《敦煌壁畫中的〈鬥雞圖〉探析》,《歷史文物》228,2012.7,24—32 頁。

胡同慶《敦煌壁畫中的山井圖像考》,《歷史文物》194,2009.9,20—29 頁。

胡同慶《論古代角抵、相撲活動的表演性和娛樂性——兼談敦煌壁畫中相關畫面的定名》,《歷史文物》203,2010.6,44—51 頁。

崔中慧《流沙韻墨——敦煌吐魯番佛教寫經書法探秘》,《藝術學》28,2012.5,9—50 頁。

郭祐孟《敦煌莫高窟 361 窟之研究》,《圓光佛學學報》,2009.10,143—173 頁。

陳俊吉《五代敦煌新樣文殊中善財童子的繪畫探究》,《史物論壇》16,2013.6,103—136 頁。

戴春陽《坐龍、伏龍考》,《歷史文物》192,2009.7,37—49 頁。

濱田瑞美《敦煌莫高窟第二五四窟北壁佛說法圖——北魏時代中心柱窟禮拜空間的壁畫構思》,《藝術學》27,2011.5,305—337 頁。

謝慧暹《敦煌莫高窟悉達太子降魔佛畫故事析探》,《北臺灣科技學院通識學報》5,2009.7,57—78 頁。

簡佩琦《敦煌睒子本生再判讀》,《雲漢學刊》25,2012.8,34—68 頁。

簡佩琦《敦煌繪畫"須闍提故事"之研究——以文本和圖像爲中心》,《敦煌學》29,2012.3,221—241 頁。

（七）樂、舞

周菁葆《西域道教的音樂》,《中國邊政》185,2011.3,53—68 頁。

張窈慈《從〈五弦琵琶譜〉論唐代大曲之摘遍和樂譜——以〈何滿子〉與〈簇拍陸州〉爲例》,《藝術學報》87,2010.10,371—394 頁。

張窈慈《從〈仁智要録〉箏譜論唐代大曲之摘遍和樂譜——以〈涼州辭〉、〈劍器渾脱〉、〈還京樂〉、〈泛龍舟〉、〈蘇莫遮〉爲例》,《藝術評論》20,2010.12,29—64 頁。

張窈慈《從〈敦煌曲譜〉論唐代大曲之摘遍和樂譜——以〈慢曲子伊州〉與〈伊州〉爲例》,《藝術研究學報》3：2,2010.10,27—48 頁。

彭郁芬、諶瓊華《初級敦煌能量舞蹈運動——禪悦舞介紹》,《大專體育》,2009.12,15—21 頁。

（八）史地、教育、經濟、醫藥、法律

王惠民《敦煌莫高窟第 322 窟"龍年"題記試釋》,《敦煌學》29,2012.3,17—32 頁。

林平和《敦煌伯二五一一號韋澳〈諸道山河地名要略〉二殘卷校訂古籍譌誤之舉例》,《輔大國文學報》,2010.4,271—280 頁。

任允松《敦煌蒙書的儒教思想》,《東海大學圖書館館訊》91,2009.4,33—53 頁。

蔡馨慧《唐代敦煌寫本〈太公家教〉的儒家德育思想析探》,《嶺東通識教育研究學刊》3：4,2010.8,99—127 頁。

朱祖德《唐代淮南地區的經濟發展探析——以敦博第 58 號敦煌石室寫本爲核心》,《淡江史學》23,2011.9,1—14 頁。

林冠羣《吐蕃中央職官考疑——〈新唐書・吐蕃傳〉誤載論析》,《中研院歷史語言研究所集刊》80 本 1 分,2009.3,43—76 頁。

袁國華《出土文獻與〈黃帝内經・素問・三部九候論〉互證一則》,《中醫藥雜誌》24,2013.12,87—94 頁。

陳淼和、鄭文偉《湯方辨證依據陰陽病勢而無關五行學説》,《中醫藥研究論叢》13：1,2010.3,12—24 頁。

劉馨珺《因人致罪——保人與唐代獄訟制度》,《法制史研究》20,2011.12,41—76 頁。

鄭顯文《敦煌吐魯番文書與唐代的律典體例研究——兼談日本〈養老律〉的藍本問題》,《法制史研究》19,2011.6,79—114 頁。

蘇哲儀《試論唐代敦煌地區的學校教育》,《嶺東通識教育研究學刊》4：3,2012.2,155—187 頁。

蘇哲儀《試論唐代敦煌教育機構及其文化意義》,《嶺東通識教育研究學刊》4：4,2012.8,81—119 頁。

（九）人物

王惠民《賀世哲先生與敦煌學研究》,《敦煌學》29,2012.3,311—318 頁。

王楠、史睿《伯希和與中國學者關於摩尼教研究的交流》,《張廣達先生八十華

誕祝壽論文集》,新文豐出版公司,2010.9,1239—1294 頁。

江燦騰《薪火相傳:胡適初期禪學史研究的最新動態及其作爲跨世紀現代性宗教學術研究典範的傳承史(1925—2011)再確認》,《成大宗教與文化學報》17,2011.12,195—256 頁。

何廣棪《蘇瑩輝先生及其敦煌學論著目錄編年》,《敦煌學》29,2012.3,285—310 頁。

何廣棪《蘇瑩輝教授小傳》,《敦煌學》29,2012.3,283—284 頁。

余蕙靜《我的求學研究之路——專訪日本京都大學高田時雄教授》,《中國文哲研究通訊》21:1,2011.3,123—136 頁。

岑詠芳《極高明而道中庸——憶念吳其昱先生》,《敦煌學》29,2012.3,253—258 頁。

沈明謙、鄭誼慧《研究敦煌學卓有成就——訪浙江大學古籍所許建平教授》,《國文天地》26:7,2010.12,107—111 頁。

汪娟、洪藝芳《敦煌才侶,有鳳來儀——鄭阿財、朱鳳玉伉儷的治學之路》,《國文天地》27:11＝323,2012.4,107—112 頁。

阮靜玲《方廣錩教授訪館鑒定館藏敦煌卷子紀要》,《國家圖書館館訊》100:1,2011.2,22—23 頁。

林慶彰《論黃永武先生編纂叢書的貢獻》,《文學新鑰》13,2011.6,43—60 頁。

林聰明《論黃永武教授斠理敦煌唐詩的貢獻》,《文學新鑰》14,2011.12,19—48 頁。

胡素馨《尋找敦煌藝術的中古源泉:從張大千與熱貢藝術家的合作來審視藝術的傳承》,《史物論壇》10,2010.6,37—56 頁。

柴劍虹《緬懷吳其昱先生》,《敦煌學》29,2012.3,259—264 頁。

張高評《黃永武先生的學術成就》,《文學新鑰》13,2011.6,87—112 頁。

張廣達、陳慶浩《吳其昱先生生平及其學術貢獻》,《敦煌學》29,2012.3,247—251 頁。

馮幼衡《張大千中期(1941—60)青綠山水:嘗恨古人不見我也!》,《書畫藝術學刊》11,2011.12,13—58 頁。

黃崇鐵《張大千人物繪畫探討》,《臺灣歷史博物館學報》40,2009.11,17—48 頁。

黃崇鐵《張大千中期山水畫(1940 年—1959 年)的繪畫歷程與生活經歷探討》,《臺灣歷史博物館學報》44,2011.10,1—21 頁。

黃連盛、鄭秉忠《敦煌石窟藝術的傳承與創新——專訪敦煌之子常嘉煌》,《金色蓮花:佛學月刊》217,2011.1,55—63 頁。

鄭阿財、朱鳳玉編,李燕暉增補,榮新江、劉波校訂,岑詠芳再訂《吳其昱先生論著目錄》,《敦煌學》29,2012.3,275—281 頁。

鄭阿財《我所認識的吳其昱先生》,《敦煌學》29,2012.3,265—274 頁。

謝和耐撰、岑詠芳譯《吳其昱(1915—2011)》,《敦煌學》29,2012.3,243—245 頁。

（十）書評

中鉢雅量《評:① 楊寶玉著〈敦煌本佛教靈驗記校注并研究〉、② 鄭阿財著〈見證與宣傳——敦煌佛教靈驗記研究〉》,《敦煌學》30,2013.10,201—208 頁。

王堯《〈唐五代敦煌寺户制度〉評介》,《普門學報》51,2009.5,135—139 頁。

冷江山、鄧國均《〈俗賦研究〉評介》,《國文天地》27:4 = 316,2011.9,115—118 頁。

梁其姿《評 Catherine Despeux,ed.,Médicine,religion et société dans la Chine médiévale:Étude de manuscrits chinois de Dunhuang et de Turfan(中國中古時期的醫藥、宗教與社會:敦煌吐魯番漢文文獻研究)》,《漢學研究》30:2 = 69,2012.6,315—320 頁。

李國清《讀〈敦煌學和科技史〉》,《中華科技史學會學刊》16,2011.12,116—117 頁。

林慶彰《〈敦煌經部文獻合集〉》,《中國文哲研究集刊》35,2009.9,204—208 頁。

朱鳳玉《〈敦煌變文“王昭君變文”“明妃傳”の研究〉評介——兼論敦煌變文“故事研究”之發展》,《張廣達先生八十華誕祝壽論文集》,新文豐出版公司,2010.9,769—790 頁。

張之傑《卅年磨一劍——王進玉的〈敦煌學和科技史〉》,《中華科技史學會學刊》17,2012.12,125—128 頁。

馮良珍、溫振興《高田時雄〈據敦煌資料的漢語史研究〉譯後——兼與羅常培〈唐五代西北方音〉比較》,《漢文佛典語言學——第三屆漢文佛典語言學國際研討會論文集》,法鼓文化,2011.7,115—141 頁。

榮新江《喚起廢墟遺址中酣睡的文化性靈——張師廣達先生〈文書、典籍與西域史地〉讀後》,《張廣達先生八十華誕祝壽論文集》,新文豐出版公司,2010.9,1315—1332 頁。

三、學 位 論 文

伍真慧《敦煌蒙書與唐代“忍讓”處世思想之研究》,南華大學文學所碩士論文,2009.6。

江尹琇《"飛天·邃古創新"——研究敦煌香音神,兼分析江尹琇創作》,臺灣師範大學美術研究所創作班國畫組碩士論文,2010。

吳淑真《敦煌曲子詞陰性書寫與陽性書寫研究》,玄奘大學中國語文學系在職專班碩士論文,2012。

李侑儒《董康〈書舶庸譚〉研究》,臺灣臺北大學古典文獻與民俗藝術研究所古典文獻組碩士論文,2013。

李映瑾《佛教願文的發展及其東傳日本研究》,臺灣中正大學中國文學所博士論文,2009。

林佩儀《唐五代醜女文學研究》,臺灣嘉義大學中國文學研究所碩士論文,2013。

林怡慧《敦煌莫高窟第465窟之研究》,華梵大學東方人文思想研究所碩士論文,2010。

邱宜君《麥積山石窟維摩詰經變的探究》,華梵大學東方人文思想研究所碩士論文,2011。

張家豪《敦煌講唱文學中的戰爭敘事研究》,臺灣嘉義大學中國文學系研究所碩士論文,2010。

張窈慈《唐聲詩及其樂譜研究》,臺灣中山大學中國文學系研究所博士論文,2011。

黃珮玲《北朝敦煌音樂圖像歷史文化詮釋——以樂隊聲響及印度齊鼓爲焦點》,臺灣大學音樂學研究所碩士論文,2011。

張詩涵《敦煌佛教敘事歌曲與其相關文藝研究》,臺灣中興大學中國文學研究所碩士論文,2009。

張維恬《唐代敦煌曲子詞女性情感與民俗之研究》,臺灣花蓮教育大學民間文學研究所碩士論文,2009。

梁微婉《上博01(2405)V〈摩訶般若波羅蜜經疏〉寫本殘卷書成年代考——以寫本異體字爲中心》,臺灣"中央大學"中國文學系碩士在職專班,2011。

許孟怡《從敦煌講史類變文看唐代社會》,臺灣師範大學歷史學系在職進修碩士論文,2010。

郭鳳妍《見微知著——從隋代莫高窟420窟菩薩瓔珞、耳飾看外來影響》,臺灣臺南藝術大學藝術史與藝術評論碩士論文,2011。

陳玉純《涅槃巡禮——從印度至敦煌的涅槃圖像》,佛光大學藝術學研究所碩士論文,2010。

陳佳蓉《敦煌變文中的熟語研究》,南華大學文學系碩士論文,2010。

陳俊吉《唐五代善財童子造像研究》,臺灣藝術大學書畫藝術學系博士論文,2013。

陳章定《敦煌曲子詞色彩意象研究》,臺灣嘉義大學中國文學研究所碩士論文,2010。

陳翠婷《當前"胡旋舞"研究局限之探討——以舞者角度切入》,佛光大學藝術學研究所碩士論文,2013。

陳曉琪《唐人夢兆研究》,中興大學歷史所碩士論文,2013。

曾筑歆《敦煌莫高窟本生故事佛教義理之研究》,華梵大學東方人文思想研究所碩士論文,2013。

游靖珠《敦煌佛傳變文研究》,臺灣嘉義大學中國文學研究所碩士論文,2011。

黃亮文《敦煌吉凶書儀寫卷與其五服制度研究》,臺灣成功大學中國文學系博士論文,2013。

黃桂雲《佛教孝道的義理與實踐——以大足、敦煌石窟爲重點》,臺灣清華大學中國文學系博士論文,2012。

楊子葳《羅振玉對古文獻保存與整理的貢獻》,臺灣臺北大學古典文獻與民俗藝術研究所古典文獻組碩士論文,2012。

楊雅雯《唐代迦陵頻伽圖像研究——以敦煌石窟壁畫、地宮、墓室三場所爲例》,臺北藝術大學美術史研究所碩士論文,2012。

楊寶蓮《敦煌舜子變研究》,中國文化大學中國文學研究所碩士論文,2011。

蔡宜廷《敦煌西方淨土變舞蹈之研究》,臺北市立體育學院舞蹈系碩士論文,2011。

蕭文真《唐·知恩〈金剛般若經義記〉研究》,臺灣中正大學中國文學系暨研究所博士論文,2013。

蕭世瓊《唐代敦煌紀年文書及其書法文化研究》,逢甲大學中國文學所博士論文,2012。

蕭亦亨《敦煌之思益梵天所問經變研究》,臺灣臺南藝術大學藝術史與藝術評論研究所碩士論文,2009。

賴奐瑜《敦煌莫高窟四二八窟研究》,臺灣大學藝術史研究所碩士論文,2013。

謝淑妃《印度及犍陀羅遺存本生圖像題材研究——與漢譯佛典關聯性》,臺北藝術大學美術學系碩士論文,2013。

簡佩琦《敦煌佛教孝道文獻與圖像之互文性研究》,臺灣成功大學中國文學系博士論文,2013。

蘇哲儀《唐代敦煌教育文化研究》,逢甲大學中國文學系博士論文,2012。

釋理揚《法藏敦煌藏文寫卷 P. T. 980 考釋》,法鼓佛教學院佛教學系碩士論文,2013。

日本杏雨書屋藏敦煌吐魯番文書
研究論著目録(2009—2014)

趙　晶(中國政法大學法律古籍整理研究所)

陳麗萍(中國社會科學院歷史研究所)

　　日本杏雨書屋藏敦煌吐魯番文書,自 2009 年 10 月始以《敦煌秘笈影片册》爲名出版,至 2013 年 3 月共出齊 9 册。《敦煌秘笈》刊發的敦煌吐魯番文書共計 775 號,内容涵蓋宗教與社會經濟等各個方面,其出版前後吸引了衆多學者投入對這批珍貴文書的研究中。因《敦煌秘笈》出版前的諸多成果多已見於榮新江教授、岩本篤志先生與鄭阿財教授所製的研究索引中,故本目録僅搜集《敦煌秘笈》出版後至今的各類相關成果,據我們不完全統計共約百餘篇(部)論著。下文即以出版先後爲序羅列各類成果,其中專著、學位論文、報告與正式發表論文皆統一列舉而不分類。

吉川忠夫《"敦煌秘笈"公刊の辞》,財団法人 武田科學振興集団 杏雨書屋 館長吉川忠夫編集《敦煌秘笈目録册》,大阪,2009 年 3 月。

片山章雄《大谷探險隊將來吐魯番出土物価文書斷片の數點の綴合について》,土肥義和編《敦煌・吐魯番出土漢文文書の新研究》,東京: 東洋文庫,2009 年 3 月,315—335 頁。

聶志軍《唐代景教文獻詞語研究》,中山大學博士學位論文,2009 年 6 月;同名專著,長沙: 湖南人民出版社,2011 年 9 月。

田海華《〈序聽迷詩所(訶)經〉之"十願"芻議》,《宗教學研究》2009 年第 4 期,119—122 頁。

岡野誠《杏雨書屋所藏唐開元雜律疏斷簡の再檢討》,東洋文庫・内陸アジア出土古文献研究会 12 月例会,明治大學,東京,2009 年 12 月 12 日。

関尾史郎、岩本篤志主編《五胡十六國霸史輯佚(稿)》,《新潟大學大域プロジェクト研究資料叢刊》,2010 年 2 月,3—4、7—8、27—28 頁;五胡の會編《五胡十六國霸史輯佚》,東京: 燎原出版社,2012 年 2 月。

榮新江《所謂李氏舊藏敦煌景教文獻二種辨僞》,榮新江著《辨僞與存真——敦煌學論集》,上海古籍出版社,2010 年 3 月,28—46 頁。

榮新江《李盛鐸藏敦煌寫卷的真與僞——附録: 李木齋氏藏敦煌寫本目録》,《辨僞與存真——敦煌學論集》,47—73 頁。

榮新江《追尋最後的寶藏——李盛鐸舊藏敦煌文獻調査記》,《辨僞與存真——敦煌學論集》,74—90 頁。

荒見泰史《舜子変文類写本の書き換え状況から見た五代講唱文學の展開》,《アジア社会文化研究》第 11 號,2010 年 3 月,12—36 頁。

岩本篤志《敦煌本“霸史”再考——杏雨書屋藏・敦煌秘笈“十六國春秋”斷片考》,《資料學研究》第 7 號,2010 年 3 月,27—62 頁。

陳濤《千呼萬喚始出來 猶抱琵琶半遮面——清末李盛鐸舊藏敦煌文書日本面世》,《中國文物報》2010 年 3 月 31 日第 7 版。

高田時雄《關於李盛鐸舊藏敦煌遺書的公開出版》,“百年敦煌文獻整理研究國際學術討論會”,浙江大學,杭州,2010 年 4 月。

陳濤《日本杏雨書屋藏〈敦煌秘笈〉目録與〈李（木齋）氏鑒藏敦煌寫本目録〉之比較》,《史學史研究》2010 年第 2 期,92—115 頁。

東野治之《杏雨書屋の〈敦煌秘笈〉》,《第 54 回杏雨書屋特別展示會“敦煌の典籍と古文書”》,大阪,財団法人 武田科學振興集団,2010 年 4 月,1 頁。

財団法人 武田科學振興集団《第 54 回杏雨書屋特別展示會“敦煌の典籍と古文書”》（介紹圖册）,大阪,2010 年 4 月。

吉川忠夫《挨拶（杏雨書屋 第二十四回 研究会講演録 和漢の本草書——中世以前の写本と刊本）》,《杏雨》第 13 號,2010 年 5 月,179—181 頁。

岩本篤志《敦煌と“新修本草”——なぜそこにあったのか》,《杏雨》第 13 號,182—209 頁。

上山大峻、岡田至弘《敦煌本“本草集注”について》,《杏雨》第 13 號,210—227 頁。

岩本篤志《杏雨書屋藏“敦煌秘笈”概觀——その構成と研究史》,《西北出土文獻研究》第 8 號,2010 年 5 月,55—81 頁。

高啓安《一件珍貴的敦煌僧人宴飲記録——〈敦煌秘笈〉羽 067R、羽 067V 文書初解》（敦煌研究院文獻所與甘肅省敦煌學會聯合主辦）“敦煌讀書班”第一期講座,2010 年 5 月 15 日;後正式刊發於秋爽主編《寒山寺佛學》第 7 輯,蘭州：甘肅人民出版社,2012 年 1 月,204—215 頁。

聶志軍《唐代景教的本土化策略——以詞語釋義爲例》,《社會科學家》2010 年第 3 期,148—150、154 頁。

劉永明《日本杏雨書屋藏敦煌道教及相關文獻研讀劄記》,《敦煌學輯刊》2010 年第 3 期,68—82 頁。

陳濤《日本杏雨書屋藏唐代敦煌本〈雜律疏〉殘卷略説——原李盛鐸舊藏敦煌寫本》,《敦煌學輯刊》2010 年第 3 期,83—92 頁;臺灣《法制史研究》第 18

期全文轉載,2011 年 2 月。

小曽戶洋《敦煌本〈新修本草序例〉：新公開の李盛鐸本》,《漢方の臨牀》57—6,2010 年 6 月,882—884 頁。

金少華《跋日本杏雨書屋藏敦煌本〈算經〉殘卷》,《敦煌學輯刊》2010 年第 4 期,81—83 頁。

周常林《羅振玉與學部藏敦煌文獻》,《敦煌學輯刊》2010 年第 4 期,172—182 頁。

陳濤《日本杏雨書屋藏〈敦煌秘笈〉中李盛鐸藏書印管見》,《北京師範大學學報》(社會科學版)2010 年第 4 期,74—81 頁。

聶志軍、賀衛國《唐代景教寫經中的疑難俗字例釋》,《寧夏大學學報》(人文社會科學版)2010 年第 4 期,7—11 頁。

鄭阿財《從〈敦煌秘笈〉羽 39V 殘卷論〈舜子變〉的形成》,朱鳳玉、汪娟編《張廣達先生八十華誕祝壽論文集》,臺北：新文豐出版公司,2010 年 10 月,745—768 頁。

張娜麗《羽田亨博士収集西域出土文献写真とその原文書：文献の流散とその逓伝・写真撮影の軌跡》,《論叢現代語・現代文化》第 5 號,2010 年 10 月,1—27 頁。

馬德《吐蕃國相尚乞心兒事迹補考——以杏雨書屋羽 077 號爲中心》,敦煌研究院文獻所與甘肅省敦煌學會聯合主辦"敦煌讀書班"第二期講座,2010 年 10 月 30 日;後正式刊發於《敦煌研究》2011 年第 4 期,36—44 頁。

王祥偉《杏雨書屋藏敦煌寺院財產管理文書研究》,敦煌研究院文獻所與甘肅省敦煌學會聯合主辦"敦煌讀書班"第二期講座,2010 年 10 月 30 日;後更名《日本杏雨書屋藏四件敦煌寺院經濟活動文書研讀劄記》正式刊發於《中國社會經濟史研究》2011 年第 3 期,18—24 頁。

陳濤《日本杏雨書屋藏唐代宮廷寫經略説》,《中國歷史文物》2010 年第 5 期,11—16 頁。

聶志軍《敦煌景教寫經〈序聽迷詩所經〉中"勤伽習俊"考辨》,《中國訓詁學研究會 2010 年學術年會論文摘要集》,福建武夷山,2010 年 11 月 1 日。

趙家棟、聶志軍《淺論唐代景教文獻的整理與研究》,《古籍整理研究學刊》2010 年第 6 期,8—13 頁。

陳濤《日本學界的〈敦煌秘笈〉研究》,《中國社會科學報》2010 年 12 月 9 日第 13 版。

陽達、賀衛國《文獻・語言・宗教——〈唐代景教文獻詞語研究〉述評》,《河池學院學報》2011 年第 1 期,125—128 頁。

高田时雄《李盛鐸舊藏〈驛程記〉初探》，高田時雄主編《敦煌寫本研究年報》第 5 號，2011 年 3 月，1—13 頁。

劉永明《敦煌占卜文書中的鬼神信仰研究》，《敦煌寫本研究年報》第 5 號，15—63 頁。

岩本篤志《敦煌占怪書“百恠圖”考——杏雨書屋敦煌秘笈本とフランス國立圖書館藏本の關係を中心に》，《敦煌寫本研究年報》第 5 號，65—80 頁；何爲民譯《敦煌占怪書〈百怪圖〉考——以杏雨書屋敦煌秘笈本和法國國立圖書館藏的關係爲中心》，余欣主編《中古時代的禮儀、宗教與制度》，上海古籍出版社，2012 年 6 月，126—142 頁。

玄幸子《羽 039V を中心とした變文資料の再檢討》，《敦煌寫本研究年報》第 5 號，81—94 頁。

赤木崇敏《唐代敦煌縣勘印簿羽 061，BD11177，BD11178，BD11180 小考》，《敦煌寫本研究年報》第 5 號，95—108 頁。

山口正晃《“十方千五百佛名经”全文復元の試み》，《敦煌寫本研究年報》第 5 號，177—212 頁。

岩本篤志《敦煌文献とは何か》，《東方》第 361 號，2011 年 3 月，22—25 頁。

速水大《杏雨書屋所藏敦煌秘笈中の羽 620—2 文書について》，《内陸アジア出土 4～12 世紀の漢語・胡語文献の整理と研究》，科學研究費補助金（基盤研究（C））研究成果報告書（平成 22 年度分册），2011 年 3 月。

項秉光《三種景教敦煌寫卷考釋》，上海師範大學碩士學位論文，2011 年 4 月。

張小虎《敦煌算經九九表探析》，《溫州大學學報》（自然科學版）2011 年第 2 期，1—6 頁。

吉川忠夫《挨拶（杏雨書屋 第二十五回 研究会講演録 敦煌の典籍と古文書）》，《杏雨》第 14 號，2011 年 6 月，127—129 頁。

岡野誠《唐宋史料に見る“法”と“醫”の接點》，《杏雨》第 14 號，130—166 頁。

池田温《敦煌秘笈の價值》，《杏雨》第 14 號，167—182 頁。

黑田彰《杏雨書屋本太公家教について——太公家教攷・補（2）》，《杏雨》第 14 號，234—291 頁。

岩本篤志《“新修本草”序列の研究——敦煌秘笈本の檢討を中心に》，《杏雨》第 14 號，292—319 頁。

橘堂晃一《清野謙次旧藏敦煌写本の一断簡によせて》，《杏雨》第 14 號，320—328 頁。

牛汝極《近十年海外中國景教研究綜述》，《宗教學研究》2011 年第 3 期，112—117 頁。

岡野誠《近年の敦煌・吐魯番本"唐律""律疏"斷片の調査・研究》,法史學研究會第 146 回例會,2011 年 6 月,明治大學,東京。

張涌泉《敦煌寫本〈秦婦吟〉匯校》,張涌泉著《敦煌文獻論叢》,上海古籍出版社,2011 年 7 月,185—217 頁。

石立善《論日藏敦煌寫本〈毛詩傳箋〉殘卷》,"齊魯文化與兩漢經學海峽兩岸國際學術研討會"論文,山東師範大學,濟南,2011 年 7 月 22 日。

岩本篤志《敦煌秘笈"雜字一本"考——"雜字"からみた帰義軍期の社会》,《唐代史研究》第 14 號,2011 年 8 月,24—41 頁。

王友奎《敦煌寫本〈咒魅經〉研究》,《中國敦煌吐魯番學會理事會暨學術討論會論文集》,西北民族大學,蘭州,2011 年 8 月,119—135 頁;後正式刊發於《敦煌研究》2012 年第 2 期,97—109 頁。

張小艷《杏雨書屋藏〈天復八年(909)吳安君分家遺書〉校釋》,《中國敦煌吐魯番學會理事會暨學術討論會論文集》。

許建平《杏雨書屋藏玄應〈一切經音義〉殘卷校釋》,《敦煌研究》2011 年第 5 期,52—60 頁。

李軍《晚唐五代歸義軍與涼州節度關係考論》,《陝西師範大學學報》(哲學社會科學版)2011 年第 6 期,90—96 頁。

高啓安《唐五代時期敦煌的宴飲"賭射"——敦煌文獻 P. 3237 卷"射羊"一詞小解》,《甘肅社會科學》2011 年第 6 期,207—211 頁。

山本孝子《"杏雨書屋"藏幾件書剳研讀劄記》,"清華・京都 2011 年聯合漢學工作坊"議程・發言,清華大學,北京,2011 年 11 月 17 日。

許建平《杏雨書屋藏論語殘片三種校錄及研究》,"從抄本到刻本:中日《論語》文獻研究學術研討會論"論文,北京大學,北京,2011 年 12 月 17—18 日,70—79 頁。

林悟殊《敦煌本〈大秦景教宣元本經〉考釋》,林悟殊著《林悟殊敦煌文書與夷教研究》,上海古籍出版社,2011 年 12 月,248—258 頁。

林悟殊、殷小平《經幢版景教〈宣元至本經〉考釋》,《林悟殊敦煌文書與夷教研究》,上海古籍出版社,2011 年 12 月,249—283 頁。

林悟殊《敦煌本景教〈志玄安樂經〉佐伯錄文質疑》,《林悟殊敦煌文書與夷教研究》,上海古籍出版社,2011 年 12 月,284—293 頁。

林悟殊《景教〈志玄安樂經〉敦煌寫本真偽及錄文補説》,《華學》第 11 輯,廣州:中山大學出版社,2011 年 12 月;收入《林悟殊敦煌文書與夷教研究》,上海古籍出版社,2011 年 12 月,294—323 頁。

林悟殊《富岡謙藏氏藏景教〈一神論〉真偽存疑》,《林悟殊敦煌文書與夷教研究》，324—346 頁。

林悟殊《高楠氏藏景教〈序聽迷詩所經〉真僞存疑》，《林悟殊敦煌文書與夷教研究》，347—368 頁。

林悟殊《景教高岡高楠文書辨僞補説》，《林悟殊敦煌文書與夷教研究》，369—380 頁。

蔡淵迪《杏雨書屋藏敦煌舞譜卷子校録并研究》，《敦煌研究》2012 年第 1 期，100—105 頁。

聶志軍《唐代景教寫經中的訛誤字例釋》，《敦煌研究》2012 年第 1 期，106—111 頁。

村井恭子撰、黄正建編譯《2010 年日本的隋唐史研究》（原文刊發於《史學雜誌》第 120 編第 5 號），《中國史研究動態》2012 年第 1 期，82 頁。

王天然《讀杏雨書屋所藏八件經部敦煌寫本小識》，《亞洲研究》（韓國）第 16 期，2012 年 2 月，23—46 頁。

鄧文寬《跋日本"杏雨書屋"藏三件敦煌曆日》，黄正建主編《中國社會科學院敦煌學回顧與前瞻學術研討會論文集》，上海古籍出版社，2012 年 3 月，153—156 頁。

片山章雄《杏雨書屋"敦煌秘笈"中の物價文書と龍谷大學図書館大谷文書中の物價文書》，《内陸アジア史研究》第 27 號，2012 年 3 月，77—84 頁。

山口正晃《羽 53 "吴安君分家契"について——家産相續をめぐる一つの事例》，高田時雄主編《敦煌寫本研究年報》第 6 號，2012 年 3 月，99—116 頁；顧奇莎譯《羽 53〈吴安君分家契〉——圍繞家産繼承的一個事例》，徐世虹主編《中國古代法律文獻研究》第六輯，北京：社科文獻出版社，2012 年 12 月，251—268 頁。

山本孝子《書儀の普及と利用——内外族書儀と家屬の關係を中心に》，《敦煌寫本研究年報》第 6 號，169—191 頁。

辻正博《敦煌・トルフアン出土唐代法制文獻研究の現在》，《敦煌寫本研究年報》第 6 號，249—272 頁；周東平譯《敦煌・吐魯番出土唐代法制文獻研究之現狀》，周東平、朱騰主編《法律史譯評》，北京大學出版社，2013 年 9 月，118—145 頁。

高田時雄《李滂と白堅（再補）》，《敦煌寫本研究年報》第 6 號，283—290 頁。

落合俊典《杏雨書屋藏〈佛説行七行現報經〉真僞之考察》，高田時雄編《涅瓦河畔談敦煌學》（*Talking about Dunhuang on the Riverside of the Neva*），京都大學人文科學研究所，2012 年 3 月，59—64 頁。

傅修海《从哪里開始思考——讀〈唐代景教文獻詞語研究〉有感》，《語文知識》2012 年第 2 期，125—126 頁。

坂尻彰宏《杏雨書屋藏敦煌秘笈所収懸泉索什子致沙州阿耶状》,《杏雨》第 15 號,2012 年 5 月,374—389 頁。

西本照真《杏雨書屋所藏三階教写本"人集録明諸経中対根浅深発菩提心法"一卷(羽 411)翻刻》,《東アジア仏教研究》第 10 號,2012 年 5 月,37—55 頁。

聶志軍《唐代景教〈序聽迷詩所經〉中"移鼠"漢譯釋疑》,《宗教學研究》2012 年第 3 期,191—196 頁。

陳濤《唐代景教經典〈志玄安樂經〉的流向問題》,《五邑大學學報》(社會科學版)2012 年第 3 期,38—41 頁。

蕭文真《〈敦煌秘笈〉羽-100 號殘卷性質之析論》,南華文學系《文學新鑰》第 15 期,2012 年 6 月,71—98 頁。

岡野誠《敦煌文獻と法史學——李盛鐸舊藏敦煌文獻を中心に——》,法制史學會,2012 年年 6 月 16 日,金沢大學。

岩本篤志《敦煌秘笈宵夜圖考——關於唐宋時期守庚申和盤上遊戲》,"中古中國的信仰與社會學術研討會"論文,首都師範大學歷史學院、北京大學中國古代史研究中心、《唐研究》編輯部,北京,2012 年 7 月 7—8 日。

賈曉明、馬鴻雁《李盛鐸"舊藏"敦煌古卷的前世今生》,《光明日報》2012 年 7 月 17 日第 13 版。

乜小紅《秦漢至唐宋時期遺囑制度的演化》,《歷史研究》2012 年第 5 期,19—35 頁。

張涌泉、張新朋《敦煌殘卷綴合研究》,《文史》2012 年第 3 期,313—330 頁。

黒田彰《抜き取られた敦煌文書:何彦昇、邕威のことなど・太公家教攷・補(3)》,《京都語文》第 19 號,2012 年 11 月,180—202 頁。

許建平《杏雨書屋藏〈詩經〉殘片三種校録及研究》,中央文史研究館、敦煌研究院、香港大學饒宗頤學術館編《慶祝饒宗頤先生 95 華誕敦煌學國際學術研討會論文集》,北京:中華書局,2012 年 12 月,443—455 頁。

周西波《〈敦煌秘笈〉"羽 072b"寫卷的性質與意義》,《慶祝饒宗頤先生 95 華誕敦煌學國際學術研討會論文集》,473—488 頁。

陳明《西域出土醫學文書的文本分析——以杏雨書屋新刊羽 042R 和羽 043 號寫卷爲例》,《慶祝饒宗頤先生 95 華誕敦煌學國際學術研討會論文集》,489—520 頁。

落合俊典(OCHIAI Toshinori)《李盛鐸舊藏敦煌本的真僞》(*The Authenticity of Li Shengduo's Old Corpus of Dunhuang Manuscripts*),"*DUNHUANG STUDIES: PROSPECTS AND PROBLEMS FOR THE COMING SECOND CENTURY OF*

RESEARCH"/敦煌學: 第二個百年的研究視角與問題"ДУНЬХУ АНОВЕДЕНИЕ: ПЕРСПЕКТИВЫИПРОБЛЕМЫВ ТОРОГОСТОЛЕТИЯИССЛЕДО ВАНИЙ." *ED. BYI. POPOVA AND LIU YI. SLAVI A PAUBLISHERS, ST. PETERSBURG*, 2012, pp. 196－199。

侯文昌《近六十年來敦煌契約文書的刊佈與研究》,《中國史研究動態》2012年第 6 期, 43 頁。

户川貴行撰, 楊振紅編譯《2010 年日本的魏晉南北朝史研究》（原文刊發於《史學雜誌》第 120 編第 5 號）,《中國史研究動態》2012 年第 6 期, 70—71 頁。

黄正建《唐代法律用語中的"款"和"辯"——以〈天聖令〉與吐魯番出土文書爲中心》,《文史》2013 年第 1 期, 256—272 頁。

陳國燦《讀〈杏雨書屋藏敦煌秘笈〉社會文書劄記（一）》, 武漢大學中國三至九世紀研究所編《魏晉南北朝隋唐史資料》第二十八輯, 2012 年 12 月, 249—262 頁;《讀〈杏雨書屋藏敦煌秘笈〉劄記》,《史學史研究》2013 年第 1 期, 113—122 頁。

聶志軍《日本杏雨書屋藏應玄〈一切經音義〉殘卷再研究》,《古漢語研究》2013 年第 1 期, 57—62 頁。

鄭阿財《論日本藏敦煌寫本及古寫經靈驗記的價值》, 高田時雄主編《敦煌寫本研究年報》第 7 號, 2013 年 3 月, 23—50 頁。

朱鳳玉《敦煌〈妙法蓮華經講經文〉（普門品）殘卷新論》,《敦煌寫本研究年報》第 7 號, 51—68 頁。

佐藤礼子《羽 094R〈（擬）天台智者大師智顗別傳〉初探》,《敦煌寫本研究年報》第 7 號, 297—311 頁。

高井龍《舜の舌による瞽叟開眼故事の流佈について》,《敦煌寫本研究年報》第 7 號, 313—331 頁。

岩本篤志《唐宋時期的守庚申和棋盤遊戲——〈敦煌秘笈宵夜図〉考》,《國際漢學研究通訊》第 6 期, 2013 年 3 月, 104—123 頁。

池田昌広《敦煌秘笈の"漢書"残卷》,《杏雨》第 16 號, 2013 年 4 月, 115—131 頁。

陳麗萍《杏雨書屋藏〈秦婦吟〉殘卷綴合與研究》, 黄正建主編《隋唐遼宋金元史論叢》第三輯, 上海古籍出版社, 2013 年 4 月, 139—147 頁。

趙和平《唐代咸亨至儀鳳中宫廷寫經機構研究》, 中國人民大學國學院主編《國學的傳承與創新: 馮其庸先生從事教學與科研六十周年慶賀學術文集》（下）, 上海古籍出版社, 2013 年 4 月, 1026—1055 頁。

榮新江《〈蘭亭序〉在西域》,《國學的傳承與創新:馮其庸先生從事教學與科研六十周年慶賀學術文集》(下),1099—1108 頁。

林悟殊《京藏摩尼經開篇結語辨釋》,《西域研究》2013 年第 2 期,41—50 頁。

張瑞蘭《敦煌本〈維摩詰經〉異文研究》,浙江師範大學碩士學位論文,2013 年 4 月。

趙丹《敦煌本道液〈淨名經〉疏解二種異文研究》,浙江師範大學碩士學位論文,2013 年 5 月。

古泉圓順《巷談“敦煌秘笈”》,龍谷大學アジア仏教文化研究センター,2013 年度第 1 回仏教文化研究所研究談話会,2013 年 5 月 13 日。

張文良《南朝十地學的一個側面——以法安的“解十地義”爲中心》,“第三屆河北禪宗文化論壇研討會”論文,河北石家莊,2013 年 5 月 24—26 日。

岩本篤志《唐宋時期的守庚申和棋盤遊戲——〈敦煌秘笈宵夜図〉考》,《國際漢學研究通訊》第 6 期,104—123 頁。

藤野月子撰,黃正建編譯《2011 年日本的隋唐史研究》(原文刊發於《史學雜誌》第 121 編第 5 號),《中國史研究動態》2013 年第 3 期,77、81—82 頁。

彭金章《敦煌新近發現的景教遺物——兼述藏經洞所出景教文獻與畫幡》,《敦煌研究》2013 年第 3 期,51—58 頁。

鄭阿財《杏雨書屋〈敦煌秘笈〉來源、價值與研究狀況》,《敦煌研究》2013 年第 3 期,116—127 頁。

許建平《敦煌子部文獻的範圍及分類》,《敦煌研究》2013 年第 3 期,181—187 頁。

朱鳳玉《羽 153v〈妙法蓮華經講經文〉殘卷考論——兼論講經文中因緣譬喻之運用》,《敦煌吐魯番研究》13 卷,上海古籍出版社,2013 年 8 月,47—61 頁。

榮新江《俄羅斯的敦煌學——評〈敦煌學:第二個百年的研究視角與問題〉及其他》,《敦煌吐魯番研究》13 卷,571、573—574、576 頁。

陳麗萍、趙晶《日本杏雨書屋藏敦煌吐魯番文書研究綜述(附論著目錄索引)》,《中國敦煌吐魯番學會成立三十周年國際學術研討會論文集(第一組)》,首都師範大學,北京,2013 年 8 月,217—232 頁。

張總《〈十王經〉新材料與研究轉折》,《中國敦煌吐魯番學會成立三十周年國際學術研討會論文集(第二組)》,230—241 頁。

張小艷《敦煌本〈衆經要攬〉校錄并研究》,《中國敦煌吐魯番學會成立三十周年國際學術研討會論文集(第二組)》,283—432 頁。

王卡《敦煌本〈洞真高上玉帝大洞雌一玉檢五老寶經〉校讀記》,《中國敦煌吐魯番學會成立三十周年國際學術研討會論文集(第二組)》,435—449 頁。

游自勇《敦煌寫本〈百怪圖〉補考》,《中國敦煌吐魯番學會成立三十周年國際學術研討會論文集（第二組）》,510—523 頁；後正式發表於《復旦學報》2013 年第 6 期,78—88 頁。

陳于柱《日本杏雨書屋藏敦煌本〈發病書〉殘卷整理與研究》,《中國敦煌吐魯番學會成立三十周年國際學術研討會論文集（第二組）》,524—532 頁。

張文良《電子文獻檢索：日本南北朝佛教研究新思路》,《中國社會科學報》2013 年 10 月 9 日 A08 版。

朱鳳玉《從儀式教化論敦煌十王經與十王圖之運用》,南華大學敦煌學研究中心編《敦煌學》第三十輯,臺北樂學書局,2013 年 10 月,1—20 頁。

佐藤礼子《淺析〈維摩詰所説經〉道液疏之末疏——承前〈羽 094R "（擬）天台智者大師智顗別傳" 初探〉》,《敦煌學》第三十輯,21—44 頁。

張小艷《敦煌社會經濟文獻詞語論考》,上海人民出版社,2013 年 10 月,167—169、482 頁。

赤木崇敏《10 世紀コータンの王統・年号問題の新史料——敦煌秘笈羽 686 文書——》,《内陸アジア言語の研究》ⅩⅩⅧ,2013 年,101—128 頁。

岩本篤志《敦煌秘笈所見印記小考——寺印・官印・蔵印——》,《内陸アジア言語の研究》ⅩⅩⅧ,2013 年,129—170 頁。

阪尻彰宏《敦煌歸義軍羣牧籍考》,《法藏敦煌文獻輪讀會》第 15 期,2013 年 12 月 21 日,蘭州大學,甘肅。

趙青山《敦煌寫經道場紙張的管理》,《敦煌學輯刊》2013 年第 4 期,36—47 頁。

王卡《南北朝隋唐時期的道教類書——以敦煌寫本爲中心的考察》,榮新江主編《唐研究》第十九卷,北京大學出版社,2013 年 12 月,499—527 頁。

池田将則《杏雨書屋所藏敦煌文獻〈義記〉（羽 271）の基礎的研究》,（韓國）《동아시아불교문화》（東亞佛教文化）,2013 年 12 月,149—203 頁。

榮新江、朱立雙《于闐與敦煌》,蘭州：甘肅教育出版社,2013 年 12 月,194—195 頁。

馮培紅《敦煌的歸義軍時代》,蘭州：甘肅教育出版社,2013 年 12 月,337—345 頁。

蕭文真《〈敦煌秘笈〉羽-100 號殘卷の特性およびその真偽》,《印度學佛教學研究》第 61 卷第 2 號,2013 年,38—41 頁。

王祥偉《一件罕見的 "狐鳴占" 文獻及相關問題》,《中國典籍與文化》2014 年第 1 期,156—159 頁。

許建平《敦煌〈詩經〉寫卷研究綜述》,《敦煌研究》2014 年第 1 期,68—77 頁。

陳麗萍《敦煌本〈大唐天下郡姓氏族譜〉的綴合與研究——以 S. 5861 爲中心》,《敦煌研究》2014 年第 1 期,78—86 頁。

張春海《發掘敦煌　打撈于闐》,《中國社會科學報》2014 年 2 月 7 日。

吕德廷《〈敦煌秘笈〉部分佛教與道教文書定名》,高田時雄主編《敦煌寫本研究年報》第 8 號,2014 年 3 月,195—204 頁。

岩尾一史《再論〈吐蕃論董勃藏修伽藍功德記〉——羽 689 の分析を中心に》,《敦煌寫本研究年報》第 8 號,205—215 頁。

高田時雄《李滂と白堅(三補)》,《敦煌寫本研究年報》第 8 號,217—223 頁。

陳勇《〈敦煌秘笈・十六國春秋〉考釋》,《民族研究》2014 年第 2 期,74—85 頁。

陳麗萍《杏雨書屋藏敦煌契約文書匯錄》,《隋唐遼宋金元史論叢》第四輯,上海古籍出版社,2014 年 5 月,169—200 頁。

趙晶《羽 25v〈倉夫令狐良嗣牒〉補說——兼論〈倉庫令〉宋 1 的唐令復原問題》,《中國史研究》(韓國)第 90 輯,2014 年 6 月,111—126 頁。

　　基金項目:本文為國家社科基金青年項目"新出中、日藏敦煌吐魯番法制文獻與唐代律令秩序研究"(項目號:14CFX056)的階段性成果。

近三十年來敦煌石窟《涅槃經變》研究論著目録
詹靜嫻（蘭州大學）

一、專　　著

敦煌文物研究所整理《敦煌莫高窟内容總録》，北京：文物出版社，1982 年
　　11 月。

敦煌文物研究所編《中國石窟·敦煌莫高窟》第二卷，北京：文物出版社，1984
　　年 10 月。

［日］松本榮一《敦煌畫の研究》，京都：同朋舍，1985 年 7 月。

敦煌文物研究所編《1983 年全國敦煌學術討論會文集 石窟·藝術編》，蘭州：
　　甘肅人民出版社，1985 年 8 月。

敦煌研究院編《敦煌藝術小叢書·莫高窟壁畫藝術》，蘭州：甘肅人民美術出
　　版社，1986 年 8 月。

敦煌研究院編《敦煌莫高窟供養人題記》，北京：文物出版社，1986 年 12 月。

敦煌文物研究所編《中國石窟·敦煌莫高窟》第四卷，北京：文物出版社，1987
　　年 3 月。

敦煌文物研究所編《中國石窟·敦煌莫高窟》第三卷，北京：文物出版社，1987
　　年 8 月。

敦煌文物研究所編《中國石窟·敦煌莫高窟》第五卷，北京：文物出版社，1987
　　年 9 月。

段文傑主編《中國美術全集 繪畫編·敦煌壁畫》，上海人民美術出版社，1988
　　年 5 月。

段文傑主編《1987 年敦煌石窟研究國際討論會文集·石窟藝術編》，瀋陽：遼
　　寧美術出版社，1990 年 10 月。

［日］宮治昭《涅槃と彌勒の図像學——インドから中央アジアへ》，吉川弘
　　文館，1992 年 2 月。

寧强《敦煌佛教藝術》，高雄：複文圖書出版社，1992 年 8 月。

敦煌研究院編《敦煌石窟鑒賞叢書》第二輯，蘭州：甘肅人民美術出版社，1992
　　年 8 月。

張迎勝主編《西夏文化概論》，蘭州：甘肅文化出版社，1995 年 5 月。

謝生保主編《敦煌民俗研究》，蘭州：甘肅人民出版社，1995 年 10 月。

敦煌研究院編《敦煌石窟鑒賞叢書》第三輯,蘭州:甘肅人民美術出版社,1995
　　年 10 月。

宿白《中國石窟寺研究》,北京:文物出版社,1996 年 8 月。

敦煌研究院編《敦煌石窟內容總錄》,北京:文物出版社,1996 年 12 月。

張寶璽主編《甘肅石窟藝術壁畫編》,蘭州:甘肅人民美術出版社,1997 年
　　4 月。

謝生保、淩雲《敦煌藝術之最》,蘭州:甘肅人民美術出版社,1997 年 6 月。

施萍婷、賀世哲《敦煌石窟藝術·莫高窟第 428 窟》,南京:江蘇美術出版社,
　　1998 年 2 月。

劉永增《敦煌石窟藝術·莫高窟第 158 窟》,南京:江蘇美術出版社,1998 年
　　2 月。

季羨林主編《敦煌學大辭典》,上海辭書出版社,1998 年 12 月。

董玉祥《梵宮藝苑:甘肅石窟寺》,蘭州:甘肅教育出版社,1999 年 7 月。

譚蟬雪主編《敦煌石窟全集·民俗畫卷》,香港:商務印書館,1999 年 9 月。

劉玉權主編《敦煌石窟全集·動物畫卷》,香港:商務印書館,1999 年 9 月。

賀世哲主編《敦煌石窟全集·法華經畫卷》,香港:商務印書館,1999 年 9 月。

馬德主編《敦煌石窟知識辭典》,蘭州:甘肅人民美術出版社,2000 年 6 月。

謝生保《敦煌文化叢書·成佛之路——敦煌壁畫佛傳故事》,蘭州:甘肅人民
　　出版社,2000 年 7 月。

吳健攝,樊錦詩撰文《中國敦煌》,南京:江蘇美術出版社,2000 年 7 月。

吳健《藝術的敦煌——吳健攝影集》,上海古籍出版社,2000 年 7 月。

張寶璽《甘肅安西東千佛洞石窟壁畫》,重慶:重慶出版社,2000 年 7 月。

楊東苗、金衛東《再現敦煌——大型敦煌壁畫復原精品集》,杭州:浙江古籍出
　　版社,2002 年 2 月。

趙聲良主編《敦煌石窟全集·山水畫卷》,香港:商務印書館,2002 年 3 月。

盧秀文《中國石窟圖文志》,蘭州:敦煌文藝出版社,2002 年 9 月。

胡同慶、安忠義《遙望星宿:甘肅考古文化叢書·佛教藝術》,蘭州:敦煌文藝
　　出版社,2004 年 2 月。

樊錦詩主編《世界文化遺產·敦煌石窟》,北京:中國旅遊出版社,2004 年
　　7 月。

賀世哲《敦煌石窟論稿》,蘭州:甘肅民族出版社,2004 年 8 月。

公維章《涅槃淨土的殿堂:敦煌莫高窟第 148 窟研究》,北京:民族出版社,
　　2004 年 11 月。

[韓] 梁銀景《隋代佛教窟龕研究》,北京:文物出版社,2004 年 12 月。

鄭炳林、沙武田《敦煌石窟藝術概論》,蘭州:甘肅文化出版社,2005 年 8 月。

段文傑主編《中國敦煌壁畫全集・北周》,天津人民美術出版社,2006 年 1 月。

段文傑主編《中國敦煌壁畫全集・初唐》,天津人民美術出版社,2006 年 1 月。

段文傑、樊錦詩主編《中國敦煌壁畫全集・中唐》,天津人民美術出版社,2006
年 1 月。

譚蟬雪《敦煌民俗——絲路明珠傳風情》,蘭州:甘肅教育出版社,2006 年
6 月。

趙聲良《敦煌藝術十講》,上海古籍出版社,2007 年 7 月。

劉玉權《解讀敦煌・中世紀動物畫》,上海人民出版社,2007 年 7 月。

段文傑《敦煌石窟藝術研究》,蘭州:甘肅人民出版社,2007 年 8 月。

譚蟬雪《盛世遺風:敦煌的民俗》,蘭州:甘肅教育出版社,2007 年 12 月。

鄭炳林、高國祥主編《敦煌莫高窟百年圖錄》,蘭州:甘肅人民出版社,2008 年
5 月。

〔日〕宮治昭著,李萍、張清濤譯《涅槃和彌勒的圖像學:從印度到中亞》,北
京:文物出版社,2009 年 8 月。

賴鵬舉《敦煌石窟造像思想研究》,北京:文物出版社,2009 年 8 月。

秦增果、于彩華《大美敦煌 敦煌石窟藝術聚珍集》,北京:文物出版社,2009 年
10 月。

史敦宇、金洵瑨《敦煌壁畫復原精品集》,蘭州:甘肅人民美術出版社,2010 年
6 月。

段文傑主編《中國敦煌壁畫全集・隋》,天津人民美術出版社,2010 年 6 月。

段文傑主編《中國敦煌壁畫全集・盛唐》,天津:天津人民美術出版社,2010
年 6 月。

樊錦詩主編《解讀敦煌・法華經故事》,上海:華東師範大學出版社,2010 年
8 月。

楊森《敦煌壁畫家俱圖像研究》,北京:民族出版社,2010 年 12 月。

敦煌研究院編《晚清民國老照片:敦煌舊影》,上海古籍出版社,2011 年
10 月。

二、論　　文

〔日〕安田治樹《唐代則天期涅槃變相(上)》,成城大學《美學美術史論集》第
2 輯,1981 年。

〔日〕安田治樹《唐代則天期涅槃變相》,成城大學《美學美術史論集》第 2、3
輯,1982 年。

史葦湘《絲綢之路上的敦煌與莫高窟》,《敦煌研究文集》,蘭州:甘肅人民出版社,1982 年 3 月。

段文傑《敦煌彩塑藝術》,《敦煌研究》1982 年 4 期。

張伯元《東千佛洞調查簡記》,《敦煌研究》(創刊號),蘭州:甘肅人民出版社,1983 年 12 月。

[日]宮治昭《中央アヅア涅槃圖の圖像學的考察》,《佛教藝術》第 147 號,1983 年。

閻文儒《中晚唐的石窟藝術》,《敦煌研究》1983 年 00 期。

李其瓊《隋代的莫高窟藝術》,《中國石窟·敦煌莫高窟》第二卷,北京:文物出版社,1984 年 10 月。

賀世哲《敦煌莫高窟隋代石窟與雙弘定慧》,《1983 年全國敦煌學術討論會文集 石窟·藝術編(上)》,蘭州:甘肅人民出版社,1985 年 8 月。

賀世哲《從供養人題記看莫高窟部分洞窟的營建年代》,《敦煌莫高窟供養人題記》,北京:文物出版社,1986 年 12 月。

釋曉雲《敦煌壁畫佛經變相與現代經變圖》,《漢學研究》(敦煌學國際研討會論文專號),1986 年 12 月。

賀世哲《敦煌莫高窟的〈涅槃經變〉》,《敦煌研究》1986 年 1 期。

段文傑《唐代後期的莫高窟藝術》,《中國石窟·敦煌莫高窟》第四卷,北京:文物出版社,1987 年 3 月。

段文傑《唐代前期的莫高窟藝術》,《中國石窟·敦煌莫高窟》第三卷,北京:文物出版社,1987 年 8 月。

陳清香《涅槃變相研究》,《中華佛學學報》1987 年 1 期。

趙聲良《試論莫高窟唐代前期的山水畫》,《敦煌研究》1987 年 3 期。

[日]宮治昭著,賀小平摘譯《關於中亞涅槃圖的圖象學的考察——圍繞哀悼的形象與摩耶夫人的出現》,《敦煌研究》1987 年 3 期。

洪毅然《敦煌石窟藝術中有待探討的美學藝術學的幾個問題》,《1987 年敦煌石窟研究國際討論會文集·石窟藝術編》,瀋陽:遼寧美術出版社,1990 年 10 月。

譚蟬雪《三教融合的敦煌喪俗》,《敦煌研究》1991 年 3 期。

謝成水《敦煌藝術美學巡禮》,《敦煌研究》1991 年 7 期。

馬競馳《莫高窟第 428 窟介紹》,《敦煌石窟鑒賞叢書》第二輯第四分冊,蘭州:甘肅人民美術出版社,1992 年 8 月。

趙聲良《盡精微 致廣大——莫高窟第 427 窟藝術》,《敦煌石窟鑒賞叢書》第二輯第五分冊,蘭州:甘肅人民美術出版社,1992 年 8 月。

台建羣《承前啓後絢麗輝煌——莫高窟第 332 窟藝術》,《敦煌石窟鑒賞叢書》第二輯第六分册,蘭州:甘肅人民美術出版社,1992 年 8 月。

包菁萍《涅槃禮贊——中唐第 158 窟藝術》,《敦煌石窟鑒賞叢書》第二輯第九分册,蘭州:甘肅人民美術出版社,1992 年 8 月。

[日]平野京子《中國北朝期の涅槃図についての一考察》,《佛教藝術》第 205 號,1992 年。

張寶璽《東千佛洞西夏石窟藝術》,《文物》1992 年 2 期。

李玉瑉《敦煌四二八窟新圖像源流考》,《故宫學術季刊》1993 年夏季。

王惠民《安西東千佛洞内容總録》,《敦煌研究》1994 年 1 期。

薛正昌《藝術明珠　絲路瑰寶——須彌山石窟的稱謂和開鑿年代淺議》,《文博》1994 年 2 期。

張艷梅《細密精緻而臻麗——莫高窟第 420 窟藝術》,《敦煌石窟鑒賞叢書》第三輯第四分册,蘭州:甘肅人民美術出版社,1995 年 10 月。

謝生保《敦煌壁畫中的民俗資料概述》,《敦煌民俗研究》,蘭州:甘肅人民出版社,1995 年 10 月。

謝生保《敦煌壁畫中的喪葬民俗》,《敦煌民俗研究》,蘭州:甘肅人民出版社,1995 年 10 月。

馬德《敦煌壁畫交通工具史料述論(上)》,《敦煌研究》1995 年 1 期。

劉永增《敦煌莫高窟隋代涅槃變相圖與古代印度、中亞涅槃圖像之比較研究》,《敦煌研究》1995 年 1 期。

劉永增《莫高窟第 280 窟普賢菩薩來現圖考釋——兼談"乘象入胎"的圖像來源》,《敦煌研究》1995 年 3 期。

史葦湘《關於敦煌莫高窟内容總録》,《敦煌石窟内容總録》,北京:文物出版社,1996 年 12 月。

王惠民《十年來敦煌石窟内容的考證與研究》,《敦煌石窟内容總録》,北京:文物出版社,1996 年 12 月。

賀世哲《莫高窟第 420 窟窟頂部分壁畫内容新探》,《敦煌研究》1996 年 4 期。

[日]宫治昭著,金申譯《犍陀羅涅槃圖的解讀》,《敦煌研究》1996 年 4 期。

葉佳玫《敦煌莫高窟隋代四二〇窟研究》,臺灣大學藝術史研究所碩士論文,1996 年。

李靜傑《造像碑的涅槃經變》,《敦煌研究》1997 年 1 期。

施萍婷、賀世哲《近承中原　遠接西域——莫高窟第四二八窟研究》,《敦煌石窟藝術·莫高窟第 428 窟》,南京:江蘇美術出版社,1998 年 2 月。

劉永增《敦煌莫高窟第一五八窟的研究》,《敦煌石窟藝術·莫高窟第 158

窟》,南京：江蘇美術出版社,1998 年 2 月。

施萍婷《關於莫高窟第四二八窟的思考》,《敦煌研究》1998 年 1 期。

譚蟬雪《喪葬用雞探析》,《敦煌研究》1998 年 1 期。

李國《河西幾處中小石窟述論》,《敦煌研究》1998 年 3 期。

陳慧珠《敦煌涅槃經變的研究》,華梵大學東方人文思想研究所碩士論文,
　　1998 年。

賀世哲《涅槃經變》,《敦煌石窟全集‧法華經畫卷》第二章,香港：商務印書
　　館,1999 年 9 月。

劉玉權《唐代前期動物畫》,《敦煌石窟全集‧動物畫卷》,香港：商務印書館,
　　1999 年 9 月。

譚蟬雪《儒佛交融的葬俗》,《敦煌石窟全集‧民俗畫卷》,香港：商務印書館,
　　1999 年 9 月。

謝生保《敦煌石窟中的佛傳故事畫概述》,《敦煌文化叢書‧成佛之路——敦
　　煌壁畫佛傳故事》,蘭州：甘肅人民出版社,2000 年 7 月。

賀世哲《敦煌壁畫中的涅槃經變》,《敦煌研究文集‧敦煌石窟經變篇》,蘭州：
　　甘肅民族出版社,2000 年 9 月。

賀世哲《敦煌壁畫中的法華經變》,《敦煌研究文集‧敦煌石窟經變篇》,蘭州：
　　甘肅民族出版社,2000 年 9 月。

馬德《敦煌文獻對敦煌石窟研究的意義》,《敦煌文獻論集》,瀋陽：遼寧人民
　　出版社,2001 年 5 月。

楊馬勝、何國棟《莫高窟——雕塑、壁畫、洞窟三位一體的藝術殿堂》,《淄博學
　　院學報》2001 年 2 期。

趙聲良《敘事性經變中的青綠山水》,《敦煌石窟全集‧山水畫卷》,香港：商
　　務印書館,2002 年 3 月。

［日］外山潔《敦煌 148 窟の涅槃變相圖について》,《美學美術史論集》第 14
　　輯（東山健吾教授退任紀念）,2002 年 3 月。

劉玉權《西夏對敦煌藝術的特殊貢獻》,《國家圖書館學刊》（西夏研究專號）,
　　2002 年增刊。

［日］下野玲子《敦煌莫高窟隋代法華經變相圖研究》,《鹿島美術財團》年
　　報—20,2003 年。

［日］宮治昭著,賀小萍譯《宇宙主釋迦佛——從印度到中亞、中國》,《敦煌研
　　究》2003 年 1 期。

范培松、張建林、張在明、王勇《陝西長安清華山臥佛調查》,《考古與文物》
　　2003 年 2 期。

雷聞《割耳剺面與刺心剖腹——從敦煌 158 窟北壁涅槃變王子舉哀圖説起》，《中國典籍與文化》2003 年 4 期。

王艷雲《西夏晚期七大經變畫探析》，首都師範大學博士學位論文，2003 年。

楊惠玲《唐五代宋初敦煌喪俗研究》，西北師範大學碩士學位論文，2003 年。

胡同慶、安忠義《燦爛輝煌的壁畫藝術》，《遙望星宿：甘肅考古文化叢書·佛教藝術》，蘭州：敦煌文藝出版社，2004 年 2 月。

王惠民《敦煌經變畫的研究成果與研究方法》，《敦煌學輯刊》2004 年 2 期。

劉永增《莫高窟第 158 窟的納骨器與粟特人的喪葬習俗》，《敦煌研究》2004 年 2 期。

［韓］梁銀景《莫高窟隋代經變畫與南朝、兩京地區》，《敦煌研究》2004 年 5 期。

郭祐孟《盛唐佛教造像所蘊含的法華思想——以敦煌莫高窟 45 窟爲中心的探討》，《圓光佛學學報》2004 年 9 期。

［日］下野玲子《試論敦煌莫高窟第 420 窟法華經變相圖》，《會津八一紀念博物館研究紀要》第 6 號，2005 年。

于向東《佛教藝術中"變相"的定義及其功能》，《藝術百家》2005 年 4 期。

牛金梁《從長安到敦煌——唐代墓室壁畫與石窟壁畫之比較研究》，西安美術學院碩士學位論文，2005 年。

莊鈮《莫高窟 158 窟國王舉哀圖中少數民族冠、帽的研究》，東華大學碩士學位論文，2005 年。

譚蟬雪《喪葬齋忌篇》，《敦煌民俗——絲路明珠傳風情》，蘭州：甘肅教育出版社，2006 年 6 月。

李靜傑《敦煌莫高窟北朝隋代洞窟圖像構成試論》，《2005 年雲岡國際學術研討會論文集·研究卷》，北京：文物出版社，2006 年 8 月。

王艷雲《西夏晚期經變藝術的主要特徵和創新》，《西夏研究》第 3 輯，北京：中國社會科學出版社，2006 年 12 月。

欒睿《作爲典籍符號的圖像敘事——西域石窟壁畫阿闍世王題材再探討》，《西域研究》2006 年 1 期。

倪怡中《敦煌壁畫中的古代戰爭》，《圖書與情報》2006 年 1 期。

郭祐孟《敦煌隋代法華主題洞窟初探》，《蘭州大學學報》2006 年 4 期。

鄭炳林、沙武田《麥積山第 127 窟爲乙弗皇后功德窟試論》，《考古與文物》2006 年 4 期。

殷光明《敦煌的疑僞經與圖像（下）》，《敦煌研究》2006 年 5 期。

胡同慶、宋琪《安西東千佛洞研究編年述評》，《敦煌研究》2006 年 5 期。

張元林《敦煌北朝時期的法華經藝術及信仰研究》,《敦煌研究》2006 年 5 期。

趙聲良《敦煌藝術與大唐氣象》,《圖書與情報》2006 年 6 期。

王文娟《中西繪畫色彩觀及其抽象性問題》,《人文雜誌》2006 年 6 期。

田華《敦煌莫高窟唐時期耳飾研究》,東華大學碩士學位論文,2006 年。

張永萍《唐五代宋初敦煌教育初探》,西北師範大學碩士學位論文,2006 年。

劉玉權《世俗與精緻》,《解讀敦煌·中世紀動物畫》,上海人民出版社,2007 年 7 月。

趙聲良《敦煌壁畫與中國畫空間構成》,《敦煌藝術十講》,上海古籍出版社, 2007 年 7 月。

段文傑《創新以代雄》,《敦煌石窟藝術研究》,蘭州:甘肅人民出版社,2007 年 8 月。

王艷雲《河西石窟西夏壁畫中的涅槃經變》,《敦煌學輯刊》2007 年 1 期。

賴文英《中唐敦煌石窟造像的涅槃思想》,《敦煌學輯刊》2007 年 1 期。

于向東《莫高窟第 46 窟佛龕造像的關係——兼談該窟佛教造像中的法華思想》,《敦煌學輯刊》2007 年 1 期。

胡朝陽、胡同慶《論敦煌壁畫中的簡約化與整體化現象》,《敦煌研究》2007 年 2 期。

謝生保、謝靜《敦煌壁畫中的飛天》,《尋根》2007 年 2 期。

穆紀光《敦煌藝術史論要》,《西北師大學報》2007 年 2 期。

曹喆《唐代胡服——唐代敦煌壁畫維摩詰經變中的胡服考證》,《絲綢》2007 年 3 期。

袁泉《舍利安置制度的東亞化》,《敦煌研究》2007 年 4 期。

趙聲良《敦煌壁畫與中國傳統繪畫》,《新美術》2007 年 5 期。

崔紅芬《多元文化對西夏喪葬習俗的影響——以河西地區為中心》,《西南民族大學學報》2007 年 6 期。

張一舟《論材料——影響中國畫的重要因素之一》,湖北美術學院碩士學位論文,2007 年。

李建華《2007 年西夏學研究綜述》,《西北第二民族學院學報》2008 年 2 期。

李靜傑《中原北方宋遼金時期涅槃圖像考察》,《故宮博物院院刊》2008 年 3 期。

楊森《敦煌石窟中的佛座圖像研究之一——須彌座》,《敦煌研究》2008 年 4 期。

范泉《周武滅法與敦煌北周石窟營造的關係——以莫高窟第 428 窟供養人圖像為中心》,《敦煌學輯刊》2008 年 4 期。

張元林、魏迎春《試論法華判教思想對敦煌北朝—隋石窟的影響》,《敦煌研究》2008 年 5 期。

顧穎《西夏時期敦煌壁畫的變調與創新——敦煌壁畫研究中被忽視的方面》,《文藝研究》2008 年 10 期。

曹喆《以敦煌壁畫爲主要材料的唐代服飾史研究》,東華大學博士學位論文,2008 年。

沈雁《回鶻服飾文化研究》,東華大學博士學位論文,2008 年。

張景峰《敦煌陰氏家族與莫高窟陰家窟研究》,蘭州大學碩士學位論文,2008 年。

馮曉晨《繪畫語言的展開》,西北民族大學碩士學位論文,2008 年。

朱單羣《中國雲氣紋的發展演變研究》,蘇州大學碩士學位論文,2008 年。

金墨《走進〈涅槃經變〉與〈最後的晚餐〉》,《品逸 12(03/09)》,南昌：江西美術出版社,2009 年 10 月。

王惠民《敦煌毗那夜迦像》,《敦煌學輯刊》2009 年 1 期。

楊森、張宏《淺談敦煌籍帳文書中的漆器和小木器皿》,《敦煌研究》2009 年 2 期。

王樂、趙豐《敦煌傘蓋的材料和形制研究》,《敦煌學輯刊》2009 年 2 期。

陳蓉《敦煌唐代經變畫的空間表現》,《晉中學院學報》2009 年 2 期。

崔峰《〈大般涅槃經〉寫經在北周和隋代的流行》,《牡丹江大學學報》2009 年 3 期。

王瑞芹《建構現代教學與歷史文化的橋樑——從重彩畫教學中感受敦煌壁畫"涅槃圖"的神韻》,《藝術教育》2009 年 3 期。

杜文《宋代陶塑玩具上所見"七聖刀"幻術》,《中原文物》2009 年 3 期。

張元林《敦煌北朝—隋時期洞窟中的二佛并坐圖像研究》,《敦煌研究》2009 年 4 期。

顧穎《西夏藏傳風格繪畫與西藏佛畫的異同比較》,《寧夏社會科學》2009 年 4 期。

霍巍《突厥王冠與吐蕃王冠》,《考古與文物》2009 年 5 期。

左靜《天上人間——一堂宗教壁畫課課堂實錄》,《科學大眾》2009 年 5 期。

王祖龍《楚美術的色彩取向與色彩觀念》,《三峽大學學報》2009 年 5 期。

康保成、孫秉君《陝西韓城宋墓壁畫考釋》,《文藝研究》2009 年 11 期。

李向平《唐代人物畫的藝術成就》,《大眾文藝》2009 年 15 期。

吳紅《北周石窟造像研究》,蘭州大學博士學位論文,2009 年。

張元林《北朝—隋時期敦煌法華藝術研究》,蘭州大學博士學位論文,2009 年。

鄭以墨《五代墓葬美術研究》,中央美術學院博士學位論文,2009 年。

郝文林《隋唐五代西北地區喪葬風俗》,西北師範大學碩士學位論文,2009 年。

李銀霞《西夏石窟藝術研究》,西北師範大學碩士學位論文,2009 年。

汪旻《瓜州東千佛洞二窟壁畫〈水月觀音〉的藝術特色》,西北師範大學碩士學位論文,2009 年。

賈應逸《克孜爾石窟與莫高窟涅槃經變比較研究》,《新疆佛教壁畫的歷史學研究》,北京:中國人民大學出版社,2010 年 7 月。

樊錦詩《涅槃經變》,《解讀敦煌·法華經故事》第二章,上海:華東師範大學出版社,2010 年 8 月。

張文靜《敦煌 158 窟〈舉哀圖〉與喬托作品〈哀悼基督〉的比較》,《赤峰學院學報》2010 年 1 期。

沙武田《敦煌莫高窟第 158 窟與粟特人關係試考(上)》,《藝術設計研究》2010 年 1 期。

沙武田《敦煌莫高窟第 158 窟與粟特人關係試考(下)》,《藝術設計研究》2010 年 2 期。

李曉青、沙武田《勞度叉鬥聖變未出現於敦煌吐蕃時期洞窟原因試析》,《西藏研究》2010 年 2 期。

邵明傑、趙玉平《莫高窟第 23 窟"雨中耕作圖"新探——兼論唐宋之際祆教文化形態的蛻變》,《西域研究》2010 年 2 期。

李重申、李金梅《論敦煌古代的遊戲、競技與娛樂》,《南方文物》2010 年 3 期。

公維章《敦煌莫高窟第 61 窟屏風畫〈佛傳·涅槃圖〉榜題研究》,《敦煌研究》2010 年 4 期。

謝繼勝、趙媛《莫高窟吐蕃樣式壁畫與絹畫的初步分析》,《西北民族大學學報》2010 年 4 期。

程狄《隋唐佛教美術》,《文學教育》2010 年 10 期。

王亦慧《淺談敦煌飛天的時代特色》,《絲綢之路》2010 年 12 期。

喬晴《敦煌莫高窟第 148 窟樂舞壁畫研究》,武漢音樂學院碩士學位論文,2010 年。

鄧利劍《西藏阿里古格壁畫中"力士"形象研究》,西藏大學碩士學位論文,2010 年。

魏健鵬《敦煌壁畫中吐蕃贊普像的幾個問題》,《西藏研究》2011 年 1 期。

沙武田《北朝時期佛教石窟藝術樣式的西傳及其流變的區域性特徵——以麥積山第 127 窟與莫高窟第 249、285 窟的比較研究爲中心》,《敦煌學輯刊》2011 年 2 期。

楊森《敦煌壁畫中的高句麗、新羅、百濟人形象》,《社會科學戰綫》2011 年 2 期。

桑吉札西《敦煌石窟吐蕃時期的藏傳佛教繪畫藝術》,《法音》2011 年 2 期。

羅世平《身份認同：敦煌吐蕃裝人物進入洞窟的條件、策略與時間》,《美術研究》2011 年 4 期。

楊雄《論敦煌藝術的概念和分類》,《前沿》2011 年 23 期。

王曉玲《跨世紀西夏佛教美術研究述略》,《大衆文藝》2011 年 23 期。

胡翠霞《百年敦煌婚喪禮俗研究綜論》,西北師範大學碩士學位論文,2011 年。

常紅紅《甘肅瓜州東千佛洞第五窟研究》,首都師範大學碩士學位論文,2011 年。

郝春文主編《敦煌學國際聯絡委員會通訊》(2002—2012 年),上海古籍出版社,2002—2012 年。

公維章《從〈大曆碑〉看唐代敦煌的避諱與曆法行用問題》,《敦煌研究》2012 年 1 期。

石建剛《一處獨具創意的涅槃圖像——延安清涼山萬佛洞涅槃圖像鑒析》,《隴東學院學報》2012 年 1 期。

楊效俊《隋唐舍利瘞埋制度的形成原因及特點》,《考古與文物》2012 年 4 期。

麻元彬《中原北方地區唐代佛教主尊像研究》,西安美術學院博士學位論文,2012 年。

百年敦煌道教研究論著目録

劉泓文（蘭州大學）

　　道教是中國土生土長的宗教，是中國傳統思想文化的重要組成部分，在長期的歷史發展中與儒、佛二教共同構成了内涵豐富、衝突與融合并具的多元互動的中華文化系統。敦煌雖然一向以"佛教都市"著稱，但作爲"諸華之教"的道教在敦煌同樣有着深厚的民族根基，加上唐朝崇道政策的必然影響，使其也成爲敦煌熱鬧的宗教舞臺上一個不容忽視的角色，且具有鮮明的特點。隨着敦煌藏經洞大量道教文獻的出土，以及近幾十年來學術界對中國傳統思想文化認識和研究的不斷深入，敦煌道教研究也呈現出百花齊放之勢，取得了可喜的成績。爲便於學界更好地了解敦煌道教的研究歷史和研究現狀，本文力圖從學術史的角度對敦煌道教研究成果進行全面的梳理并撰成目録如下，以供學界同仁參考。

一、通　　論

（一）概説

羅振玉《敦煌寫本道書殘卷》（見吉石庵叢書），羅氏影印本，1917 年。

［日］吉岡義豐《スタィン將來敦煌文獻中の道教資料》，《東方宗教》13、14 號合刊，1958 年 7 月，134—140 頁。

［日］吉岡義豐《スタイン敦煌文獻中的道教資料目録》，《道教と佛教》第一，日本學術振興會，1959 年，264—275 頁。

［日］大淵忍爾《敦煌本佛道論衡書考》，《岡山大學法文學部學術記要》13 期，1960 年 5 月，85—96 頁。

［日］金岡照光《敦煌と道教》，《道教 3・道教の傳播》，東京：平河出版社，1983 年 8 月，173—218 頁。

［日］金岡照光《フテソス東洋學研究管見——1984 年秋——道教敦煌研究について》，《日本東洋學會通信》，1986 年 9 月。

胡恩厚《敦煌莫高窟道教史迹考察》，《宗教學研究》1988 年 1 期，29—34 頁。

Michel soymié《いくつか敦煌文獻にもとづく後期道教の諸相》，《中國文學報》第 40 册，1989 年 10 月，1—15 頁。

汪泛舟、徐相霖《古敦煌宗教考述》，《宗教學研究》1989 年 Z1 期，32—36 頁轉 21 頁。

劉昭瑞《論考古發現的道教注解文》,《敦煌研究》1991 年 4 期,51—57 頁。

尚林《敦煌道教文書概觀》,《中國道教》1993 年 4 期,31—36 頁。

劉楚華《法國道教學研究》,《道家文化研究 7》(道教研究專號),上海古籍出
　　版社,1995 年 6 月,149—164 頁。

張儂《〈敦煌石窟秘方〉道教醫方選釋》,《甘肅中醫學院學報》1995 年 3 期。

邵文實《敦煌道教試述》,《世界宗教研究》1996 年 2 期,68—78 頁;又見《中國
　　敦煌學百年文庫・宗教卷 3》,蘭州:甘肅文化出版社,1999 年,333—
　　345 頁。

蘇晉仁《敦煌道教逸書說略》,《道家文化研究》13 輯"敦煌道教文獻專號",北
　　京:三聯書店,1998 年 4 月,1—7 頁。

周維平《從敦煌遺書看敦煌道教》,《西北民族研究》1999 年 2 期,126—137
　　頁;又見《中國宗教》2006 年 6 期,22—25 頁。

周維平《敦煌道教鉤玄》,《中國海洋大學學報》(社會科學版)1999 年 4 期,
　　83—89 頁。

[日] 游佐昇《敦煌と道教》,《アジア諸地域と道教》,東京:雄山閣,2001 年
　　10 月,12—34 頁。

張澤洪《唐代敦煌道教的傳播》,《中國文化研究》2001 年 1 期,59—64 頁。

楊富學《回鶻道教雜考》,《中國道教》2004 年 4 期,14—16 頁。

王卡《中國國家圖書館藏敦煌道教遺書研究報告》,《敦煌吐魯番研究》7 卷,
　　2004 年 1 月,345—380 頁。

王卡《敦煌道教文獻研究——綜述、目錄、索引》,北京:中國社會科學出版社,
　　2004 年 10 月。

王卡《敦煌道教綜述》,《敦煌與絲路文化學術講座 2》,北京圖書館出版社,
　　2005 年 1 月,371—386 頁。

葉貴良《唐代敦煌道教興盛原因初探》,《新疆社會科學》2005 年 2 期,62—
　　66 頁。

劉屹《敬天與崇道——中古經教道教形成的思想史背景》,北京:中華書局,
　　2005 年 4 月。

劉永明《唐五代宋初敦煌道教的世俗化研究》,蘭州大學博士後出站報告,
　　2006 年。

劉永明《盛唐時期敦煌的道觀問題——兼論經戒傳授盟文中的題名方式》,
　　《敦煌學輯刊》2006 年 4 期,60—72 頁。

王卡《〈敦煌道教文獻研究・目錄〉補正》,《敦煌學輯刊》2006 年 3 期,1—
　　4 頁。

劉永明《日本杏雨書屋藏敦煌道教及相關文獻研究劄記》,《敦煌學輯刊》2010
　　年 3 期,68—82 頁。

顏廷亮《關於敦煌地區早期宗教問題》,《敦煌研究》2010 年 1 期,56—61 頁。

劉屹《神格與地獄——漢唐間道教信仰世界研究》,上海人民出版社,2011 年
　　3 月。

陳于柱《何謂"道教的"——術數文化視域下的敦煌道教研究省思》,《史學論
　　衡》,2012 年,277—284 頁。

劉志《敦煌道教文獻》,《世界宗教文化》2012 年 4 期。

劉屹《敦煌道經與中古道教》(敦煌講座書系),蘭州:甘肅教育出版社,2013
　　年 11 月。

(二) 道教文化

[日] 道端良秀《道教の俗講に就いて》,《支那佛教史學》5 卷 2 期,1941 年。

[日] 吉岡義豐《敦煌本〈三洞奉道科戒儀範〉について》,《史學雜誌》62 卷 12
　　期,1953 年 12 月。

吳其昱《李翔及其涉道詩附敦煌寫本影印本》,《道教研究》1 輯,1965 年
　　12 月。

陳槃《敦煌木簡符籙試譯》,《民族學研究所集刊》32 期,1972 年 11 月,237—
　　244 頁。

[日] 石井昌子《登真隱訣について》,《文學部論集(創價大學)》2 卷 2 期,
　　1973 年 3 月,17—30 頁。

饒宗頤《論敦煌殘本登真隱訣 P. 2732》,《敦煌學》4 輯,1979 年 7 月,10—
　　32 頁。

[日] 游佐昇《葉法善と葉淨能——唐代道教の一個側面》,《日本中國學會
　　報》35 期,1983 年 10 月,152—175 頁。

[日] 游佐昇《敦煌俗文學と道教》,《道教 2・道教の展開》,東京:平河出版
　　社,1983 年,338—352 頁。

[日] 游佐昇《文學文獻より見た敦煌の道教》,《講座敦煌 4・敦煌和中國道
　　教》,東京:大東出版社,1983 年 12 月,263—290 頁。

[日] 福井文雅《敦煌文書に見ぇる道士の法位階梯について》,《講座敦煌
　　4・敦煌と中國道教》,東京:大東出版社,1983 年 12 月,325—342 頁。

[日] 小川陽一《道教説話》,《講座敦煌 4・敦煌と中國道教》,東京:大東出
　　版社,1983 年 12 月,291—304 頁。

[日] 山田利明《敦煌文書と仙傳類》,《講座敦煌 4・敦煌と中國道教》,東
　　京:大東出版社,1983 年 12 月,239—262 頁。

段文傑《道教題材是如何進入佛教石窟的——莫高窟 249 窟窟頂壁畫内容探討》,《1983 年全國敦煌學術討論會文集(文史遺書編上)》,蘭州:甘肅人民出版社,1987 年 3 月,1—16 頁。

[日] 金岡照光《敦煌寫本に見りねゐ道觀について》,《東京大學文學部文化研究紀要》,1985 年 3 月,31—42 頁。

龍晦《論敦煌道教文學》,《世界宗教研究》1985 年 3 期,60—69 頁;又見《中國敦煌學百年文庫·宗教卷 3》,蘭州:甘肅文化出版社,1999 年,358—368 頁。

柳存仁《〈三洞奉道科戒儀範〉卷五——P.2337 中金明七真一词之推测》,《漢學研究》4 卷 2 期,1986 年 12 月,509—532 頁。

温廷寬《黄老神仙方術對敦煌彩塑的影響》,《中國敦煌吐魯番學會研究通訊》1987 年 1 期,12—15 頁。

鄭雨《三危山與西王母》,《文史知識》1988 年 8 期,123—125 頁。

[日] 丸山宏《正一道教の受録に關する基礎的考察——敦煌出土文書スティン203 號を史料として》,《築波中國文化論叢》(10),1990 年,39—62 頁。

蕭登福《從敦煌寫卷中看道教星斗崇拜對佛經之影響》,《第二屆敦煌學國際研討會論文集》,臺北:漢學研究中心,1991 年 6 月,317—350 頁。

蕭登福《道教符録咒印對佛教密宗之關係》,《臺中商專學報》24 期,1992 年,193—218 頁。

段應君《敦煌西雲觀》,《中國道教》1994 年 3 期。

蕭登福《敦煌寫卷所見受道教術儀影響之佛經》,《道教術儀與密教典籍》,臺北:新文豐出版公司,1994 年 3 月,435—501 頁。

王惠民《敦煌"雙履傳說"與"履展圖"本源考》,《社科縱橫》1995 年 4 期,42—44 頁。

顏廷亮《關於〈白雀歌〉見在寫卷兼及敦煌佛道關係》,《蘭州教育學院學報》1995 年 2 期,31—38 頁。

蕭登福《敦煌寫卷及藏經中所見受道教影響的星壇及幡燈續命思想》,《慶祝潘石禪先生九十華誕敦煌學特刊》,臺北:文津出版社,1996 年 9 月,453—480 頁。

蕭登福《佛道十王地域説》,臺北:新文豐出版公司,1996 年 9 月。

姜伯勤《沙州道門親表部落釋證》,《敦煌藝術宗教與禮樂文明——敦煌心史散論》,北京:中國社會科學出版社,1996 年 11 月,253—265 頁。

姜伯勤《道釋相激:道教在敦煌》,《敦煌藝術宗教與禮樂文明——敦煌心史散論》,北京:中國社會科學出版社,1996 年 11 月,266—320 頁;又見《道家文化研究》第十三輯"敦煌道教文獻專號",北京：三聯書店,1998 年 4 月,25—78 頁。

劉永明《S. 2729 背〈懸象占〉與吐蕃時期的敦煌道教》,《敦煌學輯刊》1997 年 1 期,103—109 頁;又見《敦煌歸義軍史專題研究》,蘭州大學出版社,1997 年 9 月,529—541 頁。

姜伯勤《敦煌道書中南朝宋文明的再發現》,《傳統文化與現代化》1997 年 3 期,35—38 頁。

姜伯勤《敦煌本宋文明〈通門論〉所見"變文"詞義考釋》,《周紹良先生欣開九秩慶壽文集》,北京：中華書局,1997 年 3 月,384—387 頁。

馬德《敦煌文書〈道家雜齋文範集〉及有關問題述略》,《道家文化研究》第十三輯"敦煌道教文獻專號",北京：三聯書店,1998 年 4 月,226—248 頁。

向羣《敦煌本〈大道通玄要〉研究》,《道家文化研究》13 輯"敦煌道教文獻專號",北京：三聯書店,1998 年 4 月,310—366 頁。

汪泛舟《敦煌道教詩歌補論》,《敦煌研究》1998 年 4 期,88—95 頁。

連劭名《漢晉解除文與道家方術》,《華夏考古》1998 年 4 期,75—86 頁。

鄭阿財《從敦煌文獻看三教合一》,《中國敦煌學百年文庫·宗教卷 3》,蘭州：甘肅文化出版社,1999 年,369—386 頁。

顏廷亮《敦煌文化中的道教及文化》,《敦煌研究》1999 年 1 期,133—145 頁。

劉屹《〈道家文化研究〉第 13 輯〈敦煌道教文獻〉專號評介》,《敦煌研究》1999 年 3 期,142—149 頁。

周西波《敦煌寫卷 P. 2354 與唐代道教投龍活動》,《敦煌學》22 輯,1999 年 12 月,91—110 頁。

俞美霞《畫像石與敦煌壁畫中的道教圖像》,《"二十一世紀敦煌文獻研究回顧與展望"研討會論文集》,中華自然文化學會發行,1999 年 12 月,104—158 頁。

汪泛舟《敦煌道教與齋醮諸考》,《1994 年敦煌學國際研討會文集：紀念敦煌研究院成立 50 周年(宗教文史卷上)》,蘭州：甘肅民族出版社,2000 年 6 月,1—18 頁。

鄭阿財《從敦煌文獻看唐五代的玄武信仰》,《第二屆海峽兩岸道教學術研討會論文集(三)——道教的歷史與文學》,臺北：宗教文化研究中心,2000 年 7 月,403—426 頁。

沙武田《莫高窟"三清宮"漫談》,《敦煌研究》2000 年 2 期,66—73 頁。

俞美霞《東漢畫像石與道教發展——兼論敦煌壁畫中的道教圖像》,臺北：南天出版社,2000 年。

蓋建民《敦煌道教醫學考論》,《福州大學學報》(哲學社會科學版)2000 年第 1 期,64—66 頁。

[日] 荒見泰史《論敦煌本〈涉道詩〉的作者問題》,《復旦學報》(社會科學版) 2001 年 3 期,127—131 頁。

[日] 荒見泰史《敦煌の文學文獻と道教》,《アジア諸地域と道教》,東京:雄 山閣,2001 年 10 月,35—67 頁。

劉屹《〈玄妙内篇〉考——六朝至唐初道典文本變化之一例》,《敦煌文獻論 集》,瀋陽:遼寧人民出版社,2001 年 5 月,614—634 頁。

王卡《敦煌殘抄本陶公傳授儀校讀記》,《敦煌學輯刊》2002 年 1 期,89—97 頁;又見《道經經史論叢——中青年學者道教研究自選集》,成都:巴蜀書 社,2007 年 6 月,321—339 頁。

劉永明《試論曹延禄的醮祭活動——道教與民間宗教相結合的典型》,《敦煌 學輯刊》2002 年 1 期,65—75 頁。

蕭登福《敦煌寫卷所見受道教辟穀食氣思想影響的佛典》,《宗教學研究》2002 年 2 期,1—13 頁;又見項楚、鄭阿財主編《新世紀敦煌學論集——潘重規教 授九五華秩并研究敦煌學一甲子紀念》,2003 年 3 月,684—703 頁。

劉樂賢《敦煌寫本中媚道文獻及相關問題》,《敦煌吐魯番研究》7 卷,北京大 學出版社,2002 年 8 月,101—114 頁。

李小榮《略論變文講唱中道教之長生思想的來源與表現》,《楚雄師專學報》 2000 年 4 期,42—46 頁。

高國藩《敦煌唐人——道教預兆巫術漫談》,《弘道》12 期,2002 年,51— 54 頁。

劉惠琴《引儒入道——寇謙之對北方天師道的改造》,《敦煌學輯刊》2005 年 2 期,108—113 頁。

王卡《唐代道教女冠詩歌的瑰寶——讀敦煌本〈瑤池新詠集〉校讀記》,《中國 道教》2002 年 4 期,12—15 頁;又見《道經經史論叢——中青年學者道教研 究自選集》,成都:巴蜀書社,2007 年 6 月,408—420 頁。

楊森《武則天至玄宗時代敦煌的三洞法師中嶽先生述略》,《敦煌研究》2003 年 3 期,43—49 頁。

楊君《淺論敦煌符籙中的"善鬼護身"觀念》,《敦煌學輯刊》2003 年 1 期,77— 80 頁。

鍾海波《敦煌講唱文學中的道教文化》,《西北工業大學學報》(社會科學版) 2004 年 1 期,21—24 頁。

俞美霞《從辭賦談敦煌壁畫中的道教圖像》,《2000 年敦煌學國際學術討論會文集——紀念敦煌藏經洞發現暨敦煌學百年》(石窟藝術卷),蘭州:甘肅民族出版社,2003 年 9 月,97—123 頁。

劉屹《論 20 世紀的敦煌道教文獻研究》,《敦煌吐魯番研究》第七卷,北京:中華書局,2004 年 1 月,463—468 頁。

周菁葆《西域道教造型藝術》,《新疆藝術學院學報》2004 年 4 期,22—26 頁。

劉永明《敦煌占卜與道教初探——以 P. 2859 文書爲核心》,《敦煌學輯刊》2004 年 2 期,15—25 頁;又見《敦煌歸義軍史專題研究四編》,西安:三秦出版社,2009 年 9 月,584—604 頁。

張錫厚《敦煌本辰 017(北 8456)〈上清高聖玉晨太上大道君列記〉詩頌校録》,《敦煌學》25 輯,2004 年 9 月,359—376 頁。

劉永明《論敦煌佛教信仰中的佛道融合》,《敦煌學輯刊》2005 年 1 期,45—55 頁。

黃海德《道教重玄學研究(上、下)》,《宗教與文化》,北京:社會科學文獻出版社,2005 年 3 月,88—119 頁。

吳羽《敦煌道經及齋文所見道教事師之禮》,《敦煌研究》2005 年 1 期,26—31 頁。

周西波《敦煌寫卷 BD1219 之道教俗講内容試探》,《第七屆唐代文化學術研討會論文》,臺北大學古典文獻學研究所,2005 年 10 月,27—28 頁;又見《天文·丙戌卷》,南京:江蘇人民出版社,2006 年 12 月,331—346 頁。

劉永明《敦煌道教的世俗化之路——道教向具注曆日的滲透》,《敦煌學輯刊》2005 年 2 期,194—210 頁;又見《敦煌歸義軍史專題研究四編》,西安:三秦出版社,2009 年 9 月,532—562 頁。

劉永明《敦煌道教的世俗化之路——敦煌〈發病書〉研究》,《敦煌學輯刊》2006 年 1 期,69—86 頁;又見《敦煌歸義軍史專題研究四編》,西安:三秦出版社,2009 年 9 月,500—531 頁。

劉永明《敦煌本〈六十甲子曆〉與道教》,《敦煌學輯刊》2007 年 3 期,147—154 頁。

劉屹《道教仙人"子明"論考》,劉進寶主編《轉型期的敦煌學》,上海古籍出版社,2007 年 11 月,509—520 頁。

陳濤《試探敦煌文獻中的神、仙》,蘭州大學碩士學位論文,2007 年。

劉永明《略析道教神仙信仰對佛教的影響——以敦煌 P. 2305〈妙法蓮華經講經文〉爲核心》,《敦煌學輯刊》2007 年 4 期,290—297 頁。

尹富《十齋日補説》,《世界宗教研究》2007 年 1 期,26—34 頁。

葉貴良《説"真"》,《古漢語研究》2008 年 4 期,88—93 頁。

毛秋瑾《敦煌道經寫經及文字書法問題》,蘇州大學非物質文化遺產研究中心編《東吳文化遺產》2 輯,上海三聯出版社,2008 年,145—162 頁。

劉屹《敦煌本"通門論卷下"(P. 2861. 2 + 2256)定名再議》,《文獻》2009 年 4 期,47—55 頁。

陳松海《河西地區魏晉告地文書中道教思想考釋》,《敦煌學輯刊》2009 年 1 期,94—103 頁。

竇懷永《敦煌道教文獻避諱研究》,《敦煌研究》2009 年 3 期,56—62 頁。

葉貴良《敦煌道經形誤字例釋》,《敦煌研究》2009 年 3 期,80—85 頁。

李小榮《敦煌道教文學研究》,成都:巴蜀書社,2009 年 3 月。

劉永明《從敦煌遺書看道教的醫藥學貢獻——以〈輔行訣〉和〈本草經集注〉爲核心》,《中國道教》2009 年 2 期,8—13 頁。

劉永明《兩份敦煌鎮宅文書之綴合及與道教關係探析》,《蘭州大學學報》(社會科學版)2009 年 6 期,32—37 頁。

寇鳳凱《〈道教中元金錄齋講經文(擬)〉長生成仙研究》,《重慶科技學院學報》2009 年 5 期,161 頁轉 171 頁。

寇鳳凱、張春梅《試論歸義軍時期的道教講經活動》,《今日科苑》2009 年 2 期,27—28 頁。

寇鳳凱《盛唐時期的道教"三教合一"思想探析——以敦煌道教講經文爲中心》,《今日科苑》2009 年 10 期,176—178 頁。

易宏《六朝隋唐道教科儀研究——以敦煌文獻爲中心》,中國社會科學院博士學位論文,2009 年。

劉永明《〈輔行訣〉所載〈湯液經法〉考論——兼論早期道教文化對傳統醫學的影響》,《敦煌研究》2010 年 3 期,60—69 頁。

寇鳳凱《敦煌道教講經文研究》,蘭州大學碩士學位論文,2010 年。

趙小明《敦煌飲食文化中的道教色彩》,《南寧職業技術學院學報》2011 年 2 期,13—16 頁。

劉永明《吐蕃時期敦煌道教及相關信仰習俗探析》,《敦煌研究》2011 年 4 期,76—84 頁。

張慕華《論歸義軍時期敦煌道教齋文的演變》,《敦煌研究》2011 年 2 期,78—83 頁。

張淼《佛教疑僞經對道教思想的融攝——以敦煌遺書爲考察對象》,《南京曉莊學院學報》2012 年 2 期,96—101 頁。

樊瑩瑩《敦煌道教話本〈葉淨能詩〉詞源流考》,《求索》2012 年 10 期,136—138 頁。

高國藩《敦煌本西王母神話及其旅遊價值》,《寧夏師範學院學報》2012 年 1
　　期,29—37 頁。

杜文濤《敦煌文書中的人名與道教》,《學習月刊》2013 年 6 期,28—29 頁。

李正宇《吸納消化　化彼爲我——談莫高窟北朝洞窟"神話、道教題材"的屬
　　性》,《敦煌研究》2013 年 3 期,47—50 頁。

王卡《敦煌本〈抱朴子殘卷〉的傳世經緯》,《敦煌學輯刊》2013 年 3 期,1—
　　10 頁。

石冬梅《敦煌遺書中珍貴的唐人寫本〈三洞珠囊〉》,《中國道教》2013 年 5 期。

黃欣《敦煌道教類書文獻研究》,浙江財經大學碩士學位論文,2013 年。

秦樺林《敦煌〈抱朴子〉殘卷的抄寫年代及文獻價值》,《敦煌研究》2013 年 6
　　期,60—68 頁。

劉永明《P. 3562 V〈道教齋醮度亡祈願文集〉與唐代的敦煌道教(一)》,《敦煌
　　學輯刊》2013 年 4 期,10—26 頁。

二、道 教 經 典

(一) 概說

羅振玉《無上秘要殘卷(敦煌石室唐寫本)》,《雪堂叢刻》,上虞羅氏排印本,
　　1915 年;上虞羅氏校集,1928 年,1—10 頁;《羅雪堂先生全集》三編第 17
　　册,臺北: 文華出版公司,1970 年 4 月,6935—6953 頁。

〔日〕大淵忍爾《敦煌道經目録》,京都: 法藏館,1960 年 3 月。

〔日〕大淵忍爾《敦煌殘卷三則》,《福井博士頌壽紀念東洋思想論集》,東京:
　　福井博士頌壽紀念論文集刊行會,1960 年 11 月,109—127 頁。

〔日〕吉岡義豐《敦煌道經目録》(書評),《東方宗教》18 號,1961 年,63—
　　66 頁。

陳祚龍《敦煌道經後記匯録》,《大陸雜誌》25 卷 10 期,1962 年,8—13 頁。

陳國符《敦煌卷子中之道藏佚書》,《道藏源流考(上)》,北京: 中華書局,1963
　　年 12 月,204—228 頁;又見《中國敦煌學百年文庫·宗教卷 4》,蘭州: 甘肅
　　文化出版社,1999 年,282—293 頁。

〔日〕吉岡義豐《スタィン將來大英博物館藏敦煌文獻分類目録——道教之
　　部》,《西域出土漢文文獻分類目録 3》,東京: 東洋文庫,1969 年。

〔日〕大淵忍爾《敦煌道經——目録篇》,東京: 福武書店,1978 年 3 月。

〔日〕大淵忍爾《敦煌道經——圖録篇》,東京: 福武書店,1979 年 2 月。

〔日〕吉岡義豐《敦煌道經——目録篇》(書評),《東方宗教》53 號,1979 年 5
　　月,76—70 頁。

姜亮夫《敦煌所見道教佚經考》,《蘭州大學學報》1982 年 1 期,18—22 頁。

陳祚龍《新校重訂〈敦煌道經後記錄〉》,《敦煌學要龠》,臺北:新文豐出版公
司,1982 年 7 月,197—214 頁。

陳祚龍《籀讀敦煌古道經新記》,《敦煌學》18 輯,1992 年 3 月,11—48 頁。

［日］尾崎正治《其他道典類》,《講座敦煌 4・敦煌と中國道教》,東京:大東
出版社,1983 年 12 月,183—186 頁。

［日］尾崎正治《道教の類書》,《講座敦煌 4・敦煌と中國道教》,東京:大東
出版社,1983 年 12 月,189—199 頁。

陳祚龍《看了兩種模擬偽造的敦煌唐抄道經以後(上、下)》,《大陸雜誌》76 卷
5 期,1988 年 5 月,6—16 頁;《大陸雜誌》76 卷 6 期,1988 年 6 月,14—
21 頁。

陳祚龍《兩種模擬偽造的敦煌唐抄道經(上、下)》,《哲學與文化》,1988 年 7
月,8—22 頁;《哲學與文化》,1988 年 8 月,48—56 頁。

張澤洪《敦煌文書中的唐代道經》,《敦煌學輯刊》1993 年 2 期,58—63 頁;又
見《中國敦煌學百年文庫・宗教卷 3》,蘭州:甘肅文化出版社,1999 年,
272—279 頁。

李豐楙《敦煌道經寫卷與道教寫經的供養功德觀》,《全國敦煌學研討會論文
集》,臺灣中正大學印行,1995 年 4 月,119—144 頁。

王卡《敦煌道經校讀三則》,《道家文化研究》13 輯"敦煌道教文獻專號",北
京:三聯書店,1998 年 4 月,110—129 頁。

譚禪雪《敦煌道經題記綜述》,《道家文化研究》13 輯"敦煌道教文獻專號",北
京:三聯書店,1998 年 4 月,8—24 頁。

李德範編《敦煌道藏(五冊)》,北京:全國圖書館文獻縮微複製中心,1999 年
12 月。

姜伯勤《敦煌本宋文明道經佚書研究》,《慶祝吳其昱先生八十華誕敦煌學特
刊》,臺北:文津出版社,2000 年 1 月,65—105 頁。

張澤洪《論唐代道教的寫經》,《敦煌研究》2000 年 3 期,128—134 頁。

王卡《敦煌道經殘卷綴合與考訂三則》,郝春文主編《敦煌文獻論集:紀念敦
煌藏經洞發現一百周年國際學術研討論文集》,瀋陽:遼寧人民出版社,
2001 年 5 月,581—594 頁。

張澤洪《唐代〈道藏〉與敦煌道經》,《西南師範大學學報》(人文社會科學版)
2001 年 2 期,120—125 頁。

林雪玲《敦煌道經研究的回顧與展望》,《敦煌學》24 輯,2003 年 6 月,2003 年
6 月,47—59 頁。

葉貴良《介紹敦煌所見的一部道教佚經》,《中國道教》2003 年 4 期,42—44 頁。

葉貴良《敦煌道經詞彙研究》,浙江大學博士學位論文,2004 年 11 月。

葉貴良《〈俄藏敦煌文獻〉道經殘卷考述》,張涌泉主編《浙江與敦煌學——常書鴻先生誕辰一百周年紀念文集》,杭州:浙江古籍出版社,2004 年 12 月,356—370 頁。

周西波《敦研 352V 道經考論》,《敦煌學國際研討會論文集》,北京圖書館出版社,2005 年 3 月,141—149 頁。

趙偉《道教壁畫五嶽神祇圖像譜系研究》,中央美術學院博士學位論文,2007 年。

寇鳳凱《淺談道教講經文》,《中國道教》2008 年 6 期,39—41 頁。

王卡《兩件敦煌道教殘片的定名》,《文獻》2009 年 3 期,36—41 頁。

葉貴良《敦煌道經形誤字例釋》,《敦煌研究》2009 年 3 期,80—85 頁。

周西波《俄藏敦煌失題道經考論》,《"敦煌學二個百年的研究視角與問題"國際學術會議論文》,俄羅斯聖彼得堡,2009 年。

劉屹《經典與歷史:敦煌道經研究論集》,北京:人民出版社,2011 年 9 月。

葉貴良《從"北都羅酆"等詞看晉唐道教的地獄世界》,《宗教學研究》2012 年 4 期,13—21 頁。

田啓濤《也談道經中"搏頰"》,《敦煌研究》2012 年 4 期,82—86 頁。

田啓濤《再談道經中"搏頰"》,《現代語文》(語言研究版)2012 年 10 期,22—24 頁。

田啓濤《敦煌道經詞語例釋》,《敦煌研究》2013 年 5 期,87—91 頁。

耿紀朋、鄭小紅《敦煌道經對於中古道教研究的重要性》,《湖北科技學院學報》2013 年 8 期,38—39 頁。

劉屹《敦煌道經斷代:道教史研究的新契機》,《中國社會科學報》2014 年 1 月 8 日。

(二) 老子道德經、想爾注、變化經

〔日〕石濱純太郎《書敦煌本老子道德經義疏殘卷後》,《支那學》,1921 年 7 月。

〔日〕中村久四郎《敦煌出土老子道德經》,《斯文》4 卷 3 期,1922 年 6 月,65—70 頁。

唐文播《巴黎所藏敦煌老子寫卷校記》,《中國文化研究匯刊》1930 年 5 期。

劉國鈞《老子神化考略》,《金陵大學·金陵學報》4 卷 2 期,1935 年,1—22 頁。

李孟楚《敦煌石室老子義疏殘卷本劉進喜疏證》,《中山大學語言歷史學研究所周刊》,1940 年 2 月,4699—4702 頁。

唐文播《敦煌老子卷子之時代背景》,《東方雜誌》1943 年 8 期,42—51 頁。

唐文播《巴黎所藏敦煌老子寫本綜考》,《中國文化研究匯刊》1944 年 4 期,95—124 頁。

唐文播《巴黎所藏〈老子〉寫卷斠記》,《中國文化研究匯刊》1945 年 5 期,71—102 頁。

唐文播《敦煌老子寫卷紙質款式字體綜述》,《學術與建設》1945 年 1 期,17—3 頁。

唐文播《巴黎所藏敦煌老子二四一七卷考證》,《東方雜誌》1946 年 1 期,48—54 頁。

唐文播《敦煌老子寫卷"係師定河上真人章句"考》,《中國文化研究匯刊》1947 年 6 期,77—89 頁。

唐文播《巴黎所藏〈老子〉寫經卷敍錄 1—4》,《凱旋》26 期,1947 年 11 月,24—25 頁;《凱旋》27 期,1947 年 12 月,25—26 頁;《凱旋》28 期,1948 年 2 月,21—25 頁;《凱旋》29 期,1948 年 3 月,23—24 頁。

王利器《敦煌本玄言新明老部》,《北平圖書館圖書季刊》8 期,1948 年 6 月。

饒宗頤《老子想爾注校箋自序》,《老子想爾注校箋》,香港:東南書局,1956 年;又見《選堂序跋集》,北京:中華書局,2006 年 11 月。

饒宗頤《敦煌六朝寫本張天師道陵著老子想爾注校箋》,《清華學報》新 1 卷 2 期,1957 年 4 月;又見《中國敦煌學百年文庫·宗教卷 1》,蘭州:甘肅文化出版社,1999 年,323—378 頁。

陳世驤《"想爾"老子道經敦煌殘卷論證》,《清華學報》新 1 卷 2 期,1957 年 4 月,41—62 頁;又見《中國敦煌學百年文庫·宗教卷 1》,蘭州:甘肅文化出版社,1999 年,379—393 頁。

［日］吉岡義豐《敦煌本〈老子變化經〉について》,《道教と佛教》一,日本學術振興會,1959 年,6—15 頁。

饒宗頤《想爾九戒與三合義》,《清華學報》1964 年新 4 卷 2 期,76—83 頁。

嚴靈峰《〈老子想爾注校箋〉與〈五千文〉的來源》,《中華雜誌》2 卷 9 期,1964 年 9 月,32—35 頁;又見《民主評論》16 卷 3 期,1965 年 9 月,60—63 頁轉 21 頁。

嚴靈峰《輯成玄英〈道德經開題序訣義疏〉序》,《大陸雜誌》30 卷 3 期,1965 年 2 月,1—3 頁。

嚴靈峰《老子"想爾注"寫本殘卷質疑》,《大陸雜誌》31 卷 6 期,1965 年 9 月,

184—192 頁;又見《中國敦煌學百年文庫·文獻卷1》,蘭州:甘肅文化出版社,1999 年,483—496 頁。

嚴靈峰《再論老子的想爾注與五千文》,《中華雜誌》2 卷 12 期,1964 年 12 月,49—56 頁。

饒宗頤《老子想爾注續論》,《福井博士頌壽紀念東洋文化論集》,東京:早稻田大學出版社,1969 年 12 月,1155—1171 頁。

鄭良樹《敦煌老子寫本考異》,《大陸雜誌》62 卷 2 期,1981 年 2 月,1—35 頁;又見《中國敦煌學百年文庫·宗教卷3》,蘭州:甘肅文化出版社,1999 年,59—119 頁。

姜亮夫《巴黎所藏敦煌寫本〈道德經〉殘卷敍錄(上、下)》,《雲南社會科學》1981 年 2 期,72—85 頁;《雲南社會科學》1981 年 3 期,96—110 頁轉21 頁。

鄭良樹《老子帛書本及敦煌寫本探微》,《慶祝台力教授榮壽論文集》,香港,1982 年。

饒宗頤《〈老子想爾注〉考略》,《選堂林集·史林(上)》,香港:中華書局,1982 年 1 月,329—359 頁;《饒宗頤史學論著選》,上海古籍出版社,1993 年 11 月,266—297 頁;《中國敦煌學百年文庫·宗教卷3》,蘭州:甘肅文化出版社,1999 年,124—141 頁;《二十世紀中國文學考據文錄(下)》,昆明:雲南人民出版社,2001 年 12 月,1294—1306 頁。

［日］楠山春樹《道德經類——附莊子、列子、文子》,《講座敦煌4·敦煌と中國道教》,東京:大東出版社,1983 年 12 月。

［日］今枝二郎《敦煌本玄宗皇帝注老子の資料的意義》,《講座敦煌4·敦煌と中國道教》,東京:大東出版社,1983 年 12 月,59—93 頁。

鄭良樹《敦煌老子寫卷探微》,《老子論集》,臺北:世界書局,1983 年,123—141 頁。

王卡《老子道德經序訣》,《世界宗教研究》1983 年 3 期,115—122 頁。

艾力農《東漢張陵的〈老子想爾注〉》,《齊魯學刊》1985 年 4 期,57—61 頁。

程南洲《倫敦所藏敦煌老子寫本殘卷研究》,臺北:文津出版社,1985 年。

馬敍倫《老子道德經義疏(殘卷)》,《讀書續記》卷二,北京:中國書店,1986 年,28—29 頁。

鄭志明《敦煌寫本老子想爾注義理初探》,《中國學術年刊》8 期,1986 年 6 月,141—163 頁。

鄭志明《敦煌寫本老子想爾注的宗教思想——東漢末年的通俗文化》,《中國社會與宗教》,臺灣:學生書局,1986 年 7 月,113—140 頁。

姜亮夫《巴黎所藏敦煌寫本道德經殘卷綜合研究》,《敦煌學論文集》,上海古籍出版社,1987 年 6 月,239—308 頁;又見《中國敦煌學百年文庫·宗教卷 3》,蘭州:甘肅文化出版社,1999 年,19—58 頁。

蒙文通《校理老子成玄英疏敍録》,《古學甄微》,成都:巴蜀書社,1987 年,343—360 頁。

李斌城《敦煌寫本唐玄宗〈道德經〉注疏殘卷研究》,《世界宗教研究》1987 年 1 期,51—61 頁。

陳志超《唐玄宗〈道德經〉注諸問題——與李斌城同志磋商》,《世界宗教研究》1988 年 3 期,146—150 頁。

李斌城《讀唐玄宗〈道經〉諸問題——答陳志超同志》,《世界宗教研究》1989 年 4 期,143—145 頁;又見《中國敦煌學百年文庫·宗教卷 3》,蘭州:甘肅文化出版社,1999 年,192—195 頁。

那薇《〈老子想爾注〉的道教思想概説》,《中國道教》1990 年 3 期,33—39 頁。

李豐楙《〈老子想爾注〉的形成及其道教思想》,《東方宗教研究》新 1 期,1990 年 10 月,149—180 頁。

李斌城《敦煌寫本〈玄言新記明老部〉殘卷研究》,《唐史論叢》5 輯,1990 年 7 月,238—251 頁。

柳存仁《〈想爾注〉與道教》,《第二屆敦煌學國際研討會論文集》,漢學研究中心編印,1991 年 6 月,47—77 頁;《中國敦煌學百年文庫·宗教卷 3》,蘭州:甘肅文化出版社,1999 年,196—223 頁;《和風堂新文集(上)》,臺北:新文豐出版公司,1997 年,281—338 頁。

黃海德《倫敦不列顛博物院藏敦煌 S. 2060 寫卷研究》,《四川師範大學學報》1992 年 3 期,67—73 頁。

龔鵬程《〈老子道經想爾〉辨義》,《道家文化》5 卷 9 期,1994 年 9 月,1—10 頁。

鍾肇鵬《〈老子想爾注〉及其思想》,《世界宗教研究》1995 年 2 期,57—62 頁;又見《中國敦煌學百年文庫·宗教卷 3》,蘭州:甘肅文化出版社,1999 年,316—322 頁。

劉昭瑞《論〈老子想爾注〉中的黄、容"僞伎"與天師道"合氣"説》,《道家文化研究 7》(道教研究專號),上海古籍出版社,1995 年 6 月,284—293 頁。

鄭燦山《敦煌寫本〈老子想爾注〉之思想特色與架構》,《中國文化月刊》192 期,1885 年 10 月,90—101 頁。

方繼仁《〈老子想爾注校箋〉跋》,《論饒宗頤》,香港:三聯書店有限公司,1995 年 11 月。

瀚青《〈老子想爾注〉教育思想簡論》,《世界宗教研究》1996 年 1 期,91—98

頁；又見《中國敦煌學百年文庫・宗教卷 3》，蘭州：甘肅文化出版社，1999
年，323—332 頁。

［法］施舟人《饒宗頤先生的〈老子想爾注〉研究和世界道教學的發展》，《饒宗
頤學術研討會論文集》，香港：翰墨軒出版有限公司，1997 年 11 月，1—
4 頁。

蘇晉仁《敦煌逸書〈老子變化經〉疏證》，《道家文化研究》13 輯"敦煌道教文獻
專號"，北京：三聯書店，1998 年 4 月，130—155 頁。

馬承玉《敦煌本〈老子變化經〉思想淵源略考》，《宗教學研究》1999 年 4 期，
9—12 頁。

劉屹《敦煌本〈老子變化經〉研究之一——漢末成書說質疑》，《慶祝吳其昱先
生八十華誕敦煌學特刊》，臺北：文津出版社，2000 年 1 月，281—306 頁。

劉屹《敦煌本〈老子變化經〉研究之二—— 成書年代考訂》，《敦煌研究》2001
年 4 期，138—144 頁。

饒宗頤《釋、道并行與老子神化成爲教主的年代》，《燕京學報》新 12 期，2002
年 5 月，1—6 頁。

王卡《敦煌本〈老子節解〉殘頁考釋》，《敦煌吐魯番研究》6 卷，北京大學出版
社，2002 年 8 月，81—100 頁；又見《道經經史論叢——中青年學者道教研究
自選集》，成都：巴蜀書社，2007 年 6 月，291—320 頁。

呂錫琛、蔡林波《〈老子想爾注〉的心理學思想初探》，《弘道》12 期，2002 年，
77—83 頁。

李重申、蘇萱、李金梅《敦煌遺書〈道德經〉與養生術》，《2000 年敦煌學國際學
術討論會文集——紀念敦煌藏經洞發現暨敦煌學百年・歷史文化卷
（下）》，蘭州：甘肅民族出版社，2003 年 9 月，165—177 頁。

朱大星《論河上公〈老子〉在敦煌的流傳——以敦煌文獻爲中心》，《中國道
教》2004 年 4 期，19—24 頁。

朱大星《敦煌寫卷李榮〈老子注〉及相關問題》，張涌泉主編《浙江與敦煌
學——常書鴻先生誕辰一百周年紀念文集》，杭州：浙江古籍出版社，2004
年 12 月，371—384 頁。

劉昭瑞《〈老子想爾注〉雜考》，《敦煌研究》2004 年 5 期，94—99 頁。

葛兆光《關於〈老子想爾注〉的文獻學研究（上、下）》，《文史知識》2004 年 6
期，86—92 頁；《文史知識》2004 年 7 期，71—77 頁。

朱大星《國家圖書館藏敦煌遺書 BD14677 殘卷新探》，《文獻》2005 年 1 期，
73—82 頁。

黃海德《倫敦不列顛博物院藏李榮〈老子注〉寫卷研究》，《宗教與文化》，北

京：社會科學文獻出版社,2005 年 3 月,132—142 頁。

張繼禹《祖天師立教要義述略——讀〈老子想爾注〉隨筆》,《中國道教》2005
　　年 6 期,7—9 頁。

李宗定《〈老子想爾注〉注釋老子方法析論》,《臺北大學中文學報》（創刊號）,
　　2006 年,233—258 頁。

杜冰海、王貴元《敦煌寫卷〈老子〉研究綜述》,《蘭州學刊》2006 年 9 期。

朱大星《二十世紀前半期敦煌本〈老子〉寫卷的刊佈、整理與研究》,《禮學與
　　中國傳統文化——慶祝沈文倬先生九十華誕國際學術研討會論文集》,北
　　京：中華書局,2006 年 12 月,395—400 頁。

朱大星《從敦煌寫本看〈老子〉的成書——兼論敦煌五千文本〈老子〉的來
　　源》,《文獻》2007 年 3 期,117—128 頁。

朱大星《敦煌本〈老子〉研究》,北京：中華書局,2007 年 8 月。

尹志華《讀〈老子〉注疏劄記》,《中國道教》2008 年 5 期,31—35 頁。

趙和平《對敦煌本〈老子道德經〉及其注疏本的一點新認識》,《敦煌學輯刊》
　　2008 年 3 期,1—7 頁。

李小榮《〈老子〉文獻學研究的新收獲——〈敦煌本《老子》研究〉評介》,《敦煌
　　學輯刊》2008 年 1 期,167—170 頁。

嚴燕汝《敦煌本〈老子〉俗字研究》,南京師範大學碩士學位論文,2012 年。

（三）老子化胡經

王國維《老子化胡經》,《雪堂校刊羣書敘錄》卷下,上虞羅氏貽安堂凝清室刊
　　本,1917 年,42—43 頁;又見《敦煌古籍敘錄新編》第 13 冊,臺北：新文豐出
　　版公司,1986 年 6 月。

［日］桑原騭藏《老子化胡經》,《藝文》1 卷 9 期,1910 年。

王維誠《老子化胡說考證》,《國學季刊》4 卷 2 號,1934 年 6 月,1—22 頁。

湯用彤《王維誠〈老子化胡說考證〉審查書》,《國學季刊》4 卷 2 號,1934 年 6
　　月,2—3 頁;《湯用彤學術論文集》,北京：中華書局,1983 年 5 月,80—81
　　頁;《中國敦煌學百年文庫・文獻卷 1》,蘭州：甘肅文化出版社,1999 年,
　　119—120 頁。

［日］福井康順《〈老子化胡經〉の成立と其の敦煌殘卷》,《哲學年誌》4 期,
　　1934 年。

黃華節《老子化胡經的公案》,《海潮音》17 卷 6 號,1936 年,28—35 頁。

［日］福井康順《〈老子化胡經〉の諸相（上、下）》,《支那佛教史學》1 卷 3 期,
　　1937 年,24—46 頁;《支那佛教史學》2 卷 1 期,1938 年,73—106 頁。

［日］重松俊章《梵珞の佛傳に關する二三の問題と老子化胡說の由來》,《史

淵》18 號,1938 年。

[日] 矢吹慶輝《化胡經中の摩尼教(遺稿)》,《大正大學學報》30、31 期合刊,
　　1940 年。

[日] 松本文三郎《〈老子化胡經〉の研究》,《東方學報》,1945 年。

諫侯《關於老子化胡的故事——跋巴黎藏敦煌卷子老子化胡經》,《圖書月刊》
　　1 卷 4 期,1946 年;又見《中國敦煌學百年文庫・文獻卷 1》,蘭州:甘肅文
　　化出版社,1999 年,251—255 頁。

逯欽立《跋老子化胡經玄歌》,《國立中央圖書館館刊》1947 年 2 期,12—13
　　頁;又見《中國敦煌學百年文庫・文獻卷 1》,蘭州:甘肅文化出版社,1999
　　年,260—262 頁。

[日] 桑原騭藏著,方今兹譯《〈老子化胡經〉小論》,《中央日報・文史周刊》
　　38 期,1947 年 2 月。

王國維《唐寫本〈老子化胡經〉殘卷跋》,《觀堂集林》,北京:中華書局,1959
　　年 6 月;又見《中國敦煌學百年文庫・宗教卷 3》,蘭州:甘肅文化出版社,
　　1999 年。

[日] 大淵忍爾《老子化胡説小考》,《福井博士頌壽紀念東洋文化論集》,東
　　京:早稻田大學出版社,1969 年 6 月,199—215 頁。

羅香林《敦煌石室所發現〈老子化胡經〉試探》,《珠海學報》8 期,1975 年 9 月,
　　1—15 頁。

[日] 山田利明《老子化胡經類》,《講座敦煌 4・敦煌と中國道教》,東京:大
　　東出版社,1983 年 12 月,97—118 頁。

林悟殊《〈老子化胡經〉與摩尼教》,《世界宗教研究》1984 年 4 期,116—
　　122 頁。

王利器《〈化胡經〉考》,《宗教學研究》1988 年 1 期,21—23 頁。

王卡《〈老子化胡經序〉校跋》,《中國道教》1990 年 4 期,28—30 頁;又見《道
　　經經史論叢——中青年學者道教研究自選集》,成都:巴蜀書社,2007 年 6
　　月,266—271 頁。

姜佩君《〈老子化胡經〉研究》,臺北中國文化大學中文研究所碩士學位論文,
　　1992 年 6 月。

劉屹《敦煌十卷本〈老子化胡經〉殘卷新探》,《唐研究》2 卷,北京大學出版社,
　　1996 年 12 月,101—120 頁。

項楚《〈老子化胡經・玄歌〉校補》,《敦煌文學論集》,成都:四川人民出版社,
　　1997 年 12 月,177—209 頁。

劉屹《試論〈化胡經〉產生的時代》,《道家文化研究》13 輯"敦煌道教文獻專

號”,北京：三聯書店,1998 年 4 月,87—109 頁。

柳存仁《〈老子化胡經〉卷八的成立年代》,《新世紀敦煌學論集》,成都：巴蜀書社,2003 年 3 月,168—190 頁。

劉屹《唐代道教的“化胡”經説與道本論》,《唐代宗教信仰與社會》,上海辭書出版社,2003 年 8 月,84—124 頁。

劉屹《試論敦煌本〈化胡經序〉的時代》,《2000 年敦煌學國際學術討論會文集——紀念敦煌藏經洞發現暨敦煌學百年·歷史文化卷（上）》,蘭州：甘肅民族出版社,2003 年 9 月,264—287 頁。

劉屹《化佛與化胡——晉宋道教眼中的佛道關係》,首都師範大學史學研究室編《首都師範大學史學研究》3 輯,2005 年,139—153 頁。

樊春光《〈老子化胡經〉的來龍去脈》,《宗教哲學》36 期,2006 年 6 月,105—114 頁。

康武嘉《敦煌寫本〈老子化胡經〉俗字輯考》,《現代交際》2013 年 2 期,63—64 頁。

（四）洞淵神咒經

［日］大淵忍爾《〈洞淵神咒經〉小考》,《和田博士古稀紀念東洋史論叢》,東京：講談社,1961 年 2 月,235—246 頁。

［日］大淵忍爾《〈洞淵神咒經〉の成立》,《岡山大學法文學部學術紀要》15 期,1962 年 3 月,57—79 頁。

［日］尾崎正治《洞淵神咒經》,《講座敦煌 4·敦煌と中國道教》,東京：大東出版社,1983 年 12 月,177—182 頁。

李豐楙《唐代〈洞淵神咒經〉寫卷與李弘——兼論神咒類道經的功德觀》,《第二屆敦煌學國際研討會論文集》,漢學研究中心編印,1991 年 6 月,481—500 頁；又見《中國敦煌學百年文庫·宗教卷 3》,蘭州：甘肅文化出版社,1999 年,255—271 頁。

馬承玉《從敦煌寫本看〈洞淵神咒經〉在北方的傳播》,《道家文化研究》13 輯“敦煌道教文獻專號”,北京：三聯書店,1998 年 4 月,200—225 頁。

［日］菊地章太《〈洞淵神咒經誓魔品〉の主題——敦煌本と道藏本の比較をもとに》,《櫻花學園大學研究紀要》1 期,1998 年,177—209 頁。

左景權《〈洞淵神咒經〉源流試考——兼論唐代政治與道教之關係》,《敦煌文史學述》,臺北：新文豐出版公司,2000 年 8 月,119—132 頁。

馮利華《兩件敦煌寫本道經補校——以〈洞淵神咒經斬鬼品七〉和〈太上靈寶洞玄滅度五練生屍經〉爲例》,《西域研究》2002 年 4 期,76—79 頁。

劉屹《敦煌所見〈洞淵神咒經〉卷二十（S.8076＋9047V）》,《周紹良先生紀念文集》,北京圖書館出版社,2006 年 8 月,297—302 頁。

劉彩紅《敦煌本〈太上洞淵神咒經〉卷一一字多形現象》,《現代交際》2011 年
    8 期,25—27 頁。

劉彩紅《敦煌本〈太上洞淵神咒經〉文字與辭彙研究》,浙江財經大學碩士學位
    論文,2012 年。

（五）太玄真一本際經

羅振玉《〈太玄真一本際經〉殘卷(敦煌石室寫本)》,《雪堂叢刻》,上虞羅氏排
    印本,1915 年;上虞羅氏校集,1928 年,1—8 頁;《羅雪堂先生全集》三編第
    17 册,臺北：文華出版公司,1970 年 4 月,6919—6934 頁。

［日］福井文雅《フテソス國立學術センタ刊吳其昱編ベソォ・スタィン將
    來敦煌本〈太玄真一本際經〉について》,《東方宗教》18 號,1961 年,56—
    62 頁。

陳祚龍《關於道家〈本際經〉及其〈要略妙義〉與〈疏〉的敦煌古鈔》,《華學月
    刊》46 期,1975 年 10 月,24—34 頁;又見《中國敦煌學百年文庫・宗教卷
    3》,蘭州：甘肅文化出版社,1999 年,10—18 頁。

［日］砂山稔《〈太玄真一本際經〉——について——身相、方便、重玄を中心
    に》,《中國における人間性の探究》,1983 年 2 月。

［日］砂山稔《本際經劄記——〈本際經〉の異稱と卷九・卷十の連續問題に
    ついて》,《東方宗教》61 號,1983 年 5 月,80—90 頁。

［法］康德謨著,耿昇譯《〈本際經〉人名考釋》,《敦煌譯叢》第 1 輯,蘭州：甘
    肅人民出版社,1985 年 4 月,177—188 頁。

［日］山田俊、周邊《本際的思想——〈太玄真一本際經〉》,《集刊東洋學》,
    1988 年。

［日］中田篤郎、榮新江《大谷探險隊將來〈太玄真一本際妙經道本通微品一〉
    の行方について》,《汲古》,1992 年 6 月,81—84 頁。

姜伯勤《〈本際經〉與敦煌道教》,《敦煌研究》1994 年 3 期,1—16 頁;《中國敦
    煌學百年文庫・宗教卷》3,蘭州：甘肅文化出版社,1999 年,280—298 頁;
    《敦煌藝術宗教與禮樂文明——敦煌心史散論》,北京：中國社會科學出版
    社,1996 年 11 月,225—252 頁。

姜伯勤《論敦煌本〈本際經〉的道性論》,《道家文化研究 7》(道教研究專號),
    上海古籍出版社,1995 年 6 月,221—243 頁;又見《敦煌藝術宗教與禮樂文
    明——敦煌心史散論》,北京：中國社會科學出版社,1996 年 11 月,199—
    224 頁。

萬毅《日本天理圖書館藏敦煌本〈本際經〉略論》,《華學》1 輯,1995 年 8 月,

164—180 頁。

萬毅《敦煌道教文獻〈本際經〉録文及解説》,《道家文化研究》13 輯"敦煌道教
文獻專號",北京：三聯書店,1998 年 4 月,367—484 頁。

［日］神塚淑子《唐初道教思想史研究——〈太玄真一本際經〉の成立と思
想》,《東洋學》83 期,2000 年 5 月,88—93 頁。

萬毅《道教〈本際經〉的造作及其異名與續成流行的關係》,《論衡叢刊2》,成
都：巴蜀書社,2002 年 8 月,275—302 頁。

蔣冰、魯大東等主編《敦煌寫經——〈太玄真一本際經〉》,杭州：西泠書社,
2004 年 2 月。

黄崑威《敦煌本〈太玄真一本際經〉思想研究》,蘇州大學博士學位論文,
2010 年。

何青《敦煌寫本〈本際經〉異文舉隅》,《文教資料》2010 年第 32 期,17—18 頁。

（六）昇玄内教經

丁培仁《山田俊編〈稿本《昇玄經》〉——兼談〈昇玄内教經〉》,《宗教學研究》
1994 年 1 期,10—12 頁。

萬毅《敦煌本〈昇玄内教經〉試探》,《唐研究》1 卷,北京大學出版社,1995 年
12 月,67—86 頁。

萬毅《敦煌本〈昇玄内教經〉解説》,《道家文化研究》13 輯"敦煌道教文獻專
號",北京：三聯書店,1998 年 4 月,267—270 頁。

萬毅《敦煌本〈昇玄内教經〉補考》,《道家文化研究》13 輯"敦煌道教文獻專
號",北京：三聯書店,1998 年 4 月,271—294 頁。

劉屹《敦煌本〈昇玄内教經〉的卷次問題》,《北京理工大學學報》(社會科學
版)2000 年第 2 期,17—22 頁。

萬毅《敦煌本道教〈昇玄經〉與〈本際經〉研究》,中山大學博士學位論文,2000
年 5 月。

萬毅《敦煌本道教〈昇玄内教經〉的文本順序》,《敦煌研究》2000 年 4 期,
134—142 頁；又見《敦煌文獻論集》,瀋陽：遼寧人民出版社,2001 年 5 月,
595—613 頁。

萬毅《敦煌本〈昇玄内教經〉的南朝道教淵源》,《中山大學學報》(社會科學
版)2001 年 4 期,16—25 頁。

王卡《敦煌 S.6310 號殘抄本綴合定名之誤》,《敦煌吐魯番研究》5 卷,北京大
學出版社,2001 年 5 月,79—80 頁。

劉屹《論〈昇玄經〉的文本差異問題》,《文津學誌》1 輯,北京圖書館出版社,
2003 年 5 月,191—206 頁。

萬毅《道教〈昇玄內教經〉所見"三一"論淺析》,馮達文、張先主編《信仰·運思·悟道》,廣州:中山大學出版社,2003 年 12 月,526—551 頁。

劉屹《敦煌本〈昇玄經〉經籙傳授儀式研究》,《敦煌學》25 輯,2004 年 9 月,465—482 頁。

劉屹《論〈昇玄經〉的"內教"與"昔教"的關係》,《敦煌吐魯番研究》8 卷,北京:中華書局,2005 年 1 月,45—70 頁。

王卡《敦煌本〈昇玄內教經〉殘卷校讀記》,《敦煌吐魯番研究》9 卷,北京:中華書局,2006 年 5 月,63—84 頁。

萬毅《敦煌本〈昇玄內教經〉與南北朝末期道教的"三一"新論》,《敦煌研究》2007 年 2 期,93—98 頁;又見《轉型期的敦煌學》,上海古籍出版社,2007 年 11 月,521—530 頁。

萬毅《隋代道教"三一"觀新解——敦煌本〈昇玄內教經〉與〈玄門大論三一訣〉》,《敦煌研究》2007 年 4 期,104—109 頁。

潘吉星《國內罕見的唐初道教寫經〈靈寶昇玄內教經〉》,《中國道教》2013 年 2 期,56—57 頁。

(七) 靈寶經

[日] 石井昌子《靈寶經類》,《講座敦煌 4·敦煌と中國道教》,東京:大東出版社,1983 年 12 月,143—171 頁。

[日] 前田繁樹《敦煌本と道藏本の差異について——古靈寶經を中心として》,《東方宗教》84 號,1994 年 11 月,1—9 頁。

[日] 大淵忍爾《論古靈寶經》,《道家文化研究》13 輯"敦煌道教文獻專號",北京:三聯書店,1998 年 4 月,485—506 頁。

王惠民《太上洞玄靈寶天尊名初探》,《道家文化研究》13 輯"敦煌道教文獻專號",北京:三聯書店,1998 年 4 月,249—266 頁。

王承文《早期靈寶經與漢魏天師道——以敦煌本〈靈寶經目〉注錄的靈寶經爲中心》,《敦煌研究》1999 年 3 期,34—45 頁。

王承文《古靈寶經定期齋戒考論》,《道家與道教第二屆國際學術研討會論文集·道教卷》,廣州:廣東人民出版社,2001 年,181—213 頁。

王承文《古靈寶經對"黃赤道士"的批判與道教出家理論的發端》,《華林》1 卷,2001 年 4 月,295—308 頁。

王承文《古靈寶經與道教早期禮燈科儀和齋壇法式——以敦煌本〈洞玄靈寶三元威儀自然真經〉爲中心》,《敦煌研究》2001 年 3 期,143—152 頁。

王承文《古靈寶經定期齋戒的淵源及其與佛教的關係》,《華林》2 卷,北京:中華書局,2002 年 1 月,237—269 頁。

王承文《古靈寶經的齋官制度與天師道及佛教的關係》,《敦煌吐魯番研究》6
卷,北京大學出版社,2002 年 8 月,55—80 頁。

王承文《古靈寶經與中古道教出家思想的發端》,《論衡叢刊2》,成都:巴蜀書
社,2002 年 8 月,225—253 頁。

王卡《敦煌本〈洞玄靈寶九天生神章經書〉考釋》,《敦煌學輯刊》2002 年 2 期,
73—75 頁。

王承文《敦煌古靈寶經與晉唐道教》,北京:中華書局,2002 年 11 月。

王承文《敦煌本古靈寶經兩部佚經考證》,《敦煌研究》2003 年 1 期,83—
87 頁。

王承文《敦煌古靈寶經與道教"三洞經書"和"三乘"考論》,《敦煌學輯刊》
2003 年 1 期,42—54 頁。

周西波《敦煌寫本〈靈寶自然齋儀〉考論》,《敦煌學》24 輯,2003 年 6 月,31—
48 頁。

馬承玉《敦煌本古靈寶經作者質疑》,《宗教學研究》2005 年 1 期,1—2 頁。

張澤咸《一部道教史的力作:讀〈敦煌古靈寶經與晉唐道教〉》,《書品》2004
年 1 期,30—34 頁。

程存潔《敦煌本〈太上靈寶洗浴身心經〉研究》,《道家文化研究》13 輯"敦煌道
教文獻專號",北京:三聯書店,1998 年 4 月,295—310 頁。

葉貴良《英藏敦煌社會歷史文獻釋錄·斯 63 號〈太上洞玄靈寶無量度人上品
妙經〉校正》,《敦煌學輯刊》2002 年 2 期,145—148 頁。

蔣冰、魯大東等主編《敦煌寫經——太上洞玄靈寶妙經》,杭州:西泠印社,
2004 年 2 月。

張蓉芳《一部"充實而有光輝"的道教史力作——〈敦煌古靈寶經與晉唐道
教〉評介》,《學術研究》2006 年 12 期。

[日]神塚淑子、欽偉剛《六朝靈寶經中的葛仙公(上、下)》,《宗教學研究》
2007 年 3 期,2—9 頁;《宗教學研究》2007 年 4 期,3—11 頁。

王卡《敦煌本〈靈寶生神章經疏〉考釋》,《道經經史論叢——中青年學者道教
研究自選集》,成都:巴蜀書社,2007 年 6 月,285—290 頁。

王卡《敦煌本〈靈寶金錄齋儀〉校讀記》,《道經經史論叢——中青年學者道教
研究自選集》,成都:巴蜀書社,2007 年 6 月,340—365 頁。

王承文《論中古時期道教"三清"神靈體系的形成——以敦煌本〈靈寶真文度
人本行妙經〉爲中心的考察》,《中山大學學報》(社會科學版)2008 年 2 期,
34—58 頁。

劉屹《"元始舊經"與"仙公新經"的先後問題——以"篇章所見"的古靈寶經

爲中心》,《首都師範大學學報》(社會科學版)2009 年 3 期,10—16 頁。

劉屹《敦煌本"通門論卷下"(P. 2861. 2＋2256)定名再議》,《文獻》2009 年 4
　　期,47—55 頁。

劉屹《古靈寶經"未出一卷"研究》,《中華文史論叢》2010 年 4 期,81—102 頁。

呂鵬志《攝召北酆鬼魔赤書玉訣與靈寶五篇真文——〈太上洞玄靈寶赤書玉
　　訣妙經〉校讀拾遺》,《宗教學研究》2010 年 4 期,21—30 頁。

劉屹《古靈寶經出世論——以葛巢甫和陸修靜爲中心》,《敦煌吐魯番研究》12
　　卷,上海古籍出版社,2011 年,157—178 頁。

劉吉寧《敦煌本〈太上洞玄靈寶無量度人上品妙經〉文字研究》,廣西大學碩士
　　學位論文,2011 年。

王承文《敦煌本〈靈寶經目〉與古靈寶經的分類及其内在關係考釋——以〈靈寶五
　　篇真文〉與〈道德經〉的關係爲中心》,《敦煌學輯刊》2012 年 3 期,42—60 頁。

夏先忠、俞理明《試論〈洞玄靈寶自然九天生神章經〉中"三寶章"非元後增
　　補——兼談道經成書年代判定中證據的發掘與利用》,《宗教學研究》2012
　　年 3 期,60—62 頁。

王承文《敦煌本〈靈寶經目〉與古靈寶經的分類及其内在關係考釋之二——以
　　古靈寶經"三洞經書"觀念的傳承爲中心》,《敦煌學輯刊》2013 年 2 期,
　　20—37 頁。

王承文《古靈寶經"元始舊經"和"新經"出世先後考釋——兼對劉屹博士系
　　列質疑的答覆》,《中山大學學報》(社會科學版)2013 年 2 期,77—94 頁。

（八）十戒經

［日］吉岡義豐《敦煌本〈十戒經〉について》,《塚本博士頌壽紀念佛教史學論
　　集》,東京：塚本博士頌壽紀念會,1961 年 2 月,925—938 頁。

徐祖蕃《甘博 017〈十戒經〉道士索澄空題記盟文》,《甘肅藏敦煌文獻》4 卷,
　　蘭州：甘肅人民出版社,1999 年。

楊富學、李永平《甘肅省博物館藏道教〈十戒經傳授盟文〉》,《宗教學研究》
　　2001 年 1 期,97—111 頁。

吳羽《敦煌寫本中所見道教〈十戒經〉傳授盟文及儀式考略——以 P. 2347 敦
　　煌寫本爲例》,《敦煌研究》2007 年 1 期,73—78 頁。

朱大星《敦煌本〈十戒經〉的形成與流傳》,《浙江大學學報》2007 年 3 期,43—
　　51 頁。

（九）太上妙法本相經

［日］山田俊《道は人を度はず、人自ら道を求む——〈太上妙法本相經〉の思
　　想》,《熊本縣立大學文學部紀要》第 1 卷 ,1995 年 ,227—250 頁;又見《唐

初道教思想史研究——〈太玄真一本際經〉の成立と思想》,京都：平樂寺
　書店,1999 年,499—528 頁。

[日] 山田俊《三論〈太上妙法本相經〉——〈本相經〉卷十と“種、類”の思
　想》,《熊本縣立大學文學部紀要》5 卷 1 號 ,1998 年,116—138 頁。

劉屹《〈太上妙法本相經〉的品題與成書問題》,京都大學人文科學研究所特別
　講演會“唐代研究 のために”,2006 年 3 月。

[日] 山田俊《再論〈太上妙法本相經〉——以〈東極真人問事品〉第九爲主》,
　《敦煌吐魯番研究》4 卷,北京大學出版社,1999 年 12 月,489—508 頁。

劉屹《廣説品考》,《首都師範大學學報》(社會科學版)1999 年 6 期,15—
　18 頁。

劉屹《敦煌本〈太上妙法本相經〉所見南北道教傳統之異同》,《出土文獻研
　究》8 輯,上海古籍出版社,2007 年 11 月,190—212 頁。

劉屹、劉菊林《論〈太上妙法本相經〉的北朝特徵——以對佛教因素的吸收爲
　中心》,《首都師範大學學報》(社會科學版)2007 年 3 期,14—20 頁。

（十）莊子與南華真經

羅振玉《敦煌本莊子郭象注殘卷(南華真經)》,《雪堂校刊羣書敍録》卷下,上
　虞羅氏貽安堂凝清室刊本,1917 年;《敦煌古籍敍録新編》13 册,臺北：新文
　豐出版公司,1986 年 6 月。

馬敍倫《敦煌本〈莊子〉郭象注(擬題)》,《讀書續記》2,上海：商務印書館,
　1931 年 12 月;《敦煌古籍敍録新編》13 册,臺北：新文豐出版社,1986 年 6
　月,143—144 頁。

[日] 寺岡龍含《敦煌出土唐寫本郭象注莊子殘卷十種に就いて》,《龍谷學
　報》,1936 年 6 月,78—87 頁。

[日] 寺岡龍含《敦煌本郭象注莊子殘卷十二種に就いて》,《漢文學會會報》,
　1937 年 11 月,83—90 頁。

王叔岷《倫敦博物館敦煌莊子殘卷斠補》,《傅故校長斯年紀念論文集》,臺北：
　臺灣大學,1952 年 12 月,21—27 頁。

[日] 寺岡龍含《敦煌出土唐寫本郭象注莊子殘卷天運校勘記》,《諸橋博士古
　稀祝賀紀念論文集》,東京：諸橋轍次先生古稀祝賀紀念會,1953 年 10 月,
　467—504 頁。

[日] 寺岡龍含《敦煌出土唐寫本郭象注莊子殘卷刻意山木校勘記》,《漢文
　學》,1953 年 10 月,31—50 頁。

[日] 寺岡龍含《敦煌出土唐寫本郭象注莊子殘卷知北遊校勘記》,《漢文學》,
　1954 年 10 月,24—45 頁。

［日］寺岡龍含《敦煌出土唐寫本郭象注莊子殘卷十二種校勘記》,《福井大學學藝部紀要》2,1953 年 3 月,61—73 頁;《福井大學學藝部紀要》3,1954 年 3 月,87—102 頁;《福井大學學藝部紀要》4,1955 年 3 月,36—54 頁。

［日］寺岡龍含《敦煌出土唐寫本郭象注莊子殘卷胠篋達生校勘記》,《福井大學學藝部紀要》,1957 年 2 月,89—108 頁。

［日］寺岡龍含《敦煌本郭象注莊子南華真經輯影》,福井：福井漢文學會,1960 年 11 月。

［日］寺岡龍含《敦煌本郭象注莊子南華真經校勘記》,福井：福井漢文學會,1961 年 2 月。

［日］寺岡龍含《敦煌本郭象注莊子南華真經書寫年代考》,《漢文學》,1964 年 8 月,3—8 頁。

［日］寺岡龍含《敦煌本郭象注莊子南華真經研究總論》,福井：福井漢文學會,1966 年 3 月。

［日］寺岡龍含《敦煌出土唐寫本郭象注莊子〈南華真經〉研究綜論》,福井：福井漢文學會,1966 年。

［日］阪井健一《敦煌出土莊子音義寫本殘卷ペソォ3602と經典釋文音義との比較考察》,《日本大學人文科學研究所研究紀要》,1973 年 3 月,13—24 頁。

王運生《敦煌殘卷〈南華真經〉、〈莊子〉及傳世本之比較研究》,《昆明師專學報》1996 年 1 期,60—65 頁。

譚世寶《敦煌文書〈南華真經〉諸寫本之年代及篇卷結構探討》,《道家文化研究》13 輯"敦煌道教文獻專號",北京：三聯書店,1998 年 4 月,79—86 頁。

黃華珍《〈莊子音義〉敦煌本について》,《岐阜聖德學園大學紀要教育學部外國語學部》,1999 年 2 月,169—194 頁。

楊思範、許建平《敦煌本〈莊子注〉考》,《文獻》2005 年 1 期,83—91 頁。

楊思範《敦煌本〈莊子〉殘卷敘錄》,《敦煌研究》2007 年 1 期,99—107 頁。

楊思範《敦煌本〈莊子〉寫卷篇章考》,《文獻》2007 年 3 期,177—180 頁。

王菡《傅增湘以古寫本校勘〈南華真經注〉》,《文學遺產》2008 年 4 期。

（十一）神人所説三元威儀觀行經

［日］秋月觀暎《敦煌出土スタィソ文書〈神人所説三元威儀觀行經〉に關する二、三の報告》,《集刊東洋學》1 期,1959 年 5 月。

［日］秋月觀暎《大英博物館所藏スタィソ將來漢文文書五三〇八號敦煌發現神人所説三元威儀觀行經斷簡と大比丘三千威儀》,《人文社會》19 期,1960 年 3 月,1—26 頁。

［日］秋月觀暎《敦煌發現神人所説三元威儀觀行經斷簡校勘》,《福井博士頌壽紀念東洋思想論集》,東京：福井博士頌壽紀念論文集刊行會,1960 年 11 月,1—17 頁。

［日］秋月觀暎《敦煌出土道經と佛典》,《講座敦煌 4·敦煌と中國道教》,東京：大東出版社,1983 年 12 月。

王卡《敦煌本〈三元威儀真經〉校補記》,《道經經史論叢——中青年學者道教研究自選集》,成都：巴蜀書社,2007 年 6 月,366—407 頁。

（十二）慈善孝子報恩成道經

鄭阿財《論敦煌本〈慈善孝子報恩成道經道要品四〉的成立與流行》,《臺灣中正大學中文學術年刊》1 期,1997 年 12 月,233—252 頁。

鄭阿財《敦煌道教孝道文獻研究之一——〈慈善孝子報恩成道經道要品四〉的成立與流行》,《杭州大學學報》(哲學社會科學版)1998 年 1 期,84—92 頁。

鄭阿財《北京故宮藏敦煌本〈慈善孝子報恩成道經〉考》,《敦煌學》25 輯,2004 年 9 月,543—558 頁。

鄭阿財《敦煌本〈慈善孝子報恩成道經〉考論》,《敦煌學國際研討會論文集》,北京圖書館出版社,2005 年 3 月,131—140 頁。

（十三）太平經

［日］吉岡義豐《敦煌本〈太平經〉について》,《東洋文化研究所紀要》22 期,1961 年 1 月,1—103 頁。

饒宗頤《想爾九戒與三合義——兼評新刊〈太平經合校〉》,《清華學報》新 4 卷 2 期,1964 年 2 月,76—84 頁。

則誠《敦煌古寫本〈太平經〉文字殘頁》,《文物》1964 年 8 期,55—56 頁。

［日］楠山春樹《太平經類》,《講座敦煌 4·敦煌と中國道教》,東京：大東出版社,1983 年 12 月,119—136 頁。

姜守誠《王明與〈太平經〉研究——紀念王明先生逝世十二周年》,《中國哲學史》2004 年 2 期,92—99 頁。

（十四）三廚經

［日］牧田諦亮《三廚經と五廚經——佛教と道教混淆について》,《聖德太子研究》2 卷,1966 年,47—42 頁。

［法］穆瑞明《老子與浮屠的"廚經"》,載戴仁主編《遠東亞洲叢刊》11 卷"紀念法國遠東學院創立一百周年敦煌學新研"專號"紀念敦煌藏經洞發現一百周年紀念",2000 年。

李小榮《敦煌僞經〈佛説三廚經〉研究》,《戒幢佛學》3 卷,長沙：嶽麓書社,2005 年 1 月,386—415 頁。

曹淩《略論〈三廚經〉——以佛道交涉爲中心》,《文史》2011 年 1 期,119—
150 頁。

（十五）正一經

王卡《敦煌〈正一經〉殘卷》,《宗教學研究》1986 年 2 期,53—54 頁。

王卡《敦煌本〈正一經〉殘卷研究》,《道經經史論叢——中青年學者道教研究
自選集》,成都: 巴蜀書社,2007 年 6 月,259—265 頁。

（十六）太上濟衆經

王卡《敦煌殘鈔本〈太上濟衆經〉考釋》,《唐研究》第六卷,北京大學出版社,
2000 年 12 月,57—65 頁。

王卡《敦煌本〈太上濟衆經〉考釋》,《道經經史論叢——中青年學者道教研究
自選集》,成都: 巴蜀書社,2007 年 6 月,272—284 頁。

（十七）上清經

[日] 尾崎正治《上清經類》,《講座敦煌 4·敦煌と中國道教》,東京: 大東出
版社,1983 年 12 月,137—142 頁。

[日] 福井康順《上清經について》,《密教文化》48、49、50 期,1960 年 11 月,
5—18 頁。

夏先忠、俞理明《從〈上清大洞真經〉用韻看它的成書年代》,《敦煌學輯刊》
2010 年 4 期,183—191 頁。

（十八）金真玉光八景飛經

馮利華《〈英藏敦煌社會歷史文獻釋録〉校讀——以斯二三八〈金真玉光八景
飛經〉爲例》,《宗教學研究》2003 年 2 期,108—111 頁。

馮利華《敦煌寫本道經〈金真玉光八景飛經〉校讀》,《西域研究》2003 年 2 期,
109—111 頁。

（十九）其他

蕭登福《敦煌寫卷〈佛説淨度三昧經〉所見的道教思想》,《全國敦煌學研討會
論文集》,臺灣中正大學印行,1995 年 4 月,181—200 頁;又見《中國敦煌學
百年文庫·宗教卷 3》,蘭州: 甘肅文化出版社,1999 年,299—315 頁。

蕭登福《〈太上玄靈北斗本命延生真經〉探述(上、下)》,《宗教學研究》1997
年 3 期,49—65 頁;《宗教學研究》1997 年 4 期,30—39 頁。

蕭登福《〈太上説南斗六司延壽度人妙經〉探述》,《宗教學研究》1998 年 2 期,
23—35 頁。

王承文《敦煌本〈太極左仙公請問經〉考論》,《道家文化研究》13 輯"敦煌道教
文獻專號",北京: 三聯書店,1998 年 4 月,156—199 頁。

伍成泉、段曉娥《敦煌本〈老子説法食禁戒經〉研究》,《敦煌學輯刊》2008 年 3

期,107—118 頁。

孫景《敦煌文書〈道教詮理答難〉校録研究》,蘭州大學碩士學位論文,
　2009 年。

楊靜《敦煌本〈太上業報因緣經〉佛源詞例釋》,《現代語文》(語言研究版)
　2011 年 9 期,31—33 頁。

楊靜《敦煌本〈太上業報因緣經〉文字與辭彙研究》,浙江財經大學碩士學位論
　文,2012 年。

　　基金項目: 本文爲國家科技支撐計劃國家文化科技創新工程項目"絲綢
之路文化主題創意關鍵技術研究"(2013BAH40F01)階段性成果之一。

中國敦煌吐魯番學會秘書處 2006 年以來收到
入會申請表并經由常務理事會討論通過的
新入會會員名單

（以收到入會申請表時間爲序）

張先堂　敦煌研究院學術委員會
徐　俊　中華書局
陳瑞青　河北省社科院歷史所
王冀青　蘭州大學敦煌學研究所
孟憲實　中國人民大學國學院
孫繼民　河北省社科院歷史所
劉進寶　南京師範大學社會發展學院
陳一梅　上海萬星房地產有限公司
鄧鷗英　南京師範大學圖書館
董志翹　南京師範大學文學院
杜愛華　南京博物院
費　泳　南京藝術學院
李　麗　燕山大學中文系
劉　顯　南京工業職業技術學院
戎輝兵　南京師範大學文學院博士生
沈澍農　南京中醫藥大學基礎醫學院醫古文教研室
施謝捷　南京師範大學文學院
束錫紅　西北民族大學
王菡薇　南京師範大學美術學院
吳新江　南京師範大學文學院
徐朝東　南京師範大學文學院
徐憶農　南京圖書館
于淑健　江蘇經貿職業技術學院
張秀清　南京師範大學文學院博士後
趙　紅　蘭州商學院
支　那　南京師範大學文學院
安忠義　魯東大學學報編輯部

李　翎　中國國家博物館

游自勇　首都師範大學歷史學院

金瀅坤　首都師範大學歷史學院

戴曉雲　魯迅博物館

陳大爲　上海師範大學歷史系

王媛媛　中山大學歷史系

趙　貞　北京師範大學歷史學院

楊　梅　中國人民大學歷史學院

張安福　上海師範大學歷史系

吳建偉　上海圖書館歷史文獻中心

呂瑞鋒　上海古籍出版社敦煌西域編輯室

張銘心　中央民族大學發展規劃處

畢　波　中國人民大學國學院

杜立暉　濱州學院黃河三角洲文化研究所

張榮强　北京師範大學歷史學院

曾曉紅　上海古籍出版社敦煌西域編輯室

陳習剛　河南省社會科學院歷史與考古研究所

盛　潔　上海古籍出版社敦煌西域編輯室

陳愛峰　吐魯番學研究院

索南才讓　西南民族大學

陳菊霞　敦煌研究院

張小剛　敦煌研究院

王友奎　敦煌研究院編輯部

朱大星　浙江大學古籍所

苗利輝　新疆龜兹石窟研究院

關長龍　浙江大學古籍所

王啓濤　西南民族大學民族研究院

劉國防　新疆社會科學院

陳麗萍　中國社科院歷史所

沈衛榮　中國人民大學國學院

魏郭輝　貴州師範學院歷史與社會學院

崔紅芬　河北師範大學歷史文化學院

彭建兵　興義民族師範學院

樊麗莎　陝西理工學院

張小貴　暨南大學歷史系
黄崑威　陝西社科院宗教研究所
毛秋瑾　蘇州大學藝術學院
蘇　芃　南京師範大學文學院
陶小軍　《藝術百家》雜誌社
王雪梅　西華師範大學歷史文化學院
翁　利　南京師範大學文學院博士後
蕭　旭　江蘇靖江廣播電視臺
趙鑫曄　西南大學漢語言文獻研究所

2013 年 8 月 "慶祝中國敦煌吐魯番學會成立三十周年國際學術討論會" 結束後,還有 20 多名年輕學者提出入會申請,留待下次常務理事會討論通過後再予公佈。

附:2012 年通過的學會《章程》關於吸收新會員的規定

第八條　申請加入本團體的會員,必須具備下列條件:

(一) 擁護本團體的章程;

(二) 有加入本團體的意願;

(三) 在本團體的業務(行業、學科) 領域內具有一定的影響;

(四) 發表或出版過有關敦煌吐魯番學論著,并具有高等學校講師、研究機構助理研究員以上或相當職稱,以及對敦煌吐魯番學的發展有貢獻的人士。

第九條　會員入會的程式是:

(一) 提交入會申請書,并由兩名會員介紹;

(二) 經理事會討論通過;

(三) 理事會閉會期間,由常務理事會討論通過;

(四) 由理事會或理事會授權的機構發給會員證。

《敦煌學國際聯絡委員會通訊》稿約

一、本刊由"敦煌學國際聯絡委員會"、"中國敦煌吐魯番學會"和"首都師範大學古文獻研究中心"共同主辦,策劃:高田時雄、柴劍虹;主編:郝春文。本刊的内容以國際敦煌學學術信息爲主,刊發的文章的文種包括中文(規範繁體字)、日文和英文,每年出版一期。截稿日期爲當年3月底。

二、本刊的主要欄目有:每年的各國敦煌學研究綜述、歷年敦煌學研究的專題綜述、新書訊、各國召開敦煌學學術會議的有關信息、書評或新書出版信息、項目動態及熱點問題爭鳴、對國際敦煌學發展的建議、重要的學術論文提要等,歡迎就以上内容投稿。來稿請寄:北京西三環北路83號,首都師範大學歷史學院郝春文,郵政編碼:100089,電子郵箱:haochunw@ cnu. edu. cn。

三、來稿請附作者姓名、性别、工作單位和職稱、詳細位址和郵政編碼以及電子郵箱,歡迎通過電子郵件用電子文本投稿。

圖書在版編目(CIP)數據

2014 敦煌學國際聯絡委員會通訊／郝春文主編. ——
上海：上海古籍出版社，2014.8
ISBN 978－7－5325－7297－7

Ⅰ.①2… Ⅱ.①郝… Ⅲ.①敦煌學—叢刊 Ⅳ.
①K870.6－55

中國版本圖書館 CIP 數據核字(2014)第 120566 號

2014 敦煌學國際聯絡委員會通訊

郝春文　主編

上海世紀出版股份有限公司
出版
上　海　古　籍　出　版　社
(上海瑞金二路 272 號　郵政編碼 200020)
(1) 網址：www.guji.com.cn
(2) E－mail：guji1@guji.com.cn
(3) 易文網網址：www.ewen.cc
上海世紀出版股份有限公司發行中心發行經銷　上海惠頓實業印刷公司印刷
開本 787×1092　1/16　印張 26.5　插頁 4　字數 560,000
2014 年 8 月第 1 版　2014 年 8 月第 1 次印刷
印數：1 — 8,00
ISBN 978－7－5325－7297－7
K·1875　定價：88.00 元

如有質量問題,請與承印公司聯繫